ISBN 978-0-243-34121-4
PIBN 10596295

1 MONTH OF
FREE
READING

at

www.ForgottenBooks.com

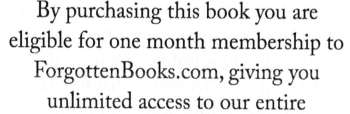

By purchasing this book you are eligible for one month membership to ForgottenBooks.com, giving you unlimited access to our entire collection of over 700,000 titles via our web site and mobile apps.

To claim your free month visit:

www.forgottenbooks.com/free596295

English
Français
Deutsche
Italiano
Español
Português

www.forgottenbooks.com

Mythology Photography **Fiction**
Fishing Christianity **Art** Cooking
Essays Buddhism Freemasonry
Medicine **Biology** Music **Ancient
Egypt** Evolution Carpentry Physics
Dance Geology **Mathematics** Fitness
Shakespeare **Folklore** Yoga Marketing
Confidence Immortality Biographies
Poetry **Psychology** Witchcraft
Electronics Chemistry History **Law**
Accounting **Philosophy** Anthropology
Alchemy Drama Quantum Mechanics
Atheism Sexual Health **Ancient History**
Entrepreneurship Languages Sport
Paleontology Needlework Islam
Metaphysics Investment Archaeology
Parenting Statistics Criminology
Motivational

9. Le taux de la cotisation annuelle est fixé au minimum de dix francs.

10. La cotisation annuelle peut être remplacée par le payement, une fois fait, d'une somme décuple. La personne qui a fait ce versement reçoit le titre de *membre donateur.*

§ III. Direction de l'Association.

11. L'Association est dirigée par un Bureau et un Comité, dont le Bureau fait partie de droit.

12. Le Bureau est composé de :

> Un Président,
> Deux Vice-Présidents,

et de au moins

> Un Secrétaire-Archiviste,
> Un Trésorier.

Il est renouvelé annuellement de la manière suivante ·.

1° Le Président sortant ne peut faire partie du Bureau qu'au bout d'un an ;

2° Le premier Vice-Président devient Président de droit ;

3° Les autres membres sont rééligibles ;

4° Les élections sont faites par l'Assemblée générale, à la pluralité des suffrages.

13. Le Comité, non compris le Bureau, est composé de vingt et un membres. Il est renouvelé annuellement par tiers. Les élections sont faites par l'Assemblée générale. Les sept membres sortants ne sont rééligibles qu'après un an.

14. Tout membre, soit du Bureau, soit du Comité, qui n'aura pas assisté de l'année aux séances, sera réputé démissionnaire.

15. Le Comité se réunit régulièrement au moins une fois par mois. Il peut être convoqué extraordinairement par le Président.

Le Secrétaire rédige les procès-verbaux des séances ; ils sont régulièrement transcrits sur un registre.

Tous les membres de l'Association sont admis aux séances ordinaires du Comité et ils y ont voix consultative.

Les séances sont suspendues pendant trois mois, du 1ᵉʳ août au 1ᵉʳ novembre.

16. Une Commission administrative et des Commissions de correspondance et de publication sont nommées par le Comité. Tout membre de l'Association peut en faire partie.

17. Le Comité fait dresser annuellement le budget des recettes et des dépenses de l'Association. Aucune dépense non inscrite au budget ne peut être autorisée par le Comité que sur la proposition ou bien après l'avis de la Commission administrative.

18. Le compte détaillé des recettes et dépenses de l'année écoulée est également dressé, présenté par le Comité à l'approbation de l'Assemblée générale et publié.

§ IV. ASSEMBLÉE GÉNÉRALE.

19. L'Association tient, au moins une fois chaque année, une Assemblée générale. Les convocations ont lieu à domicile. L'Assemblée entend le rapport qui lui est présenté par le Secrétaire sur les travaux de l'Association et le rapport de la Commission administrative sur les recettes et les dépenses de l'année.

Elle procède au remplacement des membres sortants du Comité et du Bureau.

Tous les membres de l'Association résidant en France sont admis à voter, soit en personne, soit par correspondance.

§ V.

20. Les présents statuts ne pourront être modifiés que par un vote du Comité, rendu à la majorité des deux tiers des membres présents, dans une séance convoquée expressément pour cet objet, huit jours à l'avance. Ces modifications, après l'approbation de l'Assemblée générale, seront soumises au Conseil d'État.

LA MÉDAILLE DE L'ASSOCIATION

Cette médaille, œuvre de notre confrère M. J.-C. Chaplain, membre de l'Institut (Académie des Beaux-Arts), porte au droit une tête de Minerve, dont le casque, décoré de fleurons, de feuilles d'olivier et d'une figure de Sphinx, rappelle à la fois les anciennes monnaies d'Athènes et les belles monnaies de Thurii. Le module est de 55 millimètres.

Elle pourra être décernée avec une inscription spéciale, par un vote du Comité, aux personnes qui auront rendu à l'Association des services exceptionnels.

Le Comité a décidé aussi qu'elle serait mise à la disposition de tous les membres de l'Association qui désireraient l'acquérir. Dans ce cas, elle portera, sur le revers, le nom du possesseur avec la date de son entrée dans l'Association. Le prix en a été fixé comme il suit :

L'exemplaire en bronze. . . . .   10 fr.
en argent. . . . .   30 —

Ceux de nos confrères qui voudraient posséder cette œuvre d'art devront adresser leur demande à M. Lebègue, agent et bibliothécaire de l'Association, 12, rue de l'Abbaye, Paris. Ils sont priés d'envoyer d'avance la somme fixée, suivant qu'ils préfèrent la médaille en argent ou en bronze, afin que l'on puisse y faire graver leur nom. Ils voudront bien, de plus, joindre à cet envoi l'indication des noms et prénoms qui doivent former la légende. Les membres qui habitent la province ou l'étranger devront désigner en même temps la personne de confiance par laquelle ils désirent que la médaille soit retirée pour eux, ou le mode d'envoi qui leur convient. Les frais d'expédition seront naturellement à leur charge.

SOUSCRIPTION PERMANENTE

POUR L'ILLUSTRATION DE LA REVUE

Les conditions de la souscription sont les suivantes

Art. 1er — La souscription pour l'illustration de la *Revue* est fixée au minimum de 100 francs une fois versés.

Art. 2. — Les souscripteurs pour l'illustration de la *Revue des études grecques* recevront le titre de *Membres fondateurs pour les Monuments grecs et l'illustration de la Revue* (1). Leurs noms forme ront une liste à part, qui sera imprimée en tête de chaque volume de la *Revue des études grecques*.

Art. 3. — S'il y a des renouvellements de souscription, ils seront indiqués sur cette liste par la mention des années où la souscription aura été renouvelée.

Art. 4. — Les souscriptions qui dépasseront le chiffre de 100 fr. seront naturellement l'objet d'une mention spéciale dans le rapport annuel du trésorier et dans la liste des souscripteurs.

LE COMITÉ DE L'ASSOCIATION.

Nota. — Les souscriptions devront être adressées à M. Max Egger, trésorier, 71, rue de Vaugirard.

(1) Par suite de l'achèvement des *Monuments grecs*, l'illustration de la *Revue* représente seule désormais dans l'œuvre de l'Association l'objet, si important, de la reproduction des monuments figurés légués par l'antiquité hellénique. Appelée à prendre sans cesse de nouveaux développements, elle appelle instamment de nouveaux concours.

ALLOCUTION

DE

M. EDMOND POTTIER
MEMBRE DE L'INSTITUT

PRÉSIDENT

Mesdames, Messieurs,

Notre Association, dans l'année qui vient de s'écouler, a fait un assez grand nombre de pertes. Je rappelle à votre souvenir, parmi nos confrères étrangers, M. Patrocinio Da Costa, mort à Lisbonne ; à Métélin, M. Saraphis ; à Alexandrie, le directeur du Musée archéologique, M. Botti ; à Athènes, M. Sp. Xydias, le professeur Dimitzas, auteur de beaux travaux sur la Macédoine et lauréat du prix Zographos en 1875, enfin l'archevêque de Mantinée, Mgr Bimpos, doyen des prélats du royaume, théologien éminent et philanthrope, qui a légué sa fortune à une fondation chargée d'assurer des émoluments fixes à tous les petits desservants des églises grecques. Comme M. Saraphis et M. Xydias, Mgr Bimpos était membre donateur de notre Association.

Dans la liste de nos compatriotes, je trouve les noms de M. E. Groussard, professeur au lycée Janson de Sailly ; de M. Léopold Goldschmidt, qui avait pris rang parmi les amateurs d'art connus et que le Musée du Louvre, comme notre

Société, compte au nombre de ses donateurs; de M. Henri Ouvré, professeur à la Faculté de Bordeaux, dont la mort prématurée a excité d'unanimes regrets et dont vous aviez couronné récemment une œuvre délicate et forte sur les *Formes littéraires de la pensée grecque;* de M. Georges Cogordan, directeur au Ministère des Affaires étrangères, qui n'était pas seulement un diplomate de carrière et un homme politique, mais un lettré et un écrivain que la Grèce ne pouvait pas laisser indifférent.

Nous devons un témoignage tout particulier de notre reconnaissance à M. Émile Legrand, qui depuis 1870 était le représentant infatigable du néo-hellénisme dans notre Association. Vous vous rappelez son assiduité à nos séances, vous savez quel bel ensemble de travaux il laisse sur la littérature et la langue grecque moderne. Notre confrère M. Psichari, qui lui a succédé dans la chaire des Langues Orientales Vivantes, a retracé la vie difficile et laborieuse, désintéressée et volontairement obscure de son prédécesseur. Quand il n'était encore qu'un écolier, à Caen, le grec moderne l'attirait déjà; il y consacra sa vie entière et rien ne l'arrêta dans son apostolat. Pauvre, il fit plus d'une fois les frais d'impression de ses volumes. Loin de s'effrayer du petit nombre de lecteurs qui pouvait utiliser la *Collection de Monuments pour servir à l'étude de la langue néo-hellénique,* il concevait par la suite de plus grandes entreprises et créait une *Bibliothèque grecque vulgaire* en neuf volumes, puis un *Recueil de chants populaires* et enfin une *Bibliographie hellénique* où il voulait dresser la liste de tous les ouvrages écrits par des Grecs depuis le xvᵉ siècle. La mort a interrompu cette œuvre dont huit volumes ont paru et qui s'arrête au xviiiᵉ siècle. Émile Legrand fut le bénédictin du néo-grec et, à ce titre, sa perte sera aussi vivement ressentie à Athènes qu'à Paris.

Il en est une encore qui nous est particulièrement sensible. Gustave Larroumet avait tenu à être des nôtres. Son amour des lettres françaises, son passé de professeur, sa large curio sité toujours en éveil, l'avaient mené tout droit à la Grèce, et ses amis se souviennent encore des accents vibrants qu'il avait en parlant de sa croisière à Athènes. Peu s'en fallut à ce moment que ce panégyriste de Marivaux, ce journaliste épris de théâtre moderne, ne devînt tout à fait helléniste. Son livre, *Vers Athènes et Jérusalem*, marque comme un renouvellement de sa vie intellectuelle. Aux séances de l'Académie des Beaux-Arts, il renseignait mieux que personne ses confrères sur les merveilles de Mycènes ou de Delphes. De sa voix musicale et timbrée, il échauffait les imaginations et prêchait la bonne parole. On sentait bien que ce fils du Midi, en foulant le sol athénien, s'était retrouvé sur sa terre natale. Mais chacun suit sa destinée, et l'hellénisme ne devait être, pour Larroumet, qu'un dernier feu du soleil sur la trop courte route de sa vie. C'est pour un autre effort, plus héroïque et plus imprévu, que la Grèce le réclamait. Tout le monde a lu, avec émotion, dans les notices nécrologiques qui lui furent consacrées, comment mourut cet homme, atteint en pleine force, en pleine gloire. Ceux qui n'avaient vu en lui qu'une intelligence brillante et mondaine, une énergie ambitieuse et pressée de jouir de la vie, apprirent que cette âme, quand il le fallait, savait s'armer de stoïcisme et subir silencieusement, sans marque de faiblesse, la lente agonie où s'effondrent, après toutes les joies, toutes les espérances. On le croyait plein d'illusion quand il était plein de ferme raison. Et si, pendant ces deux années de souffrances, sa pensée se tourna vers la Grèce, c'est sans doute le *Phédon* de Platon ou les *Maximes* d'Épictète qui hantèrent son esprit et qui l'aguerrirent pour ce combat suprême d'où nul ne revient vainqueur.

Le plus récent de nos deuils est un des plus douloureux, par l'imprévu du coup et par l'importance de la personne. M. Gréard nous appartenait depuis la date de notre fondation. Il a été notre président en 1886 ; je sais personnellement qu'on n'invoquait pas ce titre auprès de lui sans trouver aussitôt le chemin de son obligeance et de sa sympathie. Dans son discours de remerciements à l'Association, il prenait déjà en mains la cause du grec ; il le sentait menacé, et avec sa grande perspicacité, avec sa largeur de vues habituelle, il traçait — il y a près de vingt ans — les lignes essentielles du programme que notre Association a soumis au Ministre, lors de l'enquête récente sur les réformes de l'enseignement secondaire. M. Gréard ne croyait pas nuire au grec en demandant qu'on ne l'imposât pas à tout le monde ; il voulait le fortifier en le réservant à ceux qui avaient le goût et le temps de le pratiquer à fond ; il savait être de son temps, en admettant une autre forme d'éducation « qui préparerait la jeunesse à la vie active par des voies plus courtes et des procédés moins raffinés ». Au reste, M. Gréard n'aurait pas pu médire de la Grèce sans se renier lui-même. Le premier livre qui le fit connaître est une étude sur un auteur grec. Avant de se consacrer tout entier aux questions d'enseignement et d'administration, avant d'être celui que Jules Ferry appelait « le premier des instituteurs de France », il fut l'auteur goûté et applaudi de la *Morale de Plutarque* (1866). Ceux qui ont connu de près M. Gréard aiment à retrouver dans cette œuvre de sa jeunesse ce qui décida et régla plus tard toute la vie du vice-recteur de l'Université de Paris. Il publia bien d'autres travaux, pénétrants et solides, l'*Éducation des femmes par les femmes* (1886), *Éducation et Instruction* (1887), de très nombreux rapports et articles sur les programmes scolaires, sur l'organisation des lycées de filles. Mais partout où il paraissait, sa haute raison, l'équilibre et la pondération de son esprit, je dirai même la finesse délicate de sa physionomie, évoquaient le souvenir de la Grèce. Grand manieur d'âmes, tenace dans ses convictions, ardent à les faire réussir, il savait garder en toute occasion une mesure, une courtoisie qui désarmait l'adversaire. Il tenait à être le plus fort et il l'était sans trop en avoir l'air, ce dont on lui était reconnaissant. Un Grec du vᵉ siècle l'eût compris et aimé.

Si votre président accomplit une tâche pénible en vous rappelant toutes ces morts et en mêlant à cette fête de l'esprit des place dans ce qu'on appelle « les études grecques » ! Dans le cadre de la littérature et de la philologie, qui restent la base de nos informations sur l'hellénisme, on a vu s'introduire successivement la paléographie, l'épigraphie, la science des institutions, l'histoire de l'art, la numismatique, la topographie, la métrologie, la musique, les mathématiques, le droit, etc. Tout un monde s'est annexé à la province déjà si vaste de la littérature. Et vous avez prouvé par là que l'étude du grec devient bien vite l'étude de la vie sous toutes ses formes.

Je ne connais pas de meilleure réponse, Messieurs, à ceux qui vous reprocheraient de vous enfermer dans un cercle trop restreint d'idées. On ne peut plus faire d'érudition ni d'histoire sans toucher à beaucoup de choses, sans voir s'ouvrir devant soi beaucoup de routes, et si l'on ne peut pas les parcourir toutes, du moins on est forcé de savoir qu'elles existent et de s'enquérir où elles mènent. On ne peut plus s'occuper d'Homère et ignorer les trouvailles de Schliemann ou d'Evans. On ne peut pas parler des sculpteurs grecs et oublier le papyrus d'Oxyrhynchus. On ne peut pas étudier les textes de droit ancien sans connaître l'inscription de Gortyne. L'unité synthétique de l'antiquité nous apparaît chaque jour plus impérieuse, et cette Grèce toujours plus vaste, toujours plus complexe, exige aussi, pour être saisie, des esprits plus ouverts et plus compréhensifs. Loin de rétrécir l'intelligence, elle l'aiguise et la fortifie en lui imposant sans cesse de nouveaux efforts, car de proche en proche, elle conduit à étudier la vie, toute la vie, chez un des peuples les mieux doués que l'humanité ait produits.

Ce n'est pas le lieu d'examiner ici, dans un discours que je veux bref pour votre agrément, la part qui peut revenir à l'étude du grec dans l'éducation nationale. La question est grosse de difficultés, et d'ailleurs les pouvoirs publics se sont prononcés. Je dirai seulement qu'on juge bien mal les hellénistes, si on les croit réfractaires aux exigences du présent et insoucieux de la vie pratique. Que nous nous trompions ou que

mots sur nos travaux intérieurs ; et par là j'entends la publica
tion de cette *Revue des Études grecques*, à laquelle notre con
frère M. Théodore Reinach, depuis 1888, c'est-à-dire depuis
dix-sept années, consacre l'effort de sa science solide et l'étonnnante variété de ses connaissances, de cette *Revue* qui, grâce à
lui, est devenue un des organes importants de l'érudition française. J'entends aussi les communications qui occupent nos
séances de chaque mois. Ce sont pour la plupart des études très
approfondies, qui représentent un labeur considérable. Bien
qu'elles ne puissent être l'objet d'aucune récompense, il me
semblerait injuste de les passer sous silence, car elles constituent le travail fondamental et permanent de notre Association.
Elles sont la meilleure preuve de sa vitalité.

Nous avons eu cette année le plaisir d'écouter des lectures
sur les sujets les plus divers ; de M. Michel Bréal et de M. Paul
Tannery sur des étymologies et des sens de mots grecs ; de
M. Maurice Croiset sur les *Perses* de Timothée, de M. Paul Girard sur la trilogie dans Euripide, de M. Paul Mazon sur la
structure d'une Comédie grecque ; de M. Omont sur des miniatures de la Bibliothèque Nationale ; de M. Théodore Reinach
sur le calendrier de Méton et sur le discours de Cicéron contre
Catilina ; de M. Delamarre sur des inscriptions d'Amorgos ; de
M. le capitaine Weil sur le vase crétois de Phæstos ; de M. Michon sur une statuette du Louvre ; de M. Diehl sur les origines
de l'art byzantin. Vous me trouveriez présomptueux de louer
l'un ou l'autre de ces travaux, et je ne suis pas à cette place
pour distribuer des bons points à des savants dont plusieurs
comptent parmi les maîtres de la science. Vous me permettrez
seulement de dire ce qui m'a frappé dans ces lectures. C'est la
complexité de vos occupations ; c'est cette diversité qui agrandit le domaine de l'érudition et qui peu à peu fait le tour de
toutes les idées humaines. Celui qui voudrait juger de la rapidité avec laquelle se modifient nos conceptions sur l'antiquité
grecque n'aurait qu'à lire vos comptes rendus. Depuis 1867,
c'est-à-dire depuis quarante ans environ, que de sujets ont pris

place dans ce qu'on appelle « les études grecques »! Dans le cadre de la littérature et de la philologie, qui restent la base de nos informations sur l'hellénisme, on a vu s'introduire successivement la paléographie, l'épigraphie, la science des institutions, l'histoire de l'art, la numismatique, la topographie, la métrologie, la musique, les mathématiques, le droit, etc. Tout un monde s'est annexé à la province déjà si vaste de la littérature. Et vous avez prouvé par là que l'étude du grec devient bien vite l'étude de la vie sous toutes ses formes.

Je ne connais pas de meilleure réponse, Messieurs, à ceux qui vous reprocheraient de vous enfermer dans un cercle trop restreint d'idées. On ne peut plus faire d'érudition ni d'histoire sans toucher à beaucoup de choses, sans voir s'ouvrir devant soi beaucoup de routes, et si l'on ne peut pas les parcourir toutes, du moins on est forcé de savoir qu'elles existent et de s'enquérir où elles mènent. On ne peut plus s'occuper d'Homère et ignorer les trouvailles de Schliemann ou d'Evans. On ne peut pas parler des sculpteurs grecs et oublier le papyrus d'Oxyrhynchus. On ne peut pas étudier les textes de droit ancien sans connaître l'inscription de Gortyne. L'unité synthétique de l'antiquité nous apparaît chaque jour plus impérieuse, et cette Grèce toujours plus vaste, toujours plus complexe, exige aussi, pour être saisie, des esprits plus ouverts et plus compréhensifs. Loin de rétrécir l'intelligence, elle l'aiguise et la fortifie en lui imposant sans cesse de nouveaux efforts, car de proche en proche, elle conduit à étudier la vie, toute la vie, chez un des peuples les mieux doués que l'humanité ait produits.

Ce n'est pas le lieu d'examiner ici, dans un discours que je veux bref pour votre agrément, la part qui peut revenir à l'étude du grec dans l'éducation nationale. La question est grosse de difficultés, et d'ailleurs les pouvoirs publics se sont prononcés. Je dirai seulement qu'on juge bien mal les hellénistes, si on les croit réfractaires aux exigences du présent et insoucieux de la vie pratique. Que nous nous trompions ou que nous ayons raison, l'intention qui nous guide ne doit pas être méconnue. Notre idéal n'est pas du tout d'imposer à la France moderne les règles d'Aristote : tout au contraire. Si nous défendons la cause du grec, c'est que nous le croyons un outil excellent — je ne dis pas le seul outil — pour faire des intelligences et des caractères, c'est-à-dire des esprits propres à s'adapter aux conditions toujours changeantes de la vie des peuples. Il suffit de considérer ceux qu'a formés cette éducation, j'entends ceux qui s'y sont consacrés avec méthode, et non pas ceux qui ont goûté au fruit trop vert pour le cracher avec dégoût. Quand on voit la somme d'intelligences que les études grecques ont produites dans notre pays, historiens, linguistes, philosophes, archéologues, artistes, littérateurs, quand on connaît leur existence publique et privée, leur conduite dans la famille et dans la cité, on ne peut s'empêcher de croire que l'amour du grec ne leur a pas fait de mal. Et si on leur demandait où ils ont puisé ce sens de la vie active et rationnelle, ils pourraient répondre, en montrant leurs livres, comme répondit le vieux Romain qui, accusé de sorcellerie, amena devant le peuple ses charrues au soc luisant et ses fils aux membres vigoureux en disant : « Voilà mes sortilèges. »

Ajoutons enfin qu'au dessus de cette éducation dont la Grèce est le point de départ, on voit se former chez plusieurs un idéal qui en est comme le couronnement et qui dépasse singulièrement la formule antique. Il aboutit à une sorte de religion. On l'appelle parfois la « religion de la beauté » ; mais il faut comprendre sous ce nom un culte qui s'adresse à la beauté morale autant qu'à la splendeur des formes visibles. Celui qui est nourri des œuvres grecques apprend à mépriser le laid partout où il le rencontre. Sans doute cet idéal ne correspond plus exactement à la vie grecque, surtout à la vie populaire qui fut mêlée, comme chez tous les peuples, de fautes et d'erreurs, de vices et de tares. Il doit pourtant à la Grèce ce qu'il a de meilleur, parce qu'il s'inspire de sa claire raison, de son effort vers le mieux, parce qu'il prend pour guides ces sages

visible avec le développement antérieur de la mécanique. Il
s'agissait donc de découvrir l'origine et la filiation des *Pneu-*
matiques de Héron et de son traité des *Automates;* il s'agissait
de définir le rôle de Héron lui-même et de ses prédécesseurs
dans cette science que Vitruve faisait remonter jusqu'à un
personnage plus inconnu encore, Ctésibios. Cette tâche, Messieurs, il a été donné de l'accomplir à l'un de nos confrères,
aujourd'hui notre lauréat, M. le baron Carra de Vaux, qui a
coup sur coup publié deux traités essentiels en la matière, les
Mécaniques de Héron (1), et le *Livre des appareils pneuma-*
tiques et des machines hydrauliques de Philon de Byzance (2).

J'ai hâte d'ajouter, Messieurs, que cette précieuse découverte
met entre nos mains, non pas le texte grec, mais une version
arabe de ces deux ouvrages. Bien plus, cette version arabe, du
moins pour le second de ces traités inédits, nous révèle, ou
plutôt révèle à la science consommée d'un orientaliste, un
original persan, qui contenait lui-même un mélange de mots
araméens. De la présence de ces couches successives de termes
techniques, on conclut que le livre de Philon de Byzance,
écrit, ce semble, dans la seconde moitié du IIIe siècle avant
notre ère, s'est perdu dans les pays grecs, à une date que nous
ne pouvons déterminer, mais qu'il a trouvé asile alors chez les
Syriens, et que de là il a passé en Perse, à la cour des Chos-
roès, où les Arabes l'ont recueilli. Une autre transformation
lui était encore réservée : sur le texte arabe fut faite au moyen
âge une traduction latine, dont un fragment fut publié en 1870
par Valentin Rose. Ce fragment servit à identifier les versions
arabes que M. Carra de Vaux déchiffra sur plusieurs manuscrits d'Oxford et de Constantinople. Ainsi l'authenticité du
livre apparaît comme établie d'après des signes incontestables ;
elle ne ressort pas moins de la comparaison des appareils

(1) Carra de Vaux, *Les mécaniques ou l'élévateur de Héron d'Alexandrie*, dans
le *Journal Asiatique* (sept.-oct. 1893).
(2) Carra de Vaux, *Le livre des appareils pneumatiques et des machines hydrau-*
liques de Philon de Byzance, notices et extraits des manuscrits, t. XXXVIII, 1902.

pneumatiques et hydrauliques de Philon avec ceux que Héron décrit dans son traité sur le même sujet. Philon, antérieur à Héron de deux ou trois siècles, a quelque chose de plus simple, de plus primitif ; sa science ne connaît encore ni vis, ni ressort, ni spirale, ni turbine, ni engrenage tant soit peu compliqué ; elle marque bien une époque antérieure aux grandes décou vertes d'Archimède, et nous reporte tout près de ce Ctésibios que Vitruve désignait comme un créateur dans cette branche de la mécanique.

Vous lirez, Messieurs, avec un vif intérêt, le beau travail de M. Carra de Vaux ; vous y admirerez la clarté de la traduction, la précision et l'élégance des figures. Quant à la science même de Philon, quelle impression vous laissera-t-elle? Ou je me trompe fort, ou vous serez surpris de la place immense, excessive pour notre goût, qu'occupe dans ce livre de physique et de mécanique la description d'instruments qui sont de véritables jouets. De la théorie du siphon et de ce principe élémentaire, que l'eau s'échappe ou non d'un vase selon que la pression de l'air s'y fait ou non sentir, l'auteur s'applique, ou s'amuse, à réaliser une série d'appareils propres à étonner le profane : fontaines intermittentes, vases qui versent à volonté deux ou plusieurs liquides, lavabo magique qui distribue tour à tour de l'eau pour se laver et de la pierre ponce pour se frotter les mains, aiguière merveilleuse qui permet d'asperger son voisin, oiseaux siffleurs et buveurs, flambeau qui plonge dans l'eau sans s'éteindre, que sais-je encore? Tout cet attirail vous paraîtra peut-être plus digne du prestidigitateur que du physicien. Remarquez pourtant que, parmi ces expériences puériles, plusieurs déjà mettent en lumière un fait d'une haute portée scientifique ou d'une application utile : le thermoscope décrit au chapitre v peut n'être encore qu'un jouet, c'est l'origine du thermomètre ; et la lampe à niveau constant, du chapitre xx, marque assurément un progrès appréciable dans la pratique. Aussi bien l'amusement a-t-il eu toujours son rôle dans le développement primitif des sciences de la nature. « Semblable

au petit enfant dans son berceau, dit M. Tannery, l'homme, en
présence des forces physiques, a commencé à jouer avec elles;
il s'est instruit de son pouvoir en s'amusant (1). » Si la science
est à ce prix, Messieurs, ah! combien il est juste de dire que les
Grecs ont aimé la science! Car ce goût des choses amusantes,
inattendues, merveilleuses, il est inné chez les Grecs; nous le
voyons apparaître dès le temps que décrit l'épopée; nous le
suivons à travers toute leur histoire. Ces exercices de magie
blanche, auxquels se plaît la société alexandrine, n'est-ce pas
une variété raffinée de ces tours d'adresse et de prestidigitation
qui faisaient le divertissement des convives dans la grande salle
des palais homériques? Un homme qui marche et danse la
tête en bas, une femme qui saute sur les mains au milieu
d'épées ou qui tire de l'arc avec ses pieds, c'est bien déjà une
de ces merveilles (θαύματα) qui attirent partout la curiosité du
peuple. Mais les Grecs ont fait mieux que de recevoir ces jongleurs dans leurs banquets; ils les ont admis dans leurs concours publics, et il existe une épigramme athénienne du vi° siècle qui atteste la victoire d'un certain Philon dans un concours
de cette sorte (θαύμασι νικήσας) (2). A Délos, au iii° siècle avant
notre ère, une série d'inscriptions choragiques mentionne,
comme vainqueurs dans la fête de Dionysos, des tragédiens,
des comédiens, des joueurs de flûte, des citharodes, des citha
ristes, des rhapsodes, et, parmi tous ces virtuoses, des prestidi-
gitateurs, θαυματοποιοί (3)! Longtemps même avant cette date,
des fantaisies scientifiques, du genre de celles que décrit Philon
de Byzance, ont été en honneur chez les Grecs, et deux découvertes récentes de l'archéologie fournissent à cet égard un com
mentaire piquant au savant ouvrage de M. Carra de Vaux
notre président, M. Pottier, vous a montré naguère, dans une
de nos séances du Comité, le mécanisme ingénieux d'un vase

---

(1) Tannery (P.), *Histoire des sciences : mécanique,* dans la *Revue de synthèse
historique,* avril 1902, p. 198.

(2) *Corpus Inscr. Attic.,* IV, 373[79].

(3) *Bull. de Corr. hellén.,* t. VII (1883), p. 103-125, avec la correction proposée
par M. Dragoumis, *Ibid.,* p. 383-386.

pneumatiques et hydrauliques de Philon avec ceux que Héron
décrit dans son traité sur le même sujet. Philon, antérieur à
Héron de deux ou trois siècles, a quelque chose de plus simple,
de plus primitif ; sa science ne connaît encore ni vis, ni ressort,
ni spirale, ni turbine, ni engrenage tant soit peu compliqué ;
elle marque bien une époque antérieure aux grandes décou
vertes d'Archimède, et nous reporte tout près de ce Ctésibios
que Vitruve désignait comme un créateur dans cette branche
de la mécanique.

Vous lirez, Messieurs, avec un vif intérêt, le beau travail de
M. Carra de Vaux ; vous y admirerez la clarté de la traduction,
la précision et l'élégance des figures. Quant à la science même
de Philon, quelle impression vous laissera-t-elle ? Ou je me
trompe fort, ou vous serez surpris de la place immense, excessive pour notre goût, qu'occupe dans ce livre de physique et de
mécanique la description d'instruments qui sont de véritables
jouets. De la théorie du siphon et de ce principe élémentaire,
que l'eau s'échappe ou non d'un vase selon que la pression de
l'air s'y fait ou non sentir, l'auteur s'applique, ou s'amuse, à réaliser une série d'appareils propres à étonner le profane : fontaines
intermittentes, vases qui versent à volonté deux ou plusieurs
liquides, lavabo magique qui distribue tour à tour de l'eau
pour se laver et de la pierre ponce pour se frotter les mains,
aiguière merveilleuse qui permet d'asperger son voisin, oiseaux
siffleurs et buveurs, flambeau qui plonge dans l'eau sans
s'éteindre, que sais-je encore ? Tout cet attirail vous paraîtra
peut-être plus digne du prestidigitateur que du physicien.
Remarquez pourtant que, parmi ces expériences puériles, plusieurs déjà mettent en lumière un fait d'une haute portée scientifique ou d'une application utile : le thermoscope décrit au
chapitre v peut n'être encore qu'un jouet, c'est l'origine du
thermomètre ; et la lampe à niveau constant, du chapitre xx,
marque assurément un progrès appréciable dans la pratique.
Aussi bien l'amusement a-t-il eu toujours son rôle dans le
développement primitif des sciences de la nature. « Semblable

d'archives et de manuscrits, de nos écoles de haut enseignement, nous n'irions pas créer peut-être le Collège de France à
côté de la Sorbonne, ni répartir nos manuscrits et nos livres
rares entre l'Arsenal et Sainte-Geneviève, la Mazarine et la
Bibliothèque Nationale; nous n'aurions pas l'idée non plus de
collectionner des bronzes et des vases antiques ailleurs que
dans nos riches galeries du Louvre. Mais le Cabinet de France,
Messieurs, comme tant d'autres fondations qui se glorifient
d'une lointaine origine, a, si j'ose parler ainsi, une personnalité
historique; il a ses droits de propriété, dont il est justement
jaloux; il a le devoir de conserver intactes les donations qu'il a
reçues. Aux esprits systématiques qui s'étonneraient de rencontrer dans les mêmes salles des monnaies et des marbres,
des bronzes et des vases de terre cuite, il répondrait que les
Caylus et les de Luynes, ses bienfaiteurs, ne séparaient pas les
uns des autres ces précieux restes de l'antiquité, et qu'il est le
gardien d'une tradition qui a sa noblesse. Aussi bien qu'est-ce
qui importe aux progrès de la science archéologique, si profondément renouvelée de nos jours? C'est que ces monuments
du passé puissent être désormais mieux connus, mieux étudiés
qu'autrefois; c'est que ces bibelots d'étagère, qui sont parfois
des chefs-d'œuvre de l'art, deviennent aussi des documents his
toriques, classés et publiés avec méthode. Ce qu'il faut, c'est
que ces classifications se dégagent des erreurs anciennes, et
que les catalogues permettent de rapprocher les uns des autres
tous les objets de même origine et de même date, fussent-ils
séparés en fait par d'infranchissables barrières. Voilà dans quel
esprit M. de Ridder a examiné un à un, et retourné sous toutes
leurs faces, les 1260 vases qui composent aujourd'hui la collection de la Bibliothèque Nationale; et si, en attribuant à chacune de ces pièces la place qui lui était due, l'auteur a pu,
chemin faisant, détruire quelques légendes, il a réussi, en
revanche, à remettre en lumière des morceaux ignorés ou
méconnus, désormais rattachés à un point fixe dans l'histoire
de la céramique grecque. Nous avons le droit de sourire à la

pensée que Fauvel croyait avoir trouvé les ossements de Cimon dans un vase funéraire de Munychie (n° 417); mais les erreurs même des archéologues qui ont fait la collection du Cabinet de France méritent l'attention que leur accorde M. de Ridder. « Il semble, dit-il, que les antiquités léguées par Caylus aient conservé de ce passé quelque chose du respect pieux qui s'attache aux premières statues anciennes découvertes en Italie pendant les xv° et xvi° siècles : ce sont, toutes proportions gardées, des reliques de la science archéologique. » Pénétré de ces sentiments, M. de Ridder n'en est que plus sévère pour lui-même dans la description des vases qu'il présente au monde savant : exact jusqu'à la minutie dans l'énumération des détails qui peuvent intéresser l'archéologue, il s'interdit les hypothèses risquées, les digressions inutiles, auxquelles ont cédé parfois ses devanciers. On lira toujours avec intérêt les dissertations des Lenormant et des de Witte sur les vases de la Bibliothèque; mais il faudra recourir aux descriptions exactes et parfois arides de M. de Ridder, quand on voudra connaître à fond, et utiliser pour la science, quelque pièce de cette collection vénérable.

Entre les savants ouvrages que je viens, Messieurs, de vous signaler et l'œuvre que votre Commission a voulu honorer du prix Zappas, me faut-il chercher quelque trait de ressemblance qui fournisse à mon discours une transition naturelle ? Je n'y vois, à la vérité, que des contrastes. MM. de Ridder et Carra de Vaux s'adressent à un petit nombre de personnes, à des savants, des archéologues, des initiés; ils supposent connues toute une série de notions générales, et s'appliquent à donner de leurs documents, rares ou inédits, une interprétation rigoureuse. Le *Syllogue pour la propagation de livres utiles*, Σύλλογος πρὸς διάδοσιν ὠφελίμων βιβλίων, a l'espoir d'atteindre, au contraire, dans tous les pays de langue grecque, un nombre considérable et toujours croissant de lecteurs; il travaille pour un public qu'il sait, ou qu'il suppose, dépourvu de connaissances même élémentaires; il prétend embrasser dans une sorte d'encyclopédie

d'archives et de manuscrits, de nos écoles de haut enseignement, nous n'irions pas créer peut-être le Collège de France à
côté de la Sorbonne, ni répartir nos manuscrits et nos livres
rares entre l'Arsenal et Sainte-Geneviève, la Mazarine et la
Bibliothèque Nationale; nous n'aurions pas l'idée non plus de
collectionner des bronzes et des vases antiques ailleurs que
dans nos riches galeries du Louvre. Mais le Cabinet de France,
Messieurs, comme tant d'autres fondations qui se glorifient
d'une lointaine origine, a, si j'ose parler ainsi, une personnalité
historique; il a ses droits de propriété, dont il est justement
jaloux; il a le devoir de conserver intactes les donations qu'il a
reçues. Aux esprits systématiques qui s'étonneraient de rencontrer dans les mêmes salles des monnaies et des marbres,
des bronzes et des vases de terre cuite, il répondrait que les
Caylus et les de Luynes, ses bienfaiteurs, ne séparaient pas les
uns des autres ces précieux restes de l'antiquité, et qu'il est le
gardien d'une tradition qui a sa noblesse. Aussi bien qu'est-ce
qui importe aux progrès de la science archéologique, si profondément renouvelée de nos jours? C'est que ces monuments
du passé puissent être désormais mieux connus, mieux étudiés
qu'autrefois; c'est que ces bibelots d'étagère, qui sont parfois
des chefs-d'œuvre de l'art, deviennent aussi des documents his
toriques, classés et publiés avec méthode. Ce qu'il faut, c'est
que ces classifications se dégagent des erreurs anciennes, et
que les catalogues permettent de rapprocher les uns des autres
tous les objets de même origine et de même date, fussent-ils
séparés en fait par d'infranchissables barrières. Voilà dans quel
esprit M. de Ridder a examiné un à un, et retourné sous toutes
leurs faces, les 1260 vases qui composent aujourd'hui la collection de la Bibliothèque Nationale; et si, en attribuant à chacune de ces pièces la place qui lui était due, l'auteur a pu,
chemin faisant, détruire quelques légendes, il a réussi, en
revanche, à remettre en lumière des morceaux ignorés ou
méconnus, désormais rattachés à un point fixe dans l'histoire
de la céramique grecque. Nous avons le droit de sourire à la

Delavigne, parmi les professeurs, les hommes d'État, les poètes, qu'entraînait un commun amour de la Grèce. Il ne s'agit plus aujourd'hui, Messieurs, en dépit de récentes épreuves, d'arra cher le peuple grec à d'aussi effroyables malheurs ; il ne s'agit même plus pour nous de lui offrir, comme autrefois, nos livres, puisque depuis longtemps il a pris l'habitude d'en composer lui-même ; mais il nous appartient de favoriser, d'encourager la publication des œuvres qui nous semblent répondre le mieux à des besoins vivement ressentis.

Fondé sous le patronage de son Altesse Royale la Princesse Sophie, et sur l'initiative de notre cher ancien Président M. Bi kélas, le *Syllogue pour la propagation de livres utiles* a pour objet de répandre partout en Grèce, dans les villes et dans les campagnes, dans les écoles, dans les casernes, et jusque dans les moindres foyers, des connaissances désormais nécessaires à quiconque veut faire bonne figure dans le monde civilisé. S'il était bon, il y a un siècle, à la veille de la grande Ἐπανάστασις, de réveiller et d'exalter le sentiment national par la lecture des écrivains de la Grèce antique, d'autres intérêts dominent aujour-d'hui : faire entrer les générations nouvelles dans la voie du progrès, sans porter d'ailleurs atteinte à aucune de leurs tradi tions nationales ; compléter l'éducation primaire des enfants et des adultes par des notions élémentaires d'hygiène et d'écono-mie politique ou sociale, de physique et de chimie industrielle, de morale civique et d'histoire générale, voilà le but, et c'est à quoi tendent depuis plus de quatre ans les efforts de l'associa-tion qui dès le premier jour a conquis toutes nos sympathies. Nous avons vu paraître un à un, chaque mois, depuis l'année 1900, ces petits livres d'un format commode, d'un prix modique, et, ce qui vaut mieux, d'un vif intérêt. Chacun d'eux a sa valeur et son caractère propres ; mais tous s'inspirent du même esprit ; tous visent à donner une idée simple, mais précise et vraie, de la question qu'ils traitent : qu'il s'agisse de l'*Acropole d'Athènes* ou des *Découvertes du* xixᵉ *siècle*, c'est la même méthode d'ex-position, la même absence de toute prétention littéraire, la même sobriété dans la description des temples contemporains de Périclès et dans l'analyse des appareils perfectionnés de la télégraphie sans fil ou de l'automobilisme le plus récent ; c'est aussi la même langue, également éloignée d'un purisme affecté et d'un vulgarisme intransigeant ; c'est en un mot le même souci de la vérité, mise à la portée d'une jeunesse intelligente, curieuse, avide de bonnes et utiles leçons. Comment vous nommer, Messieurs, tous les collaborateurs de cette généreuse entreprise ? Ils me sauront gré plutôt de vous signaler le succès déjà considérable de leurs efforts : près d'un demi-million d'exemplaires, répandus dans tous les pays de langue grecque, y ont fait pénétrer des connaissances et des idées qui assurent tôt ou tard le progrès matériel et moral du peuple. Le développement continu de cette bonne œuvre est la plus haute récompense où aspire votre éminent confrère M. Bikélas : puissent les suffrages de notre Association lui donner une nouvelle confiance dans l'avenir, et contribuer à réaliser le rêve de son patriotisme éclairé !

Parmi les autres ouvrages offerts à notre bibliothèque, la Commission, Messieurs, en a distingué deux, qui reçoivent chacun une Médaille d'argent : c'est le livre de M. T. Stickney sur les *Sentences dans la poésie grecque d'Homère à Euripide* (1), et l'étude de M. Colardeau sur *Epictète* (2). Ces deux thèses de doctorat, présentées à la Faculté des lettres de l'Université de Paris, ont ce caractère commun, d'être l'une et l'autre exclusivement littéraires ; leur mérite réside tout entier dans une conception originale ou dans un exposé méthodique et clair du sujet traité.

L'originalité du travail de M. Stickney tient à plusieurs causes, parmi lesquelles il nous faut bien signaler d'abord la forme même du style et de la composition : écrit en français par un Américain, ce livre a pour nous comme une saveur exotique, qui nous saisit d'abord, nous étonne un peu, et ne

1 Paris, librairie Georges Bellais, 1903.
2 Paris, Fontemoing, 1903.

laisse pas que de nous charmer ; des tournures et des expres
sions peu communes, archaïques, ce semble, contrastent avec
l'esprit tout moderne des idées ; l'allure même des démonstra
tions a je ne sais quoi d'inattendu, d'inusité, avec des digres
sions peu banales, parfois de vives et spirituelles saillies. Une
autre impression du même genre résulte pour nous de la
traduction que l'auteur donne des textes grecs : comme il
s'agit de poésie, M. Stickney ne se contente pas, ou plutôt ne
se propose même pas, de marquer le lien logique des idées, il
s'attache à suivre l'ordre des mots et s'efforce de reproduire
jusqu'aux moindres images de l'original. En quoi il a déployé
un véritable talent, avec une intelligence profonde et sûre de
la langue et du génie poétique des Grecs ; mais il faut reconnaître que ce parti pris inflexible donne aux citations quelque
chose d'abrupt, de heurté, d'incohérent même, qui d'ailleurs, à
la réflexion, ne sied pas trop mal aux strophes d'un Pindare,
d'un Eschyle. Voulez-vous encore que je vous dise, Messieurs,
pourquoi le livre de M. Stickney échappe à toute banalité ?
C'est que l'auteur, helléniste de profession, a plus encore le
caractère d'un lettré cosmopolite : élevé en Europe autant
qu'en Amérique, et pénétré de culture latine en même temps
que d'éducation germanique et anglo-saxonne, il cite avec une
égale aisance le Mahâbhârata et les poésies de Heine, Shakespeare et Molière, Schopenhauer et Nietzsche, de sorte que la
poésie grecque lui apparaît comme un phénomène entre beaucoup d'autres dans le développement historique des littératures,
et qu'il la juge avec une rare liberté, sans rien de ce fétichisme
classique qui a nui longtemps à la connaissance exacte des
hommes et des choses du passé. Et voici la conséquence de ces
heureuses dispositions d'esprit : c'est que, d'un sujet qui pouvait
être banal, M. Stickney a tiré une théorie vraiment neuve, et
d'une assez haute portée. Ces sentences morales (γνῶμαι) qu'Eu
ripide répand à profusion dans son drame, il y a longtemps
que la critique littéraire les explique par l'influence des rhé-
teurs ; il était déjà de mode, à Athènes et à Rome, d'aller

chercher jusque dans Homère les premiers vestiges de ces vérités générales qui servent de point d'appui à un raisonnement oratoire. Mais ce qui est nouveau, c'est de découvrir, par l'étude de ces sentences mêmes, dans Pindare et dans Eschyle, dans Théognis et dans Euripide, la lutte de deux courants opposés, de deux tendances également propres au génie grec. « Contemplative et musicale chez les uns, la poésie morale a été chez les autres démonstrative et rhétorique ». « C'est la musique, ajoute M. Stickney, qui a fait omettre par les poètes grecs les procédés oratoires de l'exposition abstraite. Une fois la musique passée au second plan, ils ont fait des démonstrations en vers, puis eux-mêmes sont devenus des orateurs. » C'est ainsi que la sentence, considérée, suivant le mot d'Aristote, comme une partie de l'enthymème. a conduit M. Stickney à une conception profondément originale de la poésie grecque. Un tel effort d'analyse et de pensée fait grand honneur au jeune maître qui enseigne aujourd'hui à l'Université de Harvard, et que l'Association est fière de compter désormais au nombre de ses lauréats.

M. Colardeau, professeur à l'Université de Grenoble, a fait sur la vie, l'enseignement et le caractère d'Epictète, d'après les *Entretiens* et le *Manuel*, l'étude la plus approfondie et la plus judicieuse qu'on ait encore écrite sur ce sujet; son livre se recommande par une correction, une conscience, une clarté de méthode et de style, qui rappellent les plus saines traditions de notre enseignement universitaire. On trouvera peut-être, on a trouvé déjà, que la figure d'Epictète y est trop isolée de celle des stoïciens ses prédécesseurs ou ses contemporains. Mais ce reproche, à mon avis, se justifie moins par une lacune réelle que par la disposition des matières autour du personnage principal : lisez l'index qui termine le volume ; et vous verrez que l'auteur n'a pas manqué d'éclairer le stoïcisme de son héros par une comparaison continue avec les doctrines des philosophes antérieurs. Musonius Rufus, en particulier, le maître d'Epictète, est ici l'objet d'une étude qui aurait pu, à elle seule, devenir une thèse, et votre Rapporteur, Messieurs, ne craint pas d'insister sur le mérite particulier des pages où M. Colardeau discute la valeur et l'authenticité des fragments de ce philosophe. Il ne fallait pas moins de finesse et d'esprit critique pour dégager des *Entretiens* d'Arrien le caractère véritable et le talent même du maître. Ces pénétrantes recherches ont permis à M. Colardeau de tracer d'Epictète, non pas une esquisse rapide, comme avait fait M. Martha dans ses *Moralistes sous l'empire romain*, mais un portrait achevé, qui met en lumière les nuances les plus délicates de la vertu stoïque chez l'un des maîtres les plus écoutés de cette admirable doctrine.

D'autres ouvrages, messieurs, mériteraient de vous être présentés avec éloge, si je ne craignais d'étendre démesurément ce rapport. Il me faut pourtant dire encore quelques mots de plusieurs publications, intéressantes à divers titres. De simples brochures ont pour nous la valeur d'une promesse, quand elles nous révèlent de bons travailleurs, appliqués à défricher un domaine encore peu connu de l'histoire ou de l'archéologie. Depuis quatre ans qu'il est en Crète, comme éphore des anti quités, M. Xanthoudidis a mis tous ses soins à recueillir les nscriptions chrétiennes de cette île, et le spécimen qu'il nous offre de son travail (1) nous permet de l'encourager dans cette voie. Les textes qu'il a relevés se présentent dans son recueil avec toutes les garanties que réclame aujourd'hui la science, et la même méthode apparaît dans un autre mémoire (2), qu'il a consacré à des bulles de plomb et à des sceaux byzantins trouvés en Crète. Dans une autre région de la Grèce, et aussi dans un autre ordre d'études, s'exerce l'activité de M. Nico A. Béis : ce savant, qui se fait connaître à nous cette année par l'envoi gracieux de trois brochures, paraît s'attacher surtout à explorer les manuscrits du xvii° et du xviii° siècle pour y décou-

---

(1) Xanthoudidis (St. A.), Χριστιανικαὶ ἐπιγραφαὶ Κρήτης, extrait de l'Ἀθηνᾶ, t. XV (1903), p. 49-163.

(2) Χριστιανικαὶ ἀρχαιότητες ἐκ Κρήτης, extrait du *Journal international d'archéologie numismatique*, t. VI (1903), p. 115-139.

chercher jusque dans Homère les premiers vestiges de ces
vérités générales qui servent de point d'appui à un raisonnement oratoire. Mais ce qui est nouveau, c'est de découvrir, par
l'étude de ces sentences mêmes, dans Pindare et dans Eschyle,
dans Théognis et dans Euripide, la lutte de deux courants
opposés, de deux tendances également propres au génie grec.
« Contemplative et musicale chez les uns, la poésie morale a
été chez les autres démonstrative et rhétorique ». « C'est la
musique, ajoute M. Stickney, qui a fait omettre par les poètes
grecs les procédés oratoires de l'exposition abstraite. Une fois
la musique passée au second plan, ils ont fait des démonstrations en vers, puis eux-mêmes sont devenus des orateurs. »
C'est ainsi que la sentence, considérée, suivant le mot d'Aristote, comme une partie de l'enthymème, a conduit M. Stickney
à une conception profondément originale de la poésie grecque.
Un tel effort d'analyse et de pensée fait grand honneur au
jeune maître qui enseigne aujourd'hui à l'Université de Harvard, et que l'Association est fière de compter désormais au
nombre de ses lauréats.

M. Colardeau, professeur à l'Université de Grenoble, a fait
sur la vie, l'enseignement et le caractère d'Epictète, d'après les
Entretiens et le *Manuel*, l'étude la plus approfondie et la plus
judicieuse qu'on ait encore écrite sur ce sujet; son livre se
recommande par une correction, une conscience, une clarté de
méthode et de style, qui rappellent les plus saines traditions de
notre enseignement universitaire. On trouvera peut-être, on a
trouvé déjà, que la figure d'Epictète y est trop isolée de celle
des stoïciens ses prédécesseurs ou ses contemporains. Mais ce
reproche, à mon avis, se justifie moins par une lacune réelle
que par la disposition des matières autour du personnage principal : lisez l'index qui termine le volume ; et vous verrez que
l'auteur n'a pas manqué d'éclairer le stoïcisme de son héros
par une comparaison continue avec les doctrines des philosophes antérieurs. Musonius Rufus, en particulier, le maître
d'Epictète, est ici l'objet d'une étude qui aurait pu, à elle seule,

rieux que le phonographe ! Mais la description des villages où a vécu notre voyageur, la peinture de la vie et des mœurs, avec toutes les variétés propres à chaque région de l'île, le tout illustré de pittoresques photographies, voilà ce qui fait à nos yeux la valeur et l'intérêt durable de ce joli volume.

Quand je vous aurai nommé encore, Messieurs, les belles études de notre dévoué confrère, M. Théodore Reinach sur le *Sarcophage de Sidamaria* (1), et les nouvelles publications archéologiques de M. Svoronos (les deux premiers fascicules d'une reproduction phototypique, avec commentaire, des chefs-d'œuvre du *Musée national* d'Athènes (2), et une livraison à l'usage des gens du monde, *Les trésors de nos musées*, τὰ κειμή-λια τῶν Μουσείων μας) (3), il ne me restera plus qu'à mettre fin à cette trop longue énumération en rendant un juste hommage à l'œuvre magistrale de notre vénéré confrère, le directeur du Conservatoire royal de musique à Bruxelles, M. Gevaert. Ses *Problèmes musicaux d'Aristote*, annotés, traduits et commentés, avec la collaboration de M. Wagener d'abord, puis de M. Voll-graff, représentent le labeur de plus de vingt années (4) : c'est en 1881 que M. Gevaert achevait son admirable *Histoire et théorie de la musique dans l'antiquité*, ouvrage qui reçut alors votre plus haute récompense, le prix de l'Association ; depuis cette date, à travers des obligations multiples, M. Gevaert n'a pas cessé de travailler à la publication intégrale des *Problèmes musicaux* d'Aristote ; il a suivi avec la plus bienveillante atten-tion les efforts tentés dans notre Association même, par M. Ruelle en 1891, ensuite par MM. d'Eichthal et Th. Reinach en 1892, pour éclaircir le sens et le texte de ce traité difficile ; nous l'avons vu, en 1894, honorer de sa présence, dans cette même salle de l'hémicycle, la conférence de M. Th. Reinach sur la musique grecque, à propos de l'hymne à Apollon ; et,

(1) Extrait des *Monuments et mémoires* (fondation Piot).
(2) Athènes, 1903.
(3) Athènes, 1903.
(4) Gand, Hoste, 1903.

populaire, tout le domatne de l'histoire, des lettres, des sciences, de la vie pratique elle-même. Pour justifier, Messieurs, la distinction accordée à ces petits et modestes volumes, il suffira de vous dire qu'ils nous ont paru de nature à servir une grande cause, l'éducation intellectuelle et morale du peuple grec. Jamais notre Association n'a séparé, dans ses préoccupations les plus chères, du culte de l'antiquité le dévouement aux intérêts de la Grèce moderne, et, si les travaux insérés dans notre *Annuaire*, dans notre *Revue*, si les récompenses annuellement décernées par notre Commission des prix, attestent le double sentiment qui nous guide, nous avons conscience de suivre et de maintenir ainsi une tradition bien française. L'idée de répandre des livres utiles dans les écoles grecques date de loin en France : lorsque le jeune Ambroise-Firmin Didot, l'élève de Coray, fit en 1816 ce voyage du Levant qui fut comme le prélude de sa carrière d'érudit, on lui montra au collège de Chios un envoi de livres offerts peu d'années auparavant par un groupe de donateurs français, Clavier, Thurot, Boissonade, la famille Didot elle-même; et, quand il eut passé deux mois au collège alors célèbre de Cydonie, sur la côte éolienne d'Asie Mineure, il voulut à son tour offrir à cette école une riche collection de volumes appropriés aux besoins de la jeunesse (1). L'un et l'autre de ces deux présents disparurent, on le sait, dans les terribles catastrophes de l'année 1822; mais alors ce fut sous une forme bien digne d'un helléniste que se manifesta l'activité de Didot en faveur des infortunés qui avaient échappé au désastre de Chios : la traduction de la *Morale à Nicomaque* d'Aristote, publiée à Paris par François Thurot en 1823, fut l'objet d'une souscription destinée à soulager les misères des Grecs, et la liste des souscripteurs, inscrite à la fin du volume, comprend les noms de Pouqueville, de Letronne, de Raoul Rochette parmi les savants, de Guizot, de Broglie, de Casimir

---

(1) J'emprunte ces détails à la notice sur Ambroise-Firmin Didot, publiée par notre regretté confrère, le marquis de Queux de Saint-Hilaire, dans l'*Annuaire* de 1876.

rieux que le phonographe ! Mais la description des villages où a vécu notre voyageur, la peinture de la vie et des mœurs, avec toutes les variétés propres à chaque région de l'île, le tout illustré de pittoresques photographies, voilà ce qui fait à nos yeux la valeur et l'intérêt durable de ce joli volume.

Quand je vous aurai nommé encore, Messieurs, les belles études de notre dévoué confrère, M. Théodore Reinach sur le *Sarcophage de Sidamaria* (1), et les nouvelles publications archéologiques de M. Svoronos (les deux premiers fascicules d'une reproduction phototypique, avec commentaire, des chefs-d'œuvre du *Musée national* d'Athènes (2), et une livraison à l'usage des gens du monde, *Les trésors de nos musées*, τὰ κειμή-λια τῶν Μουσείων μας) (3), il ne me restera plus qu'à mettre fin à cette trop longue énumération en rendant un juste hommage à l'œuvre magistrale de notre vénéré confrère, le directeur du Conservatoire royal de musique à Bruxelles, M. Gevaert. Ses *Problèmes musicaux d'Aristote*, annotés, traduits et commentés, avec la collaboration de M. Wagener d'abord, puis de M. Vollgraff, représentent le labeur de plus de vingt années (4) : c'est en 1881 que M. Gevaert achevait son admirable *Histoire et théorie de la musique dans l'antiquité*, ouvrage qui reçut alors votre plus haute récompense, le prix de l'Association; depuis cette date, à travers des obligations multiples, M. Gevaert n'a pas cessé de travailler à la publication intégrale des *Problèmes musicaux* d'Aristote; il a suivi avec la plus bienveillante attention les efforts tentés dans notre Association même, par M. Ruelle en 1891, ensuite par MM. d'Eichthal et Th. Reinach en 1892, pour éclaircir le sens et le texte de ce traité difficile ; nous l'avons vu, en 1894, honorer de sa présence, dans cette même salle de l'hémicycle, la conférence de M. Th. Reinach sur la musique grecque, à propos de l'hymne à Apollon ; et,

(1) Extrait des *Monuments et mémoires* (fondation Piot).
(2) Athènes, 1903.
(3) Athènes, 1903.
(4) Gand, Hoste, 1903.

COMMISSION ADMINISTRATIVE

MESSIEURS,

L'année 1903 vous a apporté un de ces dons rares et précieux — δόσις μεγάλη τε φίλη τε — qui méritent d'être signalés dès les premières lignes du rapport de votre Commission administrative. M. le duc de Loubat, correspondant de l'Institut, déjà connu par ses libéralités à l'égard des savants voués à l'étude des antiquités américaines, et qui n'a pas moins libéralement encouragé les travaux de l'École française d'Athènes, s'est fait inscrire dans nos rangs à titre de membre donateur par le versement d'une somme de 1,000 francs. Sur cette somme, nous avons pensé qu'il serait juste de prélever 900 fr. destinés à être attribués, au fur et à mesure des besoins, à l'il lustration de la *Revue,* tandis que le dixième restant formerait la cotisation perpétuelle du donateur. Que M. le duc de Loubat reçoive ici l'expression de nos plus vifs remerciements, et puisse son exemple nous attirer de nombreux imitateurs de son intelligente générosité !

C'est une générosité de ce genre, Messieurs, que louait déjà l'an dernier, à pareille date, notre président, M. Salomon Reinach, lorsqu'il annonçait qu'un legs important venait de nous être signifié comme figurant au testament d'un de nos associés récemment décédé : votre bureau a fait les diligences nécessaires pour entrer en possession du legs de M. Pélicier; il n'a pas dépendu de lui que je puisse vous informer aujourd'hui du règlement définitif de cette affaire en notre faveur, et il m'est encore impossible d'en tenir compte dans le projet de budget pour 1904.

Voici maintenant nos tableaux habituels de recettes et de dépenses accompagnés des remarques indispensables.

I. *État comparatif des Recettes en 1902 et 1903.*

A. Intérêts de capitaux.

	1902		1903	
1° Rente Deville 3 %...............	500 »		500 »	
2° Coupons de 154 obligations Ouest.	2,212 15		2,212 27	
3° Coupons de 18 obligations Midi....	259 20	} 3,121 »	259 20	} 3,130 80
4° Coupons de 9 obligations Est.	129 60		136 33	
5° Intérêts du compte courant.	20 05		23 »	

B. Subventions et dons divers.

	1902		1903	
6° Subvention du Ministère de l'Instruction publique...	500 »		500 »	
7° Don de l'Université d'Athènes (500, puis 475 *drachmes*).............	298 45	} 798 45	292 »	} 1,692 »
8° Dons pour l'illustration de la *Revue*.	» »		900 »	

C. Cotisations, ventes, recettes diverses.

	1902		1903	
9° Cotisations des membres ordinaires.	3,947 80		3,764 50	
10° Souscriptions de membres donateurs	200 »	} 4,472 75	400 »	} 4,358 50
11° Vente de publications et médailles.	304 95		194 »	
12° Location d'une cave..............	20 »		» »	
	8,392 20		9,181 30	

II. *État comparatif des Dépenses en 1902 et 1903.*

A. Publications.

	1902		1903	
1° *Revue des Études grecques*........	2,504 »	} 2,704 »	2,956 »	} 3,156 »
2° *Bibliographie* (rédaction de la).....	200 »		200 »	
A reporter.............	2,704 »		3,156 »	

saires pour entrer en possession du legs de M. Pélicier; il n'a pas dépendu de lui que je puisse vous informer aujourd'hui du règlement définitif de cette affaire en notre faveur, et il m'est encore impossible d'en tenir compte dans le projet de budget pour 1904.

Voici maintenant nos tableaux habituels de recettes et de dépenses accompagnés des remarques indispensables.

I. *État comparatif des Recettes en 1902 et 1903.*

A. Intérêts de capitaux.

	1902		1903	
1° Rente Deville 3 %...............	500 »		500 »	
2° Coupons de 154 obligations Ouest.	2,212 15		2,212 27	
3° Coupons de 18 obligations Midi....	259 20	3,121 »	259 20	3,130 80
4° Coupons de 9 obligations Est.	129 60		136 33	
5° Intérêts du compte courant.	20 05		23 »	

B. Subventions et dons divers.

	1902		1903	
6° Subvention du Ministère de l'Instruction publique...	500 »		500 »	
7° Don de l'Université d'Athènes (500, puis 475 *drachmes*)....	298 45	798 45	292 »	1,692 »
8° Dons pour l'illustration de la *Revue*.	» »		900 »	

C. Cotisations, ventes, recettes diverses.

	1902		1903	
9° Cotisations des membres ordinaires.	3,947 80		3,764 50	
10° Souscriptions de membres donateurs	200 »	4,472 75	400 »	4,358 50
11° Vente de publications et médailles.	304 95		194 »	
12° Location d'une cave.............	20 »		» »	
	8,392 20		9,181 30	

II. *État comparatif des Dépenses en 1902 et 1903.*

A. Publications.

	1902		1903	
1° *Revue des Études grecques*........	2,504 »	2,704 »	2,956 »	3,156 »
2° *Bibliographie* (rédaction de la).....	200 »		200 »	
A reporter.............	2,704 »		3,156 »	

Report................... 14,108 22

Sorties de caisse (tableau n° II)......	7,749 05	
Prix Zappas....................	337 50	
Achat et mise au nominatif de 1 obligation Est..................	463 35	
	8,549 90	8,549 90

Il reste donc en caisse au 31 décembre 1903, la
somme de............................... 5,558 32
qui se décompose ainsi :

1° Solde à la Société Générale.......	5,497 92
2° En caisse de l'agent bibliothécaire.	60 40
	5,558 32

De tout ce qui précède, Messieurs, il ressort que notre exercice 1903, comparé à l'exercice 1902, accuse une *plus-value* de recettes de 789 fr. 10 c. et une augmentation de dépenses de 705 fr. 25. Sur les recettes il faut signaler, en regard du don qui fait l'objet d'une mention spéciale au début de ce rapport, une diminution de 294 fr. 25 c. sur les produits réunis des cotisations de membres ordinaires et de la vente de nos publications et médailles. Quant à l'augmentation des dépenses, elle était prévue, et ne doit être rappelée ici que pour mémoire. — Les recettes s'étant élevées à 9,181 fr. 30 c. et les dépenses à 7,749 fr. 05 c., l'exercice 1903 se solde par une différence *en plus* de 1,432 fr. 25 c. ou de 1,042 fr. 25 c., déduction faite des cotisations de membres donateurs, celles-ci étant toujours destinées à être capitalisées ou mises en réserve.

Mais c'est assez *gloser* sur le passé; le présent et l'avenir réclament ici leur tour sous la forme d'un projet de budget pour 1904 dont il me reste à vous donner lecture.

Report		14,108 22
Sorties de caisse (tableau n° II)	7,749 05	
Prix Zappas	337 50	
Achat et mise au nominatif de 1 obligation Est	463 35	
	8,549 90	8.549 90

Il reste donc en caisse au 31 décembre 1903, la somme de 5,558 32

qui se décompose ainsi :

1° Solde à la Société Générale	5,497 92
2° En caisse de l'agent bibliothécaire.	60 40
	5,558 32

De tout ce qui précède, Messieurs, il ressort que notre exercice 1903, comparé à l'exercice 1902, accuse une *plus-value* de recettes de 789 fr. 10 c. et une augmentation de dépenses de 705 fr. 25. Sur les recettes il faut signaler, en regard du don qui fait l'objet d'une mention spéciale au début de ce rapport, une diminution de 294 fr. 25 c. sur les produits réunis des cotisations de membres ordinaires et de la vente de nos publications et médailles. Quant à l'augmentation des dépenses, elle était prévue, et ne doit être rappelée ici que pour mémoire. — Les recettes s'étant élevées à 9,181 fr. 30 c. et les dépenses à 7,749 fr. 05 c., l'exercice 1903 se solde par une différence *en plus* de 1,432 fr. 25 c. ou de 1,042 fr. 25 c., déduction faite des cotisations de membres donateurs, celles-ci étant toujours destinées à être capitalisées ou mises en réserve.

Mais c'est assez *gloser* sur le passé ; le présent et l'avenir réclament ici leur tour sous la forme d'un projet de budget pour 1904 dont il me reste à vous donner lecture.

Report............		5,301

C. Frais généraux.

7° Loyer, impositions, assurances	905 »	
8° Indemnité de l'agent-bibliothécaire.	1,000 »	
9° Service du palais des Beaux-Arts.	130 »	
10° Impressions diverses............	70 »	
11° Frais divers et droits à la Société Générale...................	35 »	
12° Distribution de publications.....	500 »	3,107 »
13° Frais de recouvrement	120 »	
14° Frais de bureau, de commis, correspondance	210 »	
15° Nettoyage, éclairage, chauffage...	75 »	
16° Reliure de livres pour la bibliothèque...................	120 »	

	8,466 ».

Votre Commission administrative prévoit donc pour 1904 en recettes et en dépenses, une somme égale de 8,466 francs. Elle vous prie aussi de remarquer qu'elle porte de 9 à 11 le nombre de nos obligations du chemin de fer de l'Est : l'en-caisse au 31 décembre 1903, provenant de reliquats d'exercices antérieurs ou de cotisations de membres donateurs, lui a paru assez élevé pour justifier cet accroissement du capital et des revenus fixes.

Tel est, Messieurs, l'état de nos finances. Comme vous le voyez, *Sunt bona, sunt mala, sunt mediocria.* Faut-il terminer le vers en vous disant : *sunt* BONA *plura?* Ce ne serait peut-être pas l'expression de la vérité, et d'ailleurs c'est une de ces paroles qu'un sage trésorier ne doit jamais prononcer. En tout cas, Messieurs, le moment est venu de faire trève à toute cette arithmétique. Déjà le dieu de Delphes s'impatiente ; le messager, le prêtre qu'il nous envoie a bien eu le temps d'accorder sa lyre depuis que vous m'écoutez, et l'heure est arrivée que pressentait Horace :

Laudabunt alii.... Apolline Delphos
Insignes.

Pour les membres de la Commission administrative.
Le trésorier, Max Egger.

C. Frais généraux.

7° Loyer, impositions, assurances	905	»
8° Indemnité de l'agent-bibliothécaire.	1,000	»
9° Service du palais des Beaux-Arts.	130	»
10° Impressions diverses............	70	»
11° Frais divers et droits à la Société Générale....................	35	»
12° Distribution de publications.....	500	»
13° Frais de recouvrement	120	»
14° Frais de bureau, de commis, correspondance	210	»
15° Nettoyage, éclairage, chauffage...	75	»
16° Reliure de livres pour la bibliothèque.....................	120	»

3,107 »

8,466 »

Votre Commission administrative prévoit donc pour 1904 en recettes et en dépenses, une somme égale de 8,466 francs. Elle vous prie aussi de remarquer qu'elle porte de 9 à 11 le nombre de nos obligations du chemin de fer de l'Est : l'en-caisse au 31 décembre 1903, provenant de reliquats d'exercices antérieurs ou de cotisations de membres donateurs, lui a paru assez élevé pour justifier cet accroissement du capital et des revenus fixes.

Tel est, Messieurs, l'état de nos finances. Comme vous le voyez, *Sunt bona, sunt mala, sunt mediocria.* Faut-il terminer le vers en vous disant : *sunt* bona *plura?* Ce ne serait peut-être pas l'expression de la vérité, et d'ailleurs c'est une de ces paroles qu'un sage trésorier ne doit jamais prononcer. En tout cas, Messieurs, le moment est venu de faire trêve à toute cette arithmétique. Déjà le dieu de Delphes s'impatiente ; le messager, le prêtre qu'il nous envoie a bien eu le temps d'accorder sa lyre depuis que vous m'écoutez, et l'heure est arrivée que pressentait Horace :

> *Laudabunt alii.... Apolline Delphos*
> *Insignes.*

Pour les membres de la Commission administrative.
Le trésorier, Max Egger.

fera pas de mal ! » semblait lui dire un des maîtres de l'archéologie grecque, et le même savant, qui manie le crayon avec le
talent d'un artiste, se plaisait à représenter, dans une esquisse
charmante, le néophyte accueilli dans le Parthénon par un
sourire bienveillant, mais légèrement dédaigneux, de la déesse
Athéna !

Le premier de ces voyages, au printemps de 1902, eut pour
objet l'inauguration de la section étrangère de l'École française
d'Athènes : ce fut pour M. Roujon comme un premier degré
d'initiation. Il en revint tout à fait conquis, et n'attendit plus
qu'une occasion nouvelle de se remettre en route.

L'occasion se présenta dès l'année suivante, lorsque le gouvernement français résolut de célébrer l'inauguration officielle
du Musée de Delphes et la remise au gouvernement hellénique
des objets découverts dans les fouilles de l'École d'Athènes. La
date du samedi 2 mai 1903 fut fixée pour cette importante
cérémonie. Toute une flottille se trouva réunie, le matin de
cette journée mémorable, dans le petit port d'Itéa, l'échelle de
Delphes : le stationnaire de Constantinople, la *Mouette*, avait à
son bord, avec l'ambassadeur M. Constans, le Ministre de
l'Instruction publique M. Chaumié ; le *Condor* amenait M. d'Or-
messon et le personnel de la légation de France à Athènes ; le
Vautour, d'autres personnages de marque. Sur un vaisseau de
la marine hellénique avaient pris passage ministres, députés
hauts fonctionnaires de l'État du Roi Georges, et, sur un paque-
bot spécial, le reste des invités.

Des mulets et des calèches attendaient les pèlerins, pour les
conduire, à travers un magnifique bois d'oliviers, puis par des
pentes abruptes, jusqu'au temple d'Apollon. Le ciel était
resplendissant de clarté, et, à chaque tournant de la route,
apparaissait tour à tour un coin de mer bleue ou la riante
verdure de la plaine sacrée d'Amphissa. A mesure qu'on s'élevait, l'émotion devenait plus poignante ; un trouble religieux
s'emparait de tous : déjà se dressaient devant le pieux cortège
les deux Roches Phædriades, avec leur éclat métallique, tandis

que, sur la droite, se creusaient de profonds et sombres ravins.
A ce spectacle, M. Roujon éprouva un singulier mélange de
sentiments : c'était tout ensemble une sorte de frisson religieux, en face du mystère divin, et aussi — faut-il l'avouer?
— « un certain orgueil d'être bachelier »! Oui, ceux-là seuls
connaîtront de telles émotions, qui auront eu le bonheur de
recevoir une éducation grecque, et vraiment classique! Jamais
les sports à outrance, les lendits, les concours de course et de
boxe, ne remplaceront dans l'éducation de la jeunesse les
nobles études inspirées de la Grèce et de Rome!

Une première étape au bourg de Chrysso, une autre au village de Kastri, donnent aux voyageurs l'impression du plus
chaleureux accueil. Les cris, Ζήτω ἡ Γαλλία, Ζήτω ἡ Ἑλλάς, re-
tentissent de toutes parts. Les autorités locales apportent aux
représentants de la France l'hommage de leur dévouement, les
protestations de leur amitié; on évoque des souvenirs, des espérances communes, on se comprend à demi-mot, on se serre
les mains, tandis qu'un chœur d'indigènes fait entendre un
chant criard, traînant, mélancolique. « Je n'ai su que le soir,
dit M. Roujon, que c'était la *Marseillaise!* »

A midi, on arrive aux ruines de Delphes : c'est là que
M. Homolle, entouré de quelques-uns de ses collaborateurs,
reçoit les invités. Et tout aussitôt commence la visite des
fouilles. Mais M. Roujon n'insiste pas sur le détail des admirables trouvailles, ni sur la description, déjà faite souvent, du
vieux sanctuaire delphique. Il se plaît seulement à montrer,
en quelques traits pittoresques, la silhouette de M. Homolle,
infatigable au milieu des blocs de pierre et des colonnes de
marbre, et « alerte comme une chèvre de Théocrite »! Puis il
fait ressortir la simplicité grandiose de la cérémonie qui eut
lieu alors, à savoir la remise au gouvernement grec du chantier où la science française a travaillé presque sans relâche
depuis un demi-siècle! Il refait l'historique, non des dernières
fouilles elles-mêmes, mais des négociations qui les ont précé-
dées; il rend hommage à l'activité éclairée d'un ministre,

que, sur la droite, se creusaient de profonds et sombres ravins. A ce spectacle, M. Roujon éprouva un singulier mélange de sentiments : c'était tout ensemble une sorte de frisson reli gieux, en face du mystère divin, et aussi — faut-il l'avouer? — « un certain orgueil d'être bachelier »! Oui, ceux-là seuls connaîtront de telles émotions, qui auront eu le bonheur de recevoir une éducation grecque, et vraiment classique! Jamais les sports à outrance, les lendits, les concours de course et de boxe, ne remplaceront dans l'éducation de la jeunesse les nobles études inspirées de la Grèce et de Rome!

Une première étape au bourg de Chrysso, une autre au vil lage de Kastri, donnent aux voyageurs l'impression du plus chaleureux accueil. Les cris, Ζήτω ἡ Γαλλία, Ζήτω ἡ Ἑλλάς, re tentissent de toutes parts. Les autorités locales apportent aux représentants de la France l'hommage de leur dévouement, les protestations de leur amitié; on évoque des souvenirs, des espé rances communes, on se comprend à demi-mot, on se serre les mains, tandis qu'un chœur d'indigènes fait entendre un chant criard, traînant, mélancolique. « Je n'ai su que le soir, dit M. Roujon, que c'était la *Marseillaise!* »

A midi, on arrive aux ruines de Delphes : c'est là que M. Homolle, entouré de quelques-uns de ses collaborateurs, reçoit les invités. Et tout aussitôt commence la visite des fouilles. Mais M. Roujon n'insiste pas sur le détail des admi rables trouvailles, ni sur la description, déjà faite souvent, du vieux sanctuaire delphique. Il se plaît seulement à montrer, en quelques traits pittoresques, la silhouette de M. Homolle, infatigable au milieu des blocs de pierre et des colonnes de marbre, et « alerte comme une chèvre de Théocrite »! Puis il fait ressortir la simplicité grandiose de la cérémonie qui eut lieu alors, à savoir la remise au gouvernement grec du chan tier où la science française a travaillé presque sans relâche depuis un demi-siècle! Il refait l'historique, non des dernières fouilles elles-mêmes, mais des négociations qui les ont précé dées; il rend hommage à l'activité éclairée d'un ministre,

MEMBRES FONDATEURS DE L'ASSOCIATION

(1867)

MM.

† ADER, ancien professeur de littérature grecque à l'Académie de Genève, rédacteur en chef du *Journal de Genève* (1).

† ALEXANDRE (Ch.), membre de l'Institut.

† BERTRAND (Alexandre), membre de l'Institut, directeur du Musée des antiquités nationales de Saint-Germain.

† BEULÉ, secrétaire perpétuel de l'Académie des Beaux-Arts.

BRÉAL (Michel), membre de l'Institut, professeur au Collège de France.

† BRUNET DE PRESLE, membre de l'Institut.

BURNOUF (Émile), ancien directeur de l'École française d'Athènes.

† CAMPAUX, professeur honoraire à la Faculté des lettres de Nancy.

† CHASSANG, inspecteur général de l'Instruction publique.

† DAREMBERG, conservateur de la bibliothèque Mazarine.

† DAVID (baron Jérôme), ancien vice-président du Corps législatif.

† DEHÈQUE, membre de l'Institut.

DELYANNI (Théodore-P.), président du Conseil des ministres à Athènes.

† DEVILLE (Gustave), membre de l'École d'Athènes.

† DIDOT (Ambroise-Firmin), membre de l'Institut.

† DÜBNER, helléniste.

† DURUY (Victor), de l'Académie française, ancien ministre de l'Instruction publique.

† EGGER, membre de l'Institut, professeur à la Faculté des lettres de Paris.

† EICHTHAL (Gustave d'), membre de la Société asiatique.

† GIDEL, ancien proviseur du lycée Condorcet.

† GIRARD (Jules), membre de l'Institut, ancien professeur à la Faculté des lettres de Paris, directeur de l'Institut Thiers.

† GOUMY, rédacteur en chef de la *Revue de l'Instruction publique*.

† GUIGNIAUT, secrétaire perpétuel de l'Académie des Inscriptions.

† HAVET (Ernest), membre de l'Institut, professeur au Collège de France.

HEUZEY (Léon), membre de l'Institut, professeur à l'École des Beaux-Arts.

† HIGNARD, professeur à la Faculté des lettres de Lyon.

† HILLEBRAND, ancien professeur à la Faculté des lettres de Douai.

† JOURDAIN (Charles), membre de l'Institut.

† LEGOUVÉ, de l'Académie Française.

---

(1) La croix indique les membres fondateurs décédés.

MEMBRES FONDATEURS DE L'ASSOCIATION

(1867)

MM.

† Ader, ancien professeur de littérature grecque à l'Académie de Genève, rédacteur en chef du *Journal de Genève* (1).

† Alexandre (Ch.), membre de l'Institut.

† Bertrand (Alexandre), membre de l'Institut, directeur du Musée des antiquités nationales de Saint-Germain.

† Beulé, secrétaire perpétuel de l'Académie des Beaux-Arts.

Bréal (Michel), membre de l'Institut, professeur au Collège de France.

† Brunet de Presle, membre de l'Institut.

Burnouf (Émile), ancien directeur de l'École française d'Athènes.

† Campaux, professeur honoraire à la Faculté des lettres de Nancy.

† Chassang, inspecteur général de l'Instruction publique.

† Daremberg, conservateur de la bibliothèque Mazarine.

† David (baron Jérôme), ancien vice-président du Corps législatif.

† Dehèque, membre de l'Institut.

Delyanni (Théodore-P.), président du Conseil des ministres à Athènes.

† Deville (Gustave), membre de l'École d'Athènes.

† Didot (Ambroise-Firmin), membre de l'Institut.

† Dübner, helléniste.

† Duruy (Victor), de l'Académie française, ancien ministre de l'Instruction publique.

† Egger, membre de l'Institut, professeur à la Faculté des lettres de Paris.

† Eichthal (Gustave d'), membre de la Société asiatique.

† Gidel, ancien proviseur du lycée Condorcet.

† Girard (Jules), membre de l'Institut, ancien professeur à la Faculté des lettres de Paris, directeur de l'Institut Thiers.

† Goumy, rédacteur en chef de la *Revue de l'Instruction publique*.

† Guigniaut, secrétaire perpétuel de l'Académie des Inscriptions.

† Havet (Ernest), membre de l'Institut, professeur au Collège de France.

Heuzey (Léon), membre de l'Institut, professeur à l'École des Beaux-Arts.

† Hignard, professeur à la Faculté des lettres de Lyon.

† Hillebrand, ancien professeur à la Faculté des lettres de Douai.

† Jourdain (Charles), membre de l'Institut.

† Legouvé, de l'Académie Française.

(1) La croix indique les membres fondateurs décédés.

† Lévêque (Charles), membre de l'Institut.
† Longpérier (Adrien de), membre de l'Institut.
† Maury (Alfred), membre de l'Institut.
Mélas (Constantin), à Marseille.
† Miller (Emm.), membre de l'Institut.
† Naudet, membre de l'Institut.
† Patin, de l'Académie française, doyen de la Faculté des lettres de Paris.
Perrot (Georges), membre de l'Institut, secrétaire perpétuel de l'Académie des Inscriptions.
† Ravaisson (Félix), membre de l'Institut.
† Renan (Ernest), de l'Académie française.
† Renier (Léon), membre de l'Institut.
† Saint-Marc Girardin, de l'Académie française.
† Thenon (l'abbé), directeur de l'École Bossuet.
† Thurot, membre de l'Institut, maître de conférences à l'École normale supérieure.
† Valettas (J.-N.), professeur à Londres.
† Villemain, secrétaire perpétuel de l'Académie française.
† Vincent (A.-J.-H.), membre de l'Institut.
† Waddington (W.-Henry), membre de l'Institut, sénateur.
Weil (Henri), membre de l'Institut.
† Wescher (Carle), ancien professeur d'archéologie près la Bibliothèque nationale.
† Witte (baron J. de), membre de l'Institut.

SOUSCRIPTIONS EXCEPTIONNELLES

POUR LES MONUMENTS GRECS & L'ILLUSTRATION DE LA REVUE

M. Zographos, déjà fondateur du prix qui porte son nom, a souscrit à l'œuvre des Monuments grecs pour une somme de *cinq mille francs*. — M. le baron de Witte et M. G. d'Eichthal ont souscrit chacun pour une somme de *quatre cents francs*. — M. le baron E. de Rothschild, pour *deux cents francs*. — M. Bikélas, pour *cent francs* (outre sa cotisation). — De même M. Laperche pour *cent francs*. — M. Pélicier, pour *cent francs*. — M. Jean Dupuis, pour *deux cent cinquante francs*. — M. Adolphe Chévrier, déjà fondateur pour les Monuments grecs, a versé *cent francs* pour l'illustration de la Revue. — M. Vasnier et M. E. d'Eichthal, dans les mêmes conditions, ont versé chacun *cent francs*. — Mlle Poinsot a versé *cent francs*. M. le duc de Loubat a versé *neuf cents francs*. — M. Loizon a versé *cent francs*.

MEMBRES FONDATEURS POUR LES MONUMENTS GRECS
ET POUR L'ILLUSTRATION DE LA REVUE

Le Ministre de l'Instruction publique.
Le Musée du Louvre.
L'École nationale des Beaux-Arts.
L'Université d'Athènes.
Le Syllogue d'Athènes pour la propagation des études grecques.
Le Syllogue littéraire hellénique du Caire, l'*Union*.
Le Gymnase Avéroff à Alexandrie (Egypte).

MM.

† BARTHÉLEMY SAINT-HILAIRE.
† BASILY (Demetrius).
BIKÉLAS (D.)
† BRAULT (Léonce).
† BRUNET DE PRESLE.
CARATHÉODORY-EFFENDI (Étienne).
† CASTORCHI (Euthymios).
† CHASLES (Michel).
CHÉVRIER (Adolphe).
COLLIGNON (Maxime).
† COROMILAS.
† DIDOT (Amb.-Firmin).
† DRÊME.
† DUMONT (Albert).
† DUPUIS (Jean).
† EGGER (Emile).
† EICHTHAL (Gustave d').
EICHTHAL (Eugène d').
FOUCART (Paul).
GRAUX (Henri).
HACHETTE et Cⁱᵉ, libraires éditeurs.
† HANRIOT.
HEUZEY (Léon).
† LAPERCHE.
† LAPRADE (V. de).
LECOMTE (Ch.).
LEREBOULLET (Léon).

MM.

LOUBAT (duc de).
† MISTO (H.-P.).
NEGROPONTIS.
† OCHER DE BEAUPRÉ (colonel).
PARMENTIER (général).
† PÉLICIER (P.).
PÉPIN-LEHALLEUR.
PERROT (Georges)
† PIAT (A.).
POTTIER (Edmond).
† QUEUX DE SAINT-HILAIRE (marquis de).
REINACH (Salomon).
REINACH (Théodore).
† RODOCANACHI (P.).
ROTHSCHILD (baron Edmond de).
† SARIPOLOS (Nicolas).
† SYMVOULIDIS.
† SYNGROS (A.).
† VANEY.
VASNIER.
† VERNA (baron de).
† WITTE (baron J. de).
† WYNDHAM (Charles).
† WYNDHAM (George).
† ZAFIROPULO (E.).
† ZOGRAPHOS (Christaki Effendi).

ANCIENS PRÉSIDENTS DE L'ASSOCIATION

1867. MM. PATIN,   membre de l'Institut.
1868.   EGGER,   *Id.*
1869.   BEULÉ,   *Id.*
1870.   BRUNET DE PRESLE, *Id.*
1871.   EGGER,   *Id.*
1872.   THUROT,   *Id.*
1873.   MILLER,   *Id.*
1874.   HEUZEY,   *Id.*
1875.   PERROT,   *Id.*
1876.   EGGER,   *Id.*
1877.   CHASSANG, inspecteur général de l'Université.
1878.   FOUCART, membre de l'Institut.
1879.   GIDEL, proviseur du Lycée Condorcet.
1880.   DARESTE, membre de l'Institut.
1881.   WEIL,   *Id.*
1882.   MILLER,   *Id.*
1883.   QUEUX-DE-SAINT-HILAIRE (marquis de).
1884.   GLACHANT, inspecteur général de l'Université.
1885.   JOURDAIN, membre de l'Institut.
1886.   GRÉARD,   *Id.*
1887.   GIRARD (Jules),   *Id.*
1888.   MÉZIÈRES,   *Id.*
1889.   CROISET (A.),   *Id.*
1890.   MASPERO,   *Id.*
1891.   RENAN (Ernest),   *Id.*
1892.   HOUSSAYE (Henry), *Id.*
1893.   COLLIGNON (Max.),   *Id.*
1894.   SCHLUMBERGER (G.), *Id.*
1895.   BIKÉLAS (D.).
1896.   BRÉAL (M.), membre de l'Institut.
1897.   DECHARME (P.), professeur à la Faculté des
             lettres.
1898.   CROISET (M.), membre de l'Institut.
1899.   HÉRON DE VILLEFOSSE, *Id.*
1900.   D'EICHTHAL (Eugène).
1901.   GIRARD (P.), professeur à la Faculté des Lettres.
1902.   REINACH (Salomon), membre de l'Institut.
1903.   POTTIER (Edmond),   *Id.*
1904.   TANNERY, directeur de la manufacture des tabacs
             à Pantin.

MEMBRES DONATEURS

S. M. LE ROI DE GRÈCE.
L'Université d'Athènes (1).

MM.

† ACHILLOPOULO, à Paris.
ADAM (Mme Juliette), à Gif.
ALPHERAKIS (Achille), à Saint-Pétersbourg (Russie).
† ANQUETIL, inspecteur d'Académie honoraire, à Versailles.
† ANTROBUS (Fr.), à Londres.
† ATHANASIADIS (Athanasios), à Taganrog.
AUVRAY (l'abbé Emmanuel), à Rouen
† AVIERINO (Antonin), à Taganrog.
BALTAZZI, député, à Athènes.
BANQUE NATIONALE de Grèce, à Athènes.
BARENTON (Arm. de), à Paris.
† BARET, avocat à Paris.
† BASIADIS (Hiéroclès-Constantin), à Constantinople.
BASILI (Michel G. A.), docteur en droit, à Athènes.
BASSIA (Typaldo), avocat à la Cour suprême à Athènes.
BEAUDOUIN (Mondry), correspondant de l'Institut, professeur à la
    Faculté des lettres de Toulouse.
BEER (Guillaume), à Paris.
BERRANGER (l'abbé H. de), à Trouville.
† BERTHAULT (E. A.), docteur ès lettres, à Paris.
† BEULÉ (Ernest), secrétaire perpétuel de l'Académie des Beaux-
    Arts.
† BIENAYMÉ (Jules), membre de l'Institut.
BIKÉLAS (D.), à Athènes (2).
† BIMPOS (Th.) archevêque de Mantinée.
BISTIS (Michel-L.), à Corthion (d'Andros), Grèce.
BLAMPIGNON (l'abbé), à Vanves.
† BOUNOS (Élie), à Paris.
BOUSQUET (l'abbé), maître de conférences à l'Institut catholique
    de Paris.
† BOUTROUE, à Paris.
† BRAÏLAS (Armenis), ministre de Grèce, à Londres.
† BRAULT (Léonce), ancien procureur de la République, à Paris.
BROSSELARD (Paul), lieutenant-colonel en retraite, à Vendôme.
† BRUNET DE PRESLE (Wladimir), membre de l'Institut.
BRYENNIOS (Philothéos), archevêque de Nicomédie (Turquie).
† CALVET-ROGNIAT (le baron Pierre), licencié ès lettres, à Paris.
CARAPANOS (Constantin), correspondant de l'Institut, à Athènes.
CARATHEODORY-EFFENDI (Ét.), ancien ministre de Turquie, à Bruxelles.
CARTAULT (A.), professeur à la Faculté des lettres de Paris.
CASSO (Mme), à Kischeneff (Russie).

(1) Don annuel de 400 francs.
(2) Don d'une somme de 200 francs.

† Castorchis (Euth.), professeur à l'Université d'Athènes.
Cercle hellénique d'Alexandrie (Égypte).
Chaplain (J.-C.), membre de l'Institut.
† Charamis (Adamantios), professeur à Taganrog.
† Chasles (Michel), membre de l'Institut.
Chasles (Henri), à Paris.
Chassiotis (G.), fondateur du lycée de Péra, à Paris.
Chévrier (Ad.), conseiller à la cour de cassation, à Paris.
Chévrier (Maurice), attaché au Ministère des affaires étrangères.
Choisy (Auguste), inspecteur général honoraire des ponts et chaus-
sées, à Paris.
† Christopoulos, ministre de l'Instruction publique en Grèce.
Chrysoveloni (Léonidas), négociant, à Athènes.
Clado (Costa), à Londres.
Clado, docteur, à Paris.
Colardeau, professeur à l'Université de Grenoble.
Colin (Armand et Cⁱᵉ), libraires-éditeurs, à Paris.
Combothecras (Sp.), à Odessa.
Constantinidis (Zanos), à Constantinople.
Constas (H. Lysandre), directeur de l'École hellénique, Odessa.
Corgialegno (Marino), banquier, à Londres.
† Coronio (Georges), à Paris.
† Coumanoudis (Et.-A.), correspondant de l'Institut, professeur à
l'Université d'Athènes.
Courcel (baron Alphonse de), sénateur, ancien ambassadeur à
Londres.
† Cousté (E.), ancien directeur de la manufacture des tabacs, à Paris.
† Couve (L.), professeur à la Faculté des lettres, à Nancy.
Croiset (Alfred), membre de l'Institut, doyen de la Faculté des
lettres de Paris.
Croiset (Maurice), membre de l'Institut, professeur au Collège de
France, à Versailles.
Cucheval (Victor), professeur honoraire au lycée Condorcet, à Paris.
Dalmeyda (G.), professeur au lycée Michelet, à Paris.
† Damaschino, professeur à la Faculté de médecine de Paris.
Dareste (Rod.), membre de l'Institut, à Paris.
Decharme (Paul), professeur à la Faculté des lettres de Paris.
Dellaporta (Brasidas), à Taganrog.
Delyanni (N.), ministre de Grèce, à Paris.
† Demetrelias (C.), à Odessa.
† Desjardins (Charles-Napoléon), membre de l'Institut.
Desjardins (Mᵐᵉ veuve Charles-Napoléon), à Versailles (1).
† Deville (Gustave), docteur ès lettres, membre de l'École fran-
çaise d'Athènes.
÷ Deville (Mᵐᵉ veuve), à Paris (2).
† Didion, inspecteur général des ponts et chaussées.
† Didot (Ambroise-Firmin), membre de l'Institut.

(1) Don d'une somme de 150 francs.
(2) Don d'une rente annuelle de 500 francs.

DIDOT (Alfred), libraire-éditeur, à Paris.
DIEUX, professeur au lycée de Nantes.
† DORISAS (L.), à Odessa.
DOSSIOS (N.), professeur à l'école commerciale supérieure de Iassy.
† DOUDAS (D.), à Constantinople.
DOULCET (Mgr), évêque de Nicopoli, à Paris.
† DOZON (Aug.), ancien consul de France,
† DRÊME, président de la Cour d'appel d'Agen.
† DUMONT (Albert), membre de l'Institut.
† DUPUIS, proviseur honoraire, à Paris.
DÜRRBACH, professeur à la Faculté des lettres de Toulouse.
† DURUY (Victor), de l'Académie française.
DUSSOUCHET, professeur au lycée Henri IV, à Paris.
ÉCOLE Bossuet, à Paris.
ÉCOLE Hellénique d'Odessa.
ÉCOLES publiques orthodoxes de Chios.
† ÉDET, professeur au lycée Henri IV, à Paris.
† EGGER (Émile), membre de l'Institut.
EGGER (Mᵐᵉ veuve Ém.), à Paris.
EGGER (Max), professeur au lycée Henri IV.
EGGER (Victor), professeur à la Faculté des lettres de Paris.
† EICHTHAL (Gustave d'), membre de la Société asiatique, à Paris.
EICHTHAL (Eugène d'), à Paris.
ESTOURNELLES DE CONSTANT (baron Paul d'), sénateur, à Paris.
EXPERT (Henry), publiciste, à Paris.
FALIEROS (Nicolas), à Taganrog (Russie).
FALLEX (Eug.), proviseur honoraire du lycée Charlemagne.
FALLIÈRES, président du Sénat, ancien ministre de la Justice et des
  Cultes.
† FERRY (Jules), ancien président du Sénat.
FIX (Théodore), colonel d'état-major, à Paris.
FOUCART (Paul), membre de l'Institut.
FOURNIER (Mᵐᵉ veuve Eugène), à Paris.
GENNADIUS (J.), ancien ministre de Grèce, à Londres.
GEVAERT (F.-Aug.), directeur du Conservatoire royal de musique
  à Bruxelles.
† GIANNAROS (Thrasybule), négociant, à Constantinople.
† GIDEL (Ch.), ancien proviseur du Lycée Condorcet.
† GILLON (Félix), magistrat à Bar-le-Duc.
GILLON (G.), à Paris.
† GIRARD (Jules), membre de l'Institut, directeur de l'Institut Thiers.
GIRARD (Paul), professeur à l'Université de Paris
† GIRAUD (Ch.), membre de l'Institut.
† GLACHANT (Ch.), inspecteur général de l'Instruction publique.
GŒLZER, professeur à l'Université de Paris.
GOIRAND (Léonce), avoué près la Cour d'appel de Paris.
GOIRAND (Léopold), avoué près le tribunal civil de la Seine, à Paris.
† GOLDSCHMIDT (Léopold), à Paris.
GONNET (l'abbé), docteur ès lettres, à Écully, près Lyon.
GRANDIN (A.), à Paris.
GRAUX (Henri), à Vervins (Aisne).

Didot (Alfred), libraire-éditeur, à Paris.
Dieux, professeur au lycée de Nantes.
† Dorisas (L.), à Odessa.
Dossios (N.), professeur à l'école commerciale supérieure de Iassy.
† Doudas (D.), à Constantinople.
Doulcet (Mgr), évêque de Nicopoli, à Paris.
† Dozon (Aug.), ancien consul de France,
† Drême, président de la Cour d'appel d'Agen.
† Dumont (Albert), membre de l'Institut.
† Dupuis, proviseur honoraire, à Paris.
Dürrbach, professeur à la Faculté des lettres de Toulouse.
† Duruy (Victor), de l'Académie française.
Dussouchet, professeur au lycée Henri IV, à Paris.
École Bossuet, à Paris.
École Hellénique d'Odessa.
Écoles publiques orthodoxes de Chios.
† Édet, professeur au lycée Henri IV, à Paris.
† Egger (Émile), membre de l'Institut.
Egger (Mme veuve Ém.), à Paris.
Egger (Max), professeur au lycée Henri IV.
Egger (Victor), professeur à la Faculté des lettres de Paris.
† Eichthal (Gustave d'), membre de la Société asiatique, à Paris.
Eichthal (Eugène d'), à Paris.
Estournelles de Constant (baron Paul d'), sénateur, à Paris.
Expert (Henry), publiciste, à Paris.
Falieros (Nicolas), à Taganrog (Russie).
Fallex (Eug.), proviseur honoraire du lycée Charlemagne.
Fallières, président du Sénat, ancien ministre de la Justice et des
    Cultes.
† Ferry (Jules), ancien président du Sénat.
Fix (Théodore), colonel d'état-major, à Paris.
Foucart (Paul), membre de l'Institut.
Fournier (Mme veuve Eugène), à Paris.
Gennadius (J.), ancien ministre de Grèce, à Londres.
Gevaert (F.-Aug.), directeur du Conservatoire royal de musique
    à Bruxelles.
† Giannaros (Thrasybule), négociant, à Constantinople.
† Gidel (Ch.), ancien proviseur du Lycée Condorcet.
† Gillon (Félix), magistrat à Bar-le-Duc.
Gillon (G.), à Paris.
† Girard (Jules), membre de l'Institut, directeur de l'Institut Thiers.
Girard (Paul), professeur à l'Université de Paris
† Giraud (Ch.), membre de l'Institut.
† Glachant (Ch.), inspecteur général de l'Instruction publique.
Gœlzer, professeur à l'Université de Paris.
Goirand (Léonce), avoué près la Cour d'appel de Paris.
Goirand (Léopold), avoué près le tribunal civil de la Seine, à Paris.
† Goldschmidt (Léopold), à Paris.
Gonnet (l'abbé), docteur ès lettres, à Écully, près Lyon.
Grandin (A.), à Paris.
Graux (Henri), à Vervins (Aisne).

† Gréard, de l'Académie française, recteur honoraire de l'Université de Paris.

† Grégoire, archevêque d'Héraclée, à Constantinople.

† Gumuchguerdane (Michalakis), à Philippopolis.

Gryparis (N.), consul de Grèce, à Sébastopol.

Gymnase Avéroff, à Alexandrie (Égypte).

Gymnase de Janina.

Hachette (L.) et Cⁱᵉ, libraires-éditeurs, à Paris.

† Hanriot (H.), professeur honoraire de Faculté, à Chartres.

Hauvette (Amédée), professeur adjoint à la Faculté des Lettres de l'Université de Paris.

† Havet (Ernest), membre de l'Institut, professeur au Collège de France.

† Havet (Julien), bibliothécaire à la Bibliothèque nationale.

Havet (Louis), membre de l'Institut, professeur au Collège de France.

Hériot-Bunoust (l'abbé L.), à Toulouse.

† Heuzey, conseiller à la cour d'appel de Rouen.

Heuzey (Léon), membre de l'Institut.

Hodgi Effendi (Jean), conseiller d'État, à Constantinople.

Houssaye (Henry), de l'Académie française.

† Inglessis (Alex.), à Odessa.

Inglessis (P.), à Marseille.

Jamot (Paul), conservateur-adjoint au musée du Louvre.

Jasonidis (O. John), à Limassol (île de Chypre).

Joannidis (Emmanuel), scholarque, à Amorgos (Grèce).

† Jolly d'Aussy (D.-M.) au château de Crazannes (Charente-Inférieure).

Jordan (Camille), membre de l'Institut, à Paris.

Joret (Ch.), membre de l'Institut, à Paris.

† Kalvocoressis (J. Démétrius), négociant, à Constantinople.

Kontostavlos (Alexandre), ancien ministre à Athènes.

† Kontostavlos (Othon), à Marseille.

† Kostès (Léonidas), à Taganrog.

Koundouri (Panaghi), à Marseille.

Krivtzoff (Mᵐᵉ), en Russie.

† Labitte (Adolphe), libraire à Paris.

† Lacroix (Louis), professeur à la Faculté des lettres de Paris.

Lafaye (Georges), professeur-adjoint à la Faculté des lettres de Paris.

Laloy, agrégé des lettres, à Paris.

† Lamy (Ernest), à Paris.

Landelle (Charles), peintre, à Paris.

† Laperche, à Paris (1).

† Lattry (A.), à Odessa.

† Lattry (Georges), président du musée et de la bibliothèque de l'École évangélique, à Smyrne.

† Lattry (Dʳ Pélopidas), à Odessa.

Lazzaro (Périclès-H.), vice-consul des États-Unis, à Salonique.

Lebègue (Henri), chef des travaux paléographiques à l'École des Hautes Études.

(1) Don d'une somme de 100 francs.

† Negroponte (Jean), à Paris.
Negropontes (Ulysse), à Paris.
Nicolaïdès (G.), de l'île de Crète, homme de lettres, à Athènes.
Nicolaïdès (Nicolas), à Taganrog.
Nicolopoulo (Jean-G.), à Paris.
Nicolopoulo (Nicolas-G.), à Paris.
Nolhac (P. de), conservateur du Palais de Versailles.
Omont (Henri), membre de l'Institut, conservateur à la Bibliothèque nationale.
Paisant (A.), Président honoraire du tribunal civil, à Versailles.
Paix-Séailles, à Paris.
Papadimitriou (Sinodis), professeur à l'Université d'Odessa.
† Paraskevas (Wladimir), à Odessa.
† Parissi, à Paris.
Parmentier (le général Théodore), à Paris.
† Paspati (J.-F.), à Odessa.
Paspati (Georges), à Athènes.
† Patin, secrétaire perpétuel de l'Académie française.
† Pélicier, archiviste de la Marne, à Châlons (1).
† Perrard (Emile), professeur au Collège Stanislas, à Paris.
† Perrin (Ernest).
† Perrin (Hippolyte).
Persopoulo (N.), à Trébizonde (Turquie d'Asie).
† Pesson, ingénieur en chef des ponts et chaussées, à Paris.
Peyre (Roger), professeur au Lycée Charlemagne, à Paris.
† Phardys (Nicolas B.), à Samothrace.
Pispas (Dr. B.), à Odessa.
Poinsot (Mademoiselle), à Alfortville (Seine).
Pottier (Edmond), membre de l'Institut, professeur à l'École du Louvre, à Paris.
† Psicha (Étienne), à Athènes.
† Queux de Saint-Hilaire (marquis de), à Paris
Ragon (l'abbé), professeur à l'Institut catholique, à Paris.
Rambaud (Alfred), sénateur, membre de l'Institut.
Reinach (Joseph), ancien député, à Paris.
Reinach (Salomon), membre de l'Institut, conservateur au musée gallo-romain de Saint-Germain.
Reinach (Théodore), directeur de la *Revue des Études grecques*, à Paris.
Renauld, professeur au lycée, à Montauban.
† Renieri (Marc), gouverneur honoraire de la Banque nationale, à Athènes.
† Riant (comte Paul), membre de l'Institut et de la Société des antiquaires de France, à Paris.
† Richard-Kœnig, à Paris.
Ridder (de), professeur à la Faculté des Lettres d'Aix.
† Ristelhuber, ancien bibliothécaire, à Strasbourg.
† Robertet, licencié ès lettres, chef de bureau au ministère de l'Instruction publique.

(1) Don d'une somme de 6,100 francs.

† Rochemonteix (Mis de), à Paris.
† Rodocanachi (Th.-P.), à Odessa.
† Rodocanachi (Pierre), à Paris.
· Rodocanachi (Michel-E.), à Marseille.
† Romanos (J.), proviseur du Gymnase de Corfou.
Rothschild (le baron Edmond de), à Paris.
Ruelle (Ch.-Émile), administrateur de la bibliothèque Sainte-Geneviève.
Sarakiotis (Basile), à Constantinople.
† Saraphis (Aristide), négociant, à Métélin.
† Saripolos (Nicolas), professeur à l'Université d'Athènes.
Sathas (Constantin), à Paris.
Sayce, professeur à l'Université d'Oxford.
Scaramanga (Pierre-Jean), à Neuilly-sur-Seine.
† Scaramanga (Jean-E.), à Marseille.
† Scaramanga (Jean-A.), à Taganrog.
Scaramanga (Doucas-J.), à Taganrog.
† Scaramanga (Jean-P.), à Taganrog.
† Scaramanga (Stamatios), à Taganrog.
† Schliemann (H.), à Athènes.
Schlumberger (Gustave), membre de l'Institut, à Paris.
† Sclavo (Michel), à Odessa.
Sibien (Armand), architecte, à Paris.
† Sinadino (Michel), à Paris.
† Sinadino (Nicolas), à Paris.
† Sinano (Victor), à Paris.
† Somakis (Mme Hélène), à Paris.
† Souchu-Servinière, à Laval.
† Soutzo (prince Grégoire C.), ancien sénateur de Roumanie, à Bucarest.
† Soutzo (prince Constantin D.), à Slobosia-Corateni (Roumanie).
Souvadzoglou (Basile), banquier, à Constantinople.
† Stephanovic (Zanos), négociant, à Constantinople.
Sully-Prudhomme, de l'Académie française.
† Svoronos (Michel), négociant, à Constantinople.
Syllogue littéraire Hermès, à Manchester.
† Symvoulidès, conseiller d'État, à Saint-Pétersbourg.
† Syngros (A.), à Athènes.
† Tannery (Paul), directeur de la manufacture de tabacs, à Pantin (Seine).
† Tarlas (Th.), à Taganrog.
† Telfy, professeur à l'Université de Pesth.
† Theocharidès (Constantinos), à Taganrog.
† Tilière (marquis de), à Paris.
Tougard (l'abbé), professeur honoraire au petit séminaire de Rouen.
† Tournier (Éd.), maître de conférences à l'École normale supérieure, à Paris.
Tourtoulon (baron de), à Valergues (Hérault).
Travers, directeur des postes et télégraphes, à Montpellier.
Tsacalotos (E.-D.), professeur à Athènes.
† Valieri (Jérôme), à Marseille.

† Rochemonteix (Mis de), à Paris.
† Rodocanachi (Th.-P.), à Odessa.
† Rodocanachi (Pierre), à Paris.
Rodocanachi (Michel-E.), à Marseille.
† Romanos (J.), proviseur du Gymnase de Corfou.
Rothschild (le baron Edmond de), à Paris.
Ruelle (Ch.-Émile), administrateur de la bibliothèque Sainte-Geneviève.
Sarakiotis (Basile), à Constantinople.
† Saraphis (Aristide), négociant, à Métellin.
† Saripolos (Nicolas), professeur à l'Université d'Athènes.
Sathas (Constantin), à Paris.
Sayce, professeur à l'Université d'Oxford.
Scaramanga (Pierre-Jean), à Neuilly-sur-Seine.
† Scaramanga (Jean-E.), à Marseille.
† Scaramanga (Jean-A.), à Taganrog.
Scaramanga (Doucas-J.), à Taganrog.
† Scaramanga (Jean-P.), à Taganrog.
† Scaramanga (Stamatios), à Taganrog.
† Schliemann (H.), à Athènes.
Schlumberger (Gustave), membre de l'Institut, à Paris.
† Sclavo (Michel), à Odessa.
Sibien (Armand), architecte, à Paris.
† Sinadino (Michel), à Paris.
† Sinadino (Nicolas), à Paris.
† Sinano (Victor), à Paris.
† Somakis (Mme Hélène), à Paris.
† Souchu-Servinière, à Laval.
† Soutzo (prince Grégoire C.), ancien sénateur de Roumanie, à Bucarest.
† Soutzo (prince Constantin D.), à Slobosia-Corateni (Roumanie).
Souvadzoglou (Basile), banquier, à Constantinople.
† Stephanovic (Zanos), négociant, à Constantinople.
Sully-Prudhomme, de l'Académie française.
† Svoronos (Michel), négociant, à Constantinople.
Syllogue littéraire Hermès, à Manchester.
† Symvoulidès, conseiller d'État, à Saint-Pétersbourg.
† Syngros (A.), à Athènes.
† Tannery (Paul), directeur de la manufacture de tabacs, à Pantin (Seine).
† Tarlas (Th.), à Taganrog.
† Telfy, professeur à l'Université de Pesth.
† Theocharidès (Constantinos), à Taganrog.
† Tilière (marquis de), à Paris.
Tougard (l'abbé), professeur honoraire au petit séminaire de Rouen.
† Tournier (Éd.), maître de conférences à l'École normale supérieure, à Paris.
Tourtoulon (baron de), à Valergues (Hérault).
Travers, directeur des postes et télégraphes, à Montpellier.
Tsacalotos (E.-D.), professeur à Athènes.
† Valieri (Jérôme), à Marseille.

† VALIERI (N.), à Odessa.

VALIERI (Oct.), à Londres.

VASNIER, greffier des bâtiments, à Giberville (Calvados).

† VENIERI (Anastase), ancien directeur de l'Institut héllénique à Galatz (Roumanie), à Constantinople.

VLASTO (Antoine), à Paris.

† VLASTO (Ernest), à Paris.

VLASTO (Et.-A.), à Ramleh San Stephano, Alexandrie (Égypte).

† VLASTO (Th.), à Liverpool.

† VOULISMAS (É.), archevêque de Corfou.

† VUCINA (Al.-G.), à Odessa.

VUCINA (Emm.-G.), à Athènes.

† VUCINA (J.-G.), à Odessa.

† WADDINGTON (W. Henry), membre de l'Institut, sénateur, ambassadeur.

† WESCHER (Carle), ancien professeur d'archéologie près la Bibliothèque nationale, à Paris.

XANTHOPOULOS (Dem.), à Odessa.

XYDIAS (Nicolas), artiste peintre à Athènes.

† XYDIAS (Sp.), à Athènes.

† ZAPPAS (Constantin), fondateur du prix *Zappas*.

† ZARIPHI (Georges), négociant.

† ZAVITZIANOS, docteur-médecin, à Corfou.

† ZIFFO (L.), négociant, à Londres.

† ZOGRAPHOS (Christaki Effendi), fondateur du prix *Zographos*, à Paris.

† ZOGRAPHOS (Xénophon), docteur-médecin, à Paris.

* Bassia (Typaldo), avocat à la Cour suprême, agrégé de l'Université, 23, rue des Philhellènes, Athènes. — 1895.

Bayet (Ch.), directeur de l'enseignement supérieur au ministère de l'Instruction publique, rue de Grenelle, 110. — 1875.

* Beaudoin (Mondry), correspondant de l'Institut, professeur à la Faculté des lettres de Toulouse, 23, rue Roquelaure. — 1884.

Belin et Cⁱᵉ, libraires-éditeurs, 52, rue de Vaugirard. — 1884.

Bellanger (L.), docteur ès lettres, professeur au Lycée d'Auch. 1892.

Bérard (Victor), maître de conférences à l'Ecole pratique des Hautes Etudes, 58, rue de Vaugirard. — 1892.

Berger, professeur au Lycée Voltaire, 72, avenue de la République. — 1896.

Bernard (Camille), architecte diplômé du Gouvernement, 21, rue de l'Odéon. — 1902.

Bernès (Henri), professeur au Lycée Lakanal, membre du Conseil supérieur de l'Instruction publique, 127, boulevard Saint-Michel. — 1893.

* Berranger (l'abbé H. de), curé de Saint-Mihiel, à Trouville (Calvados). — 1869.

Berthier (abbé), agrégé de l'Université, professeur au collège Stanislas, 37, rue des Marguettes. — 1904.

Bertrand-Geslin (Mᵐᵉ la baronne), 47, rue de Courcelles. — 1899.

Beurlier (l'abbé), docteur ès lettres, chanoine honoraire, curé de Notre-Dame-d'Auteuil, 4, rue Corot. — 1886.

Bévotte (C. de), professeur au lycée Louis-le-Grand, 51, rue Duplessis, à Versailles. — 1896.

Bibesco (prince Alexandre), 69, rue de Courcelles. — 1888.

Bibliothèque Albert Dumont, à la Sorbonne. — 1890.

Bibliothèque de l'Université de Liège. — 1891.

Bibliothèque de l'Université de Tubingue. — 1900.

Bidez, professeur à l'Université, 39, boulevard Léopold, Gand. — 1895.

Bignault (Ed.), 71, rue de la Victoire. — 1898.

* Bikélas (D.), 1, rue Valaoritis, Athènes. — 1867.

* Bistis (Michel), ancien sous-directeur du Lycée hellénique de Galatz, à Corthion (d'Andros), Grèce. — 1883.

* Blampignon (l'abbé), ancien professeur à la Faculté de théologie de Paris, 17, rue d'Issy, à Vanves. — 1869.

Blanchet (J.-Adrien), bibliothécaire honoraire au Cabinet des médailles, 40, avenue Bosquet, Paris, viiᵉ. — 1894.

Bleu (Albert), licencié ès-lettres, 144, rue du Faubourg Poissonnière. — 1904.

Bloch (G.), professeur à la Faculté des Lettres de l'Université de Paris, 72, rue d'Alésia. — 1877.

Bodin (Louis), agrégé de l'Université, professeur au lycée de Brest, en congé, 7, rue d'Assas. — 1894.

Boissier (Gaston), de l'Académie française et de l'Académie des inscriptions et belles-lettres, secrétaire perpétuel de l'Académie française, au palais de l'Institut, 23, quai Conti, viᵉ. — 1869.

Bonnassies (Jules), Marina dei Ronchi Massa, provincia di Massa Carrara, Villa Anna (Italie). — 1893.

Boppe (Auguste), consul général de France, à Jérusalem — 1885.

Bordeaux (P.), 98, boulevard Maillot, à Neuilly-sur-Seine. — 1894.

Bouché-Leclercq (A.), membre de l'Institut, professeur d'histoire ancienne à la Faculté des lettres, 26, avenue de la Source, à Nogent-sur-Marne (Seine). — 1902.

Boucouvala (Georges), directeur de l'école Abed, au Caire. — 1904.

Boudhors (Ch.-Henri), professeur au Lycée Henri IV, 12, rue du Sommerard. — 1895.

Boudreaux (Pierre), élève de l'école pratique des Hautes Etudes, 1, rue des Poitevins. — 1904.

Boulay de la Meurthe (comte Alfred), 23, rue de l'Université. — 1895.

Bourgault-Ducoudray (L.-A.), professeur d'histoire musicale au Conservatoire, 16, Villa Molitor, Paris Auteuil. — 1874.

Bourguet (Émile), maître de conférences de littérature grecque à la Faculté des lettres, à Montpellier. — 1897.

Bousquet (abbé), professeur à l'Institut catholique, 11, rue d'Assas. — 1897.

Boutmy (Émile), membre de l'Institut, directeur de l'École libre des sciences politiques, 27, rue Saint-Guillaume, VIIᵉ. — 1870.

Bouvier, professeur de première au Lycée d'Orléans, 5, rue des Huguenots. — 1888.

Bouvy (le R.-P. Edmond), docteur ès lettres, Demi-rue à Louvain (Belgique) — 1891.

Bréal (Michel), membre de l'Institut, professeur au Collège de France, 87, boulevard Saint-Michel, vᵉ. — 1868.

Brenous (Joseph), professeur à la Faculté des lettres, 36, boulevard du Roi-René, Aix (Bouches-du-Rhône). — 1899.

Bréton (Guillaume), docteur ès lettres, éditeur, 79, boulevard Saint-Germain. — 1898.

Brisac (le général), 8, rue Rougemont. — 1898.

Brizemur, professeur au Lycée d'Angers. — 1903.

Broglie (duc de), député, 9, square de Messine. — 1888.

* Brosselard (Paul), lieutenant-colonel en retraite, 8, Grand Faubourg, Vendôme (Loir-et-Cher). — 1883.

* Bryennios (Philothéos), archevêque de Nicomédie, membre du synode œcuménique de Constantinople, à Ismid (Turquie d'Asie). — 1876.

Buisson (Benjamin), inspecteur d'académie, Tunis. — 1870.

Bureau (Paul), avocat à la cour d'appel, professeur à l'Institut catholique, 59, rue de Turenne. — 1897.

Burileanu, professeur à l'Université, 3 bis, str. Sevastopol, à Bucarest. — 1899.

Cahen, ancien élève de l'école d'Athènes, maître de conférences à la Faculté des Lettres, rue du Quatre-Septembre, à Aix (Bouches-du-Rhône). — 1900.

Caillemer (Exupère), doyen de la Faculté de droit, 31, rue Victor-Hugo, à Lyon. — 1867.

Callipoliti (Georges), docteur-médecin à Adramyttion, Turquie d'Asie. — 1893.

Calogeropoulo, député, à Athènes. — 1891.

* COLIN (Armand) et Cⁱᵉ, libraires-éditeurs, 5, rue de Mézières. — **1891**.

COLIN (Gaston), ancien membre de l'École française d'Athènes, maître de conférences à la Faculté des lettres, Bordeaux, 33, rue Boudet. — **1899**.

COLLARD (F.), professeur à l'Université, 109, rue de la Station, Louvain. — **1879**.

COLLARD (Paul), professeur au lycée de Douai. — **1905**.

COLLIGNON (Maxime), membre de l'Institut, professeur à la Faculté des lettres, 88, boulevard St-Germain, vᵉ. — **1875**.

* COMBOTHECRAS (S.-J.), rue Tyraspolskaya, à Odessa. — **1873**.

* CONSTAS (Lysandre H.), directeur de l'École hellénique, rue Nadej dinska, maison Schimiakine, à Odessa. — **1885**.

CONSTANTINIDIS (Zanos), négociant, à Constantinople, Pera, 6, rue Journal. — **1873**.

CONTOLÉON (Alexandre-Emmanuel), éphore des antiquités à Delphes, Grèce. — **1901**.

* CORGIALEGNO (Marino), banquier, à Londres, 53, Mount Street, Grosvenor Square, — **1867**.

COSMAO DUMANOIR (Marcel), avocat, 3, rue de la Néva. — **1893**.

COSSOUDIS (Thémistocle), négociant, à Constantinople. — **1868**.

* COURCEL (baron Alphonse de), de l'Institut, sénateur, ambassadeur, au château d'Athis-sur-Orge, à Athis-Mons (Seine-et-Oise), et à Paris, 10, boulevard Montparnasse, xvᵉ. — **1886**.

CRÉPIN (Victor), professeur au Lycée Lakanal, 2, rue Boulard, Paris. — **1891**.

* CROISET (Alfred), membre de l'Institut, doyen de la Faculté des lettres, 13, rue Cassette, vıᵉ. — **1873**.

* CROISET (Maurice), membre de l'Institut, professeur au Collège de France, 26, rue Saint-Louis, à Versailles. — **1873**.

* CUCHEVAL (Victor), professeur honoraire au Lycée Condorcet, 21, rue d'Aumale. — **1876**.

CUMONT (Franz), correspondant de l'Institut de France, conservateur aux musées royaux, professeur à l'Université de Gand, 75, rue Montoyer, à Bruxelles. — **1892**.

* DALMEYDA (Georges), professeur au Lycée Michelet, 123, rue de la Tour, Paris-Passy. — **1893**.

* DARESTE (Rodolphe), membre de l'Institut, conseiller honoraire à la Cour de cassation, 9, quai Malaquais, vıᵉ. — **1867**.

DARGENT (J.), ancien professeur aux Facultés Catholiques, 108, boulevard Vauban, Lille. — **1898**.

* DECHARME (Paul), professeur à la Faculté des lettres, 95, boulevard Saint-Michel. — **1868**.

DÉCHELETTE, conservateur du Musée, rue de la Sous-Préfecture, Roanne. — **1902**.

DELACROIX (Gabriel), professeur au lycée Condorcet, 4, rue de Sèvres. — **1883**.

DELAGRAVE (Charles), libraire-éditeur, 15, rue Soufflot. — **1867**.

DELAMARRE (Jules), 51, rue de la Pompe, Paris Passy. — **1893**.

DELISLE (Léopold), membre de l'Institut, administrateur général de la Bibliothèque nationale, 8, rue des Petits-Champs, ııᵉ. — **1874**.

* COLIN (Armand) et Cie, libraires-éditeurs, 5, rue de Mézières. — 1891.

COLIN (Gaston), ancien membre de l'École française d'Athènes, maître de conférences à la Faculté des lettres, Bordeaux, 33, rue Boudet. — 1899.

COLLARD (F.), professeur à l'Université, 109, rue de la Station, Louvain. — 1879.

COLLARD (Paul), professeur au lycée de Douai. — 1905.

COLLIGNON (Maxime), membre de l'Institut, professeur à la Faculté des lettres, 88, boulevard St-Germain, v^e. — 1875.

* COMBOTHECRAS (S.-J.), rue Tyraspolskaya, à Odessa. — 1873.

* CONSTAS (Lysandre H.), directeur de l'École hellénique, rue Nadejdinska, maison Schimiakine, à Odessa. — 1885.

* CONSTANTINIDIS (Zanos), négociant, à Constantinople, Pera, 6, rue Journal. — 1873.

CONTOLÉON (Alexandre-Emmanuel), éphore des antiquités à Delphes, Grèce. — 1901.

* CORGIALEGNO (Marino), banquier, à Londres, 53, Mount Street, Grosvenor Square, — 1867.

COSMAO DUMANOIR (Marcel), avocat, 3, rue de la Néva. — 1893.

COSSOUDIS (Thémistocle), négociant, à Constantinople. — 1868.

* COURCEL (baron Alphonse de), de l'Institut, sénateur, ambassadeur, au château d'Athis-sur-Orge, à Athis-Mons (Seine-et-Oise), et à Paris, 10, boulevard Montparnasse, xve. — 1886.

CRÉPIN (Victor), professeur au Lycée Lakanal, 2, rue Boulard, Paris. — 1891.

* CROISET (Alfred), membre de l'Institut, doyen de la Faculté des lettres, 13, rue Cassette, vi^e. — 1873.

* CROISET (Maurice), membre de l'Institut, professeur au Collège de France, 26, rue Saint-Louis, à Versailles. — 1873.

* CUCHEVAL (Victor), professeur honoraire au Lycée Condorcet, 21, rue d'Aumale. — 1876.

CUMONT (Franz), correspondant de l'Institut de France, conservateur aux musées royaux, professeur à l'Université de Gand, 75, rue Montoyer, à Bruxelles. — 1892.

* DALMEYDA (Georges), professeur au Lycée Michelet, 123, rue de la Tour, Paris-Passy. — 1893.

* DARESTE (Rodolphe), membre de l'Institut, conseiller honoraire à la Cour de cassation, 9, quai Malaquais, vi^e. — 1867.

DARGENT (J.), ancien professeur aux Facultés Catholiques, 108, boulevard Vauban, Lille. — 1898.

DECHARME (Paul), professeur à la Faculté des lettres, 95, boulevard Saint-Michel. — 1868.

DÉCHELETTE, conservateur du Musée, rue de la Sous-Préfecture, Roanne. — 1902.

DELACROIX (Gabriel), professeur au lycée Condorcet, 4, rue de Sèvres. — 1883.

DELAGRAVE (Charles), libraire-éditeur, 15, rue Soufflot. — 1867.

DELAMARRE (Jules), 51, rue de la Pompe, Paris Passy. — 1893.

DELISLE (Léopold), membre de l'Institut, administrateur général de la Bibliothèque nationale, 8, rue des Petits-Champs, ii^o. — 1874.

* Dellaporta (Brasidas), à Taganrog. — 1873.

Delyanni (Théodore-P.), président du Conseil des ministres, à Athènes. — 1867.

* Delyanni (N.), ministre de Grèce à Paris, 3, rue Anatole de la Forge. — 1875.

Demargne (Joseph), professeur à la Faculté des lettres, 24, cours de la Trinité, Aix-en-Provence. — 1903.

Déonna (Waldemar), 9, rue du Sommerard. — 1904.

Dépinay (Joseph), 81, rue de Miromesnil. — 1900.

Deprez (Michel), conservateur honoraire à la Bibliothèque nationale, 2, rue de Fleurus. — 1888.

Derenbourg (Hartwig), membre de l'Institut, professeur à l'École des Hautes Études, 30, avenue Henri Martin, XVIᵉ. — 1890.

Deschamps (Gaston), ancien membre de l'École d'Athènes, 13, rue Cassette. — 1901.

Descheemaecker (abbé Stanislas), professeur au Collège des Joséphites, Melle-lès-Gand (Belgique). — 1904.

* Desjardins (Mᵐᵉ vᵉ Charles-Napoléon), 2, rue Sainte-Sophie, à Versailles. — 1883.

Devin, avocat au conseil d'État et à la Cour de cassation, 66, rue Pierre-Charron. — 1867.

Dezeimeris (Reinhold), correspondant de l'Institut, 11, rue Vital Carles, à Bordeaux. — 1869.

Diamantopoulo (Mˡˡᵉ), ancienne élève de l'Ecole normale de Fontenay-aux-Roses, au Pirée (Grèce). — 1895.

* Didot (Alfred), 56, rue Jacob. — 1876.

Diehl (Charles), correspondant de l'Institut, chargé de cours à la Faculté des lettres de Paris, 4, square du Roule, VIIIᵉ. — 1891.

Dieudonné (A.), attaché au Cabinet des Médailles de la Bibliothèque Nationale, 41, boulevard de Clichy. — 1898.

* Dieux, professeur au lycée de Nantes. — 1889.

Dihigo (Jean-Michel), docteur, professeur de linguistique et de philologie à l'Université de la Havane, 110, San Ignacio, île de Cuba. — 1894.

Diricq (Raymond), 2, rue Bara. — 1904.

Dorison (L.), docteur ès lettres, doyen de la Faculté des lettres de Dijon, 1, rue Piron. — 1894.

* Dossios (Nic.), professeur à l'École commerciale, strada Golia, 19, Iassy (Roumanie). — 1881.

Dottin (Georges), docteur ès lettres, professeur-adjoint à la Faculté des lettres, 10, rue du Thabor, Rennes. — 1897.

Doublet (Georges), ancien membre de l'école d'Athènes, professeur de première au lycée, villa Minerve, rue du Soleil, Saint-Barthélemy, Nice. — 1894.

* Doulcet (Mgr), évêque de Nicopoli (Bulgarie), 83, rue de Lille. — 1881.

Dragoumis (Etienne), ancien ministre des affaires étrangères, à Athènes. — 1888.

Dragoumis (Marc), ancien ministre plénipotentiaire à Athènes.—1896.

Drosinis, (Georges), à Athènes. — 1888.

Droz (Alfred), avocat, 7, rue Saint-Florentin. — 1903.

DUCHATAUX, avocat, président de l'Académie nationale de Reims, 12, rue de l'Échauderie. — 1879.

DUCHESNE (Mgr), protonotaire apostolique, directeur de l'Ecole française d'archéologie, palais Farnèse, Rome. — 1877.

DUFOUR (Médéric), professeur de littérature grecque à l'Université, 3, rue Jeanne d'Arc, Lille. — 1901.

DUJARDIN (P.), héliograveur, 28, rue Vavin. — 1891.

DURAND, chargé de cours à l'Université de Paris, avenue Galois, à Bourg-la-Reine. — 1898.

DURAND-GRÉVILLE, 3, rue de Beaune, Paris (en hiver, villa Henry Gréville, à Menton, Alpes-Maritimes). — 1892.

* DÜRRBACH (F.), professeur à la Faculté des lettres de Toulouse, 40, rue du Japon. — 1892.

* DUSSOUCHET, professeur au Lycée Henri IV, 12, rue de Tournon. — 1871.

DUVILLARD (J.), ancien directeur du Gymnase de Genève, 24, Bourg de Four, Genève. — 1893.

* ECOLE BOSSUET, représentée par M. l'abbé Balland, directeur, 51, rue Madame. — 1890.

ECOLE DES CARMES, représentée par M. l'abbé Guibert, supérieur, 74, rue de Vaugirard. — 1890.

* ECOLE HELLÉNIQUE d'Odessa. — 1873.

ECOLE NORMALE SUPÉRIEURE, 45, rue d'Ulm. — 1869.

* ÉCOLES PUBLIQUES ORTHODOXES de Chios (Turquie d'Asie). — 1893.

EDON, professeur honoraire du lycée Henri IV, 12, rue du Pré-aux-Clercs. — 1882.

* EGGER (Mme vve Émile), 68, rue Madame. — 1885.

* EGGER (Max), professeur au Lycée Henri IV, 71, rue de Vaugirard. — 1885.

* EGGER (Victor), professeur à la Faculté des lettres de Paris, 72, rue d'Assas. — 1872.

EGINITIS (M.), professeur à l'Université et directeur de l'observatoire royal d'Athènes. — 1890.

* EICHTHAL (Eugène d'), 144, boulevard Malesherbes. — 1871.

ELÈVES (les) de rhétorique du Collège Stanislas, rue Notre-Dame-des-Champs. — 1869.

EMMANUEL (Maurice), docteur ès lettres, 42, rue de Grenelle. 1893.

ENGEL (Arthur), ancien membre de l'Ecole d'Athènes, 66, rue de l'Assomption. — 1903.

ENOCH, professeur au lycée du Havre. — 1899.

ERLANGER (Emile), banquier, 35, boulevard Haussmann. — 1869.

ERRERA (Paul), avocat, professeur à l'Université libre, 14, rue Royale, à Bruxelles. — 1889.

* ESTOURNELLES DE CONSTANT (baron Paul d'), sénateur, 131, rue de la Tour, Paris-Passy. — 1872.

EUMORFOPOULOS (Nicolas-A.), 33, Gloucester Square, Hyde Park, London W. — 1897.

* EXPERT (Henry), publiciste, 97, boulevard Arago. — 1900.

* FALIEROS (Nicolaos), à Taganrog (Russie). — 1873.

directeur du Conservatoire royal de musique, place du Petit-Vallon, 18, à Bruxelles. — 1881.

GHIKAS (Jean), professeur à Alexandrie (Egypte). — 1899.

* GILLON (G.), 18, rue Malher. — 1901.

* GIRARD (Paul), professeur à l'Université de Paris, 55, rue du Cherche-Midi. — 1880.

GIRONDE (comte de), 25, rue François Ier. — 1900.

GLACHANT (Victor), professeur de première au lycée Louis-le-Grand, 90, rue d'Assas. — 1884.

GLOTZ (Gustave), docteur ès-lettres, professeur au Lycée Louis-le-Grand, 73, rue du Cardinal-Lemoine. — 1895.

GLYPTI (Georges), professeur au gymnase Averoff, Alexandrie (Egypte). — 1902.

* GOELZER (Henri), professeur à l'Université de Paris, 32, rue Guillaume Tell. — 1892.

* GOIRAND (Léonce), avoué près la Cour d'appel de Paris, 145, rue de Lonchamp. — 1883.

* GOIRAND (Léopold), avoué près le tribunal civil de la Seine, 8, rue d'Anjou. — 1883.

* GONNET (l'abbé), docteur ès lettres, professeur à l'Institut catholique de Lyon, à Écully, maison de Sainte-Catherine, près Lyon. 1878.

GOUNOUILHOU, imprimeur, 8, rue de Cheverus, à Bordeaux. — 1893.

GRAILLOT (H.), ancien membre de l'École française de Rome, chargé de cours à la Faculté des Lettres de Toulouse. — 1898.

* GRANDIN (A.), 16, rue Lafontaine, 6, hameau Béranger, Auteuil. 1890.

* GRAUX (Henri), propriétaire, à Vervins (Aisne). — 1882.

GRAVARIS (Gr.), docteur, à Salonique. — 1902.

GRÉGOIRE (Henri), docteur en philosophie et lettres, Huy (Belgique). — 1904.

GROLLIER (de), 28, rue Godot de Mauroi. — 1901.

GROUSSET (Henri), 8, rue Laromiguière. — 1887.

GROUVÈLE (V.), 44, avenue de la Dame-Blanche, Fontenay-sous-Bois. — 1898.

* GRYPARIS (N.), consul de Grèce, à Sébastopol. — 1886.

GSELL (Stéphane), docteur ès lettres, professeur à l'École supérieure des lettres, inspecteur du service des antiquités de l'Algérie, 77, rue Michelet, à Mustapha (Algérie). — 1893.

GUILLAUME (Eugène), membre de l'Institut, ancien directeur de l'Académie de France à Rome, 15, rue de l'Université, VIIe. — 1867.

GUIRAUD (Paul), professeur-adjoint à la Faculté des lettres, 30, rue du Luxembourg. — 1891.

* GYMNASE AVÉROFF à Alexandrie (Égypte). — 1897.

* GYMNASE DE JANINA (Turquie). — 1872.

* HACHETTE et Cie, libraires-éditeurs, 79, boulevard Saint-Germain. — 1867.

HAÏTAS frères, banquiers, à Bucarest (Roumanie). — 1901.

HALLAYS (André), homme de lettres, 110, rue du Bac. — 1880.

HALPHEN (Eugène), avocat, 69, avenue Henri Martin. — 1869.

HANTZ, censeur du lycée de Reims. — 1904.

HARMAND, (R.), docteur ès lettres, professeur au Lycée, 20 rue Grand-ville, à Nancy. — 1892.

HARTER, inspecteur d'Académie, à Rodez. — 1898.

HAURY, professeur au lycée de Vesoul, 41, rue du Centre. — 1883.

HAUSSOULLIER (B.), directeur-adjoint à l'École des Hautes-Études, 8, rue Sainte-Cécile. — 1881.

* HAUVETTE (Amédée), chargé de cours à la Faculté des Lettres, 28, rue Racine. — 1883.

* HAVET (Louis), membre de l'Institut, professeur au Collège de France et à l'Ecole des Hautes-Etudes, 5, avenue de l'Opéra, Ier. — 1869.

HEIBERG (le dr J.-L.), professeur à l'Université, à Copenhague, 13, Classensgade. — 1891.

HENRY (Victor), professeur à la Faculté des lettres, 95, rue Houdan, à Sceaux. — 1884.

* HÉRIOT-BUNOUST (l'abbé Louis), aux soins de M. Stanislas Plonczynski, 33, rue de Cugnaux, Toulouse. — 1889.

HÉRON DE VILLEFOSSE (Antoine), membre de l'Institut, conservateur des antiquités grecques et romaines du musée du Louvre, 76, rue Washington, VIIIe. — 1872.

* HEUZEY (Léon), membre de l'Institut, conservateur des antiquités orientales au musée du Louvre, 90, boulevard Exelmans, Paris-Auteuil. — 1867.

HOCHART, 22, rue de l'Église-Saint-Seurin, à Bordeaux. — 1893.

* HODGI EFFENDI (J.), conseiller d'Etat, 101, Grande rue de Péra, Constantinople. — 1876.

HOLLEAUX (Maurice), directeur de l'École française d'Athènes. — 1889.

HOMOLLE (Th.), membre de l'Institut, directeur des musées nationaux et de l'École du Louvre. — 1876.

* HOUSSAYE (Henry), de l'Académie française, 49, avenue Friedland, VIIIe. — 1868.

HUBERT (Henri), agrégé d'histoire, conservateur-adjoint du musée gallo-romain de Saint-Germain-en-Laye, 74, rue Claude-Bernard. — 1897.

HUILLIER (Paul), notaire, 83, boulevard Haussmann. — 1874.

HUIT (Ch.), docteur ès lettres, professeur honoraire à l'Institut catholique de Paris, 74, rue Bonaparte. — 1878.

HUMBERT (Louis), professeur au Lycée Condorcet, 207, boulevard Saint-Germain. — 1875.

HUNTINGTON (Henry Alonzo), commandant, 7, rue de Maurepas, à Versailles. — 1895.

HYPÉRIDIS (G.-C.), directeur du journal *Amaltheia*, Smyrne. — 1903.

ICONOMOPOULOS (Léonidas-D.), ingénieur aux chemins de fer égyptiens, au Caire. — 1890.

IMHOOF-BLUMER (Dr F.), correspondant de l'Institut, à Winterthur (Suisse). — 1890. (*Deux cotisations*).

* INGLESSIS (Pan.), docteur-médecin, 58, cours Pierre Puget, à Marseille. — 1888.

HALPHEN (Eugène), avocat, 69, avenue Henri Martin. — 1869.

HANTZ, censeur du lycée de Reims. — 1904.

HARMAND, (R.), docteur ès lettres, professeur au Lycée, 20 rue Grand-ville, à Nancy. — 1892.

HARTER, inspecteur d'Académie, à Rodez. — 1898.

HAURY, professeur au lycée de Vesoul, 41, rue du Centre. — 1883.

HAUSSOULLIER (B.), directeur-adjoint à l'École des Hautes-Études, 8, rue Sainte-Cécile. — 1881.

* HAUVETTE (Amédée), chargé de cours à la Faculté des Lettres, 28, rue Racine. — 1883.

* HAVET (Louis), membre de l'Institut, professeur au Collège de France et à l'Ecole des Hautes-Etudes, 5, avenue de l'Opéra, Iᵉʳ. — 1869.

HEIBERG (le dʳ J.-L.), professeur à l'Université, à Copenhague, 13, Classensgade. — 1891.

HENRY (Victor), professeur à la Faculté des lettres, 95, rue Houdan, à Sceaux. — 1884.

* HÉRIOT-BUNOUST (l'abbé Louis), aux soins de M. Stanislas Plonczynski, 33, rue de Cugnaux, Toulouse. — 1889.

HÉRON DE VILLEFOSSE (Antoine), membre de l'Institut, conservateur des antiquités grecques et romaines du musée du Louvre, 76, rue Washington, VIIIᵉ. — 1872.

* HEUZEY (Léon), membre de l'Institut, conservateur des antiquités orientales au musée du Louvre, 90, boulevard Exelmans, Paris-Auteuil. — 1867.

HOCHART, 22, rue de l'Église-Saint-Seurin, à Bordeaux. — 1893.

* HODGI EFFENDI (J.), conseiller d'Etat, 101, Grande rue de Péra, Constantinople. — 1876.

HOLLEAUX (Maurice), directeur de l'École française d'Athènes. — 1889.

HOMOLLE (Th.), membre de l'Institut, directeur des musées nationaux et de l'École du Louvre. — 1876.

* HOUSSAYE (Henry), de l'Académie française, 49, avenue Friedland, VIIIᵉ. — 1868.

HUBERT (Henri), agrégé d'histoire, conservateur-adjoint du musée gallo-romain de Saint-Germain-en-Laye, 74, rue Claude-Bernard. — 1897.

HUILLIER (Paul), notaire, 83, boulevard Haussmann. — 1874.

HUIT (Ch.), docteur ès lettres, professeur honoraire à l'Institut catholique de Paris, 74, rue Bonaparte. — 1878.

HUMBERT (Louis), professeur au Lycée Condorcet, 207, boulevard Saint-Germain. — 1875.

HUNTINGTON (Henry Alonzo), commandant, 7, rue de Maurepas, à Versailles. — 1895.

HYPÉRIDIS (G.-C.), directeur du journal *Amaltheia*, Smyrne. — 1903.

ICONOMOPOULOS (Léonidas-D.), ingénieur aux chemins de fer égyptiens, au Caire. — 1890.

IMHOOF-BLUMER (Dʳ F.), correspondant de l'Institut, à Winterthur (Suisse). — 1890. (*Deux cotisations*).

* INGLESSIS (Pan.), docteur-médecin, 58, cours Pierre Puget, à Marseille. — 1888.

Iserentant, professeur de rhétorique à l'Athénée royal de Malines (Belgique). — 1880.

Jacob (Alfred), maître de conférences à l'Ecole des Hautes Études, 7bis, rue Laromiguière. — 1902.
* Jamot (Paul), ancien membre de l'École française d'Athènes, conservateur-adjoint au musée du Louvre, 11 bis, avenue de Ségur, vii°. — 1890.
* Jasonidis (O. John), Blondel St., à Limassol (île de Chypre). — 1870.
Jenkins (Mlle), 95, boulevard Saint-Michel, v°, à Paris, et à Thorwald, Loschwitz près Dresde (Allemagne). — 1899.
* Joannidis (Emmanuel), scholarque de Chora à Amorgos (Grèce). 1869.
Johnston (Mme Nathaniel), au château de Beaucaillou, par Saint-Laurent Saint-Julien (Gironde). — 1894.
* Jordan (Camille), membre de l'Institut, 48, rue de Varenne, vii°. — 1874.
* Joret (Ch.), membre de l'Institut, professeur honoraire de Faculté, 64, rue Madame, vi°. — 1879.
Joubin (André), ancien membre de l'École française d'Athènes, docteur ès lettres, professeur-adjoint à l'Université, avenue du Stand, 10, à Montpellier.
Jouguet (Pierre), maître de conférences à la Faculté des Lettres, villa Stella, avenue Chalant, Lille Saint-Maurice. — 1898.

Kann (Arthur), 58, avenue du Bois de Boulogne. — 1893.
Karpelès (Mme), 143, rue de la Pompe. — 1897.
Kebedjy (Stavro-M.), à Athènes. — 1868.
Kinch (K.-F.), docteur, Ostersögade, 38, Copenhague (Danemark). — 1898.
Koechlin (Raymond), 32, quai de Béthune. — 1898.
* Kontostavlos (Alexandre), ancien ministre, à Athènes. — 1876.
* Koundouri (Panaghi), 23, rue de l'Arsenal, Marseille. — 1897.
Krebs (Adrien), professeur à l'École Alsacienne, 89, avenue d'Orléans. 1878.

Labaste, professeur de première au lycée de Tourcoing, 23, Grand'Place. — 1902.
* Lafaye (Georges), professeur-adjoint à la Faculté des lettres, 105, boulevard Saint-Michel. — 1892.
Lafont (Mlle Renée), licenciée ès lettres, 73, rue du Cardinal Lemoine. — 1901.
Lagonico (Théodore), Alexandrie (Égypte). — 1904.
Lagoudakis (Socrate), docteur médecin, 103, avenue de Villiers. — 1898.
* Laloy (Louis), agrégé des lettres, 33, avenue des Gobelins. — 1897.
Lambros (Spyridon), professeur à l'Université d'Athènes. — 1873.
* Landelle (Charles), peintre, 17, quai Voltaire. — 1868.
Laurent (Joseph), maître de conférences à la Faculté des lettres, 12-14, rue Jeanne d'Arc, à Nancy. — 1895.

MALLINGER (Léon), professeur à l'Athénée royal, 26, rue de Saint-Pétersbourg, Ostende (Belgique). — 1898.

* MANOUSSI (Démétrios de), à Paris, 4, rue Christophe-Colomb. — 1869.

MANTADAKIS (P.), professeur au gymnase Averoff, Alexandrie (Égypte). — 1903.

MANTZURANY (N), professeur de langues, 15, rue Champollion. — 1900.

* MANUSSI (Constantin de), à Athènes. — 1869.

MARCHEIX, bibliothécaire de l'École des Beaux-Arts, 47, rue de Vaugirard. — 1885.

MARESTAING (Pierre), 17, boulevard Flandrin. — 1902.

MARGUERITTE DE LA CHARLONIE, ingénieur des arts et manufactures, 21, rue Bonaparte. — 1903.

MARINO (Miltiade), rue de Patissia, à Athènes. — 1873.

MARTHA (Jules), professeur à la Faculté des Lettres, 16, rue de Bagneux. — 1881.

MARTIN (Albert), correspondant de l'Institut, doyen de la Faculté des lettres de Nancy, 9, rue Sainte-Catherine. — 1887.

MARTIN (abbé J.-B.), professeur aux Facultés catholiques, place de Fourvière, Lyon. — 1897.

MARTIN (abbé Fernand), professeur de grec au séminaire de Montlieu (Charente-Inférieure). — 1903.

MARTINI (Edgar), professeur à l'Université, 14, Querstrasse II°, Leipzig. — 1904.

* MASPERO (G.), membre de l'Institut, professeur au Collège de France, directeur général du service des antiquités et des musées Égyptiens, Le Caire. — 1877.

MASQUERAY (P.), docteur ès lettres, professeur à la Faculté des lettres de Bordeaux, 36, rue Rodrigues-Pereire. — 1893.

MAUCOMBLE (Émile), avoué honoraire, 2, rue Pigalle. — 1876.

* MAURICE (Jules), membre résidant de la Société nationale des Antiquaires de France, 33, rue Washington. — 1902.

MAUROUARD (Lucien), premier secrétaire d'ambassade près la légation de France en Grèce, 56, rue de Solon à Athènes, et 110 boulevard Haussmann, Paris. — 1891.

MAURY, professeur à la Faculté des lettres, 75, avenue de Lodève, Montpellier. — 1894.

* MAVRO (Spiridion), Athènes. — 1873.

MAVROMICHALIS (Kyriacoulis P.), ministre, à Athènes. — 1888.

MAVROYENI-BEY (Démétrius), ancien consul général de Turquie, à Marseille, 89, cours Pierre Puget. — 1891.

* MAXIMOS (P.), à Odessa. — 1879.

MAY (G.), professeur à l'Université de Nancy, chargé de cours à la Faculté de Droit, Paris, 12, rue de Longchamp. — 1904.

MAZON (Paul), docteur ès-lettres, 18, rue du Vieux Colombier. — 1902.

MÉGACLÈS (Athanase), archevêque de Cyzique, à Artaki (Asie-Mineure), Turquie. — 1895.

MÉLAS (Constantin), 67, cours Pierre Puget, à Marseille. — 1867.

* MELAS (Léon), à Athènes. — 1893.

MÉLY (F. de), 26, rue de la Trémoïlle. — 1894.

MENDEL (Gustave), ancien membre de l'École d'Athèues 15, rue de l'Entrepôt, à Paris. — 1902.

MENGOLA (D.), avocat, à Alexandrie (Egypte). — 1887.

MESSINESI (Léonce), 9, rue Bayard, VIII°. — 1903.

METAXAS (Gerasimos), docteur-médecin, 4, rue Diendé, à Marseille. — 1887.

MEUNIER (l'abbé J.-M.), professeur à l'Institution Saint-Cyr, rue Jeanne d'Arc, à Nevers. — 1895.

* MEYER (Paul), membre de l'Institut, directeur de l'École des Chartes, 16, avenue Labourdonnais, VII°. — 1884.

MEYLAN-FAURE, professeur à l'Université de Lausanne. — 1904.

MÉZIÈRES (Alfred), de l'Académie française, professeur honoraire de la Faculté des lettres, sénateur, 57, boulevard Saint-Michel, v°. — 1867.

MICHAELIDIS (C. E.), Rally brothers agency, Hull. — 1890.

MICHEL (Ch.), professeur à l'Université de Liège, 110, avenue de d'Avroy. — 1893.

* MICHON (Etienne), conservateur-adjoint au Musée du Louvre, 26, rue Barbet-de-Jouy. — 1893.

MIGEON (Gaston), conservateur au Musée du Louvre, 150, rue du Bois de Fleury, Meudon (Seine-et-Oise).. — 1904.

MILIARAKIS (A.) homme de lettres, 48, rue Pinacoton à Athènes. — 1875.

MILLET (Gabriel), maître de conférences à l'école des Hautes Études, 34, rue Hallé, XIV°. — 1896.

* MILLIET (Paul), 95, boulevard Saint-Michel. — 1889.

* MONCEAUX (Paul), professeur au Lycée Henri IV, 12, rue de Tournon. — 1885.

MONFERRATO (Antoine), ancien ministre des cultes et de l'instruction publique, à Athènes. — 1890.

MONNIER (Jean), professeur à la Faculté de théologie protestante, 9, rue du Val-de-Grâce. — 1902.

MONOD (Gabriel), professeur à la Faculté des Lettres de l'Université de Paris, membre de l'Académie des sciences morales et politiques, 18, rue du Parc de Clagny, Versailles. — 1869.

MORAÏTIS (Démétrius), professeur à Londres, 72, Ashmore-Road. 1879.

MORET (Alexandre), maître de conférences à l'école des Hautes Études, 114, avenue de Wagram. — 1901.

MOSSOT, professeur honoraire, 20, rue de Verneuil. — 1887.

MOT (Jean de), attaché aux musées de Bruxelles, au Musée du Cinquantenaire, Bruxelles. — 1901.

MUTIAUX (E.), 66, rue de la Pompe, Paris-Passy. — 1898.

NAVARRE (O.), docteur ès lettres, professeur à la Faculté des lettres de Toulouse. — 1895.

* NEGROPONTE (Dimitrios), à Taganrog (Russie). — 1869.

* NEGROPONTES (Ulysse), 50, avenue du Bois de Boulogne. — 1890.

* NICOLAÏDÈS (G.), homme de lettres, près de l'orpheilnat des jeunes filles, à Athènes. — 1868.

NICOLE (Jules), professeur à la Faculté des lettres, 6, rue Petitot, Genève. — 1891.

* NICOLOPOULO (Jean-G.), 66, rue de Monceau. — 1884.

* NICOLOPOULO (Nicolas-G.), 66, rue de Monceau. — 1884.

* Nolhac (Pierre de), conservateur du Musée national de Versailles, au Palais de Versailles. — 1888.

Normand (Ch.), directeur de la Revue *L'ami des monuments et des arts,* secrétaire général de la Société des Amis des monuments parisiens, 98, rue de Miromesnil. — 1889.

Oddi (F.-F.), professeur de langues, à Alexandrie (Égypte). — 1880.

* Omont (H.), membre de l'Institut, conservateur du département des manuscrits de la Bibliothèque nationale, 17, rue Raynouard, xvie. — 1884.

Oppert (Jules), membre de l'Institut, professeur au Collège de France, 2, rue de Sfax, xvie. — 1901.

Oursel (Paul), Consul général de France, 68, boulevard Malesherbes, viiie. — 1867.

Pagonis (C.-Th.) professeur au gymnase Avéroff, à Alexandrie (Egypte). — 1899.

* Paisant (Alfred), Président honoraire du tribunal, 35, rue Neuve, à Versailles. — 1871.

* Paix-Séailles (Charles), étudiant, 278, boulevard Raspail. — 1896.

* Papadimitriou (Sinodis), professeur à l'Université d'Odessa. — 1893.

Papadopoulos-Kerameus, Fontanka, 101, log. 6, à Saint-Pétersbourg, Russie. — 1902.

Papavassiliou (G.), professeur à Athènes. — 1889.

Paris (Pierre), professeur à la Faculté des lettres, correspondant de l'Institut, 26, rue Méry, à Bordeaux. — 1894.

Parmentier (Léon), professeur à l'Université de Liège (Belgique). — 1895.

* Parmentier (le général Théodore), 5, rue du Cirque. — 1872.

Paschalis (D.-P.), île d'Andros (Grèce). — 1899.

* Paspati (Georges), à Athènes. — 1888.

Passy (Louis), député de l'Eure, membre de l'Académie des sciences morales et politiques, 81, rue Taitbout. — 1867.

Paton (W.-R.), maison Camis, place Maze, Viroflay (Seine-et-Oise). — 1896.

Peine (Louis), professeur au lycée Louis le Grand, 5, rue Latran. — 1894.

Pelletier (François), professeur à l'Université de Laval, Québec (Canada). — 1902.

Pepin-Lehalleur (Adrien), 7, rue Nitot. — 1880.

Perdrizet (Paul), maître de conférences à la Faculté des lettres, 9, rue Désiles, Nancy. — 1889.

Pereire (Henry), 33, boulevard de Courcelles. — 1890.

Pernot (Hubert), répétiteur de grec moderne à l'Ecole des langues orientales vivantes, 9, rue Galilée. — 1900.

Perrot (Georges), membre de l'Institut, secrétaire perpétuel de l'Académie des Inscriptions et Belles-Lettres, Palais de l'Institut. — 1867.

* Persopoulo (Nicolas), à Trébizonde (Turquie d'Asie). —1873.

Pessonneaux (Raoul), professeur au lycée Henri IV, à Clamart. — 1888.

* Renauld, professeur au lycée, 11, rue Lasserre, Montauban. 1902.

Reynaud, professeur au lycée Louis-le-Grand, 28, avenue de l'Observatoire. — 1893.

Rheinart (Ferdinand), 14, rue du Regard, Paris. — 1903.

Ribier (Eug. de), professeur au Lycée Janson-de-Sailly, directeur de la *Revue des Poètes*, 5, rue de Sontay, XVIᵉ. — 1895.

Ricci (Seymour de), 30, avenue Henri Martin. — 1901.

Richard (Louis), sous-bibliothécaire à la Bibliothèque Sainte-Geneviève, 50, rue des Belles-Feuilles. — 1888.

* Ridder (André de), professeur en congé à la Faculté des lettres d'Aix, à Paris, 22, rue de Marignan. — 1894.

Roberti (A.), professeur honoraire, 13, rue de l'Abbatiale, à Bernay. — 1873.

* Rodocanachi (Michel-E.), négociant, 10, allées des Capucines, à Marseille. — 1867.

Romanos (Athos), ministre des affaires étrangères, Athènes. — 1891.

Rothschild (baron Alphonse de), 2, rue Saint-Florentin, Iᵉʳ. 1867.

Rothschild (baron Edmond de), 41, faubourg Saint-Honoré. — 1884.

Roujon (Henry), secrétaire perpétuel de l'Académie des Beaux-Arts, au Palais de l'Institut, quai Conti. — 1904.

Roux (Ferdinand), ancien magistrat, avocat, à Javode près et par Issoire. — 1887.

* Ruelle (Ch.-Émile), administrateur de la Bibliothèque Sainte-Geneviève, 6, place du Panthéon. — 1869.

Saglio (Edmond), membre de l'Institut, 85, rue de Sèvres. — 1868.

Sakelaridis (Dimitri), à Alexandrie (Egypte). — 1888.

Sala (Mᵐᵉ la comtesse), 22, rue Clément Marot. — 1901.

Salvago (Pantéli), 133, boulevard Malesherbes. — 1902.

Sanson (Ernest), architecte, 25, rue de Lübeck. — 1888.

* Sarakiotis (Basile), docteur-médecin, à Constantinople. — 1872.

* Sathas (Constantin), boulevard Saint-Germain, 91. — 1874.

Savvas-Pacha, ancien ministre des affaires étrangères de Turquie, 36, rue Desbordes-Valmore, Paris-Passy. 1892.

* Sayce (A. H.), professeur à l'Université d'Oxford, Queen's College. 1879.

* Scaramanga (Doucas), à Taganrog (Russie). — 1870.

* Scaramanga (Pierre-J.), 36, avenue du Roule, à Neuilly-sur-Seine. 1872.

Schliemann (Mᵐᵉ Henri), à Athènes. — 1895.

* Schlumberger (Gustave), membre de l'Institut, 37, avenue d'Antin, VIIIᵉ. — 1888.

Schwab (R.), 85, boulevard Port-Royal, XIIIᵉ. — 1904.

Séguier (comte de), à Son Serra, Casa Rey, Palma de Majorque. — 1895.

Senart (Emile), membre de l'Institut, 18, rue François Iᵉʳ, VIIIᵉ. — 1867.

Serruys (Daniel), ancien membre de l'Ecole française de Rome, maître de conférences à l'École des Hautes Études, 29, rue Saint-Louis-en-l'Ile. — 1902.

* Renauld, professeur au lycée, 11, rue Lasserre, Montauban. 1902.

Reynaud, professeur au lycée Louis-le-Grand, 28, avenue de l'Observatoire. — 1893.

Rheinart (Ferdinand), 14, rue du Regard, Paris. — 1903.

Ribier (Eug. de), professeur au Lycée Janson-de-Sailly, directeur de la *Revue des Poètes,* 5, rue de Sontay, xviᵉ. — 1895.

Ricci (Seymour de), 30, avenue Henri Martin. — 1901.

Richard (Louis), sous-bibliothécaire à la Bibliothèque Sainte-Geneviève, 50, rue des Belles-Feuilles. — 1888.

* Ridder (André de), professeur en congé à la Faculté des lettres d'Aix, à Paris, 22, rue de Marignan. — 1894.

Roberti (A.), professeur honoraire, 13, rue de l'Abbatiale, à Bernay. — 1873.

* Rodocanachi (Michel-E.), négociant, 10, allées des Capucines, à Marseille. — 1867.

Romanos (Athos), ministre des affaires étrangères, Athènes. — 1891.

Rothschild (baron Alphonse de), 2, rue Saint-Florentin, Iᵉʳ. — 1867.

* Rothschild (baron Edmond de), 41, faubourg Saint-Honoré. — 1884.

Roujon (Henry), secrétaire perpétuel de l'Académie des Beaux-Arts, au Palais de l'Institut, quai Conti. — 1904.

Roux (Ferdinand), ancien magistrat, avocat, à Javode près et par Issoire. — 1887.

* Ruelle (Ch.-Émile), administrateur de la Bibliothèque Sainte-Geneviève, 6, place du Panthéon. — 1869.

Saglio (Edmond), membre de l'Institut, 85, rue de Sèvres. — 1868.

Sakelaridis (Dimitri), à Alexandrie (Egypte). — 1888.

Sala (Mᵐᵉ la comtesse), 22, rue Clément Marot. — 1901.

Salvago (Pantéli), 133, boulevard Malesherbes. — 1902.

Sanson (Ernest), architecte, 25, rue de Lübeck. — 1888.

* Sarakiotis (Basile), docteur-médecin, à Constantinople. — 1872.

* Sathas (Constantin), boulevard Saint-Germain, 91. — 1874.

Savvas-Pacha, ancien ministre des affaires étrangères de Turquie, 36, rue Desbordes-Valmore, Paris-Passy.   1892.

* Sayce (A. H.), professeur à l'Université d'Oxford, Queen's College. 1879.

* Scaramanga (Doucas), à Taganrog (Russie). — 1870.

* Scaramanga (Pierre-J.), 36, avenue du Roule, à Neuilly-sur-Seine. 1872.

Schliemann (Mᵐᵉ Henri), à Athènes. — 1895.

* Schlumberger (Gustave), membre de l'Institut, 37, avenue d'Antin, viiiᵉ. — 1888.

Schwab (R.), 85, boulevard Port-Royal, xiiiᵉ. — 1904.

Séguier (comte de), à Son Serra, Casa Rey, Palma de Majorque. — 1895.

Senart (Emile), membre de l'Institut, 18, rue François Iᵉʳ, viiiᵉ. — 1867.

Serruys (Daniel), ancien membre de l'Ecole française de Rome, maître de conférences à l'École des Hautes Études, 29, rue Saint-Louis-en-l'Ile. — 190?

SESTIER (J.-M.), avocat à la Cour d'appel, 24, rue Nicole. — 1881.
SEURE, ancien membre de l'Ecole d'Athènes, professeur au lycée de Chartres, 52, rue Muret. — 1901.
SÈZE (Romain de), 76, rue de Seine. — 1893.
* SIBIEN (Armand), architecte, 14, rue du Quatre-Septembre. — 1901.
SINOIR, professeur de première au Lycée de Laval. — 1892.
SIPHNAIOS (Jean), négociant, à Constantinople. — 1868.
SKIAS (André N.), 6, rue Cantacuzène, à Athènes. — 1892.
SKLIROS (Georges-Eustache), 289-291, Regent Street, à Londres. — 1876.
SOTIRIADIS, éphore des antiquités et des musées, 21, rue Lucien, Athènes. — 1902.
* SOUVADZOGLOU (Basile), banquier, à Constantinople. — 1878.
STAMOULIS (Anastase), négociant, à Silimvria (Turquie). — 1874.
STEPHANOS (D' Clon), 20, rue Solon, à Athènes. — 1879.
STREIT (Georges), professeur de droit international à l'Université d'Athènes. — 1894.
STRONG (M'' Arthur), 23, Grosvenor Road, Westminster S. W., à Londres. — 1899.
* SULLY-PRUDHOMME (Armand), de l'Académie française, 82, rue du Faubourg-Saint-Honoré, VIII'. — 1883.
SVORONOS (J.-N.), directeur du musée numismatique, Athènes. — 1903.
SWARTE (Victor de), ancien trésorier payeur général du département du Nord. — 1903.

TERNAUX-COMPANS (Maurice), ancien député, 25, rue Jean-Goujon. — 1878.
TERRIER, professeur honoraire au lycée Condorcet, 10, rue d'Aumale. — 1878.
THALIS (D' M.), à Athènes. — 1890.
THEODORIDÈS (Jean), docteur, à Serrès (Macédoine). — 1895.
* TOUGARD (l'abbé Alb.), docteur ès lettres, professeur honoraire au petit séminaire du Mont-aux-Malades, à Rouen. — 1867.
* TOURTOULON (baron de), 13, rue Roux-Alphéran, Aix-en-Provence. 1869.
* TRAVERS (Albert), directeur des postes et télégraphes de l'Hérault, à Montpellier. — 1885.
TRAWINSKI (F.), chef du secrétariat des musées nationaux, au musée du Louvre. — 1898.
TRÉYERRET (Armand de), professeur à la Faculté des lettres, 170, rue de Pessac, Bordeaux, — 1869.
TRIANTAPHYLLIDIS (G. J.), 127, boulevard Malesherbes. — 1894.
* TSACALOTOS (E.-D.), professeur au 1'' gymnase Varvakion, à Athènes. 1873.

* UNIVERSITÉ D'ATHÈNES. — 1868.

* VALIERI (Octave), 2, Kensington Park Gardens, à Londres. — 1879.
* VASNIER, greffier des bâtiments, Le Manoir, à Giberville (Calvados). — 1894.
VENDRYÈS (Joseph), professeur à la Faculté des lettres de Clermont-Ferrand. — 1903.

PRIX DÉCERNÉS

DANS LES CONCOURS DE L'ASSOCIATION

(1868-1904)

1868. Prix de 500 fr. M. Tournier, Édition de Sophocle.

Mention honorable. M. Boissée, 9° vol. de l'édition, avec traduction française, de Dion Cassius.

1869. Prix de l'Association. M. H. Weil, Édition de sept tragédies d'Euripide.

Prix Zographos. M. A. Bailly, *Manuel des racines grecques et latines.*

Mention très honorable. M. Bernardakis, Ἑλληνικὴ γραμματική.

1870. Prix de l'Association. M. Alexis Pierron, Édition de l'Iliade.

Prix Zographos. M. Paparrigopoulos, *Histoire nationale de la Grèce.*

1871. Prix de l'Association. M. Ch.-Émile Ruelle, Traduction des *Éléments harmoniques* d'Aristoxène.

Prix Zographos. Partagé entre M. Sathas, Ἀνέκδοτα ἑλληνικά, Χρονικὸν ἀνέκδοτον Γαλαξειδίου, Τουρκοκρατουμένη Ἑλλάς, Νεοελληνικὴ φιλολογία, Νεοελληνικῆς φιλολογίας παράρτημα, et M. Valettas, Δονάλδσωνος ἱστορία τῆς ἀρχαίας ἑλληνικῆς φιλολογίας ἐξελληνισθεῖσα μετὰ πολλῶν προσθηκῶν καὶ διορθώσεων.

1872. Médaille de 500 fr. M. Politis, Μελέτη ἐπὶ τοῦ βίου τῶν νεωτέρων Ἑλλήνων.

1873. Prix de l'Association. M. Amédée Tardieu, Traduction de la Géographie de Strabon, tomes I et II.

Médaille de 500 fr. M. A. Boucherie, Ἑρμηνεύματα et Καθημερινὴ ὁμιλία, *textes inédits attribués à Julius Pollux.*

Médaille de 500 fr. M. A. de Rochas d'Aiglun, *Poliorcétique des Grecs; Philon de Byzance.*

Prix Zographos. M. Coumanoudis (É.-A.), Ἀττικῆς ἐπιγραφαὶ ἐπιτύμβιοι.

Médaille de 500 fr. M. C. Sathas, *Bibliotheca graeca medii aevi.*

1874. Prix de l'Association. M. C. Wescher, *Dionysii Byzantii de navigatione Bospori quae supersunt, graece et latine.*

Prix Zographos. M. Émile Legrand, *Recueil de chansons populaires grecques publiées et traduites pour la première fois.*

Mention très honorable. M. E. Filleul, *Histoire du siècle de Périclès.*

Mention très honorable. M. Alfred Croiset, *Xénophon, son caractère et son talent.*

1875. Prix de l'Association. Partagé entre M. C. Sathas, *Mich. Pselli Historia byzantina et alia opuscula,* et M. Petit de Julleville, *Histoire de la Grèce sous la domination romaine.*

Prix Zographos. Partagé entre M. Miliarakis, Κυκλαδικά, et M. Margaritis Dimitza, Ouvrages relatifs à l'histoire de la Macédoine.

1876. Prix de l'Association. Partagé entre M. Lallier, Thèses pour le doctorat ès lettres : 1° *De Critiae tyranni vita ac scriptis:* 2° *Condition de la femme dans la famille athénienne au v° et au iv° siècles avant l'ère chrétienne,* et M. Phil. Bryennios, Nouvelle édition complétée des lettres de Clément de Rome.

Prix Zographos. MM. Coumanoudis et Castorchis, directeurs de l''Aθήναιον.

1877. Prix Zographos. MM. Bayet et Duchesne, *Mission au mont Athos.*

1878. Prix de l'Association. Partagé entre M. Aubé, Restitution du Discours Véritable de Celse traduit en français, et M. Victor Prou, Édition et traduction nouvelle de la Chirobaliste d'Héron d'Alexandrie.

Prix Zographos. Le *Bulletin de Correspondance hellénique.*

1879. Prix de l'Association. M. E. Saglio, directeur du *Dictionnaire des antiquités grecques et romaines.*

Prix Zographos. M. P. Decharme, *Mythologie de la Grèce antique.*

1880. Prix de l'Association. M. Ex. Caillemer, *Le droit de succession légitime à Athènes.*

Prix Zographos. M. Henri Vast, *Études sur Bessarion.*

1881. Prix de l'Association. M. F. Aug. Gevaert, *Histoire et théorie de la musique dans l'antiquité.*

Prix Zographos. M. A. Cartault, *La trière athénienne.*

1882. Prix de l'Association. Partagé entre M. Max. Collignon, *Manuel d'archéologie grecque*, et M. V. Prou, *Les théâtres d'automates en Grèce*, au ɪɪ° siècle de notre ère.

Prix Zographos. Partagé entre M. J. Martha, Thèse pour le doctorat ès lettres sur les *Sacerdoces athéniens*, et M. P. Girard, Thèse pour le doctorat ès lettres sur l'*Asclépiéion d'Athènes.*

1883. Prix de l'Association. Partagé entre M. Maurice Croiset, *Essai sur la vie et les œuvres de Lucien*, et M. Couat, *La poésie alexandrine sous les trois premiers Ptolémées.*

Prix Zographos. Partagé entre M. Contos, Γλωσσιϰαὶ παρατηρήσεις ἀναφερόμεναι εἰς τὴν νέαν ἑλληνιϰὴν γλῶσσαν, et M. Emile Legrand, *Bibliothèque grecque vulgaire*, t. I, II, III.

1884. Prix de l'Association. Partagé entre M. Max Bonnet, *Acta Thomae, partim inedita*, et M. Victor Henry, Thèse pour le doctorat ès lettres sur l'*Analogie en général et les formations analogiques de la langue grecque.*

Prix Zographos. Partagé entre M. Auguste Choisy, *Études sur l'architecture grecque*, et M. Edmond Pottier, Thèse pour le doctorat ès lettres sur les *Lécythes blancs attiques.*

1885. Prix de l'Association. M. Salomon Reinach, *Manuel de philologie classique.*

Prix Zographos. M. Olivier Rayet, *Monuments de l'art antique.*

1886. Prix de l'Association. *Le Syllogue littéraire hellénique de Constantinople.* Recueil annuel.

Prix Zographos. Partagé entre M. Amédée Hauvette, *De archonte rege;* — *Les Stratèges athéniens.* Thèses pour le doctorat ès lettres, et M. Bouché-Leclercq, *Traduction des ouvrages d'Ernest Curtius, J.-G. Droysen et G.-F. Hertzberg sur l'histoire grecque.*

1887. Prix de l'Association. Partagé entre M. Albert Martin, Thèse pour le doctorat ès lettres sur les *Cavaliers athéniens*, et M. Paul Monceaux, Thèses *De Communi Asiae provinciae* et sur les *Proxénies grecques.*

Prix Zographos. Partagé entre M. Papadopoulos Kerameus, Ouvrages divers sur l'antiquité grecque, et Paul Tannery, Ouvrages et opuscules sur l'histoire de la science grecque.

1888. Prix de l'Association. M. Homolle, Thèses pour le doctorat ès lettres, *Les archives de l'intendance sacrée à Délos.* — *De antiquissimis Dianae simulacris deliacis.*

Prix Zographos. Ἑστία, revue hebdomadaire dirigée par M. Cazdonis.

Mention très honorable. M. Cucuel, *Essai sur la langue et le style de l'orateur Antiphon; Œuvres complètes de l'orateur Antiphon*, traduction française.

Mention très honorable. M. l'abbé Rouff, *Grammaire grecque* de Koch, traduction française.

1889. Prix de l'Association. M. Henri Omont, *Inventaire sommaire des manuscrits grecs de la Bibliothèque nationale.*

Prix Zographos. Partagé entre M. Ch. Diehl, *Études sur l'administration byzantine dans l'exarchat de Ravenne,* et M. Spyridon Lambros, Κατάλογος τῶν ἐν ταῖς βιβλιοθήκαις τοῦ Ἁγίου Ὄρους ἑλλτνικῶν κωδίκων.

1890. Prix de l'Association. M. G. Schlumberger, *Un empereur byzantin au* x° *siècle. Nicéphore Phocas.*

Prix Zographos. M. Miliarakis, Νεοελληνικὴ γεωγρχφικὴ φιλολογία (1800-1889).

1891. Prix de l'Association. M. Edmond Pottier, *Les Statuettes de terre cuite dans l'antiquité.*

Prix Zographos. Partagé entre M. Sakkélion, Βιβλιοθήκη Πατμιακή, et M. Latyschev, *Inscriptiones graecae orae septentrionalis Ponti Euxini.*

1892. Prix de l'Association. Partagé entre M. Costomiris, *Livre XII d'Aétius inédit,* M. P. Milliet, Études sur les premières périodes de la céramique grecque, et M. A.-N. Skias (Περὶ τῆς κρητικῆς διαλέκτου).

Prix Zographos. Partagé entre M. l'abbé Batiffol, *Thèse sur l'abbaye de Rossano,* et autres travaux de paléographie grecque, et M. Svoronos, *Numismatique de la Crète ancienne.*

Prix Zappas. MM. les abbés Auvray et Tougard, *Édition critique de la petite catéchèse* de St Théodore Studite.

1893. Prix Zographos. Partagé entre M. Georges Radet, *De coloniis a Macedonibus in Asiam cis Taurum deductis* et *La Lydie et le monde grec au temps des Mermnades.* Thèses pour le doctorat ès lettres, et M. Jean Dupuis, *Théon de Smyrne,* texte et traduction.

Prix Zappas. M. Nicole, *Les scolies genevoises de l'Iliade* et *Le Livre du préfet.*

1894. Prix Zographos. Partagé entre M. Tsountas, Μυκῆναι καὶ μυκηναῖος πολιτισμός, et M. Clerc, *De rebus Thyatirenorum* et *Les Métèques athéniens.* Thèses pour le doctorat ès lettres.

Prix Zappas. M. Cavvadias, Γλυπτὰ τοῦ ἐθνικοῦ Μουσείου, κατάλογος περιγραφικός, I et *Fouilles d'Epidaure,* I.

1895. Prix Zographos. M. A. Bailly, *Dictionnaire grec-français.*

Prix Zappas. M. V. Bérard, *De l'origine des cultes arcadiens* (Bibl. Ec. fr. de Rome et d'Athènes, fasc. 67). Thèse pour le doctorat ès lettres.

1896. Prix Zographos. S. E. Hamdy Bey et M. Th. Reinach, *Une nécropole royale à Sidon.*

Prix Zappas. M. Paul Masqueray, *De tragica ambiguitate apud Euripidem* et *Théorie des formes lyriques de la tragédie grecque.* Thèses pour le doctorat ès lettres.

1897. Prix Zographos. Partagé entre MM. Defrasse et Lechat, *Épidaure, restauration et description des principaux monuments du sanctuaire d'Asclépios,* et M. Beauchet, *Histoire du droit privé de la république athénienne.*

Prix Zappas. M. Maurice Emmanuel, *De saltationis disciplina apud Graecos* et *Essai sur l'orchestique grecque.* Thèses pour le doctorat ès lettres.

Médaille d'argent. M. de Ridder, *De ectypis quibusdam quae falso vocantur argivo-corinthiaca* et *De l'idée de la mort en Grèce à l'époque classique.* Thèses pour le doctorat ès lettres, et *Catalogue des bronzes trouvés sur l'Acropole d'Athènes.*

1898. Prix Zographos. Partagé entre M. D. C. Hesseling, *Les cinq livres de la loi* (le Pentateuque), traduction en néo-grec, et M. Hilaire Vandaele, *Essai de Syntaxe historique :* l'optatif grec.

Prix Zappas. Le Δελτίον τῆς ἱστορικῆς καὶ ἐθνολογικῆς ἑταιρίας τῆς Ἑλλάδος.

1899. — Prix Zographos partagé entre M. Ardaillon, *Les mines du Laurion dans*

PRIX DÉCERNÉS

DANS LES CONCOURS DE L'ASSOCIATION

(1868-1904)

1868. Prix de 500 fr. M. TOURNIER, Édition de Sophocle.

Mention honorable. M. BOISSÉE, 9° vol. de l'édition, avec traduction française, de Dion Cassius.

1869. Prix de l'Association. M. H. WEIL, Édition de sept tragédies d'Euripide.

Prix Zographos. M. A. BAILLY, *Manuel des racines grecques et latines.*

Mention très honorable. M. BERNARDAKIS, Ἑλληνικὴ γραμματική.

1870. Prix de l'Association. M. Alexis PIERRON, Édition de l'Iliade.

Prix Zographos. M. PAPARRIGOPOULOS, *Histoire nationale de la Grèce.*

1871. Prix de l'Association. M. Ch.-Émile RUELLE, Traduction des *Éléments harmoniques* d'Aristoxène.

Prix Zographos. Partagé entre M. SATHAS, Ἀνέκδοτα ἑλληνικά, Χρονικὸν ἀνέκδοτον Γαλαξειδίου, Τουρκοκρατουμένη Ἑλλάς, Νεοελληνικὴ φιλολογία, Νεοελληνικῆς φιλολογίας παράρτημα, et M. VALETTAS, Δονάλδσωνος ἱστορία τῆς ἀρχαίας ἑλληνικῆς φιλολογίας ἐξελληνισθεῖσα μετὰ πολλῶν προσθηκῶν καὶ διορθώσεων.

1872. Médaille de 500 fr. M. POLITIS, Μελέτη ἐπὶ τοῦ βίου τῶν νεωτέρων Ἑλλήνων.

1873. Prix de l'Association. M. Amédée TARDIEU, Traduction de la Géographie de Strabon, tomes I et II.

Médaille de 500 fr. M. A. BOUCHERIE, Ἑρμηνεύματα et Καθημερινὴ ὁμιλία, *textes inédits attribués à Julius Pollux.*

Médaille de 500 fr. M. A. de ROCHAS D'AIGLUN, *Poliorcétique des Grecs; Philon de Byzance.*

Prix Zographos. M. COUMANOUDIS (É.-A.), Ἀττικῆς ἐπιγραφαὶ ἐπιτύμβιοι.

Médaille de 500 fr. M. C. SATHAS, *Bibliotheca graeca medii aevi.*

1874. Prix de l'Association. M. C. WESCHER, *Dionysii Byzantii de navigatione Bospori quae supersunt, graece et latine.*

Prix Zographos. M. Émile LEGRAND, *Recueil de chansons populaires grecques publiées et traduites pour la première fois.*

Mention très honorable. M. E. FILLEUL, *Histoire du siècle de Périclès.*

Mention très honorable. M. Alfred CROISET, *Xénophon, son caractère et son talent.*

1875. Prix de l'Association. Partagé entre M. C. SATHAS, *Mich. Pselli Historia byzantina et alia opuscula,* et M. PETIT DE JULLEVILLE, *Histoire de la Grèce sous la domination romaine.*

Prix Zographos. Partagé entre M. MILIARAKIS, Κυκλαδικά, et M. Margaritis DIMITZA, Ouvrages relatifs à l'histoire de la Macédoine.

1876. Prix de l'Association. Partagé entre M. LALLIER, Thèses pour le doctorat ès lettres : 1° *De Critiae tyranni vita ac scriptis*; 2° *Condition de la femme dans la famille athénienne au v° et au iv° siècles avant l'ère chrétienne,* et M. Phil. BRYENNIOS, Nouvelle édition complétée des lettres de Clément de Rome.

Prix Zographos. MM. Coumanoudis et Castorchis, directeurs de l''Αθήναιον.

1877. Prix Zographos. MM. Bayet et Duchesne, *Mission au mont Athos.*

1878. Prix de l'Association. Partagé entre M. Aubé, Restitution du Discours Véritable de Celse traduit en français, et M. Victor Prou, Édition et traduction nouvelle de la Chirobaliste d'Héron d'Alexandrie.

Prix Zographos. Le *Bulletin de Correspondance hellénique.*

1879. Prix de l'Association. M. E. Saglio, directeur du *Dictionnaire des antiquités grecques et romaines.*

Prix Zographos. M. P. Decharme, *Mythologie de la Grèce antique.*

1880. Prix de l'Association. M. Ex. Caillemer, *Le droit de succession légitime à Athènes.*

Prix Zographos. M. Henri Vast, *Études sur Bessarion.*

1881. Prix de l'Association. M. F. Aug. Gevaert, *Histoire et théorie de la musique dans l'antiquité.*

Prix Zographos. M. A. Cartault, *La trière athénienne.*

1882. Prix de l'Association. Partagé entre M. Max. Collignon, *Manuel d'archéologie grecque,* et M. V. Prou, *Les théâtres d'automates en Grèce,* au II⁰ siècle de notre ère.

Prix Zographos. Partagé entre M. J. Martha, Thèse pour le doctorat ès lettres sur les *Sacerdoces athéniens,* et M. P. Girard, Thèse pour le doctorat ès lettres sur l'*Asclépiéion d'Athènes.*

1883. Prix de l'Association. Partagé entre M. Maurice Croiset, *Essai sur la vie et les œuvres de Lucien,* et M. Couat, *La poésie alexandrine sous les trois premiers Ptolémées.*

Prix Zographos. Partagé entre M. Contos, Γλωσσικαὶ παρατηρήσεις ἀναφερόμεναι εἰς τὴν νέαν ἑλληνικὴν γλῶσσαν, et M. Emile Legrand, *Bibliothèque grecque vulgaire,* t. I, II, III.

1884. Prix de l'Association. Partagé entre M. Max Bonnet, *Acta Thomae, partim inedita,* et M. Victor Henry, Thèse pour le doctorat ès lettres sur l'*Analogie en général et les formations analogiques de la langue grecque.*

Prix Zographos. Partagé entre M. Auguste Choisy, *Études sur l'architecture grecque,* et M. Edmond Pottier, Thèse pour le doctorat ès lettres sur les *Lécythes blancs attiques.*

1885. Prix de l'Association. M. Salomon Reinach, *Manuel de philologie classique.*

Prix Zographos. M. Olivier Rayet, *Monuments de l'art antique.*

1886. Prix de l'Association. *Le Syllogue littéraire hellénique de Constantinople.* Recueil annuel.

Prix Zographos. Partagé entre M. Amédée Hauvette, *De archonte rege; — Les Stratèges athéniens.* Thèses pour le doctorat ès lettres, et M. Bouché-Leclercq, *Traduction des ouvrages d'Ernest Curtius, J.-G. Droysen et G.-F. Hertzberg sur l'histoire grecque.*

1887. Prix de l'Association. Partagé entre M. Albert Martin, Thèse pour le doctorat ès lettres sur *les Cavaliers athéniens,* et M. Paul Monceaux, Thèses *De Communi Asiae provinciae* et sur les *Proxénies grecques.*

Prix Zographos. Partagé entre M. Papadopoulos Kerameus, Ouvrages divers sur l'antiquité grecque, et Paul Tannery, Ouvrages et opuscules sur l'histoire de la science grecque.

1888. Prix de l'Association. M. Homolle, Thèses pour le doctorat ès lettres, *Les archives de l'intendance sacrée à Délos. — De antiquissimis Dianae simulacris deliacis.*

Prix Zographos. Ἑστία, revue hebdomadaire dirigée par M. Cazdonis.

Mention très honorable. M. Cucuel, *Essai sur la langue et le style de l'orateur Antiphon; Œuvres complètes de l'orateur Antiphon,* traduction française.

Mention très honorable. M. l'abbé Rouff, *Grammaire grecque* de Koch, traduction française.

1889. Prix de l'Association. M. Henri Omont, *Inventaire sommaire des manuscrits grecs de la Bibliothèque nationale.*

Prix Zographos. Partagé entre M. Ch. Diehl, *Études sur l'administration byzantine dans l'exarchat de Ravenne,* et M. Spyridon Lambros, Κατάλογος τῶν ἐν ταῖς βιβλιοθήκαις τοῦ Ἁγίου Ὄρους ἑλληνικῶν κωδίκων.

1890. Prix de l'Association. M. G. Schlumberger, *Un empereur byzantin au* x° *siècle. Nicéphore Phocas.*

Prix Zographos. M. Miliarakis, Νεοελληνικὴ γεωγραφικὴ φιλολογία (1800-1889).

1891. Prix de l'Association. M. Edmond Pottier, *Les Statuettes de terre cuite dans l'antiquité.*

Prix Zographos. Partagé entre M. Sakkélion, Βιβλιοθήκη Πατμιαχή, et M. Latyschev, *Inscriptiones graecae orae septentrionalis Ponti Euxini.*

1892. Prix de l'Association. Partagé entre M. Costomiris, *Livre XII d'Aétius inédit,* M. P. Milliet, Études sur les premières périodes de la céramique grecque, et M. A.-N. Skias (Περὶ τῆς κρητικῆς διαλέκτου).

Prix Zographos. Partagé entre M. l'abbé Batiffol, *Thèse sur l'abbaye de Rossano,* et autres travaux de paléographie grecque, et M. Svoronos, *Numismatique de la Crète ancienne.*

Prix Zappas. MM. les abbés Auvray et Tougard, *Édition critique de la petite catéchèse* de St Théodore Studite.

1893. Prix Zographos. Partagé entre M. Georges Radet, *De coloniis a Macedonibus in Asiam cis Taurum deductis* et *La Lydie et le monde grec au temps des Mermnades.* Thèses pour le doctorat ès lettres, et M. Jean Dupuis, *Théon de Smyrne,* texte et traduction.

Prix Zappas. M. Nicole, *Les scolies genevoises de l'Iliade* et *Le Livre du préfet.*

1894. Prix Zographos. Partagé entre M. Tsountas, Μυκῆναι καὶ μυκηναῖος πολιτισμός, et M. Clerc, *De rebus Thyatirenorum* et *Les Métèques athéniens.* Thèses pour le doctorat ès lettres.

Prix Zappas. M. Cavvadias, Γλυπτὰ τοῦ ἐθνικοῦ Μουσείου, κατάλογος περιγραφικός, I et *Fouilles d'Epidaure,* I.

1895. Prix Zographos. M. A. Bailly, *Dictionnaire grec-français.*

Prix Zappas. M. V. Bérard, *De l'origine des cultes arcadiens* (Bibl. Ec. fr. de Rome et d'Athènes, fasc. 67). Thèse pour le doctorat ès lettres.

1896. Prix Zographos. S. E. Hamdy Bey et M. Th. Reinach, *Une nécropole royale à Sidon.*

Prix Zappas. M. Paul Masqueray, *De tragica ambiguitate apud Euripidem* et *Théorie des formes lyriques de la tragédie grecque.* Thèses pour le doctorat ès lettres

1897. Prix Zographos. Partagé entre MM. Defrasse et Lechat, *Épidaure, restauration et description des principaux monuments du sanctuaire d'Asclépios,* et M. Beauchet, *Histoire du droit privé de la république athénienne.*

Prix Zappas. M. Maurice Emmanuel, *De saltationis disciplina apud Graecos* et *Essai sur l'orchestique grecque.* Thèses pour le doctorat ès lettres.

Médaille d'argent. M. de Ridder, *De ectypis quibusdam quae falso vocantur argivo-corinthiaca* et *De l'idée de la mort en Grèce à l'époque classique.* Thèses pour le doctorat ès lettres. et *Catalogue des bronzes trouvés sur l'Acropole d'Athènes.*

1898. Prix Zographos. Partagé entre M. D. C. Hesseling, *Les cinq livres de la loi (le Pentateuque),* traduction en néo-grec, et M. Hilaire Vandaele, *Essai de Syntaxe historique : l'optatif grec.*

Prix Zappas. Le Δελτίον τῆς ἱστορικῆς καὶ ἐθνολογικῆς ἑταιρίας τῆς Ἑλλάδος.

1899. — Prix Zographos partagé entre M. Ardaillon, *Les mines du Laurion dans l'antiquité.* Thèse pour le doctorat ès lettres, et M. Ph.-E. Legrand, *Etude sur Théocrite.* Thèse pour le doctorat ès lettres.

Prix Zappas. M. Miliarakis, Ἱστορία τοῦ βασιλείου τῆς Νικαίας καὶ τοῦ δεσποτάτου τῆς Ἠπείρου.

1900. Prix Zographos. Partagé entre M. Charles Michel, *Recueil d'inscriptions grecques,* et M. Gustave Fougères, *De Lyciorum communi et Mantinée et l'Arcadie orientale.* Thèses pour le doctorat ès lettres.

Prix Zappas. M. Politis, Μελέται περὶ τοῦ βίου καὶ τῆς γλώσσης τοῦ ἑλληνικοῦ λαοῦ. Παροιμίαι. Τομος Α' (fascicules 68-71 de la bibliothèque Marasly).

1901. Prix Zographos. Partagé entre M. Navarre, *Essai sur la rhétorique grecque.* Thèse pour le doctorat ès lettres, et M. Ouvré, *Les formes littéraires de la pensée grecque.*

Prix Zappas. M. G. Millet, *Le Monastère de Daphni.*

1902. Prix Zographos. Partagé entre M. Couvreur, *Hermiae Alexandrini in Platonis Phaedrum scholia* et M. A. Joubin, *La sculpture grecque entre les guerres médiques et l'époque de Périclès* (Thèse pour le doctorat ès lettres).

Prix Zappas. M. Svoronos, Ἑρμηνεία τῶν μνημείων τοῦ Ἐλευσινιακοῦ μυστικοῦ κύκλου καὶ τοπογραφία Ἐλευσῖνος καὶ Ἀθηνῶν.

1903. Prix Zographos. Partagé entre M. Hatzidakis, Ἀκαδημεικὰ ἀναγνώσματα T. I. (Bibl. Marasly, fascicules 175-178) et M. Paul Mazon, *L'Orestie d'Eschyle.*

Prix Zappas. Le général de Beylié, *L'Habitation byzantine.*

1904. Prix Zographos. Partagé entre M. Carra de Vaux, *Les mécaniques ou l'élévateur de Héron d'Alexandrie* et *Le livre des appareils pneumatiques et des machines hydrauliques de Philon,* et M. de Ridder, *Catalogue des vases peints de la Bibliothèque Nationale.*

Prix Zappas. Le Σύλλογος πρὸς διάδοσιν ὠφελίμων βιβλίων.

Médaille d'argent. T. Stickney, *Les sentences dans la poésie grecque d'Homère à Euripide* (Thèse pour le doctorat ès lettres).

Médaille d'argent. M. Colardeau, *Épictète* (Thèse pour le doctorat ès lettres).

INSCRIPTIONS GRECQUES D'EUROPE

ATTIQUE

Athènes. 1. Fragment de stèle funéraire trouvée dans les fondations de la maison Kalamara.

> Ἀνδρόνιχος Ἐρα-
> τοσθένους Με

2. Autre, près de la Voie Sacrée.

> Μυχάλη Ἀθηνᾶ
> ναὸς πέτρα (?)

3. Grande stèle funéraire (2 1/2 mètres de haut), trouvée dans le terrain Rhousopoulos, près de la Voie Sacrée.

> Λυσίστρατος Ἐλαιόσιος.
> Ἀρίσταρχος Ἐλαιόσιος.

4. Colonnette trouvée dans le terrain Kaloghiton, près de Saint-Jean Rhentès.

> Ἀθηναγόρας Ἀθηναγόρους
> Ἁμαξαντεύς.

5. Lécythe en marbre; le relief représente un homme assis et un homme debout, entre eux une femme debout qui pleure. Trouvé rue Alexandre-le-Grand.

Πλαθάνη Ἡφαιστοδώρο[υ.
Ὀλυμπιόδωρος Ὀλυμπιοδώρου Φρεάριος
Ὀλυμπιόδωρος Φανίου Φρεάριος.

ÉGINE

Fragment de bas-relief funéraire trouvé dans les débris d'une maison écroulée près de la mer; auprès d'une lyre, on lit les mots ·

Κέρδων Ῥόδωνος, Παρθένιν Κέ[ρδωνος?]

La pierre est au Musée d'Égine.

LACONIE

Route de Sparte à Gythéion.

Ἑλλήνων προμαχοῦντες, Ἀθηναίων πολεμητάς
ναυσί τε καὶ πεζῶν πλήθ(ει) ἀμυνόμενοι,
θνήσκομεν ἐν πελάγει βαρβαρικοῖς ξίφεσι ·
καί μοι τύμβον ἔτευξεν ἀδελφεός, εἶμι δ' ἐπ' **ΑΦΡΥ**
δὶς δέκα τρὶς δὲ δύο ζήσας ἐτέων ἐνιαυτού[ς].

⌐V. 1. Le mot πολεμητής — pour πολεμήτωρ ou πολεμιστής — est inconnu. Au v. 2 la copie porte πλῆθο (sic). V. 4. **ΑΦΡΥ** paraît être une simple erreur de transcription pour **ΑΙΔΟΥ** ou **ΑΔΟΥ**. V. 5. M. Contoléon donne ἐνιαυτοῦ que je ne comprends pas. Cf. Aristophane, *Ran.*, 347 : χρονίου, ἐτῶν παλαιῶν ἐνιαυτούς. — T. R.]

L'épigramme se rapporte, selon toute vraisemblance, à la bataille navale de Cnide (394) où la flotte perse était commandée par Pharnabaze et l'*Athénien* Conon.

[Pour la combinaison métrique, cf. les numéros 347 et 785 de Kaibel, mais notre épigramme, à la fin, a un hexamètre de plus. — T. R.]

MESSÉNIE

Kalamata (Pharai). Pierre « argienne », large de 0 m. 39, haut de 0 m. 22.

Κλεονίκης εὐδαίμων·
πλεῖστοι χαίρετε.

THESSALIE

Keserli. Plaque rectangulaire. H. 0 m. 59 ; L. 0 m. 71.

Μαρτύριον
Ἰωάννου, Λουκᾶ, Ἀνδρέου, Λεωνίδα[....

Au-dessus cinq mèches allumées, puis les mots

μαρτυρησάντων πρὸ πέντε καλλανδῶν (*sic*)
Ἰανουαρίου.

Triccala. Bas-relief votif à Artémis (L. 1 m., H. 0 m. 55). La déesse est assise sur un roc ; devant elle deux femmes portant l'une un bouc, l'autre une biche ; puis l'autel et trois hommes debout portant des branches de chêne.

... εντων
]Ἀριστονίκη Ἁρμοδίου εὐχή (1)
Φίλιπ]πος Φιλοξένου, Ἁρμόδιος καὶ
...]λευκον οἱ (?) Δαφναίου Ἄρτεμις (sic ?)

CYCLADES

Ile de Milo (Mélos).

Ἀγαθῆι τύχηι
Τὸ κοινὸν τῶν προπόλεω(ν ?) ἐ(ν) Μ(ήλωι)
Αὐρήλιον Ὅμηρον.

(1) **Sans** doute γυνή (T. R.)

MOESIE

Tomi (Kustendjé). H. 1 1/2 mètre, L. 0 m. 50.

Ἀγαθῆι τύχηι
τὸν διασημότατον [εὐεργέτην?
καὶ πατρῶνα τῆς [λαμπροτάτης?
μητροπόλεως [...
Τόμεως Λοχ. ΕΡΑ[...
ΠΑΙΣΤΕΙΝΙΑΝΟΝ Γ...
ἡ βουλὴ καὶ ὁ δῆμος [...

A.-E. CONTOLÉON.

M. G. Bloch dans un récent article des *Mélanges Boissier* (1), a rappelé l'attention des historiens sur un fragment de Diodore de Sicile qu'ils avaient jusqu'à présent négligé bien à tort. Il s'agit du fragment XL, 5 *a*, relatif à la séance du Sénat où Cicéron prononça sa première Catilinaire. M. Bloch a rapproché ce fragment du passage correspondant de la harangue de Cicéron, il a fait voir les graves divergences des deux textes et il en a conclu que Diodore avait dû puiser à une source originale, distincte des *Catilinaires* et de Salluste. Sur tous ces points on ne saurait que donner raison au savant historien des *Origines du Sénat romain*. Malheureusement, son exposé pèche par un point : M. Bloch n'a pas opéré sur le véritable texte du fragment de Diodore. Il a bien fait usage des deux éditions complètes les plus récentes, celle de Dindorf et Müller (Didot 1844) et la dernière de Dindorf (Teubner 1868), et il a cherché à combiner leurs leçons. Mais il n'a pas connu le *Spicilegium Vaticanum* de Van Herwerden (Leyde 1860) (2) où il aurait trouvé (p. 13 et 142) une collation nouvelle du fragment en question, collation qui apporte plusieurs rectifications essentielles au texte, soit du cardinal Mai (le premier éditeur) (3), soit des éditeurs subséquents. Hâtons nous de dire que la res-

---

(1) *Mélanges Boissier*, p. 65 suiv.

(2) Cet admirable petit volume manque à la Bibliothèque nationale. On le trouve à la Bibliothèque de l'Université.

(3) *Scriptorum veterum nova collectio*, II (Romae 1827), p. 130.

ponsabilité de cet oubli incombe tout entière à Dindorf, qui,
éditant le fragment huit ans après Van Herwerden, a non
seulement omis de citer son prédécesseur, mais a utilisé son
travail de la manière la plus arbitraire et la plus décevante.

Voici les faits.

Notre fragment ne nous a été préservé que par la grande
compilation historique de Constantin Porphyrogénète, au livre
De Sententiis (περὶ γνωμῶν) ; ce livre lui-même, on le sait, ne
nous est conservé qu'en partie et par un manuscrit unique, le
ms. grec (palimpseste) 73 du Vatican, à qui son aspect a fait
donner le surnom de *carbonaccio* (1). Le fragment de Diodore,
qui se lit au feuillet 260, a été d'abord déchiffré par le cardinal
Mai. Le début du fragment rapporte que Cicéron, averti de la
conjuration de Catilina, le convoque (?) devant le Sénat et
l'accuse en face. Catilina refuse énergiquement de se condamner lui-même à l'exil. Là dessus Cicéron consulte (2) le
Sénat pour savoir s'il est d'avis que Catilina soit chassé de la
ville (εἰ δοκεῖ μεταστῆσαι (3) τὸν Κατιλίναν ἐκ τῆς πόλεως). La majorité, gênée par cette interrogation directe, garde le silence.
Sur quoi Cicéron s'avise d'un autre expédient. Laissons maintenant la parole à Diodore et reproduisons le texte de l'édition
princeps, celle de Mai, en indiquant en note les corrections ou
conjectures des éditeurs ultérieurs ·

δι᾽ ἑτέρου τρόπου, καθάπερ ἐλέγξαι τὴν σύγκλητον ἀκριβῶς βουλόμενος, τὸ δεύτερον ἐπηρώτησεᵃ τοὺς συνέδρους εἰ κελεύουσιᵃ Λεύκιον
Κατιλίναν ἐκ τῆς Ῥώμης μεταστήσασθαιᵇ. Μιᾷ δὲ φωνῇ πάντων
ἀναστησάντωνᶜ νὴᵈ δοκεῖν καὶ δυσχεραινόντων ἐπὶ τῷ πάλιν ῥηθέντιᵉ,
ἐπὶᶠ τὸν Κατιλίναν ἔφησεν · ὅταν τινὰ μὴ νομίσωσινᵍ εἶναι ἐπιτήδειον

(1) Voir sur ce manuscrit en dernier lieu Boissevain dans son édition de Dion
Cassius, I, p. XVI.

(2) Cette « consultation » ne doit s'entendre que *cum grano salis*. En droit ni
Cicéron, ni le Sénat ne pouvaient condamner Catilina à l'exil ; ils pouvaient
seulement l' « inviter » à disparaître.

(3) M. Seymour de Ricci, qui a bien voulu collationner à nouveau pour moi
le texte du *Vaticanus*, m'affirme que le ms. porte μεταναστῆναι.

φυγῆς[b], μεθ' ὅσης κραυγῆς ἀντιλέγουσιν, ὥστε εἶναι φανερὸν ὅτι διὰ τῆς φωνῆς[i] ὁμολογοῦσι φυγήν[j] · ὁ δὲ Κατιλίνας εἰπὼν ὅτι βουλεύσεται καθ' ἑαυτὸν ἀπεχώρησεν[k].

a ἐπερώτησε cod. (Ricci). κωλύουσι — coni. Müller.

b μεταστήσεσθαι codex secundum Herwerden; μεταστῆναι coni. Herw. La leçon du texte signifie : « s'ils ordonnent (à Cicéron) de chasser Catilina de la ville. » La leçon proposée par Herw. : « s'ils ordonnent à Catilina de sortir de la ville. » La nuance est importante.

c ἀναβοησάντων codex (Herw.), Dindorf.

d μὴ cod. (Herw.), Dind.

e ἐρωτηθέντι coni. Herw.

f πρὸς coni. Herw.

g νομήσωσιν cod.

h φυγεῖν coni. Herw.

i σιωπῆς cod. (Herw. Ricci), Dind.

j φυγήν delet Herw.

k ἀνεχώρησεν cod. (Ricci).

Ainsi, d'après ce texte, Cicéron, à la suite de son premier échec, demande une seconde fois aux sénateurs s'ils ordonnent que Catilina quitte Rome. Là dessus ils se récrient tous d'une voix qu'ils ne sont pas de cet avis, et se fâchent de cette nouvelle interrogation. Alors Cicéron, se retournant triomphant vers Catilina, s'écrie : Tu vois quelles clameurs ils poussent lorsqu'ils ne veulent pas qu'un citoyen parte en exil ; donc leur voix (ou leur silence) est un consentement à ton exil. — Sur quoi Catilina quitte la séance et s'exile en effet.

L'absurdité de cette version saute aux yeux. La seconde question posée par Cicéron est pratiquement identique à la première, et il est impossible de comprendre pourquoi Diodore y voit une « nouvelle méthode » (δι' ἑτέρου τρόπου), ni pourquoi les sénateurs, muets tout à l'heure, répondent maintenant par des clameurs indignées, ni comment Cicéron peut conclure de cette attitude incohérente qu'ils *approuvent* le départ de

Catilina! Tout cela rentre dans la catégorie de ce que Voltaire appelait le galimatias triple. Ni C. Müller par sa conjecture ingénieuse (κωλύουσι au lieu de κελεύουσι), ni M. Bloch par sa subtile distinction entre un « vote » et un « avis » n'ont réussi à rendre intelligible ce qui ne l'est pas.

Le nœud de la difficulté, la source de l'erreur est dans le nom propre de la troisième ligne, Λεύκιον Κατιλίναν. Le manuscrit, d'après Mai, porterait Κόιντον Κατιλίναν, mais comme Catilina s'appelait Lucius et non Quintus, Mai a substitué dans le texte la leçon Λεύκιον Κατιλίναν, adoptée également par C. Müller. Or, en réalité, selon Herwerden (1), le manuscrit porte Κόιντον Κάτλον et non Κατιλίναν. Dindorf, combinant cette leçon authentique avec la téméraire conjecture de Mai, a inséré dans son texte l'étrange salade Λεύκιον Κόιντον Κάτλον, qui se retrouve dans son index sous la forme L. Q. Catulus, comme si un Romain de ce temps là pouvait porter deux prénoms! C'est parce que cette leçon est, en effet, absurde que M. Bloch est revenu au Λεύκιον Κατιλίναν de Müller, mais, comme l'a bien vu Heerwerden, il n'y a rien à changer à la leçon du manuscrit. Κόιντον Κάτλον, ou, comme l'appelle ailleurs plus complètement Diodore (XXXVIII, fr. 2), Κόιντον Λουτάτιον Κάτλον, c'est le consulaire Q. Lutatius Catulus, le fils du vainqueur des Cimbres, l'un des chefs du parti conservateur à l'époque de Cicéron.

On comprend maintenant la rouerie de vieux parlementaire à laquelle Cicéron eut recours. N'ayant pas réussi à faire prononcer directement le Sénat sur la motion d'éloignement de Catilina, il se garde bien de revenir à la charge, mais demande à l'assemblée : « Êtes-vous d'avis que Catulus parte en exil? » A cette question choquante — Catulus étant *persona gratissima* auprès de la majorité — les sénateurs répondent par de violentes protestations : Non! non! (ἀναβοησάντων μὴ δοκεῖν), et se fâchent tout rouge. C'est ce qu'attendait naturellement le consul. S'emparant de ces protestations indignées qu'il oppose

---

(1) « Codex accuratius inspectus manifesto mihi obtulit hanc optimam lectionem. » M. de Ricci la confirme sans hésitation.

au silence embarrassé de tout à l'heure, il s'écrie : « Compare,
Catilina : leur silence t'a condamné. »

C'est on le voit l'*argumentum ex silentio* dans toute sa beauté.
On peut en contester la bonne foi et le bon goût, mais non
l'adresse ni l'efficacité, puisque effectivement, après quelques
protestations, Catilina baissa la tête et s'en alla.

Voyons maintenant ce que devient ce curieux épisode dans
la Iʳᵉ Catilinaire (c. 8, § 21-22). Catilina, invité par Cicéron à
quitter la ville, a déclaré s'en rapporter à la volonté du Sénat.
Cicéron refuse de demander un vote formel par une *relatio*,
sous prétexte que ce procédé répugne à son caractère (*abhorret
a meis moribus*), mais il fera néanmoins en sorte que Catilina
connaisse l'opinion du Sénat : *Egredere ex urbe, Catilina, libera
rem publicam metu; in exsilium, si hanc vocem exspectas, profi-
ciscere* (Pause, moment de silence) (1). *Quid est, Catilina?
ecquid attendis, ecquid animadvertis horum silentium? Patiuntur, tacent. Quid exspectas auctoritatem loquentium, quorum
voluntatem tacitorum perspicis? At si hoc idem huic adolescenti
optimo P. Sestio, si fortissimo viro M. Marcello dixissem, iam
mihi consuli hoc ipso in templo senatus iure optimo vim et
manus intulisset. De te autem, Catilina, cum quiescunt probant,
cum patiuntur decernunt, cum tacent clamant.*

Le mode de raisonnement, on le voit, sous sa belle enveloppe
de rhétorique, est en somme le même que dans le récit de
Diodore. Il en diffère cependant par trois points : 1° Cicéron se
contente de sommer Catilina de partir, au lieu de poser la
question au Sénat, comme le raconte Diodore; 2° de même il
n'interroge pas directement le Sénat au sujet d'un autre,
mais fait simplement la *supposition* « si je sommais tel
autre de s'en aller »; 3° enfin, cet autre n'est plus Catulus,
mais l' « excellent jeune homme » P. Sestius, le « courageux
citoyen » M. Marcellus. Or, sur ces trois points, si je ne me
trompe, le récit de Diodore paraît mériter la préférence; il est

---

(1) C'est ici qu'il faut placer la pause et non, comme le croit M. Bloch,
avant *Egredere*.

plus vraisemblable, plus conforme à la pratique constitu-
tionnelle de l'époque, plus conforme même à l'intérêt de la
cause que défendait Cicéron. Car, bien que P. Sestius fût à ce
moment questeur et que M. Marcellus l'eût été deux ans auparavant, dans l'atmosphère de trouble et de suspicion où l'on se
trouvait le 7 novembre 63, il eût peut-être été imprudent de
poser la question de l'éloignement de ces petits seigneurs; le
Sénat, sans doute, aurait été surpris, partagé, il n'aurait pas
répondu par la protestation unanime et violente qu'il fallait;
avec Catulus, Cicéron était sûr de son effet.

Notre texte de la première Catilinaire est bien loin de repré
senter la sténographie du discours prononcé à cette occasion
par Cicéron, et qui paraît avoir été une véhémente improvisation. Ce que nous possédons est une édition sensiblement
postérieure, soigneusement revue et corrigée par l'auteur.
Rappelons nous la phrase de Salluste (1) : *tum M. Tullius consul, sive praesentiam eius timens*, SIVE IRA COMMOTUS (cela suppose
l'improvisation) *orationem habuit luculentam atque utilem r. p.
quam* POSTEA SCRIPTAM *edidit*. Nous savons quand eut lieu cette
publication : en l'an 60, trois ans après l'événement (2). En
admettant que Cicéron eût la mémoire assez fidèle pour reconstituer mot pour mot son discours, une pareille reconstitution
n'était ni dans ses habitudes littéraires, ni dans son intérêt
politique. Dans le passage qui nous occupe on comprend très
bien la raison de la triple modification qu'il apporte au texte
original. Avouer qu'il avait posé nettement au Sénat la question de l'éloignement de Catilina, c'eût été avouer que le Sénat
avait refusé de l'ordonner, donc lui avait infligé un petit échec.
Par voie de conséquence, et aussi peut-être par une pudeur un
peu tardive de goût, il ne pouvait pas mentionner en propres
termes la question analogue posée au sujet de Catulus. Enfin,
s'il substitue les noms assez obscurs de Sestius et de Marcellus
au nom illustre de Catulus, c'est qu'au moment de la publication

(1) *Catilina*, c. 31.
(2) Cic. *ad Atticum*, II, 1, 3.

des Catilinaires, Catulus n'était plus de ce monde (1), tandis que
Sestius et Marcellus étaient vivants, influents et fort attachés à
Cicéron. Mieux vaut flatter les lionceaux debout que le lion
enterré ; Cicéron conserva le compliment, mais en changea
l'adresse. Nous n'en aurions jamais connu le premier desti
nataire si un témoin — peut-être, suivant l'hypothèse de
M. Bloch, Brutus dans son *Eloge de Caton* — n'avait conservé
son nom et ne l'avait transmis à Diodore.

Théodore REINACH.

(1) Il mourut l'an 61 (Dion Cassius, XXXVII, 46).

LES MANUSCRITS GRECS

DE LA BIBLIOTHÈQUE DE TURIN [1]

Dans les articles de journaux publiés sur l'incendie qui a détruit, voici quatre semaines, la bibliothèque de Turin, il n'a été question qu'incidemment des manuscrits grecs. Comme la moitié environ de cette section a péri, il n'est pas hors de propos de présenter à son sujet quelques renseignements. C'est une légère consolation, du moins pour la conscience scientifique, de savoir que des catalogues imprimés nous permettent de mesurer exactement l'étendue et l'importance de notre perte. Dès 1749, Joseph Pasini publiait, en deux énormes volumes in-folio, une liste assez détaillée des manuscrits hébreux, grecs, latins, italiens et français de la bibliothèque de Turin, agrémentée de spécimens de textes et d'écritures, de reproductions d'*initia*, etc... Tout le premier volume est consacré aux manuscrits hébreux et grecs. Le savant professeur de Turin Bernardino Peyron, auteur d'importants travaux sur les manuscrits hébraïques et coptes, avait entrepris et même terminé en manuscrit un remaniement de l'ouvrage de Pasini, dont l'importance vient de s'accentuer singulièrement. Malheureusement ses papiers posthumes, qui renfermaient de précieux matériaux pour la connaissance des manuscrits disparus, ont

(1) Traduit du supplément de l'*Allgemeine Zeitung* de Munich (26 février 1904) avec l'autorisation de l'auteur ; quelques erreurs de fait ont été rectifiées d'après les indications de M. S. de Ricci, qui revient de Turin (T. R.).

péri dans l'incendie. Enfin, C. O. Zuretti, actuellement
professeur de philologie classique à Palerme, a décrit dans
un catalogue succinct, mais strictement scientifique (publié
en 1896 dans le quatrième volume des *Studi italiani di
filologia classica*), 32 manuscrits grecs qui manquaient
chez Pasini et dont n'existait aucune nomenclature imprimée.

Il appert des listes de Pasini et de Zuretti que la bibliothèque possédait 401 manuscrits grecs. D'après leur contenu,
la plus grande partie, en chiffres ronds environ 95 pour cent,
appartenaient à la littérature chrétienne et byzantine. En fait
de littérature classique, la bibliothèque ne possédait que peu
de manuscrits, presque tous récents (des xv⁰ et xvi⁰ siècles),
aucun exemplaire de premier ordre, rien qui se pût comparer même de loin à l'Homère de Venise, à l'Aristophane de
Ravenne, à l'Eschyle-Sophocle de Florence, au Démosthène
de Paris ou au Platon d'Oxford. Quant aux rouleaux de
papyrus, dont Turin pouvait se faire gloire longtemps avant les
grandes fouilles, systématiquement conduites, des dernières
trente années, ils sont tous au Musée et ont ainsi échappé à la
destruction. En somme, la philologie classique n'a pas essuyé
de grosses pertes.

D'autant plus déplorables sont celles qu'ont subies les nombreuses branches dont se compose la littérature byzantine.
Jusque dans le « grand public », où l'on s'intéresse à tout ce
qui est imagerie, avec ou sans discernement, on a pris la plus
vive part à la perte d'un manuscrit enluminé du *Commen
taire* de Théodoret sur les douze petits prophètes, que le
catalogue de Pasini attribue au ix⁰ siècle, mais qui, d'après
les spécimens d'écriture qu'il en donne, paraît être un peu plus
récent. Il faut attacher moins d'importance à la disparition
d'un commentaire du xi⁰ siècle sur les quatre évangiles, avec le
portrait des évangélistes, que l'on retrouve dans tant de manuscrits, et dont Pasini donne une copie libre p. 92. De même,
quoique déplorable en soi, la perte de bien des manuscrits sur
parchemin des pères de l'Église (Grégoire de Nazianze, Jean

Chrysostome, etc.), n'a pas une grande portée pour la science,
car leurs œuvres nous ont été conservées dans d'innombrables
exemplaires auxquels ceux de Turin n'auraient sans doute
fourni que quelques nouvelles variantes. Malheureusement,
beaucoup de manuscrits ont aussi disparu dont la science pouvait attendre un profit certain et la solution de bien des questions en suspens, je veux dire les nombreux manuscrits
d'œuvres de la littérature ecclésiastique ou profane de l'époque
byzantine, dont, la plupart, n'ont pas encore été utilisés ou ne
l'ont été qu'imparfaitement.

Parmi ceux-ci, pour ne citer que quelques noms, se trouvaient les Chroniques de Georges Syncelle, de Nicéphore le
Patriarche, de Zonaras, de Glykas et de Manassès, les ouvrages
historiques de Nicétas Akominatos, de Nicéphore Grégoras
et de Phrantzès, — source capitale pour les derniers siècles
de l'empire romain d'Orient, — puis une grande compilation historique anonyme, sur laquelle A. Heisenberg nous
a donné quelques détails, plusieurs écrits du célèbre philosophe et homme d'État du xi⁰ siècle, Michel Psellos, des
lettres de Michel Glykas, de Georges de Chypre et de Maxime
Planude, un recueil de sentences, un poème astronomique
de Jean Kamateros, des épigrammes du poète mendiant
Manuel Philé, le code des « Basiliques » et des livres de droit
canon, des ouvrages de médecine et d'astrologie, des livres de
songes et des recueils d'oracles, etc... Parmi les ouvrages purement théologiques ou religieux, on remarquait quelques beaux
et anciens recueils de vies de saints, une grande *catène* sur les
Psaumes, le roman religieux de Barlaam et Josaphat, dont
l'immense vogue a été récemment étudiée par E. Kuhn, et
surtout la précieuse Règle (*typicon*) du couvent grec de Casole
dans l'Italie méridionale, écrite en l'an 1174 sur l'ordre de
l'abbé Nicolas. Lors d'un séjour prolongé à Turin en 1891, j'ai
recueilli et en partie déjà publié bon nombre de notes et d'extraits de ces manuscrits. Plus tard, Heisenberg (de Würzburg)
et Sp. Lambros (d'Athènes) ont pu dépouiller, au bénéfice des

études · byzantines, ces manuscrits de Turin, grâce à une subvention tirée du fonds Therianos de l'Académie bavaroise, dont l'utilité s'est ainsi affirmée d'une manière inattendue et éclatante.

Tous les trésors de la section grecque des manuscrits étaient dépassés en importance par la magnifique pièce unique de la bibliothèque de Turin, le *Diplomaire* byzantin. C'était un imposant manuscrit du xiii° siècle (1286), composé de 258 feuilles de parchemin, et contenant la copie de 42 bulles d'or et d'autres documents. Ce monument inappréciable pour l'étude de l'histoire et de la paléographie byzantines nous a été véritablement enlevé à la onzième heure. Il y a trois ans, la première assemblée générale de l'Association internationale des Académies, siégeant à Paris, adopta le plan, proposé par l'Académie bavaroise, d'un « Corpus général des actes grecs du moyen âge et des temps modernes », parmi les entreprises à exécuter en commun ; à la Pentecôte de cette année, à la seconde assemblée générale de l'Association, qui aura lieu à Londres, un mémoire développé doit être présenté, accompagné d'une liste de toutes les pièces connues jusqu'à présent, imprimées ou non, à la suite de quoi les décisions définitives seront prises pour l'exécution de ce plan. Il est vrai que les actes de Turin ont déjà été publiés dans la collection Miklosich et Müller, quelques-uns aussi dans le *Jus Graeco-romanum* de Zachariae de Lingenthal ; mais pour des raisons que je ne saurais approfondir ici, ces éditions ne peuvent suffir aux exigences sévères de la science. D'après le plan du *Corpus*, il aurait donc fallu que l'exemplaire de Turin fût, comme tous les autres, collationné à nouveau, décrit avec plus de précision et en partie même reproduit en fac similé.

En dehors du manuscrit de Théodoret et du *Diplomaire*, une troisième pièce unique est devenue la proie de l'élément dévastateur : c'est un recueil de vieux chants d'église grecs, le célèbre codex Taurinensis B. IV, 34, dont s'est servi le cardinal Pitra pour sa grande édition des Hymnes d'église. Pasini, qui ne

pouvait se douter de la valeur de ce manuscrit, ne lui consacre
pas plus d'une demi-colonne (p. 296, n° 197). Aujourd'hui
nous savons que les manuscrits de cette sorte, qui contiennent
exclusivement des chants d'église du type le plus ancien, le
genre « hymne », appartiennent aux raretés les plus précieuses ; les collections de manuscrits grecs les plus riches du
monde, comme par exemple celles de Paris et du Vatican, n'en
possèdent pas un seul exemplaire. Je m'estime heureux de
pouvoir annoncer aux amis des études byzantines que ce monument, au moins au point de vue scientifique, a pu être sauvé
de la terrible catastrophe et conservé à l'archéologie. Grâce à
une intervention diplomatique il m'a été permis de me servir
de ce manuscrit à Münich pendant plusieurs mois, au printemps de 1886, et, vu la haute importance du contenu, j'ai en
partie copié en conservant exactement l'ordre des pages et
des lignes, en partie soigneusement collationné — là où il
s'agissait de textes déjà imprimés — tout le manuscrit. Il en
résulte une espèce de fac-similé qui constitue maintenant, sous
forme d'un in-folio solidement relié, une des pièces les plus
précieuses du matériel que j'amasse depuis vingt ans pour
l'étude et la publication projetée des plus anciens chants
d'église grecs, notamment ceux de Romanos. Le manuscrit de
Turin, d'une minuscule du xi° siècle pleine et arrondie, se
composait de 196 feuillets de parchemin d'une surface écrite de
15 × 11.5 centimètres. Il contenait les deux principaux livres
liturgiques de l'église grecque du commencement du moyen
âge, le *Tropologion,* recueil de chants pour les fêtes fixes, et le
Triodion, contenant les chants pour les fêtes mobiles. Par la
richesse du contenu, il est certes très inférieur aux deux manuscrits capitaux de cette branche littéraire, qui font l'orgueil
de la bibliothèque du monastère de Patmos, mais il présente
une rédaction particulière dont on ne connaît pas d'autre
exemple. Aux yeux de la critique, notre recueil était beaucoup
plus important que les deux autres étoiles de la collection, le
Théodoret et le Diplomaire, car, tandis que le texte de ces

deux manuscrits a déjà été imprimé, le manuscrit des hymnes n'a été utilisé qu'en une faible partie, et malheureusement d'une manière assez superficielle, pour la publication de Pitra.

Puisse l'heureux sauvetage d'un monument aussi important encourager la libéralité des bibliothèques et des archives qui, presque partout aujourd'hui, autorisent les savants étrangers à étudier et à photographier les manuscrits même précieux, et les prêtent même aux bibliothèques étrangères, moyennant certaines précautions nécessaires, pour y être étudiées à loisir dans des pièces aussi bien abritées du feu que la prévoyance humaine les peut établir. Il existe malheureusement encore certains conservateurs de bibliothèques qui cherchent avec un soin jaloux à préserver de tout attouchement étranger les trésors qui leur sont confiés, et témoignent pour les appareils photographiques une méfiance aussi singulière que celle des paysans turcs ou arabes pour l'inoffensif Kodak. Plus les manuscrits et les documents seront utilisés, plus leur maniement sera facilité, moins l'on aura à redouter le dommage que peuvent apporter à nos collections l'épouvantable puissance des flammes et la lente mais inévitable morsure des mites et du temps. Et même si parfois un manuscrit prêté à l'étranger succombe par suite de circonstances funestes, comme les manuscrits de Leyde dans l'incendie de la maison de Mommsen et le manuscrit grec de Syntipas envoyé par Strasbourg à Pétersbourg, et qui fut volé, de telles pertes ne peuvent entrer en balance avec les immenses services que rend à la science la libéralité croissante des directions de bibliothèques.

K. KRUMBACHER.

LA COLLECTION BYZANTINE DE LABBE

ET LE PROJET DE J.-M. SUARÈS

Le plan de la Collection des historiens byzantins, que le
P. Philippe Labbe se proposa de faire paraître sous les auspices
de Louis XIV et dont une trentaine de beaux volumes in-folio
sont sortis, au xviiᵉ siècle, des presses de l'Imprimerie royale,
est bien connu (1). Il a été publié en 1648 et on le trouve
ordinairement formant une plaquette de 59 pages in-folio,
reliée en tête de l'édition des *Excerpta de legationibus* et de
l'Histoire de Théophylacte Simocatta. Mais peu auparavant,
pour répandre et faire mieux connaître encore le plan de cette
vaste entreprise, le P. Labbe en avait rédigé un prospectus
moins étendu, qui, distribué sans doute alors à profusion, est
aujourd'hui devenu si rare, qu'il semble avoir échappé aux
recherches les plus exactes des derniers bibliographes (2). Un
exemplaire de ce prospectus, qui forme une brochure de 12 pages
in-folio, est aujourd'hui conservé au département des manuscrits de la Bibliothèque nationale, à la fin du tome V (3) d'un
recueil de pièces diverses, formé au xviiᵉ siècle par le juriscon-

---

(1) Voir Fabricius, *Bibliotheca graeca* (1726), t. VI, p. 219-230 ; ed. Harless
(1801), t. VII, p. 518-535; Brunet, *Manuel du libraire*, 5ᵉ éd.. t. l, col. 1835-1837.
(2) Voir C. Sommervogel, *Bibliothèque de la Compagnie de Jésus* (1893), t. IV,
col. 1305 (nᵒ 23) : « Dans le *Catalogus* de ses ouvrages (1662), le P. Labbe dit,
p. 3 : « Prodierat sub finem anni superioris idem Protrepticon minore formâ, ut
faciliùs per omnes Europæ partes permearet. »
(3) Bibliothèque nationale, ms. français 4849, fol. 396-401.

sulte et historien parisien Chantereau-Lefebvre († 1658). Voici le titre de ce prospectus, qui offre quelques variantes avec celui du plan de la collection dont il a été question plus haut ·

De ‖ Byzantinæ Historiæ ‖ scriptoribus, ‖ sub felicissimis ‖ Ludovici XIV. ‖ Francorum ac Navarræorum ‖ Regis Christianissimi ‖ auspiciis ‖ publicam in lucem et Luparæa Typographia emittendis. ‖ Ad omnes per Europam eruditos. ‖ Προτρεπτικόν (1). ‖ (Grande marque gravée aux armes du roi.) ‖ Parisiis, ‖ e typographia regia. ‖ M. DC. XLVIII.

Le nom du P. Labbe ne figure pas sur ce titre, et à la fin, on lit seulement (p. 12) ·

Parisiis, ‖ in Typographia regia, | curante Sebastiano Cramoisy, ‖ Regis ac Reginæ regentis architypographo. ‖ M. DC. XLVIII.

C'est ce même prospectus sans doute que reçut à Vaison, dans le Comtat Venaissin, l'évêque Joseph-Marie Suarès (2). Il lui rappela un projet analogue, qu'il avait caressé autrefois, alors qu'il était, à Rome, bibliothécaire du cardinal Barberini, projet qu'il esquisse dans un mémoire adressé avec une lettre d'envoi, du 15 mars 1648, au chancelier Séguier (3), auquel il

---

(1) L'édition du Προτρεπτικόν, reliée ordinairement avec les *Excerpta de legationibus,* offre au titre les variantes suivantes, avec le nom de l'auteur : « emittendis : ‖ ad omnes per orbem eruditos. ‖ Προτρεπτικόν. ‖ Proponente Philippo Labbe Biturico, Soc. Jesu sacerdote. » L'adjonction de cette dernière ligne a fait que le mot *Parisiis* mord sur la marque gravée. L'épître *Historiæ Constantinopolitanæ curiosis indagatoribus* (p. 5) est également signée du P. Labbe et datée du Collège de Clermont, à Paris, 1ᵉʳ janvier 1648. Le *Catalogus scriptorum Historiæ Byzantinæ* occupe les pages 7 à 15, et à la fin, à la place de la mention qui figure à la page 12 de l'autre édition, se trouve un cul de lampe gravé avec les initiales *L A* de Louis XIV et de sa mère Anne d'Autriche. Les pp. 17 à 58 contiennent l'*Apparatus Byzantinæ historiæ,* et sur la p. 59, qui manque à certains exemplaires, se trouve la *Facultas R. P. Provincialis* pour l'impression, datée de Paris, 29 février 1648.

(2) J.-M. Suarès, né à Avignon en 1599, fut évêque de Vaison de 1633 à 1666 et, après s'être démis de son évêché en faveur de son frère, mourut à Rome en 1677. Voir Nicéron, *Mémoires pour servir à l'histoire des hommes illustres* (1733), t. XXII, p. 297-306.

(3) Bibliothèque nationale, ms. français 18600, fol. 738 et 740-749 (autographe). — Dans le même volume, à la suite de la lettre et du mémoire de Suarès se

expose en détail le plan, qu'on ne lira peut-être pas sans intérêt, de cette première collection des historiens byzantins (1).

H. Omont.

I

Lettre de J.-M. Suarès au chancelier Séguier.

Illustrissime Domine,

Excitatus ab egregio viro Sebastiano Cramoisyo delineavi
cogitationis antiquae ἰχνογραφίαν de Byzantina Historia, illam
vero tibi, Domine illustrissime, non ingratam fore confisus
nuncupavi; nec enim me latet quam tibi jucunda, quam accepta
sint munera litteraria. Accipe igitur lubens metatoriam hanc
paginam a me, qui versuram mox faciam vetustioribus et eru-
ditionis plenioribus opusculis, quæ sagaciter venor, inventis
tibique oblatis, meque uti clientem tuum, immo mancupi et
nexu dedititium amplectere. Vale, Illustrissime Domine. Vasioni, idibus martiis CDDCXLIIX. Cliens reverentissimus domi
nationis tuæ illustrissimæ, Josephus Maria, episcopus Vasionensis.

Illustrissimo Cancellario, Parisios.

trouve le placet suivant du libraire parisien Sébastien Cramoisy, relatif aussi à
la Byzantine (fol. 750) :

« Monseigneur le Chancelier est très humblement supplié par Cramoisy de
vouloir prendre la peine d'escrire à Rome à Monsieur le cardinal Sforza, à ce
qu'il aggrée que Monsr Holstenius puisse veoir si dans sa Bibliothecque, parmy
ses manuscripts, il ne s'en trouveroit pas quelsqu'uns qui peussent servir au
dessein de nostre *Histoire Bysantine*, ou quelques autres anciens Pères ou
autheurs, qui un jour se pourroient imprimer en l'Imprimerie Royale. »

(1) Deux ans après, le 1er août 1650, Suarès adressait la même lettre à Gabriel
Naudé; il n'en avait changé que quelques mots et supprimé le dernier alinéa.
Naudé, la même année, la fit imprimer, avec une autre lettre de Suarès, en une
petite plaquette, dont elle occupe les pp. 13 à 38, et qui est intitulée : *Josephi
Mariæ Suaresii, Vasionensis episcopi, diatribæ duæ, quarum prima universalis
historiæ syntaxim ex auctoribus græcis nondum editis : altera diversorum locorum et fluminum synonymiam exhibet* (Parisiis, 1650, in-8°).

II

Mémoire de Suarès au chancelier Séguier sur une collection
des historiens byzantins.

*Illustrissimo Franciæ cancellario, Petro Seguierio, Josephus
Maria Suaresius, episcopus Vasionensis, felicitatem.*

Illustrissime Domine,

Dum in Eminentissimi cardinalis Francisci Barberini, S. R. E.
vicecancellarii, quem uti Longinum μουσεῖον περίπατον (1), uti
Marcellum ἀρετὴν ἔμψυχον (2), uti sanctum Basilium (3) *vivas
Athenas optimarum artium* jure dixerim, bibliotheca instructis-
sima et locupletissima Romæ, dulci atque litterato fruerer otio;
meditabar ipsius auspiciis historiam ab orbe condito ad captam
usque a Turcis Constantinopolim græce latineque contextam e
græcis auctoribus, qui necdum græce prodierant in lucem,
typis edere atque notas attexere cogitabam, ut indicavit in *Api-
bus urbanis* (4) eruditus et amicus vir Leo Allatius, qui opem
quoque suam mihi prolixe benigneque pollicitus fuerat.
Et in fronte quidem collocare statueram *Chronographiam*
Georgii Syncelli ab origine mundi ad Diocletianum Augustum
græce concinnatam, quæ necdum lucem aspexerat. Fuit hic
Georgius monachus et abbas atque Tarasii, patriarchæ Constantinopolitani syncellus, æqualis temporum Caroli Magni; Eusebium autem, cujus Chronicon est ἱστοριῶν Africani recoctum,
insectatur passim (ut observarunt Josephus Scaliger (5) et
Joannes Gerardus Vossius) (6), cum tamen Eusebii totum illud
opus totidem verbis transfuderit in sua Chronica, quæ instituit

---

(1) Eunapius in Vita Porphyrii.
(2) Suidas in Μάρκελλος.
(3) S. Gregorius Nazianzenus.
(4) Anno 1633, p. 168.
(5) In Animadversionibus ad Eusebium, p. 4 præfat. et 24.
(6) L. II, c. 4 de Græcis scriptoribus, e Cedreno, Glyca et Tzetze.

anno DCCXCII^{do} a Christo nato et XX^{mo} ante Caroli Magni excessum, indictione I^{ma} ineunte ; sed morte oppressus non perfecit defecitque in Diocletiano. Ista vero Chronographia cum tantum ἀκεφαλὸς haberetur in Vaticanæ Bibliothecæ codice Palatino CCXLVI^{to} ms., cujus character præfert ætatem annorum DC cum hac inscriptione : Γεωργίου τοῦ εὐλαβεστάτου μοναχοῦ καὶ συγκέλλου γεγονότος Ταρασίου, τοῦ ἁγιωτάτου ἀρχιεπισκόπου Κωνσταντινουπόλεως, Σύνταξις ἤτοι Χρονογραφία ἐν ἐπιτόμῳ ἀπὸ βασιλείας Ἰουλίου Καίσαρος Ῥωμαίων, etc., et cum hoc principio : Πομπήιος πολιορκίᾳ λαβὼν τὰ Ἱεροσόλυμα, etc.; desideratur vero ea pars, quæ est a constitutione mundi, extareque in Regia Bibliotheca Parisiis codicem ejusdem Chronici, cujus titulus est : Ἐκλογὴ χρονογραφίας συνταγεῖσα ὑπὸ Γεωργίου, didicissem a suprascripto Scaligero et e schedula in eodem codice Palatino inventa, quamvis Scaliger ipse conqueratur Regium istum etiam mutilatum, idque colligat vel e lemmate operis ad hunc modum concepto : Παρεκβολαὶ ἀπὸ τοῦ Γεωργίου Συγκέλλου, scripsi Lutetiam Parisiorum ad amicum, ut codicem illum exscribi et ad Eminentissimum cardinalem Barberinum transmitti curaret, quo priorem partem, quæ deest in Vaticano, si forte Regius ipsam contineret, explerem. Codex interea Vaticanus seu Palatinus potius, Eminentissimi cardinalis Barberini jussu exscriptus, ejusque bibliothecæ fuit illatus simulque, propter similitudinem operis et prænominis, codex alius Vaticanus CLIII^{tius}, cujus epigraphe : Ἱστορία χρονική, seu Χρονικὸν σύντομον Γεωργίου μοναχοῦ, qui gaudet vocari Ἁμαρτωλὸς quemque Meursius laudat (1), cujus πρόλογος incipit : Πολλοὶ μὲν τῶν ἔξω φιλόλογοι, etc., quem simul publici juris facere decreveram latinitate donatum atque notis illustratum.

Et quia utrique codici Vaticano sicut et Regio subdebatur Historia THEOPHANIS, qui familiaris Georgii Syncelli fuerat, illumque excipiebat ac subsequebatur, pertexens telam historicam seu chronographiam annorum DXXIIX ab anno I° imperii Dio-

(1) In Michaele imperatore, in Lexico græco-barbaro, in Prætorium.

cletiani ad annum II^{dum} Michaelis Trauli et Theophili ejus filii, sive ad Michaelem filium Theophili ; hicque Theophanes Georgius etiam prænominatur et ἁμαρτωλὸν se cognominat, fuitque monachus et abbas Agri, quin et confessor sive ὁμολογητὴς amicusque γνήσιος Georgii Syncelli, cujus morientis hortatu et mandato inceptam ab eo Chronographiam et perductam ad Diocletianum prosequutus est, ut ipse profitetur in præfatione, delibans e variis scriptoribus et excerpens ; Nicetas David Paphlago in vita sancti Ignatii, patriarchæ Constantinopolitani, hæc de illo memorat (1) : Οὕτω δὲ τὴν μέλλουσαν ἐπ' αὐτὸν (Ἰγνάτιον nempe) ἐμφανήσεσθαι χάριν τῆς ἱεραρχίας ὁ θαυμάσιος τοῖς ὁρῶσιν ἐπεδείκνυεν ὥστε καὶ Θεοφάνην ἐκεῖνον τὸν μέγαν ἐν τοῖς ὑπὲρ εὐσεβείας ἀγῶσι, καὶ πολὺν ἐν σημείοις καὶ θαύμασι τὸν τῆς καλουμένης Συγριανῆς λέγω μονῆς οἰκιστὴν, ἐπιδεδημηκότι ποτὲ πρὸς αὐτὸν τῷ μακαρίῳ νέῳ ἔτι τυγχάνοντι τὴν δεξιὰν ὡς λόγος ἐπιβαλεῖν, καὶ ὡς πατριάρχην αὐτὸν εὐλογεῖν. Quia, inquam, utrique codici Vaticano tam Georgii Syncelli quam Hamartoli annexa erat Theophanis Historia et porrigebatur ad Michaelem, Theophili filium, et nepotem Michaelis Trauli, qui Theophili filius puer imperavit, Historiam Theophanis exscribi et in bibliotheca Barberina reponi curavi, eamque in latinum vertere aggressus eram, sed Anastasii Bibliothecarii sedis Apostolicæ, qui natione græcus, dictione latinus, anno DCCCLX^{mo} floruit, exceptionem mihi pollicitus fuit Petrus Veronensis, abbas Sancti Matthæi, ordinis sancti Benedicti, compilatam tum e Chronographia Georgii, incipiente a Pompeio capiente Hierosolyma et desinente in Diocletianum, tum e Theophanis Chronico inde ad Leonem, qui post Michaelem Curopalaten seu Rancabum sancti Ignatii, patriarchæ Constantinopolitani patrem, imperavit, seu ad annum a Christo nato DCCCXIV^{tum}, seu DCCXCVI^{tum} producto, uti patet ex ipsius Anastasii præfatione ad Joannem Levitam, quam e codice Casinensi exaratam mihi præmiserat idem Petrus, cuique præfixa erat Chronographia Nicephori, patriar-

(1) P. 308 post VIII^{vam} synodum.

chæ Constantinopolitani, ab Adam ad Theophilum, seu Theo-
phylactum, Michaelis filium. Itaque ab incepta versione destiti,
cum præsertim Theophanis latinum interpretem, auctorem Historiæ Miscellæ, a libro XVII^{mo}, sive a Tyberio II^{do} annoque
Christi ortus DLXXI^{mo}, usque ad calcem libri XXIV^{ti}, sive
Leonis suprascripti Armeniaci imperium, docuisset me laudatus Vossius, qui dubitat an hic Theophanes sit idem cum Theophane Byzantio, cujus e libris X^{em} excerpta de Justino et Chos-
roe apud Photium exstant (1). Cardinalis quidem Baronius
Historiam Miscellam, quæ Paulo Diacono Aquileiensi tribuitur,
e græco versam in latinum ab Anastasio Bibliothecario vult (2),
et Theophanem istum historiographum et præfectum Agri
monasterio confessorem, licet illustrem, a tribus aliis distinguit
et usque ad Nicephorum, seu ad obitum Nicephori Logothetæ (3),
a Maximiano protelasse Historiam ex Anastasio et Cedreno tra
dit. Sylburgius, qui Palatino in codice CCXLVI^{to}, a pagina LVII^{ma},
ubi Theophanis exordium est, notas margini appinxit, fragmen-
tum ejusdem de Moammedicæ sectæ origine, cum versione ex
Anastasio Bibliothecario deprompta, emisit in lucem in Historia
Saracenica, sicut et R. P. Dionysius Petavius inseruit aliud
notis suis ad Nicephori, patriarchæ Constantinopolitani, Breviarium historicum ab imperio Mauritii ad Constantini Copro-
nymi ævum, quod anno a Virginis partu CIƆIƆCXVI publica-
tum est.

Quando vero Scaliger (4) et Vossius Georgium Cedrenum
monachum verbatim Georgii Syncelli et Theophanis Chronica
descripsisse asserunt et retulisse in suam synopsin sive compendium, quod ab initio mundi ad Isaaci Comneni tempora et
annum a Christo nato MLVII^{mum} seu MLIX^{mum} exstat, adjun-
xissequedumtaxat ea quæ a morte Nicephori Logothetæ, seu a
Michaele, Theophili filio, ad Isaacium Comnenum contigerunt;

---

(1) Myriobibli cod. LXIV^{to}.
(2) Tomo 1, *Annal. eccles.*, ad ann. 45 et 306.
(3) In notis ad *Martyrol. Rom.*, die IV^a decembris.
(4) In græca Eusebii παντοδαπῆς ἱστορίας, c. 26.

conferre animus erat Cedreni Synopsin cum Georgii Syncelli
et Theophanis Chronicis, quamvis et Synopsis illa breviatorum
manus non effugerit, nam quæ habemus sunt tantum excerpta,
et Leunclavius scribit aliquot Cedreni folia penes se fuisse, quæ
desunt in editis (1), et Scaliger apud Syncellum paginam inte-
gram reperit, et quædam alia, quæ nusquam sunt in editione
vulgata. Contuleram enim jam Synopsin Cedreni, editam cum
versione latina Xylandri, Basileæ, anno MDLXVIto, una cum
Georgii Monachi ἁμαρτωλοῦ Chronico συντόμῳ Vaticano CLIIItio,
et diversam compereram, huncque ἁμαρτωλὸν conjeceram anno
circiter DCCCCLXmo vixisse, cum suam et Theophanis suæ
annexam Historiam ab orbis incunabulis protendat ad Nicephorum Phocam. Perquirendos igitur censebam codices Cedreni,
exaratos calamo in bibliotheca cardinalis Besarionis Venetiis,
insuper Georgii Monachi Chronologiam in bibliotheca Urbini.

At quia Georgius Cedrenus non a Georgio solummodo Syncello, aut Theophane, verum et ab aliis Compendium suum
conflavit, indagaram in Bibliotheca Vaticana seriem historicam
POST THEOPHANIS CHRONICA græcè conscriptam, quæ incipiebat ubi
desiit ille, nempe a fine imperii Michaelis Curopalatæ et rebel-
lione Leonis Armeni, et in quatuor λόγους distincta erat :
Ius Leonis Michaelisque ex Amoria, seu Τραύλου, res gestas
referebat, IIus Theophili ejus filii, IIIum Michaelis filii Theophili,
IVus Basilii historiam a Constantino nepote scriptam, Leonis,
Alexandrique filiorum Basilii et Constantini filii Leonis, quin
et Romani Lecapeni absolvebat. Codex numerabatur CLXVIIus,
cujus auctor se prodebat cognatum eque posteris Theophanis,
jussuque Leonis imperatoris sapientissimi ad scribendum
appulisse animum, unde tres tantum priores λόγους ipsi adscri-
berem, isque forsitan Leontius est Byzantius, et qui subsequitur
Leonis, Alexandri, Constantini et Romani historiographus,
fortasse Leo est grammaticus, vel e Caria ; utut sit μείουρος erat
codex, et forte Nicephorum Botoniaten pertingebat, sicut ille

(1) In notis ad *Annales Turcicas.*

quem habet R. P. Labbe, nihilominus exscribendum, et Bar-
berinæ bibliothecæ pluteis inferendum curavi; in bibliotheca
Sfortiana codice LXI^mo exstat Chronica rerum gestarum ab
initio mundi usque ad mortem Romani imperatoris, ut ex
indice liquet.

Lacunas vero supplere et quæ deerant sarcire non e Cedreno
tantum, verum et e JOANNIS SCYLITZÆ CUROPALATÆ græco textu
decreveram. Noveram enim excusos græce sub nomine Joannis
Curopalatæ annales, Venetiis, anno MD LXX^mo, seu totam illam
historiam eamdem esse quæ Cedreni, exceptis paucis foliis in
fine, uti Gesnerus (1) et Casaubonus monuerant (2), exstareque
manuscriptam Joannis Curopalatæ, filii magni Drungarii
Villæ (3) Ciliciæ, qui floruit ætate Pselli et Isaaci Comneni,
titulo, sed revera Cedreni, in S^ti Salvatoris bibliotheca docuerat
me Fazellus (4), sicut et index bibliothecæ Sfortianæ in ea
codicem LXV^tum, cum epigraphe : Γεωργίου τοῦ Σκυλίτζη Χρονικὰ
αὐτοκρατόρων Ῥωμαίων καὶ Ἑλλήνων, præfert ab Augusto ad
Alexium usque Comnenum morientem. Joannem Scylacem
Gesnerus, Joannem Curopalaten Scilicem Volaterranus vocant,
sed Σκυλίτζην diserte Theodorus Balsamon in canonem tertium
concilii Nicæni et canonem LXII^dum synodi Trullanæ (5), laudans
ejus Chronicon, ubi de se syncello et fratre imperatoris domni
Leonis Sapientis, patriarcha Constantinopolitano, et de Theo-
phylacto, filio imperatoris domni Romani Lecapeni, itidem
patriarcha, agit. Quin et Joannis Zonaræ vulgo Monachi, nota-
riorum primicerii et Drungarii magni Βίγλων seu vigilium, qui
sub imperatoribus Michaele Parapinace, Nicephoro Botoniate,
Alexio et Calojoanne Comnenis vixit, Ἐπιτομὴν χρονικῶν ἀπὸ
τῆς κοσμοποιίας, cujus Joannes Cuspinianus plagiarius dicitur (6),
cujusque codices manuscripti LXII^dus et LXIV^tus in Sfortiana

(1) In *Bibliotheca*.
(2) In notis ad Strabonem, lib. XVII.
(3) Forte Βίγλων.
(4) Post decad. lib. VI, c. I, p. 376 *Histor. Sicul.*
(5) P. 307 et 435.
(6) Andr. Thevet, lib. I. *Vir. illustr.*, c. 15.

bibliotheca reperiuntur, e quibus hic a Diocletiano ad Alexium Comnenum pergit, prætereaque in loculis cardinalis Besarionis exstant Venetiis, et editi typis e versione Wolfii, Basileæ, MDLVII.

Insuper Annales MICHAELIS GLYCÆ SICULI, qui ducuntur a primordiis orbis ad obitum usque Alexii Comneni, et latine tantum habentur editi, Basileæ, MDLXXII, cum appendice Joannis Leunclavii interpretis ad captam usque a Turcis Constantinopolim, unde latinè tantum scripsisse Glycam R. P. Constantinus Cajetanus hallucinatus est (1). Observandum quoque graviter errasse Joannem Meursium, qui nobis tamquam Theodori Metochitæ fœtum obtrusit cum latina sua interpretatione librum tertium Annalium Glycæ, Lugduni Batavorum, anno MDCXIIX, a C. Julio Cæsare ad Constantinum Magnum, et emisit in lucem, acceptum a R. P. Joanne Schotto, idque liquebit illico conferenti; Michaelis Sicadiotis, forte Siceliotis, et Glycæ historia in papyro exstat Venetiis in cardinalis Besarionis bibliotheca.

Itaque e Georgio Cedreno, Joanne Scylitza, Joanne Zonara et Michaele Glyca animus erat contexere seriem historicam excerpendo Joannis Scylitzæ eam partem, quæ Georgium Cedrenum desinentem excipit, ab anno epochæ Christianæ MLVII^mo ad MLXXXI^mum et Alexii Comneni inaugurationem, sicut et Joannis Zonaræ aliam subsequentem et Michaelis Glycæ ad obitum usque Alexii et annum MCXVIII^um, additis libris viii° posterioribus Annæ Comnenæ de vita patris sui Alexii Augusti, quos ineditos et e codice Vaticano exscriptos Barberinam in bibliothecam recondideram.

Successisset JOANNIS BASILICI CINNAMI Historia græca, complexa vitas Joannis et Isaaci Comnenorum imperatorum, patris et filii, mihi a clarissimo viro Petro Arcudio indicata et pro missa. NICETÆ ACUMINATI CHONIATÆ græco-barbaram Historiam manuscriptam Augustæ Vindelicorum, qua usus est in notis

---

(1) Lib. de S^ti Gregorii monachatu, p. 172.

suis Wolfius cujusque indicium debebam Crusio (1), subjun-
gere optabam et σφάλματα Wolfii in Historiam Nicetæ græcam
editam, ab anno MCXVIII° ad annum MCCIV^tum, quo Franci
Constantinopolim in suam redegere ditionem. Historia ab Adam
ad Constantinopolis captivitatem a Latinis in papyro antiqua
seu Coniati exstat manuscripta in bibliotheca cardinalis Besa
rionis Venetiis.

Attexuissem GEORGIUM PACHYMEREM e codice Barberino manu
scripto, sed Regii, Augustani et Veneti in papyro varias lectio-
nes expetiissem.

Denique coronidis vice imposuissem THEODORI SCIPI SPARTANI
græcam Historiam de Constantinopoli a Turcis expugnata, quæ
Hydrunti, apud Ladislaum Marci, delitescebat.

Ne vero hiaret luxata et interrupta historia 'ex Annæ Comnenæ prioribus libris octo editis, Augustæ Vindelicorum, ab
Hoeschelio, anno MDCX^mo, e Constantini Manassis excusis
politicis versibus, publicatis cura Meursii, Leidæ, MDCXVI, et
manuscriptis in bibliotheca cardinalis Besarionis, Venetiis, e
Joannis Tzetzæ historia et Georgii Logothetæ, sive Acropolitæ,
chronico edito a Theodoro Dousa, Leidæ, MDCXIV^to, e Georgii
Codini Curopalatæ Chronico et Historia Constantinopolitana,
in-folio, græcè ac latinè, e Nicephori Gregoræ Historia publici
juris facta a Wolfio, Basileæ, MDLXII^do, et manuscripta, in
pergameno, seu membrana, et corio rubeo involuta in bibliotheca cardinalis Besarionis, e Joannis Cantacuzeni, seu Josephi Christoduli Historia ab Andronico juniore ad annum
MCCCXLVIII^vum, Pontani labore in publicum emissa, Ingolstadii, MDCIII^tio, Laonicique Chalcocondylæ Historia, Basileæ
a Clausero. anno MDLXII^do, et Genevæ, MDCXV^to, promulgata græcè ac latinè, et gallicè a Blasio Vigenerio; et e Georgii Phrantzis protovestiarii Historia, Ingolstadii, latinè tantum
a Pontano publicata, delibassem, quæ visa forent scitu digniora
et omissa in auctoribus a me evulgatis, sicut et constitueram

(1) In *Turcogræcia*.

Georgiis Syncello et Theophani inserere παρεκβολάς, seu reliquias et frustula tam Joannis Antiochensis, quam Gazensis περὶ Ἀρχαιολογίας, qui mihi noti ex Salmasii laude (1). Præterea notas assuere atque παραλειπόμενα decerpta ex Historia Romanorum ab Ænea ad imperatorem Constantinum, quæ in codice Sfortiano LXII^{do}, nisi sit Zonaræ Χρονικῶν tomus primus (2), exstat, et e Theodori Anagnostæ Constantinopolitani Historia ecclesiastica, cujus librorum duorum collectanea, seu fragmenta Bibliothecæ Patrum sunt intexta (3), et legitur græcè caput ποσάκις αἱ πίστεως ἐκθέσεις in codice Vaticano MCDLV, p. σλγ´, manuscriptum, quin ipsa Historia calamo exarata est in Sfortiano codice XCVII^{mo}, nisi fallit index, e Chronico atque Historia Eusebii, Philostorgii, Theodoreti, Sozomeni, Hermiæ, Socratis et Evagrii, ex Excerptis et Eclogis de Legationibus, Historiis Zosimi et Suidæ, e Compendiis Olympiodori, Candidi Isauri, Theophanis Byzantii, et e variis libris Hesychii apud Photium, et Malaxi ac Georgii Codini, qui omnes scriptores græcè atque latinè, quà manuscripti, quà editi, passim reperiuntur. Ad hæc ex Agathiæ Historia, græcè promulgata a Vulcanio, Leidæ, MDXCIV^{to}, et Procopii, græcè, item ab Hoeschelio, Augustæ Vindelicorum, MDVII^{mo}, et Ἀνεκδότοις, ab Alemano, Lugduni, græco-latinè, CIƆIƆXXIII^{tio} : e Theophylacti Simocattæ de rebus gestis Mauritii imperatoris, quæ Ingolstadii, a Pontano, græcè latinèque in lucem prodiit narratione, anno MDCIV^{to}, et manuscripta exstat in bibliotheca cardinalis Besarionis in papyro ; e Nicephori patriarchæ Constantinopolitani Breviario suprascripto, Chronicoque Alexandrino, seu Fastis Siculis, productis in lucem a Radero, Monachii, græcè latinèque, MDCXV^{to}, rursusque in-folio, et demum e Sergio historico, si eum comperirem, quem memorat Vossius (4).

Verum conatus omnes isti ceciderunt irriti, et hasce cogita-

---

(1) In notis ad Solinum, et in *Hist. Aug.*, p. 59.
(2) Superius laudatus.
(3) Tomo II^{do}.
(4) Loc. laud.

tiones deposui atque penitus abjeci, cum sarcina episcopalis
muneris, quod sanctissimus pontifex Leo I[us] vocavit onus
onerum, gravitatem scilicet illius expertus, mihi tam tenui,
tamque impari a beatissimæ memoriæ pontifice Urbano VIII[vo]
fuit ingesta ; occupavit etenim animum pastoralis sollicitudo
curæque majores et altiores, atque severiores disciplinæ, inge-
nium ab amœnitatibus et deliciis istis ablactatum distraxerunt.
Alii ergo lampadem arripuerunt, utque mihi significavit huma-
nissimis litteris egregius vir Sebastianus Cramoisyus, prodie-
runt jam in lucem Byzantinæ Historiæ aliquot volumina juxta
catalogum præmissum typis, cui adjungi possunt quæ sanctus
Joannes, patriarcha Constantinopolitanus, qui Chrysostomus
nominatur, in Epistola ad Philippenses narrat de Constanti
nopolitanis imperatoribus (1), quorumque paraphrasem mitto.
Διήγησις præterea ἐκ τῆς παλαιᾶς ἱστορίας obsessæ ab Agarenis
Constantinopolis sub Heraclio imperatore in codice Vaticano DCXXXIV[to] a me olim lecta fuit. Michaelis Pselli opus
historicum recenset Leo Allatius (2), Michaelem vero hunc
Ephesium et ὕπατον τῶν φιλοσόφων Cedrenus appellat. Idem
Allatius Chronicon Ephræm versibus politicis exaratum (3),
uti Manassis laudat (4) ; Genealogia fratrum Comnenorum
Venetiis habitantium ab Adamo usque, typis impressa, visitur ;
Cantacuzenorum vero apud Demetrium Nicephorum in libro
græco de Imperatoribus Cantacuzenis manuscripto codice Vati-
cano MMMMDCC LXXXIX[no] Cedrenus autem Thomæ Indico-
plastæ (sic) historiam universalem refert, Michaelis etiam et
Joannis Belissariotarum, Nicephori Diaconi Phrygis, Demetrii
Cyziceni particularem, Joannis quoque Thracesii protovestiarii,
Theodori Daphnopatæ, Theodori Siditis Augustani et Joannis
Cedreni, quas omnes inquirere sedulo atque convertendo loculos
et armaria bibliothecarum rimari et pervolvendo vetusta exem-

(1) Cap. xv.
(2) Lib. de Psellis, p. 68.
(3) P. 360.
(4) P. 42.

plaria investigare operæ pretium esset, ut Historia Byzantina
suis omnibus numeris absolveretur; neque prætermittere decet
Justiniani vitam a Bogomilo, abbate monasterii Sancti Alexandri in Dardania, tum episcopo Sardicense, litteris et characte-
ribus illyricis scriptam, quam ad D. Cramoisyum præmisi;
neque hunc indicem variorum ad Historiam Constantinopolitanam spectantium opusculorum, quem sicuti mihi liberaliter
communicarat semper laudandus Leo Allatius, ita ingenue
profero.

Pro modulo meo hæc, exilia licet, contuli quasi symbola in
symposio eruditorum atque δείπνῳ σοφιστῶν, quamvis a libris
satis imparatus, quæ Tuo, Illustrissime Seguieri, si probentur
calculo, qui doctis omnibus ψῆφος Ἀθήνης, uberrimam opellæ
meæ, quantulacumque ea est, mercedem me assequutum arbi-
trabor, cœptique quantumvis imperfecti me non pigebit. Tu
namque non morum tantum, et legum atque judiciorum, sed
ingeniorum etiam et litterariarum omnium lucubrationum
censor es æquissimus atque integerrimus; totius est commissa
fides tibi publica Regni, ut canit ille antecessor tuus. Ex hac
porro editione Byzantinæ Historiæ felicissimis sub auspiciis
Ludovici XIV^ti, Francorum et Navarræorum regis Christianissimi, tam sedulo procurata, quemadmodum e patrocinio Nea-
politanæ Reipublicæ a Majestate sua benignissime suscepto,
eque clientela in quam se recens ipsi commendavit senatus
populusque Neapolitanus sub Augustorum Byzantinorum tutela
suis relictus legibus, modo eos comiter observarent et libere
vivere ante sæcula octo plus minus assuetus atque reipublicæ,
cui dux præesset, formam utcumque solidam retinens, teste
Antonio Caracciolo (1). Quin e tot munitissimis oppidis Flandriæ haud pridem receptis, et in ejusdem Regis ditionem rever-
sis, Flandriæ, inquam, quæ Balduinum et Henricum principes
Imperii Byzantini moderatores protulit; potissimum vero è
præcelsa indole regia sese faustissime jam efferente in tanto

---

(1) In notis ad vitam S^ti Antonini Agrippinensis, p. 57.

monarcha, et virtutibus omnibus in eo efflorescentibus, ominor huic invictissimo Regi Byzantinum Imperium a Catharina usque Philippi imperatoris Constantinopolitani filia, Balduini secundi Augusti nepte, atque Caroli Valesii conjuge (1), quam Bonifacius VIIIvus imperatricem Constantinopolitanam consecravit, ad ipsum hereditario jure transmissum, in illius potestatem redigendum. Orientemque Occidenti conjungendum non foedere, uti sub Carolo Magno, sed imperio, uti sub Magno Constantino. Faxit Deus Optimus Maximus, et omini faveat atque perficiat, quae nascenti Ludovico XIVto regi, tunc delphino, fueram vaticinatus intercalari carmine, quaeque ante biennium idyllio, quod ei obtuli, sum comprecatus, utroque igitur epistolam istam claudo et obsequiis mei nexus renovans, id quantulum quantulum est, omne Tibi jamdudum delatum libens merito repraesento. Vale, Illustrissime Cancellarie, et me Tui cultorem ama, orna et tuere.

Vasioni, idibus martiis CIƆIƆCXLIIX.

(1) Reusner, in Γενεαλογικῷ.

DU CANGE

LA COLLECTION BYZANTINE DU LOUVRE

---

ilication de la collection des historiens byzantins, con-
le nom de *Byzantine du Louvre*, commencée en 1648
ation du P. Philippe Labbe, était interrompue depuis
; années, lorsque Du Cange, qui allait faire paraître
ria Byzantina (1680), rédigea en 1679 (1) un mémoire
nontrer à Colbert l'utilité qu'il y aurait à reprendre
sion de cette grande collection. Ce mémoire fut mis
yeux de Colbert par l'abbé Gallois. Nous reproduisons
par laquelle celui-ci annonçait à Du Cange que son pro-
été favorablement accueilli par le ministre et lui
iit de dresser un plan détaillé pour la suite de la collec-
is laquelle Du Cange devait bientôt donner des éditions
ales de Zonaras (1686-1687, 2 vol.), et du *Chronicon*
(1688).

H. Omont.

A Seaux, le 11 octobre 1679.

Monsieur,

sté long temps à vous faire response, mais ç'a esté parce
/ voulu entretenir amplement Monseigneur Colbert de

---

ange avait présenté, quelques années auparavant, en 1676, au ministre
n projet pour une collection générale des historiens de France, qui a
é et publié, avec des remarques de l'abbé Gallois, à la fin du tome III,
m de la *Bibliothèque historique de la France*, du P. Lelong, éd. Fevret
e (Paris, 1771, in-fol.).

vostre ouvrage, et qu'il est assez difficile de trouver tout le loisir que je voulois avoir de luy en parler. J'ay enfin eu une grande audiance sur ce sujet, un peu avant nostre départ de Fontaine-bleau, et j'ay achevé de luy lire vostre épistre, dont il a entendu la lecture avec plaisir et qu'il a agréée. Il vous prie seulement Monsieur, d'en vouloir retrancher à la fin ce que vous trouverez barré avec du crayon. J'ay fait tout ce que j'ay pû pour luy faire voir qu'il n'y a rien dans cette fin qui puisse estre mal interprété, mais il a persisté dans son premier senti-ment sans en rendre raison.

Au reste, Monsieur, comme j'ay vû que dans cette épistre vous tesmoignez avoir beaucoup d'envie que le Roy fasse con-tinuer l'*Histoire byzantine*, j'ay entretenu Mgr Colbert de l'utilité de ce dessein et en mesme temps je luy ay dit que c'est vous qui avez déjà travaillé à ce grand ouvrage et qu'il est très important que vous soiez emploié à le continuer. Il a très bien reçeu tout ce que je lui en ay dit, et, si vous voulez, Monsieur, entreprendre la continuation de cet ouvrage, j'espère que je le porteray à vous donner ordre d'y travailler. Pour cela il seroit nécessaire que vous prissiez la peine de m'envoier un projet de ce que vous voulez faire et un catalogue succinct des principaux auteurs de cette histoire, dont les ouvrages n'ont pas encore été imprimés et qui sont à la Bibliothèque du Roy

J'ay esté fort aise de trouver cette occasion de vous faire con-noistre que j'ay toute l'estime que je dois avoir pour vostre mérite et que l'on ne peut pas estre plus véritablement que je suis, Monsieur, vostre très humble et très obéissant serviteur.

GALLOYS (1).

(1) Bibl. nat., manuscrit français 9503, fol. 147-148.

DISCOURS INÉDIT DE PSELLOS

(Suite) (1).

TION DU PATRIARCHE MICHEL CÉRULAIRE

DEVANT LE SYNODE

(1059).

Ἔστι δὲ ὃ πάλαι δέον ἐρεῖν εἰς τόδε ἀνεβαλόμην, ὅτι μὴ
τῷ βασιλεῖ ἡ τοῦ πατριάρχου ὑπερορία, ὡς γὰρ ἐπὶ ὡμο-
ἐλέγχοις καὶ οὐδὲν ἀμφίβολον ἔχουσιν τὸ πρᾶγμα πεποίηται,
συνηγήοχεν, οὐχ ἵνα περὶ ὧν οὐκ ἴστε διαγωνίσηται, ἀλλ᾽
ἔρτυσι κατ᾽ αὐτοῦ χρήσηται. Οἷς μὲν οὖν σύνιστε ἐκείνῳ
μένα, καὶ πάλαι τῶν ἀτοπωτάτων κατεβοᾶτε, μαρτύρων
ροῦτε τῷ καλῷ · οἷς δὲ καταψηφιεῖσθε ἐκείνου, δικαστικὴν
ἥρωσθε · προσθήσω δὲ ὅπερ οὐδ᾽ ὑμεῖς πάντη ἐοίκατέ μοι
μὴ προσποιεῖσθε. Δεδοικὼς γὰρ μὴ φθάσῃ ἡ ἐπιβουλὴ
αν, βραχύ τι μεταστήσας νῦν ἐπανήγαγεν · ἡ μὲν οὖν περὶ
ς γραφὴ ἐς τοσοῦτον ἡμῖν ἐξήτασται · ἐπεὶ δὲ καὶ τυραννί-
οῦν καθοσιώσεως, τὸν ἄνδρα διώκομεν, καὶ δεύτερον τοῦτο
ὡς ἐν προκατασκευῆς λόγῳ ἐν τῇ ψιλῇ ἀπαριθμήσει ἄνω
αὐτὸ τοῦτο αὖθις ἐξεταζέσθω, μᾶλλον δὲ δεικνύσθω πᾶσιν
δὲ ὡς εἰ καὶ μηδὲν αὐτὸς πλέον τῷ λόγῳ προσεξεργάσομαι,
ς πᾶσιν ὑμῖν ἀπαραλόγιστον ἔγκειται. Καὶ οὐδείς ἐστι τῶν

rtie du ms. a été examinée à nouveau par M. H. Lebègue qui a
ous communiquer les importants résultats de sa collation; nous en
sur épreuves. On remarquera que nous n'avons nulle part rétabli
plus que parfait. (T. R.).

nie est le crime d'usurpation du pouvoir impérial. Cf. Psellos (Mes.
ll) ; Cedrenos (éd. de Bonn), t. II, p. 530. La καθοσίωσις est la lèse

ἀπάντων, οὔθ' Ἑλλήνων, οὔτε βαρβάρων, οὔτε λογίων, οὔτε μὴν ἀμαθῶν, οὐ τῶν τῆς συγκλήτου βουλῆς, οὐ τῶν ἐν κλήρῳ κατειλεγμένων, ὃς οὐκ οἶδε τὸν ἀρχιερέα τηνικαῦτα πάντας μὲν τυράννους ὑπερβεβληκότα, ἅπαν δὲ θράσος ὑπερπηδήσαντα, παντὸς δὲ ὁσίου καταφρονήσαντα, καὶ ἀτεχνῶς μανέντα, καὶ τῶν ἁγίων ἀκριβῶς καταλιγωρήσαντα · καὶ ἵνα γε εἰς ὁδὸν καὶ τάξιν ὁ λόγος ἐμβαίνῃ, ἀναμνῆσαι ὑμᾶς βούλομαι ὅπως εἶχε τηνικαῦτα τὰ πράγματα, ἵνα πρὸς τοὺς πεπτωκότας καιροὺς ἕκαστα θεωρῆτε.

XXXII. Ἐχυμαίνετο μὲν, ὡς ἴστε, τότε τὰ Ῥωμαίων πράγματα, ὥσπερ ἐν πελάγει πολλῷ, καὶ ῥευμάτων ἐναντιώσεσι καὶ ῥοθίοις καὶ πνεύμασι · καὶ ὁ κυβερνήτης (1) — ἵνα, φειδοῖ τῆς ἀρχῆς, φιλανθρωποτέροις αὐτῷ λόγοις χρήσομαι (2), — οὐ πάνυ τι ‖ τὴν ἀρχικὴν ἐπιστήμην ἠκριβωκώς · ἡ δὲ παγκόσμιος ὁλκὰς μικροῦ δεῖν αὐτανδρος τῇ θαλάττῃ καταδεδύκει (3), εἰ μὴ μεταβολὴν ἄπιστον καὶ παράδοξον ὁ Θεὸς τοῖς πράγμασιν ἐπρυτάνευσε · γίνεται γάρ τι πραγμα τῶν πάνυ θαυμαζομένων καὶ οὗ ζητῶν οὐχ εὑρίσκω παράδειγμα. Τὸ γὰρ στρατιωτικόν, ὡς εἰπεῖν, ἅπαν, ὅσον τε ἄνωθεν εὐγενὲς καὶ πατρόθεν ἔχον τὴν τάξιν, καὶ ὅσον ἐκ καταλόγων εἰς λόχους ἐτέλεσεν, οἵ τε τῶν στρατοπέδων τὰς ἀρχὰς εἰληφότες ποτὲ καὶ οἱ τὴν ὅλην ἐν πολέμοις τάξαντες φάλαγγα καὶ ἀπὸ τῶν ἑκατέρωθεν τῆς οἰκουμένης τμημάτων, ἀπαναστάντες ὥσπερ ἀπὸ συνθήματος, πρὸς ἕνα καὶ τὸν αὐτὸν ἀπλήστῳ πόθῳ καὶ δρόμοις ἀκατασχέτοις συνδεδραμήκασι (4), τὸν πρὸ πάντων, καὶ ἐπὶ πᾶσι, καὶ ὑπὲρ πάντας, ᾧ μηδέν ἐστι πρὸς εὐφημίας λόγον ἀρχοῦν, οὗ τἆλλα δεύτερα, ὃς τῶν ἄλλων καλῶν ἐξήρηται καθ' ὑπεροχήν, — οἶδ' ὅτι πάντες τὸν ἄνδρα συνίετε καὶ με μὴ θαυμάζητε, εἰ μηδέν τι πλέον ἐρῶ · οὐ γὰρ ἐγκωμιάζειν νυνὶ προῄρημαι, ἀλλ' ὡς ὁρᾶτε, κατηγορεῖν, — ὁ δὲ λόγος ἐχέσθω τῶν ἐφεξῆς. Κίνησις γὰρ τοιαύτη οὔτε τὸν ἄνω αἰῶνα γέγονεν, οὔτ' οἶμαι, γενήσεται πώποτε · οὔτε τις τῶν ἁπάντων ἔκκριτος οὕτως, καὶ κατὰ πολὺ τῶν ἄλλων ὑπερανεστηκὼς πρὸς τὴν βασίλειον ἐπιστήμην ὤφθη ποτέ, ἣν τέχνην ἐγὼ τεχνῶν καὶ ἐπιστήμην ἐπιστημῶν τίθεμαι.

(1) Michel VI, dit Stratiotique, empereur depuis le mois d'août 1056.
(2) Byzantinisme pour le subjonctif.
(3) Χαταδεδύκει Cod (H. Lebègue).
(4) Isaac Comnène proclamé empereur à Castamon en Phrygie. Cedren. II, 622-27; Zon., XVIII, 2.

Ἐπεὶ τοίνυν πάντες μὲν ποταμοί, πᾶσαι δὲ πηγαὶ καὶ τὰ
ῥεύματα εἰς τὴν μεγάλην συνερρυήκασι θάλατταν, φημὶ
τὸν αὐτοκράτορα, ἐν ἀπορίᾳ ἡ πόλις εἱστήκει καὶ πάντες
γενομένῳ μετέωροι, καὶ τὸν κρατοῦντα εἶχον δι' ὑποψίας.
ος τῶν παραλελειμμένων τινὰς συγκροτήσας εἰς λόχους
ίί τινας ἀπὸ τῆς ἑσπέρας δυνάμεις διαβιβάσας εἰς πόλεμον
νονται μὲν ἀλλήλοις ἀντιπρόσωποι ἑκατέρωθεν. Καὶ σφο-
ριπίζεται πόλεμος · ἀρκεῖ δὲ μόνος πρὸς τοὺς ἀντιτεταγ-
ισιλεὺς καὶ κατὰ κράτος νικᾷ καὶ μετριάζει τῇ νίκῃ (1)
λλυσι τοὺς ἑαλωκότας οὐδ' αἰχμαλώτους ἡγεῖται τοὺς
κς, ἀλλ' ὡς ἀπερρηγμένα μέλη καὶ νενοσηκότα τοῖς ὑγιαί-
λᾷ καὶ ἀποκαθίστησιν. Ἐντεῦθεν αὐτὸν καὶ ὁ τῆς πόλεως
ζει καὶ στεφανοῖ πόρρωθεν, καὶ πολλαῖς ἀνεκαλεῖτο φωναῖς,
φημίας φειδόμενος. Τί οὖν ὁ τηνικαῦτα τὴν βασιλείαν
ι, τοῖς ὅλοις ἐξαπορήσας, καὶ τῶν χειρῶν αὐτῶν σχεδὸν
ρατής; Βουλὴν βουλεύεται συνετωτάτην ὁμοῦ καὶ ἀσφα-
ἲς κρείττοσι τῶν ἐκ γένους συμβούλοις πρὸς τοῦτο χρησά-
ινωνίαν τῆς βασιλείας παραλαβεῖν, ᾧ τὴν ὅλην ἐμνήστευ-
καὶ ποιῆσαι τὸ κράτος τῇ προσθήκῃ ἰσχυρότερόν τε καὶ
. Τί οὖν μετὰ ταῦτα κυροῦται τὸ βούλευμα; Καὶ πάλιν
πρέσβεων καὶ πολὺς μὲν περὶ πολλῶν λόγος, τρεῖς δὲ
ἀναλαμβάνονται, τῶν ἄλλων αὐτοῖς παραχωρησάντων του
οὐδὲ γὰρ οὐδὲ βουλομένοις ἐνῆν εὐτυχῆσαι καλλίονας (2).
οίνυν οὗτοι τοῦ βασιλέως καὶ τὰς φωνὰς καὶ τὰ γράμματα
ν περὶ τούτου σπονδήν τε καὶ σύνεσιν · ἐξίασιν ὁμοῦ καὶ
ιτουντι προσίασιν, ἀγγέλλουσιν αὐτῷ τὴν κοινωνίαν τῆς
ωλλοὺς πρὸς τοῦτο κινοῦσι λόγους, παρὰ μέρος ἕκαστος,
τες. Καὶ τὸν μὲν συμπείθουσι · τὸ δὲ στρατόπεδον τέως
ίβησε, τὴν κοινωνίαν τοῦ κράτους σμικροπρεπὲς ἀξίωμα
· Ἡττῶνται τοιγαροῦν οἱ πρέσβεις τῶν τοῦ στρατοπέδου
τὴν ἄπρακτον πρεσβείαν τῷ βασιλεῖ παλινοστήσαντες
ιν. Ὁ δὲ προστίθησι πλείονα · ἐκείνῳ μὲν μετὰ τοῦ ὀνό-

onographie de Psellos (Μεσ. Βιβ., IV, p. 212-213).
ambassade dont Psellos faisait partie et qu'il a racontée ailleurs
nt, v. mon étude sur le Schisme oriental du XIᵉ siècle, p. 257.

ματος καὶ τὸ ἔργον τοῦ κράτους ἐπαγγειλάμενος, ἑαυτῷ δὲ τὴν φωνὴν μόνην ἀποκληρώσας καὶ τὴν τῶν πολλῶν εὐφημίαν. Δευτέραν τοίνυν ἱκετηρίαν τῷ μεγάλῳ οἱ πρέσβεις θέμενοι βασιλεῖ, πείθουσι πεῖσαι πρὸς τοῦτο καὶ τὸ στρατόπεδον. Ὁ δὲ τὴν χάριν τῶν λόγων ἀναπετάσας, ξυγκαλέσας τε τὰς δυνάμεις καὶ δημηγορήσας ὅσα εἰκός, πρὸς τὴν πειθὼ κατηνάγκασεν. Ἐντεῦθεν ἔστηκεν ἡ τοῦ στρατοπέδου συγκίνησις · λέλυτο δὲ ὁ συνασπισμός, καὶ ὁ βασιλεύς, παρὰ πάντων δορυφορούμενος, ἐχώρει πρὸς τὰ βασίλεια (1).

XXXIV. Ὁ μὲν οὖν Θεὸς οὕτως · ὁ δὲ μέγας ἐν πατριάρχαις δεινὸν καὶ οὐκ ἀνεκτὸν ποιεῖται, εἰ βασιλεύσειέ τις ἄνευ τῶν ὀφρύων ἐκείνου καὶ τῆς συννεύσεως (2). Καὶ πρὸς τὸν Θεὸν παρατάττεται, ὅτι μὴ συμβούλῳ τούτῳ πρὸς τὴν διοίκησιν τοῦ κράτους ἐχρήσατο. Τί οὖν ποιεῖ; Καὶ με μηδεὶς οἰέσθω λογοποιεῖν, ἀλλ' ἐξώλης ἂν καὶ προώλης ὀλοίμην, εἴ τί που πλέον τῶν γεγονότων προστίθημι. Ἀνοίγει τοίνυν τοῦ νεὼ τὰς πύλας τοῖς διὰ πάσης νυκτὸς πρὸς τοῦτο συμποσιάσασι στασιώδεσιν ἀνδράσι καὶ μανιώδεσι · καὶ δέον ἀνείργειν καὶ ἀπελαύνειν τῶν ἱερῶν περιβόλων, ἐξὸν δὲ καὶ τοῦτο ποιεῖν — εὐαρίθμητοι γὰρ οἱ τὰ πρῶτα συλλεγέντες ἐτύγχανον ὄντες καὶ οὓς οὐ πολλαὶ χεῖρες ἐκεῖθεν ἂν ἀπήλασαν, — δέον οὖν ἐπιτιθέναι τὰς θύρας τοῖς ἐπιρρήτοις ἐκείνοις καὶ κακοήθεσιν (3), ὁ δὲ μικροῦ δεῖν καὶ τὸν πάντα περίβολον καθελεῖν ἐπεχείρησε, καὶ ἄνετα μὲν πεποίηκε τὰ ἅγια τοῖς κυσί, τοὺς δὲ χοίρους ἐπὶ τοὺς μαργαρίτας συνήλασεν. Ἀλλ' οὔπω περὶ τούτων ὁ λόγος · ὅπερ οὖν ἐν τοῖς τοιούτοις συμβαίνειν φιλεῖ, ἄλλοι ἐπ' ἄλλοις συνῆσαν, οὐ τῶν ἐκ τῆς πρώτης βουλῆς, οὐ τῶν ἀπὸ τοῦ ‖ στρατοπέδου, οὐ τῶν τὰ κοινὰ διαχειριζομένων, ἀλλὰ πρῶτον μὲν ἡ περὶ ἐκεῖνον ξύμπασα φατρία καὶ ἕτεροί τινες οἷς ὁ δῆμος καταρᾶται. Ἐπεὶ οὖν τὸ πολὺ τοῦ δημοτικοῦ πλήθους συνείλεκτο, τὰ βοσκηματώδη τῷ ὄντι θρέμματα πρὸς τὸν μέγαν καὶ ποιμένα καὶ ἀρχιερέα, δυσχεραίνει τὰ πρῶτα τὴν κάθοδον, καὶ προσωπεῖον ὑποκρίσεως ἐνδιδύσκεται. Εἶτα δὴ βραχύ

---

(1) En réalité, cette acceptation n'était qu'apparente ; les ambassadeurs trahirent Michel VI et firent part à Comnène des dispositions de Constantinople. (Skylitzès, dans Cedrenos II, 633-634).

(2) Il est prouvé que, loin de s'opposer à Comnène, le patriarche était depuis longtemps de connivence avec lui. (Michel d'Attalie, p. 56.)

(3) Sur cette émeute voy. Mich. d'Attalie p. 56 ; Cedren. II, 634 ; Zonaras, XVIII, 3, qui présentent les événements sous un jour très différent.

μενος, πείθεται καὶ μετριοφρονεῖ καὶ συγκάτεισι καὶ κατὰ
έων τολμᾷ, ὧν τὸν μὲν ἡ βασίλειος εἶχεν αὐλὴ πᾶσι τοῖς
κοσμούμενον, ἅτερος δὲ πρὸς ταύτην εἰσήει βασιλικῶς
ορούμενος. Εἰ μὲν οὖν ἀ λ η θ ε ύ ω ν τοὺς λόγους ποιοῦμαι,
τιθέναί τὰ ἐφεξῆς · εἰ δέ τι τῶν πάντων συνταράττω ἢ
αὐτόθεν ἀναστάντες, ἐλέγξατε καὶ τὸν λόγον ἐπίσχετε ·
ϧ οὐκ ἄν τις εἴποι ἀχλὺν ἕλκειν τὸ φῶς, οὕτως οὐδὲ τῃ
τῃ ψεῦδός τις ἐγκαλέσειεν · οὐ γὰρ εἱλόμην μελετᾶν τὴν
να πιθανῶς αὐξήσω ταῖς ἐπιχειρήσεσιν, ἀλλ' ἁπλοῖς χρωμαι
σει καὶ τῃ συνθέσει (1).

Πρῶτον μὲν οὖν αἰτιῶμαι, ὡς οὐκ ἔδει τὸν ἀρχιερέα, δυοῖν
βασιλέων τὰ σκῆπτρα διακληρωσαμένων, περὶ πολιτικῆς
κστάσεως καὶ περὶ βασιλέως σκέψιν προτίθεσθαι. Πρὸς δύο
ἤνηχεν αὐτοκράτορας, καὶ ἀμφοτέροις τὰς χεῖρας ἐπανετεί-
ἐν πόρρωθεν ἀπείργων, τὸν δὲ ἐντεῦθεν ἐλαύνων, ἵν' ἑαυτῷ
ται καὶ τὸ κράτος καὶ τὰ βασίλεια. Πρὸς ὃ δὴ καὶ πάλαι
καὶ ὁ λόγος τὴν πρώτην ἀρχὴν τοῦ κακοῦ ἀνεβάλετο, ἠτύ-
ουλεύματος, τὰς δ' ἐλπίδας οὐκ ἐξωμόσατο. Διατί δὲ τὰς
νεὼ τοῖς συνομωμοκόσιν ἠνέῳξε; Συνδεδραμηκότας δέ,
ϧραχύ τι διαπειλησάμενος, ἐκεῖθεν ἀπήλασεν; Οὐ γὰρ κατὰ
ὑς εἰσῄεσαν, ἀλλὰ σὺν ἑκκαίδεκα, ἢ βραχεῖ τινι πλείους ·
ισθε, δῶμεν μηδένα τῶν πάντων ἀπολελεῖφθαι, ἀλλὰ καὶ
ισαις καὶ Βαβυλῶνι, καὶ ὅσον ἑλληνικὸν φῦλον, Αἰθίοπάς τε
ϧ ἐκεῖσε συνεισδραμεῖν καὶ τῶν βασιλέων καταβοᾶν. Τίνες
ποῖοι κανόνες τούτῳ τὴν κοινωνίαν τῆς συνωμοσίας παραχε-
ϧούλεσθε καὶ τοῦτο καὶ τῷ δεσπότῃ καὶ ὑμῖν συγχωρήσωμεν;
γὰρ ἡ ἀνάγκη καὶ φοβερὸν ὁ περὶ ψυχῆς κίνδυνος; Τίς τοίνυν
ν πρὸς ἐκεῖνον ἀνιέναι ἐτόλμησεν ἢ ἄλλως ἐπικεχείρηκε;
θήξατο ἐπ' αὐτὸν; Τίς ἠπείλησε τὴν κεφαλὴν ἐκτεμεῖν; Τίς
ος; Τίς ἀπρὶξ λαβόμενος ἐφειλκύσατο, ὁπότε, εἰ καὶ ταῦτα
εληλύθει τἀνδρί, ἀντισχεῖν ἔδει, καὶ, εἰ ἐξῆν, πολλάκις
Ἀλλ' ὁ τῆς βασιλείας ἔρως, καὶ τὸ πάντων ἐθέλειν
επὶ τὸ βούλεσθαι τῇ τῶν ὀφρύων συννεύσει συγκινεῖν καὶ τὸν
ιι τὸν Ὄλυμπον, ὅλοις κέντροις ὤθουν κατ' αὐτῆς ὁσιότητος.

ϧ cod. (H. Lebègue).

XXXVI. Κάτεισιν οὖν ὁ δεσπότης μετὰ τῆς ποιμαντικῆς βακτηρίας, ἵν᾽ ἐπὶ πηγὰς καὶ νομὰς ἀποκινήσῃ τὰ θρέμματα μὲν (1) οὖν γε μετὰ τοῦ ῥοπάλου καὶ τῆς συνήθους ὠμότητος, ἵν᾽ εἰσελάσῃ τοὺς θῆρας, καὶ ὀψ᾽ τούτοις εἰς θοίνην τὴν ἱερὰν τοῦ Κυρίου ποίμνην, ὑπὲρ ὧν ἐκεῖνος τὴν οἰκείαν ἀφῆκε ψυχήν. Κατεληλυθὼς τοίνυν οὐκ εἶπεν, οὐκ ἠρώτησεν, οὐκ ἀντιλογίαν προύθετο, οὐ κατῄδεσε τοῖς λόγοις τε καὶ τῷ σχήματι, οὐ γνώμην εἰσήνεγκεν, ἀλλ᾽ ὥσπερ οἱ τυραννήσαντες, ἐπειδὰν ἐντὸς τῶν τειχῶν γένοιντο, εἰς τὴν ἀκρόπολιν εὐθὺς ἀναβαίνουσιν, ἵν᾽ ἐξ ἀπόπτου περιωπῆς τὴν τυραννικὴν εὐθὺς γνώμην ἐμφήνωσιν · οὕτω δὴ καὶ ὁ ἱερατικὸς οὗτος τύραννος ἐπὶ τὸ ἄδυτον ἱλαστήριον, ἐπὶ τὸ ἄβατον ὄρος καὶ ἀπρόσιτον τοῖς πολλοῖς μᾶλλον δὲ πᾶσιν ὁμοῦ, καὶ πρὸ πάντων ἐκείνῳ, λῃστρικῶς εὐθὺς καὶ πολεμικῶς ὥρμησεν. Ἀλλά με φρίκη καὶ τρόμος ἔχει, καὶ ἰλίγγου καὶ σκοτοδίνης πληροῦμαι, τοιούτους λόγους ἑλίττων ὧν ἐκεῖνος τὴν πρᾶξιν ἐθάρσησεν. Ὦ νυκτὸς ἐκείνης καθ᾽ ἣν πάλιν Ἰούδας καὶ προδοσία, καὶ ὁ δεσπότης οἷα Πιλᾶτος κρίνων, ὁ αὐτὸς καὶ ὡς Καϊάφας ἱερατεύων, καὶ σπεῖρα, καὶ ὁ μυρίαρχος, καὶ Θεὸς αὖθις οὐ προδιδόμενος μὲν καὶ σταυρούμενος, ποσὶ δὲ ἀνιέροις καταπατούμενος. Ὦ τῶν θείων κρατήρων, ὦ τῆς ἱερᾶς τραπέζης, ὦ τῆς ἀναιμάκτου θυσίας φονικοῖς μιαινομένης τοῖς αἵμασιν, ὦ τῆς ἀνεξικακίας τοῦ λόγου καὶ τῆς ἀπείρου μακροθυμίας. Ὁ μὲν οὖν ὑπὲρ ἡμῶν Λόγος τιθείς, αὖθις ἐν τοῖς κρατῆρσιν ἐτίθετο, πάλαι μὲν δεσμούμενος καὶ σταυρούμενος, τότε δὲ χεόμενος καὶ διαφορούμενος · ὁ δὲ Πιλᾶτος κρίνων ἐκάθητο τὸν ἐμὸν θεοκίνητον καὶ Χριστὸν Κύριον περινοούμενος αὐτοκράτορα, οὐκ ἀμφιβάλλων, οὐ τὰς χεῖρας ἀπονιπτόμενος · οἱ δὲ φονεῖς κύκλῳ περιεστήκεσαν, ὁ μὲν παλτὸν θήγων, ὁ δὲ ξίφος ἀπογυμνῶν, ὁ δ᾽ ἐπαιτῶν ἵνα ἐνάψηται θώρακα, καὶ οὐδαμοῦ Πέτρος, ἵνα τὸν Μάλχον ἐκτέμῃ · ἢ εἴ τις ἄλλος θερμότερον ἐπὶ τὸν Πιλᾶτον αὐτόν, ὁπλίζων τὴν δεξιάν, σκέψις δὲ παρὰ βασιλέως προύτίθετο, ἐπίσης γὰρ τοῖς ‖ δυσὶν αὐτοκράτορσιν ἀπηχθάνετο. Βούλεται οὖν, τὸν μὲν ἐντὸς εὐθὺς καθελεῖν, τῷ δὲ πόρρω ἀπεῖρξαι τὴν εἴσοδον, ὥσπερ ἡλίῳ τὴν ἀνατολὴν τοῦ φωτός, ἵν᾽ ἢ αὐτὸς τυραννήσῃ, ἢ χειροτονήσῃ τὸν τυραννεύσαντα, μὴ πεμπέτωσαν ἐκεῖ τὰς γλώσσας οἱ βουληφόροι, μηδὲ τὴν γλῶτταν κινείτωσαν, ὡς ὑπὲρ τοῦ νῦν κρατοῦντος

(1) Construction suspecte (T. R.).

ὶ τὸ πᾶν διεσπούδαστο · μᾶλλον μὲν οἶμαι κατ᾽ ἐκείνου τὸ παν
ἐκίνητο.

XXVII. Ὅτε μὲν γὰρ ἀμφίβολον αὐτῷ τὸ κρατεῖν, οὐδὲν περὶ
ω διεσκέψατο · ὅτε δὲ βασιλεύειν καθαρῶς ἐπετέτραπτο καὶ ἦν
ὶ ἄνετα τε καὶ βάσιμα τὰ βασίλεια, τοῦ Θεοῦ παν ἀφελομένου
ἴδιον, τίς ἡ τηνικαῦτα σπουδή; Ἤδη γὰρ εἶπε τὸ πᾶν · ἀλλ᾽ ἐμοὶ
εριουσίας ὁ λόγος πρὸς τὸ κρατεῖν. Κἂν γὰρ τὸ μὴ ὂν συγχωρήσω-
οὔπω τῆς καθοσιώσεως ὁ δεσπότης ἐξῄρηται. Κατὰ γὰρ βασιλέως
τησε καὶ καθελεῖν αὐτοκράτορα ἐπεχείρησε, καὶ ἐπιχειρήσας τετόλ-
ι. Καί μοι μηδὲν ἀχθεσθῇς, ὦ βασιλεῦ, εἰ ὡς περὶ βασιλέως τοῦ
ταντος διαλέγομαι · ἐντεῦθεν γὰρ σὺ φαίνῃ θαυμασιώτερος, ὅτι,
βασιλείαν ἑτέρου ἰθύνοντος, σὲ προελόμενος ἀντεισήνεγκεν ὁ Θεός ·
ἔχει τοίνυν οὐδεμίαν ἀντιλογίαν ὁ λόγος, κἂν πάνυ τις ἐκείνου ὑπερ
ιάζειν ἐθέλοι · ἀλλ᾽ ὁρᾶτε τὰ ἐφεξῆς.

XXVIII. Ἐπειδὴ γὰρ ἡ πόλις τοὺς αὐτοκράτορας ᾔδεισαν, τὸν μὲν
υρούμενον ἔνδον, τὸν δ᾽ ἔξωθεν ὑπὸ θείῳ κινήματι εἰσελαύνοντα, ᾧ
μᾶλλον ἐθάρσουν, καὶ τὰς ἐλπίδας ἐσάλευον, οὐδέν τι πλέον εἶχον
ιᾶν, ἀλλ᾽ ἠγάπων τὰ δόξαντα, καὶ οὔτε τῶν ἐν τέλει οὐδείς, οὔθ᾽
αὐτουργοὶ καὶ χειρώνακτες παρεκίνουν τι τῶν βεβουλευμένων.
ι᾽ ἕκαστος οἴκοι καθῆστο, τῶν πραττομένων παραχωροῦντες Θεῷ ·
γε θεῖος δεσπότης λόχον ληστρικὸν συγκροτήσας, αἰχμοφόρους τε
ους ἀποδείξας καὶ λιθοβόλους, δύο δὲ καὶ τὸ μοναχικὸν περιούσας
ώνιον (ὦ τῆς τόλμης, ὦ τῆς θρασύτητος) καὶ μόνον οὐ τὰ ξίφη
ιερίσας, αὐτῷ προτρέπεται, πρῶτον μὲν ἅπαντας τοὺς ἐν τέλει εἰς
ιον ἑλᾶν · ἔπειτα δὲ καὶ τὸ ἄλλο συναγείρας δημοτικὸν πλῆθος,
δὲ μὴ βούλοιντο, ἀλλ᾽ ἀπραγμόνως αἱροῖντο ζῆν, τούτοις ἐρείπια
ιικίας ποιεῖν καὶ ἐπιφορεῖν αὐτοῖς τὸν ἐκεῖθεν χοῦν, καὶ ἄχρι θεμε-
ι μὴ φείδεσθαι. Ἐντεῦθεν τί μὲν τῶν δεινῶν οὐκ ἐπράττετο; Τί δὲ
ἀτοπωτάτων οὐκ ἐτελεῖτο; Κατεστρέφοντο (1) οἶκοι · ἐπολιορκοῦντο
ύλακες · οἱ μὲν ἐκτείνοντο ἀντιπράττοντες · οἳ δ᾽ αὐτόθεν ὑπέκυπ-
ι καὶ πάντα ἦν θορύβου καὶ κλόνου μεστά. Ἡ δὲ πόλις εἱστήκει
ωρος, κοσμικὴν ἅλωσιν τὸ πρᾶγμα οἰομένη · οὔπω γὰρ ὁ μέγας
ετάλκει φωστήρ, ἢ γὰρ ἂν αὐτόθεν πᾶσα διεσκεδάσθη ἀχλύς, ὁ δὲ

_____

 Ἐπεστρέφοντο Combefis.

πατὴρ ἀκούων ἠγάλλετο. Κἀγὼ ἀνεμιμνησκόμην τοῦ Νέρωνος καὶ τῶν τότε καιρῶν · τοιοῦτον γάρ τι κἀκεῖνος ἐπεποιήκει, καὶ πῦρ ἐξεπίτηδες ἐμβαλὼν τῇ πόλει, παιδιὰν ἡγεῖτο τῶν ἐμπιπραμένων τὰ σχήματα. Ὁ δὲ καὶ ἠπείλει εἴ τις μὴ ταχέως ἐκείνῳ συντυραννεῖν εἵλετο. Ἐπεὶ δὲ τὴν περὶ τούτου εἶχε διοίκησιν, τὴν ἱερατικὴν ἀξίαν εὐθὺς ἀποθέμενος, ἐπὶ τὴν τυραννικὴν ἀπενενεύκει ὀφρὺν καὶ βασίλειον ἱεράτευμα τὸ σχῆμα καθίστησι, μετὰ σεμνῶν ὀνομάτων τῆς τυραννίδος ἀρχόμενος. Προχειρίσεις οὖν εὐθὺς καὶ ἀξιωμάτων διανομαί · τὸν μὲν οὖν τοῦ δήμου προΐστησι · τῷ δὲ τῆς θαλάσσης ἐγχειρίζει τὴν ἐξουσίαν, τῷ δὲ ἐμπιστεύει τὰ ὕπαιθρα, καὶ τὸ ξύμπαν βασιλέως ἑαυτῷ ἀξίωμα περιτίθησιν. Ἔμελλε δ' ὅσον ὀλίγον ταινιωθήσεσθαί τε καὶ πανταχῇ στεφηφόρος περιελεύσεσθαι.

XXXIX. Ἐπεὶ δὲ πάντα αὐτῷ κατώρθωτο καὶ διῴκητο, πέμπει καὶ τοὺς ἀποκτενοῦντας τὸν αὐτοκράτορα, εἰ μή γε ταχὺ καταβαίη, καὶ αὐτῷ τὴν κεφαλὴν ὑποκλίνοι. Ὁ δὲ τὴν τυραννικὴν δείσας ὠμότητα, καὶ καταπτήξας μή τι πάθῃ δεινότερον, οὐ πολλῶν ἐδεήθη λόγων, ἀλλ' αὐτόθεν ὑποφρίξας, τότε σχῆμα μετέθετο, καὶ πρὸς τὸν τύραννον ἄπεισι, τὰς ὅλας ἐλπίδας ἀπεγνωκώς (1). Ὁ δὲ μιμεῖται μόνον ἐνταῦθα τὸν Σεβαστὸν Καίσαρα, ἢ Μάρκον ἐκεῖνον τὸν ἐν βασιλείᾳ φιλοσοφήσαντα, ἢ τὸ πάντων καὶ ἀντὶ πάντων τὸν μέγιστον ἡμῶν αὐτοκράτορα, εἰ καὶ μόνον (2) ἐγνώκει · καὶ μετ' ἐνίων τῶν δορυφόρων ὑπαντᾷ τούτῳ μεταθεμένῳ τὸ κράτος, καὶ περιφὺς ἡδέως ἀσπάζεται, καὶ βακτηρίαν αὐτῷ ἐγχειρίζει ἐλεφαντίνην, καὶ ὡς πραότερον αὐτῷ ἔσοιτο ἐπαγγέλλεται, ἐπειδὰν τῶν σκήπτρων καθαρῶς ἐπιλάβοιτο. Τοιοῦτόν τι καὶ ὁ ἀσεβήσας Ἰουλιανὸς Κωνσταντίῳ ἐπεποιήκει τῷ πάνυ · ἀποστασίαν γὰρ κατ' αὐτοῦ ὠδίνας καὶ ἐπανάστασιν καὶ τυραννικῶς προσεληλυθώς, ἐπειδὴ πρὸς τῇ πόλει ἐγένετο καὶ οὐ καλὸν ἐτεθνήκει λαμπρᾷ τοῦτον τιμᾷ ἐκφορᾷ καὶ ᾧ ζῶντι ἐμάχετο, σπένδεται τεθνηκότι · καὶ τὴν ταινίαν ι ν. τῆς κεφαλῆς ἀποθέμενος, ‖ πρὸ τῆς κλίνης ἐβάδισε.

XL. Καὶ τούτῳ μὲν τὰ τοῦ καιροῦ προσαγορεύσας τε καὶ προσφωνήσας, ἐπὶ τὴν ἀκρόπολιν αὖθις ἐπάνεισι. Δυσὶ γὰρ προσβαλὼν καὶ ῥᾷστα

---

(1) Sur l'abdication de Michel VI, voy. Michel d'Attalie, p. 58, et Cedrenos II, p. 637. Leur récit concorde avec celui de Psellos. Le patriarche lui envoie ordre d'abdiquer, τοῦ πλήθους τοῦτο κελεύοντος (Mich. d'Att.).

(2) μόνῳ cod. (II. Lebègue).

τὸν ἕτερον χειρωσάμενος, ἐπὶ τὸν λειπόμενον ἐπεπόρευτο · ὡς δ' ἔγνω τὰ τῆς προνοίας ζυγὰ ὅλαις ῥοπαῖς πρὸς ἐκεῖνον ἐπικλινῆ (1) · πάντων ἅπαξ ἁπλῶς πάσαις ἐκεῖνον ἀνακαλουμένων φωναῖς, καὶ πρὸς πᾶν ἄλλο δυσχεραινόντων ὄνομά τε καὶ ἄκουσμα, πᾶσαν γὰρ αὐτῶν πρὸς τοῦτο πεῖραν καθίκετο. Ὡς δὲ τὸ πᾶν τῆς προσβολῆς ἀπεκρούσατο, οὐχ, ὃ φασι, πρύμναν ἐκρούσατο, ἀλλὰ πρὸς ἐκεῖνον ἐτράπετο, καὶ τὴν ἀνάγκην τοῦ πράγματος, γνώμης ποιεῖται φιλοτιμίαν, καὶ τοῖς σπουδασταῖς ἑαυτὸν δίδωσι, καὶ συμπράττειν τηνικαῦτα ἠξίου θεῷ, καὶ τὸν θάλαμον ἑτοιμάζει καὶ κατακοιμίζει τὰ πνεύματα, καὶ ὥσπερ ὁ Ξέρξης, ἐπιστέλλει τῷ Ἑλλησπόντῳ, ἵνα λειοκυμονήσας πράως πομποστολήσῃ τὸν αὐτοκράτορα. Ὅτι μὲν οὖν αὐτόθεν τυραννήσας ἐλήλεγκται, ὡς εἰδότων ὑμῶν, οὐδὲν δέομαι λέγειν. Εἰ δέ τις ἀμφιβάλλειν τῷ λόγῳ ἕλοιτο, πρὸς ἐκεῖνον, εἰ βούλεσθε, προλαβών, σκιαμαχήσω τὴν ἐναντίωσιν · πρῶτα δὲ, εἰ βούλεσθε, τί ποτέ ἐστι καθοσίωσις, καὶ τί ποτε τυραννὶς ἀνεκτῶς ὁρισώμεθα. Ἔπειτα ἐρήσομαι ὑμᾶς, εἴ γε μὴ πατὴρ οὗτος καθεστήκοι αἰτιῶν αἷς ἑαυτὸν ἐμβεβλήκει, ἀκριβῶς κατὰ βασιλέων ὁμοῦ μελετήσας καὶ τυραννήσας.

XLI. Ἔστι τοίνυν καθοσίωσις, ὡς αὐτὸ τοὔνομα δηλοῖ, γνώμη πονηρὰ καὶ θρασεῖα κατὰ βασιλικῆς μελετήσασα ὁσιότητος, τυραννὶς δὲ αὐτοχειροτόνητος βασιλεία καὶ τῶν καθεστηκότων νόμων ὀλιγωρία. Πότερον οὖν τὴν κατὰ βασιλέων ἐπιβουλὴν διεσκέψατο οὗτος καὶ ἐμελέτησεν, ἢ πρὸς τῇ σκέψει, καὶ αὐτὸ τὸ ἔργον προσέθηκεν; Οὐ πρότερον μὲν τοῖς συνωμόταις ἐσπείσατο, καὶ τῷ ληστηρίῳ φέρων, ἐπέδωκεν ἑαυτόν · εἶτ' αὖθις τὸν κατὰ τῆς ὁσιότητος πόλεμον ἀνερρίπισε καὶ ἐφ' ὅσον ἐφ' ἑαυτῷ αὐτόχειρ βασιλέως ἐγένετο; Οὐ τοὺς διαχρησομένους ἔπεμψεν; Οὐ καθεῖλε τοῦ θρόνου; Οὐ τὰ σκῆπτρα ἀφείλετο; Οὐ τοῦ ἀξιώματος κατεβίβασεν; Ἆρα λείπεταί τι τῶν ὅσα πληροῦν οἶδε τὴν καθοσίωσιν; Ἢ καὶ ὑπερχειλὴς ὁ κρατήρ; Εἰ γὰρ τὸν ἁπλῶς μελετήσαντα βασιλέως ἐπιβουλήν, ἢ ἄλλως κατ' αὐτοῦ θρασυνάμενον, καθοσιοῦμεν εὐθὺς καὶ ὑπὸ τὸ εἶδος τιθέαμεν τοῦ ἐγκλήματος, τὸν ὁμοῦ καὶ διασκεψάμενον καὶ τὸ τέλος ἐπαγαγόντα τῆς διασκέψεως, τοῦ λόγου θήσομεν, ἢ τίνος ὀνόματος ἢ ἐγκλήματος ἀξιώσομεν; Ἐγὼ μὲν οὐκ οἶδ'

---

(1) En réalité, le patriarche ne cessa jamais d'être d'accord avec Comnène et les généraux. Aussitôt après l'abdication de Michel VI, il leur envoya un messager (Psellos. Chronog. Μεσ. βιδ. IV, p. 229).

ὅτι χρὴ τὸ πρᾶγμα καλέσαι, ἢ τίνα τὴν τιμωρίαν ἐπαγαγεῖν, οὐδὲ τίνα τῶν πολιτικῶν νόμων ἢ ἱερατικῶν εὑρεῖν ἄχρι τούτου δεδύνημαι περὶ πατριάρχου διοριζόμενον, εἰ μανῆναι κατὰ βασιλέως βουλήσεται · τοσοῦτον ὑπερβάλλει τὸ πρᾶγμα, καὶ ὁ νομοθέτης, ἅπαν κακίας εὑρηκὼς ὕψωμα, τοῦτο μόνον οὐκ ᾠήθη δεῖν τὸν ἅπαντα χρόνον πραχθήσεσθαι. Ἀλλ' ἔδει τὸ ἅπαξ ἄνω τετολμημένον καὶ τὴν ἀγγελικὴν καινοτομῆσαν ἀξίαν καὶ κάτω γενήσεσθαι (1). Ἐκεῖ μὲν οὖν ὁ ἑωσφόρος κατὰ τῆς πρώτης ἐλύττησεν ἀγαθότητος · ἐνταῦθα δὲ ὁ ἑσπέριος κατὰ τῆς βασιλικῆς ἐπικεχείρηκεν ὁσιότητος, καὶ δυοῖν βασιλέων, τὸν μὲν καθεῖλε, τὸν δὲ ἑλεῖν οὐ δεδύνητο · οὐ γὰρ ἐκείνῳ μὲν ἐμάχετο, σοὶ δὲ τῷ μεγάλῳ ἡμῶν ἐσπένδετο αὐτοκράτορι. Ἄμφω γὰρ ἤτην αὐτοκράτορέ τε καὶ ἀρχηγώ, καὶ ἅμα ὁσίω, ἀμφοῖν οὖν ἑαλώκει βουλεύσας ἅμα καὶ πράξας τὴν καθοσίωσιν · τὸν μὲν οὖν ἐπιχειρήσας ἀνῄρηκε, σὺ δὲ ἀμφοῖν εἵνεκα, σαυτοῦ τε καὶ οὐδὲν ἧττον ἐκείνου, πρὸς τοῦτον ἀντηρκέσας, καὶ τὴν πονηρίαν δημοσιεύεις, καὶ τοὺς νόμους ἐπανάγεις ἡμῖν, καὶ μετὰ τῆς ἀρχιερατικῆς καὶ πολιτικῆς δικάζεις ῥοπῆς.

XLII. Τὸ μὲν οὖν περὶ τῆς καθοσιώσεως οὕτως · περὶ δέ γε τῆς τυραννίδος, τίς ἂν τῶν πάντων ἀμφισβητήσειεν; Ὥσπερ γὰρ οἱ τοὺς πηλίνους πλάττοντες ἀνδριάντας ἔπειτα ἐν τοῖς θεάτροις ἱστᾶσιν, οὕτω δὲ κἀκεῖνος ἑαυτὸν πλάσας ἢ μεταπλάσας, καὶ τὴν ὀφρὺν μεταλλάξας, καὶ σοβαρὰν ἑαυτῷ σκηνὴν διαθέμενος, ἐν αὐτοῖς τοῖς ἀδύτοις τοὺς ὁπλίτας ἑαυτῷ συνεστήσατο · καὶ ὁ μαχαιροφόρος ἐγγύθεν, καὶ ἑκατέρωθεν οἱ δορατοφόροι, καὶ μέσος ἁπάντων ὁ νέος Σαμουὴλ μόνον οὐκ αἴρων ἐφοὺδ (2), οὐδὲ μίτρᾳ τὴν κεφαλὴν ἀναδεδεμένος, ἀλλὰ τυραννῶν ἀντικρύς, καὶ τὴν βασιλικὴν στεφάνην περινοούμενος. Εἰ δέ τις τῶν οὐκ εἰδότων θαυμάζοι καὶ διαπιστοίη, ὥσπερ τῆς καταφλεχθείσης νεώς, ὁράτω μέρος τῆς τροπῆς ἡμίφλεκτον, ἢ τοὺς προτόνους καὶ τὰ ἱστία καταθαλωμένα ποῖα ταῦτά φημι, τὰ ὑπολείμματα τῶν ἐκείνου τιμῶν. Ἔτι γὰρ τῆς ἐκεῖθεν χειροτονίας μεμενήκασι ζώπυρα. Καὶ ὁ μὲν θεῖος ἐκεῖνος Σαμουήλ, ἐπειδὴ διεῖλεν ὁ Θεὸς ἱερωσύνην καὶ βασιλείαν, καὶ τὴν μὲν ἐπὶ τῶν δημοσίων τέθεικε, τῇ δὲ τὴν τῶν ψυχῶν ὑπέθηκεν ἐπιμέλειαν, οὐκέτι ἀντέπραττε τῷ Σαούλ, οὐδ' ὡς ἀφῃρημένος τὸ βασιλεύειν ἀπεδυσπέτει καὶ ἐδυσχέ

(1) Verba corrupta (L. B.).
(2) L'éphod. I Rois, XIV, 3.

· ἀλλ' ὑπεχώρει, καὶ ὑπεστέλλετο ὁ τῆς Ἄννης υἱὸς τῷ τοῦ Κἱς
παιδί. Ὁ δὲ μέγας ἡμῶν δεσπότης αὐτόθεν βασιλεύειν
ησε, καὶ τὰ διῃρημένα συνάπτειν ἐπιχεχείρηκε (1) ·
, προεστηκότων αὐτοκρατόρων, τὸν μὲν τοῦ ῥωμαϊκοῦ ἀπεβίβα
ονος · τὸν δέ, εἰ μὴ κύριος ἀντελάβετό μου, μικροῦ δεῖν; Ἀλλ'
ούλομαι οὐδὲν τῶν ἀτόπων ἐρεῖν.   F° 142 r°.

II. Σὺ μὲν οὖν τοῖς τῶν ἀποστόλων κανόσιν ἢ οὐ προσέσχες, ἢ
ὧν καταπεφρόνηκας ἰταμῶς · ἐγὼ δὲ τὸ ἕκτον ὑπαναγνώσομαί σοι
κεφάλαιον. « Ἔχει γὰρ οὕτως · ἐπίσκοπος ἢ πρεσβύτερος, ἢ
νος κοσμικὰς φροντίδας μὴ ἀναλαμβανέτω · εἰ δὲ μή, καθαι
ω (2) ». Παράβαλε οὖν τὰ σαυτοῦ τῷ κανόνι καὶ εἰ μὲν προσ
ειν δοκεῖ, μὴ δυσχέραινε τὴν καθαίρεσιν · εἰ δ' ἄλλο τί φαινε
γκεχωρήσθω σοι τὸ ἐπιτίμιον. Ἐγὼ δέ, εἰ καὶ παράδοξον ἐρῶ
οὐδὲ προσαρμόττειν φημὶ τὰ σὰ τῷ κανόνι, οὐχ ὅτι ἐλλείπει,
τι ὑπερβάλλει · τοὺς μὲν γὰρ νομοθέτας, κοσμικὰς οἶμαι φροντί
ὶς τελευταίας ὑπολαχεῖν, καὶ ὅσαι μερικῶν πραγμάτων προΐσ
Τὸ δὲ σὸν πρᾶγμα, παγκόσμιος ἢ ὑπερκόσμιος ὦπται φροντίς;
τυραννίδος πραγματωδέστερον, ἢ τί τοῦ κατὰ βασιλέων ἐπιχει
ρλωδέστερον ἢ πολυπραγμονέστερον; Σὺ δὲ οὐκ ἄμφω πεπραγ
αι; Ἢ μάτην ἄνω ὁ λόγος ἐρρύη πάντα ἀποδεικνύς; Οὐ πάντα
ου καθέξειν ὥσπερ τινὰ νοσσιάν, καὶ ἀρεῖν ὡς καταλελειμμένα
ὶ ἀναρτῆσαι σαυτοῦ καὶ τὴν γῆν καὶ τὴν θάλασσαν; Οὐ τοὺς μὲν
ς, τοὺς δὲ μετημφίαζες, τοῖς δὲ ἐπέτρεπες τὰς ἀμφόδους τηρεῖν,
λλειν τοὺς στενωπούς, τὰ τείχη κυκλοῦν, τὰς τριήρεις εὐτρεπί
ὶς ἐμβολάς <ποιεῖσθαι> (3); Πότερον οὖν πράγματα ταῦτα ἢ
ιοσύνη καὶ ἐπιστασία ψυχῶν; Εἰ μὲν οὖν τοῦτο, δεῖξον, καὶ
γήσῃ τοῦ καθαρτηρίου πήματος · εἰ δὲ μή, ὥσπερ ὁ Σωκράτης
ἐμπλήσθητι τοῦ κωνείου καὶ τὸν κρατῆρα λαβὼν ἄχρι τοῦ
ος, πίε τοῦ κράματος. Κοινὸν γάρ τί σοι πρὸς ἐκεῖνον καθέστηκεν
α. Ἄμφω γὰρ καινὰ παρεισήγετε τῷ βίῳ δαιμόνια.

V. Ἀλλὰ πάλιν πρὸς ὑμᾶς ἐπέστραμμαι τοὺς δικάζοντας, καὶ

omparez à ce passage des reproches faits presque dans les mêmes termes
e lettre de Psellos à Michel Cérulaire. (Μεσ. βι6. V, p. 512).
nstit. Apostol. 6 (Pitra, t. 1, p. 14).
εἰσθαι supplevit H. Lebègue.

αὖθις ἐπανερωτῶ · Πότερον τετόλμηταί τι τούτῳ, ἢ οὔ; Πάντως
ἐρεῖτε τὸ πρότερον · τί οὖν ἡ τόλμα; Πότερον ὕβρις βραχύ τι τοὺς ὅρους
ὑπερβαίνουσα; ἀλλὰ πληγή, ἀλλ' ἀφορισμὸς ἄδικος; Ἀλλὰ τί ποτε τὸ
πεπραγμένον ἐστίν; Εἰ δὲ τὸ ὄνομα ἐπαισχύνεσθε, ἐρεῖτε τὴν πρᾶξιν.
Κατήνεγκε βασιλέα τοῦ θρόνου · δεδόσθω γὰρ καὶ συγκεχωρήσθω, ὡς
σπενδόμενος ἦν τῷ μεγάλῳ ἡμῶν αὐτοκράτορι. Τέως γοῦν κατὰ θατέρου
λελύττηκε · τοῦτο οὖν αὐτῷ καθοσίωσις. Εἶτα δὴ τοῖς μὲν ἠπείλησε
τοὺς δὲ τιμαῖς σεμνοτέρους ἀπέδειξε · τοῖς δὲ τὰς οἰκίας κατέστρεψε ·
τοῦτο δὴ τυραννὶς ἀποχρῶσα, κἂν αὐτοὶ λέγειν μὴ βούλησθε. Εἰ δέ
τις ἀρχιερεὺς καθοσιώσεως καὶ τυραννίδος ἁλοίη, τοῦτον ἐᾶν δεῖ, καὶ
τὰ θεῖα διὰ χειρὸς ἔχειν, ἀλλὰ μὴ εὐθὺς καθαιρεῖν; Οὐδεὶς ἂν εἴποι
τῶν εὐφρονούντων · εἰ δὲ μή, ἀναιρήσθωσαν μὲν οἱ νόμοι, κανόνες δὲ
διαβεβλήσθωσαν, καὶ συγκεχύσθω τὰ πάντα, καὶ μηδεμία τις ἔστω τῶν
πάλαι διῃρημένων διαστολὴ καὶ διαίρεσις. Ἐβουλόμην μὲν οὖν
ἐπεξεργασίας τῷ λόγῳ παρασχεῖν πλείονας, καὶ πολλοὺς μὲν κινῆσαι
νόμους ἱερατικούς, πλείους δὲ καὶ πολιτικοὺς αὐτόθεν ἐγκειμένους καὶ
μηδὲν ἀμφίβολον ἔχοντας. Ἐπεὶ δ' οὐδὲν ἐγκεκαλυμμένον ἔχει τὸ
ἔγκλημα καὶ ὁ ἀκούσας τοὔνομα οὐ διαμφισβητεῖ πρὸς τὴν τιμωρίαν,
διὰ ταῦτα ἀπεριέργους τοὺς λόγους ἐποιησάμην, ἵν' ἀφ' ἑαυτῶν, ἀλλὰ
μὴ τῶν ἔξωθεν περιπλεχομένων τὸ ἰσχυρὸν ἔχωσι. ‖

XLV. Τὰ μὲν οὖν δύο ταῦτα ἐγκλήματα περὶ ὧν εἰρήκαμεν φθάσαντες
καθ' ἑαυτὸ ἕκαστον ἀπ' ἀλλήλων διῄρηται. Καὶ οὔτε τις τὸ μὲν, ὡς
γένος προτάξει, τὸ δὲ, ὡς εἶδος ὑποβιβάσειεν · οὔτε θάτερον θατέρου
ποιήσαιτο αἴτιον · οὗ δὲ νῦν τὸν ἀρχιερέα γραφόμεθα, οὐ πάνυ τι τοῦ
δευτέρου ἀλλοτριώσειε · φόνου γὰρ αὐτῷ αἰτίαν ἐπάγομεν, μᾶλλον δὲ
φόνων πολλῶν, εἰ καὶ μὴ ταῖς χερσὶν ἀνεῖλεν αὐτός, μηδὲ τὴν τομὴν
τοῦ ξίφους ἐπὶ τὴν σφαγὴν ἔβαψε, μηδὲ τῷ δόρατι τὰ στέρνα διαντε-
τόρησεν (1). Οὐ γὰρ τοῦτο μόνον φονεύς, ἀλλὰ κἂν εἴ τις ἐβούλευσε, κἂν
προύτρεψε, κἂν φονικὴν ἔσχε διάθεσιν · καὶ οὐκ ἐγὼ ταῦτα λέγω
διοριζόμενος, οὐδὲ πρώτως (2) τὸ πρᾶγμα νομοθετῶ, οὐδὲ καινῶν
νόμων ποιοῦμαι συνεισφοράν, ἀλλὰ τοῖς οὖσι χρῶμαι. Καὶ πρὸς ἐκείνους
τὴν γλῶτταν κινῶ, καὶ ἵνα μὴ τοὺς πάντας διαριθμῶμαι, ἔστι τις νόμος

(1) Composé inconnu (pour διετόρησεν ?) (T. R.).
(2) Malim πρῶτος (T. R.).

οὕτω διοριζόμενος · « Ἐν τοῖς ἐγκλήμασιν, οὐ τὸ γεγονὸς ἀλλ' ἡ
« διάθεσις σκοπεῖται », καὶ αὖθις ἕτερος οὕτω φθεγγόμενος · « Οὐδὲν
« διαφέρει τὸ φονεῦσαι καὶ τὸ παρασχεῖν αἰτίαν φόνου », καὶ αὖθις ἄλλος ·
« Ὁ ἐντειλάμενος φονεῦσαι φονεὺς κρίνεται » (1). Σκοπεῖτε τοίνυν εἰ
κατὰ πάντας τούτους τῷ φονικῷ ὁ δεσπότης ὑποπεσεῖται ἐγκλήματι.
Καὶ μου μικρὸν ἀνά ▌ σχεσθε προκαθιστάντος τὸν λόγον καὶ εἰς ἀρχὴν ᴘ·
ἀναφέροντος. Εἰ μὲν οὖν, ὡς ἔφθη τυραννήσας, οὐδέν τι πλέον περιειρ-
γάσατο, ἀλλ' ἐπιείκειαν μᾶλλον ὑποκρινόμενος μέχρι τινὸς τοὺς τυραν-
νουμένους ἠπάτησε δώροις ἀγάλλων καὶ σεμνύνων τιμαῖς καὶ εὐνοίας
ὑπαγόμενος πλάσματι, τάχα τοῦ μὲν ἥλω, τὸ δὲ ἐκπέφευγε καὶ ἦν ἂν
τύραννος μέν, φονεὺς δ' οὐκ. Ἐπεὶ δ' ἄλλως οὐκ ᾤετο δεῖν τετυχηκέναι
τοῦ ἀξιώματος, καὶ πάντας ὑπαγαγεῖν, εἰ μὴ τοὺς μὲν ἀνέλῃ, τοῖς δὲ φόβον
ἐπισείσει κινδύνων, τῶν δὲ τὰς οἰκίας διασπαράξει καὶ ἄλλους ἄλλοις
περιβάλοι κακοῖς, διὰ ταῦτα πάσαις μὲν αἰτίαις, πᾶσι δὲ ἥλω ἐγκλήμασι ·
καὶ οὐδεὶς ἂν αὐτὸν ἐξαιρήσηται φόνου εἰ καὶ πάνυ πρὸς τὰς ἀντιλογίας
γεγύμνασται. Εἰ μὲν οὖν τῶν τετυραννευμένων πεφόνευται, οὐδέ τις ὅλως
φόνος τετόλμηται, ἔστω καὶ ὁ ἀρχιερεὺς ἐξῃρημένος τοῦ ἀτοπήματος.
Εἰ δὲ πολλοὶ τῶν δυοῖν ἐκείνων πεπτώκασιν ἡμερῶν, εἰ μὴ γὰρ ἐκολο-
βώθησαν αἱ ἡμέραι αἱ ἐκεῖναι, οὐκ ἂν ἔζησε πᾶσα σάρξ, καὶ ἐρρύησαν
ὀχετοὶ αἵματος διὰ πάσης τῆς πόλεως, ζητῶ τίνες οἱ ταῦτα τετολμηκότες;
Συρφετώδης ὄχλος ἐρεῖτε καὶ φονικός; Ἀλλ' αὖθις ἐρήσομαι πότερον ἐπ'
αὐτὸ τοῦτο πρῶτον τὸ φονεύειν ὡρμήκασιν, ἢ ἄλλο τι δρᾶσαι βουλό-
μενοι, εἶτα μὴ τυγχάνοντες τοῦ σκοποῦ παίειν καὶ φονεύειν προείλοντο;
Οὐ πᾶσι δῆλον ὅτι τὰς ἐνίων οἰκίας διορύττοντες καὶ ἀναμοχλεύοντες,
τῶν φυλάκων ἀνειργόντων καὶ διαμαχομένων · ὃ μέν τις αὐτοὺς ἀξίναις
διῄρει, ὃ δὲ ξίφεσιν ἔπληττεν, ὃ δὲ πελέκεσι κατετίτρωσκε · καὶ ἔκειντο
ἀναμίξ, ὃ μὲν διηλοημένος (2) τὴν κεφαλήν, ὃ δὲ τὰ πλευρὰ διορω-
ρυγμένος, καὶ ἄλλος τὰ σκέλη κατεαγώς, καὶ ἕτερος οὕτως ἢ ἐκείνως
ἀνῃρημένος. Τίς δὲ ὁ τὰς οἰκίας ἐγκαταστρέφειν ἐγκελευόμενος; Οὐχ ὁ
μέγας πατὴρ καὶ τοῦ εἰρηνικοῦ μαθητής; Εἰ τοίνυν ὃ μὲν τοὺς οἴκους
προύτρεπε καθελεῖν, τῶν δὲ ἐπιχειρούντων οἱ φόνοι τετόλμηντο, οὗτος
ἄρα ὁ πρῶτος φονεύς, καὶ ὁ συλλογισμὸς ἀψευδής. Ἐγὼ δὲ διισχυ-
ρισαίμην ἂν καθ' ὑπερβολὴν λόγου, ὡς εἰ καὶ μηδεὶς ἐτολμήθη φόνος;

(1) Basilic. LX, 39, 10.
(2) De διαλοάω, verbe très rare.

μηδέ τις ἐπλήγη τὴν δεξιάν, φονικοῖς οὗτος ὑπεύθυνος καθεστήκοι ἐγκλήμασιν. Ἐν τοῖς ἐγκλήμασι γάρ φησιν ὁ νόμος · « Οὐ τὸ γεγονός, ἀλλ' ἡ διάθεσις σκοπεῖται. » Ὁμοῦ τε τοιγαροῦν προύτρεπε καὶ φονικὴν διάθεσιν ἔσχηκεν. Ὁ δὲ μὴ φόνων γενομένων φονεύς, ἐκ διαθέσεως γεγονώς, τοσούτου ῥυέντος αἵματος, πῶς οὐχὶ τούτου κληρονομήσεις τοῦ ὀνόματος καὶ ὥσπερ σωτῆρας ἄν τις καλέσειε καὶ τοὺς ἐπιβαλλομένους μόνον τῷ πράγματι, εἰ καὶ μὴ τὸ ἔργον ἐπηκολούθησεν, οὕτω δὴ φονέας ἄν τις εἴπῃ, καὶ τοὺς τὴν αἰτίαν μόνην παρεσχηκότας τοῦ φόνου καὶ φονικὴν ἐπιδειξαμένους διάθεσιν.

XLVI. Πῶς οὖν ὁ μὲν νόμος καὶ ἡ τῶν πραγμάτων ἀλήθεια τοὺς φονεῖς καὶ ἀπὸ τῆς γνώμης μόνης χαρακτηρίζει; Ἡμεῖς δὲ τοὺς καὶ τἄλλα διαπεπραχότας καὶ μόνον οὐκ αὐτουργήσαντας τὴν σφαγήν, τῆς κλήσεως ἐξαιρήσομεν, καὶ ἀφήσομεν τοῦ ἐγκλήματος; Σκοπεῖτε γάρ · προτρέπων ἐκεῖνος τῷ λῃστηρίῳ καταδραμεῖν τὴν πόλιν, καὶ τοῖς τῶν ἀπειθούντων οἴκοις ἀξίνας ἢ πῦρ ἐμβαλεῖν, ἀρά γε ᾔδει τοὺς ἀντιστησομένους ἐκείνοις καὶ ἀντιπράξοντας, ἢ οὕτω περὶ τούτων ἀναισθήτως διέκειτο; Ὁπότε τοίνυν τοῦτο ἠπίστατο, καὶ τὰ ἐντεῦθεν συνῄδει, βελῶν ἀφέσεις, τὰς διὰ ξιφῶν πληγάς, τὰς διὰ λίθων βολάς, ᾔδει ταῦτα καὶ τὰ ἐντεῦθεν ἀποτελέσματα · εἰ τοίνυν ἡ πρώτη κίνησις τούτων ἁπάντων αἰτία καθέστηκεν, ὁ δοὺς ἐκείνην αἰτιώτερος ἄν εἴη καὶ τῶν ὅλων πρωταίτιος. Ὁπότε δὲ καὶ σιδηροφοροῦντας ἑώρα ἐνίους, καὶ σκεπαστηρίοις ὅπλοις πάντοθεν ἑαυτοὺς περιφράττοντας, καὶ ξίφος μὲν διηγκυλισμένους, δόρυ δὲ τῇ δεξιᾷ περιφέροντας, οὐχ ὡς πρὸς πόλεμον ᾔδει τούτους πεμφθήσεσθαι; Ὥσπερ τοίνυν εἰ λουσομένους ἐξέπεμψεν, ἢ θοινησομένους, οὐκ ἄν πάντως ἠγνόησεν, ὡς περιδύσονται μὲν τὴν ἐσθῆτα, ἀποπλύνειάν τε αὐτοὺς καὶ ἀποκαθάρειαν, καὶ ἀπογεύσονται μὲν τῶν παρακειμένων καὶ τοῦ ἀνθοσμίου ἐμφορηθήσονται · οὕτως εἰς πόλεμον ἀφείς, πλῆξαί τε προσεδόκα, ἐν μέρει δὲ καὶ πληγήσεσθαι, λίθον τε ἀκοντίσαι, καὶ δόρυ ὠθῆσαι, καὶ βέλος ἀφεῖναι, καὶ ξίφος κατενεγκεῖν, καὶ μαχαίρᾳ τέμειν, καὶ τἄλλα δρᾶσαι, ὅποσα σφαγὰς καὶ φόνους ποιεῖν εἴωθεν. Ὥσπερ οὖν εἰ μὴ τοῖς πολλοῖς ἐφείς, καὶ τὴν διὰ τῶν χειρῶν ἐπιτιθεὶς εὐλογίαν, οὐκ ἄν οὐδὲν τῶν ἀτοπωτάτων ἐγένετο, οὕτως ταῦτα διδοὺς τῶν ἐντεῦθεν εἴη ἄν αἰτιώτατος; Ἀλλὰ μήτε προτρέπων εἴη, μήτε τι τῶν γινομένων συνεπιστάμενος, μᾶλλον μὲν οὖν καὶ ἀπείργων καὶ τοῖς τολμητίαις διαπειλούμενος, φονεὺς καὶ αὖθις, ·κἄν βούληται,

βούληται. Ὥσπερ γὰρ εἴ τις ἅπαξ εἰς ἐρινεὸν καὶ βάτον ἐμπεπτωκὼς δὲ ταῦτα ἀκάνθαις ἐξηνθηκότα, καὶ ἐπιμήκεις τοὺς κλάδους ἰόντα, ὅσῳπερ ἂν ἀπολύειν ἑαυτὸν ἐπιχειρῇ τῶν ἀκανθῶν, προσπεριπλέκει ἑαυτῷ ταῦτα, καὶ οὐκ ἂν ῥᾷστα ἐκεῖθεν ἀπαλ.- οὕτως ὁ πραγμάτων ἀρχαῖς ἑαυτὸν ‖ ἐπιδοὺς πολλὴν ἐχούσαις P. 143 r°. φορὰν καὶ συγκίνησιν, εἰ μετὰ ταῦτα τὴν συγκίνησιν ἀποτρέποι, πείρξῃ, καὶ τὴν αἰτίαν ἕξει τοῦ πράγματος. Ἆρ' οὖν εἴ τις ἕλοιτο ἦν, εἶτα δὴ ἁλοίη καὶ κρίνοιτο οὐκ ἐπὶ ταῖς τυραννικαῖς μόνον ἀλλὰ καὶ τοῖς ἐκεῖθεν φόνοις φημὶ καὶ ἀπαγωγαῖς καὶ φθοραῖς, αἴτιο λέγων, ὡς οὔτε προύτρεπε ταῦτα, οὔτε ἐβούλετο, ἀλλὰ λοὺς τῶν τολμησάντων κολάσεσιν ἁπάσαις ἐτιμωρήσατο, ἆρ' ἂν ωθείη τῶν αἰτιῶν; Πολλοῦ γε καὶ δεῖ. Οὕτω τοιγαροῦν ὁ δεσπότης ἅπαξ ἑλόμενος τυραννεῖν καὶ τὰ καθεστηκότα κινεῖν, εὔθεν ἁπάντων πρωταίτιος εἰκότως κληθήσεται.

ΓΙΙ. Δοκῶ δέ μοι καὶ παρὰ φιλοσοφίας τι συντελέσειν τῷ λόγῳ ἣν πρᾶξιν ἀνενεγκεῖν εἰς παράδειγμα · ἐκείνη τοιγαροῦν τὴν μὲν τὸ σῶμά φησιν πρώτως κινεῖν, κινεῖσθαι δὲ ταύτην ὑπὸ ψυχῆς, ταύτην παρὰ τοῦ νοῦ, καὶ τοῦτον παρὰ Θεοῦ · εἴ τις οὖν ἔροιτο ἰσώτας αὐτῆς, ὅτι πολλῶν ὄντων τῶν κινούντων, τί ποτ' ἂν εἴη τιχώτατον αἴτιον, ἐροῦσιν ὡς ὁ Θεός. Ἐκεῖνος γὰρ καὶ τοῖς τὸ ἐνδόσιμον δίδωσι τοῦ κινεῖν. Μετένεγκαι οὖν μοι κατὰ βραχὺ ὂν πρὸς ὃ νῦν ἐξετάζομεν, καὶ ἴσως εὑρήσεις τὴν ὁμοιότητα, καὶ ις, δίελέ μοι τὸ πονηρὸν ἐκεῖνο λῃστήριον εἰς πληθὺν στρατιωτικὴν εἰς δεκαδάρχας, εἰς ἑκατοντάρχας, εἰς λοχαγούς, καί, ἐπὶ πᾶσιν, στρατοπέδου παντὸς ἡγεμών. Τούτων, τὸ μὲν πλῆθος ἐπετάττετο ὁ δὲ δέκαρχος ἐπέταττε προσεχῶς, καὶ τούτῳ ὁ ἑκατοντάρχης, ὁ λοχαγός, καὶ τούτῳ ὁ στρατοπεδάρχης. Πότερον οὖν ἦν τις καὶ τοῦτον κινῶν, ἢ αὐτόματον ἦν τὸ στρατόπεδον; Τίς δ' ἄλλος, γε ὁ πατήρ, τὸ πρῶτον κινητικὸν αἴτιον; Οὗτος τοιγαροῦν τὴν ἰκίνησιν ἐξειργάζετο τῇ σειρᾷ. Ἀλλ' αὖθις ἀφαιρεῖς αὐτὸν τῆς ος καὶ οὐδὲ τοῦτο φιλοσοφίας ἐκτός. Ἐκεῖνοι γὰρ τὸ πρώτως ἀκίνητον διορίζονται, ἵνα μὴ εἰς ἄπειρον ἀναβαίη ἡ κίνησις · οὐχ μὲν ἴσως οὐδὲ ἐδίδου τὴν κίνησιν, ἀλλ' ἀφ' οὗ δὴ τυραννεῖν ταῦτα πάντα συγκατειργάζετο καὶ τῆς μεγάλης ἀσπίδος μιμή- καὶ μικρὰ ἀσπιδίσκια, καὶ τοῦ ἐπιμήκους παλτοῦ τὰ βραχύτατα καὶ κοῦφα δοράτια. Ἐγὼ μὲν οὖν, ἵνα μηδεμίαν δώσω τῷ λόγῳ ἀντιλογίαν, πρὸς τοῦτο διαγωνίζομαι, εἰς ὁμολογουμένας ἀρχὰς τὰς ἀποδείξεις ἀνάγων, ἐπεί τοί γε ἐκεῖνος καὶ τοὺς λόγους καθίστη, καὶ τοὺς πολεμίους συνέταττε, καὶ ἀφιεὶς παρώρμα τε καὶ ἐθάρρυνε, καὶ νικηφόρους ἐπαναστρέφοντας ἐπῃνίου καὶ κατησπάζετο, καὶ τῶν τιμῶν τὰς μὲν ἐδίδου, τὰς δὲ ἐπηγγέλλετο, καὶ παρείχοντο φόνων μισθοί, καὶ τολμημάτων ἀνταμοιβαί. Καὶ ταῦτα ποῦ; Ἔνθα τὸ ἱλαστήριον καὶ παρὶξ τὰ Χερουβίμ · ἔνθα τὸ καταπέτασμα ὄψιν ἀνδρῶν καὶ σωφρόνων ἀπεῖργον. Ἀλλὰ τί μοι τὰ τῆς σκιᾶς; Τί δὲ μὴ λέγω τὰ τοῦ τελείου φωτός; Ἔνθα ὁ τέλειος Θεὸς καὶ τέλειος ἄνθρωπος, ἡ παράδοξος μίξις, τὸ καινὸν κρᾶμα · ἔνθα ἡ διαίρεσις καὶ ἡ ἕνωσις, καὶ ἡ πατρικὴ βουλή, καὶ ἡ τοῦ πνεύματος σύμπνευσις, ἡ τριαδικὴ ἀκατανόητος ἕνωσις. Καὶ γέγονεν ἀντίστροφα πάντα, καὶ πρὸς τὸν καθ' ἡμᾶς λόγον ἀντίθετα · μετὰ τοῦ πρώτου ποιμένος οἱ θῆρες · μετὰ τῆς ἀρχικῆς εἰρήνης ἡ ἐσχάτη διάστασις · μετὰ τοῦ φωτὸς ἡ ἀχλύς · μετὰ τῆς γαλήνης ἡ ζάλη · μετὰ τοῦ σταυροῦ ἡ κατάλυσις · μετὰ τῆς ἀθανασίας ὁ κίνδυνος · ἡ πτῶσις μετὰ τῆς ἀναστάσεως. Πολυάνδριόν μοι τὸ ζωοφόρον πεποίηκας οἰκητήριον · τὴν πρὸς ζωὴν εἴσοδον, πάροδον εἰργάσω πρὸς θάνατον. Πρὸς αὐτό μοι διαπεπολέμησαι τὸ θεῖον μυστήριον. Τί μοι τὸ ἀπόθετον κάλλος δεδημοσίευκας; Τί μοι ἐξυβρίζεις τὰ τιμιώτατα; Τί μοι τὴν πολυτίμητον μαργαρίτην εὔωνον καθιστᾷς; Τί μοι τὰ παναγέστατα τοῖς ἐναγεστάτοις διέσπειρας; Τί μοι συνάπτεις ἃ διεῖλεν ὁ Κύριος, σφαγὴν καὶ ζωήν, γαλήνην καὶ ζάλην, σπονδὰς καὶ πληγάς; Καὶ πάλαι μὲν ἐπὶ τὴν οἰκοδομὴν τοῦ οἴκου Κυρίου οὐκ ἀναβέβηκε λαξευτήριον · νῦν δὲ τῶν ἀδύτων ἐντὸς θωράκων κλόνοι, δοράτων κρότοι, ξίφη καὶ κράνοι, οἱ χαλκάσπιδες, οἱ σιδηρόδετοι. Τοιαύτην μοι τὴν παρασκευὴν πρὸς τὴν μετοχὴν τῶν ἀρρήτων ἐποίησας.

XLVIII. Ἀλλ' ὃ με μικροῦ διέλαθε, τοῦτο δὴ σε πράως ἐρήσομαι. Τί ποτ' οὖν, ὦ βέλτιστε, σὺ τολμῆσαι τοιαῦτα προῃρημένος, οὐκ ἀλλαχοῦ σοι διέθηκας τὴν σκευήν, καὶ τὴν δορυφορίαν ἡτοίμακας ἐπὶ τὰ λαιὰ τοῦ νεώ, πρὸς τοῖς δεξιοῖς μέρεσιν, αὐτοῦ που πρὸς τῇ εἰσόδῳ; Ἀλλ' εἰς αὐτὸν εὐθὺς ἀναβέβηκας· τὸν ἐπὶ γῆς οὐρανόν, ὥσπερ δεινὸν ἡγησάμενος, εἰ μὴ τῆς τόλμης εὐθὺς ἀπὸ Θεοῦ ἄρξαιο (1) · καὶ ὁ μὲν

(1) Allusion à la scène de sainte Sophie le 31 août 1057. Un trône fut placé à droite de l'autel et le patriarche y prit place. Psellos (Μεσ. ji6., IV. p. 229-30); Mich. d'Attalie, p. 58; Cedrenos, II, 635; Zon., XVIII, 3.

ἀποστατήσας Θεοῦ, ὡς τῶν ἱερῶν λογίων ἀκούομεν, ἐνενόησε
αι τὸν θρόνον αὐτοῦ ἐπὶ τῶν νεφελῶν καὶ ἔσεσθαι ὅμοιος τῷ
· οὐ μὴν ἐπεχείρησε, σὺ δὲ, ἐκεῖνό τε ἐλογίσω, καὶ τοῦτο
κε. Πῶς οὖν ὅμοια τετολμηκώς, μᾶλλον δὲ τούτων χείρονα,
ἵνεις τὴν κάθαρσιν, καὶ πρὸς ἀντιλογίας χωρεῖς, καὶ τοὺς κατη-
υλοκρινεῖς, καὶ τοὺς μὲν παραγράφῃ, τοῖς δὲ ἀντεγκαλεις · παρ'
ραφὰς ἀπαιτεῖς, ὥστε παθεῖν ἅπερ ἂν αὐτὸς ‖ ἐγκαλούμενος ; F° 143 v°
. τίνα τρόπον, ὦ βέλτιστε, ἵνα σοι καὶ τοῦτο τὸ μέρος προ-
υ; Εἰ μὲν γὰρ ἀμφιβόλων σε ἐγκλημάτων ἐδίωκον καὶ
ν μαρτυρίας καὶ ἀποδείξεως, καλῶς γε τότε ποιῶν, ταῖς τῶν
ἀκριβείαις ἐχρῶ καὶ παρατηρήσεσι καλῶς ἐγενεαλόγεις σου τὸν
ον, καὶ ἐπολυπραγμόνεις αὐτοῦ τὴν ζωήν, καὶ ἀσφαλεῖ τῷ λόγῳ
ἠνάγκαζες. Ἐπεὶ δὲ ἀναμιμνήσκω μόνον τὰ πεπραγμένα σοι,
ν οὐ μεταφέρω τῷ λόγῳ τῷ διηγήματι ταῦτα παραδεικνύς, τί
; κανόνας ἀντιτίθης, καὶ τὰ πολλὰ ταῦτα συνείρεις κεφάλαια;
σε οὔτε ἀρρητουργίας γράφομαι, οὔτε βίου κακοῦ, οὔτε
σκότῳ κεκαλυμμένων, διατί, οὐχ ὅτι μηδέν σοι τούτων
αι, ἀλλ' ὅτι μαρτύρων ὁ λόγος δεῖται καὶ ἀποδείξεων · ἵν' οὖν
ἀντιλογίας ὑπὲρ σοῦ δῶ ἀφορμήν, πᾶν ἀμφιλαφές σοι παρα-
καὶ ὑπόσκιον ἔγκλημα, τὰ ὕπαιθρα μόνα κινῶ, καὶ ὁπόσα πάν-
τασιν. Εἰ μὲν οὖν ἐξῆν αὐτὰ τὰ πράγματα μεταφέρειν, καὶ ὅσα
ψχηκόσιν ἐτολμήθη καιροῖς ταῦτα τῶν ἐνεστώτων ποιεῖν, οὐκ
τῆς ἐν τοῖς λόγοις ἐκθέσεως ἐδεήθημεν. Ἐπεὶ δὲ οὐκ ἔχει φύσιν
μα, ὁ λόγος τὸ λεῖπον ἀναπληροῖ καὶ παρεληλύθαμεν νῦν κατη-
τες οὐ μαρτυρήσοντες, τιμωρήσοντες οὐκ ἀποδείξοντες. Ἔδει
σύνδρομόν σοι γενέσθαι τῇ τόλμῃ τὴν δίκην, καὶ τοὺς νῦν σοι
ουντας τότε παρεῖναι κατηγοροῦντας. Ἀλλὰ τοῦτο ἀνθρώπινον
καιον · οὐχ οὕτω δὲ τὸ θεῖον ποιεῖ, ἀλλ' ἑτοιμάζει μὲν τόξον ·
ισι δὲ τὸ βέλος εὐθὺς καὶ τοὺς ἄνθρακας ἀνάπτει μέν, οὐ κατα-
έ, ἀλλ' οἶδεν ἐκεῖ μὲν καιρὸν ἀφέσεως, ἐνταῦθα δὲ καταφλέξεως.
οίνυν ἔδει καὶ τὸ βέλος ἀφεῖναι, καὶ γενέσθαι τὸν ἐμπρησμόν,
ποίηκε. Τίνι ταῦτά φημι τεκμαιρόμενος ; Τῇ κινήσει τοῦ αὐτο-
; · ὁμοῦ τε γὰρ τὸ θεῖον κεκίνηται ἐπὶ σέ, καὶ ὁ βασιλεὺς ὑπηρε-
βουλήματι · καὶ πάλαι πάντα τετολμηκώς, νῦν ἐπὶ πᾶσι καὶ
; καὶ φονεὺς ἀναδέδειξαι.

XLIX. Καὶ τοῦτο μὲν οὕτω κείσθω · ἐμὲ δὲ τάχα τις οἰήσεται ὑπερβάλλειν μακρῷ τοῖς λόγοις τὰ πράγματα, τέχνας τινὰς ταῖς ἀποδείξεσιν ἢ ἀναμνήσεσιν ἐπεισάγοντα. Ἐγὼ δὲ τοσούτου δέω πλείονα λέγειν τῶν γεγονότων, ὅτι μηδὲ ξυμμετρεῖν τὸν λόγον οἷς προυθέμην ἐρεῖν δεδύνημαι. Οὐ μὴν διὰ τοῦτο καὶ ὑμᾶς κατόπιν ἐλθεῖν τῶν πραγμάτων ἡγοῦμαι · εἰ μὲν γὰρ ἀγνοοῦντας ἐδίδασκον, τάχ᾽ ἂν τοῦτο παθεῖν ὑμᾶς ὑπελάμβανον · ἐπεὶ δὲ εἰδότας ἀναμιμνήσκω, οὐ τῷ λόγῳ τοσοῦτον προσέξετε, ἀλλὰ τὴν διάνοιαν πρὸς τὰς πράξεις ἀνενεγκόντες, πρὸς ἐκείνας τὰς ψήφους μετρήσετε. Ἀλλ᾽ ἃ μὲν εἴρηκα, γέγονέ τε ὁμοῦ, καὶ τά γε πλείω τῷ παρεληλυθότι καιρῷ συναπέρρευσε · περὶ δὲ οὗ νῦν λέγειν ἐπικεχείρηκα, ὁμοῦ τε γεγονός ἐστιν καὶ γιγνόμενον, καὶ παρεληλυθὸς καὶ ὁρώμενον, οὐδὲν ἧττον καὶ ἐσόμενον, καὶ περιειληφὸς ἀκριβῶς τὴν τοῦ χρόνου τριμέρειαν, καὶ οἷον στήλη τις ὄν, ὥσπερ ἐν αἰῶνι τῷ μετ᾽ ἐκεῖνον βίῳ παντὶ τῆς ἐκείνου κακοηθείας, καὶ περὶ τὰ θεῖα μανίας, καὶ τῆς περὶ τοὺς ἱεροὺς οἴκους καταστροφῆς · καὶ οὐκ ἔχω τίνι ποτὲ τὸ ἐκείνου παρεικάσω πρᾶγμα καὶ διανόημα. Πάντα γάρ μοι τὰ ἄτοπα ὁμοῦ συνεισέρχεται, καὶ πᾶσιν ἐκεῖνον ἀντισταθμούμενος ὥσπερ ἐν ῥοπαῖς κουφότερα τἆλλα ὁρῶ, καὶ τῷ ἐκείνου μέτρῳ μηδαμῇ παρισούμενα. Τί ποτε παρεννοῶν τοὺς θείους νεὼς κατεστρέφετο, καὶ οὐκ ἀνίει ἄλλον ἐπ᾽ ἄλλῳ τιθεὶς καὶ ἐκλελειμμένα ποιῶν ἐρείπια · οὐ γὰρ μόνον τὸν κόσμον ἀφῄρει τοῦ νεώ, οὐδὲ τὸ κάλλος ἠχρείου, οὐδ᾽ ὑφῄρει τι τοῦ μεγέθους, οὐδὲ τῶν παναγεστάτων τὰ μὲν ὕβριζε, τῶν δὲ οὐκ ἔψαυεν, ἀλλ᾽ ὁμοῦ πάντα καθάπερ οἱ μεμηνότες τὸν κόσμον, τὸ κάλλος, τὸ μέγεθος, τὸ μὲν ἀφῄρει, τὸ δὲ ἠμαύρου, τὸ δὲ ἠρείπου, μέχρι καὶ τῶν ἀψαύστων καὶ ἀθεάτων τὴν μανίαν ἐπιδεικνύμνος. Ταῦτα, θρηνῶν, οὐκ ἀποδείξεων, καθῄρηται γὰρ καὶ νῦν τὸ ἁγίασμα Κυρίου, καὶ καταλέλυται ἡμῶν τὸ ἀξίωμα, καὶ τὸ τῆς πίστεως ἡμῶν κατέστραπται μέγεθος, καὶ ἃ παρὰ πολλῶν τῶν πρώην τυραννευσάντων, καὶ εἰς αὐτὸ τὸ θεῖον μανέντων κατὰ μέρος, πεπόνθαμεν, ταῦτα νῦν ἀθρόον παρὰ τοῦ μεγάλου πατρὸς ἐφ᾽ ἡμᾶς ἐπενήνεκται. Καὶ εἶδεν ὁ καθ᾽ ἡμᾶς καιρὸς τῶν διαβεβοημένων ἐκείνων ἐπὶ πᾶσι παρανομήμασι, τοῦ μὲν τὴν θρασύτητα, τοῦ δὲ τὴν ἱεροσυλίαν, τοῦ δὲ τὴν μιαιφονίαν, πάντων δὲ ὁμοῦ, ὥς τις εἴρηκε, τὴν ἀσέβειαν · ἡ δὲ τοῦ Θεοῦ ῥομφαία, τότε μὲν ἐστιλβοῦτο, νῦν δὲ ἦχε φέρουσα τὴν τομήν · ἀλλ᾽ ἡ μὲν βραχύ τι ἐνταῦθα τεμεῖ, περὶ δὲ τῆς ἑτέρας δέδοικα τῆς τεμνούσης καὶ μὴ διαιρούσης τὰ τμήματα.

L. Δέδοικα δὲ καὶ περὶ τῶν πλειόνων ὑμῶν, εἰ ὡς ἀπολογησόμενοι τοῦ ἀνδρὸς τὰς γνώμας ἐσχήκατε, καὶ τὸ μὲν ‖ φῶς σκότος ποιήσοντες, F. τὸ δὲ πικρὸν γλυκὺ τῷ λόγῳ κατασκευάσοντες. Ἀλλ᾽ οὔτε τις τὰς τοῦ μεγάλου φωστῆρος μαρμαρυγὰς ἀχλυώδεις καὶ ἀμαυρὰς ἀποδείξειεν, οὔτε τὸ ἐνταυθοῖ τοῦ λόγου φῶς καὶ τὴν τῶν ἀποδείξεων αὐγὴν, ἀλαμπῆ καὶ ἀχλυώδη ἐρεῖ. Εἰ δέ τις τῶν πάντα τολμώντων, τοῦτον ὑπὲρ ἐκείνου τὸν λόγον προσθείη, ὡς καθῄρει μὲν τοὺς ἱεροὺς οἴκους, ἐβούλετο δὲ εὐπρεπεστέρους καὶ καλλίονας ἀπεργάσασθαι, πρὸς αὐτὸν ἂν βραχύ τι χαριεντισάμενος εἴποιμι ὡς τοῦτο μέν, ὦ βέλτιστε, ἐν μαντεύμασιν · ἃ δὲ προσετίθει ποιῶν, σαφής τις ἂν εἴη (1) ἀσέβεια, καὶ δίχα τοῦ τρίποδος. Εἰ μὲν γὰρ μεταποιεῖν τὸν κόσμον ᾑρεῖτο, ἢ ἐναλλάττειν τὸ μέγεθος, ἢ ἄλλο τι μετασχηματίζειν τῶν εἰργασμένων, τὸ μὲν ἂν ὑφῄρει, τὸ δὲ ἀντετίθει ὥσπερ δὴ νόμος μεταποιήσεως · καὶ τὸ μὲν καθῄρει, τὸ δὲ ἀνίστη · καὶ τὸν (2) μὲν διέλυε τῶν δεσμῶν, τὸν δὲ μᾶλλον συνέσφιγγε · καὶ τὸν μὲν ἐξῄρει τῶν λίθων, τὸν δὲ προσήρμοζεν. Εἰ δὲ τὸ ξύμπαν ἐλέλυτο, ἀλλ᾽ ἧκει μέχρι τῶν κρηπίδων ἡ λύσις. Τί δὲ καὶ ταύτας ἀνώρυττε; [Τί τὰ ὑπὸ γῆν ἀνεχώννυεν; Ἀφαρμόττων δὲ τοὺς λίθους καὶ προσαράττων τοὺς τοίχους, καὶ τὸ ἱερὸν] (3) ἀποστρωννὺς ἔδαφος, καὶ τοὺς ἐγγεγλυμμένους ἀφαιρούμενος τύπους, διὰ τί μετετίθει καὶ ἐφ᾽ ἑτέραις οἰκοδομαῖς προσεπήγνυ καὶ ἥρμοττεν; Ἆρ᾽ οὐ λῆρος ἀντιλογία πᾶσα καὶ τὸ ὑπὲρ ἐκείνου σπουδάζειν, τῶν ἐκείνῳ πεπραγμένων κοινωνίαν κατηγορεῖ; Τίς δὲ τῶν πάντων ὑμῶν τοιοῦτόν τι πεποίηκεν, εἴπερ οὐκ ἔχει κατηγορίαν τὸ γεγονός; Τίς δὲ τῶν πρώην ἀρχιερέων; Τὸ γάρ τοι δεδομένον καὶ εὐσεβὲς πᾶσιν ὁμοίως ἀνεῖται, καὶ πρὸς παράδειγμα βλέπων ἕκαστος τὸ ἔργον οὐκ ἀποκνεῖ · ἀλλ᾽ οὐδεὶς τοιοῦτόν τι πεποίηκεν, οὔτε τῶν νῦν, οὔτε τῶν πάλαι. Ἀλλ᾽ ὥσπερ οἱ τὸ ἐπὶ γαστρὶ πεπονθότες ἀμύσσειν ἐθέλοντες ἢ τυλωδέστερον τὸ ἧπαρ γενόμενον πρὸς τὴν φυσικὴν μεταποιεῖν ἀπαλότητα, ἢ ἄλλο τι τῶν κυριωτέρων ἰώμενοι, ἢ πεπονθυῖαν μήνιγγα, ἢ καρδίαν ὑποπτευθεῖσαν ἠρέμα τὴν χεῖρα προσάγουσι καὶ τῇ πάσῃ φειδοῖ χρώμενοι τὸν νοσοποιὸν ἐξαίρουσιν αἴτιον, κἀντεῦθεν τοῦ πάθους τὸν ἄνθρωπον ἀπαλ-

---

(1) ἀνέλη Cod.
(2) τὸ Cod.
(3) Les mots entre [] ne figurent pas dans la copie de Combefis. προσαράττων Cod.

λάττουσιν · οὕτω δὴ καὶ οἱ διαιρεθέντα νεὼν συνάπτειν ἐπιχειροῦντες, ἢ τὴν ἁρμονίαν διαλυθέντα συσφίγγειν καὶ ξυγκολλᾶν ἠρέμα καὶ κατὰ βραχύ, καὶ πεφεισμένως καὶ μέχρι τῆς λύσεως μετατιθέασι τὰ διερρωγότα, εἶτ᾽ αὖθις ἐποικοδομοῦσι καὶ ξυντιθέασιν.

LI. Ὁ δὲ ὥσπερ τὸν τοῦ Σαράπιδος καταλύων ναόν, ἢ τὸ ἐν Δελφοῖς μαντεῖον, ἢ τὸ εἰδωλεῖον τοῦ Ἡρακλέους, οὕτως ἀνεπίμπρα καὶ ἀνεμόχλευε πάσαις σιδήρων ἀκμαις καὶ ὀξύτησιν · ἀξίναις, λαξευτηρίοις, πελέκεσι συνηράττοντο λίθοι, οἱ ἀντερείδοντες, οἱ συνερείδοντες, συγκατερρήγνυντο·τοῖχοι αὐταῖς εἰκόσι τε καὶ ἀγάλμασι. Καὶ ἦν πάντα ὥσπερ ἐν συσσεισμῷ · ἀέρος ἀμαυρουμένου, γῆς ἀναβρασσομένης, θεμελίων ἀναρρηγνυμένων καὶ ἀντικινουμένων ἀλλήλοις, μᾶλλον δὲ ἀντιρρηγνυμένων, καὶ κενόν τινα ἦχον ἀποτελούντων. Εἶδον ταῦτα πολλοί · μᾶλλον δὲ καὶ νῦν ὁρῶσι, καὶ πολλὰ τῶν ὀφθαλμῶν κατασπένδουσι δάκρυα, καὶ οὐδεὶς ἐκεῖθεν ἀδαμαντίνην ἔχων καρδίαν ἀδακρυτὶ παρελήλυθεν. Ἐγὼ δὲ ταῦτα μὲν ἧττον θρηνῶ · ὀξύτερον δὲ τῶν πολλῶν ὁρῶν, ζητῶ τὸ ἄδυτον, τοὺς θυΐσκους, τὰ σπονδεῖα, τὸ ἱλαστήριον · ἡ τοῦ Κυρίου τράπεζα ποῦ; Οἱ ἀνέχοντες κίονες; οἱ περιζώννυντες; εἰ δ᾽ ἐκεῖνα (1) οὐδὲν οὐδαμοῦ, ἀλλὰ συγκατέστραπται πάντα καὶ συνη φάνισται. Ἀρά γε μετὰ ταῦτα τειχίῳ τινὶ τὸ ἄδυτον περιείληφεν ἵνα καὶ αὖθις εἴη τοῖς πολλοῖς ἄβατον; Ἀρά γε σχήματα πρὸ θυρῶν ἁπλῶς οὑτωσὶ περιέθηκε; Πολλοῦ γε καὶ δεῖ · καὶ ἵνα γε τὸ ἀληθὲς τοῦ λόγου κατίδωμεν, δεῦρ᾽ ἴτε κοινῇ πρὸς τὸν τοῦ ἀποστόλου Ἀνδρέου νεών · ἐγὼ δὲ ἢν μὲν βούλησθε καθηγήσομαι, ἢν δὲ σύνιστε, ὅπη τῆς πόλεως καθίδρυτο πρὶν συνέψομαι (2), καὶ δῆτα βεβαδίκαμεν. Ἀλλὰ βαβαὶ τῆς τῶν ἐγνωσμένων μεταλλαγῆς τε καὶ καταστάσεως. Οὐδὲν γὰρ οὐδαμου, ἀλλ᾽ ἀχλὺς πάντα, καὶ κενὸς ὁ ἀήρ, καὶ οὐδὲ ἴχνη σαφῆ τοῦ σηκοῦ. Οἱ δὲ ὄχθοι τίνες; αἱ δὲ διωρυχαί; Παπαῖ δὲ καὶ τῆς τῶν

---

(1) Texte corrompu (T. R.).

(2) Il est inutile de faire observer que rien n'est moins vraisemblable que la destruction systématique d'une église et la violation d'un cimetière aient eu lieu sur l'ordre de Michel Cérulaire. Il se peut, comme le suppose Bezobrazov (*Op. cit.*, p. 83), qu'il s'agisse d'une église qui tombait en ruines et qui fut reconstruite par le patriarche ; les travaux étaient peut-être inachevés au moment du procès et avec sa mauvaise foi habituelle, Psellos en a profité pour faire de l'état de l'église une description pathétique.

L'église Saint-André dont il s'agit est peut-être celle qui fut élevée par Arcadia sœur de Théodose II (Du Cange, *Constantinop. christiana*, IV, p. 111).

κυνῶν ὑλακῆς, καὶ τῆς τῶν λίθων τομῆς, καὶ τῆς τῶν πριόνων ἀκμῆς.
Τοῦτο μὲν οὖν τὸ ἄδυτον · ἔνθα των κυνῶν ἡ μὲν γεννῴη · ὁ δὲ
θατέρῳ τῶν ποδῶν ἀποκνᾷ τὴν ἰξύν · ἐκεῖνος δὲ ἔνθα τὸ ἱλαστήριον ·
τὸ δὲ ὑπορύττει σῦς ἀμφοῖν τοῖν ποδοῖν. Ἀλλ' ὤμοι τῶν κακῶν.
Ἡμίονοι ἐντεῦθεν · καὶ ζεύγη ἐκεῖθεν βοῶν, καὶ δυσωδίας πάντα μεστὰ
ἔνθα τὸ καλλιέρημα, ἔνθα ἡ τοῦ θυμιάματος σύνθεσις. Ἆρ' ἀνεκτὰ
ὑμῶν ταῦτα τοῖς ὀφθαλμοῖς ἢ καὶ ὑμεῖς εὐθέως ἐσκυθρωπάκατε. Ἀλλά
μοι τὸ φρικωδέστερον ἐνθυμήθητε · ἐνταῦθα γὰρ ὁ τοῦ μεγάλου ἀρχιερέως θρόνος καθίδρυτο, φημὶ δὴ τοῦ Θεοῦ, καὶ τὰ μεγάλα ἐκεῖνα ἐτε-
λέσθη μυστήρια · τὸ μέγα θῦμα, τὰ μετ' ἐκεῖνο (1) αὐτοθελῆ σφάγια, τὰ
μύρα, τὸ ἔλαιον, ἡ μῖξις, ἡ σύνθεσις, οἱ τύποι τῶν ἀτυπώτων, τῶν
πρωτοτύπων τὰ σύμβολα. Ποῦ ποτέ ταῦτα οἴχεται, ἀπέρριπται, συνε
ξηφάνισται τὰ θειότατα ; || Ποῦ ποτέ μοι τὸ ἁγνὸν ὕδωρ, καὶ ὁ λαμπτήρ, Fᵒ
καὶ τὸ ἀπρόσιτον φῶς; Ποῦ ποτέ μοι ὁ μαργαρίτης; Ποῦ δὲ ἡ καινὴ
θυσία; Ποῦ δὲ ἡ τράπεζα καὶ ἡ ἑτοιμασία; Ποῦ δὲ ὁ ἀπείργων περί-
βολος, αἱ κιγκλίδες, τὰ παρασκήνια; Πάντα μία κατέστρεψε χείρ.

LII. Ἀλλά μοι μικρὸν μετενεγκόντες τὸν ὀφθαλμόν, τὰ κατόπιν
ἴδωμεν τοῦ νεώ. Τί ποτ' οὖν ταῦτα; Τύμβοι κενοί. Ἀλλ' ἐρώμεθα τοὺς
διαιροῦντας, μή τι νῦν πρῶτος ὁ μέγας πατὴρ λατομήσας τοὺς λίθους,
εἰς ὃ νῦν ὁρῶμεν σχῆμα διετυπώσατο. Ἀκούετε ἃ λέγουσιν πκλαιὰ τὰ
ὁρώμενα (2) πολυάνδρια, κάτω που κατορωρυγμένα τῆς γῆς · ἀλλ' ὁ
μέγας πατὴρ καὶ τὰ θεσμῷ κεχαλυμμένα φύσεως ἀναρρήξας ὑπ' ὄψιν
ἅπασι τέθεικε. Βαβαὶ τοῦ θεάματος. Ὁρῶ γὰρ καὶ τῶν σωμάτων ἔνια
διαλελυμένα καὶ διερριμμένα καὶ γυψὶ καὶ κυσὶν εἰς βρῶσιν προκείμενα.
Τοῦτο κεφαλή, ὡς οὖν εἰκάσαι ἀπὸ τοῦ σχήματος · ἐκεῖνο αὐχήν, ἢ
νωτιαῖοι (3) κατηγοροῦσιν οἱ σπόνδυλοι · ταῦτα χεῖρες · ἐκεῖνα πόδες ·
τοῦτο στήθους ὀστοῦν · ἐκεῖνο τάχα ἰγνύς · τίς δ' οἶδεν εἰ ἄρρενες ἢ
θήλειαι τὰ ὁρώμενα · τὸ δὲ πτύον τί βούλεται; Ὁρᾶτε τὸν ἀπέναντι
βόθυνον, τὸν πρὸς τῇ λεωφόρῳ, ἔνθα τὸ στόμιον · ἐκεῖ ταῦτα τὸ πτύον
ὠθεῖ · μᾶλλον δὲ ὁ διαχειριζόμενος τοῦτο, ὃν δήπου δὴ καὶ ὁρᾶτε.
Ἀλλά τί ποτε παρανομώτατον σύ, οὕτω τὸ κρανίον παίσας, ἠλόησας;
Τί δὲ διέρρηξας τὸ ὀστοῦν; Τί ποτε ταῦτα, ὦ φίλοι καὶ μύσται, καὶ

(1) ἐκεῖνον Cod.
(2) Combefis λεγόμενα.
(3) νωτιαῖος Cod.

μυσταγωγοὶ τῆς εὐσεβείας καὶ κήρυκες; Ἐγὼ μὲν οὐκ οἶδ' ὅστις καὶ γένωμαι τοῖς πάθεσι συγχεόμενος · πάσχοιτε δὲ καὶ ὑμεῖς τὸ εὐσεβὲς πάθημα καὶ μακάριον. Πάλιν Νέρων μαίνεται καὶ κατάρχει τοῦ ἀσεβήματος · πάλιν Δομετιανὸς προσθήκας ἐπινοεῖται, καὶ Τραιανὸς ἐπαυξάνει τὸν διωγμόν, καὶ τοῖς προηθληκόσιν ἐπέξεισι · πάλιν τὰ τοῦ Προδρόμου ὀστᾶ καὶ τὰ τοῦ ἀποστόλου Λουκᾶ πυρὶ καίεται καὶ εἰς χοῦν ἀναλύεται. Δέδοικα μὴ καὶ μαρτύρων ἐνταῦθα κατέκειτο σώματα · φοβοῦμαι μή τι τῶν τοῦ Ἀνδρέου μελῶν ἐνταῦθοί που κεκρυμμένον ἐλάνθανεν, ᾧ δὴ καὶ ὁ ναὸς καθωσίωτο, μή τι τῶν τοῦ ἀδελφοῦ Πέτρου, μή τι τῶν τοῦ Παύλου, τῶν μεγάλων τῆς ἀληθείας ἀγωνιστῶν καὶ προμάχων τῆς εὐσεβείας. Καὶ πάλαι μὲν, ὑπὸ Νέρωνι, ὁ μὲν ἐσταυροῦτο, ὁ δὲ ἀπετέμνετο μόνον · νῦν δὲ ὑπὸ τῷ μεγάλῳ πατρὶ κατὰ μέρος διῄρηνται, καὶ οὐδὲ τῆς ὁσίας ἠξίωνται · μᾶλλον μὲν οὖν ἀνορύττονται καὶ ἀναχωννύονται, καὶ ὥσπερ τινὰ τῶν ἐναγῶν σωμάτων παραρριπτοῦνται καὶ διασπείρονται · ὢ τῆς τόλμης, μᾶλλον δὲ τῆς ὠμότητος. Ἀλλὰ πῶς ἂν περιπαθέστερον τὸ πρᾶγμα ὑμῖν διηγήσωμαι; Ἐπεὶ γὰρ τὰ ὑπὲρ γῆν καθεῖλεν ἄδυτα, τολμᾷ καὶ κατὰ τῶν ὑπὸ γῆν · καὶ διαιρεῖ σιδήρῳ, καὶ ἀναχωννύει θήκας σωμάτων νεκρῶν, καὶ δημοσιεύει τὴν φύσιν, καὶ ἀναρριπτεῖ τὸν ἐγκείμενον χοῦν, καὶ διασκίδνυσι τὴν κόνιν εἰς τὸν ἀέρα · παρέλυσε τὴν τῶν μελῶν ἁρμονίαν · διέλυσε τὰ συντεθειμένα · μετήγαγε τὸ σχῆμα τοῦ σώματος · εἶδεν ἃ νόμος ἀπείργει · τοὺς ὀφθαλμοὺς οὐκ ἐνάρκησεν οὐκ ἠρυθρίασεν, οὐκ εὐθὺς ἰδὼν συνεχύθη, ἀλλ' ὥσπερ οἱ διαφοροῦντες τὴν γῆν, οὕτω τὰ τεθειμένα μέλη διέσπασέ τε καὶ μετεκόμισεν.

LIII. Ὁρᾶτε τοὺς μεγάλους τύμβους ἐκείνους, ὧν ἕκαστος βραχεῖ τινι διαφράγματι κατὰ τὸ μέσον διῄρηται · τεκμαίρομαι τοῦτο φιλίας σύμβολον ἀρραγοῦς · ἢ γὰρ ἑταιρίας ἐστὶν ἕνωσις ὁμοῦ καὶ διάζευξις, ἢ συζυγίαν ἀρίστην κατηγορεῖ καὶ φιλτάτων μελῶν καὶ μετὰ θάνατον μῖξιν ἀνέπαφον. Καὶ ἔκειντο ἐν θατέρῳ μὲν ὁ ἀνὴρ μέρει, ἐν θατέρῳ δὲ ἡ γυνή, ἵν' ὁμοῦ συντραφέντες καὶ συναναστῶσιν ἡγησάσης ἄνω τῆς σάλπιγγος. Ἀλλ' ὁ τῆς εἰρήνης μυσταγωγὸς καὶ τῶν θεσμῶν ἀκριβὴς φύλαξ βασκαίνει τῇ καλῇ ταύτῃ συζυγίᾳ καὶ μετὰ θάνατον · καὶ διαιρεῖ ἀπ' ἀλλήλων οὓς καὶ νόμος συνῆψε καὶ γνώμη συνήγαγε, καὶ ἀπαλλοτριοῖ τὴν ἕνωσιν, καὶ γῆθεν ἀναρρήξας προτέθεικε δημοσίᾳ · ὁπόσον οὐδὲ τοῦ ἡλίου ἐφικνεῖται ἀκτίς, ἀμφίβολον πεποίηκε τῷ πολλῷ

καὶ τὴν ἀνάστασιν, εἰς κόνιν ἀναλύσας τὸν σχηματισμὸν τῶν
ἐβάσκηνε τούτοις καὶ τῶν ἐλπίδων καὶ ἀμφήριστον τὴν ὁμολο-
ποίηκε. Τί πρῶτον θρηνήσω; Τί δὲ ὕστατον ἀποδύρωμαι; Τοῦ
ν κατάλυσιν, τοῦ ἁγιάσματος τὴν καθαίρεσιν, τὴν τῶν θείων
ἀναίρεσιν, τὴν καινὴν ταύτην τυμβωρυχίαν; Εἶτά με ἐρωτᾶτε
ἰων ἀδικημάτων τὸ καθαρτήριον αὐτῷ πόμα κεκέρασται, ἀντὶ
ἰν οὓς κατέστρεψεν, ἀντὶ τῶν εἰκόνων ἃς ἀνεῖλεν, ἀντὶ τῶν ἀδύ-
απηδάφισεν, ἀντὶ τῶν ἱερῶν ἃ σεσύληκεν, ἀντὶ τῶν τύμβων οὓ,
ν, ἀντὶ τῶν σωμάτων ἃ διέσπειρεν; Εἰ γὰρ οὐδὲ πρὸς οὐδὲ ἓν
ἀρκοῦσαν ἐστὶν εὑρεῖν τιμωρίαν, ἐπὶ πᾶσι πόσοις ἂν θάνατοις
ἰη; Εἰ γὰρ ‖ μόνον τὸν ναὸν κατέστρεψας, ὡς ἀσεβήσας F• 145 ⌐
, τὰ λοιπὰ προσθείς, ἐξαιρεθείη ἂν τοῦ ἐγκλήματος; Ἐγὼ δὲ
εἶν δεδύνημαι, οὔτ' ὄνομα ᾧ τοῦτον ἐνταῦθα καλέσαιμι, οὔτ'
χ ὑφ' ὃ ὑπάγοιμι, ἀλλ' ὥσπερ εἴ τις σύνθετον ζῶον ἰδὼν κατὰ
θευομένην ἐκείνην χίμαιραν, πολλαῖς μὲν καὶ διαφόροις δια-
λένον ταῖς κεφαλαῖς, οὐδὲν δὲ ἧττον καὶ τὰ κατόπιν διῃρημέ-
ε ἂν εἴποι τί ποτέ ἐστι τὸ ὁρώμενον, τοῦτο δὴ κἀγὼ ἐνταυθοῖ
ι. Οὕτω δὴ πολυμιγές τι κακὸν [τὸ δεικνύμενον καὶ οὐκ ἄν τις
κατονομάσειεν.

. Ἀλλά τις ἴσως ἐρεῖ μὴ τυμβωρυχίαν εἶναι] (1) τὸ γεγονός, ὅτι
ὦν ἐγκειμένων ταῖς θήκαις ἢ ἐξεφόρησεν, ἢ ἐβούλετο ἐκφορεῖν;
ἔρομαι · ἐκεῖνο μὲν γὰρ νεκροσυλία, τοῦτο δὲ ἄντικρυς τυμβω-
καὶ ὥσπερ ὁ τοῖχον διορύττων, τοιχωρύχος ἐστίν, οὕτως ὁ
τυμβωρύχος ἂν εἰκότως κληθείη. Εἰ δ' οὐκ εἶχε τὴν πιέζουσαν
ι, τοσοῦτον μᾶλλον κακίων, ὅσον τοῖς μὴ ἐκείνως τυμβωρυ-
ὃ πιέζεσθαι χρῴζει τὴν ἀπολογίαν · ἐνταυθοῖ δὲ ἀποφράσιστος ἡ
λία, κἂν ἀντέγχῃ, ἔτι τοῦ πιέζεσθαι. Ἐγώ σοι καὶ τοῦτο ἰάσομαι ·
ἶτο μὲν τῶν νεκροστόλων ἀμφίων. Ὁμολογῶ · ἐπεὶ καὶ ἤδη
ἐσήπασιν, ἀλλ' ἐδεῖτο τῶν τύμβων αὐτῶν, ὅτι πλακὸς ἐτύγχα-
ἀρίστης, καὶ τῶν μὲν ἐξ ἐπιπολῆς αἱ γραμμαί, τῶν δὲ εἰς βάθος
υσαυγεῖς διαπεποικιλμέναι οἷον ῥοδωναῖς, τῶν δὲ τὸ χρῶμα
ἀκριβῶς καὶ τηλεφανές · ἐπὶ τούτοις καὶ ὁ τέμνων ἀπῃώρηται
· καὶ οἱ ἀντωθοῦντες μεμίσθωνται, καὶ πολλοὺς αὐτῶν διῃρή-

mots entre crochets [] ne figurent pas dans la copie de Combefis.

κασι, καὶ τὰ τμήματα ἐν τοῖς δεσποτικοῖς ἀγροῖς, ἐν τοῖς τῶν λουτρῶν κάλλεσί τε καὶ χάρισι, τὰ μὲν κολυμβήθραις ἥρμοσε, τὰ δὲ φιάλας καὶ κρατῆρας πεποίηκεν. Ἔστι δὲ καὶ οὓς ἀπήναις καὶ βοῶν ζεύγεσι μετεκόμισεν, ἀπραγματεύτους λουτῆρας καὶ αὐτοσχεδίους ἐγκαταθέμενος, καὶ ἃ θρηνεῖν δέον ὁρῶντας ταῦτα χαρίτων εἰσὶν ἀφορμαί.

LV. Ἀλλ' ἀφείσθω τῆς τυμβωρυχίας ὁ δεσπότης· εἰ βούλεσθε, τί ποτε οὖν παρανόμως τοὺς τάφους ἀνώρυττε; Τί κεκίνηκε τὰ ἀκίνητα; Τί δεδημοσίευκε τὰ τῶν θείων ψυχῶν οἰκητήρια; Τί τὸ καταναγκάσαν; Τίς ἡ αἰτία τοῦ πράγματος; τίς ποτε τῶν ἐπ' εὐσεβείᾳ γνωρίμων ἀναχωννύειν τῆς γῆς τοὺς τάφους εἵλετο; Οὐ τοὺς ἐν τοῖς πολέμοις πίπτοντας νόμος τοὺς συστρατιώτας καταθάπτειν εὐθύς; Οὐκ εἴ τις ἴδοι νεκρὸν ἐν ὁδῷ σῶμα προχείμενον εὐθύς, κἂν θηρίου ψυχὴν ἔχοι, καλύπτει τῇ γῇ, καὶ βραχύν τινα κολωνὸν ἐγείρει, καὶ στήλην ἵστησι, λίθους τινὰς συμφορήσας, καὶ σταυρὸν πήγνυσιν; Ὁ δὲ ἐκ διαμέτρου πάντα πεποίηκεν, ἐξ αὐτῶν τῶν ἀδύτων τῆς γῆς τοὺς κειμένους ἀναβιβάσας, καὶ τὴν τῆς φύσεως ἡμῶν θεατρίσας ἀσθένειαν. Πόσῳ τούτων τὰ τῆς ἑλληνικῆς γνώμης φιλανθρωπότερα· οἱ μὲν γὰρ τῷ πυρὶ τοὺς κεκμηκότας ἐδίδοσαν, ἔπειτ' ἐν ἄγγει τινὶ συνεφόρουν « ἀμενηνὰ κάρηνα », εἶτα δὴ καταχωννύντες στήλας τε ἵστων καὶ πτελέας πέριξ ἐφύτευον καὶ ἱλάσκοντο. Ὁ δὲ θεῖος πατήρ, οὐ κατέφλεξε μέν· οὐδὲ γὰρ ἦν ἔτι τῶν σωμάτων ὑπολιπὲς τῷ πυρί· διέχεε δὲ τὴν κόνιν καὶ εἰς ἀέρα ἐλίκμησεν· Ἰουλανιοὶ (1) ταῦτα φθάσαντες τετολμήκασιν· ἐκεῖνος γὰρ διακωμῳδεῖν βουλόμενος τὴν ἀνάστασιν, διαλύειν ἐπεχείρει τὰ σώματα, ἀλογώτατα περὶ τοὺς τῆς εὐσεβείας ἡμῶν λόγους διανοούμενος, ὅπου γὰρ ἂν διαλυθέντα, διασπαρεῖεν τὰ σώματα ἐντός που τῆς μεγάλης τυγχάνει περιοχῆς, καὶ τὴν δύναμιν ἡ λύσις οὐχ ὑπερβαίνει τοῦ ἀναπλάττοντος.

LVI. Ἀλλ' ἔστω καὶ τοῦτο συγκεχωρημένον ὑμῖν· ᾧ γὰρ ἐκ περιουσίας ἐστὶ τὸ κρατεῖν, τούτῳ τὰ πολλὰ διδόναι τοῖς κατηγορουμένοις, οὐδέ τι μεῖον ὁ λόγος ἔχει, ἀλλ' αὐτὸ δὴ τὸ ἐπικεχειρηκέναι τοὺς θείους νεὼς καθελεῖν, οὐχ ὥστε ἀνοικοδομεῖν· ἐξηρήσθω γὰρ ὑμῖν αὕτη ἡ ἀπολογία, ἀλλ' εἰς τὸ μηδαμῇ μηδαμῶς ὂν περιάγειν. Ὥσπερ δή τις ἀνὴρ ὢν Βαβυλώνιος, καὶ τοῖς τὴν Ἱερουσαλὴμ ἀνατρέπουσιν ἐφεστηκὼς

(1) Non intellego (T. R.).

ἐγκελευόμενος. « Ἐκκενοῦτε, ἐκκενοῦτε ἕως τῶν θεμελίων αὐτῆς. »
Ἴτω δὴ πῶς περιάψομεν, ποῖον δὲ χρῶμα τῷ λόγῳ δώσομεν, ἢ τίνα
μετήσομεν αἰτίας μετάθεσιν; Ὁ δὲ θεῖος ζῆλος τοσοῦτον ὑμᾶς
λέλοιπε, καὶ οὕτω τὸ ἱερὸν πῦρ ἀπέσβη τῶν καρδιῶν, καὶ οὐδαμοῦ
ὄντα λόγων ἀφιεῖσα σπινθῆρας, ὥστε τινὰς καὶ ταύτην ἀφεῖναι τὴν
νῆν. Μακάριος ὃς κρατήσει, καὶ ἐδαφιεῖ τὰ νήπιά σου πρὸς τὴν
ραν, — ταύτην δὴ λέγων ἣν ὑφῄρηκε τοῦ νεώ —, εἴτε τῶν οἰκοδο-
μάτων ἀφελόμενος, εἴτε τῶν θεμελίων ὑποσπάσας. Ἀλλ' ἔστωσαν
ᾧ ἄθιγῆ καὶ τὰ νήπια, ἅτινα ταῦτα ὑποληπτέον, τί γὰρ δεῖ ἐδαφιοῦν
νεογιλά; Ἀλλ' ὁ μέγας πατὴρ τὴν δίκην ὑπεχέτω καὶ αὐτὸς αἱμω-
σθω (1) ὅλους τοὺς ὄμφακας βεβρωκώς. Συγχωρήσομεν ὑμῖν καὶ τὴν
καταστροφὴν | τοῦ σηκοῦ ὃ μηδεὶς ἄν ἄλλος τῶν κατηγορούντων · τούτου ᴘ 145 ᵥ
πως ἀπολύσομεν; Ἐπεὶ γὰρ τὸ πᾶν ἀφῄρηκε τοῦ νεώ, καὶ μετὰ
των τὸν ἱερὸν θρόνον · συνανώρυξε δὲ ταῖς κρηπῖσι καὶ τὰ τῶν μυσ-
ίων ἀπόρρητα, τὰ μαρτυρικὰ μέλη, τὰ ἐθελόθυτα σφάγια, τὴν
θήκην τοῦ θυμιάματος; Τί μὴ τὸ ἔδαφος τῆς πρώτης σκηνῆς κατα-
άσμασί τισι περιείληφε; Μὴ γάρ μοι πικρῶς αὐτῷ περὶ τοῦ ἁγίου
μικοῦ ἐξετάσωμεν μηδὲ περὶ τῆς μετ' ἐκεῖνο (2) σκηνῆς, ἀλλὰ λογιζέ-
αὐτῷ ταῦτα θέατρά τε καὶ κυνηγέσια ὅπου δὲ τὸ ἱλαστήριον καὶ πέριξ
Χερουβίμ, καὶ ὁ θυόμενος λόγος, καὶ ὁ μελιζόμενος Ἰησοῦς, καὶ ἡ
Πνεύματος κάθοδος, καὶ ὅσα τῆς χάριτος · τί μὴ ἐνταῦθα φειδὼ
κεποιήκει τινά; Ἀλλ' ἔθνεσιν ἀφῆκε τὸ ἱερὸν ἔδαφος ἄδυτον, ἵν'
ἔλθοιεν εἰς τὴν τοῦ Κυρίου κληρονομίαν καὶ χράνειαν αὐτοῦ τὸν ναόν,
τὰ ἄψαυστα τῶν δούλων αὐτοῦ καλλιερήματά τε καὶ θύματα τοῖς
κοβόροις ὄρνεσι θεῖεν κατάβρωμα. Τούτου δὴ οὔτε κατηγορεῖν ἐν
ρῳ δεδύνημαι, οὔτ' εἴ τις ἀπολογήσαιτο νοῦν ἔχειν φήσαιμ' ἄν,
ὰ με ὑπὲρ τούτου, εἰ βούλεσθε καὶ λαβόντες διαμερίσατε, ὡς ἡδέως
ἄν ἀποθάνοιμι τὰ θεῖα ζηλοτυπῶν, καὶ ἐπὶ τῷ τῶν πολλῶν σκανδάλῳ
θερμαινόμενος καὶ πυρούμενος. Εἰ γὰρ Βαροὺχ ἐκεῖνος ὁ θεῖος οὐκ
ἤνκε πορθήσεσθαι τὴν Ἱερουσαλὴμ μέλλουσαν, ἀλλά τινα τῶν ἱερῶν
λοφώ, ἔστιν ὅπου τῆς γῆς κατέκρυψεν ἀφανῶς, ἣν δὴ καὶ διάβροχον
τῶν δακρύων ἐπεποιήκει σπονδαῖς, ἐγὼ πῶς ἀνέξομαι, αὐτὴν τὴν
μαλωσίαν ἑωρακώς, αὐτὸν ἰδὼν τὸν αἰχμαλωτεύοντα καὶ μήτε τὴν

(1) Allusion à Jérémie 31, 29 (T. R.) αἱμωδιούσθω Cod.
(2) ἐκεῖνον Cod.

διαθήκην Κυρίου ὑφελεῖν δυνάμενος, μὴ τὸ ἱλαστήριον, μηδένα τῶν
Χερουβίμ, μὴ σπονδεῖον, μὴ θυΐσκον, μὴ τῶν λουτήρων τινά, ἵν' ἔχοιμι
τοῦτο τῆς παλαιᾶς εὐδαιμονίας ὑπόμνησιν, ἀλλ' ἀφῄρηταί μοι ὁ πᾶς
ὄλβος · περιτεσύλημαι · ἠνδραπόδισμαι · δοριάλωτος καὶ πάλιν γέγονα
καὶ τῷ Πέρσῃ δορίκτητος · κεκράτηκέ μου πάλιν ὁ Βαβυλώνιος · πρὸς
ἑτέραν μετασκευάζομαι γῆν, ἀπάγομαι δουλεύσων ἐν Πέρσαις, ἢ
τεθνηξόμενος · καὶ τό γε βαρύτατον, ὅτι ἀφικνοῦμαι τὰ τελευταῖα προ-
σευξόμενος τῷ νεῷ · καὶ οὐκ ἔχω ποῖ τράπωμαι, μᾶλλον δὲ ποῖ τραπόμενος
τοῦ Κυρίου ἰδεῖν τὸ ἁγίασμα. Οὕτως ὁ νέος Ναβουχοδονόσορ ἀφεῖλεν
αὐτοῦ τὰ γνωρίσματα καὶ αὐτοὺς τοὺς λίθους ἐκεῖθεν μετενεγκών, ἵν' ᾖ
ὁ διαβόητος ἐκεῖνος νεὼς εἰς κοινὴν ὕβριν καὶ καταπάτημα. Τοῦτο ἄρα
σαφέστατα κατεμήνυεν ὁ τῆς Μεγάλης τοῦ Θεοῦ Σοφίας νεώς, ἐνιαχοῦ
τῶν μερῶν ἐγκαύματα δεικνὺς ἀφανῶν ἀστραπῶν ἐν διαφόροις τοῖς
σχήμασιν. Ὁμοῦ τε γὰρ οὗτος κεχειροτόνητο, καὶ πῦρ τὴν ἐκκλησίαν
διελυμήνατο · τούτων ἐκεῖνα τὰ μεγάλα μηνύματα καὶ γνωρίσματα ·
τὸ θεῖον ἔδαφος ὑβριζόμενον καὶ τὰ λειτουργικὰ σκεύη ἀτιμαζόμενα
καὶ τὰ ἱερὰ ἔπιπλα μολυνόμενα καὶ χραινόμενα · ὧν ἐκεῖνος ἐφ' ἑτέρους
τὰς αἰτίας τιθείς, νῦν ἔγνω καθ' ἑαυτοῦ ταῦτα σκιαγραφούμενα καὶ οὐκ ἂν
ποτε ταῦτα παύσαιντο, οὐδὲ ὁ τοῦ κυρίου λήξει θυμός, οὕτω γὰρ εἰπεῖν
ἐναργέστερον, πυρούμενος ἐφ' ἑκάστοις τῶν παρ' αὐτοῦ τελουμένων καὶ
ἐκκαιόμενος, εἰ μή γε κοινῇ ἀναστάντες καταψηφίσεσθε τούτου τὴν
τήμερον · εἰ δὲ διακριθείητε, δέον μὴ ἐφ' ὑμᾶς ἔλθοι τὸ κρίμα · τοὺς
ἐξὸν τὸ δεῖνον ἀνείργειν καὶ τὴν τοῦ Θεοῦ σβεννύειν ὀργήν, τῷ μὲν
πάροδον πλατεῖαν παρέχοντας, ἐκείνην δὲ ὑπανάπτοντας · τῷ γάρ τοι
βασιλεῖ παρ' ὅσον ἐνῆν, ἀφωσίωται.

LVII. Ἀλλ' ἐπὶ τὰ πρῶτα ὁ λόγος ἐπανεστράφθω · εἰ μὲν οὖν ἔχοι
τις εἰπεῖν, ὡς οὐκ ἀληθῆ ταῦτα, ἀλλὰ λῆρος ἄλλως καὶ λῆρος μακρός,
πρὸς τοῦτον ἡμεῖς οὐ διενεξόμεθα · ἀφῄρηται γὰρ καὶ τὰ τοῦ σώματος
ὄμματα καὶ τὰ τῆς ψυχῆς · εἰ δ' ἐμφανῆ πάντα ὑπὸ τῷ μεγάλῳ τοῦ
ἡλίου φωτί, τί τίς ἂν εἰπεῖν ἔχοι πρὸς τὴν καθαίρεσιν, ἢ τίς ἀπολογίας
τινὶ περὶ τούτου καταλέλειπται πρόφασις; Οὐδὲ γὰρ οὐδὲ τοῦτο ἐρεῖν
τίς δυνήσεται, ὡς δεινὰ μὲν τὰ γεγονότα καὶ πᾶσαν κατηγορίας ὑπερβολὴν ὑπεραίροντα. Ἀλλ' ὁ μέγας ἠγνόει πατήρ. Αὐτοῦ που γὰρ ἐν
γειτόνων ᾤκει, σπιθαμῇ μιᾷ καὶ δακτύλοις δυσίν, ἵνα τι καὶ γελοῖον
εἴπω, διειργόμενος τοῦ νεὼ καὶ ὑπ' ἐκείνῳ προτρεπομένῳ τε καὶ κελεύοντι,

κξευτήριον, καὶ ὁ τὴν ἀξίνην, καὶ ὁ τὸν πέλεκυν, καὶ ὁ τὸ᾽
ὁ ἀχθοφόρος ὁ μὲν διῄρει, ὁ δὲ ἀντώθει, ὁ δὲ τὸν χοῦν
δὲ μετεκίνει τοὺς θεμελίους, ὁ δὲ ἀπεστρώννυ τὸ ἔδαφος, ὁ
ποιῶν ἐδείκνυτο, ὁ δὲ ἡμιφανῶς διὰ τῶν κιγκλίδων, ὁρῶν τὰ
περιηγάλλετό τε καὶ ἔχαιρεν ὡς πάλαι ὁ τοῦ θηρὸς σκύμνος,
αυρίας φημί (1). Ὑμεῖς δέ μοι ἐννοεῖτε ὁποίαν εἶχε θηρίου
ὅτε πρὸς τῷ ἀδύτῳ οἱ καταστρέφοντες ἐγεγόνεισαν, ὅτε
τὴν τράπεζαν, ὅτε μετετίθουν τὰ θύματα, ὅτε καὶ χερσὶ καὶ
δήροις ἐφύβριζον. Ἀλλ᾽ ἐμοὶ μὲν ἡ γλῶσσα παρεῖται, ἴσως
ἡ καρδία · ἡ μὲν λέγουσα, ἡ δὲ δεχομένη τὰ ῥήματα, ὁ δὲ
πατρὸς ὀφθαλμὸς ἀτενὴς ἦν πρὸς τὴν ἅλωσιν καὶ ἀσκαρδα-
αἰχμαλωσίαν ἑώρα τοῦ Λόγου, καὶ τοὺς κύνας μετὰ ταῦτα
ωντας τῷ νεῷ, τάχα που καὶ περιέσ ‖ αινε · καὶ ἦν αὐτῷ ἡ F° 146 r°.
τοῦ κακοῦ ἱλαρὰ παιδιά, καὶ ὁ μὲν νόμος τὰ ὄμματα τοῦ
ιντος ἀφαιρεῖται · ὁ δὲ ὀφθαλμὸς ἐκείνου θεοσυλίαν ὁρῶν
ιαφανέστερος ἐγεγόνει καὶ τηλαυγέστερος, καὶ πάλαι μὲν τῷ
ιντι γῆν ἢ φυτεύσαντι ἐν ᾗ νεὼς ἵδρυτο θάνατος ἐπῆν ἡ
λεῖς δὲ ἡδέως ἂν αὐτὸν ἐξείλομεν τοῦ κινδύνου · εἰ δροσερά
τεριηνθήκει βοτάνη, εἰ περιέβαλε τὸν τόπον τειχίῳ, εἰ ἄπειρξε
ὥστε μὴ τοὺς μαργαρώδεις τόπους καταπατεῖν, εἰ τοὺς κύνας
ὥστε μὴ περιλιχμᾶσθαι τὰ ἅγια.

Ἀλλ᾽ οὐκ ἔστιν ὅπη τι κατὰ βραχὺ τῶν θείων ἐφρόντισε. Σὺ
ιτόκλητε μάτην ἄρα περιῄεις τὴν ἅπασαν γῆν, μάτην δ᾽ ἄρα
ιτου τῷ λόγῳ προσελήλυθεις, καὶ τὰ πολλὰ ἐκεῖνα ἐπεπόνθεις
τε δή σοι ἔμελλεν ὁ νεὼς ὑπὸ τῷ καλῷ τούτῳ δεσπότῃ καθαι-
, καὶ ταῦτα ἐν μέσῃ πόλει, ὑπὸ μεσημβρίαν, πληθούσης
ιτων ὁρώντων. Ἀλλὰ μή τι νομίσῃς ὡς οὐδεὶς ἐπαμύνειν
· διεπυροῦτο γὰρ ἅπας, καὶ τῷ περὶ σὲ ζήλῳ κατεπίμπρατο
, · ἀλλὰ τὸ τοῦ δεσπότου πῦρ πολλῷ φλογωδέστερον ἦν.
μὲν οὖν τοὺς σπινθῆρας; Ἐδεδοίκει μὲν τὴν πυρκαϊάν;
μὲν τὴν Βαβυλωνίαν κάμινον ἐπὶ πήχεις ἀνημμένην ἐννέα
ἐσσαράκοντα, ἣν ἀνῆπτον κληματίς καὶ νάφθα, καὶ τὰ λοιπὰ
τα, ἀλλ᾽ ἡ κατὰ Θεοῦ μανία, καὶ ἡ τῶν θείων ὑπεροψία,

n à l'empereur iconoclaste Léon l'Isaurien.

καὶ ἡ τῶν πολλῶν ἡμῶν καταφρόνησις, οὐ γὰρ ἦμεν κατ' ἐκείνους τοὺς παῖδας, ἵνα δὴ καταβάλωμεν τοῦ πυρὸς τὴν σφοδρότητα· Διὰ ταῦτα ἀνεβαλόμεθα τέως τὴν ἄμυναν, καί σε ὁρῶντες διαιρούμενον καὶ τεμνόμενον, ἀπωδυρόμεθα μὲν καὶ πικρῶς ἀπωλοφυρόμεθα · μέχρι δέ σου (1) τῶν δακρύων ἱστάμεθα; Ὁπότε γὰρ καὶ αὐτὸς ἐκαρτέρεις αἰκιζόμενος, καὶ οὐδαμῶς πῦρ ἄνωθεν ἐπὶ τὴν τολμητίαν κατῆγες, ἀλλὰ καὶ πάλιν ἔφερες μαρτυρούμενός τε καὶ κολαζόμενος, τί χρὴ δρᾶν ἡμᾶς πᾶσαν ἠκρωτηριασμένους ἰσχύν τε καὶ δύναμιν; Ἀλλά σοι μὲν εἰς οὐδὲν ὁ νεὼς ἀφαιρούμενος αὐτὸν ἔχοντι τὸν ἔνοικον τοῦ νεώ, καὶ τὰς αἰωνίους σκηνὰς καὶ τὴν πρώτην κατοικίαν τε καὶ ἀνάπαυσιν. Ἡμῖν δὲ τὸ πρᾶγμα δεινὸν ὅτι ἃ μηδ' ἄν τις τῶν ἐχθίστων ἐπηρεάζων ἐπεποιήκει, ταῦτα παρὰ τῆς πατριαρχικῆς ἐπεπόνθειμεν χειρὸς καὶ δυνάμεως.

LIX. Εἶτα δὴ ἐπὶ τούτοις καὶ ἀντιλογίαι παρ' ἐνίων ἡμῖν · καὶ τῆς συνόδου, τὸ μὲν μεθ' ἡμῶν, τὸ δὲ μετὰ τῆς ἀντιθέτιδος μερίδος · καὶ ὁ μέν τις εὐλαβείᾳ δῆθεν διδούς, οὐ πάνυ τι τὴν ψῆφον ἀδέκαστον δίδωσιν · ὁ δέ, ἰταμώτερον ἀντιλέγει, μᾶλλον δὲ ἀλογώτερον οὐκ ἀντιτιθείς· τινὰ γὰρ ἀφήσει φωνήν, ἀλλὰ περιηχῶν μάτην καὶ ταράττων τὸν σύλλογον καὶ ἐπὶ τοσούτοις καὶ ἀνυπερβλήτοις τοῖς ἀτοπήμασιν ἄναρθρά τινα καὶ κολοβὰ προίενται ῥήματα, καὶ οἴονται εὐσεβεῖν, ἀσεβοῦντες, καὶ φιλανθρωπεύεσθαι, ἀπανθρωπότερον πρὸς τὸν Θεὸν διακείμενοι, καὶ εὐλαβεῖσθαι, τὴν ἐσχάτην ἀναισχυντίαν ἀναλαμβάνοντες. Ἐντεῦθεν αἱ πολλαὶ πόλεις νοσοῦσιν, ὦ βέλτιστοι · μᾶλλον δὲ ἐντεῦθεν τὰ θεῖα καταπεφρόνηται · ἐντεῦθεν ὁ ἱερὸς ζῆλος ἀφῄρηται τῶν ψυχῶν · ἐντεῦθεν οὐκ ἔστι διαστολὴ χείρονος καὶ βελτίονος · ἐντεῦθεν Μωαβῖται καὶ Ἀμμανῖται μετὰ τῶν πιστῶν ἡμῶν ἀριθμοῦνται, καὶ οἱ αἰχμαλωτεύοντες ἐντὸς γίνονται τοῦ νεώ, καὶ ἡ τοῦ Κυρίου ἀποκοσμεῖται εὐπρέπεια. Εἰ γὰρ τὸ ζωτικὸν ἡμᾶς κατεπίμπρα πῦρ, καὶ ὁ τοῦ Κυρίου ζῆλος κατήσθιε, πάλαι ἂν ὁ ἀνὴρ ἀπωλώλει · μᾶλλον δὲ οὐδ' ἂν πάροδον εἶχεν ἐπὶ τὴν μεγάλην ταύτην σκηνήν, ἐξ αἰτιῶν καὶ ἐγκλημάτων τυραννικῶν ἐπὶ τὰ θεῖα μυστήρια εἰσδεδυκώς. Καί με μηδεὶς οἰέσθω ἄνωθί που τοῦ λόγου τῆς αἰτίας ταύτης ἐπιλαθόμενον, ἀλλ' οὐ τῇ κατηγορίᾳ τοσοῦτον διδούς, ὅσον τῇ οἰκονομίᾳ, τὰ μὲν πολλὰ τῶν κατηγορημάτων παρῆκα, ἅμα τε περὶ τοῦ καιροῦ δεδιώς, ἵνα μὴ

____

(1) σοι Cod.

εἴην βάλλων τὸν λόγον καὶ μετρήσας αὐτῷ τὰ ἐγκλήματα
ἵνα μὴ ἐφ᾽ ἑκάστῳ τῶν λόγων μαρτυρεῖν ἀναγκάζωμαι.
πεί τοί γε εἰ λέγειν τι τῶν πρὸ τῆς ἱερωσύνης ἐθέλοιμι,
ʼμας καταχλύσαιμι, ἄλλα ἐπ᾽ ἄλλοις ἐπαντλῶν ὑμῖν, καὶ
ἑεύματι. Ἀλλ᾽ οὐκ ἂν εἴποιμι οὔτε τὸν τῆς βασιλείας ἔρωτα,
περὶ τούτου μελέτην. Σιωπῶ τὴν συνωμοσίαν ἐκείνην, τὰ
ἡ βουλεύματα, τοὺς ἐλέγχους, τὰς κατακρίσεις, τὴν ὑπερο-
ατηναγκασμένην τοῦ βίου μετάθεσιν, τὴν ἀπροαίρετον μεταμ-
Ἀφίημι τὰ ἐν μέσῳ, τὸ ἀνάσκητον τριβώνιον, τὴν ἀνελεύ-
ιείαν, τὴν ἐπαγγελίαν, τὸν δεκασμόν, τὴν ψῆφον. Σιωπῶ
, γυναικωνῖτιν, τὴν τῶν καταπετασμάτων ἀφαίρεσιν, τὰς
τυχίας (2). Ἀφίημι τὸν κλαυθμὸν τῶν βρεφῶν, τὰ ἐπὶ τῆς
εογνά, τὴν ἐπιγάμιον θοίνην, τὰ ἐπιθαλάμια ᾄσματα, τὸ
ι ἄμικτα, θεῖον νεὼν καὶ κοσμικὸν ἐνδιαίτημα. Παρίημι τὰ
ι μὴ πικρὸς αὐτῷ φαινοίμην κατήγορος, ἵνα μὴ λοιδορεῖν
κατηγορεῖν δόξαιμι. Εἰ τοίνυν ὅπερ εἴρηκα τὴν πρώτην P 146 v
ιεὼν ἀπεφράξατε, οὐκ ἂν εἰσεληλυθώς, μᾶλλον δὲ εἰσρυεὶς
μα τὰ πάντα κατέχλυσεν · ἀλλ᾽ ἐπειδὴ τὸ μέρος ἐκεῖνο
καὶ οὐκ ἔνι τὸν χρόνον ἀναλύσαντας σκέψιν περὶ ἐκείνου
καὶ βούλευμα, τὸ παρὸν ὑμῖν τραῦμα ἰάσθω καὶ ἡ νενο-
τετμήσθω κεφαλή · οὐ γάρ πω ἀποπνεύσει τὸ λοιπὸν σῶμα,
, τις ἐπιτεθήσεται καὶ προσπλασθήσεται, καὶ ἄρτιον αὖθις
τὸ σῶμα Χριστοῦ · τίς αὕτη, ὄψεται ὁ Θεός (3), ὥσπερ πάλαι
πωσιν πρόβατον, οὕτω δὴ καὶ ἀρχιερέα νῦν εἰς τὸ προθύειν
κὶ προθύεσθαι · τέως δὲ ἀπολελύσθω ὁ θὴρ τῶν περιβόλων
ἰ μήτε ὡς Μωϋσῆς εἰς τὸ ὄρος ἀνίτω Κυρίου τῆς νεφέλης
ιν, μήτε ὡς οἱ Ἑβδομήκοντα καὶ τῆς γερουσίας πόρρω στ
ϊ ἐμφωλευέτω κάτω που πρὸς τῇ ὑπωρείᾳ · τοῖς γὰρ στερ
καὶ αὖθις καταλευσθήσεται · οὐδὲν γὰρ ὅτι τῶν ἀνοσίων

ις à la jeunesse de Michel Cérulaire qui fut enveloppé dans un com-
bel le Paphlagonien (1040), exilé et obligé de se faire moine. (Psellos,
. βιϐ., IV, p. 310-12; Cedren., II, p. 530).
lle de Michel Cérulaire habitait le palais patriarcal. Le 31 août 1057
ux neveux qui reçoivent les émeutiers (Mich. d'Attalie, p. 57; Cedren.,

iiserrimè corrupta (T. R.).

οὐ πέπραχε, τὰ τῆς βασιλείας διεθορύβησε πράγματα, βασιλέων δυοῖν, τὸν μὲν τολμήσας κατήνεγκε, τοῦ δὲ περιλελειμένου ἀντέπραττεν ἐκείνῳ, καὶ τετυράννευκεν ἀκριβῶς καὶ γέγονε τῷ βασιλεῖ Ὀζίᾳ ἀντίθετος (1). Ὁ μὲν γὰρ εἰς τὰ ἅγια εἰσελήλυθε θυμιάσων Θεῷ · ὁ δὲ εἰς τὰ βασίλεια παρεισδέδυκε τῷ λόγῳ ἀποταξάμενος. Χεῖρον οὗτος ἐκείνου τετόλμηκε. Διὰ ταῦτα ὁ μὲν ἐπὶ μέρους ἀπανθήκει τῇ λέπρᾳ · τῷ δὲ τὸ ξύμπαν σῶμα διαλελώβηται ὥστε καὶ χειρῶν ἐπιποιήτων δεῖσθαι, τῶν δακτύλων πρὸς τὸ κνᾶσθαι καὶ τῶν ὀνύχων ἀπειρηκότων · τάχα που καὶ οὗτος τήκει βώλακας γῆς ἰχῶρας ἀποξέων. Ὥσπερ οὖν ὁ παλαιὸς Ἰσραὴλ αἰδοῖ τοῦ κράτους μὴ ἐλέγξας τὴν τολμητίαν, τῶν θείων ἀπεστερήθη ὁράσεων, ἐκείνου δὲ τεθνηκότος τηνικαῦτα ἐφαντάζετο τῷ προφήτῃ κατὰ τὸν ἄρρητον ἐκεῖνον σχηματισμόν · οὕτως οὐδ' ἂν ἡμεῖς τὸν Κύριον ἴδοιμεν, εἰ μὴ τὸν κατ' αὐτοῦ ἀπερυθριάσαντα τῆς παρεμβολῆς πόρρω ποιήσομεν · κατὰ γὰρ τὸν προφήτην, πόρνης αὐτῷ ὄψις ἐγένετο. Πρὸς πάντας ἀπηναισχύντηκεν · βασιλείαν καὶ ἱερωσύνην συνήγαγεν · ἡ μὲν γὰρ χείρ αὐτῷ τὸν σταυρὸν ἐσχημάτιζεν, ἡ δὲ γλῶσσα βασιλικῶς ἐψηφίζετο · τοὺς μὲν ὥπλιζε, τοὺς δὲ ἀνθώπλιζεν · ὡς πρὸς πόλεμον συνεκρότει στρατόπεδον, ὡς δὲ καὶ φιλότιμος, τῷ μὲν ἐδίδου δόρυ, τῷ δὲ φάσγανον, τῷ δὲ παλτόν, τὸν μὲν ὑφῆπτε πρὸς τὸν θυμόν, τὸν δὲ ἀνεκίνει πρὸς πόλεμον · τάχα που καὶ τὰ στρατιωτικὰ ταῦτα ἐπιφθεγγόμενος · ἐξέλιξόν μοι τὸν Μακεδόνα, ἐπὶ δεξιᾷ τὸ δόρυ, βάδην ἡμιλοχίτης, ὁ λοχαγὸς ἐπικάμφθη τε καὶ καινὸν οὐδέν, οὐδὲ ἄπιστον · ὁ γὰρ ἅπαξ παρεμβεβληκὼς καὶ σατραπεύειν ἑλόμενος χρήσαιτ' ἂν καὶ τοῖς τῆς σατραπείας συμβόλοις. Οὐκ ἔστιν οὖν αὐτῷ μερὶς πρὸς Θεόν, ἀνθ' ἱερατείας σατραπεύειν ἢ βασιλεύειν ἑλομένῳ.

LXI. Ταῦτα δὴ τὰ πρῶτα τολμήσας, οὐδὲ τῶν ἐφεξῆς ἐκείνοις ἐφείσατο, ἀλλὰ τὴν πόλιν πᾶσαν ἐδόνησε, γέγονε τοῖς ἐποίκοις ἀντὶ κεραυνῶν, ἀντὶ ἐμπρησμῶν, ἀντὶ συστροφῶν, ἐπῆλθεν αὐτοῖς ἀθρόον ὥσπερ εἰ καταιγίς, κατέφαγεν ὡς ἀκρίς, ὡς βροῦχος διελυμήνατο, ὡς πνεῦμα ἐπέσεισεν, ὡς κῦμα ἐπέκλυσεν, αὐτὴν τὴν εὐδαίμονα πόλιν καθύβρισεν. Ἀφείλετο αὐτῆς τὴν εὐπρέπειαν τὸ τοῦ κάλλους διάδημα · ἠμαύρωσεν αὐτῇ τὴν τῶν οἰκημάτων μορφήν, πεποίηκεν ὡς τὸ ἀπ' ἀρχῆς, πεπολέμηκεν ἄντικρυς πρὸς τὴν εἰδοποιὸν αὐτῆς χεῖρα, πρὸς τὸν πολιοῦχον αὐτὸν ἀντετάξατο, στάσεως τραυματίας τοὺς οἰκήτορας

_____

(1) Paralipom., II, 26.

αὐτῆς ἀπειργάσατο. Καὶ οὕτως ἡμᾶς τροπωσάμενος, καὶ τὸ ἀριστερὸν κέρας καταδραμών, καὶ μὴ φεισάμενος ἄχρι τοῦ χάρακος, ἐπὶ τὸ δεξιὸν τοῦ Κυρίου ἐτράπετο καὶ καθήρηκεν αὐτοῦ τὸ ἁγίασμα, τοὺς πρώτους αὐτοῦ τῶν ἀποστόλων ἐξύβρισε, τὸν ἐκ τῆς ἐρήμου Πρόδρομον, — μικροῦ γάρ με καὶ τοῦτο διέλαθε —, τοῖς κορυφαίοις συγκατειργάσατο · ἐφθόνησεν αὐτῷ τῆς ζώνης, ἐβάσκηνε τῶν καμηλείων τριχῶν, οὐδὲ τὸν μελισσῶνα τούτῳ ἀφῆκεν, οὐδὲ τοὺς ἀγρίους κηφῆνας, ἵν' αὐτῷ τὴν τροφὴν συνεργάσωνται, ἀλλ' εἴ πού τις θάμνος ἢ πέτρα κοίλη, ἐφ' ἣν εἰσδεδυκὼς ἀνεπαύετο, ταύτην μετεκύλισε, κἀκείνην ἐξέτεμε. Πάλιν Ἡρωδιὰς καὶ ὄρχησις, καὶ συμπόσιον, καὶ ἡ γενεσίων πανήγυρις, καὶ ἡ κενὴ ἀντίδοσις τῆς ὀρχήσεως, ἡ τοῦ νεὼ ἐκείνου κατάλυσις · οὐ γὰρ ἐνῆν αὖθις δειροτομεῖν. Καὶ μή με οἰήσεσθε ἀγνοεῖν ὡς οὐ δύο ἢ τρεῖς τῶν θείων ναῶν ἀλλὰ πολλοὺς καὶ πολλαχοῦ γῆς ἱδρυμένους ἀναρπάστους πεποίηκεν · ἀλλ' οὐ βούλομαι τὴν πᾶσαν αὐτῷ ἐφεῖναι ἡνίαν τοῦ λόγου · περιέπω γὰρ τὸ μέλος, εἰ καὶ νενόσηκεν · οἰκτείρω, εἰ καὶ ἠλλοτρίωται. Διὰ ταῦτα ἐπέχω τὴν γλῶτταν καὶ οὐ πάνυ τι τῷ ῥεύματι ἐφίημι κατ' αὐτοῦ.

LXII. Ἀλλ' ἐπεί μοι ὁ περὶ τῆς ἀδιαφορίας ἔτι λείπεται λόγος, καὶ τοῦτο δὴ τὸ μέρος συνεξετάσας ὑμῖν, τὴν κατηγορίαν ἐπισφραγίσομαι · οὐχ ὡς ἐγκλήματα τούτῳ ἐπάγων τὰ ῥηθήσεσθαι μέλλοντα, εἰ καὶ τὰ πλείω τοιαύτην εἴληχε δύναμιν, ἀλλ' ἵν' ἐπιδείξαιμι τοῦ- ‖ Fo τον καὶ ἀπὸ ἠθῶν, καὶ ἀπὸ τῶν λόγων, καὶ ἀπὸ τρόπων, ἔκ τε τῆς ἄλλης αὐτῷ τοῦ βίου κατασκευῆς, βάναυσόν τινα καὶ χειρώνακτα, μᾶλλον δὲ βωμολόχων καὶ εὐτραπέλων ἀνδρῶν οὐδὲν διαφέροντα, καὶ πρὸς ἀρχιερωσύνης ἀξίωμα τοσοῦτον ἀφεστηκότα ἢ ἀντικείμενον, ὅσον πρὸς τὴν ἀρετὴν ἡ κακία. Τοῦτο γοῦν ἴσμεν ἅπαντες, ὡς ὅπερ ὁ νοῦς πρὸς ψυχήν, ἡ ψυχὴ πρὸς σῶμα · ἢ Θεὸς πρὸς ἀμφότερα, τοῦτο δὴ καὶ ἀρχιερεὺς πρὸς τὸν πολὺν ἄνθρωπον · καὶ ὥσπερ ὁ νοῦς, λέγω δὲ οὐ τὴν νοερὰν ἔλλαμψιν, οὐδὲ τοῦτον δὴ τὸν θυραῖον, ὃν δὴ καὶ ἡ φιλοσοφία συνουσιοῖ τῇ ψυχῇ, ἀλλὰ τὸν ὅθεν οὗτος τὸν οὐσιώδη τε καὶ ἀπόλυτον. Ὥσπερ οὖν ἐκεῖνος ἀφέστηκέ τε ὁμοῦ τῆς ψυχῆς καὶ πάρεστιν αὔλως καὶ νοερῶς, καὶ κοσμεῖ ταύτην, καὶ πρὸς αὐτὸν ἐπιστραφεῖσαν πρὸς τὸν ἐπέκεινα νοῦν ἀνάγει, μᾶλλον δέ, πρὸς τὸν Θεόν, οὕτω δεῖ καὶ τὸν λειτουργεῖν τεταγμένον ὑπερανεστηκέναι τε τῶν ἄλλων τῷ κύκλῳ τῶν ἀρετῶν, καὶ κοσμεῖν ἐκείνους, καὶ ἐπιστρέφειν πρὸς ἑαυτόν, καὶ δι' ἑαυτοῦ μ έσου πρὸς τὸν λόγον ἀναβιβάζειν, καὶ πειρᾶσθαι Θεῷ συνιστᾶν (1) τοὺς τοσοῦτον διεστηκότας, καὶ παράδειγμα τοῖς ἄλλοις ἑστάναι, οὐ τῆς περὶ τὰς πράξεις μόνον ἀκριβείας, ἀλλὰ καὶ τοῦ λέγειν, καὶ τοῦ κινεῖσθαι, καὶ εἴ τι ἄλλο περὶ ἡμᾶς ἢ καθ' ἡμᾶς πέφυκε. Καὶ οὐδὲ τοῦτο φημί, οὐδὲ οἷον καταναγκάζω τὸν τετιμημένον τῷ ἀξιώματι, ὑπεράλλεσθαι πάντη τὴν φύσιν καὶ καθάπαξ ἑαυτὸν ἀγνοῆσαι, καὶ οἷόν τινα νοερὰν φύσιν, ἄθελκτον εἶναι πρὸς ἅπαντας καὶ ἀμείλικτον. Βούλομαι μὲν γὰρ τοῦτο παντὶ ἀρχιερεῖ καὶ συνεύχομαι, ἀλλὰ τὸ κρᾶμα, καὶ τὸ συμπεφυκὸς ἡμῖν ἔλυτρον ἐπιστρέφει πρὸς ἑαυτὸ μετεωριζόμενον ἄνω τὸν νοῦν · τὸ γοῦν ὅσον εἰκός, καὶ τὸ μὴ λίαν τὴν συνθήκην ὑπερφωνοῦν προσεῖναι τῷ παραδείγματι δεῖ, ἵνα τῷ καθ' ἑαυτὸν ὑποδείγματι μετριάζειν πρὸς ἀρετὴν τοὺς λοιποὺς πείσειεν.

LXIII. Ὁ δέ, εἰδόσιν ὑμῖν τοὺς λόγους ποιοῦμαι, ὥσπερ ἀγυρτεύειν τεταγμένος, οὐχ ἱερατεύειν, ὁμοῦ τε πρώτως τοῦ βήματος ἐντὸς ἐγεγόνει, καὶ τῇ ἱερᾷ τραπέζῃ προσήγγιστε, καὶ γελῶν ὦπτο καὶ στωμυλλόμενος, δέον πεφρικέναι καὶ δειλιᾶν ὅτι Θεῷ μετὰ τοῦ σώματος πεπλησίαχεν. Οὕτω γοῦν καὶ μετὰ ταῦτα ἐδείκνυτο πρὸς αὐτοῖς τοῖς ἱεροῖς, πρὸς τῷ μεγάλῳ βήματι, τὴν δὲ ἐπὶ τοῦ πώλου καθέδραν, τὸν θαυμάσιον τοῦ ἐμοῦ Ἰησοῦ θρίαμβον, ὃν δὴ πρῶτα ἐπὶ μεγάλοις τροπαίοις κατήνεγκε, δημοσίαν αἰσχύνην ἡγεῖτο · ἡδέως γὰρ ἄν φησιν ἐπὶ τούτῳ ταῖς ἀφ' ὕψους ἐγγεύσαιμί τε καὶ ἁπαλὸν προσγελάσαιμι. Εἰ δέ ποτε τοῦ γελᾶν ἐπελέληστο, θυμοῦ καὶ μανίας ἐπίμπλατο, καὶ προσιὼν τοῖς ἀδύτοις μετὰ τῆς ἱερᾶς ἐκείνης περιβολῆς καὶ τῆς κιδάρεως, καὶ δορυφορούμενος ἑκατέρωθεν ταῖς συμβολικαῖς τάξεσι, καὶ οἷα δὴ Θεὸς πρὸς τὸν ἐνδότερον ἀγόμενος οὐρανόν, καὶ ἀπὸ γῆς ἀναλαμβανόμενος θυμῷ τε διεπρίετο · καὶ τὸν μὲν ὑλάκτει, τὸν δὲ ἀντώθει, τὸν δὲ ἱκέτην τέως ἢ σκληρῶς ἀπέμπετο ἢ προχυλινδούμενον τῶν ποδῶν, ὡς οὐδὲν πρᾶγμα παρῄει · καὶ οὕτως εἰς ὁμιλίαν Θεῷ συνεγίνετο, εἴ γέ τις καὶ τοῦτο τολμῴη ἐρεῖν · εἰ δέ τις αὐτῷ ἅπαξ ποτὲ προσκεκρούκει, ὁπότε δεκέτης πλέον ἢ ἐλάσσων ἐτύγχανεν ὤν, καὶ τῷ πολλῷ δήμῳ συνεξετάζετο ἡ μῆνις ἐνταυθοῖ, καὶ ὁ ἐγκείμενος κότος, καὶ ἡ ἀνεπίληστο μνήμη, καὶ ὁσάκις ἴδοι τὸν ἄνθρωπον, ἀνιστόρει καὶ ἀνεμίμνησκε, κι οὐδεμία οὐδαμόθεν οὔτ' ἀπομείλιξις, οὔτ' ἐξιλέωσις. Ὁ μὲν γὰρ ἴσι

(1) An συνιστάναι ? (T. R.).

καὶ ἱκετηρίαν ἐτίθει, καὶ τὸν μακρὸν χρόνον προυβάλετο, καὶ τὴν ὀλιγωρίαν αὐτήν, καὶ τὸ ἀτελὲς τοῦ φρονήματος · τῷ δὲ ὑπεκκαύματα ταῦτα ἐτύγχανε τῆς ὀργῆς καὶ οὐκ ἔστι τῶν πάντων οὐδεὶς ὃς τετύχηκεν αὐτοῦ ἵλεω ὑπειλημμένος διάφορος. Πολλοῖς γοῦν ὧν ἐμνησικάκει, καὶ τοῦτο ἀπῃτιᾶτο, ὅτι μὴ πρὸς τεσσαράκοντα κύκλων, τόνδε τὸν στενωπὸν διοδεύοντες, ἢ τάσδε τὰς ἀγυιάς, προσεφώνησαν ἢ τετιμήκασι, καὶ μετὰ τοσούτους οἱ ἄνδρες ἐνιαυτοὺς δίκας ἐδίδοσαν τῷ ἀρχιερεῖ σιωπῆς. Καὶ εἰ μέν τις τούτων τῷ κλήρῳ κατείλεκτο, πασῶν εὐθὺς τῶν ἐκκλησιῶν ἀπηλαύνετο, καὶ ὥσπερ τι τῶν ἀπηγορευμένων τῷ νόμῳ δεδρακὼς ἀφωρίζετο · εἰ δὲ τῆς συγκλήτου βουλῆς ἐτύγχανεν ὤν, γραφαῖς αὐτὸν παρὰ νόμον ἐδίωκε, καὶ ὁσάκις τῷ κρατοῦντι ἐντύχοι, μαστιγοῦν ἠξίου τὸν ἄνθρωπον, καὶ ἀπελαύνειν τῆς γερουσίας, καὶ μετὰ τῶν καταχρίτων ἱστᾶν(1). Καὶ ἅπαξ αὐτῷ τῆς ζωῆς βασκήνας ἄλλο ἐπ' ἄλλῳ προσετίθει κακόν, τοσοῦτον ἄχθος οἷς ἐμνησικάκει ἐπεφόρτιστο · ἐφίλει δὲ τῶν πάντων οὐδένα, οὐδ' ἔστιν εἰπεῖν τινα, ὅτι τοῖς μὲν τῶν ἀνθρώπων ἀπηχθάνετο, τοῖς δὲ προσέκειτο, ἀλλὰ τοσοῦτον ἦν σκαιὸς τὸ ἦθος καὶ δύσκολος, ὡς μήτε τοὺς ἐγγὺς τοῦ γένους, μήτε τοὺς πάλαι τούτῳ συνῳχηκότας, μὴ τοὺς ἐν γειτόνων, μὴ τοὺς πάλαι καθιερώσαντας, μὴ τοὺς ὑπερβαλλόντως (2) τιμήσαντας, προσοικειώσασθαι καὶ ἀληθῆ φιλίαν μνηστεύσασθαι. Ἀλλὰ κἂν εἴ τις αὐτῷ κοινοῦ μετεῖχε κρατῆρος, κἂν προσωμίλει, κἂν ἐγκωμίοις ἐσέμνυνε, μετὰ τῶν ἐχθίστων κατηριθμεῖτο · καὶ ὕποπτος αὐτῷ πᾶς συγγινόμενος, κἂν εἰ μηδὲν ἐδίδου ὥστε ὑποπτεύεσθαι, ἀλλ' ἡ γυνὴ αὐτῷ διεβάλλετο, ὅτι μὴ κοσμοῖτο, καὶ τὸ παιδίον ὅτι τὴν γλῶτταν ἐστιν ἀφυές, καὶ ὁ οἰκέτης ὅτι δραπέτης, ‖ καὶ αὐτὸς οὗτος, ὅτι μηδὲν εἰδείη τῶν ꜰᵒ γιγνομένων. Ὁ μὲν γὰρ ἀπράγμων, ὡς ἠλίθιος αὐτῷ διεβάλλετο, ὁ συστρεφὴς τὴν ψυχήν, ὡς πολυπράγμων τε καὶ περίεργος, ὡς ἀλαζὼν ὁ μεγαλοπρεπής, ὁ περὶ λόγους ὡς περιττός τε καὶ ἄχρηστος. Τοὺς πόρρω τῶν συγγενῶν οὐκ ᾔδει · τοὺς ἔγγιστα, ἢ τὸν πατέρα ἠλλοτρίου τοῦ γένους, ἢ τὴν μητέρα ἐποίει παρέγγραπτον · ἑαυτὸν δὲ μόνον ἀπὸ Κρόνου καὶ Ῥέας ἐγενεαλόγει, καὶ τῶν ἔτι περαιτέρω, Ἡρικαπαίου (3) φημὶ καὶ τοῦ Φάνητος καὶ τῆς ὀρφικῆς ἐκείνης νυκτός. Καὶ πρὸς πᾶν

(1) Debuit ἱστάναι (T. R.).
(2) ὑπερβαλόντως Cod.
(3) Codex Ὁρικαπαίου. Est numen orphicum, *Hymn, orph.*, 5, 4.

αὐτὸν ἀνῆγε γένος, εἰς Ἡρακλείδας, εἰς Πελοπίδας · καὶ ἦν αὐτῷ πάππος τε καὶ ἐπίπαππος Κῦρος ὁ Πέρσης, Κροῖσος ὁ Λυδός, ὁ Ὑστάσπου Δαρεῖος ἢ ὁ Ἀρσάκου · αἱ τῶν μητέρων μητέρες τῆς Ἑστίας ἱέρειαι · μῦθοι ἐπὶ τούτοις καὶ τέρατα, καὶ λύκαινα σπαργῶσα τοὺς μαστοὺς καὶ ὑπέχουσα τὰς θηλὰς τοῖς βρέφεσι, καὶ λαμπὰς οὐράνιος, καὶ δράκων τῇ Ὀλυμπιάδι συνευναζόμενος. Εἰ δέ ποτε τὸν λόγον ἐμβάλοι εἰς διήγησιν ἐρωτικήν, ἢ ἄλλο τι λέγων περὶ ἐνίων ἐρεῖν ἐτράπετο γυναικῶν, οὐδέν τι σεμνότερον τῶν ἐπὶ τῶν τριόδων ἐφθέγγετο, οὐδὲ μετετίθει τοὔνομα, οὐδ' εἶχεν αἰδῶ ἡ αἰδώς, οὐδὲ τρίμμα ἦν τὸ ψιμύθιον · ἀλλ' οὐδαμῇ τὸ τῆς ἀλληγορίας καλόν, ὥστε ἑταίραν εἰπεῖν τὴν τἀφροδίσια μισθαρνήσασαν, καὶ γνῶναι, ἢ πλησιάσαι, ἢ κἂν γοῦν συγκαθευδῆσαι τὸ συνεληλυθέναι, ἀλλὰ γυμνὰ τὰ ὀνόματα καὶ οὐδαμοῦ σχηματισμός, οὐκ ἔνδειξις, οὐκ ἔμφασις, οὐ τέχνη τοῦ λέγειν, οὐκ ἀποσιώπησις, οὐ παράλειψις, οὐ τὰ πέριξ εἰπεῖν, ὥστε τὸ μέσον ἐνδείξασθαι, ἀλλ' ὥσπερ αὐτὸ τοὖργον δεικνύς, οὕτω διῄει τῷ λόγῳ ὥστε τοὺς πολλοὺς ἐρυθριᾶν, καὶ μὴ ἔχειν ὅ τι καὶ φθέγξαιντο.

LXIV. Καὶ μή μοί τις ἐγκαλοίη σμικρολογίαν. Ὥσπερ γὰρ τὸν ἐν οὐρανῷ διιππεύοντα ἥλιον, φῶς ἀκραιφνέστατον ἐπιστάμενοι, εἰ βραχύ τι τὴν αἴγλην παραλλάττοντα ἴδοιμεν, ἢ οἷον ὑποχυμαίνοντα τὰς αὐγάς, ἢ τὸ λευκὸν τοῦ χρώματος εἰς τὸ ἀνθρακῶδες μεταβαλόντα, ὑποπτεύοιμέν τε εὐθύς, καὶ τὸ παραλλάττον, ὡς παρὰ φύσιν ἐπισημαινόμεθα, οὕτω δὴ καὶ εἴ τις ἀρχιερεὺς ὤν, ἔπειτα καπηλεύοι τὸ ἦθος, καὶ νοθεύοι τοὺς λόγους, σημεῖον ταῦτα ποιούμεθα τῆς κατὰ ψυχὴν διαθέσεως · εἰ γὰρ ὁ κανὼν καὶ ὁ γνώμων οὔτε τὸ ἀκριβὲς σώζοι, οὔτε τὸ εὐθές, πῶς ἂν οἱ πρὸς ἐκεῖνα παραμετρούμενοι τὴν προσήκουσαν ἰδέαν τῆς ψυχῆς διασώσειαν; Δεῖ μὲν γὰρ πάντας καὶ λόγον καὶ πρᾶξιν καὶ ἦθος καὶ νεῦμα καὶ κίνησιν μετρεῖν καὶ κατὰ λόγον ἱστᾶν (1) · ἀρχιερέα δὲ μάλιστα, παρ' οὗ καὶ τοῖς ἄλλοις μέτροις τὸ εἶναι μέτροις ἐστι · ἢ πῶς ἂν ἐγὼ ἢ γλώττης φείσωμαι, ἢ σεμνότητος φροντιῶ, ἢ τοῦ βαδίζειν εὐθὺ καὶ μὴ χάμπτεσθαι τοῦ ὑποδείγματός μοι διεφθαρμένου, πρὸς ὃ ῥυθμίζειν ἐμαυτὸν ἐπιβέβλημαι καὶ οὐδὲν τὰ πολλὰ τῶν ἐκείνου σμικρολογοῦμαι, ἀλλ' ὥσπερ ἐξ ἐπιπολῆς τῶν ἐκείνου ἠθῶν τε καὶ πράξεων ἅπτομαι, καὶ τῶν τρόπων αὐτοῦ τοὺς εἰδότας ἀναμιμνήσκω, πῇ μὲν ἄνεσιν τε

(1) Debuit ἱστάναι.

πῇ δὲ δυσκολίαν καὶ χαλεπότητα · οὐδεὶς γοῦν αὐτῷ τῶν
πληρεστάτου του μηνὸς ὑπηρέτησεν, ἀλλ' ὥσπερ ἐν χορῷ
μετεκινοῦντο καὶ μετετίθεντο, μόνον οὐκ ἀναστρέφοντες,
πτόμενοι. Ὁμοῦ γάρ τις τοῦ κυπέλλου ὥρεξε, καὶ ὑπωπτεύθη
ἰς · πληγαὶ οὖν εὐθὺς καὶ πικροὶ ἐτασμοὶ καὶ ἡ πέδη στενὴ
τασμὸς καὶ ἄλλος ἐπὶ τούτῳ καὶ ἐπ' ἐκείνῳ ἕτερος. Καὶ τὴν
πάντες ἀπήγοντο, ὁ μὲν ὅτι γελῴη, ὁ δ' ὅτι σκυθρωπάζοι,
κιρνῴη ἀκριβῶς καὶ ἐπιδεξίως. Πολλοὶ δὲ τούτων πρὸς τὸ
ἐνέδοσαν τῶν κακώσεων, ὥστε καὶ ἐπιβεβουλεύκασι, καὶ τοῦ
τῷ κατέχεον φάρμακον. Εἰ δὲ καὶ μὴ πεποιήκεσαν, ἀλλ'
αν, οἵ γε καὶ δίκην ἔδοσαν ἀσκοῦσαν ὑποψίας ἢ ἀληθείας,
ἰπ' αὐταῖς δὴ ταῖς μάστιξι μετηλλάχασι τὴν ζωήν, οἱ δὲ,
τῶν σπλάγχνων ὠθήσαντες, μετριωτέραν εὑρήκασι τὴν
πληγών.

ιατέ μοι τὸ ἦθος ὡς ἐπιεικὲς ὅτι μηδὲ ταῦτα ποιοῦμαι ἐγκλή-
ἅπερ ἂν τοῖς ἄλλοις εἰς τὴν τοῦ λέγειν πικρίαν ἀρκέσειε,
ιρακτῆρας ἐκείνῳ τοῦ βίου πεποίημαι · τὸ μὲν οὖν ἠμελη-
δρα καὶ φιλοσοφίας ἁπάσης, καὶ τῆς περὶ τὸ λέγειν τέχνης
αὶ ῥυθμοῦ οὐκ ἐγκαλῶ μέν, καίτοι καὶ τοῦτο ἐξῆν · σημεῖον
ψυχῆς ἀθέλκτου πρὸς τὰ καλά · τί γὰρ ἄλλο θέλξειε τὴν
λόγος διηκριβωμένος καὶ νοῦς συγκείμενος εὖ. καὶ λέξις
καὶ ὀνομάτων κάλλος, καὶ τὸ ἐπὶ πᾶσι χρῶμα ταὐτό, ὧν
; ἐκίνησέ τε ἢ ὑπηγάγετο. Τὸ δὲ μηδέποτε μηδὲ τοῖς
ιν λόγων προσομιλεῖν, μηδέ τι ἀνελίξαι δελτάριον, τοῦτο
ν προτέρων ἐγκλημάτων ἐστίν, ἀλλ' ἐγὼ μετὰ τῶν χαρακ-
αῦτα τίθεμαι. Οὐδὲν γοῦν τῶν καθ' ἡμᾶς ᾔδει δογμάτων,
ι ἠπίστατο · οὐσίας γε μήν, καὶ προσώπων πολλοῦ ἄρα αὐτῷ
διαφοράν · φύσεως δὲ πέρι καὶ ὑποστάσεως οὐδὲ διειλέχθη
τῶν περὶ ταῦτα βιβλίων ἀνέπτυξεν, οὐδὲ τῶν σοφωτέρων
ἰ δέ τις ἠκρίβου ταῦτα ἀπέρριπτό τε καὶ κατεπεφρόνητο, Fo 148 ro
ιοῦ βήματος. Συνοδικοῖς κανόσιν καὶ πατρικαῖς διατάξεσιν,
αὐτὸν προσωμιληκότα ποτέ · ἀλλ' εὐθὺς κατὰ τὸ περίορθρον
λῷ ἐψόφει τὴν αὔλειον καὶ ἐφεξῆς πάντες εἰσῄεσαν · ὁ ἀνθο-
ν ποικίλων δημιουργός, ὁ ἀρωματοφόρος, ὁ μετεωρίζων
ιὸν μυλίτην λίθον ῥᾳδίως κινῶν, ὁ τὰς πυραμίδας κατασ-

κευάζων, ὁ χρυσογνώμων, ὁ τὰς λίθους εἰδώς (1). Καὶ ἄλλος ἄλλο τι
φέρων ἐδείκνυ · ὁ μὲν κύπελλον τῆς διαφανοῦς ὑέλλου καὶ πολυτίμου, ὁ
δὲ θηρίκλειον μετὰ τῶν καινῶν ὀνομάτων καὶ τῆς πολυτελείας τῶν
λέξεων, ὁ δὲ κογχύλιον ἤ, ἀσσάριον, ἢ ἀργυροῦν κόττυφον, ἢ χρυσοῦν
μελαγκόρυφον, ἰδίας ἱέντα φωνὰς ὑπὸ μηχανικοῦ πνεύματος, ὁ δέ
περιφερὲς ἄρωμα, στίγμασι καθηλωμένον χρυσοῖς, ὁ δὲ ἀδάμαντα, ἢ
λυγνίτην, ἢ ἄνθρακα, καὶ ἄλλος μαργαρίτας ἢ τοὺς ἀκριβῶς ἐσφαιρω-
μένους καὶ λευκοτάτους, ἢ τοὺς κατὰ κῶνον διεσχηματισμένους, καὶ
ἐτέρπετο τῶν μὲν τῷ κάλλει, τῶν δὲ τῷ σχήματι, τῶν δὲ τῇ μηχανῇ.
Ἀστρολόγοι δή τινες ἐπὶ τούτοις καὶ μάντεις τῶν οὐδὲν μὲν εἰδότων, οὐδ'
ὅτι μαντείας εἶδος ἐπισταμένων · πιστευομένων δὲ ἄλλως οὐκ ἀπὸ τῆς
τέχνης, ἀλλ' ἀπὸ τοῦ ἔθνους, ὅτι ὁ μὲν Ἰλλύριος, ὁ δὲ Πέρσης,
καὶ οὗτος μὲν τὰς ὑποκειμένας τῇ τέχνῃ ὕλας ἐπίσταται τὸ βδέλλιον,
καὶ τὸ τάρρεθος (2), καὶ τὸν κουράλιον λίθον, καὶ τὸ ἀνδροφόνον ξίφος· ὁ
δέ, ὅτι τι περὶ τὸν ὦμον ὀστοῦν ἀκριβῶς κατοπτεύοι · ἅπερ εἴ γε
μανθάνειν ἐβούλετο, ἤρκεσεν ἂν αὐτῷ ἀντ' ἄλλης τινὸς γλώττης, ἡ περὶ
τὴν τοιαύτην πραγματείαν ἀγυρτεία τοῦ Πορφυρίου, ἀλλ' ὅτι ἐν
διφθέραις ταῦτα ἐγέγραπτο ἢ ἐν εἰλιταρίοις τισίν, ἃ δὴ κεφαλίδας
βιβλίων ἔνιοί φασιν, ἀπεπτύετό τε καὶ ἀπεπέμπετο (3).

LXVI. Ὥσπερ δὲ τἆλλα εἰδώς, ἃ νόμος εἰδέναι (4) καὶ τὰς μετα-
βολὰς τῶν ὑλῶν περιῄει ζητῶν, καὶ δεινὸν ἐποιεῖτο, εἰ μὴ τὸν μὲν
χαλκὸν ἄργυρον, τὸν δὲ ἄργυρον χρυσὸν ἀπεργάσαιτο · ἐνταῦθα τοίνυν
μόνον Ζώσιμοί τε αὐτῷ ἐσπουδάζοντο καὶ Θεόφραστοι, καὶ ἡ κατ'
ἐνέργειαν ἐζητεῖτο ἔκδοσις (5). Οὕτω γὰρ ἐπιγέγραπται τὰ βιβλία καὶ
τὴν ἰωνικὴν χάριν κατόπιν τιθείς, τὴν ἀβδηριτικὴν πραγματείαν καὶ
δημοκρίτειον (6) ἐτίθετο περὶ πλείονος καὶ ἔργον αὐτῷ οὐδὲν ἢ τὰ τῆς

(1) Cf. Psellos Περὶ λίθων δυνάμεων Migne. Patr. Gr. CXXII, p. 888-900.
(2) Quid sit nescio (T. R.) — βδέλιον Cod.
(3) ἀπέμπετο Cod.
(4) Combefis. Verbum deest, forte κωλύεται.
(5) Zosime le Panopolitain qui vivait à Alexandrie au IIIᵉ siècle après J.-C.
(Phot. Cod. CLXX) est « le plus ancien alchimiste grec dont nous possédions les
« écrits et auquel nous soyons autorisés à attribuer une existence réelle » (Berthelot, Orig. de l'Alchimie, p. 177). Sous le nom de Théophraste figure dans les
collections un poème alchimique (Berthelot, Id., p. 202). Sur les connaissances
de Psellos en alchimie voir l'Introduction.
(6) On attribuait à Démocrite d'Abdère le plus ancien ouvrage connu sur l'alchimie, Physica et Mystica, qui est apocryphe (Berthelot, Id., p. 146).

ποιίας συνθήματα. Ὁ γοῦν κεχυμένος ἄργυρος, καὶ ἡ σανδαράχη,
μαγνησία λίθος, καὶ τὰ πυρίμαχα σώματα, τό τε κόμμι καὶ τὸ
νον ἔλαιον, ὀνόματα ἐκείνῳ λαμπρὰ καὶ ὑπέρσεμνα · ἀντὶ τῶν
ιν θεωρημάτων, ἀντὶ συλλογισμῶν, ἀντὶ ἀποδείξεων τὰ μὲν οὖν
το, τὰ δὲ μετεβάλλετο, τὰ δὲ ἐζητεῖτο. Τίς μὲν ἡ τοῦ χαλκοῦ
ς; Τίς δὲ ἡ τοῦ σιδήρου μάλαξις, καὶ ἡ τοῦ μολύβδου (1) ἀρρεύσ-
καὶ ἡ τοῦ καττιτέρου ἀστρίτωσις; Τί δὲ τὸ γέλεβ; Πῶς δὲ ἡ
τις; Καὶ πάντα μὲν συνεκινεῖτο, ἀπετελεῖτο δ' οὐδὲν · ἀλλ' ἦν ὁ
ς αὖθις σίδηρος καὶ ὁ χαλκὸς χρυσὸς ἄχρι τοῦ χρώματος · οὐ γὰρ
ιὺς λόγους, οὐδὲ ἐσταθμοῦτο. Ἀλλὰ τί μοι περὶ τούτων ἃ πάλαι
τὸς εἰδὼς ἢ μόνος, ἢ παρὰ τοὺς ἄλλους, ὡς φλυαρίαν ἀπέπτυσα;
τοῦτο μέμψιν αὐτῷ ἴσως ἔχει, οὐδαμῶς δ' ἐπαχθείη ὡς ἔγκλημα
τὸν χρυσὸν παρὰ τοὺς καθεστηκότας νόμους εἰργάζετο κεκρυμ-
καὶ ὑπὸ σκότῳ, τοῦτο πῶς οὐκ ἂν ἀπογραφείη ταῖς δημοσίαις
τ; Καὶ τίς ἀνὴρ περὶ ταῦτα πραγματευόμενος δημοσίων ἀδικη-
<οὐκ> εἰκότως γράψαιτο; Οὐ γὰρ ἐκ μετάλλων μόνον οὐδ' ἀπὸ
ἰς γῆς μυχῶν ὁ τοῦ βασιλέως ἐπιδίδωσι θησαυρός · οὐδὲ φόροι
πληθουσι μόνοι, καὶ γεωδαισίας συντέλειαι καὶ οὐδ' ὁ βοηλάτης
ιειτουργεῖ μόνος, ἀλλ' οὐδὲν ἧττον καὶ ὁ χρυσελάτης, καὶ ὁ τὸν
ιρον ἐλαύνων, καὶ ὁ τήκων τὸν μόλυβδον (2). Χεῖρες οὖν ἐκεῖνον
ιωσιν εὐφυεῖς καὶ οἷον ἀναλύουσι καὶ ἀπολεπτύνουσιν <καὶ> (3)
ιπλοῦσι γοῦν πολλάκις. Εἶτα δὴ φείδονται τῆς χειρός, καὶ τῷ
ιι οὐ πάνυ τι χρῶνται καὶ αὖθις τὰ χρυσᾶ ὑφάσματα συντιθέασι,
ιὰν εἰς ἀράχνης λεπτότητα τὴν ἀντιτυπίαν τοῦ χρυσοῦ διαλύσωσιν.
ι οὖν τις ἀμιγής ἐστι καὶ διαυγάζει λαμπρότερον, ὁ δὲ μετὰ τῆς
ιης ὕλης ἐλαύνεται, καὶ ὁ μέν τις διμοιρίτης πρὸς τὴν ἐπιμι-
ιτί, ὁ δὲ ἴσος καὶ ἥμισυς · τὸ δέ γε ταμιεῖον τοῦ δημοσίου, διπλᾶ
ιῦ δίδωσιν ἔχει, καὶ οὐχ ὑπερβαίνει τὸ μέτρον · οἱ τοίνυν τὴν χρυ-
ι' οὕτως εἴποιμι ἐξυφαίνοντες, λανθάνοντες, ἔστιν οὗ ἑαυτοῖς τοῦ-
ολεπτύνουσι, καὶ εἰσὶ λαθραῖοι δημόσιοι, καὶ ἐξιδιοῦνται, εἴγε
ράσῃ τις αὐτοὺς τὸ ἀλλότριον · νόμος δὲ αὐτοῖς ἐπίκειται σφο

λίβδου Cod.
λιβδον Cod.
ἰ inserui (T. R.).
ιλά τι suspectum; διπλά/ Cod. fort. διπλάσιον (Η. L.).

δρὸς ἅμα καὶ τιμωρός · « Εἰ δέ τις αὐτοὺς συγκαλύψει ἢ ἀποδεξάμενος
« ἔχοι καὶ συνειδείη τούτοις τὴν τοῦ χρυσοῦ ἔλασιν, δεδήμευται καὶ
« εἰς ὑπερορίαν ἢ μέταλλον ἄγεται · εἰ δὲ κλήρῳ κατείλεκται, ἀφαιρεῖ-
« ται τοῦτον μετὰ καὶ τοῦ δεδημεῦσθαι » (1). Ἀρχιερεῖ δὲ οὐδ᾽ ἔχει
ὁ λόγος τιμωρίας ὑπερβολήν. Μετὰ γὰρ τοῦ παρανομεῖν, καὶ ἡ τῆς παρα-
ν. νομίας αἰσχύνη ἀνυπέρβλητον αὐτῷ ποιεῖ ▌ τὸ κακόν, ἀλλ᾽ ὅ γε δεσπότης καὶ τούτου ἑάλωκεν·

LXVII. Ἀλλά μοι ἀφεῖται ἐνταῦθα τὸ κατεντεῦθεν τούτου κατηγό-
ρημα · ὁ δὲ λόγος ὡς πρᾶγμα γυμνάζει τὸ γεγονός, οὐχ ὡς ἔγκλημα.
Ἐπειδὴ γὰρ ἔμελλέν οἱ ὁ ναὸς καταχεχρυσῶσθαι, ἵνα μὴ πολλὰ κατα-
βάλῃ τοῖς ὑφάνταις τοῦ χρυσοῦ χρήματα, εἰσκαλεῖται τούτους, καὶ
ὑπόγαιόν τι ἀποταξάμενος οἴκημα αὐτοῦ που πρὸς τῷ νεῴ, ἐξυφαίνει
κατὰ τὸ βουλητὸν αὐτῷ τὸν χρυσόν, καὶ ἵνα μὴ παρὰ πολὺ τὸ κιβώτιον
αὐτῷ τῶν χρημάτων ἐλαττωθείη, τοιαύτης ἀπολέλαυκε τῆς ἀτιμίας
ἐφ᾽ οἷς ἄν τις αὐτὸν ἀποδύραιτο, ἢ ταῦτα ἐπεγκαλέσειεν · ὡς δὲ καὶ χάριν
ᾔδει τοῖς εὐεργέταις, αὐτὸς ἂν ὑμῖν, οὐκ ἄλλος ἐπιμαρτύραιτο, ἐπὶ τὸν
πρώτως αὐτὸν, ἐπὶ τὸ θεῖον τοῦτο ὕψος ἀναβιβάσαντα τὴν γλῶσσαν ὁσημ-
μέραι ὡς μάχαιραν θήγων, καὶ μηδὲ τεθνηκότι σπενδόμενος, ᾧ ζῶντι
πολλάκις ἐπιβεβούλευκε, καὶ παρ᾽ οὗ δημοσίαις καθυβρίσθη φωναῖς.
Εἴπερ μὴ τῶν ἄλλων ἐκείνων ἐπιλέλησται τῶν τῆς ἀτιμίας γραμμά-
των, τῆς ἐπὶ ταύτῃ σκηνῆς, τῶν ἀσελγεστάτων καὶ ἐπιρρήτων ὧν ὁ
δεσπότης ἁλοὺς οὐκ ᾐσχύνετο. Ἄρ᾽ οὖν πρὸς μὲν ἐκεῖνον, τοιοῦτος (καὶ
δικαίως, ὥς γέ μοι δοκεῖ, τῆς περὶ αὐτὸν ἀλόγου κρίσεως ἀμυνόμενος),
τῇ δ᾽ ἐφεξῆς βασιλίδι σεμνότερος καὶ αἰδεσιμώτερος; Πολλοῦ γε καὶ
δεῖ. Καὶ τί δεῖ καθεξῆς. πάντα συνείρειν; Τὴν τῆς βασιλείας ἐπιθυμίαν;
Τὴν ἐπὶ τούτου ἔριν; Τὴν ὕβριν; Ὡς ἐπὶ τούτοις ἀπῶστο, καὶ ἐν Καρὸς
μοίρᾳ λελόγιστο; Ὡς γὰρ εἰδότων ὑμῶν τὰ πλείω σιγῶ, ἀλλὰ μή τι
πολλάκις πληγεὶς ὁ μισοβασιλεὺς οὗτος ἀνὴρ μετὰ ταῦτα συνέσταλταί
τε καὶ σεσωφρόνισται; Καὶ ἐπειδὴ ταῖς οἰκείαις χερσὶ τῷ βασιλεῖ τὸ
στέφος ἐπέθηκε, κατένειμέ τι αἰδοῦς, ἢ μᾶλλόν τι τῆς αὐθάδους γνώμης
ὑφῄρηκεν; Οὐμενοῦν · ἀλλ᾽ ἐπὶ τούτῳ ὅλον ὡς ἴστε ἐξέχεε τὸν ἰόν, καὶ
γέγονεν αὐτῷ παρανόμων παρανομώτερος, καὶ θηρίων θηριωδέστερος.
Ἐγὼ δὲ σε καὶ πάλιν ἀξιῶ βασιλεῦ ἵνα μὴ με τῶν τοιούτων καταμέμφῃ

(1) Basil., LX, 41.

ὐδὲν γάρ τι τῶν γεγενημένων προστίθημι, οὐδέ τι του του
;ιώματος, μᾶλλον μὲν οὖν καὶ σεμνότερον αὐτὸ ἀπεργάζομαι
:εῖνον αἰδοῖ, ἐπεί τοι καὶ αὐτὸς τὴν δευτέραν ἐκείνου πρεσβείαν
ίαν δεξάμενος τὸ πᾶν ἀπέθου τῆς συγκινήσεως καὶ σπεισάμε-
ἢν, ἐννομωτέραν αὐτῷ τὴν πρὸς τὰ βασίλεια πεποίηκας

I. Ἀλλά σου πυθοίμην ἂν καὶ μάλα σπουδάζων · ἆρά γε
ασιλέων ἁπάντων θειότατε καὶ φιλανθρωπότατε, καὶ τὴν κατὰ
:ράτους τοῦ ἀρχιερέως μανίαν τε καὶ θρασύτητα ἐξειπεῖν ἢ
ἀλλὰ πῶς ἂν εἴποιμι, περιπλέκων καὶ διεσπουδασμένην ἐπι-
ι' ἢν μικροῦ δεῖν, ἅπαντα ἂν διέφθαρτο καὶ ἠφάνιστο, οὐ
ιμένου τοῦ ἀτοπήματος, — μὴ οὕτω μανείην —, ἀλλὰ τῆς
ς κεφαλῆς στρατηγησάσης αὖθις, καὶ νέον συγκρατησάσης
ον ἐπὶ τὴν σὴν σεβασμίαν καὶ ἱερὰν κεφαλήν; Βούλει γοῦνα αἰ
ιέγα κινῆσαί <με> (1) κεφάλαιον, καὶ πάντα κατακλύσαι τὸν
σύλλογον, ἀλλά μοι ἔοικας οὐ πάνυ τι περὶ τούτου σπουδάζειν,
ίθεν ἐθέλειν ἐπενεχθῆναι τῷ ἀρχιερεῖ καθαίρεσιν. Ὡς δέ μοι
' ἂν ὅλως τὸ περὶ τούτου συνέδριον συνεκρότησας, εἰ μή σε ἡ
:ίον εὐλάβεια διῇρει καὶ κατεμέριζε, καὶ σοῦ τῶν μυελῶν
· τῆς ψυχῆς, ὡς οὐκ ἀξίου τοῦ πατριάρχου τυγχάνοντος τοῦ
ιφχιερέως καὶ θύματος, ἐφ' οἷς πρῶτον κατὰ Θεοῦ ἠσέβηκεν ·
αὶ κατὰ τῶν ἐκείνου ἁγίων λελύττηκεν, ἐπὶ τούτοις γὰρ τοὺς
:ούτους καὶ θείους ἀρχιερεῖς συναγηόχας (2) καὶ ἁπλοῦν ἅμα
ον ἐρώτημα ἐρωτᾷς · ὁ δὴ αὐτὸς ὑποκρινάμενος ὥσπερ δὴ σοὶ
τἆλλα τὴν ἐμὴν ὑπεκίνησα γλῶτταν, τῶν συνειλεγμένων
θάνομαι οὑτωσί · Πότερον ὑμῖν δοκεῖ, τοιούτων ἐπενηνεγμένων
ιεῖ ἐγκλημάτων, καὶ οὕτω διωμολογημένων, ἵνα μὴ ἀποδε-
ι ἐρῶ, ἀσεβείας, καθοσιώσεως, τυραννίδος, τῆς ἐπὶ τοὺς ἱεροὺς
ιανομίας, δεῖ τοῦτον αὖθις προσιέναι Θεῷ καὶ τῷ βήματι, καὶ
ν ἀξιοῦσθαι ἀδύτων καὶ μυστηρίων; Καὶ συγχωρεῖτε πάντα
ματι, ἢ τὴν καθαίρεσιν ὑποστῆναι, καὶ τοῦ τῆς ἀρχιερωσύνης
ἐξιώματος; Εἰ μὲν τὸ πρῶτον ἐρεῖτε, δότε μοι τὴν ὑμετέραν

eruit Combefis.
ιοχας Cod.

ψῆφον ἐν γράμμασιν, ἵν' ἔχοι ταύτην ἀπολογίαν ὁ βασιλεὺς πρὸς τὸν πρῶτον λόγον κρινόμενος καὶ πικρῶς περὶ τούτων ἐξεταζόμενος · καὶ ἀνεῴχθω πάλιν ἡ ἐκκλησία ταῖς ἑλληνικαῖς συμμορίαις καὶ τοῖς χρησμοῖς καὶ τοῖς τρίποσιν, ἵν' ᾖ καὶ δεύτερον ἡμῖν πνεῦμα τοῦ πρώτου καὶ θείου ἀντίθετον. Εἰ δ' οὐδεὶς ἂν ὑμῶν τοῦτο δοίη, θαρροῦντως ἕκαστος ὑμῶν καὶ κοινῇ πάντες καθαίρεσιν τοῦ ἀρχιερέως ψηφίσασθε. Ἐπὶ τούτοις εἴ τι ἄλλο τις φαίη, ὡς οὕτως ἢ ἐκείνως ἐχρῆν κατηγορεῖν, καὶ ὡς χρὴ διδόναι τὸν κατηγοροῦντα τὴν περὶ τὸν λόγον ἀσφάλειαν καὶ τἄλλα ψυχρὰ πάντα καὶ ἀσθενῆ · ἐγὼ μὲν γάρ, ὅστις δ' ἂν ὦ, τὴν τῶν ἁπάντων ὑπεκρινάμην φωνήν καὶ αὐτὴν δὲ τὴν τοῦ κρατοῦντος γλῶτταν ἡρμήνευκα · οὗτος δ' ἐστὶν ὁ περὶ τῆς δόξης διακρινόμενος, καὶ τὴν τελευταίαν ταύτην ὑμῖν ἐπάγων ἐρώτησιν, δυσὶ καὶ ἀμέσοις διαλεγόμενος τμήμασιν, ἵνα θάτερον τῶν δυοῖν δοίητε, καὶ μὴ πρὸς ἕτερον καταφύγητε, ὁ ‖ γοῦν λόγος τῶν μὲν ἐγκλημάτων ὑμᾶς ἀνέμνησε μόνων καὶ ὡσπερεὶ δεδομένων ἐκείνων διείλεκται πρὸς ὑμᾶς. Ζητεῖ δὲ περὶ ὧν ἠρώτηκε καὶ χρὴ ταῦτα διαλυσαμένους ὑμᾶς τῆς περὶ τὰ θεῖα φροντίδος ἀπαλλάξαι τὸν αὐτοκράτορα.

LXIX. Ἐγὼ δὲ καὶ πλείω ἔχων ἐρεῖν κατὰ τοῦ ἀρχιερέως, ἐπέχω τὴν γλῶτταν · οὐ γάρ με καὶ ὁ πραότατος ἀφίησι βασιλεύς. Δεῖ γὰρ καὶ κατηγοροῦντας ἐνίων φείδεσθαι, ἵνα μὴ φαίνοιντο ἐξ ἀπεχθείας μᾶλλον ἢ ἀληθείας τὴν κατηγορίαν ποιούμενοι. Κἀγὼ γοῦν αὐτῷ πολλὰ τῶν ἀτοπωτέρων ἀπεκρυψάμην, καὶ οὔτε σοι τὸν πρώην βίον διήλεγξα, ὦ θαυμάσιε σύ, οὔτε ὅθεν ἐπὶ τὴν ἀρχιερωσύνην ἐλήλυθας, καὶ ἐφ' οἵοις τοῖς ἐπαγγέλμασιν, οὔθ' ὁπόσα σοι μετὰ ταῦτα διαθρυλλεῖται. Καὶ γὰρ οὐ τὰ πλείονά σοι τῶν ἀπορρήτων δεδημοσίευται νῦν, ἀλλά σοι χαριζόμενος, ἀφῆκα μένειν ὡς ἐτελέσθησαν · σὺ δέ μοι μὴ ἀπεχθάνου, μηδὲ δυσμενῶς ἔχε · εἴγε σοι τοιοῦτον συνέδριον ὁ μὲν βασιλεὺς ἐνεστήσατο, ἐγὼ δὲ τὰς ἁπάντων συνειληχὼς φωνὰς ἐν μιᾷ τῇ ἐμῇ γλώττῃ, ταυτηνὶ τὴν κατηγορίαν πεποίημαι. Ἔδειξα γάρ σοι τοὺς σπίλους, ἵνα σαυτὸν ἀποπλύνειας, καὶ κρεῖσσον ἦν, ὦ βέλτιστε, ἐνταῦθα τῆς ἱερατείας πεσεῖν, ἢ ἐκεῖσε τῆς βασιλείας · οὐ γὰρ καὶ Θεὸν ἀπολλύεις, ἀποτιθέμενος τὸ ἀξίωμα, ἀλλὰ δίκην διδοὺς εὐμενεστέροις ἐντύχοις τοῖς ἄνω κριταῖς, καὶ σοι τότε φανεῖται καθαρτήριον ὡς ἀληθῶς τὸ ἐνταυθοῖ πόμα τῆς καθαιρέσεως, καὶ φανεὶς ἐκεῖσε χρυσοῦς, τηλαυγὴς τῷ ἐνταῦθα πυρὶ πᾶσαν ἐπιμιξίαν τῆς ἀτίμου ὕλης ἀποβαλόμενος · μᾶλλον δὲ προσαχθείης νοῦς ἀκήρατος τῷ Θεῷ, πιὼν ἀρκούντως τὸ τῆς βασάνου ὧδε ποτήριον. Εἰ δὲ μὴ ἑκούσιον, ἀλλά σε τοῦτο μηδαμῶς δεδιττέσθω · ὅσα γάρ τοι μὴ ἐκ προαιρέσεως ἡμῖν παραγίνεται, μᾶλλον ἀνιᾷ τὴν ψυχὴν καὶ δριμύττει καὶ οἷά τισι πιέσμασι τοῖς τοιούτοις δεινοῖς ὁ νοῦς συνθλιβόμενος, ὑπερἄλλεται μὲν τὸ σῶμα, χωρεῖ δὲ πρὸς Θεόν, καὶ δευτέραις οὐ ταλαιπωρεῖται βασάνοις · ἃς δὴ καὶ αὐτὸς ἀποδράσειας, τῷ <τε> (1) πρώτῳ καὶ ἀΰλῳ φωτὶ καθαρὸν καὶ ἀκήρατον φως προσπελάσειας.

L. Bréhier.

Corrigenda à la première partie du discours de Psellos (*Revue*, 1903, p. 383 suiv.) Leçons du manuscrit, d'après la collation nouvelle de M. H. Lebègue. Les leçons qui ne sont pas suivies d'un *sic* paraissent devoir être substituées aux lectures de M. Bréhier.

P. 383. 11. καταψηφιεῖσθε. 14. ἐπισχεῖν. P. 384. 1. ἀνακόπτειν (sic). 4. ἐμβαλὼν. 11. συγκεκόλληνται. 15. κατολιγωρητέον. 22. ἀπείργοι. P. 385. 4. κατολιγωρῆσαι. 5. οὐδὲ γὰρ ἂν οὐδ'. 15. τὰ δὲ habet ms. 16. ὧν ἠμφισβήτησεν. 22. εὐσεβεῖς. P. 386. 4. ἀναστάντες. 18. ἀναπλασάμενοι. 21. θεσπ.ῳδόν. P. 387. 18. παραδεδεγμένους. 23. ἐντρυφᾶς (sic). — χρησμῳδόν. 30. διηγήσωμαι, χρανθήσωμαι. P. 388. 2. μαντῳδόν. 14. ἐπερσικόμης (sic). 19. αὐτὸν. P. 389. 15. ῥηξάτω. 28. μαντεῖα. 31. πιστεύσαντες. P. 390. 4. γοῦν] γάρ. 7. ἐσχηματίσατο. 18. γε] Plat. τι ms. 20. εὕρατο (sic). — 22. ἑαυτῆς non habet ms. 23. εὑραμένη (sic). 24. τελειοτέρας] τέσσαρας. — P. 391. 1 et 12. αὕτη. 14. καλῶς] βασιλέως. 27. βδελλυρᾷ (sic). — P. 392. 2. τὸν προφήτην. 11. τάς] τῆς. 27. ἐμεινά τι. 30. Θεοδώρα αὕτη (sic). — P. 393. 1. ἀληθεῖ. 14. τὰ δεύτερα. 31. εἰς non habet ms. — P. 394. 15. διάφορα. — P. 395. 4. περισσά. 5. ἐπί] περί. — 8. χρᾶσθαι. 20. αὕτη. — ἀπολέλειπτο. 27. λόγῳ (?). 28. Χριστός] Κύριος. — 32. τῶν λόγων. P. 396. 7. ὑλικώτεραι. 15. τινος. 27. αὐτὸν εἰσδεξάμενον. 35. θείων. P. 397. 11. ἐξάρχους. 24. τῶν non habet ms. P. 398. ἀποφορτισαστὴν (?) 12. προτέθεικε. 15. ὀδυνῶν. 17. μέντοι γε ut vid. 22. διασύρετε. 23. μὴ] μήτε. 24. πᾶσα ἀνάγκη. 29. ἔτι] ὅτι. P. 399. 1. διεξιχνίασε. 3. διεστραμμένους. 6. τὴν] τὸν. 30. ἀποκρίνομεν. 32. ἐκάστῃ] Ἑκάτης. 35. ἐρεῖν]ρεῖν. P. 400. 1. ἐπ' ἄμφω τοῦ. 2. ἐμέθεστον. 4. ἠκηκόειμεν. 6. προσαγωγῆ. 8. δεδ:δόγμεθα. 34. αὐτελέγκτων. 35. ἐν προσώπῳ] εἰς ἓν πρόσωπον. P. 401. 12. κατηγόρησα. 20. ἠνέσχοισθέ μου. 25. τραπόμενος. 30. τῶν ἱερῶν. P. 402. 10. ἐκρύπτετο habet ms. ἁπλότης. — 22. προφῆτις] πρόφασις. 24. δικανικώτερον. 27. προσπλάττεις habet ms. P. 403. 25. Post. ἡμετέρων, προσκρούει οm. Br. 29. ἐγκαλέσας. 31. ὠργιεῖσθε. 33. τούτου] τούτων. P. 404. 15. δόγματος. P. 405. 1. περισπῶν. 4. ἔχοι] ἔλοι. — τὸν ἀπατώμενον (sic). 5. θεὸν. 6. προσαγομένοις.

(1) τι inser. Combefis.

10. οἶδε. 12. σοφίσεται. 25. προβαίνουσα. 33. σελήντ,ν. P. 406. 1. ἀπόζει. P. 407.
16. παραλλάττον. 18. κατεψτ,ρίσαντο. 27. πρᾶγμα. P. 408. 1. μετεποίησαν habet ms.
5. Post ἡμετέρους, λόγους om. Br. P. 409. 1. διιθυνόντων. 3. τισεν (sic). 7. δὲ] δὴ.
14. πάντων καὶ ὁ] καὶ deest. 18. προιστα (sic). 24. δεχόμενος] δυνάμενος. 25. ἐληλεγμένα.
28. ὑμῖν. P. 410. 4. παραβαίνουσιν. 8. ἐπεζευγμένας. 13. παρακελεύεται. 18. ἀνεγνώκει
ἀνεζωπύρησε. P. 411. 8. χορηγοῦν habet ms. 16. ἐβέδυστο. 17. κυψέλλη (sic). 22.
ͺορτήͺν. 28. δὴ καὶ] post καὶ, πάστ,ς om. Br. 32. μετατιθέναι. 33. δὲ] δὴ. P. 412.
10. ταῦτα] τοῦτον. 12, 26. ἀνέδην. 14. ἀν] ἦν. 19. ἐπιστολῶν. 23. ἐζηλωκὼς. 27. διέλαβον.
τά]τῶν. 30. τοῖς πατράσι. 33. εἴτε φλύαρον καὶ ἀσελγὲς γύναιον. P. 413
5. συνελθόντων. 6. μεταβάλοιτο. 9. μεμενήκασι. 10. Δοσίθεος (sic). 12. τῶν νενομισμένων.
22. προσωμιλεῖς. 23. ἐπυνθάνου. 24. προσωμιλεις. 25. καθειστήκεις. P. 414. 2. Παρνασσῶ.
4. αὐτῶν ἀπολαῦσαι. 6. ἡγνοημένην. P. 415. 5. μαντωδοῦ. θήλεος. 7. αὐτοῦ] αὐτῆς.
8. ἠθῶν. 15. Post θεῖον, ἐκεῖνο om. Br. 28. ἠλιθιωτάτων. P. 416. 5. ἔχοι. 8. ἰσχύι.
10. δίσκον. 13. εἰδῶ. 14. ὅπερ] ὅπως. 15. διειλεγμαι. 20. τοιαύτην.

BULLETIN ARCHÉOLOGIQUE

I. — ARCHITECTURE. FOUILLES.

La date de l'Ancien Parthénon. — L. Ross en 1830 et Cavvadias cinquante ans plus tard découvrirent sous le Parthénon un premier temple, plus ancien, de dimensions presque identiques au second, moins large, mais un peu plus long. Ses fondations sont en assises régulières de tuf, son socle en calcaire de Kara, ses colonnades et ses murs intérieurs devaient être en pentélique. M. Dörpfeld (1) a reconnu que trois terrassements successifs avaient été nécessaires pour assurer les fondations de l'édifice. Le niveau primitif étant donné par le mur pélasgique, un mur polygonal fut construit au Sud entre le rempart et le temple pour contenir les premiers remblais. Quand les terres rapportées furent trop abondantes et glissèrent obliquement au-dessus de cet étai, il fallut exhausser le vieux mur pélasgique et deux petits murs de tuf, l'un à l'Ouest, l'autre à l'Est, renforcèrent l'antique muraille devant les angles méridionaux du soubassement. Le troisième niveau ne fut atteint qu'une fois construite l'enceinte méridionale de l'Acropole, c'est-à-dire à l'époque de Cimon, et le chantier de Périclès ainsi que les travaux du nouveau Parthénon exigèrent un nouvel exhaussement de cette enceinte. Il suit de là que le premier et le deuxième état, qui correspondent à la construction de l'ancien temple, sont nécessairement antérieurs à

(1) *Athenische Mitteilungen*, 1902, pl. XIII-XIV, fig. 1-6, pp. 379.416.

l'époque de Cimon (1). De fait, les assises de tuf et les tam-
bours de marbre portent les traces évidentes d'un incendie —
donc l'édifice était en pleine construction et entouré d'échafaudages lors de la prise de l'Acropole par les Perses, en 480.
M. Dörpfeld est d'avis que Clisthènes l'Alcméonide en com-
mença les assises : Aristide, après la première guerre médique,
aurait modifié le projet primitif et donné à cette base calcaire
un couronnement de marbre. Il va sans dire qu'il ne s'agit ici
que d'hypothèses ; mais, si l'article de M. Dörpfeld mérite d'être
examiné de près, ce que l'archéologue en retiendra dès à
présent, c'est la définition exacte du *Perserschutt* : les restes
provenant des édifices détruits en 480 ne peuvent se trouver
que soit près du rempart Nord, celui de Thémistocle, soit tout
à côté et en dedans du mur méridional, celui de Cimon. Or, on
a négligé le plus souvent de noter l'endroit exact où ont été
découverts les objets mis à jour dans les fouilles de 1885 et je
ne saurais trop rappeler ce point à tous ceux qui étudient les
musées de l'Acropole.

Fouilles de Carthage. — M. Gauckler donne, dans la *Revue
archéologique* (2), un résumé très clair des divers modes de
sépulture en usage chez les Carthaginois. Nous ne pouvons ici
que renvoyer à son article. La direction des antiquités se
propose actuellement de fouiller la nécropole de la troisième
région : les tombes y sont encore à inhumation, mais l'incinération commence d'être adoptée. Nous connaîtrons ainsi,
d'une manière précise, le mobilier funéraire de la fin du v° et
du iv° siècle.

Tombes macédoniennes d'Érétrie. — Les tombes peintes,
assez nombreuses en Macédoine et dans la Russie méridionale,

(1) Un fragment de papyrus égyptien paraît placer, sinon sûrement en 468, du
moins avant 450, la date de la construction du Parthénon (Foucart, *Revue de
Philologie*, 1903, p. 5-12). Il peut, il est vrai, s'agir du second temple.
(2) 1902, II, p. 370-399.

étaient rares dans la Grèce propre. C'est ce qui fait l'intérêt de deux sépultures récemment découvertes, l'une à Érétrie même, l'autre à Vathia, dans le voisinage de la ville antique (1). Le mobilier funéraire a été, dans les deux cas, dispersé, mais, si les bijoux ont disparu, les trônes et les lits de pierre n'ont pu être emportés et ce sont eux qui, pour les archéologues, ont le plus de prix. La matière en est soit le pentélique, soit une pierre poreuse : une polychromie, plus ou moins vive, en égayait la surface et en masquait les défauts. Les pieds des meubles sont tantôt lourds et massifs, tantôt légers et comme ajourés : dans le premier cas, c'est l'ancien et solennel siège de pierre dont le souvenir persiste jusque dans l'époque macédonienne ; dans le second, les fauteuils, mobiles et en bois tourné, trahiraient une origine assyrienne et persane. Des planches en couleurs donnent une idée des teintes origi nales : les étoffes qui couvraient les lits sont, comme le remar que M. Vollmœller, grecques et de travail indigène.

Le bouleuterion de Milet. — D'après le dernier rapport de l'*Anzeiger* (2), le bouleuterion de Milet est entièrement dégagé, et nous pouvons nous représenter un hôtel de ville au début du second siècle. Des portiques entourent sur trois côtés une cour rectangulaire, à laquelle donnent accès des propylées tétrastyles. Au centre s'élève l'autel décoré de reliefs. Au fond, sont deux portes basses et deux autres sous les portiques, par lesquelles on entrait dans la salle des séances : celle-ci était couverte et les conseillers s'asseyaient sur des gradins en hémicycle. La simplicité du plan est surprenante et fait honneur à l'architecte.

L'agora de Pergame. — La direction des fouilles de Pergame ayant passé du Musée de Berlin à l'Institut allemand d'Athènes, M. Dörpfeld publie dans les *Athenische Mitteilungen* (3) un

(1) Vollmœller, *Kammergræber mit Totenbetten*, Bonn, 1901, et *Athenische Mitteilungen*, 1901, pl. 13-7, pp. 333-376, fig. 1-12.

(2) 1902, pp. 147-155, fig. 1-11 (Wiegand).

(3) 1902, pp. 10-43, fig. 1-9, pl. I-VI.

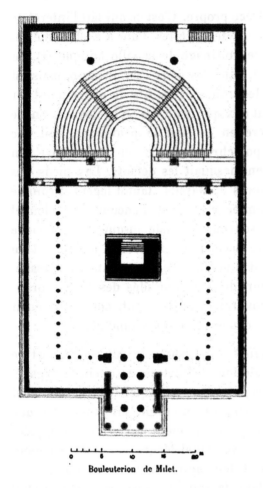

Bouleuterion de Milet.

résumé très clair des deux dernières campagnes, 1900-1901. Les édifices mis à jour, une porte monumentale, une agora nouvelle, une fontaine n'ont pas, en eux mêmes, grand intérêt, mais ils témoignent de la singulière ingéniosité des architectes grecs qui modifient leurs constructions suivant le terrain, et savent les adapter au milieu. L'agora se trouvant sur sa face Nord adossée à la montagne de Pergame et sur son côté Sud au-dessus des terres adjacentes, un étage inférieur a été ajouté aux deux autres au Sud et à l'Est, de manière à racheter la différence des niveaux ; par contre, les chambres 6-15 de la face septentrionale, qui étaient de plain pied avec le sol de l'agora, n'ont pas été creusées dans le roc ; la tâche eût été malaisée et, malgré l'existence d'un mur de soutènement, la solidité de l'édifice aurait été compromise. De la sorte, et suivant l'orientation, le même portique se trouve comprendre une, deux ou trois chambres superposées, le tout sans rien changer à la disposition de la colonnade intérieure.

Date du « de architectura » de Vitruve. — Si nous connaissons assez bien la vie de Pline l'Ancien, nous ignorons à peu près tout de Vitruve, même l'époque à laquelle il a vécu. Le point a cependant quelque importance, ne serait-ce que pour dater les monuments dont parle l'auteur. M. Mortet, se rencontrant avec Newton, estime que Vitruve a dédié son traité à Titus et qu'il écrivait à la fin du Iᵉʳ siècle (1). Parmi les raisons qu'il donne de son opinion, aucune, à parler franc, n'est convaincante.

Temples de Baalbeck. — Les fouilles « impériales » de Baalbeck continuent régulièrement. Après avoir déblayé la cour hexagonale, la commission allemande s'est attaquée aux deux temples, celui du « Soleil » et le sanctuaire de « Jupiter », peut-être consacré à Dionysos. Le premier édifice est surtout intéressant par son soubassement colossal et par la terrasse qui l'entoure. L'intérieur en est malheureusement détruit, alors qu'il est conservé dans le second temple. La cella, close de murs et dont la grande porte a été restaurée, s'y termine par un adyton surélevé et tripartite : au centre était la statue du dieu, à gauche la table de sacrifices, à droite une crypte souterraine. Cette même disposition se retrouve dans d'autres temples syriens qu'un fructueux voyage de quatre mois a permis d'étudier et de relever rapidement. Il se confirme qu'avant Antonin le Pieux on avait très peu bâti dans la région de Baalbeck (2).

II. — SCULPTURE.

Tête peinte mycénienne. — M. Tsoundas a fait enfin connaître la grande tête peinte trouvée en 1896 à Mycènes, à l'Ouest du mur d'enceinte de l'Acropole. La matière en est, comme à Syra et à Cnossos, la chaux traversée de fils d'amiante

(1) *Revue Archéologique*, 1902, II, pp. 39-81.
(2) *Jahrbuch.*, 1902, pl. 5-9, pp. 87-124.

et revêtue d'une couche plus fine, mais dont la composition est
la même. La tête porte un double collier au cou, un diadème
autour duquel s'enroulent des boucles qui se terminent sur le

front en accroche-cœur, et un bandeau rouge au-dessous du
diadème. Trois tons, le bleu, le noir et le rouge ont été employés
par le peintre ; quatre mouches rouges, posées sur le front, sur

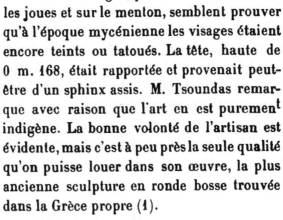

les joues et sur le menton, semblent prouver
qu'à l'époque mycénienne les visages étaient
encore teints ou tatoués. La tête, haute de
0 m. 168, était rapportée et provenait peut-
être d'un sphinx assis. M. Tsoundas remarque avec raison que l'art en est purement
indigène. La bonne volonté de l'artisan est
évidente, mais c'est à peu près la seule qualité
qu'on puisse louer dans son œuvre, la plus
ancienne sculpture en ronde bosse trouvée
dans la Grèce propre (1).

Apollon de Paros. — En fouillant l'Asklé
pieion de Paros, M. Rubensohn a découvert
un « Apollon » de marbre, qui est l'œuvre
certaine d'un sculpteur indigène. La statue,

Apollon de Paros.

quoique archaïque, est d'un art relativement libre, et le bras

(1) Ἐφημ. Ἀρχαιολ., 1902, pl. 1 (coloriée) et pl. 2, pp. 1-10.

gauche, qui est détaché du corps, est légèrement plié à l'articulation du coude. La largeur exagérée des épaules donne au corps une apparence singulière; la tête, ronde et molle, est souriante et la coiffure rappelle l'Apollon de Théra. Le marbrier qui a modelé la statue n'avait aucun souci des « dessous » et de l'anatomie, mais son œuvre n'est pas sans fraîcheur et sans grâce (1).

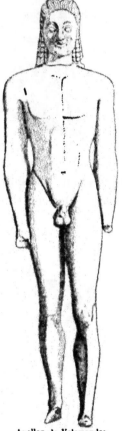

Apollon de Volomandra.

Apollon de Volomandra. — Un septième « Apollon » archaïque vient de s'ajouter aux six statues que possédait le Musée national d'Athènes (2). Découvert en Attique, à Volomandra, dans un cimetière ancien, c'est le premier dont on puisse dire sûrement qu'il est funéraire, ce qui n'empêche pas l'image d'être conventionnelle et de n'être rien moins qu'un portrait. La statue est en marbre de Paros et merveilleusement conservée. Le nez même en est intact. La figure allongée, aux angles très marqués, a les yeux obliques et la bouche relevée aux commissures. Les cheveux, serrés autour du front par un bandeau, se relèvent en mèches rayonnantes, au lieu de se recroqueviller, comme d'ordinaire, en volutes symétriques. Les épaules sont larges, les cuisses peu prononcées, les jambes longues et fines : les proportions relativement bien comprises donnent à la statue plus d'élégance et de légèreté qu'à ses pareilles. Ce serait le plus parfait et le plus avancé des « Apollons ». Seules les statues de Milo et de Ténéa pourraient lui être com-

---

(1) *Athenische Mitteilungen*, 1902, pl. XI, pp. 230-232.
(2) Ἐφημ. Ἀρχαιολ., 1902, pl. 3-4, pp. 43-50 (Cavvadias).

parées, mais, suivant M. Cavvadias, il leur serait supérieur et le travail en serait très voisin des Κόραι de l'Acropole.

Tête de l'Apollon de Volomandra.

Les frontons de Delphes. M. Homolle vient de faire connaître ce qu'il a pu retrouver des sculptures qui décoraient le grand temple. Il y en a de deux sortes, en tuf et en paros. Les fragments de marbre viendraient du fronton oriental, dû à la générosité des Alcméonides ; le tympan occidental, moins en vue, était sculpté en simple pierre. De ces deux ensembles, il reste peu de chose, les

figures ayant été presque toutes réemployées, mais nous pouvons du moins en connaître le style et même essayer d'en deviner la composition. Deux personnages du fronton occidental sont relativement bien conservés ; l'un d'eux est Encélade tombé sur le genou droit, et dont le bras droit était relevé : il occupait l'angle de gauche du tympan et se défendait contre Athéna qui s'avançait vivement vers la gauche et le frappait sans doute de la lance. La polychromie était très vive et le corps du géant avait été tout entier colorié en rouge (1). —

(1) *Bulletin de correspondance hellénique*, 1901, pl. IX-XVI et XVIII-XIX, pp. 457-515.

Dans le fronton oriental, deux groupes parallèles occupaient, non loin des angles, les deux côtés du tympan. C'était d'une part un cerf, de l'autre un taureau que terrassait et dévorait un lion. Le mufle de l'un des fauves est heureusement conservé et nous pouvons admirer sinon la force d'invention (peu de motifs étaient plus courants à la fin du vi⁰ siècle), du moins le talent et l'énergique sobriété de l'artisan. Plus près du centre étaient deux biges, dont les chevaux se présentaient de face. Entre les animaux et les attelages, de part et d'autre (?), deux κόραι d'un

style large avaient la tête retournée vers le centre du fronton. Là se tenaient, accompagnés de leurs valets, les guerriers qui montaient les deux chars : ils devaient se faire vis-à-vis et lutter l'un contre l'autre. C'étaient peut-être Apollon et Héra klès se disputant le trépied : ce dernier pouvait occuper le centre du fronton, comme à l'Ouest du Parthénon, entre Posei-don et Athena, devait se dresser l'olivier sacré. Il faut ajouter à ces sculptures une Nikè, d'un beau mouvement, qui décorait l'un des acrotères.

Stèles funéraires archaïques. — M. Brueckner donne une bonne planche de la stèle d'Apollonie où l'on voit reproduit un simple citoyen de la colonie milésienne de l'Euxin, Anaxandros, δοκιμώτατος ἀστῶν : simplement vêtu d'un chiton passé sur l'épaule gauche, l'une des mains appuyée sur un bâton, il donne de l'autre à son chien qui se dresse un morceau de viande rôtie (1). Trois autres stèles analogues sont connues, celle de Korseia en Locride, celle du musée de Naples, celle enfin d'Orchomène où l'on voit un cultivateur soigneux donnant un grillon à son chien. Plus rien ici de l'appareil militaire du « guerrier de Marathon » ou du monument de Lyséas — plus rien non plus du costume compliqué, précieux et raffiné de l'époque des Pisistratides. La réaction est voulue et les sentences attribuées aux sept sages en marquent à la fois le caractère et la date. Telle est du moins la thèse, que l'on ne peut s'empêcher de trouver excessive, soutenue par M. Brueckner.

Le péplos d'Athena. — On voit sur la frise du Parthénon un homme barbu remettant à un enfant une pièce d'étoffe soigneusement pliée. Suivant l'interprétation traditionnelle, c'est le péplos nouvellement tissu et destiné au xoanon d'Athena Polias. M. Ussing (2) y voit, plus simplement, un tapis qui devait être étalé sous les pieds des dieux. L'erreur, suivant lui, est venue de ce que les archéologues, au lieu d'étudier les monuments en eux-mêmes, les examinent le plus souvent avec des préoccupations littéraires. De fait, la remise du péplos, si elle avait été mise en scène par le sculpteur, l'aurait été tout autrement et avec un appareil plus solennel.

Une statue de Polyclète (3). — Nous savons par Pausanias (6, 7, 10) que Polyclète avait fait à Olympie la statue de Pytho-klès d'Élide, vainqueur au pentathle. Deux bases, portant toutes deux la signature de l'artiste et le nom du vainqueur, ont été retrouvées, l'une à Olympie, l'autre à Rome, près des thermes de Titus. L'épigramme grecque est en lettres du vᵉ siècle,

---

(1) *Jahrbuch*, 1902, pp. 39-44.
(2) *Mémoires de l'Académie royale de Danemark*, 6ᵉ série (Lettres), t. V, nº 2, 1902, pp. 299-301 (33-5).
(3) *Revue de philologie*, 1902, p. 213-5.

c'est évidemment l'original. Si la dédicace a été copiée, et assez mal transcrite en Italie, M. Foucart conjecture que c'était pour désigner l'œuvre de Polyclète, transportée d'Olympie à Rome. Les Éléens n'auraient conservé que la base, qui aurait, plus tard, supporté une copie.

Tête d'un général grec. — Les travaux d'édilité entrepris sous le Quirinal (1) ont fait découvrir une belle tête de stratège que

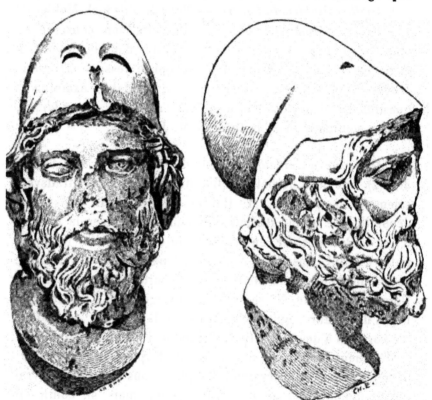

M. Mariani fait connaître dans le *Bulletin municipal* (2). La face est large, les yeux sont bien ouverts et profondément enfoncés, la bouche est grande et la chevelure irrégulière.

(1) *Bulletin archéologique*, 1902, p. 393.
(2) *Bulletino della commissione Archeologica comunale di Roma*, 1902, pp. 3-12. fig. 1, pl. I-II.

L'original devait être populaire, car deux bustes, dont l'un est conservé au musée de Munich, paraissent en reproduire les traits. M. Mariani propose d'y reconnaître Iphicrate, dont la statue de bronze se dressait sur l'Acropole, auprès du Parthénon. Ce qui paraît sûr est que la tête date de la première partie du IVe siècle : c'est déjà un portrait et dont quelques détails montrent qu'il a été pris sur le vif.

L'Apollon Pythien du Louvre. — Nous devons à M. Mahler (1) une bonne reproduction de l'Apollon Pythien conservé au Musée du Louvre. C'est une œuvre mixte, dont la pose et la chevelure rappellent Polyclète, mais qui se ressent surtout de l'influence de Praxitèle. A son propos, M. Mahler examine la question des écoles d'art locales dans l'antiquité et condamne, un peu sommairement, la thèse de M. Joubin.

L'Aphrodite d'Épidaure. — Sur deux répliques de l'Aphrodite (2), une peau de bête, au lieu du baudrier, barre transversalement la poitrine. M. Hauser (3) veut voir dans cette dépouille une égide, attribut qui pourrait rappeler la bataille d'Aegos Potamos. Or, en souvenir de cette victoire, les Spartiates avaient consacré à Amyclées deux trépieds colossaux : sous l'un d'entre eux était une Aphrodite armée, œuvre de Polyclète le Jeune. Ne serait-ce pas l'original de l'Aphrodite à l'épée d'Épidaure, qui daterait ainsi de la fin du Ve siècle ? Je me bornerai à deux objections. La statue d'Amyclées supportait évidemment le trépied ; or, la pose de l'Aphrodite n'est aucunement celle d'un caryatide. De plus, nous ignorons, à vrai dire, comment sculptait Polyclète le jeune, mais, si, comme il est probable, sa manière se rapprochait de celle de Polyclète l'ancien, il n'a guère pu modeler l'Aphrodite, car il me paraît difficile d'y rien trouver qui rappelle, fût-ce de loin, l'auteur du

---

(1) *Revue archéologique*, 1902, I, p. 196.9, pl. VII.
(2) Collignon, *H. de la sculpture*, II, p. 463.
(3) *Rœmische Mitteilungen*, 1902, pp. 232-254, fig. 1-4. Cf. *ibid.*, pp. 337-341.

Diadumène, même si, comme le veut M. Hauser, l'Aphrodite tenait des deux mains une bandelette.

Stèle attique. — Le British Museum vient d'acquérir un fragment de stèle attique. Sur la partie conservée, on voit un jeune homme à gauche, la tête penchée, la main droite appuyée sur un bâton. Les formes du corps et l'attitude rappellent d'assez loin les types de

Stèle du Musée Britannique.

Stèle de Narbonne.

Polyclète, de plus près l'Héraklès du Mont Ithome et l'Hermès de la colonne sculptée d'Éphèse (1). Le dessin du pied gauche est maladroit, et l'exécution du relief est sommaire, mais la silhouette n'est pas sans élégance.

Stèle de Narbonne. — Une stèle attique en marbre penté-

(1) *Journal of Hellenic Studies*, 1902, pl. I, pp. 1-2, fig. 1 (**Murray**).

lique, rapportée de Grèce par l'expédition de Morée, est conservée au Musée de Narbonne (1). Elle représente un éphèbe
dont la tête est penchée vers la gauche ; une draperie s'enroule
autour de son bras gauche et sa main droite, baissée, tient un
strigile. La silhouette de l'agoniste paraît indiquer le quatrième siècle avant notre ère (2).

Sculptures de Tégée. — M. Mendel a trouvé dans ses fouilles
de Tégée, commencées en novembre 1900 (3), une tête d'Héra-

klès, provenant du fronton du temple et très analogue aux
sculptures du Musée d'Athènes (pl. VII-VIII). Un torse d'Ata-
lante, dont l'origine est la même (pl. VI), est d'un beau mouvement et donne une haute idée de l'art de Scopas. Mais le
morceau le plus précieux est sans contredit une belle tête de
femme de grandeur naturelle, en marbre de Paros (pl. IV-V).
Le visage paraît plus carré vers la base que dans les sculptures
praxitéléennes, la forme du crâne est différente et plus ramassée ;

(1) *Bulletin des Antiquaires*, 1902, pl. p. 347-8.
(2) Conze, *Attische Grabreliefs*, 944.
(3) *Bulletin de correspondance hellénique*, 1901, pp. 241-281, pl. III-VIII, fig. 1-11.

mais, malgré toutes les divergences de détail, s'il fallait, à toute
force attribuer l'œuvre à une école déterminée, ce serait à
Praxitèle qu'on la donnerait, et non à l'auteur de cette chasse de
Calydon dont quelques fragments épars sont venus jusqu'à nous.
Faut-il en conclure que Scopas a eu plusieurs manières et s'est,
dans certains cas, rapproché de Praxitèle, de si près qu'il semble
l'imiter? Le plus sûr paraît encore, comme l'a fait M. Mendel,
de réserver notre jugement, d'autant que nous ignorons si la
tête est de Scopas, et même si elle provient du temple
d'Athéna (1).

L' « adorant » du Musée de Berlin. — L'éphèbe priant de Berlin,
que M. Lœwy attribue à l'école de Lysippe (2), serait, s'il faut en
croire M. Mau, un joueur de balle (3). De fait, les mains ne font

nullement le geste rituel de la
prière et les paumes ne sont pas,
comme il conviendrait, renver-
sées et tournées vers la divinité.
Il est vrai que mains et bras sont
modernes (4), ce qui enlève singulièrement de son prix à la conjecture de M. Mau.

Muse d'Agram. — Le Musée
des Thermes et celui de Dresde
possèdent chacun une « Ariane »
demi-nue et assise sur un rocher,
l'avant-bras droit appuyé sur le
genou relevé, la main gauche, qui
est baissée, devant tenir un attribut. Une nouvelle réplique, trou-

(1) Je doute, en tout cas, qu'on puisse y voir une tête d'Hygie.
(2) *Bulletin archéologique*, 1902, p. 394-5.
(3) *Rœmische Mitteilungen*, 1902, XVII, 2, pp. 101-6.
(4) M. Mau avait déjà reconnu ce point. Cf. un article de Furtwængler résumé
par S. Reinach dans la *Rev. archéol.*, 1903, I, p. 277-8.

vée à Minturnes et conservée au Musée d'Agram (1), nous fait
connaître quel était cet attribut : c'est un diptychon, et la
femme qui le tient est une Muse, non une Ariane. Un sarcophage du Louvre fait supposer à M. Hadaczek que cette Kalliope
faisait, à l'origine, partie d'un groupe de Marsyas : elle assis-
terait, en qualité de juge, au concours musical où Apollon
triompha du Phrygien. Le groupe, aussi bien que la Muse,
serait d'invention hellénistique.

Le Poseidon de Milo. — Une statue équestre, trouvée en 1877
avec le Poseidon de Milo, représente, d'après l'inscription gravée
sur la base, un certain Frontonianos et date du deuxième siècle
après notre ère. Il ne suit pas de là que le Poseidon soit de la
même époque, mais la conséquence ne serait pas pour effrayer
M. S. Reinach qui regarde aujourd'hui la statue comme très
postérieure à la Vénus (2). Celle-ci aurait été dédiée par Theo
doridas et serait bien du ive siècle.

Bas-reliefs funéraires alexandrins (3). — L'étude que M. Pfuhl

vient de consacrer aux stèles funé
raires alexandrines est d'autant la mieux
venue, que peu de ces reliefs sont parvenus dans les musées d'Europe. La
plupart sont en calcaire, puis, à partir
de la fin du iiie siècle, en mauvaise
pierre poreuse dont les défauts étaient
dissimulés par une couche, plus ou moins
épaisse, de plâtre, ce qui forçait de
recourir à la peinture pour cacher les
raccords. Un seul exemple donnera quelque idée du style de ces monuments.
Le sujet en lui-même, une femme assise
qu'évente une servante, n'a rien qui sorte de la banalité des

(1) *Rœmische Mitteilungen*, 1902, pl. VI, pp. 173-8, fig.
(2) *Revue archéologique*, 1902, II, pp. 207-222, fig. 1-3.
(3) *Athenische Mitteilungen*, 1901, pl. XVIII, pp. 258-304, fig. 1-18. · ·

stèles attiques, mais l'exécution en trompe l'œil, la figure présentée de face, l'agencement ingénieux des draperies, la pose pittoresque et presque réaliste sont autant de signes d'un art nouveau, plus soucieux de l'effet et qui rompt avec la tradition classique.

Antiochus I Soter. — M. Botho Græf voit dans une tête du Vatican (1) Antiochus Ier Soter, que M. Wolters voulait reconnaître dans un buste de Munich (2). Les monnaies nous ont conservé le portrait du Séleucide : l'arcade sourcilière est très forte, le nez large, épais et recourbé, la lèvre supérieure est mince et tombe aux commissures. Sur le marbre du Vatican, l'œil est sensiblement moins enfoncé, l'attache supérieure du nez est moins forte, et les coins de la bouche ne sont pas en retrait. Surtout l'apparence générale est différente et l'hypothèse de M. Græf ne me paraît guère plus recevable que celle de M. Wolters. Il se peut que le buste du Vatican représente un monarque « hellénistique », mais ce n'est sûrement pas Antiochus Soter. L'article de M. Græf est surtout intéressant par son résultat négatif : il nous invite à la prudence en fait d'iconographie.

Le « Niobide » de Subiaco. — M. Lucas vient de proposer une interprétation nouvelle du *Niobide* (3). Il y voit Ganymède, fuyant l'aigle de Zeus et tombant sur le genou gauche, pendant que ses bras essaient d'écarter le dieu. L'Ilioneus de Munich et peut-être le Daphnis de Berlin seraient de la même main et appartiendraient de même à l'école pergaménienne. L'hypothèse de M. Lucas est ingénieuse, mais la gemme de Berlin et les représentations de Ganymède sur lesquelles il s'appuie me semblent d'un mouvement très différent. Je

(1) *Jahrbuch*, 1902, pl. 3, pp. 72-80 (fig.).
(2) *Arch. Zeitung*, 1884, pl. 12, pp. 157-162.
(3) *Neue Jahrbücher*, 1902, 1 Abt., t. IX, pp. 427-435, pl. I-II. Il voit également un Ganymède dans un groupe de la Maison Carrée, à Nîmes (*Revue archéologique*, 1902, II, pp. 1-4, pl. XIII).

persiste (1), et je suis heureux que M. Ussing m'ait donné raison (2), à ne voir dans l'éphèbe qu'un simple joueur de balle.

Bronzes de Cerigotto. — M. Cavvadias vient de s'assurer une fois de plus la reconnaissance des archéologues en publiant,

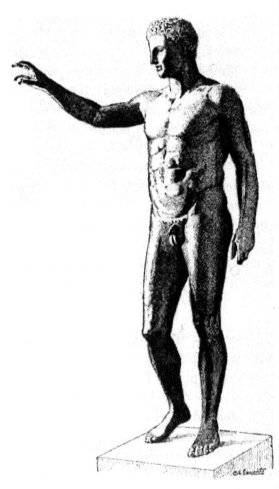

presque aussitôt après la découverte, la trouvaille de Ce-rigotto. D'abondan-tes illustrations qu'accompagne un texte sommaire (3) permettent de s'en faire une idée pré-cise et les savants y trouveront de pré-cieux éléments d'é-tude. Il a été parlé ici-même (4) de la plus importante des statues découver-tes : le bronze est aujourd'hui com-plet, grâce à l'habile restauration de M. André. M. Gard-ner (5) a raison de ne l'attribuer ni à Praxitèle, ni à Sco-pas, ni même à leur école. C'est une œu-

(1) *Revue archéologique*, 1897, II, pp. 265-290.

(2) *Mémoires de l'Académie Royale de Danemark*, 6ᵉ série (Lettres), t. V, nᵒ 2, 1902, pp. 304-306 (38-40).

(3) Ἐφημερὶς Ἀρχαιολογική, 1902, pp. 145-172, pl. 7-17 et Α-Θ, fig. 1-18.

(4) *Bulletin archéologique*, 1901, pp. 445-448.

(5) *Journal of Hellenic Studies*, 1903, p. 152-6, pl. VIII-IX.

vre éclectique, un peu froide et académique, qui date des derniers temps de l'art hellénistique, peut-être du premier siècle avant notre ère. Le nom qu'il faut lui donner reste toujours incertain. Un athlète qui tiendrait d'une main une balle,

de l'autre un strigile serait une conception fort singulière et l'attitude du personnage n'est pas celle d'un sphériste. Peut-être faut-il revenir à l'hypothèse de Persée, car il n'est pas sans exemple (1) que le héros tienne de la main droite la tête de Méduse et de la gauche la harpè. — Qu'il me suffise de signaler, parmi les

autres statues découvertes, une charmante figurine qui représente un jeune éphèbe, presque un enfant. Sa bouche ouverte, dont les dents étaient rapportées, lui donne une expression singulière : il semble chanter, mais ses gestes ne sont pas ceux d'un cithariste et la lyre de bronze trouvée au même lieu est trop grande pour lui être attribuée. A en juger par la reproduction, le bronze serait d'un art plus sévère que la grande statue.

Une fable d'Ésope. — Les Anciens, sans doute les Alexandrins, avaient commencé d'illustrer les fables d'Ésope, et l'on a cru souvent retrouver sur les monuments telle ou telle partie de cet ensemble. Mais, en pareille matière, l'illusion est facile

(1) Cratère de Bologne, *Annali*, 1881, p. 82, pl. FG.

et il existe fort peu de cas où l'hésitation ne soit pas permise. C'est ce qui fait le prix d'une stèle romaine, trouvée au XVIIe siècle et conservée, encore aujourd'hui, à la Villa Daniella, près d'Empoli.

MILITAVIT ANNIS V

Stèle d'Empoli.

Deux bas-reliefs, sculptés à la partie inférieure, représentent, à n'en pas douter, le renard et la cigogne, d'un côté avec l'écuelle, de l'autre avec l'amphore. La stèle date du temps d'Auguste et les reliefs sont sûrement d'origine alexandrine (1).

La Minerve de Poitiers. — Le *Bulletin* ne pouvait faire moins que de signaler l'importante statue trouvée à Poitiers le 20 janvier 1902. Une étude minutieuse vient de lui être consacrée par M. Audouin dans les Monuments Piot (2). Le marbre est dans un état de conservation presque parfait, et il a pour nous le mérite

(1) *Jahreshefte*, 1902, pp. 1-8, fig. 1-3 (Bormann et Benndorf).
(2) *Monuments et Mémoires*, t. IX, 1902, pl. IV-V, pp. 43-71, fig. 1-2.

d'avoir été découvert en France, mais c'est, à tout prendre, une œuvre assez médiocre, de style comme d'exécution. L'artiste local, ou peut-être italien qui l'a sculptée, s'est évidemment inspiré de modèles archaïques, mais je doute qu'on puisse remonter de la copie à un prototype défini. La forme du casque, certain détail de la chevelure, les plis de l'égide, la ceinture qui serre l'himation et la transparence des draperies sont autant de

traits isolés, dont aucun n'est sans exemple au vᵉ siècle avant notre ère, mais dont la réunion forme un ensemble factice, composite, et sans harmonie. C'est aussi l'impression de M. Mahler (1), à qui la tête rappelle la *Boudeuse* de l'Acropole, tandis que le corps lui paraît se rattacher à l'école de Phidias. M. Audouin a donc eu raison de ne prononcer qu'avec hésita

(1) *Revue archéologique*, 1902, II, pp. 161-6, pl. XIV.

tion le nom de Calamis. Peut-être la déesse portait-elle dans
main gauche un rameau d'olivier : ce détail, qui ne s'était p
encore rencontré dans la grande sculpture, témoigne, lui aus
contre l'origine archaïque de la Minerve.

Sphinx de Baalbeck. — Une tête de Sphinx, rapportée
Baalbeck par l'architecte Joyau, achetée à sa mort par Arman.
et léguée par ce dernier au Musée d
Louvre, provient, comme l'a reconnu M. S. Reinach (1), d'une
grande statue de femme assise, peut-
être une Isis ou une Julia Sœmias,
dont deux sphinx encadraient à la
fois et supportaient le trône. La
statue, mutilée, est aujourd'hui à
Constantinople. La tête, qui est conservée dans la salle Clarac, est surtout remarquable par la manière
dont sont traités les sourcils : ceux-
ci sont indiqués par des sillons
incisés, brutalement creusés dans le
marbre et qui devaient être remplis d'un émail ou d'une pâte de
verre. Cette technique est très ancienne, et les orfèvres de Tello
la connaissaient déjà. La statue peut dater de l'époque des
Sévères.

Sarcophage de Sidamaria. — M. Mendel décrit sommairement (2) et M. Th. Reinach vient de publier (3) un grand sarcophage retrouvé dernièrement à Ambar-Arassi, non loin de
Konieh et transporté au Musée de Constantinople. Le décor en
est à la fois architectonique et plastique, sans que, des deux
éléments qui le composent, aucun soit bien compris et logique-
ment interprété. Des niches à fronton devant lesquelles ou dans

(1) *Revue archéologique*, 1902, I, pp. 19-33, pl. II-V.
(2) *Bulletin de correspondance hellénique*, 1902, pp. 232-246.
(3) *Monuments et mémoires Piot*, IX, 1903, pp. 189-228, pl. XVII-XIX, fig. 1-8.

lesquelles se meuvent des personnages, des arcades fausses servant de fond à une scène de chasse, des chapiteaux qui supportent de singulières impostes mi-partites forment aux scènes représentées un cadre bizarre et fantaisiste. Il est curieux d'y étudier dans son germe l'architecture byzantine, que nous voyons ainsi préparée dès le milieu du III° siècle, car le style des reliefs date le monument de l'époque des Sévères. Il ne semble pas que l'art oriental soit arrivé de lui-même, et sans l'intervention romaine, à ces compromis bâtards où se révèle une époque de transition.

III. — Fresques. Vases Peints.

Le svastika. — Un stamnos béotien du Musée de Madrid est décoré de svastikas d'une espèce particulière : les branches y sont terminées par des crochets bifides, analogues à des becs d'oiseaux ouverts. M. S. Reinach rappelle (1) à ce propos que la croix gammée peut être comparée à un grand échassier volant, les ailes éployées. Plusieurs archéologues avaient déjà fait cette remarque et il n'est pas impossible que le svastika soit d'origine animale. Il semble en tout cas difficile aujourd'hui de lui attribuer un sens mystérieux et symbolique.

Amphores de Milo. — M. Stavropoulos a découvert dans la grande Délos les fragments de dix amphores de Milo et près de trois cents vases de même technique, mais plus petits, amphores, plats ou hydries. D'autre part, l'École anglaise d'Athènes vient d'acquérir à Milo même une grande amphore que publie M. Baker-Penoyre. M. Hopkinson (2) étudie à ce propos cette céramique particulière et qui ne semble avoir de rapports directs ni avec l'art « géométrique », ni avec celui des ateliers ioniens. Ses antécédents seraient très antérieurs et remonteraient jus-

---

(1) *Revue archéologique*, 1902, I, p. 372-386, fig. 1-7.
(2) *Journal of Hellenic Studies*, 1902, pp. 46-75, pl. V, fig. 1-3.

qu'à la période égéenne : les fouilles de Phylakopi auraient fait
connaître quelques-uns de ces modèles primitifs dont s'inspire-
raient encore, mais de très loin, les potiers de Milo. Telle est
du moins la thèse de M. Hopkinson.

Une amphore proto-attique. —Les fouilles anglaises du Kyno-
sarge ont fait découvrir les fragments d'un grand vase funé

raire, dont M. Cecil Smith a
justement reconnu l'importance (1). C'est un pithos,
haut de 1 mètre 40, qui se
dressait au-dessus de la
tombe et dont la face antérieure est seule décorée. Les
lèvres coupantes et les anses
curieusement ajourées, analogues à celles des jarres à
relief béotiennes, sont d'o-
rigine évidemment métallique. La technique est cu-
rieuse. Il suffira, pour en
donner une idée, de noter
que trois procédés sont
simultanément employés
pour indiquer les détails
intérieurs, les traits peints
à l'intérieur d'une silhouette
transparente, les incisions
dans les masses opaques,
enfin les lignes blanches en
rehaut, à l'ionienne. L'am-
phore succéderait immédiatement aux vases de l'Hymette et
d'Analatos et serait le premier anneau d'une chaîne, encore

(1) *Journal of Hellenic Studies,* 1892, pl. 2-4, pp. 29-45, fig. 1.

clairsemée, qui mène des poteries du Phalère au vase François.
M. Smith reconnaît sur le col la lutte d'Héraklès et d'Antée, et,
sur l'épaule, le départ du mort (?) qu'une aurige emmène sur
un char attelé de deux chevaux ailés : la femme debout à
gauche serait (?) une vivante à laquelle le défunt dirait un
éternel adieu.

Le vase François. — Le célèbre cratère à colonnettes, trouvé
en 1844 par Al. François et conservé au musée Étrusque de
Florence, avait été brisé par un gardien et réduit en pièces le
9 septembre 1900. M. Milani l'a fait restaurer et le vase a gagné
à cette opération un fragment nouveau qui porte le nom du
Centaure Θήρανδρος (1). Le dessin de Reichhold, fait peu de mois
avant la catastrophe et publié dans la *Griechische Vasenmalerei*
de Furtwængler, a été contrôlé sur l'original et trouvé généra
lement exact.

Peintures murales étrusques. — M. Körte, en commentant la
fresque de Troïlos à Corneto (2), s'était étonné de trouver sur
une peinture murale étrusque une représentation mytholo
gique. A tort, suivant M. Petersen (3). Les plus anciennes
fresques de l'Italie sont précisément inspirées de sujets légen
daires, souvent déformés, mais qu'il n'est pas impossible de
retrouver sous les transformations que leur a fait subir la main
d'œuvre indigène. C'est ainsi que M. Petersen retrouve à
Veies (4) le retour d'Hephaestos, à Cæré et à Vetulonia un
mythe d'Héraklès, sur les plaques du Louvre (5) le sacrifice
d'Iphigénie. Les représentations empruntées à la vie réelle et
les légendes infernales succèdent à cette première période
mythique, où l'influence des modèles grecs est prédominante.

(1) *Atene e Roma*, anno V, oct. 1902, N, 46, pp. 705-720, fig. 1-9.
(2) *Bulletin archéologique*, 1902, p. 399.
(3) *Rœmische Mitteilungen*, 1902, XVII, 2, pp. 149-157.
(4) Martha, *L'Art étrusque*, fig. 282-4, pp. 422-4.
(5) *Monumenti*, VI, pl. 30 et suiv.

Heraklès dans le lébès d'Hélios. — La légende voulait qu'Héraklès, allant à la recherche de Geryon, eût traversé l'Océan

sur le lébès d'Hélios. Un seul vase à figures rouges, attribué à l'école de Douris (1), montrait le héros dans la barque d'or. M. Hartwig vient d'acquérir (2) une œnochoé à figures noires où le même mythe est reproduit. Les deux représentations sont distinctes et ne dérivent pas l'une de l'autre. Il est curieux qu'une fable, si populaire en poésie, l'ait été aussi peu dans les ateliers d'Athènes.

Le peintre céramiste Smikros. — M. Gaspar étudie dans les *Monuments Piot* un stamnos du musée de Bruxelles, qu'il date de 500 environ avant notre ère (3). L'auteur, qui est Smikros, paraît s'être représenté lui-même accoudé sur un lit et écoutant une joueuse de flûte. Le style est encore archaïque et le vase est déparé par de nombreuses fautes de dessin : c'est ainsi que Smikros a deux mains gauches et que le convive placé à sa gauche semble bien avoir trois jambes. Malgré ces défauts, le tableau est intéressant, car on y assiste aux débuts des peintures à figures rouges. Smikros

(1) Gerhard, *Auserlesene Vasenbilder*, II, pl. 109.
(2) *Rœmische Mitteilungen*, 1902, XVII, 2, pp. 107-9, pl. V.
(3) *Monuments et Mémoires*, t. IX, 1902, pp. 15-41, fig. 1-10, pl. II-III.

a signé un autre stamnos, conservé au British Museum, et il y a des raisons pour lui attribuer un beau cratère d'Arezzo, ainsi qu'une amphore du musée du Louvre. Cette dernière porte une inscription mal expliquée, mais où revient le nom de Smikros.

Epilykos. — M. Pottier, étudiant un charmant balsamaire du Louvre qui porte l'inscription Ἐπίλυκος καλός, essaie de savoir (1) ce qu'est cet Epilykos, si souvent nommé sur les vases peints, tantôt comme καλός, tantôt plus rarement (deux fois seulement) comme potier. L'exposé de la question et les digressions forcées qu'elle entraîne valent ici plus que le problème ; aussi, ne pouvant ni résumer, ni discuter comme il le mérite l'article de M. Pottier, je me contente d'y renvoyer le lecteur.

Pyxis d'Érétrie. — M. Staïs publie dans l' Ἐφημερίς (2) une pyxis polychrome d'Érétrie où M. Couve (3) avait déjà reconnu les douleurs de Latone. La déesse, assise sur un tabouret à trois pieds a le haut du corps affaissé et se retient de la main gauche au palmier sacré. Derrière elle, et la soutenant, est sans doute Ilithye. Plusieurs déesses l'accompagnent, parmi lesquelles on reconnaît Athéna debout et Aphrodite assise.

Arès et Aphrodite. — Les fresques de Pompei, celles du moins du second style, reproduisent souvent des motifs empruntés à la grande peinture décorative. M. Winter vient d'étudier à ce propos celles qui décorent la maison du Cithariste (4). L'une d'entre elles représente, à côté d'Arès et d'Aphrodite enlacés et surpris (?) par Hélios, un enfant, Alectryon, assis et endormi. La pose de ce dernier rappelle à M. Winter plusieurs bas-reliefs ou statuettes, surtout attiques et tous du

(1) *Monuments et Mémoires Piot*, t. IX, 1902, pl. XI-XV, pp. 135-178, fig. 1-11.
(2) 1902, pl. 5-6, pp. 129-136.
(3) *Catalogue*, 1962, pp. 648-9.
(4) *Jahreshefte*, 1902, pp. 96-105, fig. 15-9.

ıv° siècle. L'original du tableau remonterait donc à cette
époque. Comme les deux autres peintures de la même chambre

sont inspirées de modèles aussi anciens, il y a là une coïncidence qui mérite d'attirer l'attention.

Peintures de Pompei. — Dans le deuxième et troisième
« style » pompéien, les murs des maisons présentent à la place
centrale, dans un décor d'architecture, une scène figurée d'importance variable. M. Mau (1) soutient, contre M. Petersen,
que cette peinture, même si le sujet se passe en plein air, ne
doit pas donner l'illusion d'une fenêtre ouverte sur le dehors :
c'est un tableau, dont le cadre de bois est formé par les motifs
architectoniques.

(1) *Rœmische Mitteilungen*, 1902, pp. 179-231, fig. 1-17.

Vases à reliefs hellénistiques. — Parmi les objets dont M. Gaudin a fait don au Musée du Louvre, se trouvent les fragments d'un canthare en terre cuite vernissée, dont la panse est décorée d'une représentation en relief. On y voit sept squelettes dansant en des attitudes variées, où M. Pottier a reconnu tantôt les mouvements des Bacchants, tantôt les gestes de la Ménade de Scopas. C'est un prototype intéressant de la Danse des Morts, si célèbre au moyen âge (1).

IV. Bronzes. — Terres cuites.

Idoles Mycéniennes. — On a découvert récemment en Crète de grandes terres cuites, hautes de plus d'un demi-mètre, représentant une femme (?) debout, les deux bras symétriquement levés à droite et à gauche du visage. Le corps est cylindrique, coupé à la base par une section nette et s'élargissant à peine vers les hanches. M. Wide (2) rappelle à ce propos les idoles béotiennes en forme de cloche et surtout l'Apollon archaïque d'Amyclées. Il veut voir dans ces terres cuites la représentation d'une divinité primitive. Il se peut qu'il ait raison, mais elles nous intéressent surtout ici comme des essais, encore imparfaits, tentés pour reproduire la figure humaine. Il est à remarquer que cinq longues tresses tombent sur la nuque et que, dans certaines des répliques, des serpents s'enroulaient autour des bras.

Centaure vêtu. — On vient de découvrir à Città di Castello (3) un petit bronze représentant un Centaure de type archaïque, à

---

(1) *Rev. archéol.*, 1903, I, p. 12-6, fig.

(2) *Athenische Mitteilungen*, 1901, pl. XII, pp. 247-257, fig. 1-5.

(3) *Notizie degli Scavi*, 1902, pp. 481-2.

pieds humains. Le bras droit, tendu, devait tenir une branche
d'arbre, le bras gauche est cassé depuis l'épaule. Ce qui fait l'in-

térêt du petit monument est que toute
sa partie antérieure est recouverte
d'un himation. Les vases peints nous
avaient déjà fait connaître ce détail,
par lequel les Centaures se rapprochaient des sphinx ioniens à tablier,
mais c'est la première figurine que
l'on trouve ainsi vêtue.

Statuette d'un hoplitodrome. — Le Musée de Vienne vient
d'acquérir un petit bronze provenant de Capoue et qui repré-

sente, suivant M. Hartwig (1), un hoplitodrome.
L'agoniste, armé seulement d'un casque, a les
mains aux hanches et les genoux légèrement
pliés, la jambe gauche avançant de très peu sur
la droite. J'interpréterais volontiers la statuette
comme j'ai fait le bronze de Tubingen : j'y verrais
un hoplitodrome prêt à sauter et s'exerçant pour
la course. M. Hartwig propose pour le petit mo
nument la date, très vraisemblable, de 400 environ avant notre ère.

Un miroir à manche sicilien. — M. Orsi vient de trouver dans
une tombe de Vizzini un manche de miroir d'un type déjà
connu. Dans un cadre rectangulaire ajouré, bordé à droite et à
gauche de deux troncs d'arbre, est assise vers la droite une
femme vêtue du chiton et qui, de la main, écarte du visage
l'himation (2). La Pénélope du Vatican et la Pleureuse du
Musée de Berlin sont assises à peu près de même, mais le
motif, qui convient à une figure tombale, surprend dans un
objet consacré à la toilette. La silhouette de la femme assise,

(1) *Jahreshefte*, 1902, pp. 165-170, pl. IV, fig. 43-5.
(2) *Notizie degli Scavi*, 1902, p. 215-7, fig.

est sommairement indiquée, mais ne manque pas d'élégance. Le relief peut dater de 300 avant notre ère.

Bronze de Meaux. — M. Gassies publie dans la *Revue des Études anciennes* un joli bronze de la collection Dassy, trouvé à Meaux (1). Il représente un Hermès dont la main droite, baissée, tenait la bourse : la jambe gauche était fléchie au genou et le pied droit, qui n'est pas conservé, posait d'aplomb sur la base.

Les formes du corps rappellent le canon polyclétéen. La tête paraît malheureusement d'un travail inférieur et qui trahit l'imitation romaine.

V. — ORFÉVRERIE. OBJETS DIVERS.

Les empreintes de Zakro. — M. Hogarth vient de publier (2) en quatre planches et trente-un dessins près de 150 empreintes différentes trouvées à Zakro, dans la Crète Orientale. Elles sont, pour la plupart, assez bien conservées pour qu'on puisse aisément reconstituer les intailles qui ont servi à les former.

(1) 1902, pl. III, pp. 142-4.
(2) *Journal of Hellenic Studies*, 1902, pp. 76-93, pl. VI-X, fig. 1-33.

Nous connaissons, grâce à elles, quelques types nouveaux
enfantés par la prodigieuse et presque inépuisable invention
plastique des artistes mycéniens. Parmi les plus curieux est
l'oiseau femme (fig. 8-10), le monstre ailé à tête de chèvre
(fig. 12), le sphinx aux ailes de papillon (fig. 19). M. Hogarth
ne voit dans ces « fantaisies » aucune intention religieuse : elles
seraient simplement dues à la déformation qu'ont subie, de la
part des artisans indigènes, les modèles, surtout égyptiens, dont
ils s'inspiraient. Les ailes seraient, par contre, d'une forme
toute grecque et qui reparaîtra sur les monnaies de Cyzique et
sur les vases de Corinthe, de Rhodes et d'Ionie.

« *Orfèvrerie ionienne* ». — Les tombes *del duce* de Vetulonia,
Regulini-Galassi de Cervetri, Bernardini de Palestrine contenaient, comme chacun sait, un riche mobilier funéraire. Parmi
les objets qui le composaient, étaient de nombreuses pièces
d'orfèvrerie, d'un style tout particulier et sur l'origine desquelles les archéologues étaient en désaccord. Beaucoup les
attribuaient aux Phéniciens, grands navigateurs, mais dont
l'art primitif n'était précisément connu que par ces objets,
autant dire était inconnu. Quelques savants les tenaient pour
des œuvres grecques, venues, plus ou moins directement, de
l'Ionie ou de l'Eolide. Une trouvaille récente, sans trancher la
question, semble donner raison à ces derniers. M. Pellegrini
vient de découvrir à Cumes, la plus ancienne colonie grecque
fondée sur le sol italique, une tombe à crémation dont le
mobilier paraît le même que celui des sépultures étrusques. La
trouvaille sera publiée dans les *Monumenti* : nous devons remercier M. Pellegrini de l'avoir signalée dès à présent (1).

Situle de Chiusi. — Le Louvre vient d'acquérir une petite situle
d'ivoire trouvée à Chiusi et décrite en 1878, par M. Helbig (2).
Les deux frises qui se superposent sur ses côtés sont décorées

(1) *Notizie degli Scavi*, 1902, pp. 556-562.
(2) *Bullettino*, 1878, p. 130.

de motifs familiers à l'art grec archaïque, sphinx aux pattes
antérieures couvertes d'un tablier pendant, fauves dévorant
une jambe humaine, cavaliers, griffons, biches, cerfs aux bois
présentés de face, arbres aux branches recourbées. Il semble
difficile aujourd'hui d'attribuer la situle à un atelier carthaginois ou phénicien, mais on peut se demander, et c'est ce

qu'a fait M. Collignon (1), si le monument est de travail ionien
ou fabriqué en Etrurie à l'imitation d'œuvres ioniennes.
M. Collignon penche pour la seconde hypothèse, non qu'il
reconnaisse dans l'ivoire aucun trait qui soit spécialement
étrusque, mais parce que la facture lui paraît trop grossière
pour un travail grec. La situle serait, selon lui, des premières
années du vi° siècle.

Fourreau d'épée archaïque. — Une lame d'or, travaillée au
repoussé, et qui décorait la gaîne en bois d'une très large

épée, vient d'être découverte sur les bords du Don. La représentation est primitive et le sanglier et les deux lions témoignent
d'étranges partis pris. Les crinières qui se soudent comme des
carapaces, les articulations marquées par des spirales, les

(1) *Monuments et Mémoires Piot*, IX, 1902, pl. I, pp. 5-13.

queues ocellées, le corps du fauve qui se retourne et se **tord**
surprennent dans l'orfèvrerie « ionisante » du vi° siècle **avant**
notre ère. Toutes ces bizarreries, suivant M. de Kieseritzky (1),
se retrouvent dans l'art sibérien, qui serait celui des **Massagètes.**
Le savant conservateur de l'Ermitage nous doit à bref délai **la**
publication des trésors encore inédits que renferme **son musée** ⋅
seule elle nous permettra de connaître l'art grec oriental **à**
l'époque archaïque.

Le canthare d'Alise. — Le vase d'argent, trouvé en 1862 près
d'Alise et conservé au Musée de Saint-Germain, n'a jamais été
publié comme il le mérite. M. Héron de Villefosse a eu l'heureuse idée de le faire connaître dans les Monuments Piot (2).
Le monument est presque sûrement antérieur à l'an 52 avant
notre ère, ce qui ne laisse pas d'ajouter à son prix, car, si les
branches de myrte sont d'un joli travail, je goûte moins le large
ruban qui s'épanouit sur la panse.

A. DE RIDDER.

(1) *Arch. Anzeiger*, 1902, p. 44-5, fig.
(2) T. IX, 1902, pl. XVI, pp. 179-188, fig. 1-2.

POST-SCRIPTUM

———

Il a été question à plusieurs reprises dans la *Revue* de la « tiare de Saïtapharnès », acquise en 1896 par le musée du Louvre avec un pectoral de même provenance (Olbia). L'authenticité de ces objets, contestée dès le lendemain de l'acquisition par MM. Wesselowsky, von Stern et Furtwængler, a été vigoureusement défendue ici par M. H. Lechat dans une série d'articles que n'ont pas oubliés nos lecteurs (*Revue*, 1896, p. 471-481 ; 1897, p. 382-384 ; 1898, p. 224 ; 1899, p. 496-499) ; elle l'a été ailleurs par MM. Héron de Villefosse, Michon, S. Reinach, E. Pottier, moi-même, et, non sans réserves, par M. Collignon ; l'inscription de la tiare a trouvé des défenseurs experts en MM. Foucart et Holleaux. Cependant la divulgation, depuis 1898, d'une série de pièces d'orfèvrerie présentant avec la tiare du Louvre une incontestable parenté (rhyton, collier, groupe d'Athéna et d'Achille (1), etc.), pourtant de fabrication évidemment moderne, n'avait pas laissé d'inquiéter les partisans de la tiare. Ces objets lui étaient inférieurs par la conception générale et la composition ; les détails en étaient parfois grotesques, les inscriptions incorrectes et d'une maladresse puérile ; mais le style de beaucoup de figures offrait de l'analogie avec celui de la tiare et surtout la technique était identique. Il y avait là un ensemble de phénomènes troublants, et le désarroi où ils jetaient les meilleurs esprits s'est bien traduit dans

(1) La plupart de ces objets, appartenant à un avocat parisien, ont été exposés au Salon de 1903 et ont valu à leur auteur une médaille qu'il ne prendra pas pour un prix Monthyon.

l'article de M. Collignon, inséré aux *Monuments Piot*. Dans le
courant de 1901 un graveur d'Odessa, Israël Roukhoumovsky,
dont le nom avait été prononcé en cette affaire dès la première
heure, s'est confessé à M. de Kieseritzky, directeur du Musée de
l'Ermitage ; il n'avait pas seulement « restauré » la tiare,
comme l'avaient indiqué les frères Hochmann, premiers vendeurs de l'objet : il l'avait *refaite* à peu près complètement. Il
fit même voir à M. de Kieseritzky un feuillet de l'ouvrage qui
lui avait fourni les modèles de ses compositions et les calques
successifs par où son plagiat avait passé. M. de Kieseritzky, qui,
au début de la controverse, avait pris parti pour la tiare, fut
convaincu par ces preuves matérielles ; il fit part de l'incident
à l'administration du Louvre. Il est regrettable que celle-
ci ait cru devoir garder cette confidence pour elle et exposé ainsi
les archéologues de bonne foi qui soutenaient sa cause à patau-
ger ou à s'enferrer faute d'un élément de conviction essentiel.
Ce procédé, surtout vis-à-vis de ceux qui avaient contribué
matériellement à l'acquisition de l'objet, paraîtra certainement
d'une discrétion excessive.

Au printemps 1903, à la suite d'une vulgaire « farce de
fumiste », la question de la tiare revint sur le tapis. Les journaux reparlèrent de Roukhoumovsky et cette fois, sortant de son
silence de sept ans, il se déclara publiquement l'auteur de la
tiare et s'offrit à le prouver. L'objet fut provisoirement retiré
de sa vitrine et M. Clermont-Ganneau chargé par le ministre
d'une enquête à son sujet. Autorisé à manier la tiare plus
librement que ne l'avaient fait ses prédécesseurs, M. Clermont-
Ganneau, avec sa sagacité ordinaire, y remarqua tout de suite
des « cabossages » d'aspect intentionnel, qui éveillèrent ses
soupçons. L'arrivée de Roukhoumovsky vint bientôt les con
vertir en certitudes ; le graveur russe, qui ne paraissait pas se
douter avoir contribué à une fraude, déballa tout son dossier
et exécuta sur une lame d'or un « fuseau » de la tiare à peu
près identique à l'original. A la suite de ces révélations la tiare
et le collier (qui en est inséparable) ont été définitivement

retirés du Louvre; on dit qu'ils seront placés au Musée des arts décoratifs. Le rapport définitif, très développé, de M. Clermont-Ganneau, n'a pas encore paru ; son rapport provisoire a été publié dans les journaux, mais sur un point important me paraît rester quelque peu en deçà de la vérité. Dans ces conditions je crois bien faire de placer sous les yeux de nos lecteurs les parties essentielles d'un article que j'ai publié le 31 mai 1903 dans le *Figaro ;* il représente encore aujourd'hui, avec de très légères retouches, mon opinion sur ce problème complexe et irritant.

T. R.

Le bilan de l'affaire Saïtapharnès.

Je n'ai rien voulu écrire au sujet de la tiare d'Olbia depuis l'arrivée à Paris de son auteur prétendu. Jusque-là j'avais été, on le sait, l'un des champions les plus fermes de l'authenticité « intégrale » de ce monument. J'estime, en effet, qu'en archéologie il faut avoir une opinion et le courage de l'exprimer, au risque de se tromper quelquefois : le progrès est à ce prix. Ma conviction, dans ce cas, était fondée sur la savante harmonie, sur la correction archéologique et épigraphique de l'objet, sans parler de la merveilleuse finesse du travail. Ni les attaques de M. Furtwængler, ni la découverte, assurément troublante, d'un « rhyton » de travail très analogue et incontestablement moderne, ni les fumisteries de M. Élina, ni l'érudition de M. Thiébault-Sisson (1) n'avaient ébranlé ma foi, partagée d'ailleurs par la grande majorité des archéologues français. Nous admettions que l'auteur du rhyton s'était simplement inspiré du style et du travail de la tiare. Quant à celle-ci, nous accordions, comme l'avaient déclaré les vendeurs en 1896, que l'objet, endommagé, écrasé, aplati, avait été confié pour être *réparé* à l'habile orfèvre d'Odessa; mais il y avait eu « retapage », non « truquage ».

Tel était notre état d'esprit quand l'affirmation très nette de paternité émise par Roukhoumovsky, la promptitude avec laquelle il répondit à la convocation des autorités françaises — attitude qui contrastait singulièrement avec le démenti publié par lui, ou sous son nom, dans un journal d'Odessa en 1896 — vint tout remettre en question. Il y avait là un fait nouveau, en présence duquel il convenait de faire taire provisoirement les controverses archéologiques. L'infaillibilité n'est pas de ce monde, et les savants ne doivent pas y prétendre plus que les juges. Les convictions les plus ardentes, fondées sur les raisonnements les plus serrés, doivent savoir s'incliner devant le témoignage brutal des faits

---

(1) M. Thiébault-Sisson ou un épigraphiste qui s'abritait derrière son nom avait publié dans le *Temps* plusieurs articles où l'authenticité de l'inscription était combattue par des arguments assez faibles.

et des documents. Or, un témoignage de ce genre vient de se produire; mais, en présence des exagérations volontaires ou involontaires auxquelles il a donné lieu, il importe d'en préciser la portée et de mettre, comme on dit, les choses au point. C'est ce que fera sans aucun doute M. Clermont-Ganneau dans le rapport où il résumera les résultats de la laborieuse enquête qu'il poursuit depuis deux mois avec tant de méthode, de sagacité et de courtoisie. Mais la rédaction et la publication de ce rapport exigeront un certain temps; or, il est inutile, il est dangereux de laisser accréditer, dans l'intervalle, de véritables légendes, des récits tronqués ou altérés, de nature à jeter non seulement sur l'administration du Louvre, mais encore sur la science française, disons mieux sur la science tout court, un discrédit immérité.

J'ai été mis au courant des principaux résultats de l'enquête par M. Clermont-Ganneau lui-même, qui ne m'a imposé là-dessus aucune condition de silence. Bien plus, j'ai été autorisé par lui à faire poser au ciseleur russe tout une série de questions auxquelles il a répondu. J'ai feuilleté longuement son dossier, pris connaissance de ses calques, contrôlé ceux-ci avec les originaux, vu et étudié les échantillons anciens et récents de son savoir-faire. Je suis aujourd'hui édifié et je me crois non seulement le droit, mais le devoir, de dire hautement en quel sens.

Je ne parle, bien entendu, qu'en mon nom personnel ; mais, ou je me trompe fort, ou la succession d'états d'esprit que j'ai traversés m'est commune avec bon nombre d'archéologues. Je décharge donc aujourd'hui plus d'une conscience. Libre de toute attache officielle, dispensé de toute diplomatie administrative, je me sens peut-être mieux à l'aise qu'aucun des « tiaristes » pour établir ainsi en toute sincérité le bilan — provisoire — de cette étonnante affaire.

Tout le monde sait que le couvre-chef acquis par le Louvre se divise en trois zones ou feuilles d'or, réunies par des soudures horizontales, dont l'une, par parenthèse, très peu visible, a été révélée précisément par Roukhoumovsky. Ces zones sont :

1° La calotte, formée de trois rubans ornementaux, dont deux à jour, et surmontée d'un serpent à deux têtes ;

2° La zone médiane, où se développent les deux grandes compositions homériques (la *Restitution de Briséis* et le *Bûcher de Patrocle*), avec, au-dessous, la ligne de murailles et de tours crénelées où court la dédicace au roi Saïtapharnès ;

3° La zone scythe, petites scènes de la vie du steppe, encadrées entre une vigne et un rang de doubles palmettes.

On peut considérer aujourd'hui comme établi que, en 1895, des paysans russes ont effectivement découvert dans un tombeau et vendu aux frères Hochmann, d'Otchakoff, les débris d'une « tiare » en or, correspondant en gros (sauf une exception importante) à la description ci-dessus ; cette tiare était, l'inscription l'atteste, celle du roi scythe Saïtapharnès, mais cruellement mutilée. Les débris consistaient — outre un lambeau de la coiffe — en quatre fragments, savoir :

Un morceau de la calotte donnant la formule complète des trois rubans qui la composent ;

Une zone médiane intacte — nous dirons tout à l'heure quel en était l'aspect avec l'inscription *en creux ;*

Enfin deux fragments de la zone scythe, comportant trois de ses groupes principaux et les éléments des deux ornements.

Il importe de dire que la forme de ces fragments, telle qu'elle a été dessinée par Roukhoumovsky, établit *sans conteste* qu'ils étaient bien les restes d'un seul et même objet, et que cet objet était un casque de forme « tiaroïde ». Les trois zones étaient (ou avaient été) réunies par des rivets et non par des soudures.

Quel rapport y a-t-il maintenant entre la tiare actuelle, la tiare litigieuse et cette tiare fragmentée, mais authentique ?

Au point de vue de la matière, une des trois bandes de la tiare du Louvre, la bande moyenne, n'est autre que la bande d'or antique elle-même, la zone centrale de la tiare originale. Les deux autres bandes ont été refaites en métal neuf, sans doute parce que les marchands, s'ils essayaient simplement de compléter avec de l'or moderne les débris antiques assez frustes, craignaient que la disparate, le rafistolage ne sautât aux yeux. Que sont devenus les fragments originaux ? ont-ils servi à confectionner un deuxième exemplaire de la tiare dont il a souvent été question, en termes plus ou moins vagues, depuis 1896 ? dorment-ils encore dans quelque tiroir secret de l'usine Hochmann ? *Chi lo sa ?*

Au point de vue de la décoration, la plus grande partie des zones extrêmes (celles qui sont en or moderne) doit être considérée comme la reproduction assez fidèle et la continuation, faites par Roukhoumovsky, du décor original, dont les fragments antiques, mis à sa disposition, lui fournissaient les éléments. Les ornements de la calotte, palmettes, rangées d'écailles, branchage ajouré, sont — sauf d'insignifiants « embellissements » — le fac-similé des ornements originaux. De même, dans la zone scythe, le rang d'oves, le sarment de vigne, les palmettes, et, chose encore plus importante, le combat de l'arimaspe et du griffon, le garrottage du cheval, le groupe si curieux et si contesté du Scythe en prière devant le chaudron de sacrifice.

Il en va tout autrement, hélas ! du décor de la zone intermédiaire. Ici le document original ne présentait qu'une bande d'or lisse et nue, repos de l'œil entre les deux zones extrêmes si richement fouillées ; à peine un léger zigzag, faiblement creusé, en variait vers le haut la surface uniforme ; vers le bas, se développait majestueusement l'enceinte murale avec l'inscription également gravée en creux. Ce dernier motif a été heureusement conservé par les adaptateurs ; ils se sont bornés à repousser (Dieu sait pourquoi) de dedans en dehors l'inscription grecque, opération d'ailleurs facile. Mais sur le reste de la zone ils ont eu l'idée audacieuse et scélérate de remplacer l'insignifiante dentelure par une riche cordelette fleurdelisée (motif non pas inconnu, mais rare dans l'antique), et surtout d'y ciseler les deux grandes compositions qui, pour beaucoup de spectateurs, étaient « le clou » de la tiare. Ces compositions sont l'œuvre matérielle de Roukhoumovsky, mais les sujets, les groupes lui en ont été fournis par Hochmann, assisté par un « conseiller », archéologue assez instruit et remarquablement imaginatif, car ces compositions s'écartent sur plus d'un détail du texte homérique qu'elles sont censées illustrer. Roukhoumovsky lui-même est absolument incapable d'inventer des compositions aussi savantes, aussi ingénieusement équilibrées : il suffit, pour s'en convaincre, de regarder sa vitrine du Salon. Mais c'est lui qui les a *réalisées*. A cet effet, ordre lui fut donné de se servir uniquement de figures et de parties de figures antiques, calquées sur les planches de l'*Album historique* de Weisser, dont quelques feuillets lui furent remis avec l'indication minutieuse des numéros à démarquer. Il s'est acquitté de cette tâche avec une dextérité et, si j'ose dire, avec une conscience stupéfiantes. Le même procédé fut employé pour compléter, par deux groupes et quelques animaux isolés, l'imagerie de la zone scythique ; seulement cette fois ce fut le recueil de Tolstoï et Kondakoff, *Antiquités de la Russie méridionale*, qui fut mis au pillage ; c'est là aussi qu'on a puisé les motifs végétaux (palmiers, oliviers, etc.) habilement disséminés dans les deux zones.

On comprend que l'on ait accueilli d'abord avec quelque scepticisme cette histoire de voleurs, appuyée simplement sur une collection de calques, ni signés, ni datés. Personnellement, je me suis d'abord demandé si ces calques n'auraient pas été exécutés par Roukhoumovsky *après coup*, je veux dire dans ces dernières années, avec, pour guides, les compositions mêmes de la tiare et les figures antiques analogues signalées depuis longtemps par les archéologues et faciles à retrouver chez Weisser et Tolstoï. Partant de cette hypothèse, j'ai réussi sans difficulté, par le glissement, le grandissement et la superposition de trois décalques, à reconstituer *intégralement* un groupe de la tiare, ce qui ne prouvait nullement que j'en fusse l'auteur. Mais l'examen attentif du dossier m'a pleinement convaincu que le graveur russe n'est pas coupable de cette innocente mystification ; il n'est pas un fanfaron du faux, mais l'inconscient instrument d'une bande de faussaires. Les preuves de ce fait abondent. Non seulement le dossier renferme nombre de calques *inutilisés*, nombre de figures de Weisser qu'aucun archéologue n'avait encore reconnues sur la tiare (en particulier des motifs de la colonne Antonine), mais dans plusieurs cas l'artiste, ne trouvant pas ou ne voulant pas prendre dans l'ouvrage allemand ou russe une figure entière, trop facile à identifier, a prudemment assemblé deux moitiés de silhouette, prises l'une ici l'autre ailleurs, par exemple la jupe d'une femme et le torse d'une autre, ou le corps d'un cheval et la tête d'un autre cheval, etc. Ce procédé de « centon », qui aboutit souvent à des gaucheries d'agencement, est, paraît-il, d'un usage courant dans les ateliers de rapins ; la candeur des archéologues ne l'avait pas soupçonné. D'autres détails viennent corroborer l'exactitude des dires de Roukhoumovsky. On surprend parfois la trace des tâtonnements successifs par lesquels, en partant du décalque pur et simple, l'artiste, sur les indications de ses employeurs, a modifié son travail pour mieux l'accommoder au sujet traité ou à l'espace disponible. On a raconté aussi l'amusante histoire des talents d'or triangulaires dans la scène des *Présents à Achille* : cette forme, qui semblait dénoter de profondes connaissances archéologiques, paraît s'expliquer tout simplement par une faute de gravure dans l'ouvrage de Weisser, où l'un des talents du *Bouclier de Scipion* — talent rond dans l'original — a été ainsi déformé.

Tel est en gros le caractère des compositions homériques et d'une *partie* de la zone scythique de la tiare. L'origine exacte de tous les motifs n'est pas encore déterminée, car plusieurs calques se sont perdus ; la perspective hardie du bûcher, l'élégante silhouette de l'Achille en prière restent encore inexpliquées et ouvrent le champ aux hypothèses. Mais sur l'essentiel la lumière est faite : l'immense majorité des figures a été obtenue par le « centon-calque », et nul doute que c'est Roukhoumovsky lui-même qui les a ensuite ciselées : le fuseau de la tiare qu'il achève en ce moment est, en effet, d'une facture identique à celle de la tiare elle-même.

D'où vient que cette supercherie ait trompé des archéologues aussi expérimentés que les conservateurs des Musées du Louvre, de Vienne, de l'Ermitage, et les défenseurs de l'objet incriminé ? Ce n'est pas assurément qu'ils s'exagérassent la valeur artistique des figures de la zone homérique. « L'art y est plus habile qu'ému, écrivait l'un d'eux dès 1896 (1) ; le travail un peu rond, plus soigné que délicat et libre. On y rencontre des figures trop lourdes ou trop sveltes, des têtes mal venues ou grimaçantes, un luxe fatigant de détails, de plis, d'accessoires... » Mais de la médiocrité on n'osait pas conclure à l'inauthenticité. Il ne s'agissait pas, en effet, d'un ouvrage de la « belle époque », cinquième ou quatrième siècle, mais d'un bibelot de l'an 200 avant J.-C. environ, époque de stérilité et de décadence où, selon le mot de Pline, l'art s'endormit, *ars cessavit*. Il s'agissait, en outre, d'un ouvrage exécuté dans une colonie grecque lointaine, entourée de barbares, déjà pénétrée sans doute d'éléments et d'influences non-helléniques. Bref il fallait, pour condamner, autre chose que des faiblesses de dessin ou des arguments purement esthétiques.

Cette autre chose on ne la trouvait pas. La qualité de l'or ? rien n'est plus sujet à controverse. Les « cabossages » artificiels ? personne ne les avait sérieusement remarqués avant M. Clermont-Ganneau, et d'ailleurs, si multipliés qu'ils soient, ils prouvent tout au plus le retapage, non le faux, car on les rencontre jusque dans des parties indubitablement antiques. Des fautes contre le « costume » ? mais le procédé suivi par Roukhoumovsky, utilisant *exclusivement* des éléments antiques, le garantissait à peu près contre cette chance d'erreur. Restaient les analogies trop nombreuses entre les motifs de la tiare et des monuments antiques précédemment connus. Ces analogies ont été signalées, dès la première heure, par les ennemis comme par les amis de la tiare ; moi-même j'en ai ajouté plusieurs à la liste, comme celles qu'offre un des vases du trésor de Bernay. Mais ici l'on peut dire que c'est une érudition trop sévère qui a égaré les érudits français.

Quiconque a étudié l'art antique, surtout dans son déclin, sait à quel point il

---

(1) « C'est moi-même, messieurs, sans nulle vanité » dans la *Gazette des Beaux-Arts*.

a vécu de plagiat. Les peintures de Pompéi, les sarcophages romains et grecs
abondent en motifs répétés, c'est-à-dire empruntés sans scrupule à un prototype
commun. Les orfèvres de l'époque hellénistique — celui du vase de Bernay par
exemple — ont procédé à peu de chose près comme Roukhoumovsky lui-même.
Pourquoi donc *a priori* attribuer une œuvre d'art composite à un faussaire
moderne plutôt qu'à un plagiaire antique ? Enfin, ces figures d'emprunt, on
retrouvait leurs similaires — nous ne disions pas alors leurs *modèles* — dans
des Musées divers, dans des publications très variées, souvent peu accessibles.
Seul un véritable érudit semblait pouvoir les connaître. Et comment imaginer
qu'un véritable érudit eût consenti à documenter un faussaire ?

Eh bien ! ici encore c'est le recueil de Weisser qui nous manquait pour faire
la lumière. Là, en effet, dans ce vieux bouquin à bon marché, se trouvaient
réunies en peu de feuillets toutes les pièces de comparaison que nous avions
dénichées à grand'peine dans Millin, dans les *Monumenti*, dans les *Denkmaeler*
de Baumeister, dans je ne sais combien de recueils et de revues spéciales.
Il s'en trouvait aussi pas mal d'autres auxquelles personne n'avait songé parce
qu'elles appartenaient à des époques par trop récentes de l'art antique. Enfin et
surtout, c'est là, là seulement, qu'on pouvait entrevoir, saisir sur le vif le procédé de la contamination cher à Plaute et à Roukhoumovsky, procédé consistant à
combiner dans un ensemble parfois heureux, souvent hybride, deux moitiés de
figures appartenant à des monuments différents — qui n'avaient d'autre rapport
que d'être gravés sur la même page du Weisser !

Mais comment, dira-t-on, les archéologues français et allemands n'ont-ils pas
songé tout de suite à feuilleter ce recueil ? je réponds sans hésitation : *C'est
parce qu'ils ne le connaissaient pas.* Quoi ? un livre d'images parvenu à sa
5ᵉ *édition*, renfermant plus de 5,000 figures, cité déjà par le vieux Bœckh dans
ses leçons sur l' « Encyclopédie de la philologie » ? C'est pourtant ainsi. Ce livre
n'a jamais été un instrument de travail pour les archéologues, parce que les
dessins en sont scandaleusement infidèles, parce qu'il s'occupe, non de l'antiquité seule, mais de l'histoire universelle (58 planches sur 146 sont consacrées
aux temps chrétiens), parce que, enfin, même à propos de l'antiquité, le compilateur mêle à des documents gréco-romains les froides inventions d'un Flaxman
ou d'un Cornelius. Ainsi s'explique le dédain des archéologues de la génération
actuelle pour ce vaste et commode trésor où les artistes, les illustrateurs et les
décorateurs d'outre-Rhin continuent sans doute à puiser leurs inspirations
pseudo-classiques. Le dédain est justifié, mais l'ignorance ne l'est pas. Elle
durerait encore, et la fraude de Roukhoumovsky n'aurait peut-être jamais été
scientifiquement établie, si le ciseleur russe lui-même, en septembre 1901, n'avait
fait deviner à M. de Kieseritzky le nom du livre où il s'était documenté.

⁎

J'ai fait, je crois, aussi sincèrement que possible, le *mea* ou *nostra culpa* qu'il
fallait. Notre confiance n'était pas justifiée. Mais, cela dit, il ne faut pas tomber
dans l'excès opposé, nous déchirer la poitrine, proclamer avec certains journaux
que la tiare est « entièrement l'œuvre de M. Roukhoumovsky » et conclure avec

irtwaengler qu'elle est bonne à mettre... au creuset. Tout en rendant au
t allemand, à l'instinct qui l'a guidé dans cette occurrence, un hommage
nt plus cordial que je l'ai plus longtemps combattu, je dois dire bien haut
on nombre de ses arguments portaient à faux, et qu'il a condamné, plus
ent peut-être que tout le reste, des parties notables de la tiare qui sont
rd'hui reconnues authentiques ou, ce qui revient *scientifiquement* au même,
nent transcrites de l'original.

i Furtwaengler et Wesselowsky déclaraient les bandes ornementales de
otte « impossibles » à l'époque de Saïtapharnès : elles sont authentiques !
ossible également la coexistence du « sarment de vigne » et du motif des
bles palmettes » : ils sont tous les deux authentiques !

ossible le motif du Scythe au chaudron où Furtwaengler voyait une bêtise
le, *eine besondere Dummheit*, du faussaire : authentique !

ossible surtout l'inscription où Furtwaengler, Wesselowsky, M. Thiébault-
relevaient toute espèce de péchés contre le style et l'orthographe : relief
, authentique ! (1).

tous ces points, le témoignage de Roukhoumovsky mérite une créance
nt plus sérieuse qu'en reconnaissant l'authenticité de certaines parties de
e, il parle contre sa « gloire » de créateur.

it temps de conclure.

ette lutte de sept ans, de cette enquête de deux mois, la tiare du Louvre
sans aucun doute, éclopée, déchue de son piédestal, mais nullement
tie. Ce n'est plus le bibelot incomparable, le chef-d'œuvre de l'orfèvrerie
scythique : c'est encore un document historique d'une importance consi-
ie et d'une réelle valeur artistique.

este vrai que les paysans d'Olbia ont retrouvé la sépulture du roi scythe
onné dans le fameux « décret de Protogène » ; il reste vrai que nous *con-
ns* la tiare d'or de ce puissant chef barbare, avec son ordonnance harmo-
:, son décor sobre et élégant, son mélange caractéristique d'ornements
et de motifs scythiques, par-dessus tout avec son inscription si curieuse,
uiliante pour l'orgueil de la vieille cité milésienne qui sur l'image de ses
rts insultés gravait ces mots : « Le Sénat et le peuple d'Olbia au grand
vaincu Saïtapharnès. »

iffirait d'écarter de la tiare du Louvre les additions postiches de Roukhou-
cy, pour lui rendre, à mon avis, droit de cité dans notre Musée d'antiques ;
représenterait, comme une sorte de *duplicata*, l'objet sottement disloqué et

Cette authenticité — dont il n'existe d'autre preuve *matérielle* que le témoi-
du ciseleur russe — est, il est vrai, contestée et l'on annonce pour 1905 des
tions sensationnelles à ce sujet; le nom de l'archéologue qui aurait fabriqué
iption serait à cette époque divulgué. Attendons... sans trop d'illusions.

défiguré : plus d'une statue célèbre, au Louvre et au Vatican, ne présente pas une authenticité supérieure.

Et de tout cela, il résultera, avec une leçon de modestie pour nous autres archéologues, une leçon de prudence pour les conservateurs du Louvre qui ne sauraient avoir trop présent à la mémoire le vieil adage : « Dis-moi qui te vend, je te dirai qui tu es. »

T. R.

COURRIER DE GRÈCE

Athènes, 9/22 février 1904.

Dans les premiers jours du mois de décembre dernier, la crise ministérielle, déjà pressentie depuis longtemps, a éclaté tout à coup. M. Rhallis, reconnaissant l'impossibilité de former dans la Chambre une majorité de concentration, a exposé la situation à Sa Majesté et lui a remis la démission du Cabinet. Le roi, avant d'accepter cette démission, offrit au Président du Conseil des Ministres la dissolution de la Chambre, mais M. Rhallis refusa et persista dans sa résolution ; à son avis les élections, dans les circonstances présentes, auraient porté atteinte aux intérêts du pays. Quel que soit le jugement que l'on porte sur les aptitudes et les actes de M. Rhallis comme chef du Gouvernement, il faut reconnaître qu'il a rendu un grand service à la Grèce et qu'il a montré une abnégation trop rare parmi les hommes politiques du royaume en ne cédant pas à la tentation de garder le pouvoir au risque de créer une agitation électorale dangereuse.

Devant la ferme résolution de M. Rhallis, le roi fit appeler M. Théotokis, chef du groupe le plus important de la Chambre. La succession n'était pas sans inconvénients ; le parti Théotokis n'a, en effet, qu'une majorité de quelques voix dans le parlement. Il fallait en outre s'attendre à quelques défections, ordinairement amenées par les déceptions lors de la distribution des portefeuilles et inévitables dans un pays où la politique ne s'appuie pas sur des idées mais sur la personne seule des chefs de parti. Aussi M. Théotokis demanda-t-il vingt-quatre heures de réflexion. Ce délai expiré, le Cabinet fut ainsi formé : M. Théotokis à l'Intérieur avec la présidence du Conseil ; M. Simopoulos aux Finances ; M. Romanos aux Affaires Étrangères ; M. Staïs à l'Instruction publique ; M. Lévidis à la Justice ; M. le général Smolenski à la Guerre et M. Coumoundouros à la Marine. Sauf M. Coumoundouros, qui est pour la première fois titulaire d'un portefeuille, tous les autres membres du Cabinet ont déjà siégé au banc des Ministres. Ajoutons cette particularité que MM. Smolenski et Lévidis sont des transfuges du parti Delyannis, sur la liste électorale duquel ils avaient été nommés députés de l'Attique. On se rend aisément compte de la nécessité qui a forcé M. Théotokis à disposer de deux portefeuilles en faveur de nouveaux adhérents et au détriment des anciens du parti : c'était le souci de s'assurer une majorité indiscutable.

Quelques jours après la prestation du serment constitutionnel, le nouveau Gouvernement se présenta devant la Chambre convoquée en session ordinaire.

M. Hadjiscos, candidat du Ministère, fut élu président de la Chambre par 125 voix
sur 214 votants. C'était l'affirmation de la majorité que le parti delyanniste con-
testait jusqu'alors au Cabinet. Après cette victoire, le Ministère remit au 10 janvier a. s. la reprise des séances pour se donner le temps de préparer son budget
et en même temps tout un ensemble de lois fiscales destinées à faire face aux
dépenses extraordinaires qu'il se proposait de demander au parlement.

La réorganisation de l'armée, réclamée incessamment depuis la dernière guerre
par la presse, est en effet inscrite au programme du Gouvernement. Le roi avait
exprimé à plusieurs reprises son mécontentement de voir l'armée absolument
délaissée par le pouvoir législatif et, en confiant à M. Théotokis le soin de former
un Ministère, il a dû lui donner à entendre que le pays devait prendre un parti
dans cette grave question : ou licencier l'armée, ou la mettre sur un pied convenable. Les régiments sont réduits depuis longtemps à un effectif dérisoire ; l'armement est démodé et pour la plus grande partie hors d'usage. Le Prince héritier, commandant général, avait préparé un plan de réformes que l'obstruction
dirigée par le parti Delyannis et les chutes successives des Ministères n'avaient
pas permis de soumettre à la Chambre. M. le général Smolenski, aujourd'hui
ministre de la Guerre, a adopté les projets du Prince Constantin et les soutiendra
devant le parlement. Les principales modifications apportées au régime actuel
sont les suivantes : augmentation du contingent annuel par l'abrogation de certaines catégories d'exemptions, réduction de la limite d'âge pour les officiers de
l'armée de terre, constitution des cadres de la réserve et formation d'un corps
spécial d'Etat-Major.

Ces modifications au système actuel du service militaire exigeront un crédit
supplémentaire de 3 à 4 millions par an au budget des dépenses, d'autant plus
que l'accroissement du contingent entraîne la construction de nouvelles casernes,
l'achat de matériel de campement et de nouvelles provisions de médicaments et
d'appareils pour le service de santé. En outre le renouvellement de l'armement
est une opération des plus onéreuses. Le Gouvernement estime de ce chef la
dépense à 40 millions environ. Il est impossible de trouver une telle somme dans
les ressources ordinaires d'un budget de 120 millions, dont le service de la Dette
Publique absorbe déjà le tiers ; on devra donc forcément recourir à un emprunt
ou prendre des arrangements avec les fournisseurs d'armes pour se libérer par
versements annuels. Dans les deux hypothèses, c'est une somme de 4 à 5 millions
que l'on doit se procurer chaque année, en dehors des crédits inscrits au budget,
pour assurer le service et l'amortissement de l'emprunt ou le paiement des
annuités. L'institution d'une Caisse, dite de la Défense Nationale, dotée de ressources particulières, sera proposée dans ce but à la ratification de la Chambre.
Une série de taxes ou d'augmentations de droits sur les blés importés de l'étranger,
les spiritueux, et l'orge destinée à la fabrication de la bière, l'établissement du
monopole sur les matières explosibles, telles sont les recettes que le Gouvernement affectera au service de cette Caisse. Enfin le Ministre des Finances proposera
une autre série d'augmentations sur les impôts pour couvrir les nouveaux crédits
ouverts aux budgets de la Guerre et de la Marine par suite des modifications au
service militaire projetées. Ces aggravations d'impôts pèseront sur les vignobles,
les vins, la propriété bâtie, les patentes, le sucre indigène et sur la consomma-

tion du gaz et de l'électricité pour l'éclairage. En résumé, c'est une somme de 7 à 8 millions de drachmes en chiffres ronds qui seront demandés annuellement en plus au peuple grec.

Ce surcroît de charges serait accepté sans protestation par le pays, si la politique ne s'en mêlait. L'opposition s'est fait une arme de ce qu'elle appelle la politique de famine; toutes les feuilles dévouées au parti Delyannis cherchent à soulever l'opinion publique contre les nouveaux impôts. A la Chambre, le Ministère, malgré le désir qu'il avait nettement exprimé de voir discuter en premier lieu les projets de lois financiers, a dû consentir à laisser la priorité aux lois militaires dans l'ordre du jour pour éviter les manœuvres obstructionnistes de l'opposition. Les projets de loi sur l'armée ont déjà été votés en première lecture.

Le Gouvernement ne laisse pas passer une occasion de déclarer sa ferme résolution de quitter le pouvoir si son programme militaire et financier n'est pas voté en entier. Il est probable que l'opposition n'osera pas rendre l'existence impossible au Ministère dans les circonstances actuelles et qu'une nouvelle crise ministérielle nous sera épargnée. Cependant on peut prédire qu'une rude bataille s'engagera au cours des débats sur les accroissements d'impôts.

En dehors de ces projets qui passionnent l'opinion publique, la Chambre a voté la ratification du traité d'extradition pour les criminels de droit commun conclu entre la Grèce et la Belgique. C'est le second traité de ce genre que signe le Gouvernement hellénique; le premier en date est celui qui a été conclu avec l'Italie.

Le Ministre de l'Instruction Publique a déposé aussi plusieurs projets de lois. Le principal est celui qui supprime les classes dites helléniques. Actuellement les études sont divisées en trois sections : école primaire, école hellénique, gymnase. Le projet donne à l'école primaire deux des classes helléniques et la troisième au Gymnase. Cette modification apporte une économie très sensible au budget de l'Instruction publique. Elle a en outre pour but de mettre un frein à la multiplication excessive des instituteurs et de remplacer la quantité par la qualité. L'instruction primaire a fait de grands progrès, mais les charges qu'elle impose au Trésor ne sont pas toujours en proportion avec les résultats obtenus. Dans certains hameaux l'école primaire ne compte pas dix élèves et les autorités locales sont d'autant plus portées à l'abus que l'État supporte seul les frais de l'instruction dans un grand nombre de dèmes qui sont considérés comme indigents.

Le Ministre se propose encore de réglementer la fournitures des livres scolaires; il est, de même, question de créer un monopole de cette fourniture au profit de l'État. Cette idée d'unification de la librairie d'enseignement a été suggérée par le « Syllogue des livres utiles », association privée qui fonctionne depuis 1899 sous la présidence de M. Bikélas. Ce syllogue, dont les débuts ont été des plus modestes, est maintenant installé dans un joli édifice du boulevard de l'Académie. Son but primitif était de doter la Grèce d'une bibliothèque à la portée des bourses les moins garnies. Depuis sa fondation il a répandu près de 600,000 petits volumes à couverture rouge et, tout en poursuivant son œuvre initiale, il a étendu son action aux livres et aux cartes scolaires. Il est également le promoteur du Congrès hellénique d'éducation qui se tiendra à Athènes le 31 mars prochain (a. s.). Ce congrès aura lieu dans la grande salle du syllogue du « Parnasse » et l'exposition scolaire qui en est le complément sera inaugurée le même jour au siège du Syllogue des livres utiles. Peut-être même, en raison des nombreuses adhésions qui affluent de tous les points de la Grèce libre, des centres helléniques de la Turquie et de plusieurs nations étrangères, le local du Syllogue sera-t-il trop étroit. Dans ce cas l'exposition serait transférée dans les vastes salles du palais du Zappeion. Cette solennité sera présidée par M. Bikélas qui vient, en outre, d'être réélu pour cinq ans président du Syllogue des livres utiles dans sa séance du 18 janvier dernier.

Quelques jours avant cette réunion, S. A. R. le Prince-Héritier avait posé la première pierre de l'École Normale qui s'élève en ce moment à Athènes aux frais de M. Marasly d'Odessa. Ce généreux donateur, dont la Grèce ne compte plus les bienfaits, doit fournir en outre les fonds nécessaires à la construction d'une école commerciale et industrielle. La seule école où puissent acquérir les connaissances nécessaires à leur profession tous les jeunes hommes de la Grèce libre et des contrées helléniques de la Turquie qui se destinent à l'industrie, est actuellement l'Académie industrielle et commerciale d'Athènes qui va célébrer dans quelques semaines le dixième anniversaire de sa fondation. Cet établissement, dû à l'initiative privée, est aujourd'hui placé sous la haute protection de Sa Majesté le roi. Il avait d'abord été fondé au Pirée; puis, après des débuts difficiles, il prit une extension inespérée et transféra son siège à Athènes; il compte aujourd'hui environ 300 élèves internes et externes et 35 professeurs. Il est divisé en quatre sections : industrielle, métallurgique, agricole et commerciale. Les diplômes de cet établissement sont acceptés par les écoles industrielles d'Italie et de Suisse pour les examens d'admission.

Nous ne terminerons pas ces lignes sur les progrès de l'instruction en Grèce sans signaler une perte très sensible que vient de faire la littérature de la langue moderne. M. Emmanuel Roïdis, l'écrivain et le critique si universellement apprécié, est décédé dans les premiers jours de janvier.

J. GUILLEBERT.

COMPTES RENDUS BIBLIOGRAPHIQUES

La Revue rend compte, à cette place, de tous les ouvrages relatifs aux études helléniques ou à la Grèce moderne, dont UN *exemplaire sera adressé au bureau de la Rédaction, chez M. Leroux, éditeur, 28, rue Bonaparte.*

Les ouvrages dont les auteurs font hommage à l'Association pour l'encouragement des Études grecques ne seront analysés dans cette bibliographie que s'il en est envoyé DEUX *exemplaires, l'un devant rester à la Bibliothèque de l'Association, et l'autre devant être remis à l'auteur du compte rendu.*

1. *Les Actes de saint Jacques et les Actes d'Aquilas* publiés par Jean EBERSOLT. Paris, Leroux 1902, in-8° 79 p.

2. *Saint Jérôme et la Vie du moine Malchus le Captif* par Paul VAN DEN VEN. Louvain, Istas, 1901, in-8°, 161 p.

3. *La Vie grecque de saint Jean le Psichaïte...* par P. VAN DEN VEN. Louvain, Istas, 1902 (extr. du Muséon), in-8°, 23 p.

4. *Analecta Bollandiana*, XXII, 2. Bruxelles, 1902, in-8°.

1. M. Ebersolt publie les Actes de saint Jacques (fils de Zébédée) d'après le ms. grec 1534 de la Bibliothèque Nationale, et les actes d'Aquilas — aussi l'un des 70 apôtres — d'après le ms. 1219 de la même collection. Ces deux courts documents, quoique de date assez récente — l'un probablement du VIIIe siècle, l'autre « du VIe au XIe » — et dénués de toute valeur historique ne sont pas sans intérêt pour l'étude du développement des légendes hagiographiques. Il y a même dans les actes de Jacques un trait tout à fait curieux (Caïphe aurait été originaire de Kios en Bithynie) dont M. E. n'a pas pu trouver l'explication. Le commentaire de l'éditeur se distingue par la précision et l'étendue de l'érudition ; on remarquera notamment l'étude très approfondie des traditions topographiques (presque toutes arbitraires) qui se rattachent à la colline S. O. de Jérusalem, improprement appelée Sion. A ce propos M. E. reproduit et commente le plan de Jérusalem sur la mosaïque de Medaba. Le texte lui-même paraît bien lu et publié avec tout le soin nécessaire. Cependant dans *Act. Jac. init.* Πράξις me paraît une graphie vicieuse de πρᾶξις, et il y a quelques fautes d'accentuation qu'aurait fait disparaître une revision plus attentive des épreuves (*Jac.* 1 6

αἱρων. 3. αὐτῶν). Dans la traduction de *Jac.* 3 « la mer » n'est pas clair ; il s'agit du lac de Génésareth. P. 60, où l'auteur a-t-il vu qu'il y ait deux villes du nom de Cibyra ? P. 68 et passim. Il faut écrire Chrysostome, sans accent circonflexe. P. 72. Quel « roi » pouvait avoir régné à Magnésie à l'époque chrétienne ?

2. Saint Jérôme a écrit trois Vies de saints : celles de Paul l'Ermite, de Malchus et d'Hilarion, dont il existe des versions grecques et syriaques. Nos lecteurs savent déjà que Amélineau et Nau ont soutenu que la version grecque de Paul l'Ermite était l'original, que Jérôme n'aurait fait que démarquer ; cette opinion a été réfutée par M. Bidez. Une thèse toute semblable a été proposée naguère par Kunze au sujet de la Vie de Malchus ; c'est à sa réfutation qu'est consacré le Mémoire de M. Van den Ven, et la démonstration, parfois un peu prolixe, n'est ni moins convaincante, ni moins solidement documentée que celle de M. Bidez. A cette occasion, M. V. a publié, d'après une collation soigneuse de tous les manuscrits connus, le texte grec encore inédit du Malchus ; il reproduit aussi un fragment considérable du plus ancien ms. du texte syriaque (Br. Mus. Add. 12 175) lequel a été traduit du grec. M. V. discute ensuite la date et la paternité du texte grec de Malchus et des deux autres biographies hiéronymiennes. Voici la conclusion de ce soigneux examen : les traductions grecques des Vies de Malchus et d'Hilarion paraissent remonter au vᵉ siècle et appartenir à un seul et même auteur ; il n'y a aucune bonne raison de ne pas reconnaître en cet auteur Sophronius, que Jérôme nomme expressément comme traducteur de l'Hilarion. Au contraire la traduction, beaucoup plus littérale, de la Vie de Paul de Thèbes trahit une tout autre main.

3. Saint Jean le Psichaïte est un moine confesseur de la première moitié du ixᵉ siècle qui a joué un certain rôle dans la querelle des Iconoclastes et qui n'était guère connu que de nom. Sa biographie, publiée d'après deux mss. de Munich et d'Oxford, est une œuvre de la fin du ixᵉ siècle ; elle ne dépasse pas le niveau ordinaire de ces sortes de productions. On y trouve pourtant plusieurs détails intéressants sur la persécution de Léon l'Arménien et sur les couvents de Πηγή et de Ψιχᾶ à Constantinople, dont Jean fut économe, ou higoumène.

4. Nous signalons en terminant dans le fascicule cité des *Acta Bollandiana* les Actes inédits d'un martyr de Perse, l'évêque Σαδώθ, sous Sapor II, publiés d'après trois manuscrits par le père Delehaye. La capitale des Sassanides y est appelée Σαλὴκ καὶ Κτησιφών.

Nous ne prendrons pas congé de ces quatre excellentes publications sans nous réjouir de l'activité qui règne actuellement dans le domaine hagiographique et surtout de l'esprit vraiment scientifique qui la dirige. L'honneur de cette renaissance revient en majeure partie à l'influence de M. Usener et à celle des Néo-Bollandistes, mais l'impulsion de plusieurs savants français (Gœlzer, Omont, Bonnet, etc.) n'y a pas non plus été étrangère.

H. G.

2. *Catalogus codicum astrologorum graecorum.* IV. Codices italicos (minorum bibliothecarum) par D. Bassi, F. Cumont, Æ. Martini, Al. Olivieri. VI. Codices Vindobonenses, descr. G. Kroll. In-8°, de 192 et 122 p.

Nous avons déjà rendu compte des premiers fascicules de cette utile publication qui s'avance rapidement vers son achèvement.

Le premier des deux fascicules que nous annonçons (n° 4) décrit les mss. des petites collections italiennes à savoir Turin (5 manuscrits, hélas aujourd'hui détruits), Bergame (1 ms.) Parme (1 ms.), Modène (6 mss.), Bologue (2), Naples (8), Messine (1). Les auteurs ont ajouté 3 mss. de Florence omis dans leur fascicule I⁰ʳ. L'appendice donne d'après le cod. Taur. c, vii, 10, des extraits du commentaire d'Héliodore (vers 500) sur Paul d'Alexandrie et d'autres astrologues ; des extraits des cod. Mutin. 42, 85 (Julien de Laodicée), 174 (Petosiris), 215 (Théophile d'Edesse); Bonon. 3632 (Apomasaris) ; Neap. II C 33 et 34, III C 20 ; Laur. LXXXVI, 18. Deux curieux fac-similés reproduisent deux feuillets du Laur. XXVIII, 14 donnant la résolution des principales abréviations usitées en astrologie.

Le catalogue de M. Kroll comprend 14 manuscrits de Vienne, 2 de Cracovie et un de la collection du prince Dietrichstein. Parmi les extraits publiés on remarquera surtout p. 67 le thème de géniture d'Hadrien, p. 73 description singulière et figures des décans, p. 83 superstitions botaniques, p. 89 suiv. recueil de tous les vers connus de Dorothée (ample matière à conjectures).

H. G.

2. *H. DIELS. Poetarum philosophorum fragmenta.* Berlin, Weidmann 1901. (Poetarum graecorum fragmenta III, 1). In-8°, 270 p.

Ce recueil, que nul savant ne pouvait entreprendre avec la même compétence, porte la marque ordinaire des ouvrages de M. Diels : érudition, sagacité, honnêteté. Les *testimonia* biographiques et philosophiques placés en tête des fragments de chaque auteur représentent à eux seuls un travail critique de premier ordre. Les poètes admis dans le cénacle sont Thalès, Cléostrate, Xénophane, Parménide, Empédocle, Scythinus, Ménécrate, Sminthés, Timon, Cratès, Démétrius de Trézène. Sauf pour Timon, dont les fr. sont donnés dans l'ordre alphabétique, les textes sont tous présentés dans un ordre méthodique. En ce qui concerne le dialecte, l'éditeur s'est tenu aussi près que possible de

la tradition manuscrite, évitant de donner à des auteurs d'époque et de pays si variés l'uniforme « couleur homérique » chère à ses devanciers. Un index développé et des tables de concordance complètent cet excellent instrument de travail, qui nous dispense désormais, pour les poètes philosophes, de recourir au fâcheux Mullach, si durement — un peu trop durement — traité par M. Diels (*homo qui germanum nomen apud exteros infami sua fragmentorum sylloge dehonestavit*).

H. G.

4. *Wilhelm DOERPFELD* (et autres). *Troja und Ilion.* Athènes, Beck et Barth, 1092. 2 vol. in-4° (XVIII, 652 p.); nombreuses figures.

L'exploration archéologique de la plaine de Troie, commencée à la fin du xviii⁰ siècle par l'abbé Le Chevalier et Choiseul Gouffier, reprise au xix⁰ par von Hahn et Calvert, a fait en 1870 un pas de géant avec les retentissantes découvertes de Schliemann à Hissarlik. Cependant la 6° ville, la cité « mycénienne » s'était dérobée à ses recherches ; il avait pris pour elle une cité beaucoup plus ancienne ; c'est en 1893 seulement que Dörpfeld a exhumé la Troie mycénienne, mutilée, mais encore imposante avec sa muraille flanquée de tours, ses escaliers et ses maisons serrées. Ces fouilles de Dörpfeld, continuées avec l'appui du gouvernement allemand, constituent un très important complément à celles de son célèbre prédécesseur, auxquelles on connaît sa part de collaboration.

Ce n'est pas la seule raison pour laquelle les livres de Schliemann (*Trojanische Alterthümer, Troja, Ilios,* etc.), ne suffisent plus aux besoins actuels de la science. La nouvelle synthèse de M. D., sans être exhaustive, sans prétendre à l'être, offre l'exposé clair et complet des résultats des fouilles jusqu'à la fin du xix⁰ siècle. La partie pro-

proprement architectonique — la plus difficile, — que D. s'est réservée est tracée de main de maître : on ne saurait pousser plus loin l'alliance singulière du don d'observation et du don de combinaison. Mais on ne lira pas avec un moindre intérêt les chapitres où H. Schmidt et Götze ont analysé les trouvailles céramiques et la *varia supellex* des sept ou huit couches de ruines superposées qui forment la colline d'Hissarlik ; ce travail, éclairé par des rapprochements avec les trouvailles analogues, notamment de Hongrie, est fécond en résultats historiques. D'autres savants ont prêté leur concours : Winnefeld a décrit les trouvailles de sculpture et les tombeaux, von Fritze les monnaies (1), Brückner les inscriptions. Ce dernier a aussi enrichi l'ouvrage d'une suggestive « histoire de Troie » où il met en relief notamment la haute antiquité du culte d'Athéna Ilias et sa connexion avec les traditions locriennes et le héros locrien Ajax fils d'Oïleus (ou, comme le veut Robert, d'Ileus). M. Erich Bethe voit dans ce rapprochement (*Deutsche Literaturzeitung*, 1903, p. 2370) la clé historique de l'Iliade : la guerre de Troie serait à l'origine la lutte entre les Troyens et les Achéens de Rhœtéum ; Troie prise devient la ville d'Ileus ou d'Ilos, Ilion ; le duel d'Hector et d'Ajax, qui est comme le symbole de ce long conflit, appartiendrait au plus ancien fond de la légende et du poème etc. Attendons le développement de ces vues intéressantes ; mais disons le tout de suite, quelque solidité nouvelle qu'elles apportent au *substratum* historique de l'Iliade, elles ne sauraient faire de celle-ci un poème historique au sens propre du mot ; les efforts de Dörpfeld pour mettre d'accord les descriptions

(1) Le rapprochement institué par Brückner, p. 564, entre une gemme mycénienne ('Εφ. ἀρχ. 1888, pl. 10, 7) et un type des monnaies d'Ilion (taureau suspendu à un pilier ou à un arbre) est très frappant.

du poète avec la topographie et les ruines nous paraissent de l'esprit aussi mal dépensé que celui de M. Bérard pour retrouver l'itinéraire d'Ulysse. — L'ouvrage, imprimé à Athènes, est abondamment illustré et pourvu de cartes excellentes ; il est élégant, sans être somptueux, et le prix en est relativement modéré (40 marks). L'absence d'un index est regrettable.

                                    H. LEBEAU.

5. *GARDTHAUSEN (V.). Sammlungen und Kataloge griechischer Handschriften.* Leipzig, Teubner 1903 (= Byzantinisches Archiv. Heft 3). VIII, 96 p. 8°.

Cet inventaire des collections et catalogues de manuscrits grecs, pour lequel M. G. a obtenu la collaboration de toute une série de spécialistes éminents, est le développement d'un chapitre déjà bien vieilli de la *Paléographie grecque* du même auteur (1879). Tous ceux qui ont eu l'occasion de recenser un texte classique ou de publier un texte inédit savent combien les recherches préparatoires sont pénibles sans un bon fil conducteur de ce genre ; ils seront reconnaissants à M. G. et à ses collaborateurs de le leur avoir procuré. Les renseignements sont classés par pays (d'Occident en Orient) et dans chaque pays suivant l'ordre alphabétique des villes. L'index ne donne que les noms spéciaux des bibliothèques, ce qui est un tort ; on regrettera aussi que l'auteur n'ait pas signalé par un astérisque les catalogues vraiment utiles (cf. Stählin, *Byz. Zeitschr.* XII, 611). Les omissions sont peu nombreuses et peu importantes ; peut-être, à propos du Sinaï (p. 86), aurait-il fallu mentionner les *Studia sinaitica*, tome 1, de Mᵐᵉ Lewis et Gibson. Le cardinal Ottoboni n'est pas devenu pape sous le nom de Benoît XIV (p. 48), mais d'Alexandre VIII : Benoît XIV s'appelait Lambertini. Il n'existe pas hélas ! à Paris de catalogue des manuscrits de Turin du XVII° siècle (p. 53). Le catalogue visé par G. (Paris suppl. 798), comme on peut le voir en se reportant à l'*Inventaire* d'Omont (III, 312), est en réalité un catalogue des manuscrits de saint Taurin d'Évreux.

H. G.

6. *Paul Frédéric GIRARD. Textes de droit romain publiés et annotés.* Troisième édition. Paris, Arthur Rousseau, 1903, in-16, xv-857 pp.

Nous regrettons de ne pouvoir analyser ici cet excellent ouvrage que sous le point de vue assez restreint des études helléniques.

Les textes grecs qui y sont contenus sont l'édit de Tibère Alexandre, préfet d'Égypte (C. I. G. 4957); un édit important du préfet d'Égypte Mettius Rufus extrait de la pétition de Dionysia et dont M. Girard donne une nouvelle traduction plus exacte que celle de Bonfante et Ruggiero; la lettre d'Hadrien sur les droits successoraux des enfants de soldats (BGU, 140); le rescrit de Sévère et Caracalla sur la prescription de dix à vingt ans (BGU, 267); le rescrit de Gordien III aux habitants de Scaptoparène (CIL. III, 12336); le fragment du Pseudo-Dosithée; les Fragmenta Sinaitica; le testament de C. Longinius Castor; la tablette grecque de Transylvanie (CIL. III, p. 933); le papyrus Rainer 1492 contenant une action en nullité de testament et enfin le texte inédit d'un affranchissement gréco-latin de la collection Amherst copié par M. Seymour de Ricci.

Ces textes, tous accompagnés d'une traduction latine, sont édités avec le soin et la compétence qui caractérisent tous les travaux de M. Girard. Regrettons seulement que l'accentuation laisse parfois à désirer.

Émile Dubois.

7. *B. GRENFELL, A. HUNT, J.-G. SMYLY. The Tebtunis papyri,* part. I (University of California publications, graeco-roman archaeology, vol I). London, Frowde, 1902, grand in-8°, XIX-674 p. 9 planches.

MM. Grenfell et Hunt n'ont pas été moins heureux dans le Fayoum qu'à Oxyrhynchus. Les documents publiés dans le présent volume sont le fruit de fouilles qu'ils ont exécutées à Oum el Baragât, l'ancienne Tebtynis, dans le sud du Fayoum, pendant l'hiver 1899-1900. C'est le hasard qui les a mis sur la voie de cette riche récolte. Comme ils exploraient les tombeaux de la nécropole de Tebtynis, en quête de sarcophages, et qu'au lieu de momies cartonnées ils ne rencontraient que des crocodiles, un ouvrier, dégoûté, cassa la tête d'un de ces animaux et découvrit qu'il était enveloppé dans des feuilles de papyrus (16 janvier 1900). Aussitôt on fit la chasse aux momies de crocodiles jusqu'alors dédaignées. On en recueillit plusieurs milliers, dont environ 2 pour 100 renfermaient des papyrus, souvent d'une grande longueur. Depuis lors, en 1901-1902, MM. G. et H. ont découvert un second cimetière du même genre à peu de distance de Magdola. J'ai eu le bonheur de passer une journée auprès d'eux pendant leurs fouilles et je ne me le rappelle pas sans émotion. Les crocodiles, grands, petits et postiches (car il y a des simili-crocodiles) sont enterrés à une faible profondeur dans des fosses creusées à même le sable. L'animal une fois déterré, sitôt qu'une vérification sur place avait révélé l'emploi du papyrus dans la momie, était chargé sur un brancard et emporté au camp voisin sur les épaules de cinq ou six vigoureux Arabes vêtus de sarraus bleus. M. Hunt, coiffé de son casque indien, dirigeait l'escorte, et je caracolais à côté de lui sur mon âne. Arrivé au camp — à une petite demi-heure du cimetière, — l'animal était déposé sur

9

la table de la tente-laboratoire et l'on procédait à l'opération toujours délicate de l'extraction des papyrus, parfois très fragiles ; le déroulement et le déchiffrement étaient réservés pour Oxford. Je m'attardai à ce spectacle qui me fascinait et je ne rentrai au camp de M. Jouguet — éloigné de deux heures — qu'après le coucher du soleil. La nuit étoilée et silencieuse descendait rapidement comme un grand manteau sur la monotone plaine de sable, semée de fondrières où mon baudet trébuchait à chaque pas. C'était grandiose, mais quelque peu sinistre, et je ne fus pleinement rassuré que lorsqu'une petite lueur à l'horizon et l'aboiement lointain d'un chien de garde nous avertirent que nous étions sur le bon chemin.

Le *Bulletin papyrologique* prochain renfermera une analyse détaillée du contenu de ce volume, mais je veux dès à présent en signaler les pièces principales. Tous les papyrus publiés sont d'époque ptolémaïque, principalement du dernier quart du IIe siècle. La littérature est représentée par trois numéros (sans compter l'inévitable Homère, n° 4, Iliade II, 95-210). Le 1er est une curieuse *farrago* d'extraits lyriques : une plainte d'Hélène en crétiques (restituée par Wilamowitz, *Timotheos Perser*, p. 82); la description d'un bocage où susurrent des abeilles surchargées d'épithètes ; des distiques iambiques où l'amour est comparé à une torche etc. Le n° 2 reproduit les mêmes fragments et d'autres fort malades. Le n° 3 est une petite collection d'épigrammes également mutilées; l'une d'elles était déjà connue par l'Anthologie (IX, 588, Alcée de Messène).

Parmi les « documents », dont beaucoup proviennent des archives du comogrammate Menchès, la palme appartient à une très longue série de décrets d'Évergète II de l'an 118 (n° 5), qui, sous forme d'amnistie, renferment une foule de détails très intéressants, parfois aussi très obscurs, sur toutes les branches de l'administration égyptienne. Le n° 6 est un décret de l'an 140, relatif aux biens des temples. Le n° 8, de l'an 201, se rapporte aux tributs de Lesbos, de la Thrace et de la Lycie, à la veille de la perte de ces territoires. Le n° 33 (préparatifs pour la visite d'un touriste romain de grande marque au Fayoum) est tout à fait amusant : c'est un trait d'union entre Hérodote et Strabon. Les énormes documents n° 60-61 — deux des plus longs papyrus ptolémaïques connus — nous renseignent sur le cadastre, la répartition des terres et les récoltes de la colonie de Kerkeosiris. Le n° 92 désigne sous le nom de *métropole* la ville de Ptolémaïs Euergetis, dont le site exact est inconnu. Le n° 103 apporte le plus ancien exemple connu d'une λαογραφία et le n° 104 est un contrat de mariage bien conservé, document unique dans son genre. Nous n'avons signalé que les pièces de tout premier choix, mais dans cette longue série de 124 documents reproduits in extenso (plus 140 résumés) il n'y en a pas un qui n'apporte une contribution grande ou petite à la connaissance de l'Égypte ptolémaïque. Les déchiffrements inspirent une confiance absolue, et les commentaires, si sobres qu'ils soient, charment par leur netteté et leur information exacte. L'appendice renferme deux dissertations importantes : l'une sur le cadastre de Kerkeosiris et incidemment sur toute l'organisation des colonies militaires ptolémaïques, l'autre sur la question si importante et si controversée du rapport de valeur entre l'argent et le cuivre sous les Ptolémées. Les auteurs, à la lumière des nombreuses équations fournies par les documents de Tebtynis, montrent que la vieille *ratio* 120 : 1, fondée sur l'interprétation hypothétique d'une formule démotique, ne tient plus debout; les documents prouvent qu'à la fin du IIe siècle la drachme d'argent valait de 375 à 500 drachmes de cuivre; malheureusement nous ne savons pas encore avec certitude quel poids de métal représente 1 drachme de cuivre. Nos auteurs inclinent à croire avec Regling (*Z. f. Num.* 1901, 115), que la pièce de 15 gr. valait 80 dr. ce qui mettrait la *ratio* à 30 : 1 environ. Chemin faisant les auteurs ont rectifié quelques-unes des erreurs commises par M. Svoronos sur ce sujet (1).

T. R.

8. *B. GRENFELL and A. HUNT, The Oxyrhynchus papyri. Part III.* London, Kegan Paul etc., 1903. Grand in-8° carré, xii-338 p. 6 planches.

Les « papiers d'affaires » du 3° volume d'Oxyrhynchus sont presque tous du ii° siècle après J.-C. (n°s 471-533). Signalons comme particulièrement intéressant un long fragment de plaidoyer (471) qui paraît avoir été prononcé devant l'empereur et où un haut fonctionnaire (le préfet Maximus?) est pris à partie pour la scandaleuse faveur accordée à un mignon ; une requête (477) adressée par Ammonius à divers magistrats d'Alexandrie pour obtenir l'inscription de son fils parmi les éphèbes de cette ville ; 478, requête d'une affranchie tendant à obtenir l'ἐπίκρισις (ici : réduction de la capitation) en faveur de son fils ; 484, pétition prouvant que le préfet Avidius Heliodorus était en

fonctions dès janvier 138 ; son successeur paraît être Val. Eudaimon ; 485, mémoire mentionnant la capitale de la petite Oasis (Bahriyeh) sous le nom de Psobthis ; 489-495, intéressante série de testaments (490, spécimen de substitution pupillaire ; le n° 491 interdit toute aliénation à l'héritier jusqu'à 25 ans ; 493, testament réciproque de deux conjoints ; le n° 494 institue le fils héritier, mais sous réserve d'usufruit viager pour la veuve ; au début cinq affranchissements) ; 496, contrat de mariage ; 498, marché avec des tailleurs de pierre, termes techniques nouveaux (λίθοι χαμηλικοι « pierres que puisse porter un chameau », αντιδλήματα, πελεκημστα, types de pierres) ; 511, mention d'un δημοσιος αφροδ(ισιαστης) : le lupanar était un monopole d'État ; 513, vente de biens confisqués, prouvant qu'à l'époque impériale, comme à l'époque ptolémaïque, les banques privées — ou certaines banques privées — étaient concédées à titre de ferme par le gouvernement ; 519, dépenses pour des jeux publics (496 drachmes pour un mime, 448 pour un rhapsode « homériste », tant pour la musique et le danseur) ; 528, touchante lettre d'un mari à sa femme qui s'est enfuie avec un séducteur ; elle lui a écrit des lettres qui remueraient une pierre : επεμψας μυ επιστολας δυναμενου (sic ?) λιθον σαλευσε etc., c'est un digne pendant de la fameuse lettre du petit Théon.

Les fragments littéraires (401-470 ; 534-573) contiennent plusieurs numéros d'un intérêt exceptionnel : 403, fragment de l'Apocalypse de Baruch (dont on ne possédait que la version syriaque) ; 404, fragment de la fin (perdue) du *Pasteur* d'Hermas ; 408, fragments d'odes de Pindare mentionnant Héraclès et le mode locrien (on y retrouve les fr. 200 et 235 Christ) ; 409, fragments malheureusement très mutilés du *Colax* de Ménandre : diatribe contre les parasites etc., il y a des scholies (explication du mot διμοιρίτης, soldat à double paye ; citation des *Olympioniques* d'Eratos-

---

(1) P. 92 les auteurs ont eu tort de renvoyer à la pétition n° 43 pour un exemple de la formule initiale sans χαίρειν puisque au contraire, ce document emploie χαίρειν. N° 43, 15. Il n'y a aucune raison de faire de Σίμων un juif. Le nom est parfaitement grec : cf. n° 79/76 : Σίμωνος του Μνασιστρατου. (Noter en revanche p. 384 et 385 la mention d'une synagogue juive à Arsinoé). N° 105 : il faut six noms de témoins, c'est la règle. P. 471. L'explication donnée par les éditeurs ne me paraît pas exacte. L'emprunteur reconnaît avoir reçu à la fois le capital et les intérêts qu'il devra rendre après la récolte ; c'est une manière abrégée de stipuler les intérêts, et qui n'implique nullement qu'il s'agisse du renouvellement d'un prêt primitif de 16 1/3 artabes, chiffre invraisemblable.

thène à propos du pancratiaste Astya-nax de Milet); 410, fr. d'un traité de rhétorique en dialecte dorien; 411, fr. d'une biographie (romaine) d'Alcibiade, s'écartant sur plusieurs points de Thu-cydide; 412, fr. du livre 18 des Κεστοί de S. Iulius Africanus : l'auteur a été chargé de bâtir une bibliothèque au Panthéon pour l'empereur Alexandre; il cite, d'après des manuscrits d'Ælia Capitolina, de Nysa et de Rome, une incantation magique de 25 vers que certaines éditions inséraient dans le livre XI de l'Odyssée; *413, fragments très curieux d'une farce et d'un mime (voir dans le présent fascicule le compte rendu du livre de Reich); 415, fr. ora-toire (Isée contre Elpagoras et Démo-phanès?), 416-7, fr. de romans; 418, scholies homériques; 419, fr. de l'*Ar-chélaos* d'Euripide; 420, argument de l'*Electre* d'Euripide; 445, important manuscrit avec signes diacritiques du livre VI de l'Iliade; 464, épigrammes astrologiques; 465, calendrier astrolo-gique (extrait des Σαλμενιχιαχα?); 466, conseils à un pugiliste; 470, description de deux règles à calcul.

Comment trouver de nouvelles for-mules pour louer, remercier, féliciter les infatigables éditeurs?

T. R.

9. *HATZIDAKIS (G. N.).* Ἔλεγχοι καὶ Κρίσεις. Athènes, Sakellarios, 1901, in-8°, p. 417-712. Extraits de l'*Athéna*, tome 13.

Les deux articles de critique réunis dans ce volume sont consacrés à G. Bernardakis, l'un à sa polémique contre Contos et Basis, l'autre à son édition des Œuvres morales de Plu-tarque, où M. H. relève une quantité innombrable de bévues et d'inconsé-quences. M. H. est très savant et il a généralement raison, mais il l'a sans indulgence; or, nous en avons tous besoin, particulièrement en matière d'accentuation. Ne lui arrive-t-il pas à

lui-même d'écrire, ou du moins d'im-primer p. 527 : « αἱραν ἐξέδωκε ἀντὶ αἱραν » ce qui assurément n'offre aucun sens?

H. G.

10. *HEPDING (Hugo). Attis, seine My-then und sein Kult.* Giessen, Ricker, 1903, in-8°, 224 p. (Religionsgeschicht-liche Versuche und Vorarbeiten von A. Dieterich und R. Wünsch, I).

Ce travail d'un débutant présente d'abord la série complète des textes littéraires et épigraphiques relatifs à Attis dans leur ordre chronologique; les monuments figurés sont malheureu-sement exclus; puis vient une esquisse de la physionomie de ce dieu hybride (mythes, culte, mystères, épithètes, développement). L'ouvrage est utile et paraît exact, mais n'apporte pas de faits nouveaux. Il a pris pour modèle le *Mithra* de M. Cumont, sans se dissimuler la distance qui l'en sépare. L'auteur est un élève respectueux de Dieterich et lui témoigne son respect en admettant comme « démontré » que l'inscription d'Abercius se rapporte au culte d'Attis, alors qu'elle n'en dit pas un mot et vise manifestement le Christ.

H. G.

11. *HOMÈRE. Homeri Opera* recognove-runt *D. B. Monro* et *Th. W. Allen* I-II. Ilias. Oxonii (s. d.) (Scriptorum classicorum bibliotheca Oxoniensis), 12°, 2 vol. sans pagination !

Cette charmante édition a un véri-table intérêt critique. Elle repose en effet sur la collation d'un nombre tout à fait effrayant de manuscrits (130 !) qui, à la vérité, ne paraissent pas avoir livré beaucoup de variantes in-téressantes, mais qu'il était utile de dépouiller une bonne fois. M. Allen les a groupés en dix-sept familles. Quoique les éditeurs se rangent à l'opinion de Ludwich, que notre vulgate remonte bien au-delà des travaux des Alexandrins et n'a été que très peu influencée par Aristarque, ils attachent une grande importance au témoignage de ce grammairien, qui nous renseigne sur la leçon des meilleurs manuscrits réunis à Alexandrie par les soins des Ptolémées ; nos papyrus du IIIe et du IIe siècle av. J.-C. représentent au contraire une tradition vulgaire, souvent interpolée (1). Quant aux formes grammaticales, les éditeurs ont, en général, respecté la tradition ; non pas qu'ils ignorent combien elle diffère de la forme primitive des poèmes homériques, dont ils se représentent le dialecte comme assez voisin de l'arcadien ; mais restituer cette forme eût été *opus nostris viribus maius*, et mieux vaut ne toucher à rien que de risquer des altérations partielles, comme par exemple le rétablissement du F. En général pourtant nos éditeurs ont supprimé l'augment, et ils ont écarté quelques formes attiques ou communes au profit de formes anciennes dûment attestées.

H. G

12. *Ch. JORET. J. B. Le Chevalier d'après sa correspondance avec Böttiger.* Paris, Picard, 1903, 8e, 73 p.

L'abbé Le Chevalier, précurseur de Schliemann, a eu son heure de célébrité méritée au XVIIIe siècle. Indépendamment de son exploration classique de la plaine de Troie, provoquée par Choiseul Gouffier, il fut un grand voyageur devant l'Eternel. A la veille de la Révolution ses pérégrinations l'amenèrent à Weimar. Il faillit même se fixer définitivement dans cette Athènes germanique où le duc Charles Auguste offrait aux émigrés et aux savants étrangers

une généreuse hospitalité. Toutefois, l'amour du sol natal l'emporta, et après le rétablissement de l'ordre, il rentra se fixer à Paris qu'il trouva moins changé qu'il n'eût cru. Il termina sa vie comme conservateur de la Bibliothèque Sainte Geneviève et n'écrivit plus rien qui vaille, car son livre pseudonyme sur « Ulysse auteur des poèmes homériques » est une aberration ou une mauvaise plaisanterie. A Weimar Le Chevalier s'était lié avec l'archéologue Böttiger, et les deux amis entretinrent une correspondance plus ou moins intermittente qui se prolongea jusqu'à la veille de la mort de l'abbé. Elle fut surtout active pendant la Révolution. M. Joret, qui a compulsé le premier à la Bibliothèque de Weimar les lettres de Le Ch., les publie avec son soin ordinaire et en tire d'utiles éclaircissements non seulement sur la vie assez peu émouvante de son héros, mais d'une manière générale sur le monde savant de Weimar.

H. G.

13. *André JOUBIN. Guide du musée de moulages de la faculté des lettres de Montpellier.* Paris, Impr. nationale, 1904, 16e, 67 p.

Les Musées de moulages sont un complément indispensable de l'enseignement de l'histoire de l'art, qui ne devrait manquer dans aucune Université. Celui de Montpellier, qui date de 1890 et dont le principal organisateur fut M. Lechat, est un des plus riches de province. A l'occasion de sa translation dans un nouveau local, M. J. nous offre un petit catalogue destiné à remplacer celui de Castets. Rédigé sur le modèle du *Führer* de Michaelis pour Strasbourg, c'est une œuvre de goût et d'une jolie exécution typographique. Les indications bibliographiques se bornent le plus souvent à un renvoi à l'ouvrage de Collignon ; c'est

(1) L'ouvrage de Brunet de Presle et Egger (*Papyrus du Louvre*) n'est pas de 1886, comme il est dit ici, mais de 1865.

un peu insuffisant et il eût été parfois utile de renvoyer au Clarac-Reinach, aux *Sarcophages* de Robert ou aux *Reliefs funéraires attiques* de Conze. Tel relief peu connu, comme le sarcophage Despuig de Palma (mort d'Egisthe) ou le disque Dressel de Dresde (Marsyas) méritait une indication bibliographique un peu précise. M. J. place la Vénus de Milo vers 300. C'est l'histoire du sergent qui entendant soutenir par l'un que 2 + 2 = 4, par l'autre que 2 + 2 = 6, en concluait prudemment que 2 + 2 = 5. Corinne était une *poétesse*, non une *prêtresse* (p. 45).

T. R.

14. *KRUMBACHER (Karl). Das mittelgriechische Fischbuch* (L'ichthyologue médio-grec). Munich 1903 (extrait des *Sitzungsberichte* de l'Acad. de Munich), p. 345-380.

Ce petit traité inédit (2 pages), que M. K. publie d'après le Cod. Escorial. Ψ-ιv-22, où il a été découvert par Wünsch, vient prendre place à côté des productions analogues déjà connues, le Livre des oiseaux (Πουλολόγος), le Livre des fruits (Πωρικολόγος), le Livre des quadrupèdes. Il est en prose comme le Livre des fruits, dont il semble être un pastiche. M. K. croit pouvoir en fixer la date au xıvᵉ siècle, mais l'opuscule me fait l'effet de l'abrégé d'un ouvrage plus ancien et plus long, ce qui explique ses incohérences et ses contradictions. Après un protocole amusant qui aurait mérité un commentaire, nous assistons au procès du maquereau, par devant le tribunal de S. M. Baleine. Convaincu du crime de conspiration, le coupable est condamné à avoir la barbe arrachée et le roi, en le maudissant, lui prédit qu'on le vendra un follis pièce (un sou ?). L'intérêt principal de ce petit morceau est dans le grand nombre de noms de poissons qu'il renferme ; leur

identification et leur traduction offrent d'énormes difficultés ; M. K. pour les résoudre s'est livré à un travail d'érudition aussi considérable qu'ingrat. Ses recherches, combinant et complétant celles de nombreux précurseurs, — parmi lesquels M. K. n'a eu garde d'oublier M. Bikélas, — sont une contribution précieuse à la lexicographie néo-grecque.

T. R.

15. *A. MEILLET. Introduction à l'étude comparative des langues indo-européennes.* Paris, Hachette 1903, in-8°, xxıv-434 p.

Ce livre n'intéresse pas seulement les linguistes et n'a pas été fait principalement pour eux. Ils n'y trouveraient, nous dit l'auteur, ni idée nouvelle, ni fait nouveau ; par contre il « s'est efforcé de rendre l'exposé intelligible à tout lecteur qui a étudié le grec ». C'est donc aux philologues classiques qu'il s'adresse surtout, et l'utilité d'un tel livre pour eux se passe de démonstration. On a déjà ici même (1898, p. 114) rappelé la nécessité d'une « linguistique sous-jacente » (le mot est de M. Bréal) à toute grammaire particulière, et montré comment l'ignorance voulue des faits les plus certains acquis par la grammaire comparée force à encombrer l'enseignement de notions fausses, qui n'ont pas l'excuse de le rendre plus facile. Le rapport de ἐστί à εἰσί, celui de τενῶ à τατός et à τόνος, la place de l'accent dans παρίνθις, παρέσχον, ἐνῆσαν ne sont pas explicables à l'intérieur du grec. De même pour la syntaxe il est essentiel de se rendre compte que l'enseignement de l'école, qui consiste à établir une norme d'après l'usage d'un certain nombre d'auteurs, ou au moins d'après leur usage le plus fréquent (car les auteurs « modèles » ne sont pas euxmêmes exempts de variations), repose sur une statistique trop incomplète pour

servir de base à une histoire scientifique de l'usage : une recherche scientifique exige en outre la comparaison
des dialectes, tels que l'étude des textes
épigraphiques, plus sincères que les
grammairiens nous les révèlent; son
point de départ nécessaire est l'examen
de l'état indo-européen, qui seul permet de déterminer en quoi le grec a
innové; et cette innovation est le signe
d'une tendance qui continuera de
s'exercer dans la suite, et éclaire par
là même toute la série des faits mieux
que la meilleure des statistiques, faite
sur des auteurs de premier rang.

Il fallait donc faire connaître au public français en quoi consistait l'état
« indo-européen » des langues historiquement attestées : c'est à ce besoin que
répond le beau livre de M. M. Mais il
faut s'entendre sur ce terme d' « indo-
européen ». Il signifie d'abord que M. M.
n'étudie pas la grammaire de chacune
des langues indo-européennes, comme
par exemple M. V. Henry dans ses manuels; mais il ne signifie pas que M. M.
donne la description d'une langue
« i. e. » primitive, laquelle nous est
inaccessible et irreconstituable; il veut
simplement « grâce à la détermination
des éléments communs indiqués par
les concordances » des langues historiquement attestées « mettre en évidence
ce qui y est la continuation d'une forme
ancienne de la langue, et ce qui est dû
à un développement propre et original ». Ce terme de « i. e. » n'est qu'un
symbole conventionnel désignant les
concordances observées entre les différentes langues.

En restreignant ainsi son objet, la
grammaire comparée se débarrasse de
beaucoup de recherches aventureuses
et hypothétiques qui lui valaient jadis
son mauvais renom auprès des philologues. Et si à l'occasion elle peut donner des lumières à qui veut fouiller
certains domaines obscurs de l'histoire,
elle n'a plus la prétention de fournir
elle-même les solutions, et par ses
propres méthodes.

Ainsi la linguistique ne prétend plus
remonter aux origines du langage ; elle
ne prétend même plus faire une restitution hypothétique de la langue d'où
les dialectes indo-européens sont dérivés, alors que presque tous ces dialectes nous sont connus seulement plusieurs siècles après J.-C., et que les
plus anciens ne nous apparaissent
guère que sous leur forme littéraire.
Au cas où il serait possible d'en deviner quelque chose, M. M. l'a omis volontairement : « à qui a le souci de la
certitude et de la rigueur scientifique,
dit-il, ce qui importe avant tout en pareille matière, c'est de savoir beaucoup
ignorer. »

De même toute question de race est
laissée de côté. La conception de race
indo-européenne est une conception
peu claire, et en tout cas rien ne
prouve que les limites des langues
indo-européennes et des races indo-
européennes aient jamais coïncidé. La
grammaire comparée, d'ailleurs, ne portant que sur des langues, faits historiques, ne peut rien apprendre de la
race, chose essentiellement physique.
Quant aux peuples, quels qu'ils soient,
qui ont parlé l' « indo-européen »,
quel était leur domaine, quelles étaient
leurs institutions, leurs mœurs, leur
technique? Encore des questions sur
lesquelles la grammaire comparée ne
prétend donner que des indications
partielles, sans fournir elle-même les
solutions (cf. le chap. sur le Vocabulaire).

Le fait le plus significatif peut-être,
c'est la séparation définitive, semble-t-
il, de la linguistique et de la mythologie comparée. M. M. montre, pp. 364-5,
que les rapprochements qu'on a faits
entre les noms des divinités des différents peuples indo-européens sont pho-
nétiquement insoutenables pour la plu_
part; d'ailleurs, seraient-ils exacts, que
la mythologie comparée en tirerait peu
de chose, car s'il est vrai par exemple
que l'Athéné d'Athènes différait par le
culte, par les attributs et par la fonc-

tion de l'Athéné de Salamine, aussi
différente elle-même de l'Athéné d'une
autre cité grecque, en quoi la constata-
tion de l'identité des noms ou une recherche étymologique nous rendraient-
elles compte de l'histoire de cette divinité ? C'est à d'autres méthodes qu'il
faut avoir recours pour étudier ces faits,
et c'est un linguiste qui nous avertit
que « la linguistique ne saurait apporter à la mythologie comparée aucun
témoignage solide ».

Mais si la grammaire comparée
omet délibérément certaines questions
qu'elle ne s'attribuait jusqu'alors que
par un abus, elle est amenée par le progrès de sa méthode à poser de nouveaux problèmes, où elle est directement
intéressée. Les études poursuivies depuis 1875, fondées sur le principe de la
constance des lois phonétiques, ont
donné des résultats suffisamment nombreux et définitivement acquis ; mais
ces résultats, malgré leur solidité, sont
purement empiriques. Depuis quelques
années, la linguistique se préoccupe, et
se préoccupera de plus en plus, d'*expliquer* les faits enregistrés.

Ainsi, d'une part, depuis l'état indo-
européen que M. M. esquisse dans
son livre, et dont l'étude n'est qu'une
« introduction » à celle des langues historiquement attestées, ces langues ont
étonnamment divergé et la plupart
d'entre elles ont perdu aujourd'hui
tout aspect indo-européen. Il est probable que des circonstances géographiques, économiques, sociales et historiques (comme, par exemple, les variations du régime matrimonial ou l'influence des langues indigènes dont
l'indo-européen a pris la place, pp.
373-4, 411-2) encore mal déterminables
donneront aux linguistes futurs la raison de ces divergences.

D'autre part, en même temps que la
grammaire comparée rendait compte
des faits constatés à l'époque historique sur le domaine indo-européen, le
même travail se faisait sur d'autres domaines (sémitique, ougro-finnois, ber-

bère, bantou, etc.) et un trésor immense
d'observations sur le développement
des langues s'amassait : les matériaux
sont prêts pour une étude générale des
conditions et des lois de l'évolution du
langage.

C'est dans ce double sens que la
grammaire comparée tend à s'orienter
depuis quelques années : une nouvelle
période de la linguistique s'inaugure,
celle de la recherche des *causes ;* le
livre magistral de M. M. est venu à
temps coordonner pour l'indo-européen les résultats de la période précédente, qui a établi les *faits.*

Le plan en est fort simple, et pour
ainsi dire commandé par le sujet, encore qu'il comporte dans le détail plus
d'originalité qu'il ne semble au premier
abord. Ainsi, après un exposé de la
« méthode » qui résume les principes
généraux de la linguistique en tant
qu'ils sont applicables à l'indo-européen, M. M. examine dans la Phonétique tour à tour les phonèmes, les
syllabes, les mots et les phrases : division simple, naturelle et lumineuse,
qu'il a été le premier à adopter. Par
contre la théorie des alternances vocaliques est rejetée dans la « morphologie », la partie la plus considérable et
la plus neuve du livre : le chapitre de
la « Phrase », qui suit, tient en 18 pages,
et porte sur 1° les éléments de la
phrase; 2° le ton et l'ordre des mots ;
3° l'union de plusieurs phrases. Le
reste de ce qu'on nomme communément la syntaxe est aussi reporté à la
morphologie, l'emploi de la flexion no-
minale ou le sens des thèmes verbaux
étant inséparables de leur forme. Il
mérite d'être signalé que cette innovation importante a été introduite simultanément et sans entente par Brugmann dans la Morphologie de sa
« Kurze vergleichende Grammatik », qui
vient de paraître. Un curieux chapitre
sur le « Vocabulaire » termine le livre,
que deux appendices complètent : un
aperçu très nourri et très clair de l'histoire et du développement de la gram-

maire comparée ; et une bibliographie qui contient tout l'essentiel. Il n'y a pas de lexique ni d'index, M. M. considérant son livre comme un exposé systématique de doctrine et non comme un répertoire de faits.

Jules BLOCH.

16. *F. MARTROYE. L'Occident à l'Époque Byzantine : Goths et Vandales.* In-8° de 652-xii pages. Hachette, 1904.

Le titre de cet ouvrage n'en indique pas clairement le sujet : c'est aussi qu'aucun plan bien arrêté ne semble avoir présidé à sa composition. On y voit passer successivement l'avènement et le gouvernement de Théodoric, la formation et la décadence de son royaume, la chute de l'empire Vandale, la première soumission des Goths grâce aux laborieuses campagnes de Bélisaire, leurs nouveaux succès sous Totila, l'échec complet de Bélisaire, son remplacement par Narsès, la soumission définitive qu'il assure, malgré l'entrée en ligne des Francs, la fondation de l'Exarchat, complétée par la conquête des côtes et ports de l'Espagne. Dans cette histoire de près d'un siècle, la seule idée directrice qu'on aperçoit (et elle est fort contestable), c'est que la conquête byzantine fut un mal pour l'occident méditerranéen où elle ne pouvait se maintenir, qu'elle ne fit qu'achever la destruction de l'ancien monde romain qu'elle avait pour but de restaurer, tandis que les Goths eussent pu y créer dès le vie siècle un empire qui y eût assuré une paix relative comme plus tard Charlemagne. L'auteur n'a cependant aucune admiration pour Théodoric ; ce n'est qu'un « aventurier audacieux — vrai barbare n'estimant que la force — comme tel méprisant à la fois et enviant les hommes policés », rien que « le chef heureux d'une armée victorieuse », tout au plus « doué de cet esprit de ruse que la vie d'aventures

avait développé chez les barbares ». L'exposé détaillé qu'il fait de la politique et de la diplomatie de Théodoric ne motive pas cette rigueur, ni l'éloge outré des deux Cassiodore auquel l'auteur attribue les qualités qui permirent à « ce rude barbare d'agir en habile politique et en administrateur intelligent ». Sur les questions ecclésiastiques, si complexes à l'époque, M. M. entre bien dans tous les détails, mais sans assez faire la part des exagérations de la plupart des auteurs originaux, hostiles par principe aux Ariens : de là, son injustice pour Théodoric dont la politique religieuse, plus peut-être il est vrai par indifférence que par véritable tolérance, fut douce et libérale ; elle fut même presque généreuse dans l'affaire de Symmaque où il crut de son devoir de faire triompher la cause du pape légitime, tout orthodoxe violent qu'il était. S'il s'emporta contre les catholiques à la fin de son règne, c'est que Byzance exploitait contre les Goths Ariens la farouche orthodoxie de leurs vaincus Italiens ; le supplice politique de Boëce, Symmaque et Jean, n'aurait pas dû empêcher l'auteur de voir combien fut en général équitable en ces matières le gouvernement du souverain Arien. Il lui reproche de n'avoir point « adopté la religion du peuple qu'il était appelé à gouverner, » comme s'il n'avait point été, avant d'être souverain Italien, roi d'un peuple d'Ariens dont les convictions étaient aussi respectables que celles des Orthodoxes. En somme, l'ouvrage de M. M. n'est guère qu'une mosaïque des récits des auteurs originaux : Procope, Agathias, Jornandès, Cassiodore, Paul Diacre, et des autres textes réunis dans Baronius, Migne, et les *Monum. Germ.* L'auteur a eu grande raison d'aller droit aux sources ; mais elle ne doivent être mises en œuvre que sévèrement critiquées. Ce n'est pas le momen de refaire, sans tout leur charme, l'œuvre de vulgarisation des deux Thierry : ce sont des œuvres de critique qu'il faut, et l'on ne pourra jamais se servir sans défiance d'un ouvrage sur les Barbares et Byzance où ne se trouve cité qu'une seule fois M. Diehl, et pas une fois Hodgkin, Bury, Manso, Dahn, etc. Nous ne reprochons pas à l'auteur de ne pas encombrer ses bas de page de ces noms d'érudits, mais bien de ne les pas avoir consultés et de ne s'être pas inspiré de leur méthode.

A. J. R.

17. *Charles William PEPPLER. Comic Terminations in Aristophanes and the comic fragments.* Baltimore, J. Murphy, 1902 (Part. I. Diminutives, Character Names, Patronymics).

Ce travail, que M. P. a entrepris sans doute sous la direction de M. Gildersleeve, n'est que la première partie d'un ouvrage où seront étudiées les terminaisons comiques dans Aristophane et dans les fragments des comiques. Il s'agit essentiellement de montrer comment Aristophane en particulier provoque un effet comique en changeant la terminaison d'un mot et en substituant à celle qui est usuelle une terminaison nouvelle et inattendue. M. P. ne se dissimule pas la délicatesse de son sujet en raison du caractère tout subjectif du jugement que nous pouvons porter sur la valeur d'un mot, d'une part parce que nous sommes très pauvres en documents qui nous permettent de nous rendre compte de la langue parlée, et aussi parce que nous sommes en partie incapables de juger des nuances du vocabulaire d'une langue morte et de pénétrer les intentions des écrivains.

La disposition du livre est simple. M. P. examine successivement : I. Les diminutifs qu'il classe en trois subdivisions, 1° les diminutifs qu'il appelle meiotiques (ce sont les diminutifs proprement dits), 2° les diminutifs de tendresse, 3° les diminutifs de mépris. Il note, chemin faisant, que l'accumulation des suffixes dans un même mot

produit également un effet comique et que le même effet est provoqué par l'amoncellement des homœotéleutes. II. Le comique aime les surnoms; et pour leur donner l'apparence de vrais noms, il y ajoute les suffixes formatifs des noms propres. III. De même il forme de faux patronymiques en prenant pour bases des noms communs ; mais là particulièrement le mètre influe sur le choix du simple ou du dérivé.

C'est presque trahir l'auteur que de présenter ainsi l'analyse sèche du livre sans les exemples, qui en font l'intérêt. M. P. s'est en effet préoccupé exclusivement de la valeur stylistique des terminaisons. C'est une tendance commune à beaucoup d'élèves de M. Gildersleeve de mettre en valeur ce côté de l'étude grammaticale. Mais si une étude de syntaxe gagne à être complétée de la sorte, il est plus difficile de voir l'intérêt d'une étude du genre de celle de M. P. A la linguistique elle ne prétend rien apporter; ce qu'elle apporte à l'étude des textes, ne le sait-on pas d'avance? Une statistique méticuleuse de l'emploi de telles et telles terminaisons pourrait jusqu'à un certain point nous faire voir qu'elles étaient les préférences et les intentions des écrivains. Encore notre pauvreté nous conseillerait-elle la prudence dans les conclusions. M. P. ne nous offre même pas cette statistique. Peut-être existe-t-elle du reste. Mais pour l'interprétation du sens, chacun de nous s'en charge.

M. P., p. 7, donnant une définition de l'ὑποκορισμός dit qu'une espèce d'ὑποκορισμός consiste à appeler une chose par un nom favorable pour en voiler le mauvais côté : ainsi ξενία καὶ ἑταιρία pour δουλεία Démost. 19, 259. Et M. P. cite Aristote Rh. 1, 9, 28, de telle façon qu'on croirait qu'il s'appuie sur cette autorité. En réalité Aristote parle de tout autre chose, comme M. P. le laisse apercevoir. Aristote n'est ici qu'un exemple que M. P. ajoute aux précédents ; mais ce sont bien plutôt des

litotes qu'il faut voir dans ces manières
de s'exprimer.

Oscar BLOCH.

18. *Hermann REICH. Der Mimus.* Ein lit-
terarentwickelungsgeschichtlicher (!)
Versuch. Berlin, Weidmann, 1903.
Erster Band; XII-900 p. (in-8° en deux
tomes).

Dans ce premier volume, l'auteur
étudie le mime en tant que genre dramatique. Le second volume, qui paraîtra en 1904, traitera de ses rapports
avec la littérature non dramatique, en
particulier avec le roman ; il contiendra
également un recueil des monuments
figurés les plus importants concernant
le mime. Longtemps ignoré ou méprisé,
ce genre attire, depuis quelques années,
l'attention des philologues ; M. R. est
le premier à lui consacrer un travail
d'ensemble et à nous présenter son
histoire d'une façon qui diffère sensiblement des théories admises jusqu'à
présent.

Selon lui, le mime, bien antérieur à
la comédie et à la tragédie, tire son
origine des danses, généralement mi-
métiques, communes à tous les peuples
primitifs. Il se développa d'abord dans
le Péloponèse et son attribut y fut le
phallus que lui emprunta la comédie.
Les Doriens l'introduisirent en Sicile
où il prit une forme littéraire. Etudié
par les Péripatéticiens au même titre
que les autres genres dramatiques,
pratiqué par les Alexandrins, il attei-
gnit sa perfection au siècle d'Auguste
avec le mimographe Philistion. Loin
d'avoir disparu, comme on le croit
communément, vers le VIᵉ siècle, il se
perpétua chez les Byzantins ; il subsiste
encore à Constantinople, sous les traits
du polichinelle turc Karagueuz. Grâce
aux jongleurs et aux baladins qui sui-
virent l'expédition d'Alexandre, il aurait
pénétré dans l'Inde où il aurait donné
naissance au drame. Ce sont encore
les jongleurs, les descendants des

« circulatores », qui en conservèrent
les traditions dans l'Europe occidentale : le théâtre comique en France
n'aurait pas d'autre origine et Shakespeare même leur devrait beaucoup.
Enfin l'idylle de Théocrite, c'est-à-dire
le mime bucolique, serait devenue par
l'intermédiaire des Latins le genre
moderne du drame pastoral. Si l'on
ajoute à cela que les marionnettes de
tous les pays sont un peu les filles des
marionnettes grecques, on compren-
dra comment, dans un tableau où il a
tracé, pour ainsi dire, l'arbre généalo-
gique du mime, M. R. peut nous conduire, non sans quelques détours, des
automates de Héron d'Alexandrie au
Faust de Gœthe, et des mimes de
Sophron à la « Cloche ensevelie » de
Gerhart Hauptmann.

Cette thèse, séduisante au premier
abord, est de nature à satisfaire les
esprits systématiques ; d'aucuns la trouveront bien vaste et d'une simplicité
peut-être un peu trop commode. La
partie la plus solide, sinon la plus originale, en est assurément celle qui
concerne le mime dans l'antiquité. La
théorie de Grysar, qui tient tout entière
dans le titre de sa monographie « Der
römische Mimus », n'est plus soute-
nable aujourd'hui. M. R. démontre
surabondamment que le mime, grec
d'origine, l'est toujours resté, quelle
qu'ait pu être l'influence exercée sur
lui par les genres latins. Les chapitres
(L. I, ch. III et IV) que l'auteur consacre aux rapports du mime et de
l'école péripatéticienne sont particulièrement intéressants : il prouve par
une argumentation ingénieuse que la
définition citée par le grammairien
latin Diomède : « Μῖμός ἐστιν μίμησις
βίου, τά τε συγκεχωρημένα καὶ ἀσυγχώρητα
περιέχων » est, selon toute vraisemblance, empruntée à Théophraste et
peut même remonter jusqu'à Aristote.
En s'occupant du mime, en lui reconnaissant pour caractère spécifique le
réalisme, les Péripatéticiens lui ont
donné pour ainsi dire droit de cité dans

la littérature et ont déterminé son avenir. Pourtant M. R. va trop loin en
prétendant tirer du mime toute la
morale péripatéticienne; peut-être s'exa-
gère-t-il aussi l'importance du rôle de
Philistion dans l'histoire du genre et
le recueil de facéties qu'il reproduit
(pp. 459-466) doit sans doute moins
qu'il ne l'imagine au Φιλόγελως de ce
mimographe.

Pour désigner les pièces mimiques
telles qu'elles furent représentées à
partir de Philistion, l'auteur emploie un
terme nouveau : il les appelle des hypothèses. Ce choix n'est pas heureux.
Sa principale autorité est un passage
connu de Plutarque (1) où il est question de deux sortes de mimes : les ὑποθέσεις, pièces assez longues et dont la
mise en scène était dispendieuse, et
les παίγνια, compositions susceptibles
d'être jouées en petit comité et semées
de plaisanteries grossières. Mais les
« hypothèses » dont parle Plutarque
ne sont autre chose que les pantomimes, ces sortes de ballets que nous
connaissons fort bien par le traité « de
Saltatione » qui nous est parvenu sous
le nom de Lucien. Ces pièces, par
leurs sujets et la façon dont elles étaient
jouées, ressemblaient beaucoup à la tragédie classique : les acteurs, par
exemple, y portaient des masques. Le
véritable mime, le mime réaliste et
bouffon est le παίγνιον : au VIᵉ siècle
c'est de ce mot et de ce mot seul que se
sert Choricius dans l'apologie des
Mimes (2). On ne représentait plus
guère de pantomimes à cette époque,
mais le mime proprement dit, le παίγνιον était florissant. Le terme employé
par M. R. tendrait à faire croire le
contraire.

Sous ces réserves, pourtant, toute
cette partie de l'ouvrage ne saurait

manquer d'être favorablement accueil-
lie. Nous sommes habitués à ne considérer l'antiquité qu'à travers les œuvres
des classiques ; c'est nous condamner
à la connaître très imparfaitement.
Grâce à M. R. nous entrevoyons une
autre antiquité, moins noble, sans
doute, et moins belle, mais plus vivante
et plus vraie. Avec ses trivialités, sa
verve bouffonne et souvent grossière,
le mime est comme la protestation de
l'esprit populaire — réaliste et nar-
quois — contre les tendances trop idéa-
listes de la littérature aristocratique.

Les quatre chapitres consacrés à
l'histoire du mime au moyen âge et
dans les temps modernes appelleraient
de nombreuses discussions qui ne peuvent trouver place dans ce compte
rendu. Aux partisans de l'existence
d'un théâtre byzantin, l'auteur apporte
un argument de quelque valeur, encore
qu'il soit assez inattendu : Karagueuz,
ce singulier polichinelle turc, serait un
héritier direct du mime byzantin. La
chose, en soi, n'a rien d'impossible ; il
est même difficile d'expliquer autrement l'existence de ce spectacle de marionnettes chez un peuple qui ne connut
pendant longtemps aucune autre forme
de littérature dramatique. Mais il est
vain de rechercher dans le répertoire
de Karagueuz les sujets traditionnels
du mime antique; tout ce qu'on en
peut tirer est, semble-t-il, une nouvelle et très forte présomption en faveur de la persistance des spectacles
dramatiques dans l'empire byzantin.

Avant de quitter l'Orient, l'auteur reprend le problème de l'influence
grecque sur le drame indien. La possi-
bilité historique de cette influence est
indéniable et l'on sait que Windisch
voyait, dans la comédie nouvelle, l'origine du drame indien. M. R. modifie
cette hypothèse en substituant le mime
à la comédie nouvelle. Mais il ne réfute
pas l'objection très forte que M. Sylvain Lévi oppose à la théorie de Windisch : ce n'est guère qu'à l'époque
hellénistique qu'a pu s'établir un con-

(1) Quaest. Conv. VII, 8, 34.

(2) § VI, 5. Ed. Graux. Rev. Phil. 1877 : οὐδεὶς,
ὡς ἔπος εἰπεῖν, ἐν μίμων παιγνίοις μοι-
χεύσας διέλαθεν. Cf. ibid § XIII, 6.

tact durable entre l'Inde et la Grèce; or, les plus anciens drames indiens ne remontent pas au-delà du vi° siècle de notre ère (1). La comparaison un peu superficielle que M. R. institue entre la célèbre pièce « le petit chariot de terre cuite » (Mrcchakaṭiká), et le drame mimique, n'empêche pas l'existence de cette lacune énorme de sept ou huit siècles.

L'influence du mime sur la littérature occidentale est moins contestable. Si les mystères sont d'origine purement religieuse, il est facile de démontrer que la farce en France peut très bien être un legs des anciens « circulatores ». Les ouvrages de Petit de Julleville contenaient déjà sur ce point des indications très précises dont M. R. a largement profité. Cette influence s'est-elle aussi fortement fait sentir en Angleterre? Est-elle, dans l'œuvre de Shakespeare, aussi manifeste qu'il le prétend? On hésitera en tout cas, je pense, à considérer, avec l'auteur, les « Joyeuses commères de Windsor » comme un mime, et il est peut-être inutile de chercher l'origine de la pièce ailleurs que dans le recueil de nouvelles de Tarleton (2). — Le chapitre consacré à Shakespeare se termine par une esquisse de l'histoire du drame pastoral en tant qu'il dérive de l'idylle bucolique. L'idée n'est pas nouvelle; elle eût cependant, avec le développement que lui donne l'auteur, mérité d'être traitée séparément.

On voit que ses recherches sur le mime ont conduit M. R. à aborder quelques-uns des problèmes les plus délicats de l'histoire littéraire; si les solutions qu'il propose ne sont pas toutes acceptables, elles ont au moins le mérite d'être fort ingénieuses et souvent suggestives. Mais, en élargissant indé-

finiment le cadre de son sujet, il a fini par y faire entrer à peu près toute la littérature dramatique, et, malgré l'apparente rigueur du plan exposé dans le premier chapitre, la composition de l'ouvrage ne laisse pas d'être assez confuse. Les cinq premiers chapitres, consacrés à la « théorie du mime », forment le livre I, et l'on se demande pourquoi le chapitre où l'auteur étudie l'influence de Socrate et de Platon sur le mime vient après ceux où sont exposés les rapports du mime et de l'école peripatéticienne. Le livre II, également composé de cinq chapitres, contient l'histoire du développement du genre : cette symétrie, il est à peine besoin de le dire, est tout artificielle. En réalité, le premier chapitre de ce livre II étant une esquisse de l'histoire du mime dans l'antiquité, devait faire partie du livre I° dont il est la conclusion logique. D'ailleurs, l'étude historique et l'étude théorique se confondent, et M. R., qui use volontiers, qui abuse même des rapprochements et des comparaisons (1), est très souvent obligé de renvoyer le lecteur de l'un à l'autre des deux livres.

Son érudition, très vaste, eût gagné à se montrer plus discrète. Dans ce premier travail important sur un sujet qui l'occupe depuis douze ans, on dirait qu'il n'a rien voulu laisser perdre des matériaux patiemment réunis; de là des citations interminables — souvent inutiles (2); de là aussi ces notes qui oc-

---

(1) Cf. Sylvain Lévi, Théâtre Indien, pp. 364, 366.

(2) Nouvelles du Purgatoire. Londres 1590. — La nouvelle que Sh. a imitée est, il est vrai, empruntée au recueil italien de Straparoli (les treize joyeuses nuits) paru en 1569.

---

(1) Si, jusqu'à un certain point, les cantiques de l'armée du salut peuvent donner une idée des procédés qu'employaient quelques évêques du iv° siècle pour attirer les fidèles (p. 138), quel rapport y a-t-il véritablement entre les chansonnettes qui ont fait la vogue d'Yvette Guilbert et la « plainte de l'Amante abandonnée » découverte par M. Grenfell en 1891 ? (p. 345). Dans un autre ordre d'idées, M. R. n'hésite pas à comparer le répertoire de Karaguous à l'ancienne comédie attique (Ch. 6, IX) et à réunir dans un même paragraphe Philistion, Shakespeare, Çûdraka et le Faust de Gœthe ! (ch. 10, IV).

(2) La plupart des citations de Saint-Jean-

cupent des pages entières (259-281, 736-
741, 812-814), et qu'il eût mieux valu
réunir en appendices à la fin du volume. Peut-être, enfin, regrettera-t-on
qu'il n'ait pas traité avec plus de dextérité certaines parties scabreuses de
son sujet.

Ces défauts seront sans doute plus
particulièrement sensibles aux lecteurs
français ; ils ne doivent pas nous empêcher de reconnaître la réelle valeur
de l'ouvrage. L'histoire du mime reste
à faire ; M. R. aura du moins le mérite
d'en avoir réuni tous les éléments connus au moment de sa publication, et
les historiens de la littérature ne pourront se dispenser de consulter son
livre ; mais, pour les raisons indiquées
plus haut, il ne leur sera vraiment
utile qu'après la publication des tables
qui nous sont promises en même temps
que le second volume (1).

                              H. LABASTE.

Chrysostome (ch. 2 passim) avaient déjà été faites
par M. Sathas (ἱστορικὸν δοκίμιον, etc.)
et par M. Puech dans son étude sur saint Jean-
Chrysostome (Paris, 1891).

(1) Ce volume contiendra aussi les addenda et
les corrigenda. Signalons, en attendant, quelques
erreurs — typographiques ou autres, — inévitables dans un travail de si longue haleine. P. 8,
dans la bibliographie : l'ouvrage de Sathas
Κρητικὸν Θέατρον a paru en 1879 et non en
1871. L'indication est d'ailleurs inexacte ; le volume dont M. R. fait mention était bien, dans
l'esprit de M. Sathas, une introduction à son recueil de pièces crétoises, mais il porte un titre
spécial qu'il aurait fallu reproduire : « Ἱστορικὸν δοκίμιον περὶ τοῦ Θεάτρου καὶ τῆς
Μουσικῆς τῶν Βυζαντινῶν ». — P. 9. H. Weil.
Mimiambes d'Hérodas, J. des Sav. 1891 : lire
p. 655 au lieu de 665 — P. 139, note 1 ligne 3 :
lire στλ. σγ' et non σγμ' (il s'agit de l'ouvrage
cité plus haut, ἱστορικὸν δοκίμιον etc.) —
P. 710. La citation de l'épilogue du drame indien
(Mṛcchakaṭikā) est empruntée à une interpolation
de beaucoup postérieure à l'époque de la composition probable du drame (cf. Sylv. Lévi, op. cit.,
p. 210 et la traduction Paul Regnaud T. IV, p. 94
note 119) — P. 734, note I, l. 7 : le rapprochement μῶκος· moqueur n'est plus admis, s'il l'a
jamais été, par les étymologistes sérieux —

P.-S. — Le dernier volume de
MM. Grenfell et Hunt (the Oxyrhynchus
Papyri, P. III) contient, sous le n° 413,
deux textes de l'époque gréco-romaine
fort intéressants pour l'histoire du
mime : un fragment d'un mime récita-
tif et le dénouement d'un drame mimique. Le lieu de la scène, dans cette
dernière pièce, est la côte de l'Océan
indien, et plusieurs rôles sont écrits
dans une langue incompréhensible, de
pure fantaisie peut-être, peut-être aussi
pouvant se rattacher à quelque ancien
dialecte indien. M. R. a analysé et commenté ces textes (*Deuts. Litt. Zeit.*,
1903, n° 44 col. 2677-2690) qui sont, je
le reconnais avec lui, une éclatante vérification des théories exposées dans le
ch. VI de son livre. Pourtant, le drame
en question est-il bien une « hypothèse », dans le sens que Plutarque
donne à ce mot ? Je persiste à ne pas
le croire. — D'autre part, la présence
d'Indiens dans cette pièce n'est pas une
preuve de l'influence du mime grec sur
le théâtre indien : elle s'explique simplement par la position géographique
d'Oxyrhynchus ; et quatre ou cinq siècles séparent toujours ce mime du plus
ancien drame indien.

                              H. L.

19. *T.* STICKNEY. *Les Sentences dans
la Poésie Grecque d'Homère à Euripide.* In-8°, 259 p. Société Nouvelle
de Librairie et d'Édition, 1903.

Cet ouvrage rappelle par certains

P. 838 n. 2 l. 3 : au lieu de Magnin lire Du Mé-
ril , même note, ligne suivante : Petit de Julleville est cité sous le nom de Petit. — P. 843.
M. R., à propos du siparium, cite d'après Hart,
Gesch. der Weltlitteratur, II, p. 97, une gravure
qui se trouve dans le livre de Paul Albert « La
Littérature française » (Paris, 1891). Mais cette
gravure est reproduite par P. Albert (p. 31) sans
aucune indication d'origine : ce document n'a
donc pas grande valeur.

                              H. L.

côtés celui du regretté Ouvré sur : « les Formes Littéraires de la Pensée Grecque » ; c'en est le meilleur éloge, mais aussi la critique. Le titre promettait une étude à la fois plus particulière et plus approfondie : à propos des « Sentences », l'évolution de la pensée morale grecque est bien indiquée, les courants qui la composent habilement distingués et quelques épisodes délicatement analysés, mais le travail propre sur les sentences, l'étude spéciale de chaque auteur en tant que gnomiste et moraliste, sont passablement négligés.

L'auteur commence par se demander si nous ne nous faisons pas un peu une Grèce à notre idéal et si notre Hellénisme n'est pas corrompu d'éléments d'une pureté douteuse ; question bonne à poser en tête d'un ouvrage où tiendra tant de place l'essai de reconstruire, grâce à leurs œuvres plus ou moins fragmentaires, les conceptions morales des poètes grecs. On y parviendra surtout, pense M. S., par l'étude approfondie du texte, par un examen consciencieux de la place relative de chaque sentence dans l'équilibre général d'une œuvre : c'est cette méthode qu'il se propose d'appliquer, commençant par Homère, finissant à Euripide.

Il définit bien le procédé antithétique qu'employaient, dans leurs sentences, les Homériques : « étant donnée une vérité générale, on oppose à celui qui la pratique celui qui ne la pratique pas ». On se rend compte de ce qu'il y a de rudimentaire dans ce procédé ; le but en est tout pratique : raisonnements clairs et de bon sens, mais sans rien d'original ni de profond. De là pourtant à voir « s'y dessiner déjà le syllogisme », il y a loin ; d'ailleurs la question capitale n'est pas approfondie : ces sentences, antiques dictons courants à l'époque, se présentaient-elles toutes faites à la mémoire des aèdes ? ou bien sont-elles de leur invention ? ou encore sont-elles la marque d'interpo-

lateurs qui voulaient par là donner à leur remaniement un peu de cette simplicité qu'on prêtait aux auteurs primitifs ?

Pour les poèmes Hésiodiques, M. S. n'a pas su prendre son parti : ou bien les étudier à fond et c'était tout un ouvrage à faire, ou suivre la tradition classique : d'où le factice de la tentative originale qu'il fait d'en ordonner les parties diverses ou de trouver des raisons aux ordres qu'elles affectent.

L'élégie, funéraire à l'origine, puis indifféremment thrénique ou érotique, chant de victoire ou de banquet, est toujours gnomique d'esprit ; sa forme — ce distique qui si facilement se grave dans la mémoire — est, par essence, celle de la sentence : « On trouve toutes « sortes d'idées générales sur l'amitié, « sur la richesse, sur l'orgueil, sur le « caprice, sur le vin, sur le hasard... « des méditations, des cris de désespoir, « des prières, toute une vie humaine « en somme, ou plusieurs vies hu- « maines, résumées en généralités et « en formules essentielles. Tout cela « est vivant, dramatique, réel. Ces « poètes vivaient et le disaient. Ner- « veux, passionnés, spirituels et ten- « dres, tout dans leur vie avait un « moment, mais un moment seule- « ment ». En somme, leur pensée, qui éclate en fragments pleins de vie, est le fruit d'une expérience directe : à les comparer avec leurs devanciers et avec leurs successeurs, « on s'aperçoit qu'ils sont seuls à traiter les idées abstraites directement et par elles-mêmes ».

L'ode lyrique, polymorphe autant que l'élégie, conserve, sous la multiplicité de ses formes, un fond « essentiellement narratif ». Et cette narration est toujours personnelle, alliant aux faits particuliers les développements généraux, passant de l'art et de la religion aux détails de la vie journalière. Ces passages, chez Pindare, sont le plus souvent marqués par quelques réflexions générales : « Malheureusement « ainsi placées, on les a beaucoup rele-

« vées. Partant de ce principe, d'ail-
« leurs excellent, que chaque ode,
« comme toute œuvre d'art, a son
« caractère propre, où mieux en trou-
« ver la formule que dans ces passa-
« ges? Eux-mêmes sont en formules et,
« justement, celles-ci semblent porter
« sur les deux parties du poème : voilà
« la clef. Inutile de dire qu'à ce régime
« les odes ont fini par devenir en
« quelque sorte des énigmes à base mo-
« rale. » C'est cette interprétation qui
pèse encore sur l'étude de Pindare, bien
que M. Croiset et M. Drachmann en
aient fait remarquer l'absurdité. « Mais
« alors ces passages gnomiques, quelle
« valeur faut-il leur attribuer, comment
« les comprendre? » La solution de
M. S. est celle d'un musicien et, comme
Pindare l'était aussi, elle pourrait montrer la bonne voie : « Il faut les écouter.
« On sait que dans un mouvement de
« sonate, ou encore de symphonie, le
« thème initial revient une deuxième
« fois. Cependant, dans l'intervalle, la
« tonalité se trouve presque partout
« changée, et, pour revenir à celle du
« début, on passe par une succession
« d'accords fondamentaux. Qu'ils pren-
« nent une forme ou une autre, il s'agit
« toujours d'un état d'esprit musical dif-
« férent à la fois de celui qui précède
« et de celui qui suit : l'homme ramasse
« son œuvre... (Les sentences sou-
« lignent) ces changements de tonalité,
« de mesure. Les réflexions générales à
« ces endroits trahissent un état d'esprit
« intermédiaire entre le trop petit de
« l'heure présente et le trop grand du
« mythe éternel. Par elles et en elles
« on se recueille et se prépare. Elles
« ont une valeur musicale. »

Les derniers chapitres, consacrés aux
tragiques, insistent sur l'évolution pro-
gressive du drame lyrique au drame
oratoire, de la poésie à la rhétorique.
Issue de Pindare et commençant par
Eschyle, la tragédie attique finit avec
Euripide qui engendre Isocrate. « Somme
« toute, peut conclure M. S., il ressort
« de notre étude qu'il y a deux courants

« dans la poésie grecque, celui de la
« musique et de la pensée musicale,
« celui de l'éloquence et de la pensée
« oratoire; d'une part Pindare, de l'autre
« Euripide. La poésie morale se divise
« de même : elle est contemplative et
« musicale ou elle est démonstrative et
« rhétorique. »

A.-J. REINACH.

20. *Albert THUMB. Alt-und neugriechische Miszellen (Indogermanische
Forschungen,* XIV, 1903, p. 343-362).

M. Thumb étudie dans cet cet article
un certain nombre d'étymologie paléo-
grecques ou néo-grecques : 1. αἴγλη;
2. ὀλισθάνω; 3. v. serbe *sebrŭ* et gr. mod.
σέμπρος; 4. gr. mod. σύμπλιος « voisin »; 5. gr. mod, τσέργα « couverture »
et mots apparentés, dans les langues
balkaniques; enfin, dans un sixième
paragraphe, il apporte quelques additions et corrections à son récent travail sur les éléments germaniques en
néo-grec. Les deux premières étymologies dépassent ma compétence. Pour
les autres, je crois avec l'auteur que
le μ de σέμπρος ne prouve rien en faveur d'une forme serbe avec nasale,
que σύμπλιος remonte à *σύμπληγος —
une bien jolie trouvaille — et que τσέργα
a été directement emprunté aux langues
romanes. La seule réserve que j'aie à for-
muler porte sur le mot ῥουμπί « haillon »
cité comme péloponésien par Papazafiròpoulos et considéré par M. T.
comme un diminutif de ῥόμπα « robe »
= ital. *roba*. Il n'est pas possible de tirer du positif ῥόμπα un diminutif
ῥουμπί. On a, il est vrai, des exemples
de ce phénomène : *canna* · καννί, ῥίζα :
ῥίζι, ῥῶγα · ῥωγί, σέλλα · σελλί, σκάλα ·
σκαλί, etc., mais tous ces positifs sont
anciens dans la langue; ce sont des
mots paléo-grecs ou latins, le grec moderne ne forme plus de diminutifs semblables. Or, ῥόμπα est un mot récent,
qui n'a même pas encore pénétré dans
les couches profondes de la langue; le

terme courant, pour dire une *robe*, est φόρεμα. Le diminutif de ρόμπα ne peut donc être que ρομπίτσα ou ρομπούλα, et l'étymologie de M. T. se heurte ici à un obstacle difficilement surmontable.

Papazafiròpoulos, le seul auteur qui cite ρουμπί, nous apprend qu'il a un synonyme, ρούτα. On pense aussitôt à l'italien *rotta*, vén. *rota*, qui signifie *route, direction d'un navire* et par surcroît *dommage*, dans l'expression vénitienne *tor su una rota;* la phonétique y trouve parfaitement son compte, cf. βεντούσα, ζούντα, μούτσος, etc. (G. Meyer, Neugr. Stud. IV) = vén. *ventósa, zónta, mótso,* où j'ai entendu une Vénitienne prononcer des *o* fermés. Mais, en italien aussi, *rota* possède, dans les deux acceptions ci-dessus, un synonyme, qui est *rombo.* « *Rombo* en langage familier et figuré équivaut à *dommage, perte, désastre,* mais se rapporte à des intérêts pécuniaires ou analogues » dit Boerio. Cette coïncidence du grec et de l'italien ne semble pas l'effet d'un pur hasard et tout porte à croire que ρουμπί n'est qu'un dérivé du vénitien *rombo.* Faut-il y voir une forme *rombino* devenue en vénitien *rombin* (cf. ital. *bulletino,* vén. *buletin* = gr. μπουλετί; vén. *monin* « chat » = gr. μουνί)? Avons-nous au contraire la répétition de ce qui s'est passé assez anciennement, en tout cas avant le XIIᵉ siècle, pour *pezzo* = gr. πετσί? Je laisse à d'autres le soin d'élucider cette question morphologique. En ce qui concerne la sémantique, le passage du sens de *dommage, désastre,* à celui de *guenilles* n'a rien d'invraisemblable, surtout s'il s'agit d'un désastre pécuniaire, comme le dit Boerio.

Au mot ρουμπί Papazafiròpoulos cite un verbe ρουμπώνω, synonyme de κουμπώνω, *tromper,* dans un sens magique, qui dérive de ρόμβος, ρομβόω, et n'a avec ρουμπί aucun rapport direct.

Hubert PERNOT.

21. *J. WARD* et *G. F. HILL. Greek coins and their parent cities.* Part I. Descriptive *Catalogue of ancient greek coins.* London, Murray, 1901, 8ᵒ jésus, 156 pages (l'index est paginé 451-458).

M. John Ward, dont on connaît les jolis livres de vulgarisation sur l'Egypte (*Pyramids and Progress, The sacred beetle*) a formé une très belle collection de monnaies grecques dont il a eu l'heureuse idée de confier le catalogue à la plume exercée de M. G. Hill, du Musée Britannique. Ce catalogue, illustré de 22 excellentes planches « autotypes », sans compter une centaine de « directs » disséminés dans le texte, compte à peu près un millier de pièces. Toutes les parties du monde grec y sont représentées, souvent par d'admirables exemplaires provenant en partie de la collection Montagu. De nouveautés proprement dites, je n'en vois guère. Signalons cependant les nᵒˢ 149 (tétradrachme de Géla surfrappé sur une pièce de Sélinonte), 197 (litra des Léontins; la lyre prouve que le dieu figuré est bien Apollon et non un dieu fluvial), 202 (didrachme unique de Zancle, très fruste), 505 (tétradrachme attique avec la lettre d'amphore N et le graffite ΘΕΟΔΟ), 550 (triobole laconien, avec Πεισιπ(πος) qui manque dans Lambros) (1). M. Hill a noté avec soin les pièces du même coin que des spécimens du Musée Britannique et fait à ce sujet des observations intéressantes pour la pratique du monnayage ancien. Il a donné les modules en millimètres et les poids à la fois en grammes et en grains, deux innovations qu'on ne saurait trop recommander aux éditeurs des futurs volumes du catalogue de Londres.

(1) Le sicle juif nᵒ 819 est attribué à tort à la révolte de 66. J'ai corrigé cette attribution dans la traduction anglaise de mes *Monnaies juives,* due précisément à M. et Mᵐᵉ Hill (*Jewish Coins*). Je saisis cette occasion de signaler cette édition qui est, à bien des égards, un ouvrage nouveau.

10

Ce beau volume n'est que la première partie d'un ouvrage dont la seconde est consacrée à un « tour » fictif à travers le monde grec, non moins richement illustré que le Catalogue numismatique, à en juger par le prospectus que nous avons seul reçu.

T. R.

22. *Gr. XENOPOULOS*. — Διηγήματα, 1re série. Athènes, 1901, ιζ'-169 p., petit in-8°.

Ch. CHRISTOVASILIS. — Διηγήματα τῆς στάνης, 1898, 77 p.; Διηγήματα τῆς ξενιτειᾶς, 1900, ι'-80 p.; Διηγήματα Θεσσαλικά, ιζ'-88 pp.; 'Αγῶνες τοῦ Σουλιοῦ γία τὴν πατρίδα (δρᾶμα ἔμμετρο), 136 p.; Athènes, in-8°.

M. Xenòpoulos a réuni en volume dix-sept de ses nouvelles. Quelques-unes d'entre elles sont des œuvres de jeunesse que l'auteur a tenu à réimprimer, tout en sollicitant pour elles l'indulgence des lecteurs. L'ensemble est médiocre et M. X., qui compte parmi les écrivains goûtés du public grec, gagne à n'être pas jugé sur cette première série.

La plupart des nouvelles de M. Christos Christovasilis nous transportent en Epire, où l'auteur a passé son enfance. 'Αρχιτσέλιγγας « premier berger » à l'âge de neuf ans, vivant donc parmi les pâtres, faisant leurs comptes, descendant comme eux vendre son beurre et son fromage à Janina, il n'a quitté la fustanelle et cette vie qu'il avait choisie par goût que pour entrer assez tard à l'école primaire. Il a été de là au gymnase de Smyrne, à l'Ecole impériale de Constantinople, a pris part à tous les soulèvements de l'Epire, a connu plusieurs fois les rigueurs des prisons ottomanes et, quand il s'est enfin fixé à Athènes, comme journaliste, c'est à la peinture de la vie épirote qu'il a consacré ses loisirs. La première de ses nouvelles, 'Η καλύτερή μου ἀρχιχρονιά, *Mon meilleur jour de l'an*, a paru en 1889

dans le journal 'Ακρόπολις. L'auteur a passé ce jour de l'an en compagnie d'un vieux berger, dans la montagne, au milieu d'une tempête qui avait emporté les ponts. De cette donnée si simple, il a su faire, par la précision du détail plus encore que par l'art, un récit attachant. On retrouvera cette nouvelle dans les Διηγήματα τῆς στάνης, avec l'histoire du pauvre Yòrgo, qui meurt de douleur d'avoir vendu ses moutons, et celle de Koutsoyànis, ce Candide épirote, qui n'a jamais quitté ses bêtes et qui fait à Janina un voyage d'un jour, coupé de toutes sortes d'aventures. Les sujets des *Nouvelles thessaliennes* sont tout aussi peu compliqués : une excursion dans le Pinde, l'histoire d'une perdrix poursuivie par un épervier, le récit d'un baptême, une farce de paysan, la bénédiction des eaux à l'Epiphanie; et le drame en vers, où l'auteur a retracé un des épisodes de la lutte épique soutenue par Soûli contre Ali Pacha, participe lui aussi de la même simplicité. C'est cette qualité surtout qui fait le charme des œuvres de M. Christovasilis et c'est certainement à elle qu'il doit la faveur dont il jouit chez beaucoup de ses compatriotes. J'ajouterais qu'on lui sait gré d'être resté libre de toute influence européenne, s'il ne me semblait pas qu'il pût encore perfectionner sa forme en s'inspirant de certains écrivains occidentaux; il éviterait par là bien des longueurs, son style y prendrait la vigueur qui lui manque quelquefois.

La langue ordinaire de M. C. n'est pas le grec commun, mais un grec émaillé de formes et de mots épirotes : ceci dit, non pour blâmer l'auteur, dont l'œuvre gagne par là en précision et en pittoresque, mais seulement pour éviter tout malentendu et toute supposition erronée relative au grec vulgaire. M. C. aurait rendu service aux linguistes et à ses lecteurs athéniens en mettant à la fin de chaque volume un lexique des mots difficiles. Mais, tels qu'ils sont, ces petits livres comptent cependandant parmi les plus intéressants qu'on ait publiés en Grèce dans ces dernières années. L'auteur est de ceux qui savent borner leurs ambitions, connaissent à fond les choses dont ils traitent, nous les dépeignent avec grâce et nous les font aimer.

Hubert PERNOT.

Bon à tirer donné le 25 mai 1904.

Le rédacteur en chef-gérant, TH. REINACH.

———

Le Puy-en-Velay. — Imp. R. Marchessou, boulevard Carnot, 23

Nous savons, ou nous avons l'habitude d'admettre, qu'au vᵉ siècle, à Athènes, les poètes qui abordaient le concours des Dionysies de la ville présentaient quatre pièces, trois tragédies et un drame satyrique, ou trois tragédies et une quatrième, d'un caractère un peu différent, qui tenait lieu de drame satyrique. Nous savons également qu'entre les trois tragédies destinées au même concours, Eschyle aimait à mettre un lien apparent : les tirant de la même légende, il en faisait les trois moments principaux d'une même action. Cette façon de com poser convenait particulièrement à la nature de son génie ; elle lui offrait un vaste champ où sa pensée pouvait se développer à l'aise en montrant, comme dans l'*Orestie*, la colère divine attachée au châtiment d'une même famille, pour une faute initiale qu'expiaient plusieurs générations. Il semble même qu'il se soit plu à emprunter le sujet de ses drames satyriques aux mêmes mythes que les tragédies qu'ils devaient accompagner : tel était, du moins, le cas pour la *Lycurgie*, dont le titre seul, bien que postérieur à Eschyle, indique assez l'unité ; pour la tétralogie dont faisaient partie les *Sept contre Thèbes*, et qui comprenait un drame satyrique intitulé le *Sphinx ;* enfin, pour l'*Orestie*, qui, dans un drame satyrique ayant pour titre *Protée,* faisait voir Ménélas consultant le célèbre devin et apprenant de lui l'horrible fin d'Agamemnon. Ces grands ensembles, dont toutes les parties se tenaient étroitement, figurent, dans l'histoire du théâtre grec, ce qu'on est

11

convenu d'appeler la *tétralogie liée*. Ce genre existait sans doute avant Eschyle, mais ce fut lui, selon toute apparence, qui l'organisa et le porta à la perfection.

Après Eschyle, tout change : les poètes, parce qu'ainsi le veut la coutume, continuent à présenter au concours quatre drames, mais leurs tétralogies ne sont plus, à proprement parler, des tétralogies; ce sont quatre pièces écrites sur des sujets différents, et qui n'ont de lien entre elles que la communauté de facture qu'elles tiennent de leur origine commune. Cette manière de procéder, qu'Eschyle aurait déjà pratiquée, devient la règle avec Sophocle et Euripide ; à peine rencontre-t-on, au cours du ve siècle, quelques archaïsants qui cultivent encore l'ancienne tétralogie : Sophocle, le premier, y renonce définitivement, parce qu'elle s'accorde mal avec son tour d'esprit, et presque tous les poètes tragiques suivent son exemple. Telle est la théorie qui a cours.

Je voudrais présenter, au sujet de cette théorie, quelques réserves, ou, pour mieux dire, je voudrais, laissant de côté le drame satyrique et m'en tenant aux trois tragédies, qui formaient l'essentiel du spectacle, essayer de montrer que la *trilogie libre*, — si l'on peut se permettre cette alliance de mots, — ou n'était point en usage, ou n'a jamais paru, au ve siècle, qu'à l'état d'exception. Mais, avant d'entrer dans le détail, une remarque s'impose.

M. Maurice Croiset, faisant allusion à l'origine de la tétralogie, s'exprime ainsi : « Si elle n'était pas née spontanément, ce serait, à coup sûr, la plus étrange des conventions (1). » M. Croiset a raison. Quoi de plus bizarre que cette obligation, pour chaque concurrent, de fournir quatre drames? Une seule tragédie, suivie ou précédée, si l'on veut, d'un drame satyrique, n'eût-elle pas suffi à donner la mesure de son talent? L'obligation, probablement, n'était pas venue de l'État, qui ne se mêlait pas de ces choses; elle était venue des poètes eux-

---

(1) *Hist. de la litt. grecque*, III, 2e éd., p. 37-38.

mêmes, et elle est si contraire à nos habitudes, qu'il nous faut, pour la comprendre, la rattacher aux transformations de la tragédie à ses débuts. C'est ce qu'a fait M. Croiset, dans une ingénieuse étude publiée il y a quinze ans (1), et dont le troi sième volume de l'*Histoire de la littérature grecque* se borne à rappeler brièvement les conclusions (2). D'après lui, la tétralogie liée serait née des dimensions de plus en plus considérables qu'aurait atteintes la tragédie primitive, et de la nécessité où l'on se serait trouvé de sectionner le chœur dithyrambique, qui en était l'acteur principal, en autant de chœurs qu'il fallait pour soutenir les différentes parties de l'action. Après divers tâtonnements, le sectionnement en trois chœurs aurait prévalu, et ainsi se serait constituée la tétralogie liée, la seule qui mérite vraiment le nom de tétralogie.

J'accepte, pour ma part, très volontiers cette explication dans ses grandes lignes, mais, à mon tour, je poserai la question suivante : n'est-il pas singulier que, dès le temps d'Eschyle, le lien se soit rompu entre les divers morceaux du spectacle? Peut-on admettre que l'effort pour créer ces unités grandioses, dont l'*Orestie* nous offre l'exemplaire qu'on sait, ait abouti si vite à cette routine qu'aurait été la tétralogie ou la trilogie libre, à cet égrènement de trois drames sans cohésion les uns avec les autres, à ces paquets de quatre à cinq mille vers, répartis dans trois ensembles individuellement organisés, mais ne figurant, juxtaposés, qu'un tout inorganique, simplement parce que la tradition l'exigeait, parce que les fêtes du théâtre devaient durer un temps déterminé et qu'il fallait que les spectateurs en eussent pour leur argent? L'étonnement croît encore quand on songe au soin méticuleux avec lequel les Grecs composaient tout ce qui sortait de leurs mains. Les preuves sont innombrables de cette marque originale de leur génie, et elles abondent dans les arts du dessin aussi bien que dans la

---

(1) *De la tétralogie dans l'histoire de la tragédie grecque* (*Rev. des ét. grecques*, 1888, p. 369 et suiv.).

(2) *Hist. de la litt. grecque*, III, p. 37 et suiv.

littérature. Tout le monde connaît ce goût de la symétrie et des correspondances savantes qu'ils portaient dans l'agencement des figures de leurs frontons, et jusque dans la confection de leurs bas-reliefs les plus humbles. Leur peinture n'échappait pas à cette loi ; leur céramique, qui la reflète en grande partie, en est pour nous un témoignage aussi précieux qu'instructif. Et si l'on considère leur poésie, qui croira que les inventeurs de la composition antistrophique aient jamais négligé, lorsqu'ils produisaient un ensemble, d'en ordonner les parties suivant les règles d'une harmonie plus ou moins délicate ? Qui les jugera capables d'avoir livré ces parties au hasard, sans chercher à les souder par quelque lien, si ténu qu'on le suppose ? *A priori*, il est donc probable que ces tragédies, en apparence indépendantes et se suffisant à elles-mêmes, avaient entre elles un rapport, et cette hypothèse acquiert une nouvelle vraisemblance du fait que Sophocle, quand il adopta, pour ne la plus quitter, la trilogie libre, y vit certainement un progrès. Or, si, d'une part, l'absence de tout lien est inadmissible ; si, d'autre part, Sophocle, en abandonnant l'unité de sujet, a cru mieux faire que ses devanciers, il faut nécessairement qu'au lien tout extérieur et un peu gros, que constituait l'unité, il en ait substitué un autre, plus subtil. Est-il possible de nous faire une idée de ce lien ?

Ce n'est pas, pour le connaître, à Sophocle que nous nous adresserons ; c'est à Euripide. Il existe, en effet, sur la carrière dramatique de ce poète, un certain nombre de documents qui font défaut pour Sophocle. Différents textes, qui reproduisent d'anciennes didascalies, nous donnent les titres plus ou moins complets de six de ses tétralogies ou de ses trilogies, les unes entièrement composées de pièces perdues, d'autres, dont un seul drame est venu jusqu'à nous, une, enfin, particulièrement intéressante, celle où l'on voyait se succéder, dans l'ordre même, à ce qu'il semble, qu'indique le scholiaste d'Aristophane, *Iphigénie à Aulis*, *Alcméon* et les *Bacchantes* (1). C'est

(1) Schol. d'Aristophane, au v. 67 des *Grenouilles*. Voici, dans l'ordre chrono-

cet ensemble, dont deux morceaux nous sont parvenus, qui va nous éclairer sur la nature du lien trilogique chez Euripide.

Mais ici une difficulté se présente. On sait que ces trois pièces ne furent pas jouées du vivant de leur auteur, qu'elles furent mises à la scène, après sa mort, par son fils, Euripide le jeune. Le scholiaste des *Grenouilles* est, sur ce point, tout à fait explicite : « Les didascalies, dit-il, portent que, Euripide étant mort, son fils fit représenter sous son nom, qui était le même que celui de son père, à la ville. *Iphigénie à Aulis, Alcméon*, les *Bacchantes*. » Αἱ διδασκαλίαι φέρουσι τελευτήσαντος Εὐριπίδου τὸν υἱὸν αὐτοῦ δεδιδαγέναι ὁμωνύμως ἐν ἄστει Ἰφιγένειαν τὴν ἐν Αὐλίδι, Ἀλκμέωνα, Βάκχας (1). Que les trois tragédies aient figuré au même concours, et non à plusieurs concours différents, c'est ce que prouvent les termes dont se sert le scholiaste, termes visiblement empruntés à un procès-verbal officiel. Si un doute subsistait, il serait levé par l'indication suivante, relative au chiffre des victoires d'Euripide. Ces victoires, au nombre de cinq, se répartissaient comme il suit, d'après la notice de Suidas : quatre victoires remportées par le poète lui-même, et la cinquième remportée, après sa mort, par Euripide le jeune, dont Suidas fait le neveu du grand tragique (2). Il résulte de ce texte qu'il n'y a eu, après la mort d'Euripide, qu'une seule représentation d'Euripide, — j'entends une seule représenta tion de tragédies nouvelles, — d'où cette conclusion, que la dernière est celle où furent jouées les trois tragédies mention-

---

logique, les cinq autres groupements auxquels je fais allusion ; j'indique en caractères romains les pièces conservées : en 438, les *Crétoises, Alcméon à Psophis, Télèphe*, Alceste (Aristophane de Byzance, *Argum. de l'Alceste*) ; en 431, Médée, *Philoctète, Dictys*, les *Moissonneurs* (Aristophane de Byzance, *Argum. de Médée*) ; en 415, *Alexandre, Palamède*, les Troyennes, *Sisyphe* (Élien, *Hist. variées*, II, 8) ; en 412, Hélène jouée en même temps qu'*Andromède* (Schol. d'Aristophane, aux vv. 1012 et 1060 des *Femmes aux Thesmophories*) ; entre 412 et 408, selon toute probabilité, *Oinomaos, Chrysippos*, les Phéniciennes (Aristophane de Byzance, *Argum. des Phéniciennes*, texte mutilé et d'une interprétation difficile).

(1) J'adopte, dans ce texte, avec M. Weil, la leçon ὁμωνύμως, donnée par le *Venetus* d'Aristophane. Cette leçon paraît mieux répondre à la construction que ὁμώνυμον, donné par un autre manuscrit de la bibliothèque Marcienne.

(2) Suidas, *s. v.* Εὐριπίδης, 6.

nées par le scholiaste d'Aristophane. Le prix fut attribué à
Euripide le jeune, qui avait sollicité en son nom un chœur de
l'archonte (1) ; en réalité, il allait au vieil Euripide, dont ce
dernier succès, aux yeux des critiques, vint tout naturellement
grossir les victoires.

Nous sommes donc fixés sur le point de savoir si les trois
drames figurèrent aux mêmes Dionysies. Nous le sommes beaucoup moins sur un autre point d'une importance capitale pour
le sujet qui nous occupe, à savoir, si ces trois drames avaient
été primitivement destinés à être représentés ensemble. Bien
que ce soit là l'opinion généralement admise, il se pourrait
que le jeune Euripide eût fait un assemblage fortuit de trois
tragédies trouvées par lui parmi les œuvres inédites de son
père. Dans ce cas, il faudrait renoncer à chercher entre ces
pièces un lien quelconque. La recherche du lien est, au contraire, légitime, si c'est Euripide lui-même qui les a écrites
avec l'intention de les produire dans la même solennité. Est-ce
ainsi que nous devons imaginer les choses? Telle est la question à laquelle il faut répondre d'abord.

I

La dernière date de la vie d'Euripide qui nous soit parfaite
ment connue est celle du mois de mars de l'année 408 : c'est le
moment où l'*Oreste* est joué à Athènes (2). Or, entre cette date
et la mort du poète, survenue en 406, il n'y a pas place pour la
composition de nombreuses tragédies. Essayons de serrer la
chronologie d'un peu près. Euripide, après l'*Oreste*, part pour la
Macédoine, où l'appelle le roi Archélaos. Mais quand part-il
exactement? M. Usener a cru pouvoir établir que, en 407, il
était déjà parti. En effet, cette année-là, en janvier ou en mars,

---

(1) Telle est la seule explication possible. Cf. Weil. *Sept tragédies d'Euripide*,
2ᵉ éd., p. 319, note 1.
(2) Schol. de l'*Oreste*. au v. 371.

Aristophane fait représenter son *Gérytadès*, qui n'était qu'une longue satire d'Agathon, ce qui semble indiquer que ce poète était alors le seul des grands tragiques qui fût présent à Athènes, du moins le seul de ceux auxquels aimait à s'attaquer la comédie (1). Euripide se serait donc mis en route pour Pella quelques mois plus tôt, au printemps de 408, à une époque de l'année où le voyage risquait de n'être pas trop pénible pour un vieillard de soixante-treize ans. On peut, sans trop de difficulté, reconstituer son itinéraire.

Il n'était pas facile, en 408, d'aller d'Athènes, par terre, vers les pays du Nord : les Lacédémoniens occupaient Décélie, où ils s'étaient fortifiés dès 413, interceptant le chemin le plus direct vers la Béotie, et coupant les Athéniens de leurs communications avec l'Eubée, d'où le blé leur arrivait par l'échelle d'Oropos (2). Aussi les convois de blé étaient-ils réduits à prendre la voie de mer et à doubler Sounion, ce qui était plus long et plus coûteux (3); tel fut, du moins, l'usage pratiqué tant que les circonstances s'y prêtèrent. C'est également par mer que dut partir Euripide, les ennemis infestant toute la campagne d'Athènes, même du côté d'Éleusis, d'où l'on pouvait, par le col d'Éleuthères, pénétrer en territoire béotien (4). Mais

---

(1) H. Usener, *Jahrb. für class. Philol.*, 1889, p. 375-376. On sait que, lors des Lénéennes de l'année 405, où furent représentées les *Grenouilles*, Agathon n'était plus à Athènes; à son tour, il était parti pour la Macédoine, d'où il ne serait pas revenu (Cramer, *Anecd. Oxon.*, IV, p. 269; Schol. des *Grenouilles*, au v. 85).

(2) Thucydide, VII, 19, 1-2. Cf. Busolt, *Griech. Geschichte*, III, ii, p. 1358 et suiv.

(3) Thucydide, VII, 28, 1 : ...ἥ, τε τῶν ἐπιτηδείων παρακομιδὴ ἐκ τῆς Εὐβοίας, πρότερον ἐκ τοῦ Ὠρωποῦ κατὰ γῆν διὰ τῆς Δεκελείας θᾶσσον οὖσα, περὶ Σούνιον κατὰ θάλασσαν πολυτελὴς ἐγίγνετο. Cf. Busolt, *op. c.*, III, ii, p. 1401. L'inquiétude des Athéniens, au sujet de ces approvisionnements, était telle, qu'ils fortifièrent Sounion, ὅπως αὐτοῖς ἀσφάλεια ταῖς σιταγωγοῖς ναυσὶν εἴη τοῦ περίπλου (Thucydide, VIII, 4). Et lorsque, en 412, une escadre lacédémonienne entra dans l'Euripe et battit, devant Érétrie, la flotte athénienne envoyée à sa poursuite, l'émotion, à Athènes, dépassa de beaucoup celle qu'avait causée le désastre de Sicile, tant paraissait irréparable l'interruption des relations avec l'Eubée (Thucydide, VIII, 95 et 96, 1-2).

(4) Thucydide, VII, 27, 3-5. C'est en 408, précisément, qu'a lieu pour la première fois, depuis l'occupation de Décélie, la procession des Éleusinies, et cette

les Grecs de ce temps-là, à moins de nécessité impérieuse, évitaient les longs trajets maritimes ; bien que l'Eubée tout entière, sauf Oréos, eût fait défection en 412, après le combat naval livré dans les eaux d'Érétrie, il est permis de croire qu'Euripide débarqua en un point quelconque de la grande île, et, de là, se dirigea vers Chalcis. Il paraît, dans tous les cas, avoir passé par cette ville et y avoir été fêté comme il le méritait ; j'en vois la preuve dans ce fait que, écrivant en Macédoine l'*Iphigénie à Aulis*, il prend soin d'en former le chœur de femmes chalcidiennes et y nomme avec honneur Chalcis, la fontaine Aréthuse et l'Euripe (1). N'est-ce pas là une façon de témoigner sa reconnaissance pour l'accueil empressé que lui ont fait les Chalcidiens? De Chalcis, il se rendit sans doute à Oréos, véritable terre attique (2) : c'est là que plus tard, en 346, s'embarquera l'ambassade chargée de recevoir les serments de Philippe et de ses alliés (3). Il est probable qu'Euripide prit, lui aussi, la mer à Oréos, mais non directement pour la Macédoine ; il s'arrêta chez les Magnètes, y séjourna et fut honoré dans une de leurs villes, nous ne savons laquelle, du titre de proxène et du privilège de l'atélie (4). Tout cela dut exiger un certain temps. L'ambassade de 346, grâce, il est vrai, à bien des lenteurs, mit vingt-trois jours pour se transporter d'Athènes en Macédoine (5) : ce délai semblera certainement beaucoup trop court pour Euripide, et l'on peut conjecturer que, s'il était parti, par exemple, en avril ou en mai, il ne joignit Archélaos qu'en juillet ou en août.

Il meurt en Macédoine pendant l'année 406. Le moment de sa mort peut être déterminé avec précision. Nous savons, en

cérémonie ne peut s'accomplir que sous la protection de l'armée d'Alcibiade (Plutarque, *Alcibiade*, 34).

(1) *Iphigénie à Aulis*, 11, 164 et suiv., 598 (vers, il est vrai, rejetés par Dindorf et mis par M. Wecklein entre crochets), 813, 1323, 1491 et suiv.

(2) Cf. Busolt, *op. c.*, III, 1, p. 430 et suiv. ; III, 11, p. 1508.

(3) Démosthène, *Ambassade*, 155 ; Eschine, *Ambassade*, 133.

(4) *Vie d'Euripide*, 1. 20 et suiv. (Westermann, *Biogr.*, p. 134) : Μετέστη δ' ἐν Μαγνησίᾳ καὶ προξενίᾳ ἐτιμήθη καὶ ἀτελείᾳ.

(5) Démosthène, *Ambassade*, 155.

effet, que Sophocle lui survécut, mais de peu : il avait cessé de
vivre quand furent jouées les *Grenouilles* (janvier 405) (1);
c'est donc en 406, dans la première moitié de l'archontat de
Callias II (406/5), que doit être placée sa mort (2), et cela confirme le témoignage de Diodore, qui fait mourir les deux poètes
la même année (3). Or l'auteur anonyme de la *Vie d'Euripide*
prête à Sophocle une action touchante. C'était le jour du προάγων, de cette cérémonie préliminaire des grandes Dionysies,
dont M. Paul Mazon a récemment mis en lumière le véritable
caractère(4). La nouvelle s'étant répandue dans Athènes qu'Euripide était mort, Sophocle parut devant le peuple, pour annoncer ses sujets, en manteau sombre, suivi de ses acteurs et de
ses choreutes sans couronnes, et, à cette vue, la foule pleura (5).
Le προάγων avait lieu à une date fixe, le 8 Élaphébolion, qui, en
406, tombait le 1ᵉʳ mars. Évidemment, la nouvelle était
récente ; elle était arrivée dans les derniers jours de février, et de
là l'émotion spontanée dont on nous parle, en présence de cet
hommage rendu par un rival au poète dont la mort occupait
tous les esprits. Si l'on tient compte du temps qu'avait dû
mettre ce bruit pour venir de Macédoine, on sera conduit à
penser qu'Euripide mourut en janvier ou, au plus tard, en
février 406, dans la seconde moitié de l'archontat d'Antigé-
nès (6). Il avait alors environ soixante-quinze ans, et le changement de climat, de régime, un accident banal, un hasard,
suffit pour expliquer ce dénouement fatal, sans les inventions
qui vinrent plus tard en dramatiser les circonstances.

(1) Aristophane, *Grenouilles*, 76-77, 786 et suiv.

(2) *Chronique de Paros*, p. 28-30, éd. Flach.

(3) Diodore, XIII, 103, 4-5.

(4) *Revue de philologie*, 1903, p. 263 et suiv.

(5) *Vie d'Euripide*, l. 42 et suiv. (Westermann, *Biogr.*, p. 135) : Λέγουσι δὲ καὶ
Σοφοκλέα, ἀκούσαντα ὅτι ἐτελεύτησε (Εὐριπίδης), αὐτὸν μὲν ἱματίῳ φαιῷ ἤτοι πορφυρῷ
προελθεῖν, τὸν δὲ χορὸν καὶ τοὺς ὑποκριτὰς ἀστεφανώτους εἰσαγαγεῖν ἐν τῷ προάγωνι·
καὶ δακρῦσαι τὸν δῆμον. Je ne vois pas la nécessité de corriger ou de supprimer,
dans ce texte, les mots ἤτοι πορφυρῷ, qui désignent également un vêtement de
couleur sombre.

(6) Cf. *Chronique de Paros*, p. 28.

Ainsi, ce serait, pour prendre les extrêmes, de juillet 408 à février 406 qu'il aurait séjourné auprès d'Archélaos. Il est relativement facile d'imaginer, durant ces dix-neuf mois, quelle fut l'activité poétique d'Euripide. Les occasions de faire réprésenter une pièce étaient réglées, chez les Grecs, par le calendrier religieux ; le drame avait ses jours, très rares dans l'année, en dehors desquels le théâtre restait vide, ou servait à d'autres usages. Nous ignorons si, en Macédoine, au temps d'Archélaos, il y avait plurieurs de ces jours ; nous connaissons au moins une grande fête, où une place importante était réservée à la poésie dramatique : c'est la fête des Ὀλύμπια de Dion. C'était une institution d'Archélaos, qui avait fait de la petite ville de Dion, située près de la frontière méridionale de son empire, sa ville de prédilection. Aeges, la cité sainte, était bien loin des pays helléniques ; Pella, la capitale du royaume, valait surtout par son commerce : Dion fut la ville artiste par excellence. Bâtie au pied du mont Olympe, dans cette Piérie qui, de tout temps, avait été l'asile préféré des Muses, elle était prédestinée, par sa position même, à recueillir et à perpétuer les traditions de cette terre mythologique. Bien avant Archélaos, les antiques Piériens y adoraient sans doute le Zeus de leur montagne. Le successeur de Perdiccas y fonda, en l'honneur de ce dieu et des Muses, ses compagnes, une fête magnifique, qui durait neuf jours, chaque journée étant consacrée à l'une des neuf Muses, et qui comportait un sacrifice solennel et des concours dramatiques (σκηνικοὶ ἀγῶνες) (1). Y avait-il de ces concours à Aeges et à Pella ? Aucun document ne l'atteste ; mais, s'il y en avait, ceux de Dion les surpassaient de beaucoup en splendeur. Ils étaient, en 408, dans tout l'éclat de leur nouveauté. Les commencements d'Archélaos avaient été difficiles ; d'abord tuteur de son jeune frère (413), il s'était mis en tête de faire de la Macédoine une grande puissance militaire, et ses efforts s'étaient portés sur la

(1) Diodore, XVII, 16, 3-4 ; Schol. de Démosthène, *Ambassade*, p. 401, 13. Cf. Heuzey, *Le mont Olympe et l'Acarnanie*, p. 122 et suiv. ; Id., *Mission de Macédoine*, p. 267 et suiv.

réorganisation de l'armée ; puis, une fois maître du pouvoir, il avait eu à réprimer la révolte de Pydna (hiver de 410) (1). Si l'on tient compte, comme il est juste, du temps nécessaire pour l'aménagement de Dion en vue des fêtes nouvelles, on se convaincra que les concours de 408 étaient les premiers dont cette ville fut témoin, et que c'est là ce qui justifiait l'invitation adressée à Euripide.

Or les Ὀλύμπια se célébraient en automne ; nous avons sur ce point des témoignages très précis. Philippe de Macédoine s'y rend en grande pompe peu après la prise d'Olynthe, qui est de la fin d'août ou du début de septembre 348 (2). Plus tard, Alexandre, qui vient de détruire Thèbes (septembre 335), et qui s'apprête à partir pour l'Asie (printemps de 334), les célèbre avec plus de magnificence encore (3). On est autorisé à conclure de là que les Ὀλύμπια avaient lieu en octobre, et ce qui fortifie cette opinion, c'est le soin qu'avait dû prendre Archélaos d'éviter qu'ils ne coïncidassent avec quelqu'une des panégyries les plus connues de la Grèce. En choisissant, pour y étaler son luxe aux yeux des étrangers, une fête d'octobre, il échappait à la concurrence des jeux Olympiques, des jeux Pythiques, des jeux Isthmiques, des jeux Néméens, célébrés au printemps ou en été, à celle des Dionysies et des Panathénées d'Athènes,

_____

(1) Voy. Koehler, *Makedonien unter König Archelaos* (*Sitzungsberichte der koen. preuss. Akad. der Wissenschaften zu Berlin*, 1893, p. 489 et suiv.).

(2) Démosthène, *Ambassade*, 192; Diodore, XVI, 55, 1. Cf. A. Schaefer, *Demosthenes und seine Zeit*, 2ᵉ éd., II, p. 157.

(3) Diodore, XVII, 16, 3-4; Arrien, *Anabase*, I, 11, 1. Voici ce dernier texte : Ταῦτα δὲ διαπραξάμενος (ὁ Ἀλέξανδρος) ἐπανῆλθεν εἰς Μακεδονίαν · καὶ τῷ τε Διὶ τῷ Ὀλυμπίῳ τὴν θυσίαν τὴν ἀπ' Ἀρχελάου ἔτι καθεστῶσαν ἔθυσε, καὶ τὸν ἀγῶνα Αἰγαῖς διέθηκε τὰ Ὀλύμπια. Οἱ δὲ καὶ ταῖς Μούσαις λέγουσιν ὅτι ἀγῶνα ἐποίησε. Καὶ ἐν τούτῳ ἀγγέλλεται· τὸ Ὀρφέως τοῦ Οἰάγρου τοῦ Θρᾳκὸς ἄγαλμα τὸ ἐν Πιερίδι ἱδρῶσαι ξυνεχῶς. Il semble y avoir là quelque confusion. Zeus Olympien était-il aussi honoré à Aeges? C'est possible; dans tous les cas, la mention d'Archélaos, celle des Muses, celle de la statue d'Orphée, — sur laquelle nous reviendrons, — indiquent clairement qu'il s'agit des fêtes de Dion. Peut-être Alexandre, avant de passer en Asie, fit-il en Macédoine tous les sacrifices que permettait de faire l'époque de l'année où l'on se trouvait, et, dès lors, il n'eut garde d'oublier Aeges; ce qui est certain, c'est que c'est à Dion que se rapportent presque toutes les expressions d'Arrien. Cf. Koehler, *art. cité*, p. 499, note 1.

qui tombaient en mars et en août. L'automne commençant,
même dans ces contrées du Nord, était encore une saison clé-
mente, qui laissait praticables les chemins de montagne et
offrait une mer facile aux vaisseaux. Les Ὀλύμπια de Dion
étaient-ils annuels? Les dates de 348 et de 335, qui sont certaines, ne permettent pas de supposer qu'ils revenaient seulement tous les deux, trois, quatre ou cinq ans. Il est donc probable qu'ils avaient lieu chaque année, comme les grandes
Dionysies, qui, visiblement, leur avaient servi de modèle.

C'est cette solennité macédonienne qu'Euripide vint rehausser du prestige de son nom et de son talent. Il est difficile de
croire que ce ne fut pas aux fêtes de Dion qu'il donna l'*Archélaos*,
cette tragédie dont le héros était l'un des ancêtres mythiques
du roi régnant. Nul cadre ne se prêtait mieux à la glorification
du prince qui avait transformé la petite ville de la région de
l'Olympe en un centre intellectuel et artistique destiné à éblouir
la Grèce (1), et nul sujet n'était plus propre à faire naître dès
l'abord, entre le poète et son hôte, cette amitié qui semble ne
s'être jamais démentie. Si la chronologie proposée plus haut
paraît acceptable, s'il est vrai qu'Euripide quitta sa patrie, pour
se rendre en Macédoine, au printemps de 408, ce fut sans
doute aux Ὀλύμπια de la même année qu'il fit jouer l'*Archélaos* (2). Selon toute vraisemblance, la pièce était écrite en
grande partie avant son départ ; il la termina ou la retoucha
en Macédoine. Un des fragments qui nous en sont parvenus
prouve l'influence qu'exercèrent sur son imagination la vue du
pays et la connaissance précise de quelques-uns des moyens
auxquels avait eu recours le moderne Archélaos pour le rendre
riche et prospère. Ἔπαυσ' ὁδουροὺς λυμεῶνας, « il mit fin au fléau
du brigandage », disait un des personnages du drame en parlant

---

(1) L'allusion très probable qu'Euripide faisait, dans ce drame, à la fondation
d'Aeges (Hygin, *Fab.*, 219) n'est nullement de nature à infirmer cette hypothèse.
On verra tout à l'heure que les *Bacchantes*, où il est question de Pella et de ses
alentours, ont certainement été représentées à Dion.

(2) Cf. Koehler, *art. cité*, p. 499; Kaert, *Gesch. des hellenistischen Zeitalters*, I,
p. 117, note 1; Nestle, *Euripides*, p. 18.

de quelqu'un que ne désigne pas autrement ce débris (1) ; allusion évidente aux efforts d'Archélaos pour développer le commerce macédonien. Le roi qui fit tracer sur son territoire de grandes routes droites, d'une utilité à la fois commerciale et stratégique (2), avait dû, pour la sécurité des transactions, donner vigoureusement la chasse à tous les dévaliseurs de caravanes qui infestaient les pistes de la contrée. L'*Archélaos* fut-il représenté seul? Faisait-il partie d'une trilogie? Était-il d'usage de donner des trilogies à Dion? A ces questions on ne peut répondre. Il est possible que la forme trilogique ou tétralogique ait été particulière à Athènes. Quand Eschyle fait jouer ses *Perses* à la cour de Syracuse, aucun renseignement ne permet de penser qu'il y fait jouer en même temps les pièces qui encadraient cette tragédie dans la représentation du théâtre de Dionysos. En fut-il autrement pour l'*Archélaos*, environ soixante ans plus tard? Encore une fois, nous sommes ici dans une nuit profonde. Ce que je crois pouvoir affirmer, c'est que, après l'automne de 408, Euripide se mit à travailler à une trilogie qu'il destinait aux fêtes de Dion, et que cette trilogie n'était autre que celle qui nous occupe : *Iphigénie à Aulis*, *Alcméon*, les *Bacchantes*.

Les preuves de ce groupement prémédité, voulu par Euripide, se trouvent dans les textes eux-mêmes. Il faut naturellement laisser de côté *Alcméon*, dont nous n'avons que des fragments. Mais si, d'un examen un peu attentif d'*Iphigénie* et des *Bacchantes*, il résulte avec évidence que ces deux tragédies n'ont pu être composées que pour Dion, il y aura de grandes chances pour que tel ait été aussi le cas d'*Alcméon*, qui figurait comme elles, à la mort d'Euripide, parmi les œuvres inédites du poète, et qui fut représenté en même temps qu'elles à Athènes.

Considérons d'abord *Iphigénie*. Les parties chantées en sont confiées, nous l'avons dit, à des femmes eubéennes, à des cu-

rieuses de Chalcis, qui ont passé l'Euripe pour venir voir la
flotte et le camp des Achéens; elles n'en connaissent pas moins
beaucoup de mythes étrangers à leur pays, comme le montre
ce début du troisième stasimon : « Quel hyménée retentit, au
son de la flûte libyenne, de la cithare amie des chœurs, et des
syrinx formées de roseaux assemblés, lorsque, sur le Pélion,
pendant le banquet des dieux, les Piérides aux belles tresses
vinrent, frappant le sol de leurs sandales d'or, aux noces
de Pélée, et, de leurs voix mélodieuses, célébrèrent Thétis et
l'Aeacide sur le mont des Centaures, à travers la forêt Péliade !
Et le Dardanide, délices des nuits de Zeus, le Phrygien Gany
mède, puisa le vin aux flancs d'or des cratères. Et, sur le sable
brillant du rivage, les cinquante filles de Nérée, formant des
rondes, dansèrent des danses nuptiales. » L'antistrophe fait
apparaître les Centaures armés de branches de pin et couronnés
de frondaisons nouvelles : ils prédisent à la jeune mariée la naissance d'un fils qui sera l'honneur de la Thessalie, quand, avec
ses Myrmidons, il ira dévaster la terre de Priam, le corps couvert d'une armure d'or, œuvre d'Héphaistos et don de sa mère
Thétis (1).

Ce développement lyrique convient, sans doute, à la situa
tion : Achille, Clytemnestre, Iphigénie, viennent d'apprendre
l'affreux sacrifice qui se prépare, et le chœur, profondément
ému, lui aussi, à cette nouvelle, exprime sa compassion en
opposant le souvenir des noces de Pélée, auxquelles Achille
doit le jour, au lugubre hymen qui s'apprête pour la fiancée
d'Achille. Mais pourquoi cette insistance à décrire les fêtes
merveilleuses dont le Pélion, jadis, a été le théâtre, sinon parce
qu'Euripide pense à ses amis les Magnètes? Cette description,
qui occupe les deux tiers du stasimon, doit être interprétée
comme un remerciement à leur adresse, pour la généreuse
hospitalité qu'il en a reçue, et son intention paraîtra plus
claire encore, si l'on admet qu'*Iphigénie* devait être jouée aux

_____

(1) *Iphigénie à Aulis*, 1036 et suiv. Cf. 705 et suiv.

Ὀλύμπια de Dion, devant beaucoup de ces mêmes Magnètes, accourus pour jouir de la magnificence d'Archélaos.

Au sujet des *Bacchantes*, l'hésitation n'est pas permise. Une première allusion à la Piérie y est faite par le chœur, quand il s'écrie : « Que ne suis-je·là où s'étend l'admirable Piérie, séjour des Muses, au pied des pentes augustes de l'Olympe! Conduis-moi dans ces lieux, ô Bromios, Bromios! Que les ébats y précèdent les miens, dieu de l'évoé! Là sont les Grâces, là est le Désir; là les Bacchantes peuvent sans crainte célébrer leurs orgies (1). » Plus loin, se trouve une indication encore plus précise, qui prouve, à n'en pas douter, que le drame était destiné aux fêtes de Dion. Pentheus vient de faire enfermer dans son étable Dionysos, qu'un serviteur a pris, et il menace les Bacchantes, complices de ses méfaits : il les vendra, dit-il, ou, faisant taire leurs insupportables tambourins, il les mettra, comme des esclaves, au métier à tisser la toile (2). Le chœur, resté seul, peint son émoi dans un chant lyrique. Il appelle à son secours Dionysos : « Est-ce à Nysa, la nourrice des fauves, que, le thyrse en main, tu mènes tes thiases, ô Dionysos, ou sur les hauteurs coryciennes? Bientôt ce sera dans les plis boisés de l'Olympe, là où jadis Orphée, par les accents de sa cithare, charmait les arbres, charmait les bêtes des forêts. Bienheureuse Piérie, vénérée de celui qui se plaît au cri d'évoé, il viendra, dansant et se livrant à ses transports; il franchira l'Axios au cours rapide, amenant avec lui les Ménades et leurs rondes; il franchira le Lydias, ce dispensateur de la richesse pour les mortels, ce père du bonheur, dont j'ai ouï dire qu'il fécondait de ses belles ondes une contrée fameuse pour ses chevaux (3). »

Il suffit de jeter les yeux sur une carte pour se rendre compte de tout ce que ce passage contient d'instructif. L'Axios, c'était,

---

(1) *Bacchantes*, 409 et suiv. Je suis ici, comme pour *Iphigénie*, l'édition Wecklein.

(2) *Bacchantes*, 511 et suiv.

(3) *Ibid.*, 556 et suiv.

avec l'Haliacmon, le grand fleuve de la Macédoine, le Vardar actuel, qui se jette dans la mer au fond du golfe de Salonique. Le Lydias, un peu plus à l'Ouest, était la rivière de Pella; prenant sa source dans les monts de Pæonie, il traversait un petit lac sur la rive Nord duquel s'élevait la capitale macédonienne. C'est par le Lydias que Pella communiquait avec la mer. Dionysos, qui est censé venir de l'Inde, ou de l'un des massifs montagneux d'Asie Mineure qui portaient le nom de Korykos, ne peut, arrivant par la route de terre, c'est-à-dire par l'antique, le traditionnel chemin d'Orient en Occident, se dispenser de franchir l'Axios et le Lydias pour se rendre dans l'Olympe. S'il allait à Pella, si la pièce était écrite pour Pella, il franchirait seulement l'Axios; mais il franchit le Lydias parce qu'il va vers l'Olympe, et il va vers l'Olympe parce qu'il va à Dion. C'est là, bien que, dans la tragédie, la scène soit à Thèbes, que se transporte en imagination le chœur, c'est dans l'humble petite ville qu'ont embellie (καλλιστευομένα Πιερία, a-t-il été dit plus haut) les grands travaux d'Archélaos, le temple de Zeus, le théâtre. le stade (1). Et ce qui achève de le prouver, c'est ce souvenir d'Orphée, si précis dans l'épode que j'ai traduite. Le voisinage de Dion était plein d'Orphée et de sa légende. A vingt stades de la ville, dans la direction de la montagne, se dressait une colonne surmontée d'une hydrie de pierre, qui contenait, nous dit Pausanias, les ossements d'Orphée (2). M. Heuzey croit avoir retrouvé, près du village de Karitza, un tumulus qui répond exactement à cette indication (3). Au temps d'Alexandre, il y avait à Dion, ou non loin de Dion, une statue du barde thrace qui passait pour s'être couverte de sueur au moment où le jeune roi préparait son expédition d'Asie (4). Le doute n'est donc pas possible sur le lieu où, dans la pensée d'Euripide, devait être représentée

(1) Cf. Heuzey, *Le mont Olympe et l'Acarnanie*, p. 122.
(2) Pausanias, IX, 30, 7.
(3) *Mission de Macédoine*, p. 270.
(4) Arrien, *Anabase*, I, 11, 1, texte cité, p. 159, note 3.

la tragédie des *Bacchantes*, et, puisque nous possédons, pour l'*Iphigénie*, à peu près la même certitude, la conclusion s'impose : c'est en vue des fêtes de Dion qu'avaient été écrits ces deux drames, ainsi que le troisième, aujourd'hui perdu, et c'est aux mêmes Ὀλύμπια que les trois pièces devaient figurer, car, si aucune d'elles n'a été jouée en 408, — autrement, elles n'eussent point été trouvées inédites toutes les trois dans les papiers d'Euripide; — si, d'autre part, il est constant qu'elles ne furent pas mises à la scène par leur auteur, il reste qu'il comptait, quand la mort vint le surprendre, les présenter en bloc à un concours de Dion ultérieur. Pourquoi ce concours ne fut-il pas celui de 407?

C'est que, cette année-là, le poète étranger qui eut les honneurs des Ὀλύμπια n'était pas, nous ignorons pourquoi, Euripide : c'était, selon toute probabilité, Agathon, ce qui viendrait à l'appui de la conjecture de M. Usener. Je crois, en effet, qu'il faut prendre à la lettre l'expression par laquelle Aristophane, dans les *Grenouilles*, fait allusion à l'absence d'Agathon. « Et Agathon, demande Héraclès, où est-il? » — Dionysos : « Il m'a quitté, il est parti. Bon poète, regretté de ses amis! » — Héraclès : « Parti? Et pour où, l'infortuné? » — Dionysos : « Pour le banquet des heureux », ἐς μακάρων εὐωχίαν (1). Ces derniers mots désignent, à mon sens, non pas, d'une manière générale, les bombances auxquelles se livraient les Macédoniens, presque aussi grands mangeurs que leurs voisins les Thraces, mais une bombance particulière, le festin qui suivait les représentations de Dion, celui qu'offre Philippe, en 348, à tous les artistes qui ont répondu à son appel, et où se place l'incident de l'acteur Satyros (2), celui que donne Alexandre, en 335, à ses amis, à ses généraux et aux ambassadeurs des villes sujettes ou alliées (3). C'était là un des rites des fêtes de Dion. Agathon y avait pris part, en 407, comme

---

(1) Aristophane, *Grenouilles*, 83 et suiv.
(2) Démosthène, *Ambassade*, 193.
(3) Diodore, XVII, 16,4.

héros du jour, et c'est cette circonstance précise que rappelle Aristophane. S'il ne la rappelle qu'au mois de janvier 405, c'est sans doute que, lors des derniers 'Ολύμπια (octobre 406), la comédie des *Grenouilles* était achevée, et que le fait le plus récent de la vie d'Agathon, à ce moment connu d'Aristophane, était le succès remporté par lui à Dion en 407 (1).

Euripide mettait alors la dernière main à ses trois tragédies, avec l'intention de les produire aux fêtes de 406. Elles formaient donc une trilogie, peut-être la première trilogie destinée à être jouée en Macédoine. L'auteur anonyme de la *Vie d'Euripide* nous apprend que ce poète reçut de grands honneurs d'Archélaos, et même qu'il fut chargé par ce prince de certaines fonctions administratives, καὶ ἐπὶ τῶν διοικήσεων ἐγένετο (2). Nous ignorons ce qu'étaient ces διοικήσεις. Je vois mal un politique comme Archélaos confiant à un étranger, cet étranger fût-il Euripide, une partie quelconque de l'administration de ses États. Il n'est peut-être pas téméraire de supposer que ces occupations publiques, si mal définies, avaient trait aux choses du théâtre, et que, grâce à Euripide, les ,concours de Dion eussent pris une plus grande importance en admettant des trilogies, suivant la mode athénienne, si la mort ne fût venue l'interrompre au milieu de ses projets.

Nous pouvons maintenant aborder le sujet qui doit nous

---

(1) Nous ne savons pas exactement en quoi pouvait consister le *succès* d'un poète comme Agathon aux 'Ολύμπια de Macédoine. Diodore est le seul qui parle, à propos de ces fêtes, de concours dramatiques (XVII, 16, 3). La présence de Timothée auprès d'Archélaos (Plutarque, *Apophthegm. Archel.*, 4) paraît faire allusion à des concours de dithyrambe. Enfin, les 'Ολύμπια comprenaient, au temps de Philippe, des concours entre acteurs (Démosthène, *Ambassade*, 192-193). Il est bien évident que, si de vrais concours y avaient lieu pour la tragédie et le dithyrambe, des poètes de la valeur d'Euripide, d'Agathon, de Timothée, y étaient d'avance assurés de la victoire sur leurs rivaux indigènes tels qu'Arrhibaios et Crateuas ; leur œuvre constituait le principal attrait de la fête, et c'est pour cela, sans doute, qu'Archélaos évitait que, se rencontrant dans le même concours, ils ne se nuisissent les uns aux autres. Après les représentations, auteurs — et interprètes peut-être — étaient réunis à la table royale ; c'est le sens précis qu'il faut donner à μακάρων εὐωχίαν, où μακάρων désigne Archélaos (cf. μάκαρ ὦ Πιερία. *Bacchantes*, 565).

(2) *Vie d'Euripide*, l. 23 et suiv. (Westermann, *Biogr.*, p. 134).

retenir. Connaissant le dessein du poète, essayons de nous faire une idée de la structure intime de son œuvre, et de dégager le lien qui en unissait les trois parties.

II

Les trois morceaux de la trilogie étant empruntés à trois légendes différentes, il semble qu'il n'y ait que deux hypothèses possibles : ou le rapport qui faisait de ces morceaux un tout cohérent était un rapport de forme, et il faut l'aller chercher dans une certaine similitude de composition et d'agencement des parties ; ou ce rapport était un rapport de fond, tenant à certaines analogies entre les trois sujets et au sentiment qui avait conduit Euripide à les choisir pour en faire les éléments d'un même spectacle. Je dirai tout de suite pour quelles raisons il convient d'écarter la première hypothèse.

Si l'on compare entre elles, au point de vue de la composition, *Iphigénie* et les *Bacchantes*, on remarque bien que ces deux tragédies se ressemblent par quelques côtés : dans l'une comme dans l'autre, il y a quatre épisodes et trois stasima ; toutes deux ont des passages en tétramètres trochaïques. Mais les différences sont nombreuses. Le prologue des *Bacchantes* se compose de l'unique tirade explicative familière à Euripide, tandis que celui d'*Iphigénie* comprend trois parties : un dialogue anapestique entre Agamemnon et un vieillard, la tirade explicative, en trimètres iambiques, dite par Agamemnon, puis, de nouveau, un dialogue anapestique, à couplets lyriques, entre le roi des rois et son interlocuteur du début. De plus, on ne trouve dans *Iphigénie* qu'un commos, contre trois que contiennent les *Bacchantes*. On y trouve une monodie, forme lyrique dont les *Bacchantes* n'offrent pas d'exemple. En revanche, cette pièce présente deux chants alternés du chœur, qui n'ont pas d'équivalent dans *Iphigénie*. N'insistons pas. Que les deux drames soient construits suivant des principes analogues,

qu'ils emploient le tétramètre, dans les moments où l'action se
précipite, par un de ces retours à d'anciennes formules dont
tous les arts sont coutumiers, au cours de leur évolution, que,
pour les chœurs, ils préfèrent la triade au stasimon de deux
couples de strophes, ce sont là des traits de la dernière manière
d'Euripide, et la rencontre de ces traits dans deux morceaux
d'une trilogie ne saurait constituer un lien, surtout quand il
existe, entre ces morceaux, tant d'autres dissemblances.

Il est vrai que nous touchons ici à la grave question des
remaniements qu'auraient subis *Iphigénie*. Pour les *Bacchantes*,
il ne semble pas qu'elles aient été profondément altérées ; les
interpolations y sont, en somme, assez rares (1) ; mais *Iphigénie* a depuis longtemps éveillé les soupçons de la critique. Je
ne puis m'étendre sur ce sujet. Dans la substantielle préface
de son édition, M. Weil a d'ailleurs fait justice de la plupart
des reproches adressés à ce texte (2). Sur trois points seulement, je voudrais, soit confirmer son opinion, soit exprimer,
en quelques mots, un avis un peu différent du sien.

Comme lui, je crois qu'on ne peut raisonnablement suspecter
le prologue. Il est exact qu'il ne ressemble à aucun de ceux
des autres drames conservés d'Euripide : toujours, dans ceux-
ci, la tirade explicative ouvre la pièce, et ce n'est qu'après cet
exposé, destiné à préparer les spectateurs aux événements qui
suivent, qu'apparaît, si le prologue est à plusieurs parties, le
dialogue ou le chant (3). Mais, comme l'observe très justement

---

(1) Cette pièce présente surtout des lacunes. Telle est celle, assez considérable,
semble-t-il, qui se place après le vers 1329. Il y avait là tout un discours d'Agavé
dont nous n'avons que le premier vers.

(2) *Sept tragédies d'Euripide*, 2ᵉ éd., p. 307 et suiv.

(3) Voici, en négligeant *Iphigénie*, et en tenant compte des définitions d'Aristote
(ἔστιν δὲ πρόλογος μὲν μέρος ὅλον τραγῳδίας τὸ πρὸ χοροῦ παρόδου, *Poet.*, p. 1452 b,
l. 19 :... χορικοῦ δὲ πάροδος μὲν ἡ πρώτη λέξις ὅλου χοροῦ. *Ibid.*, p. 1452 b, l. 22),
comment on peut répartir les prologues des tragédies conservées et authentiques
d'Euripide : une seule partie (la tirade explicative), les *Suppliantes*, les *Bacchantes*
(407) ; deux parties, *Alceste* (438), les *Héraclides*, *Hécube*, *Héraclès*, *Ion*, *Iphigénie
en Tauride*, les *Phéniciennes* ; trois parties, *Médée* (431), *Hippolyte* (428), les
Troyennes (415), *Hélène* (412), *Oreste* (408), *Andromaque* ; quatre parties, *Électre*.

M. Weil, nous n'avons d'Euripide que dix-sept tragédies, et la
variété même des prologues de seize d'entre elles, — exceptons
Iphigénie, — autorise à supposer, dans l'ensemble de l'œuvre,
une plus grande variété encore. Voici, du reste, un argument
décisif : l'*Andromède*, jouée, à ce qu'il semble, en 412 (1), commençait par des anapestes (2). Pourquoi le poète se serait-il
interdit l'usage de ce mètre au début de son *Iphigénie* ? Les
deux parties anapestiques du prologue de cette tragédie étant
d'ailleurs irréprochables, il n'y a aucune raison légitime d'en
contester l'authenticité, et nous devons nous en réjouir, car on
sait tout ce qu'elles ajoutent d'originalité et de charme à cette
première scène.

Au sujet du développement qui termine la parodos (3), je
serais plus résolûment conservateur que M. Weil, qui l'est
pourtant avec tant de décision dans toute sa préface. Les
femmes eubéennes qui composent le chœur, annoncent qu'elles
sont venues visiter à la fois l'armée et les vaisseaux,

> Ἀχαιῶν στρατιὰν...
> Ἀχαιῶν τε πλάτας ναυσιπόρους (4),

et elles disent ce qu'elles ont vu sur la rive de l'Euripe, en
commençant par l'armée. Après la belle peinture d'Achille
luttant de vitesse, en armes, avec un char, vient un aperçu de
l'ordre dans lequel sont rangés les vaisseaux, et ce sont ces
trois couples de strophes, un peu monotones, il faut bien
l'avouer, très inférieures, comme poésie, aux descriptions qui

---

(1) Schol. d'Aristophane, *Thesmoph.*, 1060 : Ἐπεὶ πέρυσιν ἐδιδάχθη ἡ Ἀνδρομέδα. Or
les *Thesmophoriazousai* sont de 411. Cf. Schol., *ibid.*, 1012 : Ἀνδρομέδαν : πιθανῶς ·
συνδεδίδακται γὰρ τῇ Ἑλένῃ.

(2) Schol. d'Aristophane, *Thesmoph.*, 1065 : Ὁ Μνησίλοχος ὡς Ἀνδρομέδα. τοῦ προ-
λόγου Ἀνδρομέδας εἰσβολή. Le sens d'εἰσβολή est précisé par le premier Argument
de *Médée*, où ce mot fait allusion aux tout premiers vers de la tirade explicative
placée dans la bouche de la nourrice, laquelle tirade ouvre le drame. Cf., sur les
anapestes du prologue d'*Andromède*, Schol., *ibid.*, 1070 et 1072.

(3) *Iphigénie à Aulis*, 231-302.

(4) *Ibid.*, 171-172.

précèdent, qu'on ôte généralement à Euripide, et à propos desquelles M. Weil écrit : « Le seul morceau d'une certaine étendue dont on puisse contester l'authenticité avec quelque apparence de raison, c'est la seconde partie du premier chœur. Mais ce morceau peut se retrancher sans laisser de lacune sensible, et, s'il n'est pas d'Euripide, il a dû cependant être écrit à une époque où l'on connaissait encore les procédés de la composition antistrophique (1). » Je ne vois, encore ici, aucun motif sérieux de douter : le développement sur les vaisseaux était absolument nécessaire après l'annonce du début, et si c'est Euripide le jeune qui l'a écrit, c'est qu'Euripide l'ancien avait laissé sa parodos inachevée. Mais pourquoi lui retirer ces six strophes (2)? Elles ne valent pas les précédentes, soit : c'est que la matière était plus ingrate. Et qu'y a-t-il de surprenant à ce que ce drame contienne quelques parties languissantes? Ce qui l'est bien davantage, c'est que, à soixante-quinze ans, Euripide ait fait une telle œuvre, c'est qu'il ait eu l'âme assez jeune pour concevoir et tracer l'admirable figure d'Iphigénie, pour déployer, dans les *Bacchantes*, la merveilleuse fraîcheur d'imagination qui y apparaît et qui s'y manifeste, notamment, dans les chœurs.

Le troisième et dernier point que je toucherai est la question du dénouement. Le beau récit par lequel s'achève la pièce est universellement condamné pour le mauvais état du texte, et aussi pour ce fait, dont on doit tenir grand compte, qu'Élien cite, comme étant de l'*Iphigénie*, deux vers et demi qui ne figurent pas dans l'*Iphigénie* que nous lisons. Or, pour M. Weil, les fautes de texte, si graves et si nombreuses qu'elles soient, ne seraient pas une raison suffisante de déclarer apocryphe toute cette fin de tragédie : le récit du messager et les vers qui le suivent sont indispensables pour terminer le drame, et

---

(1) *Sept tragédies d'Euripide*, p. 310. Cf. la note sur le vers 231.

(2) M. Wecklein divise autrement cette seconde partie : il y voit deux couples de strophes suivies d'une épode. Cf. Masqueray, *Théorie des formes lyriques de la tragédie grecque*, p. 15, note 6.

comme les qualités littéraires de ces morceaux, et jusqu'à leur langue, dénotent la main d'un maître, il faut, sans hésiter, les attribuer à Euripide (1). Mais on ne peut négliger les vers conservés par Élien :

ἔλαφον δ' Ἀχαιῶν χερσὶν ἐνθήσω φίλαις
κεροῦσσαν, ἣν σφάζοντες αὐχήσουσι τὴν
σφάζειν θυγατέρα.

« Je remettrai aux mains des Achéens une biche cornue, qu'ils égorgeront en croyant égorger ta fille (2). » Ces vers faisaient-ils partie du prologue, et Artémis — car c'est elle, évidemment, qui parle ici — les adressait-elle à Agamemnon, sans être entendue de lui ? M. Weil s'élève justement contre une supposition aussi peu vraisemblable (3). Appartenaient-ils au dénouement, et voyait-on, après le départ d'Iphigénie, Artémis apparaître pour conter à Clytemnestre ce qui allait arriver ? Dans ce cas, objecte-t-on, l'intervention du messager n'était pas nécessaire, et le récit qu'il fait n'est donc pas d'Euripide. Mais de qui est-il ? D'un inconnu, très postérieur à Euripide ? La valeur du morceau ne permet pas de le penser. D'Euripide le jeune ? Mais pourquoi celui-ci aurait-il fait un pareil changement, et comment expliquer, chez un auteur comme Élien, la survivance de la rédaction primitive ?

Sans entrer dans une discussion qui risquerait d'être longue, voici la solution à laquelle je crois qu'on peut s'arrêter. M. Weil rattache les vers cités par Élien à un prologue apocryphe, analogue à celui que nous savons avoir été, d'assez bonne heure, ajouté au *Rhésos.* Cela n'est guère admissible. Ces vers devaient plutôt, comme le pense la majorité des critiques, avoir été écrits pour la fin de la tragédie, et, dès lors, pourquoi ne seraient-ils pas d'Euripide ? Considérons les *Bacchantes*, troi-

---

(1) Weil, *op. c.*, p. 310-313.
(2) Élien, *Hist. des animaux*, VII, 39. Cf. Nauck, *op. c.*, p. 629, n. 857.
(3) *Op. c.*, p. 314.

sième partie de la trilogie : elles vont nous fournir une indication précieuse. Après que Dionysos a décidé Pentheus à s'ha-
biller en femme pour aller surprendre les Ménades sur les
hauteurs du Cithéron, il se tourne vers le chœur, et, tandis que
Pentheus entre dans le palais, il annonce aux choreutes et, du
même coup, aux spectateurs, ce qui va se passer : « Femmes,
dit-il, voici notre homme dans le filet : il va se rendre là où sa
mort sera le juste châtiment de ce qu'il a fait aux Bacchantes.
Dionysos, à toi de te montrer, car tu n'es pas loin ; punissons-
le ! Et d'abord, trouble sa raison en y versant un léger délire,
car, sensé, jamais il ne consentirait à revêtir un accoutrement
féminin, tandis que, privé de sens, il y consentira. Je veux
qu'il prête à rire aux Thébains, conduit par la ville sous les
apparences d'une femme, après ses menaces et son terrible fra
cas de tout à l'heure. Cependant, je vais parer Pentheus des
ornements avec lesquels il s'en ira chez Hadès, égorgé par les
mains de sa mère ; alors, il reconnaîtra le fils de Zeus, Dionysos, qui, dans sa toute-puissance, est une divinité redoutable,
et, pour les hommes, un dieu si doux (1). »

Ainsi, Euripide ne s'est pas contenté de faire connaître dans
le prologue le sujet de sa pièce, qui est la conquête de Thèbes
par Dionysos ; il éprouve le besoin, au moment où elle va finir,
de dire comment elle finira. Et cela ne le dispensera pas du récit
traditionnel : quand Pentheus aura reparu, avec son compagnon, vêtu d'une longue robe traînante et coiffé de la mître,
quand Dionysos, à mots couverts, aura de nouveau fait allusion
à la sinistre issue du voyage, quand il aura lancé ce farouche
appel : « Étends les mains, Agavé, et vous, ses sœurs, filles de
Cadmos : je vous amène ce jeune homme pour un grand combat, dont je serai le vainqueur avec Bromios (2) » ; quand, dans
un dernier chant, le chœur aura maudit l'impie et décrit par
avance sa fin tragique, un serviteur viendra conter dans le

(1) *Bacchantes*, 847-861.
(2) *Ibid.*, 973 et suiv.

détail l'abominable catastrophe. Ce sont là, si je ne me trompe,
des procédés de composition nouveaux, qui trahissent, chez le
poète, un désir plus grand de précision et de clarté. Déjà ce
désir s'était fait jour dans l'invention de la tirade explicative,
qui mettait les spectateurs de plain pied avec la pensée de l'auteur beaucoup mieux que ne pouvaient le faire les anciens
débuts, entièrement musicaux, d'Eschyle. Maintenant, il semble
que cela ne suffise plus : Euripide a peur que l'attention ne se
lasse ; il avertit de ce qu'il va faire, il peint, par anticipation, ce
qui va se produire (1). Peut-être aussi songeait-il à ce public
macédonien auquel étaient destinées les *Bacchantes*, et qu'il fallait guider dans les méandres d'une intrigue avec plus de soin
que le public d'Athènes.

Ce sont, semble-t-il, des préoccupations de ce genre qui peuvent aider à résoudre le problème de l'*Iphigénie*. Il y avait tout
ensemble, à la fin de ce drame, une apparition d'Artémis et un
récit, et si seul le récit est venu jusqu'à nous, c'est qu'on a fait
dans la pièce une coupure, à une époque que nous ne saurions
déterminer ; mais les anciens connaissaient deux rédactions
d'*Iphigénie*, l'une avec l'apparition et le récit, l'autre avec le
récit seulement. C'est ce qui explique la citation d'Élien. La
lacune, dans notre texte, doit se placer après le vers 1531. Un
rapide examen suffit à le prouver.

Si large qu'il faille faire la part de la convention, supposons
que rien ne manque après ce vers, qui est le dernier du couplet
chanté par le chœur quand Iphigénie a disparu : le temps
paraîtra bien court, pour la cérémonie du sacrifice, entre sa
disparition et cette fin de chant. Le départ de Pentheus et l'arrivée du messager sont séparés par tout un stasimon ; le départ
d'Iphigénie et l'arrivée du messager ne sont séparés que par
vingt-deux vers lyriques. Est-ce suffisant? Il y a plus. Iphigénie, acceptant la mort, quitte sa mère, qui s'attache à ses vêtements. « Mère, crois-moi, reste ; c'est mieux ainsi pour moi

---

(1) Cf. le stasimon qui suit le départ de Pentheus, v. 982 et suiv.

comme pour toi. Que l'un des compagnons de mon père, qui
sont ici, me conduise à la prairie d'Artémis, où je serai égor-
gée (1). » Et après quelques paroles échangées encore, commence le commos. Clytemnestre reste en scène pendant ce
dialogue lyrique ; du moins, elle est encore là quand sa fille lui
adresse une dernière et touchante apostrophe (2), et il ne semble
pas qu'elle se retire après qu'Iphigénie s'en est allée en disant
à la lumière un suprême adieu. Je me la figure prostrée, immo-
bile, dans un de ces silences dont les tragiques ont su tirer des
effets si puissants, tandis que le chœur suit en pensée la jeune
fille qui va se dévouer pour la Grèce. Pourquoi, dès lors, le
messager, qui paraît quand les choreutes lancent leurs dernières notes, ne la trouve-t-il plus ? Pourquoi l'appelle-t-il hors
de la tente d'Agamemnon (3) ? Enfin, n'est-il pas remarquable
que le chœur, en terminant son couplet, invoque Artémis, et la
supplie, contente de cette offrande humaine, d'accorder à la
flotte un heureux passage, à l'armée une gloire immortelle (4) ?
Cette prière était immédiatement entendue : la déesse se montrait, promettait les vents souhaités et prédisait la victoire,
puis donnait à la mère cette consolation, qu'une biche serait
substituée à sa fille.

Je prévois l'objection qu'on ne manquera pas de faire : lorsqu'un dieu, chez Euripide, intervient pour arranger les choses,
les mortels s'inclinent et se déclarent satisfaits (5) ; or il s'en
faut que telle soit l'attitude de Clytemnestre. Quand arrive le
messager, sa peine paraît entière, et, après le récit, l'incertitude du sort d'Iphigénie laisse subsister chez elle une inquiétude douloureuse (6). Mais qui nous dit qu'ici Euripide ne

---

(1) *Iphigénie à Aulis*, 1460 et suiv.
(2) *Ibid.*, 1487-1490.
(3) *Ibid.*, 1532-1533.
(4) *Ibid.*, 1521-1531.
(5) Cf. les dénouements d'*Andromaque*, d'*Ion*, des *Suppliantes*, d'*Hélène*, d'*Iphigénie en Tauride*, d'*Oreste*.
(6) *Iphigénie à Aulis*, 1534-1537, 1615-1618. Il faut noter que ces derniers vers
sont profondément altérés.

s'était pas départi de sa règle habituelle (1)? Artémis, sans
doute, ne précisait rien ; par une délicatesse qui s'accordait
bien avec la belle peinture d'Agamemnon debout, la tête voilée, dans le bois sacré de la déesse (2), elle assurait la mère
que le sang de sa fille ne serait point versé, comme si l'horreur
d'une telle attente eût été trop forte pour sa tendresse, et pour
la sensibilité même des spectateurs, et cette assurance, simple
allègement aux angoisses maternelles, ne supprimait pas
l'amertume de l'inévitable séparation. Clytemnestre, alors,
quittait le théâtre, et les choreutes, peut-être, chantaient encore,
commentant le miracle qui allait s'accomplir, jusqu'au moment
où, en deux vers, leur chef annonçait le messager.

Voilà comment je reconstituerais cette scène, fondant
ensemble les deux traditions. Mais, au point de vue qui nous
intéresse, à savoir, le rapport qu'il pouvait y avoir entre la
composition d'*Iphigénie* et celle des *Bacchantes*, cette restitution ne mène à rien. Les deux pièces, écrites dans le même
temps, avaient entre elles une parenté de facture ; elles ne présentaient pas de symétrie apparente, équivalant à un lien véritable. C'est donc dans leur fond même que le lien existe, et il
doit être tel qu'il puisse convenir aussi à la tragédie perdue,
Alcméon.

Je ne puis, quant à moi, m'empêcher de l'apercevoir dans un
sentiment de révolte qui faisait l'unité de l'ensemble, la révolte
de la pensée libre contre les excès auxquels peut conduire la
religion ; et je donnerais volontiers pour épigraphe à la trilogie
tout entière le beau vers de Lucrèce, inspiré précisément par
le souvenir du sacrifice d'Iphigénie :

Tantum relligio potuit suadere malorum.

Examinons, en effet, les deux drames conservés : la ressemblance des sujets saute aux yeux. Dans l'un, c'est un père qui

---

(1) Les dénouements d'*Hippolyte*, d'*Électre*, des *Bacchantes*, autorisent cette
conjecture.

(2) Voy. les vers 1547-1550.

immole sa fille ; dans l'autre, c'est une mère qui égorge son fils sans le reconnaître ; et les deux crimes sont ordonnés ou suggérés par une divinité. Les vents s'opposent, dans l'Euripe, au départ de la flotte achéenne : Calchas, consulté, répond qu'Artémis, la déesse d'Aulis, réclame une victime humaine, et que cette victime est Iphigénie. Dionysos entreprend de convertir à son culte la ville de Thèbes, patrie de sa mère Sémélé ; déjà il a initié à ses mystères les femmes thébaines et, parmi elles, les sœurs de Sémélé, Agavé, Ino, Autonoé ; le vieux Cadmos lui-même, le fondateur de Thèbes, qui s'est démis du pouvoir en faveur de Pentheus, son petit-fils, et le devin Tirésias, ont embrassé la nouvelle croyance ; presque tout le peuple est pour Dionysos ; un seul lui résiste, le roi Pentheus : il ne voit dans les orgies que de honteux désordres, et lutte énergiquement contre la contagion qui menace de tout envahir. Attiré par le dieu dans les solitudes du Cithéron, pour y observer les Bacchantes, il monte sur un arbre, afin de les voir sans en être vu ; elles l'aperçoivent, courent à lui, déracinent l'arbre, et, dans leur délire, massacrent l'imprudent : Agavé, sa mère, lui arrache la tête et la rapporte triomphalement à Thèbes comme celle d'un jeune lion tué par elle dans la montagne. Il semble difficile de contester le rapport des deux fables. D'un côté comme de l'autre, nous voyons un forfait accompli à la demande ou sous l'influence mystérieuse d'une puissance redoutable et jalouse, qui transforme en bourreaux ceux qui paraissaient le moins destinés à le devenir.

On dira : mais la réprobation d'Euripide n'apparaît pas dans la manière dont il traite l'un et l'autre sujet. Les *Bacchantes*, par exemple, sont pleines de morceaux à la louange de Dionysos, et qui exaltent sa puissance, ou les bienfaits dont il comble les hommes. Ses servantes elles-mêmes, les récentes converties qui, dans l'ardeur de leur foi nouvelle, se livrent à de si furieux excès, sont peintes sous un jour plutôt favorable : le bouvier qui vient conter leur brusque attaque des troupeaux et la curieuse scène d'omophagie qui l'a suivie, fait un tableau charmant de leur campement improvisé sous les pins du Cithéron, de leur réveil plein de décence, de leur sollicitude pour les animaux sauvages, dont elles allaitent les petits comme des enfants, des gracieux prodiges qu'elles opèrent, frappant le sol, d'où jaillissent aussitôt des sources d'eau limpide, de vin, de lait, secouant leurs thyrses ornés de lierre, d'où tombent des gouttes de miel (1). Le personnage antipathique dans tout cela, le vrai coupable, c'est Pentheus, qui fait follement la guerre à plus fort que lui, et dont l'aveuglement est justement puni à la fin de la pièce. Le moyen de voir dans ce drame un blâme du poète à l'adresse d'un culte qu'il pare de tant de grâce, et dont il retrace avec tant de conviction apparente la force irrésistible d'expansion?

Quant à *Iphigénie*, nulle part non plus on n'y trouve la preuve qu'Euripide l'a composée dans le dessein de mettre en lumière l'iniquité des dieux. Ce n'était pas lui l'inventeur de la légende; il l'avait reçue de la tradition, avec l'adoucissement qu'y avaient peut-être apporté déjà Eschyle et Sophocle (2); mais cet adoucissement n'empêchait pas l'aventure d'aboutir à une issue cruelle, et l'attente, savamment entretenue presque jusqu'à la fin, d'un dénouement sanguinaire, ouvrait le champ à toute une suite de développements psychologiques où excelle précisément le talent de l'auteur. C'est la perspective de ces développements qui l'a séduit, bien plus que l'idée de soutenir une thèse antireligieuse; dans le sacrifice d'Iphigénie, Euripide n'a considéré que les scènes de douceur ou de passion auxquelles ce sacrifice pouvait donner naissance, et, loin de ressentir pour ce mythe affreux une sorte d'horreur, il lui a plutôt été reconnaissant d'avoir fourni à son génie l'occasion de cette admirable trouvaille, la fille d'Agamemnon transformant son supplice en une mort librement consentie, et même souhaitée, pour le salut et pour la gloire de la Grèce. Ainsi, les raisons de rapprocher,

(1) *Bacchantes*, 683 et suiv., 692 et suiv.
(2) Weil, *Sept tragédies d'Euripide*, p. 307.

pour les sujets, les deux tragédies, s'évanouissent. Si toutes
deux se terminent par une effusion de sang, ce n'est qu'un
hasard, et il est chimérique d'aller chercher dans ce hasard le
lien'qui les unissait.

Il est aisé de répondre à ces objections. Quiconque a pratiqué
Euripide sait comme il fuit, comme il échappe, comme la
trame de sa pensée est difficile à suivre, coupée qu'elle est de
réflexions ou d'images qui en interrompent le cours. Mais cet art
subtil a des moyens à lui de se faire entendre, et, au nombre de
ces moyens, il faut ranger l'opposition. Il arrive à Euripide,
pour convaincre d'une chose, d'insister sur son contraire ; soit
volonté, soit instinct, il peint avec une sorte de complaisance
ce qu'il approuve, et cette peinture met en relief ce qu'il condamne. *Iphigénie* est un exemple de cette manière de faire.
L'intérêt, dans ce drame, n'était pas de savoir si l'héroïne serait
ou non sacrifiée ; on savait qu'elle le serait, ou qu'une biche le
serait à sa place ; la légende était connue de tous. Mais par
quelles péripéties atteindrait-on le dénouement? Voilà ce vers
quoi les esprits étaient tendus. C'est à ces péripéties qu'Euripide a donné tous ses soins, et, pour les rendre intéressantes,
il a, comme il le devait, appuyé sur le caractère barbare du
sacrifice, en s'attachant à le montrer contraire à toutes les lois
de la nature. C'est ainsi qu'il a fait d'Iphigénie, non une jeune
fille ordinaire, mais la plus tendre, la plus aimante des jeunes
filles ; il lui a donné pour son père une affection profonde et
enthousiaste qui se manifeste, dès leur première rencontre, par
son empressement à serrer Agamemnon dans ses bras, par son
trouble en le voyant triste, par les questions dont elle le presse
pour lui faire avouer la cause de son chagrin. « Pourquoi ce
regard inquiet, si tu te réjouis de me voir? — Un roi, un chef
d'armée, a bien des soucis. — Sois tout à moi aujourd'hui,
oublie tes tourments. — Mais je suis à toi tout entier, oui, tout
entier, je t'assure. — Détends tes sourcils, ouvre grands tes
yeux. — Regarde, me voici joyeux comme je dois l'être en te
voyant, ma fille. — Tu dis cela, et des larmes coulent de tes

yeux ! — C'est qu'une longue absence va nous séparer. — Je ne sais ce que tu veux dire, non, je ne le sais pas, mon père chéri. — Ton langage sensé accroît mon émotion. — Ah ! que je déraisonne, s'il faut cela pour te faire rire (1) ! » Et plus tard, c'est la prière ardente, et pourtant soumise, ce sont les souvenirs de la petite enfance, les premières caresses, ce mot *père* que, la première, elle a fait entendre, lorsque, aînée des enfants, dans la riche demeure de Mycènes, elle s'asseyait sur les genoux d'Agamemnon pour lui prodiguer et recevoir de lui les marques d'une mutuelle tendresse ; ce sont ses rêves de jeune fille, ses espérances de jeune femme, encore tout imprégnées d'amour filial, ce délicieux tableau du père vieilli, reçu dans sa maison, et payé par son hospitalité attentive des soins qu'il a pris de ses premières années (2). De tout cela a-t-il donc perdu la mémoire, et la mort injuste va-t-elle effacer d'un trait tout ce passé ?

C'est, il est vrai, une habitude d'Euripide de répandre sur les vieux mythes une couleur bourgeoise ; volontiers il les dépouille de leur grandeur lointaine pour les rapprocher de la vie qu'il connaît. Cette façon d'agir, consciente ou inconsciente, — qui répondait, du reste, aux tendances des contemporains, — est très sensible dans l'*Iphigénie,* mais elle y a plus de portée qu'ailleurs. L'évocation de ce bonheur familial, que rien ne semblait menacer, rend plus odieux le coup qui l'anéantit ; et les circonstances où se produit la catastrophe en augmentent encore l'atrocité : ce voyage auquel un mariage sert de prétexte, cette triomphale arrivée au camp, avec les présents de noce et tout l'appareil d'une fête prochaine, en compagnie du petit Oreste, dont le rôle muet, je ne sais pourquoi, est relégué par M. Wecklein parmi les additions que la pièce aurait subies (3), toute cette intime félicité, toute cette jeunesse, toute cette innocence, forment un contraste pathétique avec le

---

(1) *Iphigénie à Aulis,* 644 et suiv.
(2) *Ibid.,* 1211 et suiv.
(3) *Ibid.,* éd. Wecklein, p. 4 : *Interpolatori tribuenda videntur cum alia tum ea quae ad Orestis personam pertinent.*

crime sans nom qui va s'accomplir. C'est dans ce contraste qu'est
le jugement d'Euripide. De révolte ouverte contre la divinité
impérieuse et cachée qui ne se révèle que par la bouche de
Calchas, le poète n'en prête pas à ses personnages; mais sa
révolte, à lui, paraît suffisamment dans leur douleur et dans
l'idée qu'il donne de la sainteté de leur droit en face du mons-
trueux arbitraire qui le foule aux pieds.

C'est la même opposition, bien que sous une autre forme,
qui se retrouve dans les *Bacchantes*. Comme l'ont bien vu
M. Maurice Croiset et M. Decharme, il y a dans cette tragédie
des passages entiers qu'on ne peut regarder comme l'expression
des convictions d'Euripide (1); la contradiction serait trop complète entre ces passages et tant d'autres, qui traduisent des
sentiments tout différents, et il est impossible d'admettre que
le poète se soit ainsi renié lui-même à la fin de sa vie. L'adhé
sion facile de Cadmos et de Tirésias à la nouvelle religion, le
respect qu'ils témoignent pour des pratiques que la raison
réprouve, cachent une ironie qui n'est pas douteuse. Et que
dire de cet éloge de Dionysos chanté par le chœur? « Le dieu,
le fils de Zeus, se plaît aux festins; il aime la Paix, source de
la richesse, déesse nourricière des gars robustes; à l'heureux
comme au misérable, il dispense la joie du vin, ignorante des
soucis; il hait quiconque, durant les jours et les nuits, omet
de vivre dans le plaisir. La sagesse consiste à tenir son cœur
et son esprit loin du commerce des hommes subtils; ce que
croit et pratique l'humble multitude, voilà ma règle (2). » C'est
le contrepied de ce qu'Euripide a toujours pensé; telle est
pourtant la thèse qu'il développe avec persistance d'un bout à
l'autre de la pièce. L'opposition, ici, n'est donc pas entre un
idéal, qui serait le sien, et l'objet de son mépris ou de sa haine :
elle est entre sa vraie pensée, — sa pensée secrète, — et celle

(1) Maurice Croiset, *Hist. de la litt. grecque*, III, 2ᵉ éd., p. 302; P. Decharme,
Euripide et l'esprit de son théâtre, p. 87-90 de la première édition. Cf. Weil,
Études sur le drame antique, p. 105 et suiv.

(2) *Bacchantes*, 416-433.

qu'il produit au dehors, laquelle est trop le contraire de l'autre pour que la moindre incertitude puisse subsister sur son intention. Mais dans ce drame, plus encore qu'ailleurs, il est conquis par son sujet; il en goûte profondément la poésie; son imagination se plaît à suivre les Ménades dans le mystère des nuits humides de rosée où elles forment leurs chœurs (1). Comme il a tourné l'affreuse mort d'Iphigénie en une mort héroïque, volontairement subie « pour que les Grecs commandent aux Barbares (2) », de même il transforme la foi aveugle, qui fera d'Agavé la meurtrière de son fils, en une ardeur puissante et féconde, qui concentre en elle toutes les énergies de la nature, et égale aux dieux ceux qu'elle remplit. Je ne sais même si son ironie tient toujours contre la sympathie qui l'entraîne, s'il n'est pas parfois, dans ses passages les plus amers en apparence, gagné, malgré lui, à la cause qu'il combat. Esprit changeant, aux replis impénétrables, déconcertant par ses timidités comme par ses audaces, peut-être faut-il voir, dans les paroles suivantes, qu'il prête au chœur, une soif sincère d'apaisement moral, la lassitude d'un doute qui se résigne à ne jamais atteindre la fuyante vérité : « Il en coûte peu de croire à la force d'un principe divin, quel qu'il soit, quand la foi en ce principe a ses racines dans les siècles écoulés et dans la nature (3). » Ce qui est hors de doute, c'est son opinion finale, rendue claire, d'ailleurs, par le désespoir d'Agavé, et par l'exil qui sera le châtiment de son erreur.

(1) *Ibid.*, 862 et suiv.

(2) *Iphigénie à Aulis*, 1400. Je ne sais pourquoi M. de Wilamowitz (*Euripides' Herakles*, 1, p. 17) voit dans ce vers la preuve du mépris qu'Euripide aurait eu pour ses hôtes de Macédoine. Il est vrai qu'il parle beaucoup de barbares dans l'*Iphigénie*, mais il ne range nullement parmi eux les Macédoniens. Par βάρβαροι il entend toujours les Barbares d'Asie, et il se fût étrangement contredit si, destinant sa pièce aux sujets d'Archélaos, auxquels il prodigue les louanges et les flatteries, il les eût, ne fût-ce qu'en pensée, englobés dans une race qu'il réprouvait. Les rois de Macédoine n'étaient pas, d'ailleurs, considérés, à ce moment, par les Athéniens comme des barbares, et le vers du *Télèphe*, modifié par Thrasymachos d'une manière si désobligeante pour Archélaos (Clément d'Alexandrie, *Strom.*, VI, p. 746; cf. Nauck, *op. c.*, p. 587, n. 719), n'était probablement qu'une boutade de rhéteur.

(3) *Bacchantes*, 893 et suiv.

Il faudrait maintenant pouvoir nous rendre compte de ce qu'était l'*Alcméon*. Les fragments, par malheur, en sont bien peu nombreux. Euripide avait composé deux tragédies portant ce titre; on les distingua sans doute d'assez bonne heure en appelant l'une *Alcméon à Psophis*, l'autre *Alcméon à Corinthe*. La première faisait partie de la tétralogie qui comprenait les *Crétoises*, *Télèphe* et *Alceste*. *Alcméon à Psophis* occupait dans cet ensemble le deuxième rang. La seconde, *Alcméon à Corinthe*, avait été écrite pour figurer entre *Iphigénie* et les *Bacchantes*.

C'était, en Grèce, une légende très populaire que celle de ce fils d'Amphiaraos. Au moment de partir pour la guerre de Thèbes, le devin, qui savait qu'il y devait périr, s'était caché. Sa femme Ériphyle, gagnée par un collier, présent d'Adraste, dont elle était la sœur, avait révélé sa retraite. Amphiaraos, trahi, s'était joint aux autres chefs, mais, en quittant sa demeure, il avait ordonné à son fils encore enfant de tuer Ériphyle, quand il serait parvenu à l'âge d'homme (1). Différents témoignages nous apprennent que l'ordre fut exécuté, et nous montrent Alcméon poursuivi par les Furies de sa mère.

Voilà une situation qui ressemble beaucoup à celle d'Oreste, avec cette différence, cependant, très importante pour le dessein que nous poursuivons, que le parricide n'a pas été commandé par un dieu, et qu'il n'y aurait pas là un de ces crimes religieux qui semblent avoir soulevé chez Euripide une si vive et si légitime indignation. Mais Amphiaraos est un prophète : la vengeance dont il charge son fils n'emprunte-t-elle pas de son caractère sacré quelque chose qui la rapproche du forfait d'Oreste? D'ailleurs, le poids de l'autorité paternelle suffisait à la sanctifier. L'ordre abominable n'avait pu être donné sans que des imprécations s'y ajoutassent, sans que le père maudît Alcméon et appelât sur sa tête le courroux céleste, s'il manquait à son devoir. Le coffre de Kypsélos, qui représentait,

_____
(1) Hygin, *Fab.*, 73. Cf., pour les autres textes relatifs à ce mythe, Nauck, *op. c.*, p. 379 et suiv.

entre autres scènes, le départ d'Amphiaraos, faisait voir le devin, un pied sur son char, et la tête tournée du côté d'Ériphyle, « hors de lui » ἐξαγόμενος ὑπὸ τοῦ θυμοῦ, nous dit Pausanias (1). Cela paraît indiquer une violente colère, qui peut-être réunissait dans la même malédiction Ériphyle, pour sa trahison, et Alcméon, pour sa lenteur à la punir, si, devenu grand, il négligeait la recommandation de son père.

Mais le récit de Diodore dispense de ces hypothèses. Voici ce qu'il contient. Les sept chefs sont morts au siège de Thèbes. Leurs fils, les Épigones, décident de les venger, et consultent Apollon sur le choix d'un général. Le dieu désigne, pour les commander, Alcméon. Celui-ci, à son tour, se rend auprès de l'oracle, et lui pose deux questions : doit-il marcher contre Thèbes? doit-il châtier sa mère? La réponse d'Apollon est affirmative sur les deux points, parce que, dit Diodore, en ce qui concerne Ériphyle, le dieu révèle à Alcméon qu'il a, comme son père, été trahi par elle : pour lui persuader, en effet, d'entreprendre la seconde guerre thébaine, elle a reçu de Thersandros, fils de Polynice, le péplos d'Harmonia, épouse de Cadmos (2). Nous n'avons pas à rechercher l'origine de cette complication de la légende. Notons seulement qu'elle fit fortune, puisqu'on la retrouve chez Apollodore, qui donne un rôle considérable au péplos comme au collier, dans les aventures ultérieures d'Alcméon (3). Assez tôt, à ce qu'il semble, Apollon apparaît donc dans ce mythe; ce n'était pas assez, pour justifier le parricide, du vieux droit familial, du pouvoir souverain du père sur la volonté du fils : il y fallut l'indiscutable autorité d'un dieu.

Nous ne suivrons pas non plus dans le dédale de ses infortunes Alcméon meurtrier de sa mère; nous n'essayerons pas de reconstituer le premier *Alcméon* d'Euripide, dont le sujet était sans doute la purification du meurtrier par le roi d'Arcadie

(1) Pausanias, V, 17, 8.
(2) Diodore, IV, 66, 1-3.
(3) Apollodore, III, 7, 5.

Phégeus. Ce qui nous intéresse, c'est le second *Alcméon*. **Quels
événements formaient le fond de ce drame?** Voici, à défaut
d'indication plus explicite, un renseignement d'Apollodore qui
n'est pas sans valeur : « Euripide, écrit ce mythographe, conte
qu'Alcméon, au temps de sa folie, eut de Mantô, fille de Tirésias, deux enfants, Amphilochos et une fille, Tisiphoné. Les
ayant conduits à Corinthe encore tout jeunes, il les donna à élever au roi des Corinthiens, Créon. Or, Tisiphoné se faisant
remarquer par sa beauté, la femme de Créon la mit en vente
comme esclave, dans la crainte que Créon n'en fît son épouse.
Alcméon l'acheta, et eut ainsi sa propre fille pour servante.
Revenu à Corinthe pour redemander ses enfants, il en ramena
aussi son fils, et Amphilochos, conformément à l'oracle d'Apollon, fonda Argos Amphilochique (1) ». Ce texte, que je me
suis efforcé de rendre dans sa sécheresse imprécise, se rapporte
évidemment à la tragédie d'*Alcméon à Corinthe* ; une courte
phrase de Clément d'Alexandrie confirme cette interprétation (2). Nous n'y voyons en aucune façon comment se déroulait le drame d'Euripide ; ce que nous y apercevons seulement,
c'est qu'il avait pour héroïne cette fille née du mariage d'Alcméon avec Mantô, c'est-à-dire la victime lointaine et innocente
du crime sacré de son père, crime dont lui-même était irres
ponsable, mais dont il avait été puni par la folie et par d'in
nombrables malheurs, le dernier étant sans doute la persécu
tion exercée contre sa fille par la reine de Corinthe, au nom
de l'implacable fatalité.

Ainsi l'*Alcméon* rentrerait dans l'ordre de sentiments ou
d'idées qu'indiquent assez clairement les deux autres morceaux
de la trilogie. Une divinité farouche, venant jeter le trouble
dans les rapports naturels des membres de la famille, violant,
bouleversant les plus saintes lois de l'humanité, s'en prenant
surtout aux êtres que sa haine devrait épargner, aux enfants, et

(1) Id., III, 7, 7.
(2) *Strom.*, I, p. 399 : ...Τειρεσίας τε αὖ καὶ Μαντὼ ἐν Θήβαις, ὡς φησὶν Εὐριπίδης.

se servant, pour les opprimer, de la passion, de l'erreur, du crime de ceux dont ils attendent ordinairement protection et salut, tel est le spectacle qu'a voulu donner Euripide, et tel est le lien qu'il a mis entre ses trois œuvres. Personne n'ignore ses angoisses de conscience et la liberté hardie avec laquelle il se dresse parfois contre les vieux dogmes, contre la vieille morale propagée par les poètes, et que réprouve de plus en plus, à la fin du v⁰ siècle, la réflexion philosophique. L'*Oreste*, sa dernière pièce représentée à Athènes, en même temps qu'il est une bataille littéraire livrée à Eschyle, toujours en possession de la faveur du public, est une vive protestation contre l'obéissance à ces pouvoirs hostiles, qui condamnent des générations entières au malheur. En face de ces rancunes, l'âme contemporaine aime à placer le pardon, qu'elle admire, et dont elle découvre en elle-même les racines profondes : « Ne hais pas mon père, qui est ton époux », dit à sa mère Iphigénie marchant à la mort (1). Dans les cœurs se fait une lumière chaque jour plus brillante, qui montre la vérité, et qui la montre loin des dieux.

Peut-être aussi Euripide subit-il certaines influences plus directes. La démocratie n'était pas indulgente aux penseurs : elle se défiait, — et elle le manifestait par des actes, — de ceux principalement qui s'attaquaient aux anciennes croyances. En ce temps de fermentation des idées, c'est l'aristocratie qui est irréligieuse, et c'est le peuple qui tient à rester en paix avec le ciel. Euripide se rappelait le sort de Diagoras de Mélos ; il avait assisté à l'affolement causé par la mutilation des Hermès : il savait de quels excès est capable la multitude quand elle se croit menacée par la colère divine. Le procès et la condamnation des généraux vainqueurs aux Arginuses (octobre 406), s'il avait pu les voir, n'eussent fait que l'enfoncer plus avant dans son opinion.

On ne peut nier, dans tous les cas, l'unité d'intention qui

---

(1) *Iphigénie à Aulis*, 1454.

apparaît dans les trois drames que nous venons d'étudier. C'est le *lien intérieur* substitué au lien résultant de la légende même dans laquelle on découpait jadis les trois actes de la trilogie. Si j'ai choisi, pour mettre en lumière ce procédé de composition, l'ensemble destiné par le poète à la Macédoine, c'est qu'il nous reste deux des parties de ce triple ensemble, et que ce fait en rend l'examen plus facile. Mais j'ai regardé de près les autres trilogies ou tétralogies moins complètes qui nous sont parvenues d'Euripide, et je crois pouvoir affirmer qu'elles avaient été composées suivant le même principe. La nature et l'importance du lien varient de l'une à l'autre : il est toujours possible, sans tomber dans une subtilité condamnable, d'apercevoir l'idée maîtresse qui anime et vivifie le tout. Il s'en faut que la découverte de ce *lien subjectif* suffise, d'ailleurs, à expliquer tous les cas ; certains groupements, comme celui dont faisaient partie les *Perses* d'Eschyle, constituent des problèmes à part. Je ne prétends pas non plus que, au cours du v⁰ siècle, il n'y eut pas de trilogies présentées au concours, dont seul le hasard avait réglé l'assemblage ; mais il semble que le hasard n'ait point été la loi des grands écrivains, fidèles observateurs de cette eurythmie cachée qui est un progrès de l'art, et sans laquelle on ne conçoit guère une œuvre athénienne ni une œuvre grecque.

III

Il reste un dernier point à élucider. Le scholiaste des *Grenouilles*, qui nous apprend qu'après la mort de son père Euripide le jeune fit jouer aux mêmes Dionysies *Iphigénie à Aulis*, *Alcméon* et les *Bacchantes* (1), ne mentionne pas le drame satyrique qui aurait accompagné ces trois tragédies. Il cite pourtant ses autorités : Αἱ διδασκαλίαι φέρουσι, dit-il. Le recueil de didascalies auquel il se reporte ne contenait-il à ce sujet

___
(1) Cf plus haut, p. 152.

aucune indication? A-t-il lui-même omis le titre du quatrième
morceau de la tétralogie? La seconde hypothèse est parfaite.
ment admissible; j'inclinerais plutôt, cependant, vers la première, et croirais volontiers, non seulement que les trois pièces
furent représentées à Athènes sans drame satyrique, mais que
c'est ainsi qu'Euripide se proposait de les produire à Dion.

Il semble, en effet, que les *Bacchantes* aient tenu lieu à la fois
de la dernière partie de la trilogie tragique et du drame satyrique inséparable de l'ancienne tétralogie. Si le sujet en est pro
fondément dramatique, si elles se terminent par un meurtre
horrible, par le repentir et la punition d'Agavé, par la déchéance
du vieux roi Cadmos, condamné à guider, sous la figure d'un
dragon, l'armée des Barbares envahissant la Grèce (1), on ne
peut nier qu'elles ne contiennent plusieurs scènes où se fait
jour une fantaisie doucement comique, qui paraît incompatible
avec le sérieux habituel de la tragédie. J'ai déjà parlé de l'empressement avec lequel Cadmos et Tirésias sont représentés
adhérant au nouveau culte (2). Cet empressement, assez étrange
chez des vieillards, qui devraient, plus que d'autres, être attachés à la tradition, se complique d'actes et de propos où achève
de sombrer la gravité des deux personnages. Ils apparaissent
vêtus en bacchants, la nébride sur l'épaule, le thyrse en main,
et s'apprêtent à célébrer Dionysos par des danses, non sans
quelque conscience de la singularité de leur escapade. « Où
dois-je aller danser, demande Cadmos à son compagnon? Où
faut-il que je m'ébatte et secoue ma tête blanche? Sers-moi de
guide, Tirésias, toi qui es de mon âge, car tu sais, toi. Pour
moi, ni nuit ni jour je ne sentirais la fatigue, à frapper la
terre de mon thyrse; j'ai plaisir à oublier ma vieillesse (3). »

La même ardeur possède le devin; mais, de plus, il ratio
cine. « Nous ne subtilisons point avec les dieux, dit-il; ce que

(1) *Bacchantes*, 1330 et suiv. Cf. Roscher, *Lexikon*, au mot *Kadmos*, p. 849
et suiv.

(2) Cf. plus haut, p. 180.

(3) *Bacchantes*, 184 et suiv.

nos pères nous ont transmis, ce que le temps a consacré, nul
discours ne l'ébranlera, quelque argument que trouvent les
esprits les plus déliés (1). » Bizarre réflexion, puisque, précisément, il est en train de rompre avec la coutume. Le poète,
ici, s'est-il donc, comme cela lui arrive, évadé de son sujet
pour parler en son nom? Je ne le pense pas ; cette étonnante
déclaration dans la bouche d'un néophyte n'est qu'une ironie
d'Euripide : il prête à Tirésias un radotage illogique qui, par
son défaut de rapport à la situation, ajoute au ridicule du rôle.

Pentheus lui-même, l'infortuné Pentheus, si respectueux de
la tradition, si soucieux de la morale publique, que son rang
même lui fait un devoir de défendre contre tout changement
qui en altérerait l'antique pureté, est, par endroit, un personnage de comédie. Le déguisement qu'il consent à revêtir, et
dont le détail est si minutieusement décrit par le poète, les rectifications que le dieu fait à sa toilette, avec une coquetterie qui
évoque la vie du gynécée (2), rappellent de très près certaines
inventions d'Aristophane. Comparez l'épisode des *Femmes aux
Thesmophories* où Mnésilochos, le beau-père d'Euripide, s'ha-
bille en femme pour pénétrer dans le Thesmophorion et surprendre les secrets des Athéniennes, qui conspirent contre son
gendre (3) : la différence des genres mise à part, vous serez surpris de l'analogie des deux scènes. Et plus loin, quand le roi de
Thèbes est figuré embusqué dans son arbre (4), quelque intérêt
mythologique que puisse offrir cette peinture (5), ce qui frappe
surtout, n'est-ce pas le comique qui s'en dégage?

Un autre trait qui fait songer au drame satyrique, c'est le
merveilleux répandu dans les *Bacchantes*. Ce merveilleux n'est
pas celui que constitue ailleurs l'apparition d'un dieu, interve-
nant au dénouement pour régler le sort des différents per-

(1) *Ibid.*, 200 et suiv.,
(2) *Ibid.*, 821 et suiv., 925 et suiv.
(3) Aristophane, *Thesmoph.*, 213-268. Il faut noter que cette comédie est de
l'année 411.
(4) *Bacchantes*, 1070 et suiv.
(5) Cf. S. Reinach, *La mort d'Orphée* (*Rev. arch.*, 1902, II, p. 256).

sonnages : j'entends par là cette atmosphère de miracle où évolue la tragédie d'Euripide. Son Dionysos est un thaumaturge, qui fait sans effort et le sourire aux lèvres (γελῶντι προσώπῳ) les choses les plus extraordinaires (1). L'incendie qu'il allume dans le palais de Pentheus, la manière dont il s'échappe de l'étable, l'aisance avec laquelle il courbe jusqu'à terre la branche qui, en se relevant, servira d'observatoire au téméraire espion des Ménades, sont autant de preuves de sa puissance et du plaisir qu'il semble prendre à en faire étalage (2). C'est bien là le Dionysos de l'*Hymne homérique* n° VII, le rusé captif des pirates tyrrhéniens, qui les épouvante et se délivre d'eux par des prodiges, dont le plus notable, — la métamorphose des pirates en dauphins, — a inspiré le décorateur anonyme du monument de Lysicrate.

Même pouvoir surnaturel chez ceux ou chez celles qu'anime le dieu. J'ai fait allusion aux merveilles accomplies par les Bacchantes thébaines dans leur paisible halte du Cithéron (3). Quand la colère les prend, le spectacle qu'elles donnent est plus surprenant encore : elles massacrent en un clin d'œil tout un troupeau, saccagent des bourgades, se chargent d'un butin qui reste fixé à leurs épaules sans le secours d'aucun lien, passent indemnes au milieu des traits, etc. (4). Ce sont là des caractères du drame satyrique : le choix fait par Eschyle, pour ce genre de drame, de légendes comme celles qu'il avait mises en œuvre dans *Amymone*, *Circé*, *Glaucos marin*, semble prouver qu'une des ressources de cette littérature, pour reposer les esprits des horreurs tragiques, était une libre fantaisie qui, sous la forme

---

(1) *Bacchantes*, 1221.

(2) *Ibid.*, 587, 614, 633, 642, 1663. Il est à remarquer que l'incendie ne semble pas causer grand dommage; du moins, Pentheus y reste assez indifférent. Sans doute, la destruction de son palais n'était figurée que par la chute de quelques pierres et par des flammes symboliques, destinées à indiquer la toute puissance du dieu plutôt qu'à donner l'idée d'une ruine effective. Cf., dans l'opéra moderne, les lueurs innocentes qui signalent l'approche du Diable ou soulignent certains de ses actes.

(3) Cf. plus haut, p. 177.

(4) *Bacchantes*, 734 et suiv.

d'actes ou de récits, la rapprochait par endroit de la féerie.

Telles sont les raisons qui invitent à voir dans les *Bacchantes* un de ces drames satyriques sans chœur de satyres dont on sait que l'usage fut fréquent au v° siècle. Et, d'autre part, nous l'avons dit, cette pièce est une des plus sanguinaires d'Euripide. Le rhéteur Apsinès, qui la lisait encore dans son entier, nous apprend qu'elle contenait, vers la fin, une scène particulièrement affreuse : Agavé, revenue à elle, y éclatait contre elle-même en reproches pathétiques, et, saisissant un à un les membres de son fils, recueillis par Cadmos dans la montagne, elle se lamentait sur chacun de ces lugubres débris (1). Enfin, il est certain que les *Bacchantes* traitaient le même sujet que le *Pentheus* d'Eschyle (2) : or le *Pentheus* n'était point un drame satyrique, mais la plus sombre des tragédies. Le seul fragment qui en subsiste,

$$\mu\eta\delta' \ \alpha\tilde{\iota}\mu\alpha\tau\text{o}\varsigma \ \pi\acute{\epsilon}\mu\varphi\iota\gamma\alpha \ \pi\rho\grave{\text{o}}\varsigma \ \pi\acute{\epsilon}\delta\omega \ \beta\acute{\alpha}\lambda\eta\varsigma \ (3),$$

est placé par M. Wecklein dans la bouche de Dionysos avertissant Pentheus du danger auquel il s'expose s'il va trouver les Ménades (4). Ce vers convient mieux à la prière que le malheureux, dans Eschyle comme dans Euripide, adressait sans doute à sa mère, au moment où elle se jetait sur lui pour le déchirer (5). La pièce se terminait donc à peu près comme les *Bacchantes*, et il est peu probable qu'un pareil dénouement fût précédé par les ébats des satyres, inséparables pour Eschyle du drame satyrique.

---

(1) Apsinès, *In rhet. gr.*, éd. Walz, IX, p. 517 : Παρὰ τῷ Εὐριπίδῃ τοῦ Πενθέως ἡ μήτηρ Ἀγαύη ἀπαλλαγεῖσα τῆς μανίας καὶ γνωρίσασα τὸν παῖδα τὸν ἑαυτῆς διεσπασμένον κατηγορεῖ μὲν αὐτῆς, ἔλεον δὲ κινεῖ. Cf. p. 590 : Τοῦτον τὸν τρόπον κεκίνηκεν Εὐριπίδης οἶκτον ἐπὶ τῷ Πενθεῖ κινῆσαι βουλόμενος. Ἕκαστον γὰρ αὐτοῦ τῶν μελῶν ἡ μήτηρ ἐν ταῖς χερσὶ κρατοῦσα καθ' ἕκαστον αὐτῶν οἰκτίζεται.

(2) Cf. Aristophane de Byzance, Argument des *Bacchantes* : Διόνυσος ἀποθεωθεὶς μὴ βουλομένου Πενθέως τὰ ὄργια αὐτοῦ ἀναλαμβάνειν εἰς μανίαν ἀγαγὼν τὰς τῆς μητρὸς ἀδελφὰς ἠνάγκασε Πενθέα διασπάσαι . ἡ μυθοποιία παρ' Αἰσχύλῳ ἐν Πενθεῖ.

(3) Nauck, *op. c.*, p. 60, n. 183.

(4) *Aeschyli fabul. fragm.*, p. 565, n. 183. Cf. Euripide, *Bacchantes*, 837.

(5) Cf. *Bacchantes*, 1118 et suiv.

La conclusion est que la triste aventure de Pentheus était un sujet tragique, et que, si Euripide y a mêlé des éléments comiques ou merveilleux, c'est qu'il a voulu fondre ensemble deux genres. Cette fusion n'est pas sans exemple dans son théâtre. On sait comment il l'a opérée dans l'*Alceste*. Il semble que l'*Oreste* en fournisse un spécimen plus curieux encore. Les critiques anciens rapprochaient volontiers l'une de l'autre ces deux tragédies, auxquelles ils trouvaient une couleur comique sous prétexte que toutes deux finissent bien (1). La raison est mauvaise; un drame n'est pas nécessairement une comédie parce qu'il s'achève mieux qu'il n'a commencé. Ce qui est vrai, c'est qu'il y a du comique dans les deux pièces. Cet élément est représenté dans l'*Oreste* par la scène du Phrygien, si audacieuse et si nouvelle (2). Tout le monde connaît cet épisode, et il est inutile d'en faire ici l'analyse. On n'en peut nier l'allure bouffonne, déjà relevée par l'ancienne critique (3). Aussi la persistance de lettrés comme M. Weil à déclarer l'*Oreste* une tragédie ordinaire n'est-elle pas sans causer quelque étonnement (4). Les érudits qui y ont vu un drame de la nature de l'*Alceste* paraissent être plus près de la vérité. Mais c'est M. Radermacher qui, dans un récent travail, semble l'avoir atteinte. Frappé de l'analogie qui existe entre le récit du Phrygien et l'aventure d'Héraclès chez Busiris, ce savant serait porté à croire que, si l'*Oreste* faisait partie d'une « tétralogie », — d'une *trilogie*, serait-il plus exact de dire, — il la terminait et en figurait à la fois le dernier morceau tragique et le drame satyrique, complément nécessaire de l'ensemble (5). Ce serait donc une sorte de tragédie

---

(1) Aristophane de Byzance, Argument d'*Alceste* : Παρὰ τοῖς τραγικοῖς ἐκβάλλεται ὡς ἀνοίκεια τῆς τραγικῆς ποιήσεως ὅ τε Ὀρέστης καὶ ἡ Ἄλκηστις, ὡς ἐκ συμφορᾶς μὲν ἀρχόμενα, εἰς εὐδαιμονίαν δὲ καὶ χαρὰν λήξαντα, ἅ ἐστι μᾶλλον κωμῳδίας ἐχόμενα. Cf. e même critique, Argument d'*Oreste* : Τὸ δὲ δρᾶμα κωμικωτέραν ἔχει τὴν καταστροφήν.

(2) *Oreste*, 1369 et suiv. Cf., sur cette scène, Decharme, *op. c.*, p. 528 et suiv.; H. Weil et Th. Reinach, *Plutarque, De la musique*, p. 33, note 81.

(3) Schol. d'*Oreste*, aux vers 1369, 1382, 1510 (Dindorf, t. II, Oxford, 1863).

(4) *Sept tragédies d'Euripide*, p. 676 et suiv.

(5) L. Radermacher, *Ueber eine Scene des euripideischen Orestes* (*Rhein. Mus.*, 1902, p. 278 et suiv., notamment p. 283).

androgyne, où voisineraient le risible et le sérieux, mais où le risible, par un de ces phénomènes de transformisme dont est coutumière l'évolution des genres, se trouverait réduit à une scène unique.

Cette hypothèse, très séduisante, paraît confirmée par l'exemple des *Bacchantes.* Elle a aussi pour elle ce fait, depuis longtemps connu, qu'Euripide avait écrit fort peu de drames satyriques. Il n'y en a que huit, en comptant le *Cyclope,* qu'on puisse lui attribuer avec une entière certitude (1). Ni lui ni son public n'avaient probablement beaucoup de goût pour cette littérature, à laquelle l'extraordinaire développement de la comédie avait dû faire le plus grand tort. Cela explique qu'on le voie de bonne heure remplacer la pièce classique, à chœur de satyres, par une tragédie d'un caractère spécial, telle que l'*Alceste*(2). Il restait à faire un pas de plus, à réunir dans un même drame la troisième tragédie et le drame satyrique, à réduire, en d'autres termes, l'ancienne tétralogie à n'être plus qu'une trilogie. C'est ce qu'Euripide semble avoir fait dans le groupe auquel appartenait l'*Oreste* et dans celui où devaient entrer les *Bacchantes.* On ne peut même pas répondre qu'il se soit toujours astreint à introduire dans sa dernière tragédie cet élément gai qui rappelait de très loin les satyres : les *Phéniciennes,* que précédaient *Oenomaos* et *Chrysippos,* et qui nulle part n'offrent rien de comique (3), n'étaient peut-être pas suivies d'un drame satyrique. Cette pièce, comme l'*Oreste,* se termine par un souhait de victoire, ce qui paraît marquer la fin de l'œuvre présentée par le poète à l'appréciation des juges du concours (4). Si les *Bacchantes* finissent sur un autre lieu commun,

(1) Ces huit drames sont les suivants : *Autolycos, Busiris,* le Cyclope, **Eurys-**théé, les *Moissonneurs, Sisyphe, Skiron, Syleus.*

(2. Déjà Sophocle avait fait de même, ou il fit de même, à l'exemple d'Euripide. Cf. M. Croiset, *Hist. de la litt. grecque,* III, p. 398.

(3) A moins de considérer comme un élément comique la monodie que **chante** Jocaste en dansant, toute joyeuse (v. 316), autour de Polynice. Mais ce serait forcer le sens de ce morceau.

(4) *Phéniciennes,* 1764 : XO. ὦ μέγα σεμνή, Νίκη, τὸν ἐμὸν | βίοτον κατέχοις | καὶ μὴ λήγοις στεφανοῦσα. Cf. *Oreste,* 1691 et suiv. La même formule se retrouve à **la**

on n'en doit rien conclure contre la conjecture que je propose (1) ; l'appel à la sympathie des juges n'était pas le thème
obligé de toutes les fins de trilogie, mais là où il se rencontre,
il semble difficile de lui donner une autre signification (2).

Si l'on regarde au temps où ce changement se serait produit,
rien ne paraîtra plus naturel qu'un pareil raccourcissement du
spectacle tragique. Nous ignorons l'année où furent jouées les
Phéniciennes, mais il résulte de diverses scholies d'Aristophane
qu'il faut les placer entre la représentation des *Oiseaux*
(mars 414) et celle des *Grenouilles* (janvier 405) (3). Elles appartiennent, de toute façon, à la dernière période de la carrière
d'Euripide ; sans doute, elles avaient précédé de peu l'*Oreste*
(mars 408) (4). Or c'est l'époque où, à Athènes, on se préoccupe
d'alléger, pour l'État comme pour les particuliers, les frais
qu'entraînaient les concours dramatiques. Un vent d'économie souffle de tout côté, suite fatale des malheurs de la guerre
du Péloponnèse. C'est le moment où, dans l'Assemblée, on
propose de réduire le μισθός des poètes (5), où, pour rendre
moins onéreuses les dépenses de la chorégie, on autorise deux
citoyens à se réunir pour en supporter les charges. Cette auto-

---

fin d'*Iphigénie en Tauride* (1497 et suiv.), mais plusieurs éditeurs, entre autres
M. Weil, la regardent comme interpolée.

(1) Voy. sur ce lieu commun, Weil, *Sept tragédies d'Euripide, Médée*, note des
vers 1415 et suiv.

(2) On sait, et nous avons vu plus haut (page 153), que l'Argument d'Aristophane de Byzance qui nous renseigne sur la trilogie dont faisaient partie les
Phéniciennes, est très altéré. Il serait hors de propos d'examiner ici ce texte ; il
contient, à mon sens, moins de lacunes que ne le pense Kirchhoff, qui s'est plu
attaché à retrouver la didascalie qu'il résume, qu'à restituer le résumé lui-même.
Sans entrer dans le détail, je crois que σώζεται, si embarrassant dans ces quelques
lignes, et qu'on suppose avoir été précédé de οὐ, cache simplement le mot
Φοίνισσαι, ce qui exclut l'hypothèse d'un drame satyrique que n'auraient pas connu
les Alexandrins (οὐ σώζεται), et dont le titre aurait suivi ceux des trois tragédies.

(3) Schol. d'Aristophane, aux vers 348 et 424 des *Oiseaux*, 53 des *Grenouilles*.

(4) C'est ce qui ressort de la scholie des *Grenouilles*, où les *Phéniciennes* sont
nommées avec d'autres tragédies d'Euripide représentées πρὸ ὀλίγου.

(5) Aristophane, *Grenouilles*, 367. L'auteur de cette mesure serait, d'après le
scholiaste, Archinos ou Agyrrhios. M. Van Leeuwen (éd. des *Grenouilles*, Leide,
1896) verrait plutôt ici une allusion à Archédémos, qu'Aristophane nomme plus
loin (v. 417), et qui avait, en 405, l'administration du Trésor.

risation ne date, il est vrai, au témoignage d'Aristote, que de
l'archontat de Callias II (406/5) (1), mais tout porte à croire
que, déjà auparavant, un effort avait été tenté, en dehors des
pouvoirs publics, pour faciliter aux chorèges l'accomplissement
de leur tâche. Elle devenait moins lourde, dès que le chœur
qu'ils avaient à vêtir et à payer n'était plus destiné à figurer
dans quatre pièces, mais dans trois seulement ; l'habillement
des choreutes, leur instruction, leur entretien, ne pouvaient
manquer, par là, d'être moins coûteux, et comme il régnait
dans les concours une liberté que nous perdons trop de vue,
comme ils n'avaient point, comme ils n'eurent jamais, malgré
leur grand éclat, le caractère officiel des concours lyriques, à la
préparation desquels les tribus prenaient une part active (2),
comme, d'autre part, on était las de la tétralogie et que
le drame satyrique avait beaucoup perdu de son ancienne
faveur (3), comme, enfin, la tragédie était un organisme vivant,
se modifiant sans cesse sous l'empire des circonstances, les
raisons d'art et de goût se trouvèrent d'accord avec les raisons
économiques pour amener une simplification que réclamaient
tant de besoins également respectables.

C'est ainsi qu'Euripide, dans l'ensemble, tout au moins, où
figurait l'*Oreste*, indiqua la voie nouvelle, et quand il écrivit
pour la Macédoine la trilogie que devaient terminer les *Bac-*

(1) Aristote, d'après le scholiaste des *Grenouilles*, au v. 404. Cf. P. Foucart,
Revue de philologie, 1895, p. 119 et suiv., à propos d'une inscription chorégique
(= *Inscr. att.*, II, v, *Supplem.*, 1280 *b*) qui est, semble-t-il, le plus ancien docu-
ment épigraphique que nous possédions sur la chorégie dramatique *à deux*.

(2) Cf. Aristote, 'Αθην. πολ., LVI, 3. Les preuves abondent de cette supériorité,
au point de vue officiel, des concours lyriques sur les concours dramatiques. Je
n'en rappellerai qu'une seule, le trépied donné en récompense par l'*État* à la
tribu victorieuse à l'épreuve de dithyrambe, alors que nous ignorons la nature
du prix accordé au *chorège* dramatique vainqueur. Était-il honoré d'une simple
couronne? Recevait-il autre chose? Recevait-il même quelque chose? Ni les
textes ni les inscriptions ne permettent de se prononcer.

(3) Il est à remarquer que, dans certains concours dramatiques antérieurs à
l'époque qui nous occupe, il n'y avait pas de drame satyrique. Cf. *Inscr. att.*, II, II,
972, col. 2, les procès-verbaux de concours qu'on suppose se rapporter aux
Lénéennes de 419 et de 418, et auxquels n'ont pris part que deux concurrents,
qui y ont présenté chacun trois tragédies.

chantes, il se conforma naturellement aux règles de composition qu'il avait lui-même tracées. Après sa mort, Euripide le jeune trouva la trilogie toute prête : il la fit jouer avec les retouches et les compléments nécessaires, mais sans y rien ajouter d'essentiel, sans y joindre surtout un de ces drames satyriques qui avaient cessé de plaire, bien que la mode dût en revenir plus tard, comme le prouvent les procès-verbaux des concours de 340 et de 339 (1).

Paul GIRARD.

(1) *Inscr. att.*, II, II, 973.

INSCRIPTIONS DES ILES

(IOS, DÉLOS, RHODES, CHYPRE)

I

Ios (Cyclades).

L'inscription suivante, gravée sur une plaque de marbre, a été récemment déterrée dans la cour de l'église de Sainte-Catherine, avec deux colonnes (1).

[ἔδοξεν τῆι βουλῆι καὶ τῶι δήμωι.....]
περὶ ὧν ?] οἱ πρόεδροι ἐπεψήφισαν Σωκράτης ΑΙΣΧΡΟΝΕ [.. Πτολεμαῖος] Ποσείδιος   Ἐ
πειδὴ Ζήνων, ὁ καταλ(ει)φθεὶς ὑπὸ [Β]άγχω-
νος τοῦ ναυάρ[χου] ὑπὲρ τῶν ἀνδραπόδων
5   τῶν ἀποδράντων ἐξ Ἰου ἐπὶ τῶν πλοίων τῶν
ἀφράκτων, [παρ](α)καλεσάμενος τ[οὺς] τριη-
ράρχους καὶ ἐξετάσας ἀνέσωσε τὰ ἀνδράπο-
δα μετὰ πάσης φιλοτιμίας · δεδόχθαι τῇ
βουλῇ καὶ τῷ δήμῳ ἐπαινέσαι Ζήνωνα
10   ἀρ]ετῆς ἕνεκα καὶ εὐνοίας ἧς [ἔ]χει εἰς
τὸν δῆμον τῶν Ἰητῶν καὶ εἶναι αὐτὸν [πρ]ό-
ξενον καὶ εὐεργέτην τοῦ δήμου τοῦ Ἰητῶν

---

(1) J'ai suivi la division des lignes donnée par M. Contoléon sans être certain qu'elle corresponde à celle de l'original (T. R.).

καὶ αὐτὸν [καὶ ἐγγόνους με](τ)ὰ τῶν [ὑπ]αρχόντων, εἶναι
δὲ αὐτῷ καὶ πρόσοδον πρὸς τὴν βουλὴν καὶ

15   τὸν δῆμον, ἐάν το[υ δέηται], πρώτῳ μετὰ τὰ ἱερά,
πέμψαι δὲ αὐτῷ καὶ ξένια τοὺς στρατηγοὺς
τοὺς περὶ Αὐτόνομον ἀπὸ δραγμῶν ιδ', τὸ
δὲ δαπάνημα παρασχεῖν τοὺς [ἐκ]λογεῖς τοὺς
περὶ Κλεώνοθον (?) ἀπὸ τῆς προσόδου τῆς πρὸς

20   ἑαυτοὺς προσιούσης · [ἀ]ναγράψαι (δὲ) τὸ ψήφισμα
εἰς τὸ ἱερὸν τοῦ Ἀπόλλωνος τοῦ Πυθίου,
τῆς δὲ [ἀ]ναγραφῆς ἐπιμεληθῆναι τοὺς ἄρ-
χοντας τοὺς περὶ Χαρτάδην (1), τὸ δὲ ἀνά[λω-
μα πρὸς] τὴν ἀναγραφὴν παρασχεῖν ἀπὸ

25   τῆς προσόδου τῆς πρὸς ἑαυτοὺς προσιούσης.

A. E. CONTOLÉON.

Notes critiques.

L. 1. περὶ ὧν *supplevi*; τάδε Contoléon.

2. Αἰσχρονε[ὺς Contoléon. Malgré la phylé Αἰσχριων η de
Samos (Hérod., III, 26) je ne puis croire qu'il s'agisse d'un
nom de tribu, car Ποσείδιος est bien le génitif du nom d'homme
Πόσειδις (Ross, II, n° 145, Myconos). La lecture Αἰσχρονε....
paraît d'ailleurs fautive. Je suppose Αἰσχρίωνος ou Αἰσχίονος
(CIPel. 685).   Les lettres Πτο de Πτολεμαῖος sont données
comme lues par M. Contoléon.

3. καταληφθείς la copie. *Correxi*.

6. παρεκαλεσάμενος la copie. *Correxi*.

13. με](τ)ὰ *supplevi*. ..κα Cont.

19. Le nom Κλεώνοθος est inconnu et suspect.

Les inscriptions de l'île d'Ios connues jusqu'à ce jour (la plupart dues à Ross) sont réunies dans un fascicule récemment
paru du *Corpus* de Berlin (IG. XII, 5, 1 par Hiller von Gär-

---

(1) Cf. Hippocrate, *Epid.*, VII, 10.

tringen, 1903). Elles sont au nombre de 23 (sans compter 14
fausses ou suspectes) et n'offrent pas un bien vif intérêt. La
nôtre occupera désormais la place d'honneur dans l'épigraphie
d'Ios.

Nous avons ici un décret du Conseil et du peuple d'Ios en
l'honneur de Zénon, lieutenant de l'amiral Bacchon, qui, chargé
d'une enquête par son chef, a rendu à la cité le service de rat-
traper des esclaves — peut-être des esclaves publics — qui
s'étaient échappés d'Ios et cachés sur des navires de la flotte
fédérale. Zénon reçoit 1° des éloges, 2° les titres héréditaires de
proxène et d'évergète, 3° un tour de faveur pour les affaires
qu'il aurait à traiter avec le peuple et le Conseil d'Ios, 4° un
présent (ξένια) de la valeur de 14 drachmes. Le décret sera gravé
(comme déjà les n°ˢ 2-5 du *Corpus*) dans le temple d'Apollon
Pythien, dont notre marbre achève de fixer l'emplacement. Les
stratèges, percepteurs (ἐκλογεῖς) et archontes sont chargés, chacun en ce qui les concerne, de l'exécution de ces mesures.

Les dispositions de notre décret ne sortent pas de l'ordinaire ; on en trouvera d'analogues dans les décrets honorifiques des îles de l'Archipel, dont les recueils de Michel et de
Dittenberger offrent d'excellents spécimens. A noter seulement
l'extrême modicité des ξένια alloués à Zénon ; il n'est pas
croyable qu'ils atteignent le maximum fixé par la loi d'Ios.

Au point de vue du droit public, il faut signaler une différence entre l'intitulé de notre décret et les n°ˢ 6 et 2 B du *Corpus* qui appartiennent au iv° siècle : à cette époque l'assemblée
du peuple était présidée par un épistate unique qui mettait
les projets de décret aux voix ; maintenant il est remplacé par
deux proèdres.

Une autre particularité à noter concerne les autorités char-
gées du mouvement des fonds. Des deux dépenses prévues par
notre décret, l'une, l'envoi des *xénia*, sera réglée par les ἐκλογεῖς sur les revenus dont ils ont l'administration ; l'autre, les
frais de gravure de la stèle, par les archontes (de même dans le
n° 3 du *Corpus*). Les stratèges, chargés de l'envoi des *xénia*,

n'ont pas de caisse propre. La mention des ἐx]λογεῖς est intéressante et, si je ne me trompe, unique en épigraphie, car les
ἐxλογῆς athéniens sont tout autre chose. En général, les frais de
gravure sont soldés par les ταμίαι; une fois, dans l'île voisine
de Sikinos, on trouve les πράxτορες (IG. XII, 24 = Michel, 412).
Se fondant sur ce dernier exemple, Ross, dans la restitution
d'un décret d'Ios (= IG. XII, 3) avait écrit τὸ δὲ ἀνάλωμα
παρασ[xευάσειν?| τοὺς πράxτορας] τοὺς ἀμφὶ Θ(ρ)άσην (1). M. Hiller
s'est sagement abstenu de reproduire ce supplément douteux.
Il me paraît probable que là, comme dans notre texte, il y
avait ἐxλογεῖς.

L'intérêt principal de notre document consiste dans la mention de l'amiral Bacchon. Ce personnage est bien connu;
M. Holleaux a groupé (BCH, XVIII, 400) tous les textes qui le
concernent, dont le principal est le décret de Nikourgia si bien
restitué et commenté par M. Delamarre (Rev. de philol., XX,
103 = Michel 373, Ditt.² 202). Bacchon, fils de Nikétas, d'origine béotienne, était au service du roi d'Égypte Ptolémée Philadelphe. Dans le décret de Nikourgia, rendu tout au commencement du règne (vers 281), il figure avec le titre de nésiarque,
c'est-à-dire de gouverneur général des Cyclades et îles voisines,
qui formaient alors une confédération (xοινόν) sous le protectorat
des Ptolémées. Il porte aussi ce titre dans un inventaire délien
de 279 (BCH, XIV, 403) et, rétrospectivement, dans un autre
inventaire de 240 (Homolle, Arch. de l'intendance, p. 45). Le
décret de Nikourgia mentionne un congrès des insulaires
convoqué à Samos par Philoclès, roi de Sidon et Bacchon.
Il semble d'après cela que Philoclès occupe dans la hiérarchie
administrative un poste supérieur à celui du nésiarque Bacchon
et l'on a supposé qu'il était amiral (navarque) de Ptolémée.
Toutefois il y a une difficulté : dans un décret de Délos en
l'honneur de Philoclès (BCH, IV, 327 = Michel 387, Ditt² 209)

_____

(1) De même Fr. Lenormant dans son décret de proxénie suspect, Rh. Mus.,
22, 294 (IG. XII, *1ª). Dans le décret du même auteur, 22, 295 (XII, 19) πράxτορας
est donné comme lu.

ce personnage est qualifié simplement de roi de Sidon et *paraît* être distingué du navarque, lequel est mentionné (l. 10 suiv.) dans un passage malheureusement très mutilé.

Quoi qu'il en soit, — que le navarque aux environs de l'an 280 ait été Philoclès ou un autre personnage qui nous est inconnu, — la nouvelle inscription nous apprend que, sans doute quelques années plus tard, Bacchon revêtit à son tour ces hautes fonctions : il y est appelé, en effet, non plus nésiarque mais navarque (l. 4) (1). Le poste de nésiarque, laissé libre par sa promotion, dut être à ce moment confié à Hermias ; ce personnage est qualifié de nésiarque dans l'inventaire délien de Démarès (BCH, VI, 29 = Syll² 588), l. 71, et, d'après les indications de M. Homolle, figure comme donateur du sanctuaire à partir de l'archontat de Milichidès (entre 276 et 269 avant J.-C.) (2). Bacchon doit être mort vers la fin du règne de Philadelphe ; sous Évergète, le navarque en fonctions s'appelle Callicratès, fils de Boiscos, Samien (BCII, IV, 325 = Syll.² 223, Michel 1153).

Le navarque avait naturellement sous ses ordres des lieutenants, dont l'un est le bénéficiaire de notre décret, Zénon : son titre officiel n'est pas donné. A son tour Zénon donne des ordres aux *triérarques*, c'est-à-dire aux commandants des trières de l'escadre insulaire. Ces trières sont encore mentionnées dans un décret délien qui date de l'époque de la suprématie rhodienne (Syll.² 264). L'escadre comprenait, à côté des trières ou vaisseaux de ligne, des bâtiments légers de type varié, πλοῖα νησιωτικά (Syll.² 205), parmi lesquels on doit ranger les ἄφρακτα de notre décret (3). On appelait ainsi des bâtiments non pourvus d'un parapet protecteur, par opposition aux κατάφρακτα (cf. Syll.² 264). On voit par notre texte que l'autorité des triérarques s'étendait sur ces bâtiments légers.

_____

(1) On voit donc qu'on s'est trop dépêché de restituer le titre νησίαρχος dans le décret de Naxos trouvé à Cos, Michel 409.

(2) Le seul autre nésiarque connu est le Cyzicénien Apollodoros, fils d'Apollonios (CIG. 3655, Cyzique). — Philoclès doit être mort vers 276.

(3) Cf. IG. XII, I, n° 701 (Camiros) καὶ [ἀγη]σαμένου ἐν τοῖς ἀφράκτοις.

En terminant je ferai observer que l'on possédait déjà deux témoignages des relations étroites entre l'île d'Ios et les Ptolémées. L'une est une dédicace à Arsinoé Philadelphe (IG. XII, 16), l'autre un décret très mutilé, le n° 7 du *Corpus* de Hiller. D'après l'explication très plausible de l'éditeur, ce texte, qu'il a rapproché d'une inscription semblable de Théra (*Hermes*, XXXVI, 444), atteste qu'à la suite de dissensions intestines survenues dans la ville — περὶ τῆς κατὰ τὴν] πόλιν γενομένης ταραχῆ[ς. — les habitants ont envoyé des ambassadeurs et des *théores* au roi Ptolémée (Philadelphe), qui de son côté a envoyé une ambassade à Ios ; la décision du roi a été acceptée et la ville rend un décret relatif aux honneurs à rendre à Ptolémée, à sa femme (Arsinoé) et à son père (Soter). Parmi les ambassadeurs de Ptolémée — πρεσβευ]τῶν ἡκόντων με[τὰ... — M. Hiller soupçonne que l'un d'eux, le plus élevé en grade, était le navarque ou le nésiarque.

Th. REINACH.

II

DÉLOS.

Le décret ci-après a été copié par moi il y a plus de vingt ans, dans le voisinage de l'inscription de L. Cornellius Sulla. H. 0,33 ; L. 0,27. Lettres longues et fines.

```
     .....]ΣΑ[..]ΩΤΗΣ[....
  5  ΚΑΙΕΥΕΡΓΕΤΗΣ.....
     ΚΑΙΔΗΛΙΩΝΤΗΙΓΑ.....
     ΠΟΕΙΤΑΙΕΝΠΑΝΤΙ[...
     ΤΩΝΣΥΜΦΕΡΟΝΤΩΝΤ[
     ΚΑΙΤΩΙΔΗΜΩΙΚΑΙΧΡΕΙ[
 10  ·ΕΤΑΙΚΑΙΚΟΙΝΕΙΤΗΙΠΟ[····
     ....ΑΝΕΙΣΑΥΤΟΝΓΑ[
     ·ΤΩΝΠΟΛΙΤΩΝΔΕΔΟΧΘΑ[···
     ΒΟΥΛΕΙΚΑΙΤΩΙΔΗΜΩΙΣΤΕΦΑ[...
```

ΣΑΙΑΥΤΟΝΔΑΦΝΗΣΣΤΕΦΑΝ[
15　ΚΑΙΑΝΑΓΟΡΕΥΣΑΙΤΟΝΙΕΡΟΚΗΡΥ[..
ΕΝΤΩΙΘΕΑΤΡΩΙΤΟΙΣΑΠΟΛΛΩΝ[.
ΟΙΣΟΤΑΝΟΙΤΩΝΠΑΙΔΩΝΧΟΡΟΙΑΓΩ
ΝΙΣΩΝΤΑΙΟΤΙΣΤΕΦΑΝΟΙΟΔΗΜΟΣ
ΟΔΗΛΙΩΝΛΕΟΝΤΑΛΕΟΝΤΟΣΜΑΣ
20　ΣΑΛΙΩΤΗΝΔΑΦΗΣ(sic)ΣΤΕΦΑΝΟΙΑΡΕ
ΤΗΣΕΝΕΚΕ(sic)ΚΑΙΕΥΣΕΒΕΙΑΣΤΗΣ
ΠΕΡΙΤΟΙΕΡΟΝΚΑΙΕΥΝΟΙΑΣΤΗΣΕΙΣ
ΤΟΝΔΗΜΟΝΤΟΝΔΗΛΙΩΝΑΝΑΓΡΑΨΑ[.
ΔΕΤΟΔΕΤΟΨΗΦΙΣΜΑΕΙΣΤΗΝΣΤ[.
25　ΛΗΝΟΥΚΑΙΗΠΡΟΞΕΝΙΑΑΥΤΟΥΑΝΑ[..
ΓΡΑΠΤΑΙˑΕΡΜΑΓΟΡΑΣΕΡΜΟΚΡΕ[
ΤΟΣΕΠΕΨΗΦΙΣΕΝ

　　　　　　　　　　　　Salomon REINACH.

Je restituerais ce texte ainsi ·

　　　['Έδοξεν τῆι βουλῆι καὶ τῶι δή-]
　　　[μωι · ὁ δεῖνα τοῦ δεῖνα]
　　　[.. εἶπεν · ἐπειδὴ Λέων Λέον-]
　　　[τος Μασ]σα[λι]ώτης[, πρόξενος ὢν]
5　　　καὶ εὐεργέτης [τοῦ τε ἱεροῦ]
　　　καὶ Δηλίων, τῆι πα
　　　ΠΟΕΙΤΑΙ(?) ἐν παντὶ [καιρῶι ὑπὲρ (ou περὶ).
　　　τῶν συμφερόντων τ[ῶι ἱερῶι
　　　καὶ τῶι δήμωι, καὶ χρεί[ας παρέ-
10　　χ]εται καὶ κοινὲι τῆι πό[λει καὶ
　　　κατ' ἰδί]αν εἰς αὐτὸν πα[ντὶ ἐλθ-
　　　όντι] τῶν πολιτῶν, δεδόχθα[ι τῆι
　　　βουλῆι καὶ τῶι δήμωι · στεφα[νῶ
　　　σαι αὐτὸν δάφνης στεφάν[ωι
15　　καὶ ἀναγορεῦσαι τὸν ἱεροκήρυ[κα
　　　ἐν τῶι θεάτρωι τοῖς 'Απολλων[ί
　　　οις ὅταν οἱ τῶν παίδων χοροὶ ἀγω-
　　　νίζωνται, ὅτι « στεφανοῖ ὁ δῆμος

ὁ Δηλίων Λέοντα Λέοντος Μασ-
20 σαλιώτην δάφ(ν)ης στεφάνωι ἀρε-
τῆς ἕνεκε(ν) καὶ εὐσεβείας τῆς
περὶ τὸ ἱερὸν καὶ εὐνοίας τῆς εἰς
τὸν δῆμον τὸν Δηλίων » · ἀναγράψα[ι
δὲ τόδε τὸ ψήφισμα εἰς τὴν στ[ή-
25 λην οὗ καὶ ἡ προξενία αὐτοῦ ἀνα[γέ-
γραπται. Ἑρμαγόρας Ἑρμοκρέ[ον-
τος ἐπεψήφισεν.

Le dispositif présente la plus grande analogie avec d'autres
décrets déliens, par exemple ceux pour Admète de Thessalo
nique (Michel 389) et Archinicos de Théra (Michel 390 II); notre
texte doit dater de la même époque, vers 200 avant J.-C.

A la ligne 6 il me paraît impossible de compléter le texte
transmis ; on attendrait πᾶ[σαν σπουδὴν] ποιεῖται, etc., mais alors
τῆι devrait disparaître. On pourrait aussi considérer ΠΟΕΙΤΑΙ
comme une faute de copie pour ΝΟΕΙΤΑΙ et écrire τῆι πά[σηι
σπουδῆι προ-] νοεῖται, mais ce serait trop long et peu précis.

Les personnages nommés dans notre décret ne sont pas connus d'ailleurs. Pour des proxènes marseillais à Delphes, cf.
Syll.² 268, 11. D'après l'analogie d'autres documents et les
termes mêmes de notre décret (l. 23, suiv.) la proxénie de Léon
devait être gravée en haut de la stèle ; elle se retrouvera peut-
être sous la pioche de M. Holleaux.

Théodore REINACH.

III

RHODES.

En passant à Rhodes, au mois d'avril dernier (1904), j'ai pu
copier une longue inscription qui venait d'être dégagée d'une
église en ruines où elle était encastrée. On l'avait déposée dans
le jardin d'un édifice d'Etat, qui donne sur la Marine ; elle y est

sans doute encore. L'inscription occupe l'une des faces d'une
grande stèle de marbre gris; sur une des tranches, on lit les
mots suivants, d'une àutre écriture.

· ΕΙΝΟΥ ΔΙΣ///Α//\0
? παραμυ] ΘΙΑΣΤΑΣΙΣΤΟΝ ΠΑΤΕΡΑ ᐅ
ΘΕΟΙΣ

Le texte principal est d'une écriture régulière, mais commune, qui paraît appartenir au commencement du ɪɪɪ° siècle;
la présence fréquente des prénoms Μᾶρ(χος) Αὐρ(ήλιος), qui ne
sont d'usage qu'à partir de l'édit de Caracalla, confirme cette
impression. Les lettres ont les formes ordinaires sauf le ξ, dont
la barre intermédiaire est remplacée par une sorte de 8, et l'ω,
où le bas du cercle s'agrémente d'un ornement parasite. On
remarquera aussi l'emploi du tiret au-dessus d'une lettre pour
désigner une abréviation.

L'inscription est complète en haut, où on aperçoit le bord de
la pierre, mais incomplète en bas; il manque aussi parfois
quelques lettres à gauche ou à droite. Ce texte vient d'être
publié d'après une copie du Dʳ Saridakis par Hiller von Gaertringen dans les *Jahreshefte* autrichiens (VII, 1904, p. 92).
Comme cette copie diffère sur quelques points de la mienne,
et que j'ai reçu depuis un estampage, dû à l'extrême obligeance
de M. Semach. directeur de l'école de l'Alliance israélite, je
crois devoir reproduire le texte intégralement.

O]ΔΑΜΟΣΟΡΟΔΙΩΝΚΑΙΑΒΟΥΛΑΜΑΡΚΟΝΑΥΡΗ[ΛΙΟΝ
K]ΥΡΟΝΕΥΠΛΟΟΣΠΟΝΤΩΡΗΤΟΝΙΕΡΕΑΤΟΥΒΑΚΧ[ΙΟΥ?
ΔΙΟΝΥΣΟΥΤΟΝΔΙΑΔΕΞΑΜΕΝΟΝΤΑΝΙΕΡΩΣΥΝΑΝΕ[Ν
ΔΟΞΩΣΠΑΡΑΤΟΥΑΔΕΛΦΟΥΑΥΤΟΥΜΑΡΑΥΡΑΛΙΟΔΩΡΟΥ
5 ΕΥΠΛΟΟΣΠΟΝΤΩΡΕΩΣΚΑΙΦΙΛΟΤΕΙΜΗΣΑΜΕΝΟΝΕΚ
ΤΩΝΙΔΙΩΝΤΗΜΕΝΚΡΑΤΙΣΤΗΒΟΥΛΗΔΗΝΑΡΙΟΥΜΥΡΙ
ΑΔΑΣΔΥΟΕΦΩΤΩΝΜΕΝΜΥΡΙΩΝΔΗΝΑΡΙΩΝΟΤΟΚΟΣ
ΔΙΑΝΕΜΗΤΑΙΤΟΙΣΘΕΡΙΝΟΙΣΒΟΥΛΕΥΤΑΙΣΕΠΙΤΗΓΕΝΕ
ΘΛΙΩΑΥΤΟΥΗΜΕΡΑΔΑΛΙΟΥΝΟΥΜΗΝΙΑΤΩΝΔΕΑΛΛΩΝ✶
10 ΜΥΡΙΩΝΚΑΙΑΥΤΩΝΟΤΟΚΟΣΟΜΟΙΩΣΔΙΑΝΕΜΗΤΑΙΤΗΧΕΙ

ΜΕΡΙΝΗΒΟΥΛΗΕΠΙΤΗΓΕΝΕΘΛΙΩΗΜΕΡΑΤΟΥΑΔΕΛΦΟΥΑΥ
ΤΟΥΜΑΡΚΟΥΑΥΡΕΡΜΟΥΕΥΠΛΟΟΣΠΟΝΤΩΡΕΩΣΗΤΙΣΕΣΤΙΝ
ΠΕΤΑΓΕΙΤΝΙΟΥῙΘ̄ΦΙΛΟΤΕΙΜΗΣΑΜΕΝΟΥΔΕΚΑΙΕΠΙΤΑΑΝΑ
Σ]ΤΑΣΕΙΤΟΥΑΝΔΡΙΑΝΤΟΣΑΥΤΟΥΤΟΙΣΣΕΜΝΟΤΑΤΟΙΣΒΟΥΛΕ
15 ΤΑΙΣΔΟΝΤΑΔΕΚΑΙΕΠΙΤΑΙΣΤΗΣΙΕΡΩΣΥΝΗΣΠΑΝΗΓΥΡΕΣΙΝ
ΝΟΜΑΣΦΙΛΟΤΕΙΜΩΣΕΚΑΣΤΩΜΕΝΒΟΥΛΕΥΤΗ✳ΔΕΚΑΚΑΙ
ΕΚΑΣΤΩΠΟΛΕΙΤΗ✳ΠΕΝΤΕΚΑΙΕ[Λ]Α[ΙΟΘ]ΕΤΗΣΑΝΤΑΗΜΕΡΑΣΚ
ΕΝΤΩΤΗΣΙΕΡΩΣΥΝΗΣΕΝΙΑΥΤΩΔΟΝΤΑΔΕΚΑΙΥΠΕΡΤΟΥ
ΥΟΥΜΑΡΚΟΥΑῩΡ̄ΖΩΤΙΚΟΥΚΥΡΟΥΠΟΝΤΩΡΕΩΣΕΦΗΒΟΥ
20 ΤΗΣΕΜΝΟΤΑΤΗΒΟΥΛΗΝΟΜΗΝΚΑΙΕΙΣΠΟΛΛΑΔΕΚΑΙ
ΑΛΛΑΧΡΗΣΙΜΟΥΓΕΙΝΟΜΕΝΟΥΑΥΤΟΥΤΑΠΟΛΕΙΑΠΑΤΡΙΣ
Κ]ΑΙΒΑΚΧΕΙΑΟΙΣΚΑΙΕΦΙΛΟΤΕΙΜΗΣΑΤΟΑΝΔΡΟΣΙΝΗ
..ΟΣ✳ΡΔΟΝΤΑΔΕΚΑΙΤΩΥΔΡΑΥΛΗΤΩΕΠΕΓΕΙΡΟΝΤΙ
ΤΟ]ΝΘΕΟΝ✳Τ̄Ξ̄ΚΑΙΤΟΙΣΤΟΝΘΕΟΝΥΜΝΗΣΑΣΙΚΑΤΑ
25 ...]Α✳Μ̄ΚΑΙΤΑΙΣΤΟΥΘΕΟΥΔΕΚΑΘΟΔΟΙΣΔΥΣΙΤΟΙΣ

Ὁ] δᾶμος ὁ Ῥοδίων καὶ ἁ βουλὰ Μάρκον Αὐρή[λιον
Κ]ῦρον Εὔπλοος Ποντωρῆ τὸν ἱερέα τοῦ Βαχχ[ίου?
Διονύσου, τὸν διαδεξάμενον τὰν ἱερωσύναν ἐ[ν-
δόξως παρὰ τοῦ ἀδελφοῦ αὐτοῦ Μάρ(κου) Αὐρ(ηλίου) Ἁλιοδώρου
5   Εὔπλοος Ποντωρέως καὶ φιλοτειμησάμενον ἐκ
τῶν ἰδίων τῇ μὲν κρατίστῃ βουλῇ δηναρίου (sic) μυρι-
άδας δύο, ἐφ᾽ ᾧ τῶν μὲν μυρίων δηναρίων ὁ τόκος
διανέμηται τοῖς θερινοῖς βουλευταῖς ἐπὶ τῇ γενεθλίῳ αὐτοῦ ἡμέρᾳ Δαλίου νουμηνίᾳ, τῶν δὲ ἄλλων ✳
10   μυρίων καὶ αὐτῶν ὁ τόκος ὁμοίως διανέμηται τῇ χει-
μερινῇ βουλῇ ἐπὶ τῃ γενεθλίῳ ἡμέρᾳ τοῦ ἀδελφοῦ αὐτοῦ Μάρχου Αὐρ(ηλίου) Ἑρμοῦ Εὔπλοος Ποντωρέως, ἥτις ἐστὶν
Πεταγειτνίου ιθ΄, φιλοτειμησαμένου (sic) δὲ καὶ ἐπὶ τᾷ ἀνα-
σ]τάσει του ἀνδριάντος αὐτοῦ τοῖς σεμνοτάτοις βουλευ-
15   ταῖς, δόντα δὲ καὶ ἐπὶ ταῖς τῆς ἱερωσύνης πανηγύρεσιν
νομὰς φιλοτείμως, ἑκάστῳ μὲν βουλευτῇ ✳ δέκα καὶ
ἑκάστῳ πολείτῃ ✳ πέντε, καὶ ἐ[λ]α[ιοθ]ετήσαντα ἡμέρας κ΄
ἐν τῷ τῆς ἱερωσύνης ἐνιαυτῷ, δόντα δὲ καὶ ὑπὲρ τοῦ
υἱοῦ Μάρκου Αὐρ(ηλίου) Ζωτίχου Κύρου Ποντωρέως ἐφήβου
20   τῇ σεμνοτάτῃ βουλῇ νομὴν, καὶ εἰς πολλὰ δὲ καὶ

ἀλλὰ χρησίμου γεινομένου (sic) αὐτοῦ τᾷ πόλει — ἁ πατρὶς
χ]αὶ βαχχεῖα, οἷς χαὶ ἐφιλοτειμήσατο **ΑΝΔΡΟΣΙΝΗ**
..ΟΣ ✱ ρ', δόντα δὲ χαὶ τῷ ὑδραύλῃ τῷ ἐπεγείροντι
τὸ]ν θεὸν ✱ τξ', χαὶ τοῖς τὸν θεὸν ὑμνήσασι χατὰ
25 μῆνα ✱ μ', χαὶ ταῖς τοῦ θεοῦ δὲ χαθόδοις δυσὶ τοῖς

(Cetera desiderantur).

Notes critiques.

L. 2. Hiller restitue Βάχχ[ου mais dans l'inscription IGIns.
155, l. 115 il y a Βαχχείωι.

4. ἐ[ν]δοξων Saridakis, lapsus.

6. δηναρίου faute pour δηναρίων.

17. ἐλαιοθετήσαντα ἡμέρας χ'] ἱεροθετήσαντα ἡμέρας χα' Saridakis.

21. Après cette ligne Hiller suppose la perte d'une ligne ainsi
conçue : ἐτίμησεν αὐτὸν — χαὶ εἰς Διονύσια.

22. ανδροσινη] ce *monstrum horrendum informe* décourage la
conjecture. Le sens paraît exiger χατ' ἄνδρα ; une somme totale
de 100 deniers pour toute la corporation serait dérisoire.

23. Au commencement : .ΙΟΣ Saridakis.

24-25. χαὶ [τῇ ἱε-ρεί]ᾳ μ' Saridakis. Je suis sûr de ma lecture.

On remarquera que le rédacteur a essayé dans les premières
lignes d'employer le dialecte dorien, évidemment passé d'usage à
cette époque ; il a bien vite renoncé à cette tentative infructueuse.

La langue de l'inscription offre peu de particularités à noter.
Le génitif Εὔπλοος (l. 2, etc.) a été déjà rapproché par Hiller du
génitif post-classique πλοός (de πλοῦς). Cf. Kühner Blass, I, 516.

A la l. 23 la forme ὑδραύλῃ confirme l'existence du nominatif
ὑδραύλης (cf. χοραύλης, etc.), qui n'était connu jusqu'à présent
que par l'Anonyme de Bellermann.

La construction grammaticale est très défectueuse. La phrase
initiale exigerait que tous les participes se rapportant au
personnage honoré fussent à l'accusatif. Mais dès la l. 13 le
rédacteur oublie son point de départ et emploie le génitif
absolu φιλοτειμησαμένου ; de même, l. 21, χρησίμου γεινομένου.

Nous avons ici un décret rendu par le peuple et le Conseil de Rhodes en l'honneur d'un bienfaiteur généreux, prêtre de Dionysios Bacchios. A la l. 21, par une singulière anacoluthe, au sujet primitif se trouvent substituées « la patrie » (ἁ πατρίς) et les associations dionysiaques (βαχχεῖα) — à supposer que le texte soit intact en cet endroit. Il semble du reste qu'à Rhodes l'érection d'une stèle honorifique par une association religieuse de citoyens exigeait en principe l'autorisation du peuple et du Conseil (cf. Torr, *Rhodes in ancient times*, p. 88, note 1 ; Newton, *JHS*. II, 357).

Le bienfaiteur s'appelle M. Aurelius Cyrus, fils d'Euplous. Il avait deux frères, M. Aurelius Heliodorus, qui paraît avoir été l'aîné, et M. Aurelius Hermas peut-être prédécédé ; il avait aussi un fils, l'éphèbe M. Aurelius Zoticus. Toutes ces personnes appartiennent au dème des Ποντωρεῖς (1) (*Insc. Insul.*, n° 144, etc.). Elles ont obtenu le droit de cité romaine par l'édit de Caracalla ; d'où le prénom et le *cognomen* M. Aurelius.

Voici l'énumération des libéralités qui ont valu à M. Aur. Cyrus l'érection de cette stèle :

1° Il a fait don au Conseil d'un capital de 20,000 deniers, dont les intérêts (probablement à 12 0/0, soit 2,400 deniers par an) doivent être distribués chaque année pour moitié aux séna teurs d'été, le 1er Dalios, jour de naissance du donateur, pour moitié aux sénateurs d'hiver, le 19 Petageitnios, jour de naissance de son frère Hermas (2) ;

2° Don de chiffre inconnu pour l'érection d'une statue au donateur ·

3° A l'occasion des fêtes (πανηγύρεις) de l'année de son sacerdoce, il a distribué à chaque conseiller (3) 10 deniers, à chaque

---

(1) Dème de Camiros. Cf. Van Gelder, *Geschichte der Rhodier* (1897), p. 217 ; Hiller, *Hermes*, 37, 144.

(2) Ce passage achève de prouver que le mois Petageitnios est un mois d'hiver et le Dalios (contrairement à l'opinion de Robert) un mois d'été. Cf. avec Hiller, Bischoff, *Leipziger Studien*, XVI, 152 ; Dittenberger, *Syll.*² 373, n. 4.

(3) Le nom βουλευτής ne s'était, paraît-il, encore rencontré dans aucune ins-cription rhodienne (Van Gelder, p. 245).

citoyen 5 deniers. Il est probable que même à cette époque il faut à Rhodes faire une distinction entre les habitants libres et les citoyens ;

4° Il a fait une distribution d'huile (au gymnase ?) pendant vingt jours ;

5° Don au Conseil d'une somme non spécifiée au nom de son fils Zoticos, éphèbe ;

6° Don aux thiases bacchiques de 100 deniers par tête (?) ;

7° 360 deniers (un par jour) au joueur d'orgue chargé de « réveiller le dieu » ;

8° 40 deniers par mois (?) aux hymnodes du dieu ;

9° Don (chiffre perdu) à certaines personnes qui jouent un rôle dans les deux κάθοδοι annuelles du dieu.

L'inscription n'est pas sans intérêt pour les antiquités politiques et religieuses de Rhodes.

Elle confirme ce qu'on savait déjà par un texte vague de Cicéron (De Rep., III, 35) et quelques inscriptions (Insc. Ins., 53, 94, 95 b; cf. Jahreshefte, IV, 159 ; Brandis, Gött. gel. Anz. 1895, p. 653) que la βουλά de Rhodes se divisait en deux groupes qui fonctionnaient à tour de rôle, l'un pendant l'été, l'autre pendant l'hiver, soit, en général, pendant 6 mois (dans l'inscription 53 = SGDI. 3783, qui date d'une année enbolimique, il est question d'un Conseil βουλεύουσα τὰν ἐνεστηκυῖαν ἑπτά-μηνον) (1). D'après la plupart des interprètes, l'année rhodienne commençait à l'équinoxe d'automne (vers le 20 septembre). Si l'année politique coïncidait avec l'année religieuse, on aurait donc appelé semestre d'hiver le semestre octobre-mars, semestre d'été les six mois avril-septembre.

Le personnage honoré est prêtre de Dionysos Bacchios. Je crois qu'il faut restituer Βακχ[εῖος] ou Βάκχ[ιος] d'après l'inscription rhodienne 155 (SGDI, 3836) où on lit (l. 115) ἀνέθηκε [Διο]-νύσωι Βακχείωι καὶ τῶι κοινῶι. Le surnom de Βακχεῖος pour Dionysos se retrouve d'ailleurs à Corinthe (Pausanias, II, 2, 6), à

_____

(1) Le prytane dirigeant ne restait également en fonctions que six mois (Polybe, XXVII, 7).

Sicyone (Paus., II, 7, 5), à Égine (Insc. Pelop., 558). Dans une inscription de Tralles, CIG., II, 2919, on trouve tantôt (l. 6) Διονύσωι Βαχχίωι, tantôt (l. 9), Διονύσου Βάχχου. Dans une de Cnide (Br. Mus. IV, 1, n° 786) on lit Βάχχος.

Le culte de Dionysos Bacchios à Rhodes comportait une importante fête triétérique. Cf. Insc. Ins. 155, 46 sq. στεφανωθείς — ἐν ταῖ τῶν Βαχχείων ὑποδοχᾶι (1) κατὰ τριετηρίδα. C'est probablement la τριετηρίς qui figure à plusieurs reprises dans le tableau chronologique n° 730.

Notre inscription nous apprend que la prêtrise de Dionysios Bacchios était annuelle (2) (l. 18 : ἐν τῷ τῆς ἱερωσύνης ἐνιαυτῷ), que chaque année il y avait plusieurs processions, πανηγύρεις (l. 15, ἐπὶ ταῖς τῆς ἱερωσύνης πανηγύρεσιν). Le dieu était célébré par des hymnes au moins tous les mois (l. 24) et deux fois par an avait lieu une cérémonie appelée κάθοδος (l. 25). Ce nom peut désigner soit une descente (de Bacchus) aux enfers — cf. la κάθοδος de Coré (Plut., De Isid., 69) et celle de Misé (Hérondas, I, 55) — soit au contraire, un retour sur terre, par analogie avec les exilés; cf. la καταγωγὴ Κόρης en Sicile (Diod., V, 4).

Un passage très curieux est celui du joueur d'orgue (ὑδραύλης) chargé de réveiller le dieu. Il s'agit peut-être d'une fête triétérique accompagnant le réveil du dieu censé mort, analogue à celle qui se célébrait tous les deux ans à Delphes au mois Dadophorios. Cf. le texte déjà rapproché par Hiller (Plut., De Isid. et Osir., 35), ὅταν αἱ Θυιάδες ἐγείρωσι τὸν Λικνίτην et aussi l'Hymne orphique n° 53 (3). Mais la solde attribuée au joueur d'orgue (360 deniers) fait soupçonner qu'il était mis à réquisition tous les jours. Il est probable que, dans le rituel rhodien primitif, la partie musicale était confiée à un aulète; la substitution du

---

(1) Le sens est douteux. Foucart (*Associations religieuses*, p. 111) pense à une cérémonie orgiastique : « la réception des restes de Bacchus ». Mais Βαχχεία ne peut guère avoir ce sens; il désigne plutôt comme dans notre texte (l. 22) les thiases dionysiaques.

(2) Cyrus a succédé comme prêtre à son frère. On a un exemple analogue pour la prêtrise d'Hélios, *Insc. insul.*, 65 = SGDI. 3801.

(3) Ἀμφιετῆ καλέω Βάκχον, χθόνιον Διόνυσον | ἐγρόμενον κούραις ἅμα νύμφαις εὐπλοκάμοισιν, etc.

joueur d'orgue au joueur de flûte est un signe des temps; elle annonce le rôle futur de l'orgue dans les cérémonies du culte chrétien.

Il y a quelques années M. Ruelle écrivait dans le *Dictionnaire des Antiquités* (art. Hydraulos, p. 317) : « Nous ne sommes pas fondés à croire que l'hydraule, pas plus que l'orgue pneumatique, ait été en usage dans les cérémonies religieuses soit païennes soit chrétiennes dans l'antiquité. » On voit que notre texte vient corriger cette assertion trop générale.

J'ai copié encore à Rhodes qnelques inscriptions plus ou moins récemment découvertes

din de la Cour d'appel) .... A .. ΦΑΝΟΝ
 .. P. O. ΣΚΑΙΝΕ   ΤΟΥΤΟ
...ΧΗΖΑΙΝΕΠΙΚΩΠΟΥ ΠΛΟΙΟΥ ΔΙΚΡΟΤΟΥ ΚΑΙ   ΚΑΙ ΠΕΡ
...Μ]ΑΡΚΟΥ ΑΝΤΩΝΙΟΥ ΣΤΡΑΤΑΓΟΥ ΑΝΘΥΠΑ   ΚΑΙ ΔΙΑ
ΚΑΙ] ΑΥΛΟΥ ΓΑΒΕΙΝΙΟΥ Τ[Α]ΜΙΑ ΡΩΜΑΙΩΝ ΙΣ[Κ]ΙΛΙΚΙΑΝ   ΤΑΝ ΜΑ
ΟΡΑ[Γ]ΗΣΑΝΤΑ [Κ]ΑΙ ΝΕΙΚΗΣΑΝΤΑ.. ΤΕΟΝ ΑΡΕΑ   ΤΑΝ ΤΑ

Il paraît s'agir du capitaine (?) d'un navire à deux rangs de rames qui a rendu service à M. Antonius *praetor procos.* (sans doute M. Antonius Creticus, le père du triumvir, chargé de combattre les pirates en 74) et à A. Gabinius, questeur en Cilicie. Celui-ci est apparemment le fameux A. Gabinius (l'auteur de la *lex Gabinia*) qui fut tribun en 67 avant J.-C. Nous ne savions pas qu'il eût été questeur auparavant.

3. Pierre encastrée dans le dallage du portique de la mosquée Suleimanié (ancienne église Saint-Jean).

  ΕΠ[Ι] ΙΕΡΕΩΣ ΝΙΚΟΜΑ } [χου
  ΚΑΙ ΑΓΩΝΟΘΕΤΑ ΑΝ } ....

  ΑΡ]ΙΔΕΙΚΗΣ ΤΙΜΑΡΑ } [του
   ΛΙΝΔΙΑ ΓΑΙΔ } [ῶν ἐνίχησε ?
   ΑΡΙΔΕΙΚΗΣ Τ...
   ΔΕΞΙΛΑΟΣ Ο

   ΑΡΙΣΤΩΝΙΔΑΣ ΜΙ

Cf. pour ce dernier nom *Insc. Ins.*, 855 : Μνασίτιμος Ἀριστω-
[νίδα = Pline, XXXV, 146 et Van Gelder, *op. cit.* p. 396.

Ἀριδείκης (mss. Ἀριδίκης) est le nom d'un envoyé rhodien
chez Polybe, IV, 52. Dans une inscription de Cos (*Dialektinschr.*
IV, 3626) Paton lit à la l. 21 Ἀρεδείκης Ξενοῖ[κου].

4. Même endroit.

ΕΠΙ ΙΕΡΕΩΣ ΔΑΜΑ[
ΚΑΙ ΑΓΩΝΟΘΕΤΑ[
    ΛΙΝΔΙΑ [..... ἐνίκησεν
    ΦΙΛΗΡΑ[τος..
    ΔΕΞΙΛΑ[ος

S'il s'agit de magistrats éponymes de Rhodes, on restituera
au n° 4 Δαμα[ινέτου], nom d'un prêtre d'Hélios connu par l'inscription IGI., 155, et de nombreuses marques d'amphore. Mais
il se pourrait que les pierres vinssent de Lindos, et cela est
d'autant plus vraisemblable que nous ne connaissons pas d'éponyme rhodien appelé Νικόμαχος.

Les trois inscriptions funéraires suivantes m'ont été obli
geamment communiquées en copie par M. Léon Semach.

5. Cippe de pierre bleuâtre.

Τιμοχράτευς
Κλασίου.

Les Κλάσιοι sont un dème de Lindos.

6. Cippe analogue.

Στρατονίκας.

7. Stèle mutilée en haut. Scène de banquet funéraire. Au
pied du lit, petite table à 3 pieds de biche, chargée de mets ; à
droite et à gauche, deux petits personnages.

ΟΝΑΣΑΝΔΡΟΥ ΥΑΛΔΕΙΜΕΩΣ
ΚΑΙ ΤΑΣ ΓΥΝΑΙΚΟΣ
ΓΟΤΤΙΟΥ ΚΑΒΑΛΙΣΣΑΣ

Le nom Ὑάλδειμις (ou Ὑαλδειμεύς ?) m'est inconnu ; je ne sais

si c'est un nom d'homme ou un ethnique, la physionomie en
est carienne. La femme Πότιον (lecture très douteuse) était de
la Cabalie.

IV

CYPRE.

Kerynia

1. L'inscription suivante se trouve actuellement à Kerynia
dans la maison de M. Tankerville J. Chamberlayne, commis-
saire du district. D'après ses renseignements elle proviendrait
de Nicosie où elle servait de fleuron « à quelque édifice gothi
que »; mais j'ai des doutes sur l'exactitude de cette provenance.
J'ai pu copier le texte grâce à l'amabilité de ce haut fonctionnaire à qui j'adresse ici tous mes remerciements.

```
                           I
  . . . . . . . . . . . . . . . . . . NKA . .
  . . . . . . . . . . . . . . . . . ΟΝΣΥ
  . . . . . . . . . . . . . . . . ΑΙΣΠΟ/
  . . . . . . . . . . . . . . . ΙΕΚΑΙΠΟΛΥ              5
  . . . . . . . . . . . . . . ΙΔΥΣΜΩΝΗΛΙΟ
  . . . . . . . . . . . . . . ΙΧΡΗΣΑΜΕΝΟΣΟΥ
  . . . . . . . . . . . . . -ΙΝΗΝΚΑΘ . . ΙΟΤΗΤΑΤΟ
  . . . . . Ο . ΔΗΝΕΙΣΦΕΡΟΜΕΝΟΣΠΕΡΙΤΗΝΕΥ
  ΠΟΛΕΩΣΑΜΑΚΑ . ΤΗΝΕΑΥΤΟΥΕΥΔΟΞΙΑΝ           10
    ΜΕΝΟΣΤΗΣΤΟΥΠΑΤΡΟΣΑΥΤΟΥΠΡ
  ΚΑΙΦΙΛΟΔΟΞΙΑΣΔΙΑΦΥΛΑΣΣΩΝΤΕΤ
  ΑΝΚΑΙΕΥΚΟΣΜΙΑΝΤΟΥΓΥΜΝΑΣΙΟΥΝΥΝ
  ΕΠΙΝΙΚΙΟΙΣΤΟΥΘΕΟΥΣΕΒΑΣΤΟΥΚΑΙΣ
  ΕΤΩΘΕΩΣΕΒΑΣΤΩΚΑΙΣΑΡΙΘΥΣΙΑ[           13
  ΕΛΩΣΤΟΝΤΕΓΥΜΝΙΚΟΝΚΑΙΙΠΠΙΚΟ[
  . ΙΩΣΑΣΑΘ . . . ΓΥ . . . Ο . . Ο . . ΕΞ
```

Je donne un essai de restitution à partir de la l. 6.

μέχρ]ι δυσμῶν ἡλίο[υ...

.ι χρησάμενος οὐ...

ξινην καθ' [ὁσ]ιότητα το..

σπ]ο[υ]δὴν εἰσφερόμενος περὶ τὴν εὐ[δαιμονίαν?

10 τῆς] πόλεως, ἅμα κα[ὶ] τὴν ἑαυτοῦ εὐδοξίαν [ἀποφαίνων? καὶ

μεμνη]μένος? τῆς του πατρὸς αὐτοῦ πρ[ονοίας

τε] καὶ φιλοδοξίας, διαφυλάσσων τε τ[ὴν εὐπρέ-

πει]αν καὶ εὐκοσμίαν τοῦ γυμνασίου · νῦν [δὲ ἐπὶ

τοῖς] ἐπινικίοις τοῦ θεοῦ Σεβαστοῦ Καίσ[αρος πεποίηκε ou ἀνέ

15 θηκ]ε? τῷ θεῷ Σεβαστῷ Καίσαρι θυσία[ν καὶ ἀγῶνα?

ἐπιμ]ελῶς? τὸν τε γυμνικὸν καὶ ἱππικὸ[ν ἀγῶνα

τελε]ιώσας? etc.

Il s'agit donc d'un décret honorifique rendu en faveur d'un gymnasiarque, fils généreux d'un père libéral, qui, à l'occasion des ἐπινίκια de l'empereur Auguste a fait les frais d'un sacrifice et, semble-t-il, de jeux gymniques et équestres dédiés à l'empereur. Ces ἐπινίκια doivent être une fête *commémorative* de l'anniversaire de la bataille d'Actium : il ne peut s'agir d'une fête célébrée immédiatement après cette victoire, puisque l'empereur porte déjà le titre de Σεβαστός qu'il ne reçut que le 16 janvier 27 av. J.-C.

Famagouste.

Des trois inscriptions signalées à Famagouste par Sakellarios (Κυπριακά, I, 185) j'en ai retrouvé deux. L'une, placée devant la cathédrale, est la dédicace à Trajan souvent publiée (CIG. 2634; Waddington, n° 2755). L'autre (CIG. 2619) est dissimulée dans un endroit plus caché, sous le gond de la porte extérieure de l'entrée principale de la ville (à droite pour le voyageur qui vient du port). C'est un bloc de marbre (?) rouge, large de 0 m. 36, haut de 0 m. 43, encastré dans l'appareil vénitien. La lecture donnée par Sakellarios est très mauvaise et prouve qu'il n'a pas revu la pierre. Voici exactement ce que j'y ai déchiffré

ΟΛΥΜΠ[ια] ΔΑ ΤΗ[ν τοῦ δεῖνος, γυναῖκα δὲ

ΘΕΟΔΩΡΟΥ ΤΟΥ Σ[...... τοῦ συγγενοῦς τοῦ

ΒΑΣΙΛΕΩΣ ΤΟΥ ΣΤΡ[ατηγοῦ καὶ ναυάρχου

ΚΑΙ ΑΡΧΙΕΡΕΩΣ ΤΟ ΚΟΙ[νὸν τῶν κατὰ τὴν

5   ΚΥΠΡΟΝ ΓΡΑΜΜΑΤΕ[ων καὶ τῶν περὶ Διόνυσον

ΤΕΧΝΙΤΩΝ *vac.*

Sakellarios donne à Paphos, sous le nº 51, une inscription identique (mêmes cassures), qui me paraît imaginaire.

Le stratège Théodoros et sa femme Olympias sont connus également par plusieurs dédicaces de Paphos (Hogarth, James et Gardner, JHS, IX, nᵒˢ 23, 30, 47 = Sakellarios, nᵒˢ 50, 54 66. Cf. Oberhummer, *Sitzungsberichte der Bayr. Akad.*, 1888, 327).

Dans une inscription anciennement connue de Paphos (Waddington, nº 2796; JHS., IX, 225, nº 2; Paton, *Class. Rev.*, IV, 283; Sakellarios, nº 44) le κοινόν des Ciliciens établis dans l'île honore un συγγενής, στρατηγός, etc., du nom de *Théodotos*, fils de Séleucos. Waddington avait lu *Théodoros* et avait en conséquence restitué ce nom dans un texte d'Arsinoé (nº 2781 = Sakellarios, 35) où il est question d'un πρῶτος φίλος du nom de ..ος, fils de Séleucos. Semblablement Sakellarios, dans le texte de Famagouste, restitua Séleucos comme nom du père de Théodoros. Mais, dans l'inscription 44 de Paphos, les explorateurs anglais ont lu positivement Théodotos et il n'y a aucune raison de suspecter avec Larfeld (*Jahresb. de Bursian*, tome 87, p. 293) l'exactitude de leur lecture. En conséquence nous devons ignorer jusqu'à nouvel ordre le nom du père de notre Théodoros.

Théodore REINACH.

UN FRAGMENT

DES

AETIA DE CALLIMAQUE

COLLECTION DE LA VILLE DE GENÈVE N° 97

Dans la collection de textes grecs et latins achetés en
Égypte pour la bibliothèque de Genève, figurent quelques morceaux de parchemin. Celui qui fera l'objet de cette étude a été
trouvé à Gizeh, au fond d'une des grandes boîtes de fer blanc
où l'antiquaire Ali empile ses papyrus. Au haut de la feuille
dont il a été détaché, il formait le bord droit du feuillet
gauche et le bord gauche du feuillet droit. On voit très bien le
pli vertical qui séparait les deux feuillets, ainsi que les trous
à travers lesquels un fil reliait la feuille au reste du cahier. Le
fragment mesure 9ᶜ 50 de largeur sur 8ᶜ 75 de hauteur.

L'écriture du texte est une petite onciale ronde assez régulière ; dans les marges, dans les intervalles entre les marges
et le texte, enfin dans les interlignes, des notes explicatives,
scholies ou simples gloses, présentent divers types d'onciale
et de cursive tracés avec une encre qui, par places, a pâli
jusqu'à l'effacement. Circonstance aggravante, l'espace laissé
libre par le texte est si restreint et les lignes de ce texte sont,
d'autre part, si serrées, que les notes intermarginales et inter-

linéaires s'entassent et s'enchevêtrent quelquefois au point de se confondre. L'accentuation est de seconde main.

Voici, d'abord, la transcription du texte. Je sépare les mots et souligne les lettres incomplètes.

Page ɪ (Feuillet ɪ, recto).

ου μεν

κεινον οτις ι

κήδεα μοι μ

τρύομαι · εχ

5 νείσομαι · εσ

αυτικα · και φα

και νύ μοι αργυ

πρηυς απ η<u>ω</u>

μηδ ογ εχ<u>ο</u>

10 τουτάκι μη

αλλά μιν αμ

αφιλος ειρη

στέλλεο κα

σήμερον α

15 ἰρις τοι κ

ποιν

La ponctuation (lignes 4, 5 et 6) est de première main. — Ligne 9, entre le δ et l'o, une lettre commencée. — Ligne 12, l'ε de ειρη... a été sauté d'abord, puis écrit en surcharge.

Page ɪɪ (Feuillet ɪ, verso).

ῆδε...

σε με νεισθαι

φόρος

5 ανάσ. αι

πόλιν

η<u>μ</u>ένος αζη

ῆις
ασα
10 λύχου
ηγίνησε
ους
δει ολοισθον
μονας
15 ἔχουσα

Ligne 11 1ʳᵉ leçon ηγίνεισε.

Page ɪɪɪ (Feuillet ɪɪ, verso).

εσβλεπ
μαλχ
8 χαιρο
α.σ..οσ

Page ɪᴠ (Feuillet ɪɪ, recto).

ὸηρον
ος
ις.
.ευ.
5 οε..
. . .
σαν

9 ος

Voici maintenant les notes. Les différents chiffres correspondent à des écritures différentes :

Page ɪ.

Sur le bord supérieur, deux notes indéchiffrables. La première commence peut-être par Θέτις.

Lignes   2 : Αἰήτης (4)

   4-5   τὴν Νικαί|αν. ἐν λ̅γ̅ | ἀπώλετο | ἐκεῖ ἡ Ἀρήτη (1)

   6   ἔαλ(εν) ἐτάρα|ξε · (1)

   8   Note marginale indéchiffrable.

   15   τὸν Ζέφ(υρον) · ἐκ|είνῳ γὰρ ἐγα|μήθη ἡ Ἶρις (1)

   16   Note marginale indéchiffrable.

Page ii.

Sur le bord supérieur : ελατο ou ελεγο (5)

       [πρ]οσεθήχετο (6)

Lignes 1-2   ἄρχ[τος]· διὰ τὸ ἐν| χειμῶ[νι] νηστεύειν (3)

   5   Ἀθηναῖοι

   7-9   ξηρασία, | λύπη διὰ τὴν ἀπου|σίαν τῆς | Ἀρήτης (2).

   11-15   πίσυρον ἀπὸ | εὐθείας τοῦ πί|συρος, ἐάν... |

       .. πίσυρες | ὡς ἀπὸ εὐθείας τοῦ πίσυρ κα|τὰ

       μεταπλα|σμὸν, ὡς χρυσαρμάτου | ἐρυσάρματας (3).

   13-14   Note interlinéaire indéchiffrable.

   16   Κάλ(ος) · ποταμὸς τῆς Μυγδονί|ας περὶ Βιθυνίαν (6).

Dans la scholie ad 11-15, mots illisibles entre ἐὰν et πίσυρες sur
une longueur d'une ligne. — Ad. v. 16. Peut-être καλὸς ποταμός?

Page iii.

Sur le bord supérieur et dans la marge, notes indéchiffrables.

Page iv.

Sur le bord supérieur, ... ὡς ἐχθροὺς (7)

Lignes 1-5   Sur sept lignes : ......αλμι...... καὶ......

       εγε......εα ἔργα...... Σαρμα|τίδες γὰρ αἱ | κατοικοῦ-

       σαι (7)

   6   καὶ Ὅμ(ηρος) · πλωτῆι ἐνὶ νήσωι (7).

   7   ὑψηλά (8).

       πρωτέρα (9)

       Note intermarginale illisible.

   9   ὁμὸ (10).

L'onciale du texte semble faire remonter le codex au v° ou vi° siècle. Elle n'est pas de la même main partout : celle des pages 1 et 4 est, en effet, plus régulière que celle de la page 2. A la page 3, les caractères sont trop peu nets pour permettre de constater une différence ou une ressemblance avec l'écriture des autres pages.

Les scholies et les gloses se répartissent entre dix écritures diverses (1) allant de l'onciale à la cursive. Je les ai distinguées dans mon relevé par des chiffres, dont la série ne correspond pas pour moi à un classement chronologique, bien que les scholies marquées 1 et 2 soient certainement plus anciennes que les autres.

Ces notes sont de nature très variée. La plupart, expliquant des passages ou des mots qui ne se retrouvent pas dans les trop rares lambeaux de texte que nous possédons encore, peuvent servir à reconstituer ou à deviner quelque chose de ce que nous avons perdu.

Les unes sont de simples équivalents lexicographiques. Ainsi, ad 1, 6, ἐτάραξε, qui explique la forme inusitée ἔαλεν, jointe comme lemme à sa glose ; ainsi, ad II, sur le bord supérieur, [πρ]οσεθήκετο (sic) et ad II, 7, ξηρασία, équivalent d'ἄζη ; ainsi, ad IV, 7, ὑψηλά et πρωτέρα (sic). Sauf ξηρασία, toutes ces gloses correspondent à des mots disparus.

Un peu différent est le cas des deux notes Αἰίτης, pour Αἰήτης (ad I, 2), et Ἀθηναῖοι (ad II, 5). La première substitue au pronom ὅτις du texte le nom propre qu'il représente ; la seconde joue un rôle analogue, à moins qu'elle ne traduise une périphrase ou un terme poétique désignant les Athéniens.

A une autre catégorie appartiennent les scolies ad I, 15 : τὸν Ζέφυρον · ἐκείνῳ γὰρ ἐγαμήθη ἡ Ἶρις et ad II, 16 : Κάλος · ποταμὸς τῆς Μυγδονίας περὶ Βιθυνίαν (2). Dans celle-ci, un nom propre

---

(1) Il se peut que plusieurs de ces écritures proviennent de la même main travaillant, tantôt sur le côté lisse, tantôt sur le côté spongieux de la feuille.

(2) Κάλος (s'il ne faut pas lire καλός, contre la vraisemblance) est le nom d'un fleuve inconnu. Il ne s'agit pas, en effet, du Κάλης de Thucydide, lequel coulait dans la partie Nord de la Bithynie, car la Mygdonie était au Sud de cette contrée.

pris au texte est suivi d'une détermination géographique; dans celle-là, il y a supplément au récit de l'auteur.

Les scholies ad II 1-2 et ~~III~~ 11-15 représentent la classe, si nombreuse dans les commentaires anciens, des remarques grammaticales. L'une donne l'étymologie du mot ἄρκτος, à peu près comme l'Etymologicum Magnum; l'autre, relative aux deux formes métaplastiques πίσυρον πίσυρες, a ceci surtout d'intéressant qu'elle implique dans le texte l'emploi, absolument nouveau pour nous, de la première des deux.

Ad IV, 7, nous avons un rapprochement avec le πλωτῇ ἐπὶ νήσῳ du 10° chant de l'Odyssée (vers 3), sans doute parce que l'épithète πλωτή figurait aussi dans le texte commenté. La scholie ou les scholies ad IV 1-5, dont nous n'avons plus que des débris, contenaient peut-être une autre citation. Il semble bien, en effet, que ....εα ἔργα appartienne à la fin d'un hexamètre. Les Chalybes, voisins des Amazones, étaient-ils mentionnés à leur suite dans notre texte, comme dans celui des Argonautiques (II, 376), et le scholiaste copiait-il le mot d'Apollonius de Rhodes sur le peuple forgeron : [τοὶ δ' ἀμφὶ σιδήρ]εα ἔργα [μέλονται]? Quoi qu'il en soit, ces notes, aujourd'hui si mutilées, parlaient certainement des Amazones et de leurs colonies (1). C'étaient d'elles aussi que, selon toute probabilité, il était question dans la scholie écrite sur le bord supérieur de la page. Les deux mots encore lisibles ὡς ἐχθροὺς rentrent bien dans un équivalent prosaïque d'ἀντιάνειραι, l'épithète consacrée des Amazones, dans [τοὺς ἄνδρας] ὡς ἐχθροὺς [ἔχουσαι], par exemple.

Restent les deux scholies ad I 4-5 et ad II 7-9, rattachées, la première à un nom de ville expliqué dans la note par τὴν Νικαίαν (2), la seconde au mot ἄζη, synonyme poétique de ξηρασία. Elles ont l'une et l'autre ceci de particulier qu'elles résument ou éclairent le contenu de tout un épisode. Nous y reviendrons plus loin.

_____

(1) Les quatre premières lettres αλυι de la scholie font penser à la Σ]αλυυ[ὅτ,σσία γνάθος] qu'Eschyle, dans le Prométhée Enchaîné (723-727), place près du Thermodon et de la ville de Thémiscyre, capitale des Amazones.

(2) Nicée d'Illyrie, très probablement.

D'où proviennent nos fragments? Ce que le texte même nous apprend à cet égard se réduit à peu de chose. Les commencements de lignes contenus dans la page ɪ, rapprochés des fins de lignes de la page ɪɪ, indiquent un poème en distiques élégiaques.

Les différences avec le vocabulaire homérique, différences assez nombreuses pour la très petite quantité de texte que nous pouvons lire ou deviner, tiennent moins à l'emploi de mots proprement nouveaux qu'à celui de formes nouvelles, ajoutées à la flexion de noms ou de verbes déjà connus d'Homère. Si nous prenons la liste des expressions non homériques de ces fragments : τρύομαι I. 4, νείσομαι ib. 5, τουτάκι ib. 10, ἄφιλος, ib. 12, ἔαλεν (aoriste 1ᵉʳ actif), ad I, 6, πίσυρον ad II, 11-15, nous voyons que, sauf τουτάκι et ἄφιλος, ces termes dérivent de thèmes familiers à la vieille épopée. Ce sont des compléments de flexion formés par analogie. L'emploi du procédé accuse une époque postérieure à l'âge classique. Cela est encore bien vague. Mais, dans les scholies, les noms d'Αἰήτης = Αἰήτης (ad I, 2) et d'Ἀρήτη (ad I, 4-5, et ad II, 8-9) permettent d'arriver à quelque chose de plus précis.

La poésie grecque ne connaît qu'un seul Æètes, le roi des Colques, et qu'une seule Arété, la reine des Phéaciens. Elle ne connaît non plus qu'une seule rencontre de ces deux noms légendaires, appartenant, celui-ci à l'Odyssée, celui-là au mythe des Argonautes. C'est dans l'épisode raconté par Apollonius de Rhodes, aux vers 980-1225 du quatrième chant de son poème.

A leur voyage de retour, les Argonautes atteignent l'île des Phéaciens, où Alcinoüs les reçoit avec joie. Mais bientôt arrive aussi une armée de Colques, envoyée par Æétès pour ramener sa fille. C'est la seconde armée; la première, conduite par Absyrte, fils d'Æétès s'était dispersée après le meurtre de son chef. Les Colques demandent que Médée leur soit remise, et Alcinoüs redoute la colère de leur roi. C'est alors qu'intervient Arété. Elle supplie son mari en faveur des fugitifs. Il déclare

que, si Médée est encore vierge, il ne pourra refuser de la
rendre à son père, mais que, si son mariage avec Jason est
consommé, il ne séparera pas les deux époux. Arété se hâte
de prévenir secrètement Jason, et les noces, qu'il voulait différer jusqu'à son arrivée à Iolcos, se célèbrent la nuit suivante
dans le camp des Argonautes.

Tel est en résumé le récit d'Apollonius. Callimaque avait
célébré en distiques élégiaques le retour des Argonautes en
Thessalie et l'expédition des Colques à la poursuite de Jason et
de Médée. Strabon qui, dans le livre I de sa Géographie (2, 39,
p. 116, cf. V, 1, 9, p. 216), nous donne, en termes assez vagues
malheureusement, la substance de ces pages de Callimaque, en
extrait trois distiques, dont le premier ouvrait le récit ·

ἀργμένος ὡς ἥρωες ἀπ' Αἰήταο Κυταίου
αὖτις ἐς ἀρχαίην ἔπλεον Αἱμονίην.

Dans les deux autres, il s'agit des Colques, à qui Jason et
Médée ont échappé, et qui, n'osant reparaître devant Æétès, fondent un établissement sur le littoral de l'Adriatique.

Le scholiaste d'Apollonius, en deux passages de son commentaire sur le 4ᵉ chant des Argonautiques, compare la version de
ce poète avec celle de Callimaque. Chez Apollonius, les Colques
envoyés en premier lieu sur les traces de Médée montent deux
flottes, dont l'une, sous les ordres d'Absyrte, gagne la mer
Adriatique par l'Ister et atteint les Argonautes dans les eaux
d'Illyrie et, dont l'autre passe entre les Roches Cyanées, pour
revenir sur ses pas après d'inutiles recherches. La seconde fois,
leur armée, à bord d'une seule flotte, passe par les Roches
Cyanées et arrive à l'île des Phéaciens, où l'Argo était à l'ancre.
Chez Callimaque, au rapport du scholiaste d'Apollonius (ad IV,
303; cf. ib. ad 284), les Colques qui s'étaient lancés à la
poursuite des Argonautes par les Roches Cyanées ne revenaient
pas en arrière. Et ce n'était pas à Absyrte qu'il en donnait le
commandement, puisque, comme nous le savons d'autre

part (1), il le faisait assassiner par Médée en Colchide. Dans son récit de l'expédition, il n'y avait rien du mélodrame qui forme le centre du quatrième chant des Argonautiques.

Le scholiaste ajoute qu'en racontant les choses comme il l'avait fait, Apollonius s'était mis en contradiction avec Callimaque. On peut inférer de là que, chez ce dernier, il n'y avait qu'une seule expédition des Colques.

Il est probable, sinon certain, que Callimaque n'avait point partagé leur armée en deux, pour en envoyer la moitié par les Roches Cyanées et l'autre par l'Ister et l'Adriatique. On a soutenu le contraire, en s'appuyant sur une phrase du scholiaste d'Apollonius (ad IV, 284). Mais ·le texte de cette phrase est mutilé (2). On se heurte d'ailleurs au témoignage de Strabon (l. c.) qui, après avoir parlé de l'itinéraire des Argonautes et des Colques selon Callimaque, s'élève contre certains auteurs assez peu géographes pour conduire Jason et les siens dans l'Adriatique par le cours de l'Ister. Évidemment, si Callimaque leur avait fait prendre le même chemin, Strabon ne l'aurait pas opposé à ces ignorants, au nombre desquels, quand il écrivait ce passage, sa pensée mettait sans doute Apollonius de Rhodes.

Ainsi, en imaginant la double expédition des Colques et l'étrange navigation des Argonautes sur les deux bras de l'Ister, Apollonius a singulièrement amplifié et compliqué le récit de son prédécesseur. Callimaque avait montré Jason et ses compagnons arrivant du Pont-Euxin dans la Propontide, passant de

---

(1) Schol. Eurip. Med. 1334.

(2) Οὐδὲ διὰ Τανάιδος ἔπλευσαν οἱ Ἀργοναῦται, ἀλλὰ κατὰ τὸν αὐτὸν πλοῦν καθ' ὃν καὶ πρότερον, ὡς Σοφοκλῆς ἐν Σκύθαις ἱστορεῖ. καὶ Καλλίμαχος...... αὐτῶν τοὺς μὲν εἰς τὸν Ἀδρίαν πεπλευκότας μὴ εὑρεῖν τοὺς Ἀργοναύτας κ. τ. λ. Ο. Schneider fait de καὶ Καλλίμαχος le commencement d'une phrase, qu'il complète en écrivant : καὶ Καλλίμαχος <τῶν Κόλχων καὶ> αὐτῶν κ. τ. λ, et en sous-entendant ἱστορεῖ. On peut tout aussi bien admettre que καὶ Καλλίμαχος terminait au contraire la première phrase, et que, au début de la suivante, il manque non seulement le nom des Colques, mais celui d'un auteur, dont le scholiaste résumait la version particulière. En rattachant ainsi le nom de Callimaque à la première phrase, on met ce poète d'accord avec Sophocle, pour dire que les Argonautes allèrent en Colchide et en revinrent par la même route. Et l'on met le scholiaste d'accord avec lui-même ; car, à la fin de sa note, il affirme qu'Apollonius était le seul auteur qui, à l'exemple de Timagète, eût fait passer les Argonautes par l'Ister.

là dans la mer Égée, gagnant ensuite les régions occidentales de la Méditerranée et rencontrant, à un moment donné, l'armée des Colques, venue par la même route. Et c'était à Schérie, l'île des Phéaciens (1), qu'il avait placé la scène de cette rencontre unique.

Tout nous porte à croire que nos fragments de distiques sont détachés de son poème. Cette hypothèse concilie tous les faits que nous relevons dans le texte même et dans les notes qui l'accompagnent. Versification, vocabulaire (2), morphologie, richesse des éléments étiologiques, il n'est rien qu'elle n'explique parfaitement. Elle rend naturelle aussi la présence de scholies nombreuses illustrant l'œuvre d'un des poètes les plus célèbres de l'antiquité, d'un des auteurs classiques les plus volontiers cités par les grammairiens.

Si nous la tenons pour admise, nos fragments proviennent de la partie du poème où Callimaque dirigeait les Argonautes vers l'île de Schérie et montrait le roi Alcinoüs obligé, à leur arrivée, de décider entre eux et les envoyés d'Æétès. Apollonius, dans l'épisode parallèle de ses Argonautiques, avait suivi l'exemple de son maître. On pourrait supposer que l'un et l'autre devait l'idée de ce singulier motif à quelque œuvre littéraire ancienne; en tout cas, ce n'était point chez eux un emprunt fait à la légende que cette combinaison toute artificielle de l'épopée d'Ulysse avec celle des Argonautes. Le plus probable, c'est que le mérite de l'invention revient à Callimaque.

Les deux scholies relatives à la reine Arété prouvent que l'accord général entre les deux poètes, dans cet épisode, n'excluait pas de sensibles différences. Chez Callimaque, il y avait

(1) Il en donnait les différents noms, entre autres celui de Δρεπάνη, qu'il expliquait par l'histoire du δρέπανον ou de la faux de Cronos. Apollonius, qui résume cette histoire (IV, 980 sqq.), dit le tenir d'auteurs plus anciens : ἐνέπω προτέρων ἔπος. C'est Callimaque qu'il désigne probablement ainsi, comme Aristote désigne Platon dans la formule φασί τινες.

(2) Dans le vocabulaire, l'emploi de l'adverbe τουτάκι, cher à Callimaque, est particulièrement significatif.

deuil à Schérie, à cause de l'absence d'Arété, et cette absence se prolongeait indéfiniment, car la reine mourait en voyage. Elle n'intervenait donc point en faveur de Jason et de Médée, comme dans le romanesque récit d'Apollonius. Alcinoüs était seul au moment où il prononçait sa sentence arbitrale (1).

Que l'idée de cette sentence fût un emprunt d'Apollonius à son prédécesseur, c'est ce qu'on peut inférer, ce me semble, d'un passage des Argonautiques (IV, 338-349) auquel on n'a pas pris suffisamment garde. Quand les Argonautes se voient atteints dans l'Adriatique par l'armée d'Absyrte, ils craignent de succomber sous le nombre et entrent en accommodement avec le fils d'Æétès. Ils garderont la toison d'or, mais Médée les quittera, jusqu'à ce qu'un roi pris pour juge décide si elle doit retourner chez son père ou les suivre en terre grecque :

εἰσόκε τις δικάσῃσι θεμιστούχων βασιλήων
εἴτε μιν εἰς πατρὸς χρείω δόμον αὖτις ἱκάνειν
εἴτε μεθ' Ἑλλάδα γαιαν ἀριστήεσσιν ἕπεσθαι.

Pourquoi le poète pose-t-il ainsi le jugement d'Alcinoüs, comme une pierre d'attente, au début d'un épisode où il n'en sera d'ailleurs nullement question? C'est sans doute que l'adjonction du dit épisode interrompt l'ordre des faits auquel une œuvre littéraire plus ancienne et déjà très connue avait habitué les lecteurs. Il tient à leur en annoncer la reprise, une fois la parenthèse terminée.

Callimaque parlait-il du moyen qu'avait employé Jason pour tourner d'avance à son profit la décision du roi? C'est plus que probable (2). Elle n'a pas les caractères d'une inven-

(1) En enlevant au roi, pour le donner à la reine, le rôle principal dans cette affaire, le poète des Argonautiques s'était conformé d'ailleurs, et assez ingénieusement, à la tradition homérique. C'est à l'influence toute puissante de sa mère sur Alcinoüs, que Nausicaa, au VIᵉ chant de l'Odyssée, persuade Ulysse d'avoir recours, et c'est le conseil qu'il a grand soin de suivre dès son entrée dans le palais.

(2) Dans les Argonautiques orphiques, l'épisode du séjour des Argonautes chez les Phéaciens (vers 1300-1351) dérive, pour le fond, du récit d'Apollonius, mais en diffère sur certains points de détail. Quand Alcinoüs a révélé sa

tion d'Apollonius, cette réplique évidente du jugement de
Zeus sur Perséphone, où le mariage précipité de Jason et de
Médée remplace, en l'interprétant, le symbole du grain de
grenade qu'Hadès fit avaler à la jeune déesse.

Quelles indications pouvons-nous tirer encore de nos
fragments?

Dans les commencements de vers que nous lisons à la page 1,
l'emploi de la première personne (τρύομαι, v. 4 ; νείσομαι v. 5) et
de la seconde (στέλλεο v. 13) suppose une scène à deux acteurs.
L'un d'eux parle des souffrances qu'il endure, ou tout au
moins des pensées douloureuses qui l'agitent (v. 3-4) et auxquelles Æétés (ad v. 2), le persécuteur de Jason et de Médée,
n'est pas étranger. Il annonce son intention de partir (v. 5) et
engage l'autre à se mettre aussi en route (v. 13).

La présence d'Iris au vers 15 et la note afférente à ce vers :
Ζέφυρον · ἐκείνῳ γὰρ ἐγαμήθη ἡ Ἶρις, nous permettent une hypo
thèse sur le nom du personnage et le sens des paroles prononcées. Chez Apollonius (IV, p. 51 sqq.), au moment où les
Argonautes quittent l'île de Circé, Héra charge Iris de trois
messages : un pour Thétis, à qui elle veut demander elle-
même de diriger la marche de l'Argo entre Scylla et Charybde, le second pour Héphæstos, qui, sur le passage des navigateurs, éteindra ses feux et fera taire ses marteaux, le troisième pour Eole, qui enchaînera tous les vents, sauf le Zéphyr,
dont le souffle poussera le vaisseau vers l'île des Phéaciens.
Or, si peu qu'il nous reste du texte de la page 1, nous y lisons
au vers 7 le commencement d'un mot qui a toute chance d'être

prochaine décision à la reine, ce n'est pas celle-ci qui la porte à la connaissance
des Minyens par l'entremise d'un héraut, comme chez Apollonius; c'est Héra,
sous les traits d'un esclave (vers 1339 sqq.) :

　　ἀλλ' οὔ οἱ βουλὴ Μινύας λάθεν · αἶψα γὰρ Ἥρη
　　ἑμωῒ δέμας εἰκυῖα θοῶς φάτο καὶ κατένευσιν
　　ντὴς ἐπὶ προθοροῦσα τά οἱ υή;τιον ἄνακτες.

Le compilateur anonyme n'invente rien. Il rend à Héra une partie du rôle
que Callimaque lui faisait jouer et qu'Apollonius avait mieux aimé donner
à la reine Arété.

ἀργυ[ρόπεζα], l'épithète consacrée de Thétis; nous y trouvons, au vers suivant, une première syllabe qui ne peut guère appartenir qu'à Ἥφ[αιστος]; enfin, la scholie du vers 15 met en rapport Iris et son époux, le Zéphyr. Il y a donc lieu de penser que tout ce passage de Callimaque contenait le discours d'Héra à Iris, dont Apollonius, selon son habitude, a développé la substance en une large et verbeuse amplification. Le sujet, la situation, le moment, les personnages, bref, toute l'invention, était la même chez les deux poètes; mais le plus ancien avait, au contraire de l'autre, procédé avec une extrême brièveté.

Aux vers 1-6, Héra faisait probablement part à Iris des craintes que lui inspirait le sort des fugitifs et lui annonçait son intention d'intervenir sans retard en leur faveur. Il est naturel d'admettre qu'elle allait donner à Jason et à Médée le conseil salutaire dont Apollonius préféra inspirer l'idée à la femme d'Alcinoüs. Quant à Iris, elle portait l'ordre de la déesse, non pas à Eole, mais directement au Zéphyr.

Il y avait un discours au haut de la page ii, où nous lisons, v. 2, le pronom de la première personne. Au vers 13, le verbe ὄλοισθον, signifiant soit « *périssez tous deux* », soit, avec un ἄν ou un κε disparu, « *vous péririez tous deux* », se trouvait-il dans un prolongement de ce discours ou dans le texte d'un autre ? Ce duel fait tout naturellement penser à Jason et à Médée. Si c'était un avertissement plutôt qu'une malédiction, on supposerait qu'Héra s'était rendue auprès d'eux, comme elle semble l'annoncer à la page i. Mais les quelques mots et les quelques lettres qui nous restent ici limitent par trop peu le champ des conjectures.

Au vers 7, ...ημένος ([τετι]ημένος?) ἄζη devait se rapporter au roi Alcinoüs, puisque le poète, comme nous l'apprend le scholiaste, parlait à cet endroit de la tristesse causée par l'absence d'Arété. On remarquera enfin, au vers 10, la mention de Lycus ou du Lycus et (d'après la note) d'un fleuve de Mygdonie. Comment était-elle amenée dans cet épisode ? C'est ce que nous ne pouvons pas plus expliquer que la présence des Athéniens au vers 5 (d'après la glose).

Les scholies de la page iv sur les Amazones et les Chalybes (?) donnent à entendre que Callimaque avait glissé, dans l'épisode du séjour des Argonautes à Schérie, probablement sous forme de discours, cette relation de leur voyage le long de la côte sud du Pont-Euxin qu'Apollonius a mise, à sa place chronolo gique, au commencement du chant II de son épopée.

Sur l'ensemble littéraire auquel appartenait notre fragment et sur la division de cet ensemble, nous avons une indication précieuse dans la note (ad I, 4-5) où le scholiaste se réfère à une partie du poème qu'il désigne comme la 33ᵉ. Un ouvrage qui comptait 33 parties au minimum était certainement un des plus considérables, sinon le plus considérable de Callimaque.

On sait que le récit en distiques élégiaques où il avait célé bré le retour des Argonautes a été rattaché (1) au grand poème des Αἴτια, dont il aurait formé le 2ᵉ chant et qui en avait quatre en tout. L'hypothèse est aujourd'hui généralement admise. Au premier abord, elle semble avoir contre elle la donnée numé- rique de la scholie que nous venons de citer. Car il n'est guère vraisemblable que Callimaque eût développé le même sujet dans deux poèmes différents; encore moins vraisemblable que le plus illustre des poètes alexandrins eût composé un recueil élégiaque comptant 33 parties au bas mot, sans que personne en ait jamais parlé. Mais on peut très bien concevoir que, dans certaines éditions des Αἴτια, on trouvât, outre la division princi- pale en quatre chants, un système de subdivisions, dont les chiffres formaient une série continue allant d'un bout à l'autre du poème et que, pour des raisons d'ordre pratique, certains grammairiens ou scholiastes adoptaient de préférence dans leurs citations. C'est bien dans les Αἴτια qu'était raconté le retour des Argonautes; c'est bien à un codex des Αἴτια qu'appartenait notre fragment.

_____

(1) Voir les *Callimachea* de O. Schneider, vol. II, p. 78 sqq.

Si, au cours de la violente et longue querelle qui éclata entre Callimaque et son ancien disciple après la publication des Argonautiques, celui-ci lança la fameuse épigramme où il ridiculisait surtout, en la personne de son adversaire, l'auteur des Αἴτια ·

Καλλίμαχος τὸ κάθαρμα, τὸ παίγνιον, ὁ ξύλινος νοῦς,
αἴτιος ὁ γράψας Αἴτια Καλλίμαχος

c'est que, acceptant la lutte sur le terrain choisi par son ennemi, il comparait comme lui, mais pour en tirer avantage, l'épopée nouvelle avec le poème élégiaque dont elle était sortie.

Apollonius avait puisé dans les Αἴτια une grande partie de ses données; mais il les avait traitées à sa manière, les modifiant, les amplifiant et les compliquant pour remplir le cadre de son roman mythologique. Callimaque lui en voulait, non pas de l'avoir mis si largement à contribution, mais de l'usage qu'il avait fait de ces emprunts. Pour lui, l'épopée et la mythologie ne devaient être que des prétextes à commentaires étiologiques; c'était un des dogmes de son école: avec Apollonius, elles rede venaient l'essentiel en poésie.

Malgré le peu d'étendue et l'état si tristement fragmentaire des textes que nous publions, ils sont de nature à jeter quelque lumière, d'une part, sur la proportion des éléments dont Apollonins est redevable à l'œuvre de Callimaque et, d'autre part, sur le caractère très différent qu'ils prirent sous sa main.

Jules NICOLE.

MANUSCRIT

DES ŒUVRES DE S. DENYS L'ARÉOPAGITE

ENVOYÉ DE CONSTANTINOPLE A LOUIS LE DÉBONNAIRE

EN 827

De tous les manuscrits grecs conservés aujourd'hui à la Bibliothèque nationale, le volume qui porte le n° 437 du fonds grec est sans doute celui qui est depuis le plus longtemps en France. Il y a près de onze cents ans en effet que cet exemplaire, en lettres onciales, des opuscules théologiques mis sous le nom de saint Denys l'Aréopagite (1) a dû être copié et apporté peu après de Constantinople, au nom de l'empereur Michel le Bègue, par une ambassade grecque, qui vint trouver Louis le Débonnaire à Compiègne en 827.

Les relations diplomatiques entre les empereurs d'Orient et les rois de France avaient été fréquentes aux VIIIe et IXe siècles.

---

(1) Soixante-dix ans auparavant, vers l'année 758, le pape Paul Ier avait déjà envoyé à Pépin le Bref quelques livres grecs et latins, dont une des lettres de ce pape nous a conservé le détail : « Direximus etiam excellentissimæ præcellentiæ « vestræ et libros quantos reperire potuimus, id est Antiphonale et Responsale, « insimul artem grammaticam (dialecticam) Aristotelis, Dionysii Ariopagitæ « libros, Geometricam, Orthographiam, Grammaticam, omnes græco eloquio « scriptores, necnon et horologium nocturnum. » (Ep. XIII, *Hist. de France*, VI, 513; ep. XXIV, ed. Jaffé, *Biblioth. rerum German.*, IV, 99); cf. J. B. de Rossi, *De origine, historia... Bibliothecae Sedis apostolicae*, p. LXXXVIII, en tête des *Codices Palatini latini Bibl. Vatic.*, de H. Stevenson (Romæ, 1886, in-4°). Il ne semble pas qu'aucun de ces manuscrits soit parvenu jusqu'à nous.

De 755 à 842, en moins de cent ans, on trouve chez les anna-
listes occidentaux, qui nous renseignent mieux à ce sujet que
les historiens orientaux, les mentions de douze ambassades,
dont neuf dans l'espace d'un tiers de siècle, de 810 à 842 (1).
Pendant son court règne, Michel le Bègue envoya deux ambassades près de Louis le Débonnaire : la première vint trouver
le roi à Rouen, en novembre ou décembre 824, et la seconde à
Compiègne, en septembre 827. Parlant des premiers ambassadeurs, à l'année 824, les *Annales regni Francorum*, ou *Lauris-
senses majores*, dont la continuation s'arrête à l'année 829,
disent simplement qu'ils apportèrent au roi des lettres et des
présents, « litteras et munera deferentes » (2); il en est de
même à l'année 827, où l'on ne trouve qu'une mention som
maire et sans aucun détail sur la venue des seconds ambassa
deurs (3). Le témoignage formel d'Hilduin, abbé de Saint-Denys

(1) Voir la *Revue archéologique*, t. XIX (1892), p. 384-393.

(2) Ed. G. H. Pertz, recogn. Fr. Kurze (Hannoveræ, 1895, in-8°), p. 165.

(3) *Ibid.*, p. 174. — La *Vita Hludovici pii*, de l'Astronome, n'est guère plus
explicite, à l'année 827 : « Legati imperatoris venerunt, munera attulerunt... »
(*Historiens de France*, VI, 108). Sigebert de Gembloux et l'*Annaliste Saxon*, qui
compilèrent tous deux leurs chroniques au XII° siècle, ont confondu ces deux
ambassades en une seule, qu'ils rapportent à l'année 824, et leur récit, dont il
est inutile de relever les inexactitudes, est en partie emprunté au texte mal compris des *Areopagitica* d'Hilduin cité plus loin :

Chronique de Sigebert.

« 824... Legati Michaelis imperatoris
« inter cetera munera detulerunt Lu-
« dowico imperatori libros Dionysii
« Areopagitae, ab eo conscriptos *de
« hierarchia*, id est sacro principatu,
« petente ipso Ludowico de græco in la-
« tinum translatos. Qui libri, Parisius
« in ipso martyris festo missi, cum
« gaudio suscepti sunt ; quod gaudium
« virtus sancti martyris auxit, decem
« et novem egrotis in ipsa nocte ibi sa-
« natis. » (*Historiens de France*, VI,
233; *Monumenta Germaniæ*, SS., VI,
338.)

Annalista Saxo.

« A. d. i. 824... Legati Michaelis im-
« peratoris Constantinopolitani ad im-
« peratorem Lodowicum pro pace
« confirmanda cum muneribus et lit-
« teris venerunt, condignoque responso
« absoluti sunt. Inter cetera munera
« detulerunt imperatori libros Dionysii
« Ariopagitae ab eo conscriptos *de
« ierarchia*, id est sacro principatu, pe-
« tente ipso Lodowico de greco in la-
« tinum translatos. Qui libri, Parisius
« in ipso sancti martyris festo missi,
« cum gaudio suscepti sunt. Quod gau-
« dium virtus sancti martyris auxit, 19
« ægrotis in ipsa nocte ibi sanatis. »
(*Historiens de France*, VI, 220; *Monumenta Germaniæ*, SS., VI, 573.)

et archichapelain du palais, permet cependant de rapporter à
l'année 827 la présentation à Louis le Débonnaire par les
ambassadeurs de Michel le Bègue d'un exemplaire du texte
grec des œuvres de saint Denys l'Aréopagite. Le passage suivant des *Areopagitica* ne peut laisser aucun doute à cet égard (1) :

« Cæterum de notitia librorum ejus, quos patrio sermone
« conscripsit, et quibus petentibus illos composuit, lectio nobis
« per Dei gratia et vestram ordinationem, cujus dispensatione
« interpretatos scrinia nostra petentibus referant, satisfacit.
« Authenticos autem eosdem libros græcâ linguâ conscriptos,
« quando œconomus ecclesiæ Constantinopolitanæ et cæteri
« missi Michaelis legatione publica ad vestram gloriam Com-
« pendio functi sunt, in ipsa vigilia solennitatis sancti Dionysii
« pro munere magno suscepimus. Quod donum devotioni nos-
« træ ac si cælitus allatum, adeo divina est gratia prosecuta, ut
« in eadem nocte decem et novem nominatissimæ virtutes in
« ægrotorum sanatione variarum infirmitatum, ex notissimis et
« vicinitati nostræ personis contiguis, ad laudem et gloriam sui
« nominis, orationibus et meritis excellentissimi sui martyris,
« Christus Dominus sit operari dignatus. »

C'est à cette même source qu'a puisé, au xiii⁰ siècle, le
moine de Saint-Denys, auquel on doit la légende de ce saint
et la traduction de la Chronique de Sigebert, conservées dans
le manuscrit français 696, lorsqu'il dit (fol. 2) : « Et se aucuns
« veut savoir comme il fu de bon sens et de soutill enging et
« d'esperitel entendement, leuse les iiii. livres que il fist et ses
« x. epistres; » et plus loin (fol. 3) : « Cil livre, dont nos avons
« parlé, vindrent en tel maniere. Michel li empereires de Cos-
« tentinnoble envoia larges presenz a Loys l'empereur de
« Rome, et aveques li presenta les livres que messires sainz
« Denis fist de *Iherarchie*. Loys les reçut liement et les envoia

« a l'abeie de saint Denise en France, la veille de la feste, et lors
« i avint mout beaux miracles. Quer, si comme il furent receu,
« xix. hommes i furent gueri de diverses enfermetez et par ce
« mostra bien nostre Sires que en cez livres estoit la doctrine
« qui est la veraie medecine et saluz esperiteux as ames (1). »

Mais, au xvii⁰ siècle, le précieux volume n'était plus à l'abbaye ; D. Germain Millet, dans son *Trésor sacré* (2), après avoir
mentionné un autre manuscrit grec des œuvres de S. Denys,
aujourd'hui conservé au Musée du Louvre (3), envoyé de Constantinople par l'empereur Manuel Paléologue et apporté en
1408, à Saint-Denys, par Manuel Chrysoloras, en parle en ces
termes : « Longtemps auparavant un autre livre avoit esté
« envoyé par l'empereur Michel le Bègue à l'empereur Louis
« Débonnaire, roy de France, à sçavoir le livre de la *céleste*
« *Hiérarchie* et dix *Epistres*, escrites de la propre main de
« sainct Denys Aréopagite (4), comme en font foy les histo-
« riens françois, avec les chroniques de Sainct-Denys et le
« cardinal Baronius... Ce livre ne se trouve plus au Trésor (5),

---

(1) Cf. *Acta SS. Boll.*, oct. IV, 792 ; Migne, *Patr. lat.*, t. CVI, col. 29 et suiv.

(2) Édition de 1645-1646, p. 119. Cf. Félibien, *Histoire de l'abbaye royale de Saint-Denys-en-France* (1706), p. 67.

(3) Voir Sauzay, *Musée de la Renaissance : notice des ivoires*, n° 53 ; et *Mélanges Graux* (Paris, 1884, 8°), p. 318.

(4) Une origine pareillement fabuleuse a été longtemps attribuée à un manuscrit célèbre de l'Escurial, l'Évangéliaire du Camarin (chambre aux reliques de la sacristie), en onciales du viiiᵉ ou ixᵉ siècle, qui passait pour avoir été écrit, ou du moins possédé par saint Jean Chrysostome (voir Graux, *Archives des missions scientifiques*, 3ᵉ série, V, 119 ; VII, 73-83 ; *Revue de philologie*, nouv. série, t. I (1877), p. 208 ; et *Essai sur le fonds grec de l'Escurial*, p. 148 et suiv. ; il y en a un fac-similé dans Graux et Alb. Martin, *Fac-similés de mss. grecs d'Espagne* (1891), pl. I, 1 et 2).

Une note tracée sur un feuillet de garde du manuscrit des Évangiles, en onciales d'argent sur parchemin pourpré, de Bérat d'Albanie, dont l'écriture peut remonter au viᵉ siècle, attribue également la copie de ce volume à saint Jean Chrysostome, lorsqu'il était diacre à Antioche (voir P. Batiffol, *Archives des missions scientifiques*, 3ᵉ série, t. XIII (1887), p. 437-556, et *Mélanges... de l'École de Rome* (1885), p. 358-376).

(5) Il est difficile de l'identifier avec l'article 154 de l'inventaire du Trésor de Saint-Denys de 1505, publié dans les *Mémoires de l'histoire de Paris*, t. XXVIII (1901), p. 181 : « Ung autre livre, en parchemyn, escript en grec, relié entre deux ais, couvert de cuyr rouge ; non prisé. »

« non plus que beaucoup d'autres choses qui y étoient jadis. »

On ne devait pas cependant déplorer la perte de ce volume; il avait, en effet, été recueilli dans la riche bibliothèque formée au xvi° siècle, à Paris, par Henri de Mesmes, enrichie au xvii° siècle par son fils Jean-Jacques de Mesmes et qui fut dispersée, après la mort de celui-ci; en 1706, il entrait, avec un certain nombre de manuscrits des de Mesmes, dans les collections de la Bibliothèque royale (1). Henri de Mesmes l'avait, de son vivant, communiqué, en 1561 ou 1562, à Guillaume Morel, qui l'utilisa pour établir le texte de l'édition des œuvres de saint Denys l'Aréopagite publiée par lui au cours de cette dernière année, et dans l'épître au lecteur, imprimée à la suite du texte grec, celui-ci lui donne le premier rang parmi les manuscrits qu'il avait consultés, tout en lui attribuant une antiquité quelque peu fabuleuse

« Libris ergo manuscriptis hisce sumus usi. Primus omnium
« antiquissimus literis maiusculis et propemodum uncialibus
« in membrana ita descriptus erat, ut verba a verbis nullo
« interstitio aut exiguo admodum, distinguerentur, sine accen-
« tuum ulla aut rarissima nota, nisi sicubi verbum alioqui
« ambiguum foret. Ante mille ducentos annos scriptum affir-
« mant, qui in hoc genere librorum tractando diu versati sunt.
« Complectebatur libros omnes Dionysii quos damus, quanquam
« quaternione uno mutilatus erat..... Hunc nobis benigne libera-
« literque commodavit vir clarissimus Erricus Memmius (2). »

(1) Voir L. Delisle. *Cabinet des manuscrits*, I, 397-400. — En 1706 des libraires parisiens mêlèrent un certain nombre de manuscrits, provenant des de Mesmes dans le catalogue de vente de la bibliothèque des Bigot : *Bibliotheca Bigotiana*, seu catalogus librorum quos (dum viverent)... congessere viri clarissimi DD. uterque Joannes, Nicolaus, et Lud. Emericus Bigotii..., quorum plurimi mss. antiqui bonæ notæ tam græci quam latini... (Parisiis, 1706, in-12; et la réédition annotée et précédée d'une savante introduction publiée par M. L. Delisle, pour la *Société des Bibliophiles normands* (Rouen, 1877, pet. in-4°). Ce manuscrit, porté au catalogue sous le n° 35, « D. Dionysii Areopagitæ opera, Gr. *Caracteribus majusculis*, in membr. », fut acquis avec beaucoup d'autres pour la Bibliothèque du roi.

(2) Voir *Dionysii Areopagitæ opera quæ extant* (Paris, G. Morel, 1561-1562, in-8°; édition décrite dans Hoffmann, *Lexicon bibliographicum*, II, 85-86.

Dans son état actuel, le manuscrit grec 437 de la Biblio
thèque nationale est un volume de format petit in-4°, composé
de 216 feuillets de parchemin, mesurant 238 millimètres sur
155, recouverts d'une reliure en veau raciné, au chiffre de
Louis-Philippe. On aura un spécimen de sa belle écriture
onciale, anguleuse et penchée, qu'on peut rapporter au
ixᵉ siècle, par le fac-similé ci-joint du feuillet 195 (1). Ce manuscrit contient, avec quelques lacunes, les livres de la *Hiérarchie céleste,* de la *Hiérarchie ecclésiastique,* des *Noms divins,*
et les *Lettres* ii à ix, attribués à saint Denys l'Aréopagite; le
livre de la *Théologie mystique,* qui devait se placer avant les
Lettres, ne s'y trouve plus.

I (Fol. 1-40 v°). *De cælesti hierarchia.* Κεφαλεον Α΄ (2). ῞Οτι
πᾶσα θεία ἔλλαμψις... Πᾶσα δόσις ἀγαθή... (ιε΄) ... καὶ ἀφθόνου
εὐφροσύνην... (Migne, *Patr. gr.,* III, 120-340).

II (Fol. 41-102 v°). *De ecclesiastica hierarchia* (II)... ζωῆς τὴν
ἐπιστασίαν ἀναδέξασθαι... — (VII)... ἀνασκαλεύσω σπινθῆρας
(Migne, 393-570).

III (Fol. 103-192 v°). *De divinis nominibus.* ✝ Περι θειων
ονοματων. Νῦν δὲ, ὦ μακάριε,... — ... (XIII)... ἱεραρχικῶν λόγων
εἰς ἑαυτοὺς συν[εστείλαμεν]... (Migne, 585-594.) — En tète (fol. 103
et v°) sont les titre et épigramme : Εἰς νόον... (Migne, 117),
avec la table des chapitres.

IV. — *De mystica theologia,* dont le texte manque, et qui
devait se trouver entre les feuillets actuellement cotés 192-193.

V (Fol. 193-216 v°). *Epistolæ* II-IX :... ὁ πάσης ἀρχῆς... —...
.ὰς προνοητικὰς ἐνερ[γείας]... (Migne, 1069-1109.)

Comme on l'a pu voir par la description qui précède, il
manque aujourd'hui, au début du volume, un ou deux feuillets,
qui devaient offrir le titre et la table des chapitres de la *Hiérarchie céleste;* un cahier entre les fol. 16-17, et un autre,

---

(1) Voir aussi mes *Fac-similés des plus anciens manuscrits grecs, en onciale et
en minuscule, de la Bibliotheque nationale, du* iv° *au* xii° *siècle* (Paris, 1892,
in-fol.), pl. XIV, 1.

(2) Les titres de chapitres ont été écrits en onciales rouges.

entre les fol. 40-41, qui contenait la fin de ce même traité et
le début de la *Hiérarchie ecclésiastique*; quelques cahiers encore, entre les fol. 192-193, sur lesquels étaient copiés le texte
de la *Théologie mystique*, la première des *Lettres* et la seconde,
dont les dernières lignes se trouvent au fol. 193; enfin, un
dernier cahier donnant la fin du texte de la lettre ix et les
lettres x et xi. Toutes ces lacunes remontent à une époque déjà
ancienne, autant qu'on en peut juger par une numérotation
des cahiers, qui semble dater du xii° ou xiii° siècle et dont les
chiffres ont en partie échappé au couteau du relieur (1). Tel
qu'il est cependant parvenu jusqu'à nous, ce petit volume,
apporté et conservé en France depuis près de onze siècles, est
un témoin vénérable de l'antiquité des relations de l'Orient et
de l'Occident et du prix que les héritiers dégénérés de l'Empire romain transféré à Byzance attachaient à l'amitié du jeune
Empire franc.

H. OMONT.

---

(1) Fol. 40 v°, 48 v°, 56 v°, 64 v°, 88 v°, 96 v°, 104 v°, 112 v° et 184 v°; les
chiffres des cahiers V, VI, VII, VIII, X, XI, XII, XIII et XXII, qui ont ainsi survécu
sont contemporains de quelques notes latines, explicatives de mots grecs, qu'on
remarque aussi aux fol. 44, 154, 164 v°, 191, 195 et verso. Quelques notes et corrections grecques, du xv° ou xvi° siècle, se voient aussi aux fol. 11 v°, 18 v°,
21 v° 46 et 154 v°.

ŒUVRES DE S. DENYS L'ARÉOPAGITE

Bibliothèque Nationale, ms. grec 437, fol. 195.

Académie de Vienne : 1° *Denkschriften*, tomes 47 et 48 (1902). 2° *Sitzungsberichte*, 1902.

Belgique. — *Musée Belge*, VI (1902).

Revue de l'Instruction publique en Belgique, XLIV (1901), XLV (1902).

Egypte. — *Annales* du service des antiquités de l'Égypte. Le Caire, tomes I (1899) à IV (1902).

Bulletin de l'Institut égyptien du Caire, 4° série, 1900, 1901, 1902 (4 fascicules).

États-Unis. — *American journal of philology*, XXIII (1902).

American journal of archaeology, VI (1902), VII (1903).

Harvard studies in classical philology, XIV (1903).

France. — *Bulletin de correspondance hellénique* (BCH). Tome XXV (1901), p. 241 à la fin. Tome XXVI (1902), p. 1-290.

Revue archéologique. Tomes XL-XLI (1902), XLII-III (1903).

Revue de Philologie. Tome XXVI (1902), XXVII (1903).

Revue des études grecques (REG) XV (1902), XVI (1903).

Revue des études anciennes, IV (1902).

Mélanges d'archéologie et d'histoire (École de Rome), XXII (1902).

Clermont-Ganneau, *Recueil d'archéologie orientale*, tome V.

Académie des inscriptions, Comptes rendus, 1902, 1903.

Société nationale des antiquaires, Bulletin, 1902.

Revue biblique, XI (1902), XII (1903).

Grande Bretagne et Irlande. — *Journal of hellenic studies* (JHS), XXII (1902), XXIII (1903).

Annual of the British school at Athens, VII (1900-1), VIII (1901-2).

Classical Review, XVI (1902), XVII (1903).

Hermathena, XII (1902-3).

Palestine exploration fund. Quarterly statement, XXXV (1903).

Grèce. — Ἐφημερὶς ἀρχαιολογική, 1902, 1903.

Ἀθηνᾶ, XIV (1902); XV (1903), 1ʳ fasc.

Hollande. — *Mnemosyne*, XXX (1902), XXXI (1903).

Italie. — *Monumenti antichi pubblicati dei Lincei*, XII (1902), XIII (1903).

Bullettino archeologico della commissione comunale di Roma, 1902, 1903.

Nuovo Bullettino di archeologia cristiana, 1901, 1902.

Notizie degli Scavi. Mars 1901, 1902, 1903 (les onze premiers cahiers).

Russie. — *Izviestya* Rousskova Archeologitcheskova Instituta, etc. (Bulletin de l'Institut archéol. russe de Constantinople), Sofia, VII (1901-2), VIII.

Suède. — *Eranos*. Acta philologica suecana, IV, fasc. suppl.; V, fasc. 1 et 2.

CORPORA, etc.

Ont paru depuis notre dernier bulletin :

Du Recueil des Inscriptions grecques de l'Académie de Berlin (désormais intitulé *Inscriptiones graecae* et dirigé par U. von Wilamowitz Moellendorff) (1) ·

Vol. IV. *Inscriptiones Argolidis* (ancien titre : CIG. Inscr. gr. Peloponnesi et
insularum vicinarum I) ed. Max. Fraenkel (+ 1903), Berol. Reimer, 1902.

Vol. XII, fasc. V, pars prior. *Inscriptiones Cycladum praeter Tenum.* ed. F.
Hiller de Gaertringen. Berol. Reimer 1903.

Dittenberger. *Orientis graeci inscriptiones selectae*, I, Lipsiae, Hirzel, 1903
(434 textes classés par ordre de royaumes).

Du recueil de Collitz-Bechtel (*Sammlung der griechischen Dialektinschriften*)
a paru III, 2, 3. *Die Kretischen Inschriften*,.. von F. Blass. Göttingen, Vandenhoeck et Ruprecht, 1904.

GÉNÉRALITÉS

Ziebarth, *Neue Jahrbücher*, 1902, 214. Cyriaque d'Ancône comme fondateur de
l'épigraphie.

O Seeck, *Beiträge zur alten Geschichte*, I, 146. Decemprimat et décaprotie.

R. Meister, *Abhandlungen de l'Ac. de Saxe*, XLVII (XX), n° 4, p. 6-12. Étude
sur l'emphytéose. (NB. Messieurs Hauvette et Besnault ne sont qu'un seul et
même savant.)

Weinberger, *Wiener Studien*, XXIV, 296. Abréviations épigraphiques.

Shipley, *Am. journ. arch.* 1903, 429. Sur les lettres ΦΧΨ.

Lucas, *Röm. Mitt.*, 1902, 126. Liste des signatures de mosaïstes connues.

Brueckner, *Jahrbuch*, 1902, 39. Sentences gnomiques sur des pierres tombales
grecques.

Paribeni, 'Εφ. άρχ., 1902, 11. Fr. de l'édit de Dioclétien trouvé à Athènes. Les
cinq dernières lignes (= IX, 5-X, 1) sont nouvelles en grec.

ITALIE

Rome. — Marucchi, *Nuovo Bull. Arch. crist.*, VII (1901), 243. Inscr. du cimetière de Domitilla récemment acquise par la commission pontificale.

Hülsen, *Beiträge zur alten Geschichte*, II, 283 (= Bull. comun. 1900, 295).
Couvercle de sarcophage trouvé à S. Maria Antiqua, mais probablement déplacé :

---

(1) Cf. Wilamowitz, rapport à l'acad. de Berlin, 28 janvier 1904. Les volumes
porteront les titres suivants (l'astérisque désigne les fascicules ou volumes
parus) · I-·III. Insc. Atticae · IV. Argolidis. V. Arcadiae Laconicae Messeniae.
VI. Elidis et Achaiae. · VII. Megaridis et Boeotiae. VIII. Delphorum. IX. Regionum
Graeciae septentrionalis, etc (· fasc. I). X Epiri Macedoniae Thraciae Scythiae.
XI. Deli. XII. Insularum maris Ægei (· fasc. 1, 2, 3, 5). XIII. Cretae. · XIV. Sici-
liae et Italiae. Nous ne saurions trop recommander aux épigraphistes de ne pas
citer ces volumes exclusivement par leurs numéros, mais par des titres abrégés
moins sujets à la fâcheuse coquille.

Ἐνθάδε κῖ|ται Σειλίκες | γερουσιάρχης | κὲ Σωφρονία σύν|διος αὐτοῦ κὲ Μα|ρία κὲ Νίκανδρος υἱοὶ | αὐτῶν.

Kubicek, *OEst. Jahr.*, VI, Beiblatt, 80. Dans *Insc. gr. Rom.*, I, n° 132 il faut restituer Τιδε]ριέων τῶν καὶ Κλαυδιοπολιτῶν, comme sur la monnaie NZ, I, 101.

Foucart, *R. de Philol.*, XXVI, 213. L'inscr. de la base de la statue de Pythoclès d'Élée (Bull. mun. 1891, 280) serait l'étiquette de *l'original*, transporté de Rome sous Néron. Sur la base d'Olympie (n° 162) les Éléens auraient érigé une copie. Le chiffre IB signifierait « 12ᵐᵉ statue à enlever. »

Bull. com. 1902, 209 : Θέσπις Θέμωνος Ἀθηναῖος (= *Notizie*, 1902, 111), base d'un buste de Thespis.

Mont Célius. *Bull. communale*, XXX (1902), 73. Épitaphe mutilée.

Funéraires : *Bull. com.* 1902, 207; 1903, 373 (Ερμας... ου πραγμα[τευ]της = Notizie, 1903, 122). *Notizie*, 1902, 94, 358 (?), 364.

Monastère de S. Erasme. Gatti, *Bull. com.*, 1902, 164. Nouvelle édition de CIG. 8853 (fonds de terre dépendant du monastère).

Catacombes. *Notizie*, 1903, 283 (Cimetière de S. Damase). Aur. Theodoulos et sa femme Cecilia Maria (formule finale : εἰς ἀγάπην!). *Nuovo bull.* 1902, 121 et 225 (cim. de Priscilla).

Tusculum. — *Bull. com.*, 1902, 106... οἱ λαμπρότατοι πατέρες.

Italie du Nord. — *Aquilée.* — Kubicek, *OEst. Jahresh.*, VI, Beibl., 75. Les n°ˢ 2348 et 2347 des IGSI appartiennent au même texte. C'est l'épitaphe de Σαδδῖνος, fils de Bala, natif de Χάδαδα τῆς Ἀραδίας. — De même 2356 et 2357 ne font qu'un.

Etrurie. — *Bolsena* (Vulsinii). *Notizie* 1903, 372. Tessère d'entrée avec la représentation d'une porte et, au verso : I | ΠΥΛΗ | Α.

Italie du Sud. — *Campanie.* — *Pouzzoles.* — Dubois, *Mélanges de Rome.* 1902, 23, commente les inscriptions religieuses et agonistiques.

Pianura. — *Notizie*, 1902, 563. Sur trois faces d'un cippe en tuf : Συνορια Αιμιλιου Σκιεντος (?)ωνη α (?) :ουγ λ.

Cumes. — *Notizie*, 1903, 171. Lame de plomb avec inscr. imprécative archaïque : τα. Δοριδος κα: ασ. ρον, etc.

Terre d'Otrante. — Papadopoulos Kerameus, *Byz. Zeit.*, 1902, 518. Meilleure lecture de l'inscr. BZ. VII, 30. Lire πυργωποιήα.

Rhégium. — *Notizie*, 1902, 44. Petites boules de craie rosée avec des **inscr.** archaïques (commencement du v° siècle) importantes pour l'alphabet local : Κλεοφαντες Γλαυκιυ (sic), Δεμοφαντς Θραρυος, etc. — Fr. d'un catalogue de fonctionnaires sacerdotaux : ἱεροκήρυξ, ἱεροσαλπιστής, ἱεροπαρέκτης, σπονδαύλης.

Sicile. — Morey, *Nuovo bull. arch. crist.* 1902, 55. Sur divers textes publiés dans les *Notizie* et la *Röm. Quartalschrift.*

Augusta (Molinello près). *Notizie*, 1902, 429. Funéraire.

Ferla. — Fuehrer, *Röm. Mitt.*, 1902, 110. Funéraires chrétiennes dont une (p. 117) : Διονύσιος πρεσδυτερεύσας ἐκκλησία τῇ Ἐργιτάνη, etc.

Licodia. — *Notizie*, 1903, 435. En belles grandes lettres : Τ. Νυμφόδωρος Διοδώ[ρου... *Nuovo bull. crist.*, 1902, 14. Lampes chrétiennes.

Menae. — *Notizie*, 1903, 436. Funéraires de bonne époque.

Syracuse. — Orsi, *Mon. antichi*, XIII, 369. Fouilles de l'Olympieion. P. 387 ˙ Αρτεμ[...] Διονυσ[...]

Notizie, 1902, 406. Marque d'amphore inédite : Κλασ|επιου.

Fusco, près Syracuse. *Notizie*, 1903, 534. Funéraire récente.

DALMATIE

On a omis de signaler dans les précédents bulletins J. Brunsmid, *Inschriften und Münzen der griechischen Städte Dalmatiens*, 1898 (*Abhandl. des arch. epigr. Seminars in Wien*). La pièce capitale (p. 2 suiv.) est le décret de Curzola (Corcyre noire) sur la fondation d'une colonie grecque, trouvé en 1877. La colonie partit d'Issa et l'inscr. donne la liste des premiers colons classés par tribus (Dymanes, Hylleis, Pamphyloi). Une partie du sol reste indivise (ἰδιαίρετος), le reste est partagé en lots égaux. En tout 32 inscriptions.

Salone. — Zeiller, *Bull. Soc. antiq.*, 1902, 251. Au cimetière suburbain de Marusinac, sur une dalle de marbre : + ο αγιος Μηνας +.

GRÈCE DU NORD

Acarnanie. — Preuner, AM, XXVII, 330. Rectifications et compléments au CIGS d'après des estampages de Noack. 8. Catalogue des membres d'une confrérie, avec le μάγειρος, le διάκονος et l'οἰνοχόος. 21 (Thyrreion). Épitaphe métrique de Sopolis, fils de Léon, guerrier et poète (4 distiques). 22 (ibid.). Autre de Timélas, fils de Philiscos, tué à 27 ans par une ourse (6 distiques).

Leucade. — Preuner, AM, XXVII, 353. Compléments et corrections au CIGS d'après le recueil d'inscr. leucadiennes de Stamatelos ('Εφ. τῶν φιλομαθῶν, 1868) Textes nouveaux : 25. Cimier de casque en bronze avec l'inscr. archaïque Ευφραιος μ'ανεθεκε τΑθαναι.

Kolbe, ib. 368. Funéraires (simples noms).

Ithaque. — Preuner, AM, XXVII, 372. Le n° 656 du CIGS est un faux. 56-59. Funéraires d'après John Lee (*Archaeologia*, 1849).

Prott, ib., 377. Fr. métrique.

Contoléon, REG, XV, 132. Funéraires dont une en vers.

Étolie. — *Thermon.* — Sotiriadis, 'Εφ. ἀρχ., 1903, 94. Inscription archaïque (alphabet corinthien) des métopes d'un temple.

Thessalie. — O. Kern, *Index scholarum* de Rostock, 1901/2. Recueil des inscriptions thessaliennes archaïques.

O. Hoffmann, *Philologus*, 1902, 245. Sur l'inscription de Sotairos (MA, XXI, pl. VII, etc.). Les Θητώνιοι de l. 2 sont, comme l'a vu Keil, identiques aux Θηγώνιοι de Thessalie chez Et. Byz. Hoffmann considère la l. 1 comme la continuation de l. 11 (le graveur a tracé un tiret sous le commencement de l. 1) et interprète 'Ορέσταο Φερεκράτ|ης (pour Φερεκράτηος), ὑλωριόντος Φιλονίκω ὑιὸς (gén.) — Voir une note sur le même sujet par Bechtel, *Hermes*, 37, 631, qui montre l'impossibilité de considérer Φερεκράτης comme un génitif.

Pagases et Magnésie. — O. Kern, *Hermes*, 37, 627. Ex-votos à Héraclès.

Velestino. — Contoléon, REG, XV, Funéraire.

Volo. — Supplément du Ηρομηθεύς de 1901 (tome XIII). Actes d'affranchissemen
datés des stratèges Zoilos, Menandros, Aristophylidas, Lycos. Noter le n° 2 o[
le maître affranchit une femme (Ἐλπίς) καὶ τὸ ἐξ αὐτῆς τέχνον.

Phocide. — *Delphes.* — B. Keil, *Hermes*, 37, 511. Observations sur le systèm[
de comptes à Delphes.

J. Beloch, *Beitrüge zur alten Geschichte*, II, 205. L'amphictionie delphique a[
III° siècle.

M. Laurent, BCH, XXV, 347. 1. III° siècle. Procès concernant l'attribution d[
certains territoires : 1° entre les villes thessaliennes (Achaïe) de Mélitée e[
Chalae d'une part, Peumata de l'autre ; 2° entre Péréa et Phyllladon d'un[
part et Peumata de l'autre (dans ce second cas un premier jugement a déjà ét[
prononcé par les Mélitiens en faveur des Péréens). Les juges désignés (5 citoyen[
de Cassandria) prononcent en faveur des Mélitiens et Ηηραῖς et tracent en détai[
la démarcation. En tête les noms de 3 tages (?), à la fin les témoins, 9 de Thèbes
(de Phthiotide), 3 de Démétrias dont un τραπεζίτης. Les bornes sont désignée[
sous le nom de πόλοι. Chalae apparaît ici pour la première fois. — 2 (mutilé)
Arbitrage par des juges étoliens entre Mélitée et Xyniai. Le stratège étolien Pan[
taléon était déjà connu pour 238 — 3 (vers 150). Arbitrage (mutilé) entre Thèbes e[
Halos. Arbitre : Macon de Larissa. Chaque ville est représentée par plusieur[
délégués, magistrats, anciens magistrats, particuliers. — 4. Décret amphictio[
nique en l'honneur de Callistos de Cnide. Il a rendu service aux villes grecque[
en plaidant leur cause auprès d'un empereur (Jules César ?) ; la date approximativ[
est donnée par les noms de 2 délégués connus d'ailleurs.

Bourguet, BCH, XXVI, 5. Comptes de l'archontat d'Aristonymos. La rédactio[
en est sommaire. Session d'automne, prytanes (8 noms) ; liste de hiéromnémons
On (le conseil) a donné aux néopes tant de talents, prix des salaires attribués [
différents artistes. Session du printemps : prytanes (les mêmes), hiéromnémons[
Payé à l'architecte Euphorbos pour 3 ans de travaux à Pylai (local du synédrion
temple, bains ou χύτροι), 1 talent et 60 statères à raison de 2 statères par jour (1)
puis diverses sommes aux artistes employés sous sa direction. — Nouvelle lectur[
du texte relatif au 4° versement des Phocidiens (P. 28). — P. 41. Comptes parti[
culiers des naopes (paiements faits à des entrepreneurs et artistes). Note[
quelques termes nouveaux : ἐπιγναφεῖα (coins de corniche ?), προστεγασσήρ (cou[
verture provisoire ?), ἰσχπλίνθα (pieds droits ?) et des prix intéressants : 2 dr. l[
paire de tuiles de Corinthe, 60 dr. le mille de briques crues, 3 1/2 oboles la min[
de clous d'assise, 4 oboles par jour au sous-architecte, 13 dr. une pierre d'assis[
courante, 240 dr. pour transporter de Kirra à Delphes un bloc de tuf qui en [
coûté 61.

Jardé, BCH, XXVI, 246. Actes amphictioniques de la domination étolienne
intéressants pour les catalogues des hiéromnémons et les fastes des archonte[
(rectifications aux listes de Pomtow). 2. Décret des hiéromnémons en l'honneu[

(1) Ici et ailleurs (BCH, XX, 197), les mois sont comptés uniformément [
30 jours, l'année à 12 mois de 30 jours soit 360 jours. M. B. aurait dû en faire
l'observation.

du citharède Ménalkès qui s'est distingué aux Sôtéria et exécuta un morceau supplémentaire. 10. Décret en faveur d'un collège d'hiéromnémons suivi d'un autre relatif à une condamnation. 11. Autre semblable de l'archontat d'Athambos, 12. Proxénie de Lycon d'une ville d'Eolide. 16. Catalogue de vainqueurs aux Sôtéries : rhapsode Eurybios de Mégalopolis, citharède Zénodotos: aulète des enfants, Péleus... 17. Autre : rhapsode Philocratès d'Argos, citharède Smyrnaios : aulète des enfants, Sopraïs. 18. Décret des hiéromnémons relatif au portique (παστάς) d'Attale Iᵉʳ. 19. Décret des amphictions en l'honneur d'un médecin de Cos, Philistos, fils de Moschion. 20. Autre en l'honneur d'Eudamos, fils d'Apollonios, Athénien, chargé d'offrir les sacrifices de sa patrie. 21. Honneurs à un hiéromnémon de Chios. 22. Décret en l'honneur de Pixodaros de (Kind)ya, descendant de Mausole. 23. Décret des Étoliens reconnaissant l'asile de Téos ; décrets conformes des amphictions et de la ville de Delphes. Date 203.

Schroeder, *Jahrbuch*, 1902, 11. L'inscription de l'aurige : Μνᾶμα κασιγνήτοιο Π]ολύζαλος μ' ἀνέθηκ[εν | υἱὸς Δεινομένεος · τ]ὸν ἄς', εὐώνυμ' Ἀπολλ[ον].

Pomtow, *Jahrbuch*, 1902, 18. Sur l'épigramme d'Ion de Samos (dédicace de **Lysandre**).

Perdrizet, *R. arch.*, 1903, 11, 25 commente une inscr. inédite de Delphes où il est dit que les Apolloniates d'Épire envoyèrent, comme contribution aux travaux du temple, 3,000 médimnes φιδώναιοι d'orge, valant 1875 médimnes delphiques. L'auteur identifie le médimne delphique à l'éginétique (72 lit 74) d'où pour le méd. phidonien 45 lit 46. Le σήκωμα de Gythium (Le Bas Foucart, 241 *b*) est conforme à cette unité.

Ledon. — Contoléon REG, XV, 136. Funéraire. Chrétiennes.

Tithora. — Contoléon REG, XV, 133. Funéraires. 9. Affranchissement sous forme de vente à Sarapis.

Locride. — *Amphissa*. — Contoléon, REG, XV, 133.

Béotie. — *Acraephiae*. — Atticaster (?), *Rh. Museum*, LXXV, 315. Dans la belle épigramme publiée par Perdrizet (BCH, XXIV, 70) ΑΙΣΤΕΑ n'est qu'une faute pour ἔστια.

Chorsiai. — A. Gaheis, *Wiener Studien*, XXIV (1902), 279, édition améliorée de la proxénie de Kapon de Thisbé (IGS, 2383).

Lébadée. — Vollgraff, BCH, XXV, 365. 18. Ἱερὸν | Ἀρτέμι|δος Ποδι|αδάων. ° 19 (= en partie CIGS, 3078). Stèle érigée par l'agonothète Xenarchos d'Hyettos après la célébration des Basileia. Face A. Liste des vainqueurs (entre autres un Romain et le roi d'Égypte Ptol. Philopator, donc vers 220.) Comptes (ἀκολογία) de l'agonothète. Il a reçu : de l'hippaphésie 200 dr. de bronze (béotiennes), du stade 60 (1); ἐκ τοῦ ἱππικοῦ, τὸ ἐκλεγὲν τῶν ὄντων ἐρήμων (2), 198 dr. attiques. Il a supporté tous les frais, dispensé les villes de leur contribution, et sur les recettes consacré une phiale d'or à Zeus Basileus. Il a affermé l'hippodrome

---

(1) Ces deux recettes paraissent représenter le fermage de ces terrains loués l'année précédente et non pas des entrées de pesage.

(2) C'est-à-dire, d'après Vollgraff, les forfaits payés par ceux qui ont manqué à leur engagement de courir.

pour 50 dr., le stade et alentours pour 123 (chaque preneur présente un ou deux garants). B. Liste des délégués de diverses villes béotiennes (entre autres Boumélitéa, inconnue). C (très mutilé). Comptes rectifiés de l'agonothète Platon, qui avait été précédemment condamné à une amende de 10,000 dr. Ce texte important prouve entre autres que la drachme de bronze à cours forcé existait dès 220 environ. — Catalogue des phiales d'or consacrées par des agonothètes successifs, ordinairement du poids de 90 dr. Il y a aussi un plateau, μαζονόμιον.

Thèbes. — Preuner, AM, XXVII, 327. Les nᵒˢ 2490 et 2491 du CIGS. se complètent mutuellement : dédicace du peuple à Πυθίς, fille d'Aristogiton, femme de Pemptidas.

Vollgraff, BCH, XXV, 363. 3 (= CIGS 2552). Ἱαρὸν | Γᾶς Μαχαίρα|ς Τελεσσφόρο 4. Base de statue (Marcus fils d'Epaphroditus). 5-16. Funéraires.

Thespies. — Jamot, BCH, XXVI, 129. Inscriptions d'Honestus sur 9 bases de statues dédiées aux Muses (cf. CIGS 1797-1804). Sont nouveaux les nᵒˢ IV (Μελπομένα-Σύνφθογγον μὲ λύρης χορδῆι κεράσασαν ἀοιδὴν | λεύσσεις ἐν δισσοῖς Μελπομένην μέλεσιν), V (Καλλιόπα-Σκῆπτρα λόγου, σκήπτρων δὲ δίκη σέλας οἷς μ[ετέδωκεν] | Καλλιόπη πίθους τὸ κράτος ὀ[ρθόπολις?]) et IX (Εὐτέρπα.... Εὐτέρπη κόσμοις τήνδε σὺ κόσμον ἔχεις). En revanche, 1801 e, 1800 d n'appartiennent pas à la série. — Autres textes : 1. Épigramme sur une base : ἵστορα τὴν πάντων μὲ Πολύμνιαν ἔπρεπεν εἶναι | μνημοσύνης · μνήμης πᾶσα γὰρ ἱστορίη. 2. Fr. sur Euterpe. 3. Dédicace des Thespiens à Mnémosyne et aux Muses, 3 distiques (M. J. étudie à ce propos la spécialité des attributions des Muses). 4. Épigramme d'Honestus, 2 distiques, sur la base d'une statue de Julie, fille d'Auguste (?). 5. Φιλέταιρος Εὐμένου Περγαμεὺς Μούσαις [?Χαρ]ισίας ἐποίησε (au-dessus 2 distiques très postérieurs d'Honestus sur une statue de Thamyris (1) : la base a été désaffectée?). 6. Φιλέτηρος Ἀττάλω Περγαμεὺς ἀνέθεικε τὰν γᾶν τὸι Ἑρμῆ ἐν τὸ ἐλαιογρίστιον ἱαρὰν εἶμεν ἐν τὸν ἅπαντα χρόνον (Dans ces deux textes il s'agit, comme l'a vu M. Holleaux, du fondateur de la dynastie pergaménienne. Cf. REG., XV, 302).

Jamot, REG, XV, 353. Sur la date de la réorganisation des Mouseia (sous Ptol. Philopator).

Vollgraff, BCH, XXV, 359. 1. Acte d'affranchissement [A la l. 9, quoi qu'en dise l'éditeur, il faut sûrement restituer ἐπιτ[ίνεμεν]. A la l. 10 interprétez : aucun des descendants de Callippos n'aura de commerce charnel (μετοιχέμεν = συνοιχεῖν) avec Philonidas] 2. Autre, différé jusqu'au décès de l'affranchissante [Lire ainsi l. 13 suiv. : κἠ, ἐνπόνδια ποίμεν παρ' ἕτερον ἐνιαυτόν : ἐπιμελητὰς δὲ καταλίπω τὺς κἠ etc.]

Eubée. — *Chalcis.* — Papavasiliou, Ἐφ. ἀρχ., 1902, 29. 1. Fragment d'une loi sacrée, écrite στοιχηδόν. Les dieux ou héros mentionnés sont Zeus (?), Apollon Pythien, Poseidon, Glaucos, Hippolyte, Xouthos, Artémis; il est question de Ποσείδια (ce texte proviendrait en réalité d'Athènes; cf. Wilhelm, ib. 135) (2). 2. Dédicace à Isis (?). 3. A Artémis Eileithya. 4. Funéraire. — *Ibid.*, 1903, 116.

_____

(1) Ne pas écrire Εὐμόλπτην (v. 1) avec une majuscule. La base ne portait qu'une statue.

(2) Opinion contestée par Papavasiliou, ib., 1903, 127.

1. Décret de proxénie pour Ariston de Soles chargé par le roi Ptolémée « l'aîné » (Philométor?) de fournir du blé aux Romains. 2. Décret honorifique des synèdres pour Cléon de Lacédémone qui a prêté sans intérêt 13,500 dr. à la ville en temps de disette. 3-4. Proxénies de Socrate le Sidonien et d'Euboulos, fils d'Agathinos (l. 12, ne pas ponctuer devant γέγραπται). *Localités diverses.* Papavasiliou, 'Εφ. ἀρχ., 1902, 110. 44 petits textes, la plupart funéraires.

Érétrie. — Vollmoeller, *Ath. Mitt.*, XXVI. 347. Chambre funéraire avec 2 clinés; sur chacune, des noms de défunts avec patronymiques; de même sur les 2 « trônes ». — Papavasiliou, 'Εφ. ἀρχ., 1902, 97. *1· Décret-loi d'Exékestos (iv· siècle) organisant des jeux musicaux pour la fête des Artémisia. Le programme comprend des concours de rhapsodes, aulodes (enfants), citharistes, citharodes, parodes; le prix le plus élevé est celui du citharode (200 dr.). Chaque concurrent reçoit 1 dr. de nourriture par jour. Curieuses traces de rhotacisme (ὅπωρ, 'Αρτεμίρια). 2-3. Fragment de palmarès de jeux musiques et gymniques. 5. Dédicace métrique (2 distiques) aux dieux égyptiens. — P. 120 suiv. Funéraires et bornes.

Vathia. — Ib. 121. Funéraires.

ATTIQUE

† A. Mommsen, *Philologus*, 1902, 201, analyse et critique les derniers travaux sur le calendrier attique, qui intéressent à un haut degré l'épigraphie (Bilfingen, Ad. Schmidt, Bruno Keil, CIA, IV, 2, Fergusson). Le travail important de Fergusson (Cornell Studies VII et X) prouve que depuis le milieu du iv· siècle les secrétaires annuels étaient désignés dans l'ordre réglementaire des tribus : Erechthéis, Aegéis, Pandionis, Leontis, Akamantis, Œnéis, Kekropis, Hippothontis, Æantis, Antiochis, en prenant pour point initial par exemple l'an 332/1.

Ph. Legrand, REG, XV, 144. Sur la locution στρατεύεσθαι μετὰ 'Αθηναίων dans les privilèges des métèques.

Ziehen, *Rh. Museum*, LXXV, 173, s'occupe de la loi amphictionique de l'an 380, CIA, II, 545 (Michel, 702). Il essaie de prouver que le nombre des lettres à la ligne était de 77 à 79 et propose plusieurs nouvelles restitutions en conséquence. Cf. Michaelis, *Jahrbuch*, XVII (1902), p. 1 suiv.

Kirchner, *Rh. Mus.*, LXXV, 476. Observations et corrections au Catalogue, CIA, II, 996, qui date de 380 à 370 avant J.-C.

J. Beloch, *Beiträge zur alten Geschichte*, I, 401. Archontes athéniens du iii· siècle. Jacoby, *ibid.*, II, 163, s'occupe des archontes de 266 à 264. Cf. encore Beloch, *ib.*, III, 318.

Villefosse, *Bull. soc. antiq.*, 1902, 347. Stèle funéraire au musée de Narbonne. Ευκ[λ]ειδης.

Watzinger, *Ath. Mitth.*, XXVI, 311. Tuiles inscrites recueillies sur la pente O. de l'Acropole (noms de fabricants).

Kolbe, *Ath. Mitth.*, XXVI, 378, étudie divers textes relatifs à la marine au iv· siècle (CIA, II, 791, 793, 796, etc.) devenus mieux lisibles depuis leur nouvelle exposition. Les conclusions confirment en général celles de Kœhler, contredites par B. Keil.

Prott, AM, XXVII, 294. Base inédite de la statue (romaine) d'Eschyle au théâtre. Buste (mutilé) de Chrysippe dédié par Ἀκρίσιος à Mithra (Μίθρῃ).

Bannier, AM, XXVII, 301. Le fr. CIA, IV¹ 39 a (p. 141) appartient au début du grand décret sur l'arrangement des tributs, CIA, I, 38 ; l'auteur du décret est donc Cléonymos. Combiner de même IV¹, 116ᵃ (p. 196) et I, 73 ; IV¹, 331 d (p. 77) et I, 316 ; I, 327 avec I, 300-311. Compléments à IV¹, 556 (p. 124) et 116 a (p. 23).

Wilamowitz, *Hermes*, 37, 341, critique la restitution de CIA, II, 224 par Wilhelm.

A. Koerte, *Hermes*, 37, 582. Observations sur la liste de phratères, Ἐφ. ἀρχ., 1901, 157.

Wilhelm, *Hermes*, 38, 153. Notes sur l'inscr. de l'hécatompédon, et sur Michel, 669. — *Ann. Brit. School*, VII, 156, prouve que CIA, IV, 2, p. 109 (n° 410) est la suite de CIA, II, 234 (décret pour Asandre).

Contoléon, REG., XV, 136. Funéraires.

Tod, *Ann. Brit. School*, VIII, 197. Nouveaux catalogues de patères vouées par des affranchis.

Bürchner, *OEst. Jahresh.*, V, Beiblatt, 137. Stèle funéraire Μάνις Πλαθάνη.

Wilhelm, *OEst. Jahresh.*, VI, 10. Fragment d'un doublet de CIA, IV, I, p. 59, 26 b (décret d'Éleusis). Observations sur les stèles rédigées en double exemplaire et sur les différences qu'elles peuvent offrir. — *OEst. Jahresh.*, VI, 236. Nouveaux fragments de l'inventaire de la vente d'Alcibiade (cf. CIA, IV, I, p. 178).

Bormann, *OEst. Jahresh.*, VI, 241, s'occupe de l'inscription CIA, I, 333 (deux épigrammes, l'une sur Marathon, l'autre sur Salamine, toutes deux du vᵉ siècle)

Susan B. Franklin, Ἐφ. ἀρχ., 1902, 143. Colonnette funéraire d'une prêtresse.

Stryd, Ἐφ. ἀρχ., 1903, 55. Lames de plomb avec imprécations.

Mylonas, Ἐφ. ἀρχ., 1903, 61. Fragments de décrets trouvés au portique d'Attale. 1. Éloges au trésorier-prytane Ménédémos fils d'Archon, et à divers autres fonctionnaires (uᵉ siècle). 2. Réédition de CIA, II, 592 (décret des colons d'Héphaistia à Lemnos).

Kastriotis, Ἐφ. ἀρχ., 1903, 133. Stèle funéraire de l'aulète Potamon (ivᵉ siècle) : Ἑλλὰς μὲν πρωτεῖα τέχνης αὐλῶν ἀπένειμεν | Θηβαίωι Πο(τ)αμῶνι, τάφος δ'ὅδε δέξατο σῶμα | πατρὸς δὲ μνημαῖσιν Ὀλυμπίχου αὔξετ' ἔπαινος | οἶον ἐτέκνωσεμ παῖδα σοφοῖς βάσανον. Πατρόκλεια Ποταμῶνος γυνή. Olympichos est sans doute le disciple de Pindare, Schol. Pyth., III, 159.

Van Hille, Ἐφ. ἀρχ., 1903, 139. * Fr. d'un inventaire de trésoriers de l'an 368/7. A noter col. III, 45 suiv. des lyres dorées, en ivoire, en bois.

Vari (Grotte de). Weller, *Am. j. arch.*, 1903, 289. 20 textes dont 10 inédits (cf. CIA, I, 423 suiv.). La principale est le n° 8 : Τονδε ται(ς) νυμφαισιν · ho | Σκυρονος | ηαιπολος.

Pirée. — Wilhelm, *OEst. Jahreshefte*, V, 127. * Décret des orgéons thraces du Pirée relatif à l'organisation de la procession annuelle (de Bendis), de concert avec les orgéons de la ville. Archonte Polystratos (iiiᵉ siècle).

PÉLOPONNÈSE

Égine. — Frankel, *Rh. Museum*, LXXV, 152, discute l'inscription récemment découverte par Furtwängler aux environs du temple dit d'Athéna : ..... Κλ]εοίτα ἱαρέος ἐόντος τάφαιαι ὥιρος | [?ὠιqοδομ]τ,θη (1) χὠ βωμὸς χωλέφας ποτεποιήθη | [χὠ? περίβολο]ς περιπoιήθη. Fränkel voit dans cet οἶκος d'Aphaia une chapelle particulière, distincte du grand temple, qui, d'après lui, aurait été consacré à Artémis. Anton. Liber. 40, atteste qu'un ἱερόν de Britomartis Aphaia s'élevait à Égine dans le hiéron d'Artémis. Au contraire, l'autel et la parure d'ivoire appartiendraient au temple d'Artémis.

Furtwängler, *Rh. Mus.*, LXXV, 252, combat l'opinion de Fränkel et considère le texte d'Anton. Lib. comme altéré.

Fränkel, *ibid.*, 543, est revenu sur ce texte qu'il lit maintenant (en s'appuyant sur une conjecture de Michaelis), ainsi : Κλ]εοίτα ἱαρέος ἐόντος τάφαιαι ὥιρος [ἐτ]έθη | χὠ βωμός · χωλέφας ποτεποιήθη · | και τὠρqο]ς πέριπoιήθη.

Contoléon, REG, XV, 138. Funéraire. Dédicace de gymnastes.

Corinthe. — Tarbell, *R. arch.*, 1902, I, 41. Lécythe proto-corinthien du musée de Boston signé de droite à gauche. Πυρος μ'επoιεσεν ΑγασιλεFo (écriture probablement chalcidienne). On notera avec Buck (ib. 47) le F, peut-être le seul exemple de la conservation de cette lettre dans le dialecte attico-ionique.

Powell, *Am. j. arch.*, 1903, 26. 1-2. Inscr. sur vases archaïques. 4-5. Base de statue : Αυσικπος εκοησι. 6-7. Funéraires. 9. Fr. d'un décret de la confédération achéenne relatif à l'hipparchie de Polybe (??). 10. Marques d'amphores de Cnide. 21. Épigramme d'une statue de Regilla. 22. Autre d'une statue de l'Athénien Diogénès, fils d'Hermolaos (le commentaire de M. Powell est un peu singulier). 23. Statue érigée au proconsul Ithynor par son frère et suppléant Eutychianos (III° siècle et non pas « sometime after Vespasian »), 3 distiques. 24. Dédicace à Cn. Cornelius Pulcher stratège de Corinthe, etc. Le *cursus honorum*, fort intéressant, est bien mal expliqué par l'éditeur qui a mal placé ses virgules. 25-26. Au même personnage. 30. Liste de 6 villes suivies chacune de ἐτ(η) ϛ' (ou un autre chiffre). 31. Dédicace à Zeus Ombrios. 40. συνα]γωντ, Ἐδρ[αίων]. 42. Clause pénale funéraire en pseudo-vers (chrétien ?)

Dickermann, *Am. j. arch.*, 1903, 147. Textes archaïques déjà dans CIPel, 1607 et 1597.

Argolide. — *Épidaure.* — Wilhelm, *Ath. Mitt.*, XXVI, 419. L'inscription 932 du Corpus Pel. se rapporte non au triumvir Antoine, mais à son père; ainsi tombe l'ère de 125 av. J.-C. admise pour ce texte par Fränkel. L'ère serait celle de la soumission de la Grèce par les Romains (?). L'année, que Wilhelm lit 74, serait 72 av. J.-C.

Trézène. — Meister, *Berichte Leipz. Ak.*, 1902, 2, revient sur le décret de Trézène, IGPel, 725. Il rattache maintenant le mot πεπεμμένοις à πένεσθαι (Hésiode, *Erga*, 773) : l'État remboursera les détenteurs qui auront « cultivé » leurs possessions.

Legrand, *R. de Philol.*, XXVI, 99, s'occupe aussi de ce texte.

Stengel, *Hermes*, 37, 486. Explication de la stèle Syll³. 792.

Nikitsky, *Hermes*, 38, 406. Complément à CIPel, 752 (même texte que le n° 941 d'Épidaure). ἐνεπιδασία = prise de possession pour exercer des représailles.

_____

(1) Je restituerais plus volontiers ἀνωιqοδομ]τ,θτ,.

Laconie. — ' *H. Vasilios* (à 2 3/4 lieues au S. de Sparte) et non pas Tégée.
— Fränkel, *Rh. Mus.*, LXXV, 534, a retrouvé ici la précieuse inscr. CIG, 1511 que
Bœckh avait donnée d'après Fourmont, et dont il existe aussi une copie par
Michaelis. C'est une liste de contributions à une guerre, dirigée par les Lacédé-
moniens; probablement la dernière période de la guerre du Péloponnèse.

Sparte. — Contoléon, REG, XV, 138. Funéraire.

Messénie. — *Kalamata.* — Contoléon, REG, XV, 139, funéraires.

Elide. — *Olympie.* — ' Glotz, REG, XVI, 143. Date et sens de l'inscription 2
d'Olympie (ἁ Ϝράτρα τοῖς Ϝαλείοις, etc.)

Th. Reinach, REG, XVI, 187. Commentaire de l'inscription de Pyrrhon (REG,
XII, 116) et du n° 4 d'Olympie.

Arcadie. — *Tégée.* — Mendel, BCH, XXV, 267. 1. (de gauche à dr.) τ[ά]ιδε ν[ί]κε
'πὶ θατέροι ἀγόνι | τοῖς πᾶνσι Τιμίδαις προhέδρα (ensuite le texte est répété, la l.
avant la l. 1). — 2. Dédicace archaïque à « Haléa ». — 3. Ηερακλεος. 4. Πολυξε(ν)
ανεθεκε (le ξ est écrit + +). — 6 suiv. Catalogues. — 9. Nouveau fr. de l'épigramme JHS, XV, 90. C'est un monument élevé à des citoyens morts à la guerre
(ἀφθιτον ἐ]ν Τεγέαι τε καὶ Ἀρκασιν ἐξέτι πολλοῦ, etc.) probablement dans la campagne de 370-69. — 12. Dignitaires du gymnase en l'an 69 de l'ère d'Hadrien.
13. Dédicace à Maximin. — 16. A Poseidon. — 17. A Pan Lykeios προκαθηγετής.
18. Épitaphe métrique d'Onésiclès (basse époque). — 19. Autre de Nicopolis.
21. Autre de Sôphron (femme). — 22 suiv. Funéraires. — 34. Texte juif : Σαμουηλ
πρεσβύτερος · δότε δόξαν τῶ θεῶ · Μή τις τορμήσι(!) ἄνυξε τὴν σορόν μου πλέον τῆς γενί-
σεος μου (excepté ma descendance) ἐπ(ε)ὶ ἱνε αὐτοὶ ὑπὸ τὸν ὅρον (je ne comprends
pas la fin de ce texte).

Kótilon. — Kourouniotis, Ἐφ. ἀρχ. 1903, 179. Lame de bronze, en pointillé. Acte
d'affranchissement du v° siècle : θεὸς τύχα.| Κλάνις ἀφᾶκε | [Κ]όμαιθον ἐλύθρον (
ἐλεύθερον??) | Ὀμβρίαν Χοιροθύωνα · || εἰ δέ τις ἐπιθιιάνε (= ἐπιθίγγανε) | τούτοις, ἱερὰ
τὰ χρ(έ)μα || (τα) ἐν(α)ι πάντα, εἴτε | [Ϝ]ιστιας ε(ἴ)τ' ἄλλος τις, | τ'Ἀπόλλωνι τῶι Βασ-
(σ)ί ||ται καὶ τῶι Πανὶ | τῶι Σινόεντι (?) | καὶ τ'Ἀρτέμι τᾶι Κοτι|λέοι καὶ τᾶ(ι) Ϝορθασία(ι). —

CYCLADES

Amorgos. — Homolle, BCH, XXV, 412. Inscriptions imprécatoires sur lames
de plomb : 1° à Déméter, par un maître abandonné de ses esclaves ; 2° exorcisme
contre la tumeur maligne, φῦμα ἄγριον. Le second document est juif ou chrétien,
il invoque le dieu qui éclaire Jérusalem, qui a tué le dragon « à 12 têtes » par la
main de Michel et de Gabriel, etc.

Delamarre, REG, XVI, 154. Décret interdisant de faire du feu dans un certain
endroit de l'Héraeum d'Arcésiné. Commencement d'un décret relatif à des répara-
tions à effectuer dans le temple de Déméter *démotélès*.

Delamarre, *R. de Philol.*, XXVI, 221 (îlot Hérakleia). Fin d'un décret des Nésiotes
interdisant d'introduire des chiens dans cet îlot.

Ibid., 301. (Minoa) Décret de proxénie pour Sosistratos qui rend des services
aux Minoètes auprès du roi Antigone. Observations et corrections sur d'autres
décrets de Minoa et d'Arcésiné, de Syros (Homolle, *Arch. int.*, 65), de Cos (Collitz
Bechtel, 3611). L'Antigone de tous ces textes serait Doson.

Ibid., XXVII, 111. Décret d'Aegialé pour Timok... fils d'Aristolas (= BCH, XV, 381). Décret d'Arcésiné pour Timessa qui a secouru des citoyens victimes d'une razzia.

Délos. — Alb. Müller, *Philologus*, 1902, 60. Dans l'inscription chorégique n° 5, publiée par Hauvette (BCH, VII, 104 suiv.), l. 32, ΧΟΡΗΓ.. est un acteur comique Χόρηγος, peut-être un descendant du poète comique de ce nom mentionné CIA, II, 977 fr. *f.*

Rhénée. *Deissmann, *Philologus*, 1902, 252. Sur les deux inscriptions imprécatoires étudiées l'an dernier par Wilhelm (Syll². 816; voir *Revue*, XVI, 93). Ces textes juifs sont faits avec des lambeaux de la Septante. D. y voit une allusion directe au grand Pardon, où l'usage des prières de vengeance est attesté. La date serait la fin du II° siècle avant J.-C. Les juifs de Délos enterraient donc aussi leurs morts à Rhénée.

Paros. — Rubensohn, *Att. Mitt.*, XXVII, 189. Inscription du Pythion. P. 196. Restes d'un vase avec le nom de Μιχχιαδης. P. 198. Proxénie de Céphisophon d'Athènes, bienfaiteur de Thasos et de Paros. P. 199. Amphictions athéniens de l'an 341. — Inscr. de l'Asklepieion. P. 220. Fragment archaïque boustrophédon (εσο τον λιθον). P. 223. Prescriptions relatives à la police du sanctuaire. Tous ces textes sont aujourd'hui republiés dans les IGI. V.

Rubensohn, *ibid.*, XXVII, 273. Fragments d'un traité juré entre Pariens et Thasiens (fin du v° siècle). L'archonte thasien s'appelle Aristarchos f. de Pytholéos. C'est probablement l'acte par lequel les deux îles ont scellé leur défection d'Athènes après la révolution oligarchique de 411.

Hiller, *Œst. Jahresh.*, V, 9. Inscr. très archaïque que Hiller propose de restituer ainsi : Αφροδ]ιτης μ'Ε[λπις εγραφ'] Ευπαλω[ι χα]ριν φε[ρω]ν.

Théra. — Hiller von Gärtringen, *Beiträge zur alten Geschichte*, I, 212. Les cultes de Théra (examine plusieurs inscriptions).

Hiller, ap. Strack, *Archiv f. Papyr.*, II, 540. Ἀρσινόης Φιλαδέλφου.

Ténos. — Dumoulin, *Rev. instr. pub. belge*, XLV (1902), 388. Deux inscriptions nomment la Μαλθάχη de CIG, 2336.

Contoléon, REG, XV, 141. L'inscription, mieux republiée par Hirschfeld (*Œst. Jahresh.*, V, 149) est ainsi concue : C. Iulius Naso | praef. tesserar.|in Asia nav.| Γαιος Ιουλιος Να|σων ο επι των τεσ|σαραριων εν Ασια | πλοιων. Les *naves tesserariae* paraissent être des corvettes postales.

CRÈTE

Comparetti, *Wiener Studien*, XXIV (1902), 265 étudie quelques inscr. métriques récemment publiées. 1. Épigramme sur le fronton du Metroon de Phaistos (Mus. ital., III, 736) : Θαῦμα μέγ' ἀνθρώποις | πάντων μάτηρ ἐπεδείχνυ (lapis : πιδιχνυτι) | τοις ὁσίοις χίνγρητι χαι οἱ γον|εδαν ὑπέχονται, τοῖς δὲ π|αρεσθαίνονσι θιῶν γέν]ος ἀντία πρίτ(τ)ει, etc.

Gortyne. — Taramelli, *Am. journal arch.*, 1902, 117 suiv. Épigramme d'un athlète nommé Sebon. Cf. aussi *Notizie*, 1901, 204, amphore trouvée à Pompéï avec ΓΟΡΤΥΝΙΚΟΥ.

Praisos. — Conway, *Ann. Brit. School*, VIII, 125. Nouvelle inscription non

hellénique, découverte par Bosanquet : ... ονχδεσιεμετεπιμιτσφχ | ... δοφιαρχλαρραι-
σοιιναι | ... ρεστνμτορσχρδοφσανο, etc., A ce propos M. C. étudie aussi le texte
précédemment connu (*Museo it.*, II, 673).

Phaestos. — Pernier, *Mon. antichi*, XII. P. 90. Liste des signes (marques de
tâcheron?) sur les blocs du palais mycénien. Halbherr, ib., XIII, p. 23 et sq.
Tablettes mycéniennes et sceaux d'Haghia Triada (1).

Xanthoudidis, Ἀθηνᾶ, XV (1903), 49. Recueil des inscriptions chrétiennes de l'Ile.

ARCHIPEL THRACE

Lemnos. — Schebelew, *Beiträge zur alten Geschichte*, II, 36, étudie quelques
inscriptions attiques relatives à l'histoire de Lemnos.

Contoléon, REG, XV, 139. Dédicace à P. Aelius Ergocharès. Horoi hypothé-
caires (textes datés par les archontes lemniens).

Thasos. (Voir aussi *Paros*). — Th. Reinach, REG, XVI, 180. Épitaphe d'Ikésios
(6 distiques). Épitaphe du médecin Antiochos Sôtéras (4 vers).

Foucart, *R. de Philol.*, XXVII, 215. Sur l'inscription AM., 1897, 126. Lire κατὰ
τὸν ἄδον τῶν τριηχοσίων. Observations sur les circonstances historiques de ce texte
(vers 408) qu'il faut rapprocher de l'inscription attique restituée par Wilhelm,
Eranos vindob. 241.

MACÉDOINE

Thessalonique et environs. — Struck, AM, XXVII, 305 Funéraires, en partie
avec clause pénale. (Dates 325 et 379 Mac.). Chrétiennes.

Papageorgiou, *Berl. Phil. Woch.*, 1902, 957. Colonne érigée par une mère à sa
fille, avec approbation de la cité qui est qualifiée de colonie; an 293 Thess. —
145 ap. J.-C. C'est donc à tort que Duchesne et Mommsen ne faisaient dater la
colonie que du IIIe siècle. Ib., 1903, 1246. Épitaphe pseudo métrique (3 hexamètres
barbares).

Papageorgiou, Ἀθηνᾶ, XV (1903), 33. Sur 15 inscriptions déjà connues.

Pella. — Struck, AM, XXVII, 311. Funéraire (distique).

Ægae-Édesse. — Struck, AM. XXVII, 311. 18. Mention d'Héraclès Ἀρητος (?). 19.
Épitaphe d'un vétéran de la 7e légion Macedonica. Funéraires.

Kition. — AM, XXVII, 314. Catalogue.

Béroé. — AM, XXVII, 315. Funéraires. — REG, XV, 141. Dédicace à une prêtresse
d'Artémis Agrotéra (An 169 ap. J.-C.).

Localités diverses (Siatistæ, Stobi, Bylazora, Karalad, Kafadar, Demirkapou,
Vranja). AM, XXVII, 316. Funéraires

Gelzer, AM, XXVIII, 431. Inscriptions byzantines de la Macédoine occidentale,
en partie déjà connues.

Couvent Χορταΐτης (près Thessalonique). Papageorgiou, *Byz. Z.*, 1903, 603. Inscriptions de 1354.

Premerstein et Vulic, *Œst. Jahresh.*, VI, Beiblatt, 1. Inscriptions de *Bylazoro*

---

(1) J'ai copié à Phaistos l'inscription suivante qui me paraît inédite. Petite base
pyramidante. Σεμρρ 'sic' | Διογείνους | Κυρηναΐος | Παιάν·

et de *Stobi*, presque toutes funéraires. La plus curieuse est le n° 10 : τᾶς Σεμν[ᾶς
ὅδε] τύμβος · ἐδείμα[τό μιν Θεό]δωρος εὐν[ητῆς ὁρο]στρῶ τεγ[γόμενος] δακρύω · τᾶς
νο[ύσου θ]οινᾶντο βοραῖς [περὶ εὐ]ρέα Ἴστρον, etc.

THRACE

Constantinople. — G. Schlumberger, *CR. Ac. Inscr.*, 1902, 67. Reliquaire byzantin
conservé dans l'église d'Eyne, près Audenarde : τὸ τῆς Ἐδὲμ βλάστημα, τὸ ζωῆς
ξύλον | τὸ πορφύρας γέννημα σεμνὴ Μαρία] ἀφιερῶ σοι τῇ πανυμνήτῳ κόρη (la dédicante
est Marie, 2° fille d'Alexis Comnène).

Koutchouk Tchekmedjé (22 kil. de Constantinople). Λ. Besset, BCII, XXV, 325.
1. πῆχυς | γεηπονικός avec le modèle d'une coudée (brisé).

Angélochori (10 kil. à l'ouest de Gallipoli). — Besset, ibid. Honneurs publics au
gymnasiarque C. Iulius Abri F., Fabia, Hymnus.

Ænos. — REG, XV, 142. Chrétienne (restauration d'une église par les Kana-
boutzis).

Traianopolis. — REG, XV, 143. Dédicace à Sévère.

Mont Athos. — Millet, Pargoire et Petit. *Recueil des inscr. chrétiennes du mont
Athos*, 1re partie (Fontemoing, 1904. Bibl. des Écoles françaises d'Athènes et de
Rome, fasc. 91). 570 textes.

Seure, BCII, XXV, 308. 27 inscriptions funéraires de Philippopolis, Ormanl Kus-
tendil (Ulpia Pautalia), Yamboli, Sofia, Apollonia, Mesembria, Salonique, Stara
Zagora (Trajana Augusta), Carasura, etc. A noter les n°° 1 (métrique), 3 (décrit
l'aménagement de la sépulture avec ses κύλοι, ἐνόσται, θῆκαι,), 4 (ὁφ == benefi-
ciarius), 5 (un γερουσιαστής, clause pénale), 6 (pénale), 7 (*a commentariis provinciae*), 13 (noms thraces en partie nouveaux, un habitant d'Istros est dit Ἰσθρεος),
17 (le nom Μουκαζοίρη), 18 (noms thraces), 19 (un individu *de patria Artacia, de
vico Calso*), 20 (pseudo-vers), 21 (un prétorien).

Cagnat, *R. arch.*, 1902, II, 366, d'après Dobrusky. *Philippopolis*. Dédicace à
Héliogabale (?) par ordre du consulaire C. Atrius Clonius. Dédicace à Gordien sous
le gouverneur Atius Celer (miliaire 12). *Sofia*. Dédicace à Asclépios Koulkoussé-
nos. A Sebazios Métrikos (?). *Sliven*. A Apollon Geniakos Estrakeénos.

Philippopolis. — T. Reinach, REG, XV, 32. Dédicace à Apollon Kendrisos (à
rapprocher des monnaies de Philippopolis mentionnant les Κενθρισία).
Funéraires.

MOESIE

Nicopolis sur l'Ister. Dobrusky, *Sbornik*, etc., 1901 (XVIII), p. 707 suiv. (= *R.
arch.* 1902, II, 360). Dédicace de l'an 198/9 à Julia Domna sous le gouverneur
Γ. Οουιννος (= Vinius) Tertullus. Autres à L. Ælius César (137), à Aurelius Verus
César (Marc Aurèle, 159), à Commode. Dédicace à Julia Domna par M. Iunius
Lucianus, grand prêtre (? ἀρχιερατικος) et sa femme Ulpia Agrippina. Autre à
Caracalla. Autre à Commode sous le gouverneur Iulius Castus et le procurateur
Cl. Censorinus (184/5). Autre à Gordien (nom de gouverneur martelé) ; le chef des
archontes est Iulius Iulianus. Dédicace à Zeus Keraunios, an 233.

Aptaat. Ib., p. 366. Dédicace à Epona (?)

Premerstein et Valic, *Œst. Jahresh.*, VI, Beiblatt, 21. *Viminacium.* Ουαρνι (?) χώρα Δολιχίον (= Δολιχαίων), κόμες (= κώμης) Χαιρουμοῦτα.

SCYTHIE

Chersonèse. Keil, *Hermes*, 38, 140. Dans l'inscr. *Insc. Euxini*, IV, 80, il faut restituer τοῖδε ἐπ]ρίαντο τοὺς ἑκατωρύγ[ους.] Ἑκατώρυγος = ἑκατοντώρυγος, un lot de terre de 100 orgyes de côté.

Olbia. Hirst JHS, XXII, 244 ; XXIII, 24. Cultes d'Olbia (utilise les inscr.).

ASIE-MINEURE

Pont. — Cumont, REG, XV, 311 (Copies du P. Girard). 1. *Comana.* Miliaire de Sévère. 8. *Hérek.* Dédicace à Zeùs Epikarpios avec déprécation cabalistique.' 9. *Néoclaudiopolis.* Funéraire pénale. 10. *Amasie.* Épitaphe de l'an 178. 13. *Zéla* (?). Mention d'un agoranome. 14. Funéraire métrique. 23. *Basilica Therma.* Borne d'un domaine ecclésiastique. 36. Fr. de la lettre de Jésus à Abgar. 48. *Amasie.* Funéraire métrique. 49. *Yakoub.* Autre. 51. *Kavsa.* Dédicace aux Nymphes et à Poseidon. 53. Miliaire de Gordien. 54. *Zéla.* Un centurion à son affranchi (bilingue). Voir quelques corrections sur ces textes dans Cl.-Ganneau, *Recueil*, V, 291.

Paphlagonie. — *Cytoros* (près Amastris). Mendel, BCII, XXVI, 287. Ex voto au θεὸς αἰώνιος par S. Vibius Gallus primipile (cf. CIL, III, 454). An 179 de l'ère pompéienne (115 ap. J.-C.), 1er Dios.

Abonotichos (Ineboli). *Leper, Izviestiya*, VIII, 153. Ἀγαθῇ τύχῃ · βασιλεύοντος Μι|θραδάτου Εὐεργέτου ἔτους αξρʹ | μηνὸς Δίου, ἔδοξεν φράτορσιν, Δάίπ||ρος (peu probable, plutôt Δάιππος) Κρίτωνος ἱερατεύων εἴπεν · ἐ|πειδὴ Ἄλκιμος Μηνοφίλου στρατη|γός, τιμηθεὶς ὑπὸ τοῦ κοινοῦ χρυ|σῶι στεφάνωι, etc., — δεδόχθαι τοῖς φράτορσιν ἐπαινέ|σαι τε αὐτὸν, etc., — γραφῆναί τε τὸ ψήφισμα τοῦτο διὰ Μάτριος εἰ(ς) στήλην λευκό|λιθον καὶ ἀναθεῖναι αὐτὴν πρὸς τῷ τοῦ Διὸς Ποαρινοῦ (inconnu) ἱερῷ. Texte capital qui prouve définitivement l'existence d'un roi de Pont M. Évergète, distinct de Philopator Philadelphe. L'année pontique 161 correspond à l'an 137-6 av. J.-C.

Bithynie. — *Chalcédoine. Ath. Mitt.*, XXVII, 266. Proxénie de Βαθυλλος Παρ-θεννου (*sic*?). BCH, XXV, 325. Dédicace à Pomponius...

Drepanon, Sabandja. AM, XXVII, 266. Funéraires romaines. Plaque cabalistique (?)

Ak chehr. AM, XXVII, 266. Funéraire. Dédicace à Zeus Brontôn.

Apollonia du Rhyndacus. BCH, XXV, 326 = JHS, XVII, 270, n° 8. Dédicace (à Isis?) d'oreillers et d'un autel.

B. Keil, *R. Philol.*, XXVI, 257. Sur l'inscription publiée par Mendel, BCII, XXIV, 380. Contrairement à Mendel, Keil croit qu'elle confirme l'emplacement de Kyropedion, donné par Eusèbe, en Lydie, au bord du Phrygius.

Nicomédie. — Besset, BCII, XXV, 327. Dédicace à Zeus Brontôn. — *Œst. Jahresh.*, VI, 122. Dans l'inscr. *Izvestja*, II, 130, lire οἰνοποσιάρχης.

Prusa. — *Jahrbuch*, 1903, 39. Décret honorifique pour le grand prêtre et gymnasiarque Sacerdos.

Éolide. — Perdrizet, *R. ét. anc.*, IV (1902), 85. Lamelles de bronze provenant de tombeaux de Cymé et de Pitané avec le nom du défunt et le patronymique.

Lesbos. — Kretzschmer, *Œst. Jahresh.*, V, 139. *Eresos.* 'Important fragment d'un règlemeut sur la pureté du temple : règles de purification (ἀπὸ γυναικὸς αὐτάμεοον λοεσσάμενον, etc.); défense aux γάλλοι d'entrer dans le τέμενος, défense d'introduire dans le temple (ναῦον) des armes, des animaux morts, du fer ou du bronze (πλὰν νομίσματος!), des chaussures ou du cuir; aucune femme, sauf la prêtresse et la prophétesse, n'aura accès dans le temple; défense d'abreuver le bétail dans le téménos. Le même texte a été étudié par Paton, *Class. Review*, 1902, 290. — *Moria* (près Mitylène). Funéraires.

Mysie. — *Cyzique.* — Hasluck, JHS, XXII, 128. * Dédicace à Poseidon Isthmios par Antonia Tryphaeha, veuve de Cotys, « reine, fille et mère de rois », en son nom et au nom de ses fils Rhoemétalcès roi de Thrace, Polémon roi de Pont et Cotys, en souvenir du curage des « euripes » et du lac envasés. Sur le côté gauche une épigramme mutilée.

Cecil Smith et Rustafjaell, *ib.*, 190. 1. ...λον θεῶι 'Ανδειρείδι (cf. CIG 6836) Περγάμου. *3· Liste des présents faits au peuple par Φιλέταιρος 'Αττάλου (le fondateur de la dynastie) : sous l'hipparque Gorgippidès, 20 talents d'Alexandre εἰς ἀγῶνας, 50 chevaux pour la garde du pays; sous Bouphantidès, en temps de guerre, ἀτέλειαν τῆς λείας, etc., ... sous Diomédon, ἐν τῶι πολέμωι τῶι πρὸς τοὺς Γαλάτας.. (du blé). 8. Un πατρώνης (sic) à son affranchie. 9. Épitaphe : εἰς ῖα [κὲ]ρόδα τὰ ὀστεά σου, etc., 13. Catalogue de prytanes. 14. Dédicace à Zeus Hypsistos.

Hasluck, JHS, XXIII, 75· 39 petits textes, presque tous funéraires. 30. Liste de personnes qui ont reçu le droit de cité sous l'hipparque Iulius Maior. 39. Dédicace à Apollon Κραπεανός. — Notes sur l'inscr. *Ath. Mitt.*, IX, 28 (honneurs a Démétrius fils d'Œniadès, de la famille des Asclépiades).

Kirmasti. — BCH, XXV, 327 (paraît provenir de Milétopolis). Épitaphe d'Asclépiadès, 3 distiques.

Pergame. — Prott et Kolbe, *Ath. Mitt.*, XXVII, 44 (inscriptions trouvées dans les fouilles de 1900 et 1901). 67. Fragment du document relatif à la querelle de limites entre Mytilène et Pitané (*Inscr. Perg.*, I, 243). 69. Commencement d'un édit du proconsul S. Appuleius. *71· Règlement (νόμος βασιλικός) sur les fonctions des astynomes, copie de l'époque impériale. § 1. En cas d'usurpation d'un terrain public (?), le contrevenant sera sommé de vider la place; s'il refuse, les stratèges le mettent à l'amende, les astynomes font exécuter le travail par un entrepreneur et le contrevenant paie les frais, plus la moitié. Si les astynomes manquent à leur devoir, les stratèges font exécuter le travail et les astynomes en supportent le prix, plus une amende de 100 dr. La poursuite (πρᾶξις) est confiée aux nomophylaques. § 2. Disposition sur la largeur des routes a la campagne : grandes routes (λεωφόροι), 20 coudées; chemins vicinaux, 8 coudées; sentiers (ἀτραποί), *ad libitum*. L'entretien des routes incombe aux riverains et voisins ; à la l. 64 je lis πιρὰ τὰς ὁ[δούς] et non ο(ἰ)[κίας]. § 3. Pénalités contre ceux qui déposent des ordures dans les rues (?); la répression est confiée à l'amphodarque (chef de quartier?), aux astynomes, stratèges et au préfet de la ville (ὁ ἐπὶ τῆς πόλεως), les amendes, versées à la caisse des trésoriers (ταμίαι), constituent un fonds destiné au nettoyage des rues. § 4. Police des rues. Défense d'y entasser du gravier ou des pierres, d'y cuire des briques ou de faire des égoûts en plein vent. Les anciens égoûts seront couverts. § 5. Voies d'exécution contre les particuliers récalcitrants. Les amphodarques pratiqueront une saisie chez eux, déposeront les objets saisis chez les astynomes, et si dans les cinq jours ils n'ont pas été réclamés sous serment par un tiers (? ἐὰν μηθεὶς ἐξομόσηται τὰ ἐνεχυρασθέντα) procèderont à leur vente aux enchères ἐν φράτρηι ἤ, ἐν τῆι ἀγορᾶι πληθυούσηι. § 6. Intervention des astynomes dans les différends relatifs à l'entretien de murs mitoyens ; le co-propriétaire récalcitrant payera les 3/5 du travail. Dispositions curieuses sur la περίστασις (ambitus) : le propriétaire en contrebas, que le mur de son voisin menace d'humidité, peut construire sur le terrain de celui-ci un couloir de protection large d'une coudée. Défense de faire des fouilles ou plantations, ou d'appuyer des tonneaux contre le mur du voisin. § 7. Police des fontaines. Les astynomes veillent à leur propreté et à celle des canaux d'adduction : les dépenses sont supportées par le trésor sacré (ὁ ἐπὶ τῶν ἱερῶν προσόδων). Défense d'y abreuver des bestiaux ou faire la lessive ; pénalités variées selon qu'il s'agit d'un homme libre ou d'un esclave ; une partie des amendes est affectée à l'entretien du temple des nymphes. — § 8. Puits et citernes. Tous les ans, il en est fait un recensement, les propriétaires doivent les tenir couverts et propres. § 9. Lieux d'aisances.

* 72· Fragments d'un édit impérial relatif à la banque publique de Pergame (cf. l'inscr. de Mylasa, BCH, 1896, 523). Les fermiers de la banque se sont engagés envers la population à vendre le denier d'argent pour 18 as (locaux) et à l'acheter pour 17 ; il paraît qu'ils ne se contentent pas de ce bénéfice sur lequel la ville a sa part. Quand les bourgeois font leurs achats de poisson en bloc, ce qui les dispense d'avoir recours à la monnaie divisionnaire, les banquiers assistés par les agoranomes ont émis la prétention de prélever un droit de transaction qui les dédommage du κόλλυβος éludé ; l'édit interdit ce prélèvement sauf toutefois pour la vente au poids des λεπτὰ ὀψάρια. Si plusieurs acheteurs se cotisent pour faire leurs achats en commun, le banquier pourra prélever un κόλλυβος de 1 as par denier, payable par le vendeur. L'édit réforme encore d'autres exactions des changeurs : ἀσπρατούρα (aspratura), προσφάγιον, ἐνεορτάδια, saisies de gages irrégulières.

73 suiv. Dédicaces à des dieux ou héros (Hermès, la mère des dieux, Ilithye, Panakia). 83. Un prytane offre aux dieux et à la patrie 3 entrecolonnements (d'un portique ?) et leur décoration. 86. suiv. Dédicaces à des rois ou empereurs. 86. βασιλεῖ Εὐμένει θεῶι σωτῆρι καὶ εὐεργέτηι οἱ βάκχοι τοῦ εὐαστοῦ θεοῦ. 96. suiv. Inscriptions honorifiques (97. Pompeia Macrina. 102. L. Cuspius Pactumeius Rufinus par les habitants de la place Πασπαρειτῶν, corporation vouée au culte d'Apollon Pasparios). 107. suiv. Inscriptions d'édifices (108. εφτ,6οφυλακων. 111. τραγωδου. 112. δεκανια). 113 suiv. Listes de nouveaux citoyens et de métèques. Elles nous font connaître pour la première fois les noms des 12 tribus de Pergame ; mais tous les nouveaux venus ne sont pas inscrits dans des tribus, par exemple les Romains, les esclaves affranchis, les colons militaires barbares (ἀπὸ Μασοῦης, ἐκ Μιδαπεδίου.) 145 suiv. Catalogues d'éphèbes (noter 145 un prytane-prêtre). 161-178. Funéraires 178-189. Divers (le n° 189 est d'une écriture inconnue). 190. suiv. Graffites, marques de tuiles (dates régnales), anses d'amphores, etc.

Ziebarth. AM, XXVII, 145. Inscr. honorifique pour L. Cuspius Pactumeius Rufinus (Cos. 197) copiée par Cyriaque d'Ancône.

Ionie. — *Éphèse.* — Heberdey, *Wiener Studien*, XXIV (1902), 283, ὁ δῆμος καὶ ἡ βου[λὴ ἐ]τείμησε [Γ]ναῖον Δομέτιο[ν Κ]ορδούλωνα [τ]ὸν ταμίαν [ἐ]ν πᾶσιν εὐεργέτη[ν] τῆς πόλεως. Sans doute le père du célèbre Corbulon.

Kalinka, *Wiener Studien*, XXIV, 292. Sur l'épigramme de Palladas (AP, X, 87) trouvée en 1897 dans un bain éphésien.

S. de Ricci dans les *Proc. Soc. biblical archaeol.*, 1901, p. 396, a réuni toutes les inscriptions relatives à la Diane d'Éphèse.

Domaszewski, *Festschrift für Th. Gomperz*, p. 233. Dédicace au gouverneur M. Claudius Pupienus Maximus (plus tard empereur).

Weishäupl, *Œst. Jahresh.*, V, Beiblatt, 34. Sur les inscr. des latrines d'Éphèse. Heberdey, ib. 53. Rapport provisoire sur les fouilles. Mention de la rue Ἀρχαδιανή et des 40 κινδῆλαι qui l'éclairent. — Dédicace de μολπεύσαντες. — Dédicace à Déméter Carpophore.

Haussoullier, *R. de Philol.*, XXVII, 49. Une copie ms. de l'architecte Huyot (ou plutôt de Donaldson) complète l'épigramme connue par Cyriaque (Kaibel, *Rh. Mus.*, XXXIV, 212) : lire au 4e vers Μ ε σ σ α λ ι ν ὸ ν μεγάλης Ἀσίης μέγαν ἰθυντῆρα ; au 3e τηλεφανοῦς Ἐφέσου, etc.

Milet. — Atticaster (Bücheler?) *Rh. Mus.*, LXXV, 315. Dans l'épigramme publiée par Wiegand (*Sitzungsb. Berl. Ak.*, 1901, I, 905) lire συνὰ δὲ Νηλείδαισιν et φῦλ' ἀναλεξάμενος.

Haussoullier, *R. de Philol.*, XXVI, 125. Revision de quelques textes des « îles milésiennes » (Leros, Lepsia, Patmos, les Korsiae). Il publie à cette occasion un long texte de Didymes, éloges d'une série de ταμίαι (1er siècle après J.-C.).

Smyrne et environs. — Fontrier, *R. ét. anc.*, IV (1902), 193. 6 petits textes.

AM, XXVII, 279. Dédicace à la Tyché de Thessalonique. Honorifiques. Cumont, *Annales de la Société archéol. de Bruxelles* (!), XV (= *R. arch.*, 1902, I, 125). Deux épitaphes (M. Ulpius Hilarus et Zénon dit Gnaeus), la première à clause pénale.

De Ricci, *R. arch.*, 1902, II, 150 (d'après *Bessarione*, IV, 291). Funéraires chrétiennes à Rhodokipos.

Téos. — Prott, *Ath. Mitt.*, XXVI, 161 et 265, étudie les inscriptions de Pergame et de Téos relatives au culte de Dionysos Kathégémon, aux artistes dionysiaques et au culte des Attalides.

Carie. — *Alabanda.* — AM, XXVII, 269. Honorifique (C. Iullus Agathonicos).

Halicarnasse. — Wolters, *Rh. Museum*, LXXVI, 154. L'inscr. Br. Mus., IV, 1, 897 concerne non Cnide, mais Halicarnasse, et il n'y est point question de mise en gage de statues, mais d'une 2e hypothèque constituée sur des fonds déjà affectés à la confection de statues.

Foucart, *R. de Philol.*, XXVII, 216. Dans la « loi de Lygdamis » (IGA, 500) il faut restituer ἐν ὀκτὼ καὶ δέκα μησὶν ἀπ' ὅτ[ο] ὁ ἔδος ἐγένετο. Le mot est masculin.

Lagina. — AM, XXVII, 270. Dédicace des stratèges à l'occasion d'une fête pentétérique.

Tralles. — Wegehaupt, *Rh. Mus.*, LXXVI, 638. Sur l'oracle métrique rendu à Pausanias, publié par Ziebarth, *Progr. de Hambourg*, 1902. W. restitue notamment au v. 3 ἔθνει ἐνέργω et y reconnaît les Goths.

Iles Cariennes. — *Cos.* — R. Herzog, *Beiträge zur alten Geschichte*, II, 316, étudie plusieurs inscriptions de Cos, notamment une inédite d'Halasarna (p. 321) qui nous renseigne sur une invasion crétoise de l'an 204 environ, épisode de la guerre des Rhodiens contre Philippe et les Crétois. — *Jahrbuch*, 1903, 10. * Lettre des cosmes et de la ville de Cnosse au Conseil et au peuple de Cos, pour les remercier des services rendus à leurs blessés par le médecin Hermias dans la guerre civile de Gortyne (220 av. J.-C.).

Calymna. — Villefosse, *Bull. Soc. antiq.*, 1902, 153. Dalle de marbre byzantine entrée au Louvre : Πετ]ρον τον αγηον αποστολον αμην.

Paton, *Class. Review*, 1902, 102. Épigramme funéraire de Xénoclès, fils d'Héragoras où on lit : οὔνομα δὲ κλεόμαν Ξενοκλῆς, δῆμος δὲ Καλύμν[α?] | Κῶ δὲ πάτρα. Donc Calymnos était considérée comme un dème de Cos.

Rhodes. — Botti, *Annales*, etc. *de l'Égypte*, II, 191. Inscription découverte à 1/2 heure au sud de Rosette (Égypte) : Πρυτανιες (5 noms et patronymiques) και γραμματευς βουλας Αγημων Αγησιαναχτος θεοις (Πρυτανιες n'est point une faute et l'inscription est sûrement importée. Je l'ai classée conjecturalement à Rhodes. — T. R.).

Blinkenberg et Kinch, *Acad. de Danemark*, *Bulletin*, 1903, n° 2. Fouilles de *Lindos* (soubassements de la citadelle). 1. ἱερεὺς 'Αθάνας Λινδίας Λο. ΑΠλ. 'Αγλώγαρτος. 2. Fr. d'un décret honorifique mentionnant les Théréens. 3. Catalogue de ἱεροθύται. 6 (rupestre) τό Κόχλιος θίασο. 7. Dédicace à Athéna. 8. Dédicace d'Aristolochos à Asclépios. 9. Funéraire (Rhodo de Cnosse). 10. (= IGIns, 900). Le phrourarque Pisistrate à Athéna. 11, 13. Funéraires. 12. Dédicace à Némésis κατ' ὄνειρον. 14. Catalogue. 15-33. Marques d'amphores.

Hiller et Robert, *Hermes*, 37, 122. Relief funéraire d'un maître d'école (de Ialysos). Ἱερωνύμου τοῦ Σιμυλίνου Τλώιου | Δαμάτριος ἐποίησε. Le nom Τλώιος est un démotique. Ib. p. 142. Fr. d'un calendrier de mystères.

Selivanov et Hiller, *Hermes*, 38, 146 et 320. Holleaux, ib., 638. Les inscr. SGDI. 3749, 3788, 3790, etc., prouvent qu'il y avait 5 prytanes, non six (ajouter le texte Botti, *suprà*, T. R.).

Th. Reinach, REG, XVI, 184 et 419. Inscriptions de condoléance. Base de la statue de Ménodoros : Ζήνων 'Αμιστηνὸς ἐποίησε.

Symé — Hula, *Œst. Jahresh.*, V, 13 (copies de D. Claviaras). 1-3. Funéraires. 4. Très jolie épigramme du IIᵉ siècle, célébrant l'union d'un ménage : κἀγὼ μὲν πάτρης τὸν ἀρήιον ἤνεσα θεσμόν | ἣ δ' ἐς 'Αθηναίης ἔργα νόωι τρέπετο. — 5-6. Deux décrets honorifiques du κοινὸν τῶν ἐν Σύμαι κατοικούντων.

Lydie. — Fontrier, *R. ét. anc.*, IV (1902), 238. 2 textes de Tchina (vallée du Méandre, près du Marsyas), 1 de Sarakeui, 1 de Thyatire (Μοσχιανὸς Βασιλεὺς ὑψίστῳ θεῷ εὐχήν.)

Plaine du Caystre. — Fontrier, *R. ét. anc.* IV (1902), 258. Textes découverts par Jordanidis à Kirkindjé (funéraire pénale, 2,500 deniers), Belevi (paraît être un fr. de testament mentionnant la κατοικία Μουβωσειτῶν), Koutchouk Katebkhés (borne bilingue du territoire d'Artémis), Métropolis (βασιλίσσης 'Απολλωνίδος θεᾶς εὐσεβοῦς), Bourgas, Khondria (funéraires pénales, 750 deniers), Alsanar, Elifli, Falanga, Dioshieron, Koloé, Adigumé, Tireh.

Thyatire. — AM, XXVII, 269. Dédicace au consulaire M. Licinius Rufinus. Funéraire à clause pénale. — BCH, XXV, 336. Bases honorifiques (Nicopolis, Apollas).

Phrygie. — *Acmonia.* — Chapot, *R. él. anc.* IV (1902), 77. Corrections aux inscr. publiées par Ramsay dans ce recueil en 1901 (inscr. de Claud. Iulianus, testament de T. Praxias mentionnant des dogmatographes). — Ramsay, ib. 267 est revenu sur le testament de Praxias, qui date de 85 ap. J.-C.

Orméla. — Crönert, *Hermes*, 37, 152. Observations sur l'onomastique de cette localité.

Philomelium. — AM, XXVII, 270. Funéraire : Μαρία Ἀριβάζῳ..

Laodicea. AM, XXVII, 271. Funéraire à clause pénale.

Dorylée. Is. Lévy, *R. de Philol.*, XXVI, 272 rappelle l'attention sur deux inscr. (GGA. 1897, 400 et 412) mentionnant des πατρόβουλοι (ils figurent aussi dans un texte de Paros, IGIns. V, 141).

Dorylée (banlieue de). AM, XXVII, 271. Funéraires. BCH. XXV, 330. Funéraires ; la plus intéressante, n° 26, est en latin (Thrace né à Anchialos). Noter p. 330, l. 3, la bibliographie des inscr. de Dorylée.

Kara Chehir. — BCH, XXV, 334. Dédicace à Zeus Brontôn.

Vallée du Thymbris (?). — BCH, XXV, 328. Dédicaces au fleuve (ποταμός), recueillies par J. Méliopoulos.

Lycaonie. — *Iconium.* — Mendel, BCH, XXVI, 211. 2. Sièges de théâtre offerts par Q. Eburenus (Maxi)mus grand-prêtre des Augustes dans la colonie Κλαυδει-κονιέων. 3. La ville (col. Ælia Hadriana Aug.) à L. Ælius, 137 ap. J.-C. (texte latin). 4. Base de statues de la famille de Polyclète, fils de Zénon (= BCH. X, 513 ; Sterrett, *Wolfe exp.*, n° 11). 5. Stèle érigée par Aur. Sisinos et sa femme. 6-11. Stèles funéraires (noter la formule du n° 8 : ἐάν τις τὴν στήλην ἀδικήσει, κεχολωμένον ἔχοιτο Μῆνα καταχθόνιον). P. 226 suiv. Autres funéraires de la banlieue.

Cronin, JHS, XXII (1902), 114. Divers textes du musée de Konia de provenance variée (34. Ambararassi = Sidamaria, dédicace sous Bruttius Praesens). — 44. Καῖσαρ Σεβαστὸς [Αὐτοκράτωρ] ἐποίησεν τὸ προσκήνιον τῇ πόλει διὰ [Π]ουπίου πρεσβευτοῦ. 53. Dédicace à l'ἐπίτροπος Iulius Publius (?). 54 (= Sterrett 246 rectifié) Κόιντος Ἐβουρηνὸς Μάξιμος Νεμέσει ἐπηκόω. 55. Le même personnage dédie des σελίδες du théâtre σὺν τῇ [σπήλογ]γι (?). 57. Un ὑποδηματουργὸς consacre une sépulture à la médique (τὸ μηδικόν). 58 (métrique) : un prêtre de Θεὸς ὕψιστος. 59. Dédicace à Μήν. Suite, JHS, XXII, 340. 64 suiv. Dédicaces Μητρὶ Ζιζιμμηνῇ. 87 (latin) au légat propréteur Avidius (Quietus). 89. Chrétienne. La famille a consacré la mémoire des morts μουσικοῖς ἐπέεσσι -[τὸ γὰρ γέ]ρας ἐστὶ θανόντων. 102, 132. Juives? 119. Un πρωτοκωμήτης (nous ne pensons pas qu'il en résulte que le village s'appelât πρώτη κώμη). 121, 125-6. Métriques. 122. Michael protospathaire. 127. Une diaconesse. *Sindjerli Khan.* 141. Dédicace à Ζεὺς Σαλαραμευς.

Cl. Ganneau, *Recueil*, V, 173. Sur l'inscr. chrétienne Sterrett, *Epig. journey*, n° 165 (= Cumont, *Mél. de Rome*, 1895, 280).

Lycie. — *Arnéai.* Hula, *Oest. Jahresh.* V, 199. Monument érigé (sous Trajan?) à Demétrius de Coroai, qui exerça successivement les fonctions de décaprote et d'icosaprote ἐξ οὗ κατεστάθησαν εἰκοσάπρωτοι. A rapprocher du décret de Iasos REG. VI, 157. On voit qu'il y eut un changement dans l'institution.

Pisidie, Pamphylie, Isaurie (1). — *Olbasa.* — Jüthner, *Wiener Studien*,

_____

(1) Mon ami R. Kœchlin me communique une photographie d'un sarcophage

XXIV, (1902), 285. Quatre inscr. en l'honneur de vainqueurs aux *Augusteia*.
Baris (Isbarta). Mendel, BCH, XXVI, 220 (provenance incertaine). Ex-voto au dieu Sozon.

Isinda (Istanos). Mendel, BCH, XXVI, 223. Ex-voto aux Dioscures.

Pogla. Rostowzew, *Beiblatt* des *Jahrbücher des Vereins von Alterthumfreunden im Rheinlande*, CVII (1901), p. 38 ' (= R. arch. 1902, I, 143). Dédicace à l'agonothète P. Caelius Lucianus. La lecture ετεσιν πολ[ιτειας] qui s'opposerait à ετεσιν κοινων[ιας] me paraît des plus douteuses.

Cronin, JHS, XXII (1902), 94 suiv. Région est et sud-est du lac Bei-Chehr. 1-3. Textes chrétiens de Kizil Euren (Μίσθεια?). 4-10. Younslar (Πάππα). 5. A un légat proquesteur de Trajan Τιβεριοπολειτων των και Παππηνων βουλη δημος. 10. Ιωάννου διχαρίου. 11-12. Selki Serai. Miliaires. 13-15. Kiosk. 16-18. Kirili-Kassaba. 19-20. Kirikli. 21. Kara-Assar. 22-23. Fassiler. 24. Baindir. 25-27. Davghana. 28-30 Kyr Stefan, etc.

Jüthner, Kroll, Patsch et Swoboda, Vorläufiger Bericht über eine arch. Expedition nach Kleinasien (*Mitth. der Ges. zur Förderung deutscher Wiss... in Böhmen*, Prag 1903).

Vasada (Dere Kieui). P. 19. Ωκύμορον ξεινον Διονύσιον εσθλον ιητρον | αντι πάτρης χρουνων γη κατέχει Ο[ύα]σίδων. —*Amlada* (Asar dagh). P. 22. ' Lettre d'Attale (II?) accordant remise aux habitants de 3,000 dr. sur leur tribut de 2 talents, et d'une amende de 9,000 dr. encourue pour leur participation à « la guerre Galate »; il délivre enfin leurs otages. La lettre est adressée τηι πόλει και τοις γεραιοις.

Cilicie. — F. Schaffer, *OEst Jahresh.*, V, 106. *Mara* au N.-O. d'Olba. Funéraire chrétienne.

Galatie. — *Ancyre*. — Kornemann, *Beiträge zur alten Geschichte*, II, 141; III, 74. Sur la genèse du *Monumentum Ancyranum*. Cf. aussi Wilcken, *Hermes*, 38, 618.

Soungourlou. — BCH, XXV, 334. Épitaphe du « grand domestique » Georges Dédicace faite sous un prêtre de Zeus, Gê et Hélios.

Cappadoce. — *Sidamaria* (Ambar-arassi). Mendel BCH, XXVI, 210 (= Ramsay *Rev. ét. anc.*, 1901, 279; Th. Reinach, *Monuments Piot*, IX, 189 suiv.). Dédicace d'un bain sous Hadrien, Bruttius Praesens légat proquesteur. Ib. p. 219. Funéraire chrétienne

SYRIE

Syrie du Nord. — V. Chapot, BCH, XXVI, 161 et 289. **Piérie et Séleucide.** —*Alexandrette*.— 1. Statue de Sopatra érigée par sa mère.—*Antioche*.—2. Dédi-

chrétien récemment trouvé à *Isaura nova*. La façade est décorée de 3 arcades conjuguées (les frontons latéraux sont triangulaires) supportées par des pilastres et des colonnes ioniques. Dans les arcades latérales, poisson et guirlande. Dans l'arcade centrale, sous un diptyque, une couronne avec l'inscription : Φίλτατος ὁ Μα|κάριος Παπας | Θεούφιλος. Sur la corniche inscription peu lisible en 2 lignes : ... Μαθεος (?) μη (?) ε(τους?) CN τον μακαριον παπαν.. | .... ν και οιον(?)το μν [ημει]ον..

cace latine à un questeur de Germanicus par C. Iulius Christus. 3. Aur. Artemidora
d'Alexandrie. 4. Bornes du domaine d'Anastasios Palladios. Sarcophage signé
Proclos. — *Séleucie de Piérie*. 5. Dédicace latine à Antonin par les détachements de
la 3ᵉ Scythica et la 16ᵉ Flavia Firma. 6. Ponts sur les deux Mélas bâtis sous le
prêtre comte Ephrem en 524 ap. J.-C. (573 de l'ère césarienne). 8. Hommages
publics à Cn. Pompeius Zénon, à un néocore de (Zeus) Keraunios Niképhoros. 11.
Mention des habitants de la (κώμη) Δετηνιμμινων (?). 15. Mention du comte d'Orient
Jean ; an 637 (ère locale). — **Cyrrhestique.** — *Berœa.* — 18. Εὐθύμι Μίρρι οὐδὶς
ἀθάνατος sous un aigle à bras humains. 20 suiv. *Tell Heada*. Nouvelles inscriptions
de l'enceinte de pierres déjà étudiée par Clermont-Ganneau, etc., (dédicace à Zeus
Madbachos, etc.). — *Kefer Nebo*. 24. Distique chrétien. 25. Consécration d'un
moulin à huile aux dieux Simios, Symbétylos et Léon, 4 épimélètes, 2 λευκουργοί,
3 architectes ; an 272 d'Antioche (223 ap. J.-C.). — *Cyrrhus*. 29. A M. Licinius
Proclus centurion de la lég. Gallica. — *Kara Mughara*. 36. Caveau funéraire
(grotte) consacré par Antonia Marcia (?), an 206 (Sél. ?) ; défense d'aliéner. —
Cheikh Nedjar. 38. Dédicace latine à Sévère et Caracalla, rattachant leur généa-
logie aux Antonins. — **Euphratésie.** — 39. Κύριε φύλαξον τὸν πύργον τοῦτον καὶ
τὸν οἰκοῦντον (sic) ἐν αὐτῷ ; an 807 Sél. 43. Exemple de la sigle ΧΜΓ. 44. Mention
de *rosalia*. — **Commagène.** *Samosate*. 55-6. Mention de la lég. Xᵃ (Fretensis) et
brique de la lég. XVIᵃ Fl(avia Firma). — *Rive de l'Euphrate* (près Aïni). 61. Inscr.
latine commémorant des travaux d'aqueduc (*opus cochlidis*) exécutés sous Vespasien et Titus ; légat nouveau Marius Celsus (mars 73). 62 (localité inconnue à
14 heures d'Aintab). Borne de deux peuples(?) Ἀρδούλων et Ελλαχα... ας.

Antioche. — Perdrizet, CR Ac. Inscr. 1903, 62. Fr d'inscr. reproduisant un
oracle d'Alexandre d'Abonotichos (Lucien, *Alex.* 36) : Φοῖβος ἀκερσεκόμης λοιμοῦ
νε]φέλην ἀπερύκει ΑΕΗΙΟΥΩ. — Ouspensky, *Izviestiya*, VII, 205 : Ἑρμεῖς à son fils
Jules.

Damas. — Ouspensky, *Izviestiya*, VII, 100. ἐποίη,]σ[ε]ν Μητροφάνης | [Φιλ]ίππου
ὁ πρῶτος | [ἀρ]χιτέκτων μετὰ Διονυσίου ἀδελφοῦ καὶ |'Αννίου συντρόφου καὶ Σελαμά-
νους τοῦ| ἀρχιμαγείρου.

Palmyre. — Ouspensky, *Izviestiya*, VII, 125... Αὐρήλιον φυλῆς τῆς αὐτῆς [εὐερ-
γετήσ]αντα αὐτοῖς (sic ?) ἐν πολλοῖς πράγμασιν... κτίσμασιν καὶ ἀναθήμασιν | ἀναλώ-
μασιν οὐκ ὀλίγοις τειμῆς | ἕνεκεν ἔτους εοτ' μην[ὸς]| CE (?) περειτί[ου].

Alep. — *Ibid.* 164 (*vid-sup.*). Dédicace d'un ἐλαιοτρόπιον à Σείμιος, Συμβέ-
τυλος et Λέων, θεοὶ πατρῷοι par des épimélètes, λευκουργοί et τέκτονες. An 272
(= 224 J.-C.).

Émese. — Ronzevalle, *R. arch.*, 1902, I, 387, restitue ainsi l'inscr. n° 28 de
Lammens (*Musée belge*, 15 oct. 1901). Βή,]λῳ Ἰαρεβώλῳ Ἀγλιβώλῳ καὶ Σε[μ... πατρῴοις
θεοῖς ὁ δεῖνα..] ὑπὲρ σωτηρίας αὐτοῦ x[αὶ... ἀνέθηκεν]. Cf. CR Ac. Inscr., 1903, 276.
Sedad (près Émèse). Ouspensky, *Izviestiya*, VII, 139 :... κὴ Θερ[ινὸς] | ἱ]ερὸν
κεῖν[ο] | ἐποίη,σ[αν]. *Émèse*, ib. 142. Funéraires chrétiennes.

Djebel Shekh Berekal (à une journée à l'ONO d'Alep), la Κορυφή de Théodoret,
1150, Migne. W. Prentice, *Hermes*, 37, 91. Nouvelles copies et commentaires des
dédicaces aux dieux Madbachos (= Zeus Βόμος) et Selamanès (CIG, 4449-51, etc.).
En calculant d'après l'ère d'Antioche, les dates s'échelonnent entre 86 et 120
ap. J.-C. Cf. aussi Ouspensky, *Izviestiya*, VII, 191.

Cœlé-Syrie. — *Banyas* (Balanaea au N. d'Aradus ?). Heuzey, *CR Ac Insc.*, 1902, 192. Stèle représentant un dieu cavalier en costume oriental : Θεῶ Γεννέα πατρώω Μαζαββάνας | καὶ Μάρκος υἱὸς αὐτοῦ ἀνέθηκαν | ἔτους ζϙ (507 Sél. = 195 ap. J.-C.) μηνὸς Δύστρου. C'est sans doute le dieu Γενναῖος de Damascius, *Vit. Isid.* et de la dédicace Cl. Ganneau, *Recueil*, I, 495. — Sur ce texte, cf. Cl. Ganneau, *Recueil*, V, 154.

Heliopolis (Baalbek). Puchstein, *Jahrbuch*, 1902, 87. Dédicace au dieu d'Héliopolis.

Mont Hermon (sommet du). Cl. Ganneau, *Pal. Quart.*, 1903, 135 et 231 (= *Recueil*, V, 346). Inscr. trouvée en 1870 par Ch. Warren, appartenant aujourd'hui au Palestine explor. fund. Κατα κελευσιν θεου μεγιστου κ(αι) αγιου υ (?) ομνυοντες εντευ-θεν. M. C. G. prend υ pour οι et rapproche un texte curieux du livre d'Hénoch sur les « anges conjurés ».

Épiphanie (Hamah). Ouspensky, *Izviestiya*, VII, 145 : ὑπὲρ εὐχῆς Μαρᾶ καὶ Κοσμᾶ ἔτους cζϯ (907 = 596 J.-C.) ινδ. ιδ' μ(η)νὶ νοεμβρίου κε', etc. — Bornes des terrains de la sainte Vierge et des saints Damien et Cosme.

Apamée. Ib. 150. Les héritiers d'Apius (*sic*) Herculius à Trajan.

Phénicie. — *Tyr.* — Cl. Ganneau, *Recueil*, V, 378. Funéraire, an 474 (= 349 J.-C.).

Cantarelli, *Bull. com*, 1902, 218. Sur la dédicace au préfet d'Égypte T. Furius Victorinus (*Bull. Soc. Antiq.*, 1901, 228).

Byblos. — Ronzevalle, *Rev. Bibl.*, 1905, 409. Ex voto au dieu Hélios.

Bérytos et environs. Ronzevalle, *R. Arch.*, 1903, II, 29. Inscr. bilingue de Deir el-Qalaa (Liban). I. O. M. B. E. l. R. E. I. S. E. C. S. Q. A. E. | V. L. A. S. | Θεῶ ἁγίω Βὰλ(μαρχοδι?) καὶ θεᾶ "Ηρα καὶ θε(ᾶ) | Σίμα καὶ νεωτέρα | "Ηρα Κ. Ἀνχα-ρη|νὸς Εὐτυχὴς Χαν|χούριος καὶ Ομ.|... ης Παυ. Voir sur ce texte Cl. Ganneau, *R. Arch.*, 1903, 2, 225. Au lieu de χανχουριος, il lit χαλχουργός.

Palestine. — *Jérusalem et environs.* — *Revue biblique*, 1902, 103. Mont des Oliviers, ossuaires juifs : 1. Ἰουδὰ Ἰούδου Βεθηλέτου. Ἰωσῆς Ἰούδου Φαίδρου — Μαρία Ἀλεξάνδρου γυνή, ἀπὸ Καπούης.

Environs de Jérusalem. — C. Ganneau, *Recueil*, V, 46. Inscription en mosaïque de Beit Sourik (Rev. biblique, 1901, 444). V, 163. Épitaphes chrétiennes du mont des Oliviers.

Clermont Ganneau, *Pal. Quart.*, 1903, 125 (Gl. Dickson, ib., 326 = *Recueil*, V, 334). Ossuaire au nord du mont des Oliviers avec inscription bilingue (hébreu et grec), Ὀστᾶ τῶν (i. e. de la famille) τοῦ Νεικά|νορος Ἀλεξανδρέως | ποιήσαντος τὰς θύρας | Ν(i)q(a)n(or) Al(e)kça. M. Cl. Q. croit qu'il s'agit de la porte de Nicanor ou temple d'Hérode, qui venait en effet d'Alexandrie.

Cl. Ganneau, *CR. Ac. inscr.*, 1903, 479 et 641, inscr. fausses et authentiques, recueillies par le P. Prosper dont une juive (Rebecca, mère de Mannos).

Kadès (Galilée). — Clermont Ganneau, *Pal. Quart.*, 1903, 131 (= *Recueil*, V, 341). Inscription d'un autel copiée en 1865 par Ch. Wilson : Cωμος (? βωμός?) — θεω αγιω Μσουθιν (?) Σεπτιμιος Ζηνων Ζωσιμου (α)νεθηκεν IVϹ (?) μη. Αρτεμισιου ηι.

Provenances diverses. — Macalister, *Pal. Quart.*, 1903, 171. Funéraires chré-tiennes. Cl. Ganneau, *Recueil*, V, 170. Mzérib, Naoua, Salkhad.

Ouady er-Rabábi. — Macalister, *Pal. Quart.*, 1903, 173. L'inscription *Pal. Quart.*, 1890, 70, etc. (funéraire de Pachomios) serait fausse.

Ramallah. — *Pal. Quart.*, 1903, 170. Sarcophage du prêtre Sélamon.

Beth Zachar (route de Jérusalem à Hébron). — *Rev. bibl.*, 1903, 614. Inscr. sur mosaïque.

Marisa (Tell Sandahannah, à 1/2 heure au sud d'Éleuthéropolis). Le P. Lagrange, *CR Ac. Inscr.*, 1902, 497. Inscription d'un hypogée macédonien. 1. Sur l'entrée Ορτας Μακεδών. 2. Ἀπολλοφάνης Σεσμαίου ἄρξας τῶν ἐν Μαρίσηι Σιδωνίων ἔτη 33, etc., 3. Allocution poétique d'une femme à son mari (texte difficile). 4. Ἥλιος καίων Μύρων ἱερεὺς ἐπὶ μ[νῆ]μα Καλυψοῦς (?). Nombreuses dates s'échelonnant entre 107 (Sél.?) et 194, puis les an. 2 et 5 (ère de Pompée?).

Joppé. — *Rev. bibl.*, 1903, 611. Ἰούστου γναφέος, Ἰακὼ, Κυμινᾶ (?) διὰ σαλω (= Shalom).

Gezer. — Macalister, *Pal. Quart.*, 1903, 312. 1. Ηρακλεους νεικη Ευνηλου (sic) ποησις..... Δορκας παι ταται.

Beit Netif. — *Rev. bibl.*, 1903, 191. Tombe d'un officier romain, T. Flavius Valens.

Route de Naplouse à Beisan (Scythopolis). — Germer Durand et Michon, *Bull. Soc. Antiq.*, 1902, 124. Milliaire de Maximin.

Éleuthéropolis. — Kubicek, *Œst. Jahr.*, VI, 50, discute une inscription de Jérusalem (*Rev. bibl.*, XI, 438) datée de l'an 448 d'Éleuthéropolis et cherche à déterminer l'ère de cette ville (199-200 av. J.-C.). Cf. aussi *Rev. bibl.*, 1903, 274, où l'an 344 d'Éleuthéropolis est assimilé à une 6ᵉ indiction.

Dora (?). — C. Ganneau, *Recueil*, V, 285. Épitaphe de Zoïla, an 233 (de Pompée).

Gaza. — C. Ganneau, *Recueil*, V, 57. Dans l'inscription, *Rev. Bibl.*, 1901, 580 lire ὁ γυψοκόπος.

Bersheba. — C. Ganneau, *Recueil*, V, 129 (cf. *Rev. biblique*, 1903, 275). Liste mutilée de recettes (?) en ν(ομίσματα) provenant de diverses villes de Palestine. Il s'agit peut-être d'un règlement substituant, pour les troupes, un paiement en espèces aux redevances en nature (cf. la constitution de Théodose II, *Cod. Theod.*, II, 324 Ritter).

Abel, *Rev. biblique*, 1903, 425. Funéraires.

Transjordanie. — *Apheca* (à l'E. du lac de Tibériade). — *Bull. Soc. antiq.*, 1902, 127. Un vétéran, cavalier de la 6ᵉ légion.

Gerasa (1). — Lucas, *Mitt. Paläst.*, 1901, 33. Inscriptions copiées en 1870 par H. Kiepert. Toutes, sauf une, ont été publiées ailleurs. L'inédite (nᵒ 1) est une dédicace de l'an 105 Ger. à l'empereur et un don de 500 drachmes au temple de Zeus par le gymnasiarque athénien (lire à la ligne 6 avec C. Ganneau, 1902, 31 τὴν πρώτ[ην ἑξά]μηνον.) *Ibid.*, 49. * Corpus des inscriptions de Gerasa connues jusqu'à ce jour (93 nᵒˢ et un index). Corrections aux textes ci-dessus : Cl. Ganneau, *Recueil*, V, 310.

Cl. Ganneau, *Recueil*, V, 15. Sur l'inscription CIG. 7665, revue par Brunnow (*Mitt. Pal.*, 1898, 86). Il faut lire L αξρ (= 98 J. C.) Διι ἁγίωι Βεελδωσώρωι καὶ Ἡλίωι Ἀμέραθος Δημητρίου, etc. Toutefois la lecture Βεελζ est très douteuse, l'estampage montre plutôt βεελχ.

(1) Cf. la monographie de cette ville donnée par Schumacher, *Zeit. Pal.*, XXV, 109-177.

Clermont Ganneau, *Mitt. Pal.*, 1901, 48 (= *Recueil*, V, 307). Noeldeke, ib., 83.

Conjectures sur l'inscription métrique de Germanos, *Mitt. Pal.*, 1900, 42 (les lectures de Noeldeke aux vers 1 et 6 sont certainement préférables (1) ; celles de M. C. G. comportent 2 vers faux).

Batanée. — Cl. Ganneau, *Recueil*, V, 147. Dans Wadd. 2236 peut-être faut-il lire : κε φυλαρχησαντι.

Madaba. — Manfredi, *Rev. biblique*, 1902, 426 (= *Nuovo bull. arch. crist.*, 1902, 134). Mosaïque datée de l'évêque Sérgius, an 473 (= 578 J.-C.). Cf. également Pavlovsky et Kluge, *Izviestiya*, VIII, 98, qui republient aussi d'autres textes chrétiens de cette ville.

Yadoudeh (près de Médaba). — *Rev. bibl.*, 1903, 434. Mosaïque datée de l'évêque Sergius, an 65 (965 Sél.?)

Haouran. — C. Ganneau, *Recueil*, V, 21. Sur les inscriptions de Smith, *Pal. Statement*, 1901, 340. 1. Dédicace à Zeus μέγιστος pour Titus. 2. A Artémis κυρία pour Hadrien. Corrections à divers autres textes de cette région.

Djolân. — *Er Rumsaniyeh*, Vincent, *Rev. bibl.*, 1903, 277. Ex voto de Balbion et du constructeur Maxime.

ARABIE

C. Ganneau, *Recueil*, V, 59. Sur la bilingue du Sinai, CISem 1044. Καλεῖται Οὐμάρου signifierait : « il est dit (par adoption) fils d'Omar. »

Oasis Feirân, *R. bibl.*, 1902, 440. Proscynème du moine Aaron.

MÉSOPOTAMIE

Chapot, BCH, XXVI, 198 suiv. *Osrhoène. Constantine* (Ouaranscher). 48-52. Chrétiennes (52. Construction d'un πανδοχεῖον).

Palmyre. — C. Ganneau, *Recueil*, V, 90. Sur les textes publiés par Sterrett (*Wolfe exp.*, 436 sq.).

BABYLONIE

S. de Ricci, *R. arch.*, 1902, II, 132. Tablettes cunéiformes avec des transcriptions en caractères grecs (d'après Pinches et Sayce).

SUSIANE

Haussoullier, *Rev. Philol.*, XXVI, 98 réédite une inscr. de Suse publiée par Loftus en 1857 : Πυθαγόρας Ἀριστάρχου σωματοφύλαξ Ἀρρενείδην Ἀρρενείδου τὸν στρατηγὸν τῆς Σουσιανῆς τὸν ἑαυτοῦ φίλον.

ÉGYPTE

Le dépouillement des inscriptions égyptiennes (ou se rapportant à l'Égypte) nouvellement publiées est maintenant facilité par les excellents bulletins épigra-

---

(1) Cependant la lecture κλημοφόρους ἀρχάς (v. 1) ne paraît pas confirmée par le fac-similé *Zeit. Pal.*, XXV, 153. M. Cl. G. lit maintenant σταδίους.

phiques de l'*Archiv für Papyrusforschung* de Wilcken (Leipzig, Teubner, 1901 suiv.). Les textes d'époque ptolémaïque (depuis 1897) y sont recueillis par Strack (*Archiv*, I, 200 ; 537) ; ceux d'époque romaine par S. de Ricci (II, 427 et 561).

Dans ces bulletins on trouve quelques textes inédits ou à peu près, par exemple, I, 205, n°⁵ 15-17. Dédicaces aux dieux Évergètes .(Philé) ; I, 207, n° 18 *a* au dieu Séménouphis et aux dieux Épiphanes ; I, 209, n° 27 : τῇ συνόδωι τῶν συνγεούχων Πτολεμαῖος Ἀλεξάνδρου Αἰακιδεύς Lx′. II, 430, n° 5 : décret du temps d'Auguste. II, 432, n° 15 : mention de la σύνοδος νεωτέρω(ν) τῆς ἀμφόδου, époque de Tibère. II, 443, n° 60. Dédicace d'un vétéran à Ammon, sous Antonin, II, 539, n° 8. Décret de Ptolémaïs. II, 541, n° 15. Dédicace d'une synagogue à Schedia sous Évergète (cf. T. Reinach, *R. Et. juiv.* XLV, 161). II, 548, n° 26. Dédicace à Hermès Héraclès par un gymnasiarque sous Épiphane, II, 549, n° 29. Dédicace pour Épiphane par un phrourarque (de Memphis?). II, 550, n° 32. Dédicace à Évergète II, par un phrourarque de Philé et de Syène. II, 551, n° 33. Protocole de l'an 112. Ib., p. 552, n° 34. Dédicace à Soter II par un hipparque. II, 564, n° 112. Dédicace à Héraclès Kallinikos par Aelius Démétrius, rhéteur. II, 565, n° 121. Lettre au stratège du nome Ménélaïte par un individu qui veut fonder un ζυτοπόλιον (sic) près du temple d'Aphrodite (brasserie de femmes).

Dans le même recueil on trouve les articles épigraphiques suivants :

Wilcken, I, 412. Corrections et explications à CIG. 5071 *b* (Talmis).

Willrich, I, 48. La pierre de Chelkias (cf. T. Reinach, *R. Et. Juives*, XL, 50).

Schubart, II, 94. Épigramme, commençant par 7 vers d'Homère (O, 187).

Watzinger, *Jahrbuch*, 1902, 150. Inscriptions sur vases au Musée du Caire. Notamment la belle funéraire de l'hipparque Philotas.

Delta. — P. Meyer étudie dans les *Beiträge zur alten Geschichte*, II, 477, les inscriptions publiées par Botti dans le *Bull. Soc. arch. Alex.* de 1902.

Wilamowitz, *Berl. Sitzungsb.*, 1902, 1093, étudie quelques inscriptions alexandrines récemment publiées dans le *Bull. Soc. arch. Alex.*, notamment la dédicace de la synagogue de Schédia (= R. Et. juiv. 45, 161), une autre dédicace de synagogue, de Gabbary, de l'an 15 (de Cléopâtre III?), l'inscr. du cadran solaire zodiacal, et l'épigramme de Philoxénos (= REG 1903, 181) où il veut corriger ἴδωσι en ἴδητε.

S. de Ricci, *Wiener Studien*, XXIV (1902), 276. Sur une inscription (fausse) d'un vase en terre cuite, qui serait la copie d'une inscription authentique (dédicace à Ammon par un vétéran de la IIIᵉ Cyrenaica sous Antonin).

Khargeh. — Bissing, *Bull. inst. égypt.*, 1901, 7. Nouvelle édition, d'après une photographie de Moritz, du fameux décret de Tib. Iul. Alexander.

Arvanitakis, *Bull. inst. égypt.*, 1902, 17. Inscr. relatives au canal d'Alexandrie.

Alexandrie. — Pfuhl, *Ath. Mitt.*, XXVI, 270. Fragments d'une inscription métrique funéraire. Ib. 272. Autre (femme à la lyre) : Νικω Τιμωνος κστη. Ib. 274. Ισιδωρα Αρτεμισια Πισιδισσαι, etc.

Th. Reinach, REG, XVI, 181, Épitaphe de Philoxène, 3 distiques ; de Sosibios le Magnète, 3 distiques : du jeune Sarapion, 2 distiques.

Botti. *Bull. Soc. arch. d'Alexandrie*, 1902, n° 4 (= *Rev. arch.*, 1902, II, 439). Réfection du canal ἀγαθός ζαίμων l'an 3 de Titus. sous le gouverneur C. Tettius Africanus Cassianus Priscus. Autre canal Philagrianos l'an 6 de Domitien sous

C. Septimius Vegetus (bilingue gréco-latine). Dédicace à Adrien par Sulpicius Gn. f. Quirina Serenus à la suite d'une campagne dans le désert (bilingue).

Memphis. — Maspero, *Annales... de l'Égypte*, II, 285. Ετους εκτου (Philopator?) επι συναγωγης | της γενηθεισης εν τωι ανω Απολλω|νιειωι του πολιτευματος και των | απο της πολεως Ιδουμαιων · | Επει Δωριων ο συγγενης και στρατηγος || και ιερευς του πληθους των μαχαιροφορων | εν πολλοις ευεργητηκως εφαινετο και κοινηι | και κατ᾽ ιδιαν εκαστον, ευσεβως τε διακειμενος | προς το θειον προθυμως πεποηται μετα πολλης | και δαψιλοος δαπανης την τε καταλιφην και || κονιασιν του δηλουμενου ιερου καθαπερ και | πασι προδηλον εστιν · Εδοξεν, τας μεν αλλας | ας εχει τιμας μενειν αυτωι δια βιου και επι|τωνδε (?) αει γινομενων θυσιων αναγορευ|εσθαι αυτωι θαλλον κατα τον πατριον νομον || και επιταξαι τοις ιερευσι και ιεροψαλταις | επι των υμνων μεμνησθα: αυτου, | ετι δη και επι των του πολιτευματος ευωχιων οτε | φανουσθαι δια παντος εξαλλωι (1) στεφανω || το δε ψηφισμα εγγραψαντας εις στηλην | λιθινην αναθειναι εν τωι επιφανεστατωι | του ιερου τοπωι και μεταδοθηναι αυτου αντι|γραφον τωι Δωριωνι ιν᾽ ειδηι ην εσχηκεν || προς αυτον η πολις ευχαριστον απαντησιν.

Sakkarah (?). S. de Ricci, *R. arch.*, 1902, II, 145. Épitaphe de Zenodora d'Antioche, femme d'un soldat de la lég. Vᵃ Macedonica.

Abydos. — Petrie, JHS, XXII, 376. Pierre de fondation à Sarapis Osiris par Dioskoros εγλογιστής du nome.

Thèbes. — Villefosse, *Bull. soc. antiq.*, 1902, 357. Catalogue gravé sur 3 colonnes, trouvé à Karnak. Ce sont des noms d'indigènes ayant pris part à des concours athlétiques (παλαισται κρισεως α παλης — παγκρατιασται κρη... —). Époque romaine.

T. Reinach, REG, XVI, 183. Graffite de Cleoboulianos (1 distique).

Gebel Abou Fodah (Haute-Égypte, près de Manfalout). — Legrain, *Annales*, etc., I, 10. Graffites grecs des carrières : Ασπιδας Ηρακληου τον κυριον τιμων, etc.

Méir (près Siout). — S. de Ricci, *R. arch.*, 1902, II, 98. Le graffite funéraire publié par Clédat (*Bull. Inst, arch. or.*, I, 87) se doit lire : Ταφος Χαιρημονος Εὐδαιμονος τοῦ Διδύμου νεωτέρου. — A cette occasion S. de R. montre que les nᵒˢ 4786 et 9863 du CIG sont en copte.

Aphroditopolis. — S. de Ricci, *R. arch.*, 1903, II, 50. Décret mutilé rendu au nom de Bérénice III ou IV, en l'honneur d'un hipparque de colons. (A cette occasion l'auteur donne la liste des décrets égyptiens connus).

Baouit. — S. de Ricci, *R. arch.*, 1902, II, 134. — Inscr. peinte, eulogie de l'archiprêtre Callinicos du bourg de E... ria, nome de Panopolis.

Esneh. — S. de Ricci, *R. arch.*, 1902, II, 146. Épitaphe chrétienne de l'an 946.

Philé. — Borchardt, *Jahrbuch*, 1903, 84. Dédicaces du temple d'Auguste.

Denderah. — Cl. Ganneau, *Recueil*, V, 300. Inscr. gréco-palmyrénienne.

Fayoum. — *El Yaouta* (Dionysias?), à 2 heures de l'extrémité S. du Birket. Daressy, *Annales*, etc., I, 45 (= *Archiv*, III, 135). Fragments de dédicaces ptolémaïques sur des autels.

Medinet en Nahas (Magdola). — Jouguet, CR Ac. Inscr. 1902, 353. Dédicaces au grand dieu Heron (Ηρων) sous Evergète II et Ptol. Alexandre Iᵉʳ.

Medinet-Ghoran. — Jouguet, BCH, XXV, 379 suiv. P. 400. Graffites d'un temple (Κ̔ωσμα Βαρθωλομε.).

(1) Faute pour θαλλωι.

ETHIOPIE

Kelabcheh (Talmis). Cl. Ganneau, *Recueil*, V, 86. Dans CIG, 5057, l. 10, lire καὶ Μαμβογαίου καὶ Ῥούφου.

AFRIQUE

Monceaux, *R. arch.*, 1903, II, 64 suiv. 240 suiv. Corpus des inscr. grecques chrétiennes d'Afrique (119 courts textes).

Carthage. — Berger, *CR Ac. Inscr.*, 1903, 194 et 388. Vase en plomb avec inscr. bilingue ΑΕΟ⅄ΣΙΨΗΑΜΓ (?).

Théodore REINACH.

ACTES DE L'ASSOCIATION

Séances du Comité.

7 janvier 1904. — Présidence de M. Edm. Pottier, président de l'Association.

Membre décédé : M. Ouvré, professeur à l'Université de Bordeaux.

Membres nouveaux : MM. Paul Prévost, professeur au lycée de Constantine ; P. Boudreaux, élève de l'École des Hautes-Études, à Paris ; Cambas, avocat à Alexandrie ; Aristote Prazzica, à Alexandrie.

M. Diehl continue sa communication, commencée à la séance précédente, sur l'art chrétien d'Asie Mineure d'après l'ouvrage de M. Strzygowski. Il rappelle d'abord que MM. Choisy, Courajod et Enlart ont déjà émis sur plusieurs points des idées analogues à celles que soutient ce savant. Il examine ensuite si l'influence de l'art anatolien a été aussi considérable que le veut M. Strzygowski sur l'art byzantin d'abord, et ensuite sur les origines de l'art roman. Il constate que les édifices élevés sur le haut plateau anatolien paraissent n'avoir contribué que faiblement au développement de l'art byzantin postérieur. Il met en lumière le rôle joué par Constantinople, dès l'époque de Constantin, et ensuite au ve et au vie siècle. Il discute enfin la thèse de M. Strzygowski sur les origines de l'art roman. Sans doute il y a entre les monuments de cet art et ceux de la Syrie du Nord des analogies déjà constatées par M. de Vogüé et par Viollet-Leduc. Mais faut-il croire que dès le ive ou le ve siècle les formes créées en Orient aient passé en Occident, pour y préparer, dans un avenir lointain, celles de l'art roman ? M. Strzygowski n'en peut fournir aucune preuve, et la question est trop grave pour qu'on puisse s'en tenir à des possibilités. N'est-il pas admissible que l'on soit arrivé en Occident, plus tard qu'en Orient, mais indépendamment de toute influence, à créer des formes analogues aux formes de l'art oriental ? La thèse de M. Strzygowski est donc trop exclusive. Mais son livre établit solidement un fait incontestable : c'est que, dans l'étude des origines de l'art chrétien et byzantin, il faut cesser de regarder uniquement vers Rome ; il faut aussi tourner les yeux vers l'Orient hellénistique, Égypte, Syrie, Asie-Mineure. Il restera à préciser le rôle de chacune de ces régions.

M. Mazon donne lecture d'une communication sur la structure d'une comédie grecque. Cette structure, à l'époque de Cratinos, d'Aristophane et d'Eupolis, est soumise à des lois très régulières, quelle que soit la fantaisie des poètes. Toute comédie se divise en deux parties, l'action proprement dite se développant dans la première, à laquelle le chœur prend lui-même une part active, la seconde étant composée d'une succession de tableaux séparés par des intermèdes qui sont au contraire des *stasima*. La première partie comprend le prologue, πάρο-δος, l'agon, une courte scène qui sert à la fois de conclusion aux précédentes et de prologue à la seconde partie. Puis vient la parabase. La deuxième partie, moins animée, peut prendre des formes diverses, dont la plus intéressante est celle de scènes parallèles, telle qu'on la trouve dans les *Acharniens*; elle se termine par l'*exodos*. M. Mazon étudie particulièrement le prologue, qui se compose d'une sorte de parade, d'un boniment où est exposé le sujet de la pièce, d'une scène où l'action s'engage, le thème qui vient d'être exposé étant réalisé sous une forme concrète; l'agon, où il distingue deux éléments, un combat véritable et une discussion logique; la parabase, au sujet de laquelle il maintient qu'elle a toujours dû occuper la place au milieu de la comédie, et qu'elle n'a pu être primitivement ni un prologue ni un épilogue. Il termine en remarquant combien il est inexact de dire que la comédie s'est constituée sur le modèle de la tragédie. Telle qu'elle vient d'être définie, elle laisse entrevoir, à travers la structure classique, quelque chose de ses origines. Les éléments les plus anciens sont la parodos et la bataille, engagée primitivement entre le cortège du κῶμος et un compère.

M. Maurice Croiset pense que ce plan, qui est celui des comédies à thèse, conviendrait moins bien aux parodies mythologiques ou tragiques.

4 février 1904. — Présidence de M. Edm. Pottier, président de l'Association.

Membres décédés : Mgr Bimpos, M. Dimitzas, M. Groussard.

Membres nouveaux : M. Marcel Vernet, M. le Dr Dem. Zahnas, à Salonique.

M. Th. Reinach appelle de nouveau l'attention de la Société sur le texte de Diodore relatif à la date initiale du calendrier de Méton. Dans une communication précédente, publiée dans la *Revue*, M. Oppert avait proposé de corriger dans ce texte le mot τρισκαιδεκάτας en τρισκαιδεκάτου, pour que le nouveau cycle commençât, non le 13e jour du mois Scirophorion, mais le 1er jour de ce mois, qui cette année-là se trouvait être le 13e du calendrier athénien. M. Th. Reinach avait alors défendu la donnée fournie par Diodore, en s'appuyant sur l'hypothèse que le solstice d'été avait coïncidé avec le 13 Scirophorion. Or cette hypothèse se trouve aujourd'hui confirmée par la découverte d'un document épigraphique dont M. Diels a donné récemment connaissance à l'Académie de Berlin : c'est un calendrier perpétuel, ou παράπηγμα, qui date du IIe siècle avant J.-C. La description de ce monument, trouvé dans les fouilles de Milet, fournit à M. Th. Reinach l'occasion d'expliquer précisément le nom de παράπηγμα donné à ces sortes de calendriers, et aussi de constater, par un témoignage indiscutable, la coïncidence du solstice d'été avec le 13 Scirophorion pendant l'année de la réforme de Méton.

Un autre texte de Diodore (frgt. XL 5a) a été étudié récemment par M. Bloch dans les *Mélanges Boissier*. Mais M. Bloch n'avait pas eu connaissance d'une collation de ce texte, faite par Herwerden, et publiée dans le *Spicilegium Vaticanum* en 1860. Une leçon certaine, Κόιντον Κάτλον, au lieu de Κόιντον Κατιλίναν, change totalement les conditions du problème que M. Bloch s'était posé, sur l'attitude de

Cicéron dans le Sénat le jour où il improvisa contre Catilina la première de ses harangues.

M. Paul Girard commence la lecture d'une étude sur la trilogie dans Euripide·

Séance extraordinaire du 22 février 1904. — Présidence de M. Edm. Pottier, président de l'Association.

Le Président expose l'objet spécial de cette réunion extraordinaire, à savoir la déclaration d'acceptation du legs Pélicier, et soumet au vote du Comité la déclaration suivante :

Le Comité de l'Association pour l'encouragement des études grecques en France, réuni sur la convocation expresse du Président,

Vu la lettre du 18 avril 1903 par laquelle Me Faroux, notaire à Paris, informe M. le Président d'un legs de 6,000 francs fait à l'Association par M. Pélicier, archiviste à Châlons-sur-Marne, décédé le 27 mars 1903 ;

Vu la clause du testament olographe contenant le dit legs ;

Vu la loi du 4 février 1901 et notamment l'article 8 de la dite loi ;

Attendu que le legs dont il s'agit est pur et simple, que le testateur déclare expressément n'imposer à l'Association aucune charge déterminée et s'en remettre à l'Association elle-même pour disposer de la somme léguée dans l'intérêt de la science ;

Que dès lors l'acceptation du dit legs ne peut être qu'avantageuse pour l'Association ;

Déclare accepter le legs dont il s'agit ;

Donne en tant que de besoin tous pouvoirs à M. le Président pour faire les démarches nécessaires à l'effet d'obtenir l'autorisation administrative exigée par la loi ;

Et décide que les fonds seront employés soit aux publications de la Société soit aux encouragements qu'elle donne aux études grecques.

Cette déclaration est votée à l'unanimité par tous les membres présents.

Le Président annonce au Comité que la Société nationale des Antiquaires de France, par l'organe de M. Héron de Villefosse, invite l'Association à se faire représenter à la séance solennelle du 11 avril prochain, au Musée du Louvre. L'Association sera représentée par M. Paul Tannery, vice-président.

La séance générale de l'Association est fixée au 5 mai.

3 mars 1904. — Présidence de M. Edm. Pottier.

Membres décédés : MM. Goldschmidt (Léopold) et Saraphis (Aristide).

Membres nouveaux : M. l'abbé Berthier, MM. Déonna, Loizon, Schwab et Watelin.

M. Paul Girard continue la lecture de son étude sur la trilogie dans Euripide. Après avoir déterminé la date et les conditions du dernier voyage d'Euripide en Macédoine, M. Girard avait démontré, dans sa précédente communication, comment le poète athénien avait composé trois tragédies pendant son séjour auprès du roi Archélaos, à savoir les *Bacchantes, Iphigénie à Aulis* et *Alcméon.* C'est le lien trilogique entre ces trois pièces qu'il se propose maintenant de chercher et de définir. Ce lien entre des sujets par eux-mêmes si différents ne saurait consister dans certaines ressemblances extérieures de composition ; c'est un lien intime qui les unit, c'est-à-dire une pensée unique du poète, et cette pensée peut se traduire ainsi : la révolte du philosophe contre les excès auxquels peut conduire la religion. M. Girard analyse successivement, à ce point de vue, les *Bacchantes* et l'*Iphigénie;* il s'efforce de dégager la pensée propre du poète à travers les développements dramatiques qui la dissimulent et la transforment; il examine les objections qu'on pourrait faire à son hypothèse; mais il y répond par des arguments tirés de la nature même du génie d'Euripide et de sa manière ordinaire de composer ses drames. Les fragments d'*Alcméon*, quoique beaucoup trop rares, permettent d'entrevoir dans cette pièce une idée analogue à celle d'*Iphigénie* et des *Bacchantes*. Les autres trilogies d'Euripide étaient sans doute réunies par un lien du même genre.

MM. Maurice Croiset et Th. Reinach présentent à ce sujet quelques observations.

Le secrétaire,
Am. HAUVETTE.

OUVRAGES OFFERTS A L'ASSOCIATION

dans les séances de janvier à mars 1904.

SVORONOS, **Les Musées d'Athènes** (t. I). Athènes, 1903.

STICKNEY (T.), **Les sentences dans la poésie grecque d'Homère à Euripide**. Paris, 1903.

N. A. BÉIS, Δημώδη ᾄσματα Φιγαλίας. Athènes, 1903.

SERRUYS, **Catalogue des manuscrits grecs conservés au gymnase grec de Salonique**. Paris, 1903.

RUELLE (Ch.-Em.), **Quelques notes sur Aétius d'Amida**. Paris, 1903.

SOTIRIADES (G.), **Das Schlachtfeld von Chäronea** (extrait des *Mitth. d. d. arch. Instituts in Athen*, t. XXVIII, 1903).

XANTHOUDIDIS (St. A.), Χριστιανικαὶ ἀρχαιότητες ἐκ Κρήτης, 1903.

Du même, Χριστιανικαὶ ἐπιγραφαὶ Κρήτης. Athènes, 1903.

REDIADIS (Pericles), **Der Astrolabos von Antikythera**, Athènes, 1903.

STÉPHANOPOLI (Jeanne Z.), **Trente-deux ans de propagande roumaine en Macédoine**, Athènes, 1903.

DARESTE (R.), **Les anciennes coutumes albanaises** (extrait de la *Nouvelle Revue historique du droit*). Paris, 1904.

ADAMANTIOS I. ADAMANTIOU, Τὸ οἴκημα παρὰ Βυζαντινοῖς (extrait du Δελτίον τῆς ἱστορικῆς καὶ ἐθνολογικῆς Ἑταιρίας τῆς Ἑλλάδος, t. VI), 1904.

Périodiques divers.

COMPTES RENDUS BIBLIOGRAPHIQUES

La Revue rend compte, à cette place, de tous les ouvrages relatifs aux études helléniques ou à la Grèce moderne, dont UN *exemplaire sera adressé au bureau de la Rédaction, chez M. Leroux, éditeur, 28, rue Bonaparte.*

Les ouvrages dont les auteurs font hommage à l'Association pour l'encouragement des Études grecques ne seront analysés dans cette bibliographie que s'il en est envoyé DEUX *exemplaires, l'un devant rester à la Bibliothèque de l'Association, et l'autre devant être remis à l'auteur du compte rendu.*

23. *J. G. C. ANDERSON. Studia Pontica. I. A journey of exploration in Pontus.* Bruxelles, Lamertin, 1903. In-8°, 104 p.
Asia Minor (Murray's handy classical maps). London, Murray, 1903.

MM. Anderson et Cumont ont eu l'heureuse idée d'associer leurs notes de voyage et leurs efforts pour nous donner une description complète de la province romaine de Pont. Ce premier fascicule, dû à l'explorateur anglais seul, décrit les importants itinéraires parcourus par lui en 1899 dans le Sud-Ouest et le Sud du pays. Il a ainsi reconnu les routes impériales de Césarée à Amisus, et d'Ancyre (via Andrapa et Néocésarée) à Satala et aux sources de l'Euphrate, cette dernière restée une artère importante au moyen âge. M. Anderson a définitivement identifié les sites de Etonea, Mithridation (Euagina), Eupatoria (Magnopolis), Andrapa (Neoclaudiopolis) et discuté avec autant d'érudition que de clarté plusieurs autres localisations. Le livre est illustré de nombreux clichés et de cartes sans prétention. — L'incorporation de ces résultats et d'autres, acquis dans ces dernières années, assure une valeur particulière à la carte d'Asie-Mineure au 2,500,000ᵉ due au même auteur. Le figuré des altitudes par des teintes plates de diverses couleurs, le tracé des routes distinguées selon leur importance, la finesse et la netteté des caractères achèvent de donner à cette carte un agrément peu ordinaire. Ajoutons qu'elle tient plus que son titre, car on y trouve figurées avec le même détail l'île de Chypre et la Syrie du Nord. Je ne crois pas qu'on soit autorisé à appeler *Monts Olympes* la chaîne de Cérynées ; Strabon ne donne qu'au *promontoire* le nom d'Olympe et laisse la montagne anonyme.

T. R.

24. *ARISTOTELIS Ethica Nicomachea.* Recognovit *F. Susemihl.* Ed. alteram curavit *O. Apelt.* Leipzig, Teubner, 1903, in-8°. xxix-280 p.

Cette édition ne diffère guère de la précédente (1880) que par des détails typographiques : suppression de sigles obscurs (Π¹ Π² qui désignaient l'accord de plusieurs manuscrits) et de crochets inutiles etc., L'apparat critique a subi quelques élagages et une nouvelle collation du ms. capital Κ*b* (Laurentianus) par R. Schœll a permis de rectifier quelques erreurs. Parmi les corrections personnelles du nouvel éditeur il faut noter IV, 4 (p. 1122 *b*, 12) οἷον μεσότητος (cod. μέγεθος) περὶ ταῦτα τῆς ἐλευθεριότητος οὔσης. Mais je ne saurais approuver dans VI, 10 (1142 *b*, 19) la conjecture εἰ δεινός pour ἰδεῖν des manuscrits. La notice bibliographique (p. xiii suiv.) a été fort augmentée et disposée dans un ordre excellent.

H. G.

25. *ARISTOTELIS* Πολιτεία Ἀθηναίων. Quartum edidit *F. Blass.* Leipzig, Teubner. 1903. In-12, xxx-161 p.

Nouvelle édition soigneusement tenue au courant de tous les travaux de la critique. Il est regrettable que B. n'ait pas pu profiter de la monumentale édition que M. Kenyon vient de faire paraître dans l'Aristote de l'Académie de Berlin et où les derniers chapitres (64-69) apparaissent sous une forme si nouvelle ; de même au ch. 6, 3 il n'a pas connu l'excellente correction φανερᾶς pour ἐναξίοις. En revanche il a accepté la plupart des nouvelles lectures de Wilcken, quelques-unes seulement *in extremis* (αὐτοῦ, 4, 1 ; cf. p. 118), mais il résiste à ses conclusions, qui sont aussi les miennes, sur l'interpolation du c. 4 et de plusieurs autres morceaux. Un appendice de 35 p. est consacré à des discussions assez étendues sur différents passages ;

l'emploi en aurait été singulièrement facilité par l'indication en titre courant des §§ visés. Et l'on ne saurait approuver l'usage qu'y fait M. B., comme critérium de ses propres conjectures ou de celles d'autrui, des prétendues lois rythmiques longuement exposées dans la préface (p. xvi-xxv) et qui ne reposent sur aucun fondement solide.

T. R.

26. *BÉRARD (Victor). Les Phéniciens et l'Odyssée.* 2 vol. 600 et 640 p. In-8° jésus. Colin, 1902-1903.

Le compte rendu du grand ouvrage de M. B. peut se répartir sous trois chefs : 1° la méthode ; 2° l'application de la méthode ; 3° l'hypothèse qui a dominé cette application.

La méthode, signalée par G. Hirschfeld dans son mémoire sur les « Types d'établissements grecs dans l'antiquité » (Mélanges Curtius), n'avait jamais encore été mise en œuvre avec cette ampleur. Sous le nom qu'il lui a donné : *topologie*, M. B. en a le premier fixé le principe et indiqué quelques lois. Le principe est incontestable : les habitats humains sont soumis à des lois qui dérivent de la nature même de leur milieu et de leur destination. Les lois particulières expliquent ingénieusement quelques groupes de faits topologiques, mais sont discutables comme toute explication qui, conçue pour répondre à quelques cas particuliers, aspire à s'ériger en règle pour tous les faits similaires possibles. Voici la loi des isthmes : plutôt que de longer les côtes avancées où la mer se déchaîne, les marines primitives préfèrent transporter leurs marchandises par les couloirs naturels que les vallées fluviales ou autres ouvrent entre deux mers ; des redevances prélevées sur le transit, les villes fortes qui dominent ces passages tirent leur fortune et leur renom : telles Ilion entre l'Égée et l'Hellespont, Mycènes et Tirynthe entre les golfes d'Argos et de Corinthe, Thèbes entre l'Euripe et le Saronique, Corinthe et Mégare sur leur isthme, Sparte et Phères sur la grande voie transpéloponnésienne que tracent, de Gythion à Pylos, les vallées de l'Eurotas et de l'Alphée.

Voici maintenant le groupe des lois qui dominent l'histoire des ports primitifs. Ils ne se développent jamais au fond mais au devant des golfes bien fermés qu'affectionnent nos marines actuelles, mais où les marines anciennes, tout vent masqué, ne peuvent s'avancer que par un rude travail de rames : aussi n'est-ce qu'après Thémistocle qu'on préféra la belle rade close du Pirée à la baie foraine de Phalère. Les embouchures des fleuves, ces grandes voies du commerce naturel, ont toujours appelé les grands ports, mais à quelque distance, car, à l'état naturel, les fleuves ont de désastreux débordements ; ce danger évité, reste celui, presque inévitable, de l'ensablement : ainsi Milet, fermé par les boues du Méandre, fait place à Éphèse qu'obstruent celles du Caystre, à qui succède Smyrne, dont on peut prévoir qu'à son tour, si l'industrie humaine n'en écarte la fatalité naturelle, les boues de l'Hermos tariront l'activité. Aussi n'est-ce point sur les estuaires que s'établissent de préférence les ports primitifs, mais à leur limite extérieure, sur le premier promontoire favorable ou l'îlot côtier : Érythrées, Clazomènes, Phocée. Lorsqu'un port échappe à ces lois, s'il s'étend en pleines bouches d'un fleuve marécageux, c'est qu'il suppose, luttant contre les lois naturelles, des volontés et des nécessités humaines : ainsi Ostie implique Rome ; s'il se dresse isolé sur une côte escarpée loin de toute *route qui marche* vers l'intérieur, c'est que son objet n'est point le négoce, mais de renfermer et de défendre ce qui a été négocié ailleurs : ce sont les îles de Tyr ou de Syracuse avant que, changeant de caractère,

leurs cités débordent sur le continent voisin ; ce sont Gadès, Monaco, Motyé, Soloeis, Panormos, ces Aden et ces Gibraltar de la thalassocratie phénicienne.

Ainsi comprise, la topologie peut aspirer à devenir à la topographie ce que la géologie est à la géographie, la science historique et sociale, à côté de la science purement descriptive et statistique, une vraie *science des sites*, « ne nous donnant pas seulement l'aspect des lieux avec leur situation réciproque, leurs moyens de communication ou les obstacles intermédiaires, mais qui est capable de nous expliquer l'histoire particulière des différents habitats, leur origine, leur raison d'être et le rôle de chacun dans l'histoire générale ». C'est elle, pense M. B., qui résoudra le problème des origines grecques. Il faut donc, pour faire l'histoire d'un site, en étudier la structure, le voisinage, les produits, etc., — surtout les dénominations successives qui toujours peuvent retenir et révéler quelque trace de ceux qui les donnèrent. C'est la tâche de la *toponymie*. Seule elle peut nous renseigner avec exactitude sur les couches superposées de la stratigraphie historique de la Méditerranée. Lorsqu'en effet un navigateur se trouve en face d'un lieu déjà nommé, quatre opérations sont seules possibles : 1° il transcrit le nom tel qu'il le perçoit ; 2° il modifie le nom, qu'il ne peut se résoudre à ne pas comprendre, de manière à lui donner dans sa propre langue un aspect qui présente moins d'étrangeté, à ses oreilles pour le son, à son esprit pour le sens : *Hymettos* devient *Il Matto*, *Menoukha* (la halte) devient (selon M. B.) tantôt le port d'Héraclès *Monoikos*, tantôt *Minoa* « la ville de Minos » ; 3° il peut être frappé dans sa vision du lieu ou bien par une particularité différente de celle qui a frappé ses prédécesseurs : le volcan de *Stromboli*, sera l'île *pointante* pour les Phéniciens (*Ai-oliè*), l'île *circulaire* pour les Hellènes (*Stron-gulé*) ; ou bien 4° par la même particularité, en sorte que *Kara-Bouroun* traduit *Mavro-Lithion* que traduisent sans s'en rendre compte *Pietra-Nera* ou *Pierre Noire ;* à côté de cette traduction inconsciente il y a la traduction consciente : *Monte-Matto* traduit par les Turcs *Deli-Dagh*, par les Grecs *Trélo-Vouno*. Ce dernier procédé représente , pour M. B., le procédé général dans l'antiquité. Les Grecs auraient trouvé tous les lieux qui peuvent être utiles à des thalassocrates déjà nommés par les Phéniciens : en arrivant à l'île de *l'Écume*, de *la Tête*, de *la Table*, les Grecs auraient compris et traduit aussitôt les noms phéniciens (de noms indigènes il n'est guère question pour M. B.) : *Kasos, Samos, Paxos*, en *Akmè, Kephallénia, Plateia ;* ils auraient continué à employer le terme sémitique muni d'une terminaison hellénique, concurremment avec sa traduction grecque. Le procédé, loin d'être naturel et général, comme le pense M. B., est tout artificiel et dicté, lorsqu'il se produit, par des raisons politiques. Il n'y a de vraisemblable que les traductions inconscientes. Encore ne sont-elles pas un procédé aussi usité que celui de l'assimilation avec toutes ses modalités, depuis la transcription pure et simple jusqu'au calembour d'étymologie populaire. M. B. n'a pas voulu le voir; partout il a montré les Grecs traduisant les noms phéniciens, tout en les transcrivant (*oin-otr'a, œil du cercle* est transcrit par *Oinotriens* et traduit par *Kyklopes*). Sur cette théorie erronée ou très exagérée des doublets gréco-sémitiques repose son hypothèse littéraire ; on voit qu'elle branle par la base.

Partout et toujours, affirme-t-il, les Phéniciens ont précédé les Hellènes; ils ont donné leurs noms aux lieux ; les Hellènes n'ont fait que traduire. Comme les Hellènes ont suivi leurs éducateurs sémitiques, Homère a suivi un original sémitique. Un périple phénicien a servi de trame à l'Odyssée et on peut le reconstituer à travers le poème que trois procédés surtout ont transformé : 1° animation de l'inanimé et formation de l'informe (*Œil-Rond* des volcans de Campanie transformé en kyklope Polyphème, le géant à l'unique œil-rond); 2° remplacement des rapports physiques des lieux par les rapports généalogiques des êtres mythiques en qui ils ont été mués (Kirké, l'*Épervière* personnifiée, est fille du *Vautour, Vulturnus-Persè* situé au dessus d'elle, sœur de l'*Aiglon, Kaiéta-Aiétès*); 3° groupement·sur un seul point des traits indiqués par le périple dans toute une région pour y concentrer comme un tableau d'ensemble de la région. (Kalypso prend les forêts, les vignes et les sources des côtes voisines ; Kirké le pouvoir magique et les prisons d'Anxur, les fauves de Feronia, l'épithète d'*océanienne* de sa voisine Ponza). De pareils procédés ont dû être employés en effet pour transformer tel ou tel récit de marins, mais pourquoi supposer que ces marins fussent Phéniciens et non Grecs? L'hypothèse du périple phénicien repose sur deux affirmations également téméraires : 1° Tous les noms de lieux qu'on trouve dans l'Odyssée, tous les noms de personnes qui ne sont que des noms de lieux anthropomorphisés, seraient transcrits ou traduits du phénicien. — Sans doute cette théorie peut se trouver par endroits vérifiée grâce à des circonstances toutes particulières (Charybde et Skylla, inexplicables en grec et que les Phéniciens ont dû nommer avant les grecs, peuvent transcrire : *skoul'a krat'a, la pierre coupée* et *khar oubed, le trou de la perte*). Mais il faut faire d'incessantes et inutiles violences à l'histoire comme à l'étymologie pour démontrer partout la priorité du phénicien sur le grec; 2° L'Odyssée a été composée ou plutôt transposée par un aède de génie, auquel on peut conserver le nom d'Homère, vers 850 à la cour des Néléides de Milet; ceux-ci, originaires de Pylos, en

avaient gardé force traditions qui
suffisent, selon M. Bérard, à expliquer l'exactitude des descriptions du
voyage de Télémaque et du royaume
d'Ulysse. Cette exactitude, il veut la
montrer aussi grande dans les mers
d'Italie et d'Espagne. Or, l'on ne peut
admettre, dit-il, qu'aucune marine
grecque connût alors l'Espagne; et
Ogygie doit être identifiée avec Péréjil,
île stratégiquement importante aux
Colonnes d'Hercule et dont les Phéniciens avaient dû s'assurer la possession. Donc il faut supposer un périple
phénicien où Homère aura puisé tout
ce qu'il en dit puisqu'il ne peut le
connaître autrement. Mais rien ne
prouve 1° que l'Odyssée ait été composée en une fois, en un seul endroit, par
un seul homme; 2° que cette composition ait eu lieu à Milet en 850; 3° que
les Grecs ne connussent point à cette
date les mers d'Espagne même vague-
ment (1); 4° qu'il y ait dans Homère
plus qu'une connaissance vague de
cette région; 5° qu'Ogygie doive être
localisée à Péréjil.

Avec l'hypothèse sémitique de M. B.
s'effondre une trop grande partie de
l'œuvre où il a appliqué son excellente
méthode topologique. Les localisations
de Kalypso à Péréjil, des Laistrygons
derrière la Maddalena (côte sarde du
détroit de Bonifacio), ne semblent pas
défendables. Les reconstitutions du
royaume d'Ulysse (Zakynthos-Zante,
Samé-Képhalonie, Doulichion-Mega-
nisi, Astéris-Daskalio, Ithaque-Théaki,
Leukas-Sainte-Maure, Taphos et son
royaume = Dragonara et les Échinades),
surtout du voyage de Télémaque (de
la Pylos Triphylienne de Nestor, Sami-
kon actuel, par Phères, Nerovitza actuel, à la Sparte de Ménélas) semblent
plus plausibles. La plupart des iden-
tifications : Phéaciens à Corfou, Lotophages à Djerba, Kyklopes aux volcans

de Campanie, Sirènes aux Galli, Plank-
tai à Salina, Aiolos à Stromboli, île du
Soleil au cap Schizzo, île de Kirkè au
Monte-Circeo, les deux Pays des Morts
aux deux *Ploutonions*, — celui de l'A-
chéron (Thesprotie-Epire), et celui du
Lucrin (Kimmérie-Campanie) — ont été
vraies à un certain moment et pour
certains navigateurs; rien ne prouve
qu'elles soient primitives, uniques et
absolues. M. B. a réussi à démontrer
qu'il n'y avait pas dans la géographie
odysséenne que de la fantaisie, mais
aussi beaucoup de vérité; il n'a pas
réussi à démontrer qu'il n'y avait que de
la vérité dans cette géographie, aucune
fantaisie. Il a bien vu que l'Odyssée
peut et doit servir de document pour
reconstituer l'état de la Méditerranée
dans la période où les Hellènes commencent à dépasser les mers de Grèce;
il n'a pas voulu voir que la plupart de
ses épisodes étaient fabuleux en même
temps qu'historiques : fabuleux en ce
sens qu'ils ont dû vivre longtemps dans
le folk-lore hellène, sans détermination précise ni de lieu ni de personne,
en gestation séculaire dans l'imagination des peuplades maritimes qui les
ont produits, avant de venir se cris-
talliser autour du *nostos* d'Ulysse; historiques en ce sens qu'à chaque nouvelle expédition maritime, des détails
nouveaux et vrais, pris dans la réalité
des lieux et des mœurs, venaient se
superposer au vieux fonds légendaire.
Ainsi la fable odysséenne est toute
pénétrée d'histoire et on peut retrouver dans l'Odyssée à la fois l'état d'esprit et d'imagination, l'état social et
les connaissances du peuple qui l'a
produite, ce qu'il a pensé et imaginé, ce
qu'il a vu et su. Pour M. B., sous peine
de faire une *teratologie*, Homère n'a pu
s'écarter de son périple original; il a
voulu retrouver dans l'Odyssée cette
exactitude géographique jusque dans
les moindres détails que comporte
sans doute le périple d'un Skylax,
mais non point l'Odyssée d'Homère. Il
a méconnu cette double vérité fonda-

1) Je me permets de rappeler ici mon travail
sur *l'Espagne chez Homère* (*Revue celtique*, XV)
qui paraît avoir échappé à M. Bérard (T. R.)

mentale : l'esprit humain est si porté à tout embellir de légendes qu'il les transporte incessamment dans la réalité ; l'imagination humaine est si courte que, même dans ses plus hardies envolées, elle traîne après elle beaucoup de réalité. Ce n'est que bien pénétré de cette vérité, qu'il faut, avec M. B., envisager et étudier l'Odyssée comme un document historique et géographique. Qu'elle peut servir de pareil document, c'est ce qu'il a définitivement établi. Ce qui restera, en outre de son livre, c'est d'abord une méthode originale qui met en œuvre une nouvelle branche de la science historique ; c'est ensuite un immense travail, *extra* et *circum*-homérique pour ainsi dire, qui a mis en définitive lumière tout ce qui dans l'Odyssée a rapport à la vie maritime et commerciale, et renouvelé ainsi l'étude des *realia* odysséennes en nous donnant enfin cet *Homerus nauticus* qu'on réclamait depuis si longtemps. Ajoutons enfin, ce à quoi doivent s'attendre tous les lecteurs des ouvrages de M. B., que le livre est écrit avec charme, couleur et humour, qu'il abonde en aperçus originaux et en digressions piquantes ; l'illustration, sans être toujours très topique, en fait un des plus beaux et des plus intéressants ouvrages qui aient été publiés depuis longtemps sur l'antiquité.

A.-J. REINACH.

27. *A. BOHLER. Sophistæ anonymi Protreptici fragmenta instaurata, illustrata* (thèse de Strasbourg. Leipzig, Fock, 1903).

M. Bohler, élève de MM. Bruno Keil et Reitzenstein, étudie dans cette thèse quelques fragments publiés pour la première fois par Cramer (*Anecdota Parisina*, I, 165-80), et qui se trouvent dans certains de nos manuscrits de Stobée. Muni, grâce à l'obligeance de MM. Lebègue et Wheeler, de collations nouvelles des deux manuscrits employés par Cramer, il y ajoute les leçons d'un *Laurentianus* et de deux *Vaticani*. Dans le plus important des morceaux en question, il voit un débris d'un *Protreptique*, dont il fixe la date, — par une étude très précise de la langue et du style, — vers le milieu du IIe siècle après J.-C. (125-150 environ). Ces conclusions sont assez vraisemblables ; le texte, d'intérêt d'ailleurs assez médiocre, est publié avec soin, et accompagné d'un bon commentaire ; tout ce travail est conduit avec méthode ; c'est un très honorable début.

A. PUECH.

28. *Franz BOLL. Sphaera.* Leipzig, Teubner, 1903. In-8°, XII-364 p. 6 pl.

Dans la première partie de ce savant travail M. B. publie une série de textes inédits relatifs à la théorie des παρανατέλλοντες, c'est-à-dire à l'influence exercée par les constellations ou fixes qui se lèvent en même temps que les signes du Zodiaque, ou les accompagnent à leur culmination supérieure, à leur coucher, à leur culmination inférieure. Les constellations mentionnées dans ces textes ne sont pas uniquement les 48 de Ptolémée : leur nombre s'élève à près de 150, dont beaucoup portent des noms bizarres, Laboureur Taurocéphale, Nocher de l'Achéron, etc. Presque tous ces textes dérivent de l'ouvrage de Teukros le Babylonien (Ier siècle après J.-C.), qui paraît avoir puisé largement dans les astrologies « barbares ». Nombre de ses constellations non helléniques se retrouvent figurées sur les zodiaques de Denderah, qui sont de cette époque, comme l'a montré Letronne, et que les textes de Teukros achèvent d'expliquer ; le reste vient probablement en majeure partie de Chaldée ; il en est ainsi peut-être même du *Dodecaoros*, série de 12 animaux représentant les astérismes de l'écliptique, et qui se retrouve notamment sur la planisphère de Bianchini au Louvre.

Ces résultats acquis, M. Boll esquisse l'histoire des « sphères barbares » que Proclus oppose à la sphère grecque et qui, après avoir dès l'origine servi de point de départ à celle-ci, furent de nouveau révélées au monde grec par les livres des Bérose, des Petosiris et des Néchepso. Elles bénéficièrent alors de la popularité qui s'attachait à l'astronomie en général, en raison du caractère pratique que la superstition lui attribuait. On les enrichit même de divinités et d'attributs divins empruntés à d'autres nations (Phrygie, Cappadoce etc.) et projetés dans le ciel. Asclépiade de Myrlée et Nigidius Figulus sont au 1er siècle les principaux commentateurs de la *sphaera barbarica*. Elle disparaît d'assez bonne heure des ouvrages occidentaux, mais elle se perpétue en Orient chez les astrologues jusqu'en plein moyen âge (Kamateros). L'ouvrage de Teukros, traduit en persan (vers 542), fut paraphrasé en arabe par Abou Masar (ixe siècle), dont le livre, par l'intermédiaire de l'hébreu d'Abraham Ibn Ezra, repassa en français (1272), puis en latin (Pierre d'Abano) ; sous cette dernière forme il continua à exercer son influence sur les spéculations des savants et des rêveurs jusqu'à nos jours.

Ce sec abrégé suffit à faire entrevoir l'importance des recherches de M. Boll et le profit qu'il a su tirer, pour l'histoire de la pensée antique, de textes longtemps délaissés, exhumés par lui des compilations médiévales. Le lecteur curieux de plus de détails pourra, à défaut du livre original, lire avec intérêt l'excellente analyse qu'en a donnée le juge le plus compétent, M. Cumont (*Rev. arch.*, 1903, I, 437 suiv.).

H. G.

29. *BOUCHÉ-LECLERCQ. Histoire des Lagides*. Tome I. Les cinq premiers Ptolémées. Paris, Leroux, 1903. In-8°, xii-404 p.

Même après les deux excellentes esquisses de Mahaffy et le substantiel ouvrage de Strack, nous ne possédions pas d'histoire des Ptolémées qui fût vraiment à hauteur de la science. L'ouvrage dont nous annonçons le premier volume promet de combler cette lacune. Le nom de l'auteur dit assez les qualités qu'on est sûr d'y trouver : information vaste et sûre, critique judicieuse, honnêteté absolue dans le départ entre les faits acquis et les hypothèses, clarté élégante (1) de l'exposé. M. B. L. laisse à d'autres les vastes et brillantes constructions qu'un bout d'inscription ou de papyrus malencontrueusement sorti de terre suffit souvent à y faire rentrer ; il laisse aussi à d'autres (et il est permis parfois de le regretter) l'art de faire revivre le passé : sa narration limpide reste un peu froide, et trop souvent la discussion critique se mêle à l'exposé pour le refroidir encore ; M. B. L. n'a pas toujours su retenir ou reléguer en note la mauvaise humeur que provoquent chez lui les âneries et les contradictions de nos informateurs, comme aussi les fastidieuses controverses des savants modernes. — Ce premier volume renferme l'histoire politique des cinq premiers Ptolémées, sujet qui a été moins renouvelé par les découvertes contemporaines que l'histoire des derniers règnes et surtout que celle des institutions, réservée au tome III. On s'apercevra cependant en lisant ce volume combien de petits problèmes

(1) Il y a des exceptions, comme cette phrase, p. 73 : « ce n'était pas pour être imité qu'il avait donné l'exemple. » P. 291. « Enfin Ptolémée se sentit libre ; il allait pouvoir faire la fête ! » L'allusion de la p. 295 est d'un goût et d'une exactitude contestables (« une trahison qu'il croyait accomplie »).

ont été élucidés, combien de dates rectifiées, combien de faits mis en une
plus juste lumière. Je relègue en note
quelques *desiderata* qui ne diminuent
en rien le mérite et le courage (j'in_
siste sur ce mot) de ce beau livre (1).

T. R.

(1) Il n'est malheureusement pas exact (p. vii)
que la plupart des découvertes épigraphiques
faites en pays grecs « s'enregistrent » dans le
BCH. et les *Ath. Mitt.* Le seul recueil qui « en-
registre » les découvertes de ce genre est le
nôtre. — P. 31 et passim. Pourquoi M. B. L.
écrit-il constamment, *Cambyze* ? — Je ne pense
pas que M. Oppert ait le moins du monde « ré_
futé » mon article sur la bataille de Magdolos ;
bien plus, il semble aujourd'hui établi que la
« bataille de Megiddo » ne repose que sur un
contre-sens de la *Chronique ;* le texte de
II Rois 23 dit simplement que lorsque Josias
vint *a la rencontre* de Néchao à Megiddo
(sans doute pour lui faire des protestations
d'amitié) le pharaon le tua « dès qu'il l'aper.
çut ». — P. 42 note. Le récit de Libanius est
manifestement dérivé de Plut. *Demet.* 4 : Séleucos a pris la place de Mithridate Ctistès. — P. 51.
Rien de moins exact que le tableau que trace
M. B. L. ici et ailleurs (p. 94) de la diaspora
juive à la fin... du ive siècle ! En général, sur le
judaïsme égyptien l'information de l'auteur est
défectueuse. P. ex. il cite constamment la
lettre d'Aristée à travers Josèphe ou Eusèbe
(p. 218) comme si nous n'en possédions pas le
texte original (éditions Schmidt et Wendland). —
P. 55. Si l'ère des Séleucides a été appelée postérieurement « ère d'Alexandre » ce n'est certainement pas par allusion à la mort d'Alexandre IV. — P. 64. Ici et ailleurs (p. 155-173)
M. B. L. adopte implicitement la chronologie de
M. Clermont-Ganneau pour Eschmounazar, rendue
encore plus invraisemblable par les récentes découvertes du temple d'Eschmoun. Il paraît ignorer
la critique que j'en ai faite dans la *Nécropole de Sidon.* — P. 74. La crue du Nil n'a
pas lieu « à l'approche de l'hiver » (Cf. p. 103).
— P. 123. La description de la forme géométrique d'Alexandrie est incompréhensible : qu'est-
ce qu'un « parallélogramme écourté aux quatre
coins » qui est en même temps un « espace
rectangulaire » ? — P. 146 et passim. Memnon.
l'historien d'Héraclée, est constamment appelé
Memnon le Rhodien, par une bizarre confusion
avec l'adversaire d'Alexandre. — P. 150. Il n'y
a aucune contradiction entre mes deux articles
sur l'ère de Bithynie : il ne s'agit pas de la même

30. *Catalogue of greek coins in the British Museum. The Coins of Parthia,
by WARWICK WROTH.* Londres, Qua-
ritch etc., in-8°, lxxxviii-289 p.
1 carte et 37 planches. 1903.

Le classement des monnaies arsacides
présente des difficultés de premier
ordre, en raison de l'uniforme désigna_
tion des rois, de la médiocrité de leur
iconographie et de la pénurie des sources littéraires. M. Wroth a consacré
une partie de son excellente préface à
justifier les changements qu'il a intro-
duits dans le système de Longpérier et
de P. Gardner (*Parthian Coinage*, 1878).
Ces changements portent surtout sur
les premiers règnes. La découverte d'un
tétradrachme daté a fait assigner à Arta-

ère. L'ère de 297 est l'ère royale, celle de 281 est
une ère locale (Nicée ?) qui n'apparaît qu'à l'époque romaine. — P. 179. Acé n'a jamais employé
sur ses monnaies l'ère des Séleucides, laquelle est
totalement inconnue en Syrie avant l'an 200. —
P. 183. Un roi qui préfère à son héritier légitime
un fils de sa femme n'est pas si « étonnant » :
voy. l'empereur Claude. — P. 196. Dans Appien
Sicil. 1 le texte porte ἐς Πτολεμαῖον τὸν Πτο-
λεμαίου τοῦ Λάγου, c'est-à-dire Philadelphe ;
rien à corriger. — P. 231. Sur le bas relief
alexandrin, l'autorité a citer était Schreiber.
— P. 233. On ne lit plus *outen*, mais *deben.*
— P. 239. Quel que soit le rapport de valeur in-
trinsèque entre l'argent et le cuivre, il est *certain*
que le talent d'argent à l'époque ptolémaïque
valait 450 (et non 60 !) talents de cuivre. —
P. 243. Le nom de *Samarie* ne saurait prouver
l'origine *juive* des habitants de ce village du
Fayoum. — P. 273. Le calendrier macédonien n'a
été « solarisé » que dans la deuxième moitié
du iiie siècle. — P. 295. Contre-sens sur la
phrase de Polybe XXXVII, 2, 1. Prusias II est dit
ἥμισυς ἀνήρ (non ἄνθρωπος) non à cause de
sa taille exiguë, mais de sa virilité insuffisante.
P. 296. Le nom d' « Extrême-Orient » est mal
choisi pour désigner les satrapies de la Haute-
Asie. — P. 397. τὸ χοινόν est mal traduit par
« la commune » (des Lyciens). — L'impression
est plus jolie que correcte. Pas mal de dates sont
fausses, plusieurs noms propres écorchés.

ban Ier (128-123) une drachme précédemment attribuée à Phriapatios à cause de
la prétendue date ЕКР; de là un remaniement considérable, entraînant le
transfert à Mithridate II des monnaies
ci-devant classées à Mithridate Ier;
l'Apollon y est en effet assis d'abord sur
l'omphalos, ensuite sur le trône; l'omphalos ne reparaît plus ensuite. En ce
qui concerne les ateliers, M. W., après
un examen détaillé des monogrammes
et symboles, se montre très réservé,
suivant en cela l'exemple de Gardner
de préférence à celui de Markoff.

M. W. a pris le parti excellent de mentionner en petits caractères, dans le texte
ou les notes du catalogue, quelques
pièces importantes non représentées à
Londres. Je regrette qu'il n'ait pas
donné son avis sur le tétradrachme de
l'an 390 avec EM (Lagoy, *Rev. num.*
1855) qui m'a servi à déterminer le cycle
d'intercalation usité par les Parthes. Où
est cette pièce? doit-on la considérer
comme authentique et bien lue?

T. R.

31. *P. D. CHANTEPIE DE LA SAUS-
SAYE. Manuel d'histoire des religions.*
Traduit de l'allemand sous la direc-
tion de *H. Hubert* et *Is. Lévy.* Paris,
Colin, 1904, in-8° jésus, LIII-730 p.

La Hollande qui a créé la liberté de
penser au XVII° siècle a aussi créé l'enseignement scientifique des religions au
XIX°. Les deux seuls manuels où le
sujet soit traité dans son ensemble sont
dus à des savants néerlandais : celui
de Tiele qui date de 1876 et celui de
M. Chantepie de la Saussaye, professeur à l'Université de Leyde, dont la
première édition remonte, je crois, à
1892 (les traducteurs auraient dû nous
donner ce renseignement) et dont la
seconde est de 1897. L'ouvrage très
abrégé de Tiele a été traduit en français
par M. Vernes (1880); c'était le seul
manuel que les étudiants français, ne
sachant pas l'allemand, eussent à leur

disposition (la dernière édition allemande. très améliorée, est de 1903).
MM. H. Hubert et I. Lévy ont voulu
les pourvoir d'un instrument de travail
plus perfectionné en traduisant ou plutôt en faisant traduire sous leur direction le manuel de Chantepie et consorts. On ne peut que les remercier de
ce service, encore que l'ouvrage de
Chantepie, même sous sa forme la plus
récente, je dirai volontiers *surtout* sous
sa forme la plus récente, laisse fort à
désirer. Si l'esprit général en est sobre
et scientifique, si l'information en est
exacte, si certains chapitres, par exemple ceux sur la Chine, l'Inde. l'Islam
présentent un tableau assez satisfaisant,
il y en a qui sont singulièrement écour-
tés, comme ceux sur les peuples « sauvages » et le Japon. d'autres qui me
paraissent des plus médiocres, comme
le chapitre sur Israël de Valeton. L'absence complète du christianisme constitue à la fois une injure aux autres
religions et une concession déplorable
aux vieux préjugés intolérants : ainsi
la seule religion qui ne comporte pas
d'explication historique est précisément
la plus répandue dans l'univers! Enfin
M. C. a supprimé de sa seconde édition
le très intéressant chapitre introduc-
toire sur les phénomènes généraux de
la religion, qu'il réserve, dit-il, pour un
ouvrage spécial, mais que, en attendant, on aurait bien aimé lire dans
celui-ci, fût-ce sous une forme très
sommaire. Ce chapitre enlevé, on ne se
trouve plus qu'en présence d'une série
de monographies sans lien organique,
sans coordination, et qui souvent ne
valent pas des ouvrages spéciaux facilement accessibles.

Les traducteurs français n'ont pas
cherché à « mettre au courant » l'ouvrage de Chantepie; ils se sont bornés
à compléter (et encore avec parcimonie)
les indications bibliographiques, à retrancher quelques erreurs ou superflui-
tés, à ajouter çà et là quelques notes
rectificatives. généralement judicieuses
et discrètes. En tête des chapitres qui

sont l'œuvre d'un collaborateur de C.
ils ont indiqué le nom de l'auteur. mais
ils ont eu tort de ne pas reproduire ces
indications dans la table des matières.
La traduction elle-même m'a paru
fidèle et élégante : peut-être la revision
des épreuves n'a-t-elle pas été assez
attentive. Par exemple, p. 187, dans la
bibliographie relative à la religion
israélite, on lit : « B. Stade, *Geschichte
des Volkes Israel* (2 vol. La 2ᵉ partie du
tome II est occupée par O. Holtzmann,
Das Ende des jüd. Staatswesens, 1887-8,
d'une lecture très attachante. » Comme
la parenthèse ouverte après *Israel* ne
se ferme nulle part, le lecteur en con-
clura que l'ouvrage de Holtzmann est
« d'une lecture très attachante ». Or, en
réalité, dans l'original allemand, I,
p. 242, cette épithète laudative s'applique à l'ouvrage de Stade et non à la
continuation de Holtzmann, bousillage
d'écolier, déshonneur de la collection
Oncken.

La bibliographie du chapitre « Les
Grecs ». qui intéresse spécialement
nos lecteurs, n'est pas irréprochable.
Dans une édition *française*, l'Histoire
de Duruy méritait au moins une mention, alors que le livre intéressant mais
rapide de Holm obtient un éloge un peu
excessif. En revanche il ne fallait pas
citer la tradition française du manuel de
Schömann, puisqu'elle se rapporte à
une édition démodée, et que le fascicule sur la religion, dans le nouveau
Schömann, est entièrement refondu
par Bischoff. Il ne faudrait pas non plus
laisser croire que la réédition du manuel de Preller par Robert soit achevée.
P. 548, au lieu ou à côté du mémoire
de Ravaisson, il était indispensable de
renvoyer à l'ouvrage récent de P. Gardner, *Sculptured tombs of Hellas*. P. 558
on cherche en vain une mention du
mémoire de Foucart sur Eleusis,
p. 583 celle du livre *français* de Denis
sur la morale grecque.

Nous ne quitterons pas ce volume
sans recommander tout particuliére-
ment la lecture de la substantielle *In-*

troduction qu'y a mise M. Hubert. Il
y a là, dans un ordre un peu capricieux,
toute une série de vues suggestives qui
complètent et corrigent sur bien des
points le *Manuel* et définissent heureusement l'état actuel de certains problèmes ultimes de l'histoire religieuse ;
M. H. y fait notamment de la notion du
sacré (qu'il avait déjà touchée dans son
étude du sacrifice, écrite en collaboration avec M. Mauss) une analyse
pénétrante. On ne s'étonnera pas qu'un
des principaux rédacteurs de l'*Année
sociologique* tire la religion à la so-
ciologie et que la religion des sauvages avec ses *totems*, ses *tabous*,
ses initiations bizarres y usurpe un
peu sur la religion individualiste et
moralisante du xxᵉ siècle; mais il subsiste tant d'éléments primitifs incons-
cients dans la croyance et les pratiques des plus civilisés, qu'il n'y a
pas de mal à insister de temps en
temps sur cette hérédité et, comme
le dit M. H., « à écarter les branches
pour entrevoir la souche. »

T. R.

32. *Michel* CLERC et G. ARNAUD
D'AGNEL. *Découvertes archéologiques à Marseille.* Marseille, Auber-
tin, 1904, 114 p. et 9 pl.

Ce sont les résultats de fouilles faites dans le quartier de la Tourette, à
Marseille, où l'on avait déjà recueilli
divers objets antiques. Cette fois, des
sondages méthodiques ont été prati-
qués. dont les frais étaient supportés
en partie par la ville, en partie par le
Musée archéologique dont M. Clerc,
ancien membre de l'École d'Athènes,
est aujourd'hui le directeur. Les auteurs ont joint à leur mémoire la description d'objets autrefois recueillis
par M. de Gérin-Ricard et donnés par
lui au Musée, enfin d'autres fragments
ramassés à différentes époques dans
les vieux quartiers de Marseille.

La collection comprend une centaine de fragments de vases, presque

tous reproduits dans des vignettes ou dans des planches en couleurs très soigneusement exécutées, plusieurs lampes et eulogies chrétiennes, quelques carreaux de terre cuite à sujets chrétiens, un morceau d'inscription grecque sur marbre et 85 monnaies.

Le grand intérêt de cette série est de nous montrer en raccourci toute l'histoire de Marseille depuis les temps les plus reculés jusqu'à la fin du monde antique. On commence avec le néolithique et on finit avec une monnaie de Théodose.

Quelques poteries locales paraissent révéler l'existence d'une céramique ancienne et barbare, peut-être ligure, qui serait antérieure à l'arrivée des émigrants grecs. Cette découverte a été contestée par M. J. Déchelette qui, dans un article récent (*Revue arch.* 1904, I, p. 182), ramène, au contraire, ces produits à l'époque visigothique. Mais les deux explorateurs disent avoir des raisons de maintenir leur première opinion, fondée sur la stratification des couches marseillaises et sur l'antiquité des objets trouvés dans les mêmes terrains. La question reste donc ouverte et il n'est pas impossible que ces deux avis, en apparence extrêmes et contradictoires, trouvent une conciliation dans la durée très longue de la céramique indigène. Ce n'est pas la première fois que l'on constaterait un prolongement de l'industrie primitive jusqu'à travers l'époque romaine.

La plus grande nouveauté de ces trouvailles est dans le nombre important des débris céramiques qui appartiennent sans aucun doute aux fabriques ioniennes et grecques du vii⁰ et du vi⁰ siècle. Tout le monde sait que Marseille a été fondée par des Phocéens venus d'Ionie, mais on n'avait pas encore constaté d'une façon palpable les relations établies, dès une haute antiquité, entre les centres helléniques et la colonie nouvelle. Nous possédons aujourd'hui, grâce à

MM. Clerc et Arnaud d'Agnel, ces précieux documents qui confirment les textes anciens. On constate même qu'aux viii⁰ et vi⁰ siècles, la céramique ionienne et corinthienne est plus nombreuse que celle de l'Attique, fait expliqué judicieusement par les auteurs par des raisons d'histoire politique. Au contraire, à partir du milieu du v⁰, les envois attiques deviennent abondants, comme l'attestent les fragments de vases à figures rouges de style libre. Enfin, sous la domination romaine, les spécimens de poterie sigillée et l'introduction des symboles chrétiens indiquent l'orientation nouvelle du commerce marseillais du côté de l'Italie. Les relations avec l'Afrique chrétienne paraissent aussi s'établir d'une façon durable.

MM. Clerc et Arnaud d'Agnel ont donc tiré parti de leurs trouvailles d'une façon très profitable pour l'histoire générale. Ils ont fait preuve d'une méthode en général perspicace et prudente. Peut-être y aura-t-il lieu de reviser plus sévèrement le groupe des objets rangés dans la catégorie chrétienne. Mais l'ensemble se présente comme une excellente monographie où rien n'est omis des solutions logiques et vraisemblables, où rien n'est dissimulé des lacunes encore subsistantes. Ce travail peut être considéré comme une des contributions les plus importantes qu'on ait encore apportées à l'histoire de la grande cité phocéenne.

E. POTTIER.

33. *DEMOSTHENES. Ausgewählte Reden* — erklärt von A Westermann. 2ᵗᵉˢ Bändchen (Couronne. Leptinéenne). 7⁰ éd. par *Emil Rosenberg.* Berlin, Weidmann, 1903, 12⁰, 288 p.

Le texte de cette nouvelle édition, comparé à la précédente, n'a subi que peu de modifications; M. Rosenberg n'a pu se décider à entrer dans la voie des corrections « rythmiques » où s'est engagé M. Blass, et nous l'en félicitons. Mais il a consciencieusement mis à profit les éditions annotées de Lipsius, de Blass et de Sandys (*Leptinea*, 1890) pour améliorer encore et compléter le commentaire si nourri de Westermann, tout en lui conservant son caractère original, un peu scholastique pour notre goût. L'impression n'est pas d'une correction irréprochable. P. 3 on lit : les *playdoyers* — ed. *deuxième* (sic). P. 23, 6 τσῦ (pour τοῦ). P. 25, 3 ἦν pour ἦν. P. 33, 8 μετεπέμεσθ' etc.

H. G.

34. *N. P. ELEUTHÉRIADÈS.* Ἡ ἀκίνητος ἰδιοκτησία ἐν Τουρκίᾳ. (La propriété immobilière en Turquie). Athènes, 1903, in-8°, 223 p.

L'objet de ce livre est plus restreint que ne le ferait supposer le titre. Il ne s'agit pas d'une étude approfondie sur la propriété immobilière en général, du moins l'auteur passe-t-il très vite sur la propriété privée proprement dite et sur les propriétés publiques; l'objet véritable de son examen c'est cette forme de propriété particulière aux pays musulmans qu'on appelle les biens *vakouf*, c'est-à-dire consacrés à la divinité et par cela même inaliénables et hors du commerce. La législation qui les régit est fort compliquée; il faut en chercher les éléments dans les principes généraux du droit canon mahométan (*chéri*), dans beaucoup de lois et de règlements particuliers, et dans les ouvrages des jurisconsultes; le plus utile est le *Achkiam oul evkaf* de Omer Hilmi, dont il existe une traduction en grec.

L'ouvrage est divisé en trois livres. Dans le premier, après une brève introduction, M. E. expose les principes généraux de la matière : rôle de l'administrateur (*mouteveli*) d'un bien *vakouf*, bureau central des *vakouf*, titres officiels de propriété, livres fonciers; il décrit aussi les *vakouf* de famille,

analogues à nos biens substitués. Le second livre s'occupe des diverses espèces de *vakouf* : biens consacrés au culte, biens productifs de revenus. Ceux-ci comprennent notamment les biens simplement loués (μονοτελῆ), et ceux dont le sol est *vakouf* tandis que l'édifice est propriété privée (*moukatali*); une variété de cette dernière catégorie est constituée par les γεδίκια (*ourfi meldé*) où la superficie est affectée à perpétuité à l'exercice d'une industrie déterminée. Le troisième livre est consacré à une variété très usuelle de *vakouf* dite « à double redevance » (διτελῆ, *idzareteinlou*). L'administrateur, moyennant un droit une fois payé, édifie ou répare un immeuble et le concède ensuite à un particulier, à titre de bail emphytéotique, héréditaire en ligne directe (*tessarouf*) à charge d'une redevance annuelle. — L'ouvrage se termine par un chapitre sur le droit successoral.

Le livre de M. E. paraît sérieusement étudié; l'exposé est clair, malgré une langue un peu filandreuse et les transcriptions toujours imparfaites des mots turcs en grec. L'auteur connaît le droit romain et s'intéresse à l'origine historique des institutions qu'il décrit. Ses sentiments d'un loyalisme parfait envers le gouvernement ottoman gagneraient à être exprimés en termes moins hyperboliques.

T. R.

35. *EURIPIDES Iphigenia auf Tauris* für den Schulgebrauch von *S. Reiter.* Vienne, Tempsky, 1902. 12°, xxiv-82 p.

Édition classique extraite de l'édition annotée, publiée par l'auteur en 1900. Le texte a pour base celui de Wecklein, avec un choix discret d'émendations. L'introduction traite brièvement et clairement les sujets suivants : vie et œuvres d'Euripide, antécédents historiques, mythe, distribu-

tion des rôles, mérite poétique de la
pièce, œuvres d'art antique qui eu représentent des épisodes et dont les principales sont reproduites ; vient enfin
une analyse de la structure du drame.
A la fin du volume, on trouve un recueil des vers à sentences (*Sinnsprüche*)
et des *schemata* métriques ; ces derniers
forment un petit album collé sur on-
glet de manière à pouvoir se déployer
sous les yeux du lecteur en même
temps que le texte. L'absence complète
de notes étonne dans une édition destinée aux classes.

                              H. G.

36. *P. FOUCART. La formation de la
province romaine d'Asie.* (Extr. des
Mémoires de l'Acad. des Inscriptions.
XXXVII). Klincksieck, 1903. In-4", 43 p.

Le testament d'Attale III est authentique, malgré les doutes exprimés par
Salluste (Epist. Mith. 8) et Porphyrion
(ad Hor. Od. II, 18) ; il instituait le peuple romain héritier et décrétait la liberté
des villes grecques (Liv. per. 59. Inschr.
Perg. 249 où F. restitue, l. 6, προσο-
ρίσας χύτῆι χαὶ πόλε[ις χαὶ] χώραν ἥν
ἔχριν[εν].) Cet acte fut fait en haine
d'Aristonic. M. F. trace un tableau
sommaire, mais intéressant, du gouvernement des Attalides et de la condition
légale des villes de leur domaine. Après
l'annexion romaine, l'organisation de
la province fut réglée par le Sénat :
nous possédons le SC. organique (*Ath.
Mitt.* 1899, 191) dont M. F. restitue le
texte mutilé. Il fut rendu sur la motion
du préteur C. Popillius, après la mort
de Tib. Gracchus, qui aurait voulu réserver la décision au peuple. Le SC. confirme en bloc tous les actes des rois
jusqu'à la veille de la mort d'Attale III,
donc notamment la liberté accordée
aux villes grecques. Vint alors la guerre
d'Aristonic. M. F. décrit les mesures
de résistance prises par les villes
grecques qui n'épousèrent pas sa cause
(décret susdit de Pergame ; décret de

Cyzique, *Sitzungsb. Berl.* 1899, 367). Aristonic vaincu, une réorganisation devint
nécessaire. Ce fut l'œuvre de M' Aqui-
lius (1) et des dix commissaires. Aqui-
lius eut à soutenir encore dans la Mysie
Abbaïte une campagne laborieuse dont
un souvenir nous a été conservé par
une inscription inédite de Bargylia, que
M. F. publie d'après les papiers de
Blondel. La fin de cette inscription
nous montre Stratonicée et Rhodes sou-
mettant un différend a l'arbitrage de
Bargylia : les villes grecques conser-
vaient donc au moins les apparences de
la liberté, et, au début, ne payaient
pas d'impôt. Il en fut autrement à partir de la loi de C. Gracchus (123). Des
contestations s'élèvent alors entre les
publicains et les villes : voir le SC. relatif à Pergame, BCH, 1885, 401. — Le
mémoire de M. F. est non seulement
très instructif et savant, mais rédigé
avec une limpidité et une vénusté *quae
Atticam redolent.*

                              H. G.

37. *GARDNER (Ernest Arthur). Ancient Athens.* London, Macmillan, 1902.
In-8º, 579 p., illustré.

Cette nouvelle description de l'ancienne Athènes est disposée suivant
l'ordre topographique, combiné avec
le développement historique. L'auteur
commence par un aperçu général du
site, de la conformation du sol, des cours
d'eau et aqueducs, des matériaux de
construction. Viennent ensuite les murs
et les portes : — l'Acropole avant les
guerres médiques et la ville à la même
époque ; - l'Acropole et spécialement
les temples au vᵉ siècle ; — monuments
publics voisins de l'Acropole (vᵉ et
ivᵉ s.) : — monuments du Céramique ;
restes de l'Athènes hellénistique et
romaine. Les derniers chapitres sont

(1) Mithridate Evergète auquel fut accordé la
Phrygie n'est pas Mithridate VI, mais Mithridate V.

consacrés à l'itinéraire de Pausanias et à la topographie du Pirée. L'auteur a étudié avec détail et compétence l'art attique primitif et les reliefs funéraires. L'illustration photographique est abondante et souvent originale, mais beaucoup de clichés sont trop petits et confus. Les dessins d'architecture sont l'œuvre de feu Middleton. La carte, excellente, est pourvue d'un transparent qui montre les ruines antiques détachées de l'Athènes moderne.

P. Lebeau.

38. *HADACZEK. (Karl). Der Ohrschmuck der Griechen und Etrusker (Abhandlungen des arch. epigr. Seminars der Universität Wien, N. F. I)* Vienne, Holder, 1903, 84 p.

L'année dernière, je visitais à Rome la belle collection de bijoux antiques de M. de Nelidoff. M. Pollak, qui en a publié un excellent catalogue, voulait bien me servir de guide Nous tombions d'accord pour regretter que l'orfèvrerie grecque n'ait pas encore fait l'objet d'une étude complète et méthodique. Le travail de M. Hadaczek vient, pour une partie du sujet, donner satisfaction à ceux qui sont curieux d'étudier les délicats objets de parure où le goût hellénique a mis toute sa finesse. L'auteur s'est donné pour tâche de faire l'histoire des boucles d'oreilles en Grèce et en Etrurie. Publié d'abord sous la forme d'une thèse d'Université, son travail, très augmenté, mis au point à la suite de recherches dans les musées, est aujourd'hui une monographie étendue, bien documentée, et enrichie d'une illustration abondante. L'auteur ne s'est pas contenté de reproduire des types de bijoux ; il a fait des emprunts à la plastique, aux monnaies, aux peintures de vases, et telle de ces figures nous met heureusement sous les yeux l'ensemble de la parure que complètent les pendants d'oreille.

M. Hadaczek prend son point de départ dans la civilisation égéenne et mycénienne, avec l'orfèvrerie quasi barbare que nous ont fait connaître les fouilles de la Troade, grandes pendeloques à chaînettes dont il rapproche ingénieusement un bijou égyptien figuré sur un bas-relief de Ramsès II, spirales de métal, boucles d'oreille en forme de demi-cercle. En comparaison de l'époque troyenne, la civilisation mycénienne est pauvre en bijoux de cette nature. Les fouilles de Mycènes, de Tirynthe, d'Amyclées, n'ont fourni que fort peu de documents. Serait-il vrai que, comme l'a conjecturé M. Tsountas, les femmes mycéniennes ne portaient de pendants d'oreilles que dans des circonstances exceptionnelles ? Toujours est-il que les dames Crétoises des fresques de Cnossos n'ont point de pendants d'oreilles. M. Hadaczek n'en a trouvé de trace que dans une peinture murale, et chose curieuse, les têtes qui en sont munies appartiennent elles-mêmes à la décoration d'un bracelet ou d'un collier. Au contraire, les tombes chypriotes de l'époque mycénienne la plus récente et de l'époque suivante ont livré en grand nombre des anneaux d'oreilles aux formes massives, ornés de figurines et de têtes d'animaux.

Des types nouveaux apparaissent après les invasions doriennes. M. Hadaczek revendique, et avec raison croyons-nous, pour l'industrie ionienne l'honneur de les avoir créés.

Si l'on néglige les formes secondaires, on constate que les fresques du vi⁰ siècle manifestent une prédilection particulière pour une forme qui restera classique : c'est le pendant composé d'une rondelle d'or, d'une sorte de petit disque, auquel s'attache une pendeloque. Sur les vases de Milo (fig. 16, 17) comme dans un bijou de Rhodes (fig. 18) celle-ci apparaît comme une tige simple ou double, contournée en spirale. Mais la mode ionienne n'est pas exclusive. Elle crée un autre type de pendants qui fait concurrence au précédent, celui de l'anneau ouvert, auquel sont fixés des appendices en forme de petites pyramides, ou d'autres objets. M. Hadaczek a eu le mérite de montrer, par des rapprochements empruntés aux vases d'Amasis et d'Andokidès, que les contemporaines de Pisistrate se paraient volontiers de bijoux de cette forme, et c'est là un détail nouveau à ajouter à ceux qui nous renseignent sur les influences ioniennes à Athènes en matière de modes féminines.

Pour l'époque classique, on constate des survivances des anciennes formes. Les boucles d'oreilles en forme de disques restent en usage. Elles s'agrémentent d'une pendeloque en forme de petite pyramide allongée, qui apparaît déjà au VIe siècle, témoin le vase de Cléoménès (*Mon. Grecs*, 1895-1897, pl. 16-17) auquel l'auteur aurait pu consacrer une mention. Faut-il rappeler que le pendant en forme de disque trouve aussi sa place dans la parure des *Corés* de l'Acropole d'Athènes? (Lechat, *Au Musée de l'Acropole*, p. 211). La reproduction d'une de ces figures aurait été la bienvenue dans l'ouvrage de M. Hadaczek. Au moins a-t-il consacré tous ses soins à montrer comment les orfèvres grecs s'ingénient à perfectionner ce type de bijou. Avec le temps, il se complique de chaînettes auxquelles sont suspendus les objets les plus variés : et il va des formes les plus simples aux formes les plus recherchées, témoin les pendants surchargés d'ornements qu'ont livrés les tombeaux de la Russie méridionale. Un chapitre spécial est consacré aux pendants qui se complètent par des figurines, Nikés, Eros, Sirènes, Ménades chevauchant des panthères, têtes de femmes, petits chefs-d'œuvre de minutie où excellent les orfèvres du IVe siècle. Le travail se complète par une étude sur les pendants étrusques, où l'auteur montre tout ce que l'Étrurie a emprunté à la Grèce.

Il faut remercier M. Hadaczek d'avoir apporté cette utile contribution à l'étude de la parure féminine en Grèce.

Nous ne lui reprocherons pas de n'avoir pu utiliser toutes les collections particulières où se trouvent des bijoux grecs. Son enquête est déjà très étendue, son information très sûre, et en donnant à son travail un caractère historique, il a montré comment l'examen attentif de ces bijoux parfois si menus peut nous renseigner sur l'évolution du goût hellénique.

Max. COLLIGNON.

39. *P. D. Ch. HENNINGS. Homers Odyssee, ein kritischer Kommentar.* Berlin, Weidmann, 1903, in-8°, 603 p.

M. Hennings est un vétéran de la critique homérique ; sur des points importants, notamment de la Télémachie, il a devancé les recherches classiques de Kirchhoff. Son nouveau commentaire, qu'on peut considérer comme un complément de l'édition et des appendices de Kirchhoff, a pour principal objet les questions de composition, à l'exclusion des problèmes grammaticaux et des *realia*. C'est un travail savant et considérable, mais dont l'utilité est sérieusement compromise par un style lourd et chargé de citations, qui sent l'origine didactique (ce n'est guère qu'un *Homerkolleg* rédigé) et surtout par une exécution matérielle défectueuse. Les titres courants, qui n'indiquent que le numéro du chapitre, ne sont d'aucun secours ; il faut feuilleter plusieurs pages pour savoir de quel chant il est question ; point d'index ni de manchettes. Le chapitre le plus personnel est celui qui traite de la *Télémachie :* l'auteur maintient sa thèse d'une composition tout à fait indépendante (ce qui est admissible), mais a tort de ne pas s'incliner devant les raisons de Kirchhoff et de Wilamowitz pour l'extrême modernité de α. On lira aussi avec un grand profit ses observations pénétrantes, malgré l'hésitation de la conclusion, sur π et χ (meurtre des prétendants), et le résumé général p. 598 suiv. L'auteur attribue une origine phénicienne à plusieure épisodes du récit d'Ulysse (Lestrygons, Eole, Circé, Sirènes, Charybde et Sylla, vaches du soleil); il se rencontre sur ce point avec H. Lewy, qu'il cite, et avec V. Bérard, qu'il ne cite pas. Il s'est interdit de remonter plus haut. et derrière la phase ionienne et les emprunts phéniciens de chercher à atteindre les origines « mycéniennes » de la fable tout entière ; les études du folklore comparé lui semblent peu familières. On regrettera qu'il n'ait pas pu tirer parti du travail de Muelder, *Hermes*, 1903, p. 414 suiv. sur l'histoire du Cyclope ; en mettant en pleine lumière l'activité du dernier « rédacteur » et son souci de ne laisser perdre aucun des vieux contes, ce mémoire excellent éclaire beaucoup plus qu'un simple épisode.

H. G.

40. *HERODAS. The mimes edited —* by *J. ARBUTHNOT NAIRN.* Oxford, Clarendon Press, 1904. In-8°, LXXXVIII-116 p.

Les Anglais excellent dans les éditions récapitulatives de ce genre, qui utilisent et clarifient les travaux de toute une pléiade de savants. M. Nairn a lu — ou peu s'en faut — tout ce qui concerne son sujet; il constitue son texte avec prudence, et son commentaire donne tout le nécessaire, également éloigné d'une sèche concision et d'une prolixité fatigante. Plusieurs indications fautives des précédents éditeurs relativement aux leçons du manuscrit ont été corrigées, grâce à M. Kenyon, et pour la première fois, dans une édition d'ensemble d'Hérodas, on trouvera ici les nouveaux fragments reçus en 1900 par le Musée britannique et publiés par Kenyon dans l'*Archiv für Papyrusforschung*, I, 379 suiv. Les conjectures personnelles de l'éditeur sont peu nombreuses. Aux vers 1, 42 suiv., il écrit κεῖνος ἦν ἔλθῃ | [κάτω, τέθνηχ'] · οὐ μηδὲ εἰς ἀνεστήσῃ | [ἡμέας, γύναι ']. I, 82, d'après la nouvelle lecture de Kenyon, οὐ π[αρα]λλάττ[ειν] | πείσουσά σ' ἦλθον (excellent). VII, 31, κ[άλλιον ἐστι]. VII, 69, εἰ τοῦτ' ὀκνεῖς γὰρ οὖ σε ῥηδι·' ὡς κρῆναι (de κραινω. Peu intelligible). Il propose aussi très dubitativement des conjectures sur II, 7, et VII, 107 'notons en passant qu'il aurait fallu dans les titres courants reproduire non seulement le titre, mais le numéro du mime). Dans le IVe mime (l'offrande à Asclépios) M. N. appelle Κοκκάλη une des deux dames d'après le v. 19 ; Κοττάλη (v. 88) serait sa servante : cela me paraît inadmissible. Comme tous les précédents éditeurs il croit que le mime VII fait suite au mime VI : autre impossibilité ; car la Métro du mime VI ne connaît pas Kerdon (v. 48 suiv.) et celle du mime VII est la confidente et la rabatteuse de Kerdon (1 suiv.). De plus le Kerdon de VI vend sous le manteau (v. 63), tandis que celui du mime VII a manifestement une boutique ouverte et bien achalandée. Les personnnages ne sont donc qu'homonymes. L'introduction, fort développée, étudie en cinq chapitres Hérodas et son œuvre (M. N. le place sous Philadelphe, mais un peu après Théocrite), le mime (l'ouvrage de Reich n'a pu être utilisé), Hérodas et ses contemporains (emprunts ou coïncidences : Léonidas de Tarente, Callimaque, Théocrite), le fondement critique du texte, enfin le dialecte, la grammaire et la métrique d'Hérodas. M. N. s'étonne à tort (p. LXXIX) que j'aie écrit qu'on n'a constaté chez Hérondas aucune trace de la « loi de Babrius ». Sans doute 70 0/0 des vers ont l'accent sur la pénultième, mais cela tient simplement à la conformation même de la langue grecque, combinée avec les règles prosodiques du scazon. M. N. peut facilement s'en assurer par une statistique élémentaire; il n'y a là ni une loi, ni même une tendance vers une loi. A la même p.,

Babrius est faussement placé à l'époque d'Auguste sur la foi de Crusius (??), qui, bien au contraire, le place au IIᵉ ou IIIᵉ siècle après J.-C. La bibliographie qui suit est suffisamment complète ; j'y ai cependant relevé l'omission des *traductions* de Ragon. L'index m'a paru un peu indigent Il y a deux appendices, l'un consacré à la fin si obscure du mime IV, l'autre à la *crux* numismatique du mime VII. L'explication de cette *crux*, préférée par M. N., paraît être celle qui voit dans les statères des statères d'électrum comme ceux de Cyzique. Mais alors 5 statères ne pourraient pas valoir moins de 4 dariques, car le plus récent renseignement que nous possédions sur le cyzicène (*C. Phorm.*, 23) lui assigne une valeur d'au moins 21 2/3 dr. et peut-être de 28, donc supérieure à celle du darique. La même conclusion résulte de l'inscription d'Olbia (Latyschew, 1, nᵒ 11). D'ailleurs à l'époque d'Hérodas il est bien peu probable que les statères d'électrum circulassent encore. La solution reste donc à trouver (1). Le volume est orné de 3 fac-similés du manuscrit et de quelques jolies reproductions de monuments antiques qui se rapportent plus ou moins aux sujets des mimes. Il ne fallait pas y faire figurer l'Enfant à l'oie de Boéthos : cet artiste a vécu 100 ans après Hérodas et n'était point de « Carthage » mais de Chalcédoine ; l'enfant à l'oie du mime IV est un autre motif dont on connaît maintenant plusieurs répliques trouvées à Pergame et ailleurs. Dans le brochage

(1) Mime I, 55, je ne crois pas l'interprétation de σφρηγίς « chut » exacte, ce mot me semble plutôt synonyme de « pour conclure », II, 9. M. N. aurait dû laisser a Herzog l'observation extravagante que le code de Charondas ayant mis l'enseignement a la charge de l'État, Métrotimé, qui paye les mois d'école de son fils, doit être une métèque' II. 49 ὥστε μηδ' ὀδόντα κινῆσαι : « so that one gets nothing to eat » est bien tiré par les cheveux. V 3. 'Αμφυταίη τῆ Μέννονος ne signifie sûrement pas l'*esclave de Ménon*.

les figures des mimes VI et VII ont été interverties.

T. R.

41. *D. C. HESSELING. Les mots maritimes empruntés par le grec aux langues romanes.* Amsterdam, J. Müller, 1903, in-8ᵒ jésus, 38 p.

M. H. n'est pas le premier à aborder ce sujet. Gustave Meyer avait déjà tenté un premier essai, qui fut enrichi dans différents périodiques par des hellénistes bien connus, MM. Dieterich, Psichari et Pernot.

M. H. revient sur ce sujet pour le compléter et l'ordonner Il s'est servi, pour recueillir ses matériaux, en dehors du *Glossaire nautique* de Jal, de plusieurs lexiques grecs, consacrés à la langue des marins, qui ont été publiés en Grèce dans ces cinquante dernières années et qui étaient destinés, dans la pensée de leurs auteurs, à faire triompher le grec classique sur l'audacieuse langue vulgaire, qui ne veut pas mourir. Le dernier en date montre clairement par l'abondance des termes vulgaires que les efforts faits pour assurer le succès de la καθαρεύουσα ont échoué, malgré toute une série de recommandations ministérielles.

Le titre du travail de M. H est trompeur. Il eût été plus exact de dire simplement : mots empruntés aux langues de l'Italie. Car, sauf erreur, dans cette longue liste d'environ cinq cents mots, il ne se trouve pas de mots pris à une autre langue romane. C'est d'ailleurs un fait assez naturel La Grèce a eu des relations maritimes surtout avec l'Italie, et plus particulièrement avec Venise, dont le rôle au moyen âge, à Constantinople et dans toute la Méditerranée, est bien connu. M. H. s'est appliqué à distinguer les mots d'origine vénitienne de ceux qui sont pris à l'italien proprement dit. On eût pu aller plus loin et chercher si, parmi ces derniers, il n'en est pas d'une origine plus localisée. Mais pour cela, il fallait avoir une connaissance de l'italien et des dialectes de la péninsule que n'a pas M. H. Même ainsi les difficultés ne manquaient pas. Il arrive assez souvent que le vénitien et l'italien présentent la même forme ; auquel cas M. H. choisit au petit bonheur. Pourquoi par exemple M. H. dit-il que βογέρω est le vénitien *vogar* plutôt que l'italien *vogare*, ou que γούμενα, câble, est le vénitien *gumena*, quand l'italien dit *gomena*, *gumena* ? Je pourrais ainsi citer un grand nombre de cas semblables où l'on ne voit pas la raison du choix de M. H.

A ce défaut assez grave s'en ajoute un autre. M. H. déclare qu'il ne pousse pas l'étude des mots au delà de l'italien même. Et, en conséquence, toutes les fois que l'étymologie du mot en question n'est pas à peu près évidente, on se trouve en face d'une insuffisance d'informations, qui interdit toute solution.

P. 13. M. H. paraît croire que *ciurma* est un mot d'origine arabe. C'est simplement le grec κέλευσμα. Cf. Körting, *Lateinisch-Romanisches Wörterbuch.*

O. B.

42. *G. MILLET, J. PARGOIRE et L. PETIT. Recueil des Inscriptions chrétiennes du Mont-Athos.* 1re partie, contenant 56 fig. dans le texte, 11 pl. et de nombreuses reproductions (Biblioth. des Écoles françaises d'Athènes et de Rome, fasc. 91). Paris, Fontemoing, 1904, 192 p. 8°.

Ce volume n'est pas seulement, comme l'indique son titre, la première partie du Recueil des *Inscriptions chrétiennes de l'Athos*, il est aussi le premier fascicule du Recueil général des *Inscriptions chrétiennes grecques*, annoncé depuis quelques années par l'École française d'Athènes (*BCH*, XXII, 1898, p. 410 sq.). Il contient, il est vrai, quelques inscriptions

non grecques, à savoir 17 inscriptions slaves, 2 allemandes et 29 en français (traductions françaises d'inscriptions dont la langue originale n'est pas toujours indiquée dans le texte); mais ce sont les inscriptions grecques qui forment la masse de ses 570 numéros, ce sont les inscriptions grecque qui ont attiré à l'Athos les auteurs du recueil, c'est la langue grecque qui domine presque exclusivement dans ce volume, comme à l'Athos même pendant les derniers siècles.

Considéré comme le premier fascicule du Recueil général des *Inscriptions chrétiennes grecques*, le présent volume démontre que l'École française d'Athènes entend tenir, malgré les lenteurs et les mécomptes inévitables dans une pareille entreprise, les promesses faites en 1898.

Et d'abord on a fait appel, comme on l'avait promis, à toutes les bonnes volontés. C'est ainsi que dans la collaboration d'où est sorti ce volume, M. G. Millet représente l'École française d'Athènes avec la compétence qu'attestent ses travaux antérieurs et notamment sa publication des inscriptions de Mistra (*BCH*, XXIII, 1899, p. 97 sq.), tandis que son travail a été soutenu et complété par celui des PP Pargoire et Petit, dont les travaux, répandus depuis plusieurs années dans le *BCH*, les *Échos d'Orient*, la *Byzantinische Zeitschrift*, les Βυζαντινὰ χρονικά, le *Bulletin de l'Institut russe de Constantinople*, attestent la science et l'activité.

L'impression du volume a été un des derniers actes assurés par la direction de M. Homolle; c'est un de ceux dont il doit être le plus fier. Car ce n'est point sa faute si rien encore n'avait paru du Recueil des *Inscriptions chrétiennes grecques*, qui fut une de ses œuvres de prédilection et pour lequel il a prodigué ses conseils, son temps et les subsides. Grâce à lui, le premier fascicule a paru sous un aspect matériel qui sera désormais celui de tous les autres; ce dont nous devons nous louer. Car le présent fascicule réunit sous un format commode et maniable, en un volume peu gros et peu coûteux (ne serait-il pas possible de diminuer encore le prix, 15 francs?) 570 inscriptions, dont une centaine sont pourtant reproduites en fac similé, soit dans le texte, soit dans les planches. Voilà un exemple qui mérite d'être suivi; à s'y conformer, on gagnerait de faciliter à un plus grand nombre de travailleurs l'achat de livres scientifiques, très suffisants pour le travail, sans les mettre dans l'obligation, comme on le fait trop fréquemment par des éditions inutilement luxueuses, de vider leur bourse et d'encombrer leur bibliothèque. — L'exécution matérielle du livre est soignée et bien comprise; les inscriptions y sont nettement séparées les unes des autres et, pour chaque inscription, des caractères différents permettent de distinguer à première vue, du texte même, soit les indications topographiques et bibliographiques qui le précèdent, soit les notes critiques ou historiques qui le suivent. Les recherches sont facilités par la répétition, en haut de chaque page, des numéros qu'elle contient.

Ce premier fascicule publie les inscriptions du Protaton, de Vatopédi, du Pantocrator, de Stavronikita, d'Iviron, de Philothéou, de Caracallou, de Lavra, de Saint-Paul, de Dionysiou, de Grigoriou, de Simopétra et de Xiropotamon; le reste paraîtra au début de 1905; c'est alors seulement qu'il conviendra de porter un jugement complet sur l'œuvre. Mais point n'est besoin d'attendre que le volume soit terminé pour constater que l'Athos est très pauvre en inscriptions antérieures au xviᵉ siècle. A s'en tenir aux inscriptions datées, qui sont en grande majorité (393 sur 570), le présent fascicule n'en contient que 14, fausses pour la plupart, qui soient antérieures à 1500. Les autres se répartissent entre les quatre derniers siècles, un grand nombre (118 nᵒˢ) appar-

tenant au xviiiᵉ. Il en résulte que les *Inscriptions chrétiennes de l'Athos* ne pourront pas servir d'exemple pour démontrer tout l'intérêt que présentera le *Recueil des Inscriptions grecques chrétiennes*, puisque l'épigraphie de l'Athos ne porte ni sur les premiers siècles chrétiens, ni sur le moyen âge byzantin. C'est un des fascicules suivants (Thrace ou Macédoine) qui fera connaître toute l'utilité du recueil. — Mais les inscriptions de l'Athos n'en ont pas moins un très grand intérêt. On y voit se multiplier, depuis 1500, les dédicaces d'églises, de peintures, de bâtiments divers; les dons d'icônes ou d'objets utiles au culte; on y lit les noms de pèlerins ou de donateurs, venus de tous les coins du monde orthodoxe, appartenant à toutes les classes, depuis les princes régnants et les évêques jusqu'aux plus humbles paysans. Elles forment (l'index le prouvera) une très complète démonstration de l'intérêt incontestable (cf. *BCH*, XXII, 1898, p. 569 sq.) que présentent les inscriptions postérieures au xvᵉ siècle, pour qui étudie l'histoire, la langue ou la civilisation des Grecs sous la domination turque. Est-il besoin d'ajouter qu'en ce qui concerne l'Athos même, on ne pourra plus se passer de ce volume?

Puisque les *Inscriptions chrétiennes de l'Athos* sont le commencement d'une série, voici quelques desiderata pour les prochains fascicules. — Il est regrettable que, sur la feuille d'avertissement mise en tête du volume, feuille où l'on annonce la suite du recueil pour 1905 et qui est restée blanche en grande partie, on n'ait pas mis quelques indications sommaires sur les références. Si spécialistes que soient les lecteurs de ce livre, plus d'un restera rêveur, jusqu'en 1905, en lisant des renvois de ce genre : un chiffre, précédé des mots Barkskij ou Hautes-Études. Incommode pour le lecteur est le procédé qui consiste à signaler toutes les abréviations en

dehors du texte : cela se justifie lorsqu'on donne, hors texte, un fac similé
des lettres ou d'une ligature; mais,
dans tous les autres cas, il eût été plus
pratique d'indiquer des abréviations
dans le texte même par les ( ) habituels. — Pourquoi ne pas donner, toujours entre ( ) bien entendu, la ponctuation, lorsque l'inscription ne la
possède pas? Au n° 420 par exemple
il y a 10 vers de suite sans un signe
de ponctuation; ce qui n'est pas fait
pour en faciliter l'intelligence. En certains cas, il serait agréable de trouver,
à côté du texte, une transcription
avec l'orthographe, l'accentuation et la
ponctuation habituelles; le volume
n'en serait pas beaucoup plus gros et
il gagnerait en commodité. — Le second fascicule devra donner une table
des planches où l'on verra à quel numéro du texte correspond chacune de
leurs figures; faute de quoi il faudra
feuilleter tout le volume (comme on
regrette d'avoir à le faire dans ce premier fascicule) pour trouver le numéro
d'une inscription figurée sur une planche. — Enfin, s'il est difficile de re-
procher a quelqu'un la manière dont il
transcrit en français les mots grecs,
puisqu'il n'y a pas de règle absolue
admise partout, il faut pourtant éviter
les transcriptions comme celle qui, au
n° 7, fait d'un πρῶτος de l'Athos le
« prote » Gabriel.

Pour la future liste des additions et
corrections : n. 91, l. 1, ἐζωγραφήσθη,
ma copie; — n. 107, l. 2, ma copie :
Γεράσιμος τόνδ᾽ ἤγειρε τόνδε Ἀνδρέου; —
n° 120, au lieu de 1638, lire 1637; —
n° 131-2, au lieu de 15 octobre 1646,
lire 1645; — n° 248, lire ζρχα (1613),
ma copie; — n° 255, ma copie : a) l. 1,
αγιορ ; l. 3 αγιιαν; —, c) en haut : σκεπι
σκεπασων ημας εν τι σκεπη, των πταιρυγων
σου ἀποδιοξων : à droite : αφ᾽ ημων παντα
εχθρων και πολεμων ειρηνευσων ημων : à
gauche : τὴν ζωην κυριε και των κωσμον
και σωσον μας; — n° 289, l. 3, au lieu de
X, 567, lire X, 576; — n° 397, p. 131,
l. 5, au lieu de p. 568, lire p. 578; —

ajouter aux inscriptions de Lavra :
narthex du catholicon, sur une plaque
de *marbre*, de chaque côté d'un bas-
relief très fruste et très embrouillé :

ὁ αγιος άθα		τὸ θαυμα της
νασηος εν	bas-relief	παναγιας
τὸ Αθὸ		του νερου

J. LAURENT.

**43. *NACHMANSON (Ernest). Laute
und Formen der magnetischen Inscrif-
ten.* Uppsala, Akademiska Bockhan-
deln (C. J. Lundström). Leipzig, O.
Harrassowitz, 1903; in-8° jésus, XVI-
197 p.**

M. N. nous donne une excellente
monographie, faite avec méthode et
conscience, du langage de la ville de
Magnésie du Ménandre d'après ses inscriptions. La base de son travail est
l'ouvrage de M. Otto Kern, *Die Inschriften von Magnesia am Maeander*
Berlin 1900.

Magnésie fut fondée en 400/399 avant
J.-C. Du IVᵉ siècle nous n'avons que
quelques inscriptions sans grande importance. Mais à partir du IIIᵉ siècle
elles se multiplient jusqu'à la fin du
IVᵉ siècle après J.-C. (Cf. p. 2 et p. 8).

M. N. n'a pas cru devoir distinguer
pour Magnésie les inscriptions officielles
des inscriptions d'origine étrangère,
qui ont été transcrites par des graveurs
de Magnésie, mais il s'en est servi seulement pour contrôler et confirmer les
premières.

Après avoir exposé de quels matériaux il disposait, M. N. fait un examen minutieux de la phonétique et de la
morphologie de ses textes. Passant en
revue successivement les sons et les
formes du grec, plus spécialement de
l'attique, il donne chemin faisant les
graphies et les formes intéressantes
que lui fournissent ses inscriptions, en
les interprétant avec une connaissance
exacte de l'histoire du grec et une prudence qu'on ne peut qu'approuver.

Dans sa conclusion, M. N. expose

ture antique, envisagée sous un angle un peu spécial, que nous offrent ces 200 pages, où abondent les fines observations et même les trouvailles de détail. On regrettera que dans la Préface la part du génie individuel dans l'histoire de l'art ait été réduite à une portion vraiment infime. Le spectacle des courants d'art contemporains déterminés par l'imitation prouve l'importance prépondérante non seulement du génie, mais du talent original. Naturellement il faut que son action s'exerce dans un sens préparé par l'évolution antérieure, mais chaque point de la route est un carrefour ; le choix parmi les routes qui s'offrent est déterminé par l'initiative des tempéraments supérieurs.

P. L.

46. *A. G. ROOS. Prolegomena ad Arriani Anabaseos et Indicae editionem criticam* etc., Groningue, Wolters, 1904. In-8°, xlviii-64 p.

Non seulement il n'existe pas encore d'édition critique de l'*Anabase-Indique* d'Arrien, mais le classement même des 38 manuscrits n'avait pas encore été sérieusement entrepris. M. R. montre que tous nos manuscrits dérivent directement ou indirectement du Vindobonensis hist. gr. 4 (xiiie siècle) = A, mais ils ont été copiés avant que ce manuscrit eût été mutilé (il manque 50 lignes au début, 15 à la fin) et maltraité par une seconde main qui a refait arbitrairement les lettres effacées çà et là ; il est donc nécessaire de consulter et de classer ces *apographes* dont les meilleurs seraient B (Paris. 1753, complet) et J (Laur. LXX, I). D'après ces principes, M. L. édite, à titre de spécimen, le premier livre de l'*Anabase*, avec un appareil critique choisi, qui témoigne de l'exacte information et de la prudence du nouvel éditeur. Il faut souhaiter qu'il nous donne bientôt

l'édition critique d'ensemble dont cet échantillon fait bien augurer.

H. G.

47. *Theodor SCHREIBER. Studien über das Bildniss Alexanders des grossen.* Extr. des *Abhandlungen* de l'Acad. de Saxe. Leipzig, Teubner 1903. Grand in-8°, x-312 p. 13 planches.

Excellent travail, qui reproduit et développe l'article du même auteur dans la *Strena Helbigiana* de 1900. Tous les matériaux connus jusqu'à cette heure (il en reste beaucoup de cachés) sont réunis, soigneusement classés, et appréciés avec un sens critique très pondéré. Les conclusions ne sont pas révolutionnaires et se rapprochent de celles de Koepp, *mutatis mutandis*. L'iconographie d'Alexandre, en tant qu'il s'agit de portraits réels, se réduit à peu près aux copies de Lysippe. M. S. distingue deux types Lysippéens : 1° l'Alexandre à la lance dont le bronze 633 du Louvre nous a conservé une réduction, et l'admirable herme du Louvre la tête ; M. S. conteste (à tort selon moi) qu'il faille aussi y rapporter le bronze Nelidoff où il voit un diadoque : 2° un Alexandre plus jeune, très chevelu, représenté par une tête du musée d'Alexandrie. La valeur iconographique est déjà beaucoup moindre dans les types praxitéliens (têtes du Br. Museum et de la coll. Sieglin), dans ceux de Léocharès (tête de Chatsworth, JHS, 1901, pl. 9) et de Charès (Alexandre-Hélios des coll. Barracco, Capitole, Boston). Elle est tout à fait nulle dans les statues de Magnésie et de Priène, ainsi que dans l'Alexandre (ou plutôt les Alexandre) du grand sarcophage de Sidon. M. Schreiber admet — comme je l'ai fait moi-même — que l'auteur de ce sarcophage s'est inspiré de l'Héraclès des monnaies d'Alexandre ; cela indique qu'il travaillait en un temps ou les souverains commençaient à placer leurs effigies sur leurs monnaies, donc après 306. L'ouvrage est abondamment illustré et plusieurs monuments y sont publiés pour la première fois (statuette Dimitriou, tête Sieglin etc.). Les phototypies sont d'ailleurs d'une valeur inégale. En particulier celle de la tête du Musée d'Alexandrie (planche I, B), exécutée d'après un moulage cassé, ne donne aucune idée de ce morceau enlevé et charmant.

T. R.

48. *SOPHOKLES* erklärt von Schneidewin und Nauck. 4tes Bdchen. *Antigone.* 10e Auflage — von *Ew. Bruhn.* Berlin, Weidmann, 1904, in-8°, 205 p.

Edition digne de celles de l'*Œdipe Roi* et des *Bacchantes* que nous avait données précédemment M. Bruhn. Si le commentaire a conservé l'essentiel de celui de Schneidewin et de Nauck, il porte à chaque ligne la marque d'une revision intelligente, qui va souvent jusqu'au remaniement complet. M. B. a un sentiment délicat du style tragique, il sait aussi dire franchement qu'un passage est incompréhensible sans chercher à le corriger au jugé. L'introduction, particulièrement intéressante, étudie dans quatre chapitres le mythe (conclusions sceptiques sur la source immédiate de Sophocle), la préhistoire supposée par la pièce, les caractères, le traitement du sujet postérieurement à Sophocle. On louera l'éditeur de n'avoir pas cherché midi à quatorze heures ; il n'essaie pas de retrouver le Créon d'*Œdipe* dans le Créon d'*Antigone* ; il écarte la prétendue antithèse entre le droit « formel » de Créon et le droit idéal d'Antigone ; son observation sur l'abus intentionnel des sentences banales dans le rôle du tyran boursouflé me paraît fine et juste ; il aurait fallu en rapprocher le roi de *Hamlet.* Deux courts appendices s'occupent de la prison d'Antigone (une tombe à *tholos*, et de la fameuse tirade 904 suiv. empruntée à Hérodote (III, 119,; M. B. n'en défend pas la valeur poétique,

mais fort du témoignage d'Aristote (Rhet. III, 16), il refuse d'y voir une interpolation. Il rappelle avec raison, après M. H. Weil, que dans *Œd. Col.* 337 suiv. on a aussi une imitation d'Hérodote (II, 35). Le commentaire métrique est un peu sacrifié ; M. B. persiste a marquer des *ictus* imaginaires, ne note pas les longues allongées, identifie purement et simplement le choriambe à l'ionique mineur, etc. La revision des épreuves ne fait honneur ni à M. B. ni à son ami Petersen qui l'a aidé dans cette besogne ; j'ai noté pas mal de fautes d'impression plus ou moins gênantes (p. 7 anzuneh, p. 11 die die, p. 30 Muddilston ; etc.) (1).

T. R.

49. *J. N. SVORONOS, et W. BARTH* (traducteur). *Das Athener National Museum,* deutsche Ausgabe. Athènes, Beck et Barth, 1903. Livr. 1 et 2, in-4°, 85 p. 20 planches.

On a déjà plusieurs fois entrepris de faire connaître au grand public, dans des reproductions et un cadre dignes d'eux, les trésors archéologiques du Musée d'Athènes. Aucune de ces tentatives n'a dépassé les premières livraisons ; souhaitons à celle de M. Svoronos d'avoir la vie plus longue. Elle le mérite de tout point par la parfaite exécution des 20 planches en phototypie de ses deux premiers fascicules, consacrés à un sujet d'actualité, la fameuse trouvaille de Cerigotto, dont nous avons plus d'une fois entretenu nos lecteurs. Tout le monde connaît le magnifique « Hermès » en bronze (pl. I et II), restauré par M. André avec une habileté qui tient du prodige, mais il y a encore d'autres belles pièces dans la collection: tête de vieillard (pl. III), bras de pugiliste (V, 4), statue de jeune fille ou de caryatide (VI), homme nu

---

(1) Au vers 3 ne pourrait-on pas écrire χ῾ὦπ-οῖον ? Le mot ne ferait pas double emploi avec ὅ τι du vers précédent.

ou Diomède (VII), Apollon polyclétéen (VIII, 2), puis encore le très curieux fragment d'astrolabe (IX-X), l'Héraclès Farnèse (XI), deux guerriers combattants (XII), etc. M. S. dans un long commentaire essaie de montrer que toutes ces statues, bronzes aussi bien que marbres, proviennent d'Argos d'où elles auraient été enlevées par Constantin au IVᵉ siècle après J.-C. Plusieurs seraient même mentionnées dans Pausanias ou reproduites sur les monnaies d'Argos. Par exemple « l'éphèbe » ou « Hermès » est un Persée soulevant la tête de la Gorgone ; la tête de vieillard, combinée avec deux bras et deux pieds, devient la statue de Deinias, ami d'Aratos, dont M. S. substitue le nom à Αἰνείου des manuscrits de 'Pausanias ; les deux guerriers sont réunis en un groupe « Périlaos et Othryadas » (Paus., II, 20, 7) etc. Dans cette exégèse, qui ne va pas toujours sans artifice et donne parfois le vertige, M. S. se montre, comme à l'ordinaire, ingénieux et érudit à souhait. Même quand on n'est pas convaincu, on est vivement intéressé, diverti, provoqué à la réflexion.

P. Lebeau.

50. *Charles de UJFALVY. Le type physique d'Alexandre le Grand*. Paris, Fontemoing, 1902. In-4°, 185 p. Nombreuses illustrations.

Cet ouvrage, le dernier du fécond explorateur et ethnographe que fut Ujfalvy, vaut surtout par son illustration qui est abondante et, en partie, bien venue. Parmi les 22 planches hors texte on notera surtout les nᵒˢ II et VII (l'herme du Louvre), III (buste du Capitole), IV (tête de Ptolémaïs (1), actuellement à Boston), V (statuette de Reims), VII (tête de l'Alexandre de Magnésie), XII et XIII (statuette de Priène), XIV

(1) Et non pas « du delta du Nil » comme l'écrit M. de U. (p. 9).

(buste de Londres), XXII (tête de Pergame).

Les reproductions de la statuette Nelidow (XV et XVI), faites d'après un moulage sont malheureusement assez mal venues ; il en est de même de celles d'une terre cuite de Munich (XIX et XX).

Parmi les 86 vignettes disséminées dans le texte, il y en a passablement d'inutiles et de mauvaises, notamment parmi les monnaies, mais beaucoup sont intéressantes et reproduisent des monuments peu connus.

Le texte étudie dans une première partie le témoignage des auteurs et les opinions des antiquaires modernes ; dans une seconde les documents iconographiques classés par matières (marbres, bronzes, mosaïques, pierres gravées, monnaies). C'est un travail de compilation, où les erreurs ne sont pas rares (p. ex. le médaillon de Tarse, fig. 55, devient une monnaie de Lysinaque ; Sᵗ Jean Chrysostome vivait au Iᵉʳ siècle, p. 34, etc.). Cependant, si l'auteur manque de critique, il a lu presque tout ce qui concerne son sujet, et ses conclusions iconographiques sont, en somme, plausibles.

P. L.

51. *USTERI (Paul). Aechtung und Verbannung im griechischen Recht*, Berlin, Weidmann, 1903, in-8°, 172 p.

La première partie de ce travail s'occupe de la mise hors la loi. L'auteur réunit d'abord tous les textes littéraires et épigraphiques, puis en tire les conclusions. Elles se résument ainsi : l'homme hors la loi peut être tué impunément, sa fortune est confisquée; suit l'énumération des cas où cette peine sévère est encourue soit à titre principal, soit comme accessoire. Malheureusement le terme le plus usuel en cette matière (ἄτιμος, ἀτιμία) est équivoque; quelquefois, comme l'a montré Swoboda, il signifie la mise hors la loi (*vogelfrei*); mais souvent il doit être entendu dans un sens beaucoup plus restreint, équivalent à la *capitis deminutio* romaine : l'ἄτιμος est alors privé de la jouissance des droits civils et politiques, ordinairement exilé, mais sa vie doit être respectée. Il n'est pas toujours facile de discerner dans quel sens le terme doit être pris et l'on ne sera pas toujours d'accord avec M. U. Toutefois d'une manière générale on peut dire que le second sens prévaut, surtout à Athènes, depuis la fin du v⁰ siècle.

L'exil, auquel est consacré la deuxième partie, résulte d'une décision judiciaire ou d'un acte gouvernemental; l'auteur étudie en détail la situation des bannis dans les villes étrangères et les diverses variétés de l'amnistie. Un *excursus* s'occupe des cas de bannissement pendant les deux confédérations athéniennes.

L'auteur s'est abstenu avec raison de théories juridiques trop précises qui répugnaient au génie *matter of fact* des politiciens grecs. Son ouvrage, précieux comme réunion de matériaux, n'est pas moins remarquable par la connaissance exacte des travaux modernes et par le bon sens des jugements; sur plusieurs points il rectifie heureusement les interprétations du *Recueil des inscriptions juridiques*, qu'il cite presque à chaque page. Les auteurs l'en remercient.

T. R.

52. *XENOPHON. The march of the Ten thousand*, by *H. G. DAKYNS*. London, Macmillan, 1901. 12⁰, LXXX-265 p.

Cette traduction de l'Anabase et la biographie de Xénophon, qui la précède, sont réimprimées d'après le 1ᵉʳ volume du Xénophon de M. D., qui renferme, en outre, les 2 premiers livres des *Helléniques*. L'exactitude, la vivacité, le coloris de la traduction de M. D. ne sont plus à louer et tous les lecteurs tant soit peu familiers avec la langue anglaise éprouveront un véritable plaisir à la lire. Les mêmes qualités distinguent la *Vie*. Cependant M. D. n'a pas échappé au travers ordinaire des biographes : trop d'indulgence pour son héros. Ce qu'il dit de la sincérité et de l'élément vécu des *Mémorables* est trop optimiste. Et sur le rôle véritable de Xénophon dans la retraite des Dix mille, c'est se tirer d'affaire à bon marché que d'écrire que son récit « combine Clio et Calliope » (p. xxii).

T. R.

53. Brochures, extraits et tirages à part déposés au bureau de la Revue.

Louis BRÉHIER. La royauté homérique. Extrait de la *Revue historique*, Paris (Alcan), 1904, 8⁰ 54 p.

[Le roi est pontife et chef de guerre; il n'est pas justicier. C'est l'aristocratie qui a créé l'ordre public et la notion d'État.]

René DUSSAUD. Notes de mythologie syrienne. Extrait de la *Revue archéologique*. Leroux, 1903, 8⁰, 67 p.

[Traite des symboles et simulacres du dieu solaire : disque ailé, disque et croissant; Aziros et Monimos parèdres du dieu solaire; aigle; Hélios psychopompe; Jupiter Héliopolitain; quadrige et char solaires; le dieu solaire cavalier; les dieux solaires de Palmyre.]

Hubert DEMOULIN. Fouilles et inscriptions de Ténos. Extrait du *Musée belge*, janvier, 1904. Louvain, Peeters, 8⁰, 40 p.

[Les fouilles exécutées par l'auteur

en 1902-3 ont dégagé le temple de Poseidon et d'Amphitrite et quelques bâtiments plus récents. Parmi les inscriptions il faut signaler le n° 1, dédicace à Artémis Ἀγεμονεία Ὀρθωσία, et une importante série de décrets de proxénie du IIᵉ siècle. Les fêtes mentionnées sont les Posideia et les Dionysia, ces dernières accompagnées d'un concours de tragédies. N° 7 : reconstruction du temple et droit d'asile accordé par la Pythie. Au n° 9 le personnage honoré est Q. Calpurnius ἔπαρχος (préfet de l'île ?). N° 21, décret de la phylé des Ελειθυιαῖς ; une cérémonie religieuse y est mentionnée sous le nom de τελεσμός. 31 et 33 : la femme de l'archonte est dite ἀρχίς.]

J. L. USSING. Ara Pacis Augustae (extrait des *Forhandlinger* de l'Acad. royale de Danemark, 1903. I), 8°, 30 p.

[La composition énigmatique dite des trois éléments — dont il existe, au Louvre, une belle réplique provenant de Carthage — symboliserait l'Italie entre le Pô et la Méditerranée.]

ADDITIONS ET RECTIFICATIONS

= Il s'est glissé une erreur et par suite une injustice dans mon compte rendu du bon livre de M. Bevan, *The house of Seleucus* (*Revue*, XXIV, 182). J'y ai reproché à l'auteur de n'avoir pas utilisé le décret milésien publié par M. Haussoullier (*Rev. de philol.*, XXIV, 245 = *Milet et le Didymeion*, p. 34). En réalité, ce texte est brièvement, mais suffisamment, commenté au tome I, p. 121 de M. Bevan et il y est fait allusion dans d'autres passages. M. Bevan me fait également observer que, contrairement à ce que pourrait faire supposer une phrase de mon compte-rendu, il a traité (II, 151) de l'extension du monnayage municipal en bronze sous Antiochus Epiphane. Je regrette pourtant qu'il n'ait pas consacré un chapitre entier à l'histoire monétaire des Séleucides, dont cette extension n'est qu'une épisode.

= L'inscription d'Ios (p. 196 suiv.) vient d'être publiée d'après un estampage par M. Graindor dans le *Bull. Corr. hell.*, XXVII, 394. Cette publication montre que la copie suivie par M. Contoléon était singulièrement défectueuse. Voici le texte rectifié des premières lignes..... πρόε]δροι ἐπεψήφισαν Σωκράτης, Αἴσχρων, Στησίτιμ[ος], Ποσίδειος · Ἐπειδὴ Ζήνων, ὁ καταλειφθεὶς ὑπὸ Βάχχωνος τοῦ νησιάρχου, παραγενομένων πρὸς αὐτὸν τῶν πρεσβευτῶν οὓς ἀπέστειλεν ὁ δῆμος, ὑπὲρ τῶν ἀνδραπόδων etc., Autres corrections : l. 5 (6 Cont.) ἀνακαλεσάμενος., l. 7 (11 Cont.) δῆμον τὸν Ἰητῶν., l, 11 (17 Cont.) Ͱ (c'est-à-dire 50), non ιδ' l. 12 (19 Cont.) Κλεόνοθον. La lecture certaine νησιάρχου (non ναυάρχου) supprime les hypothèses présentées à la p. 200. Le contre-amiral Zénon est identifié avec raison par M. G. au bénéficiaire du décret Syll.² 193, καθεστη,κ]ὼς ὑπὸ τοῦ βασιλέως Πτολ[εμαίου ἐπὶ τῶν ἀ]φράκτων. Les aphractes de notre décret sont donc probablement des navires égyptiens.

T. R.

Bon à tirer donné le 15 août 1904.
Le rédacteur en chef-gérant, Théodore REINACH.

Le Puy-en-Velay. — Imp. R. Marchessou, boulevard Carnot, 23

Le sommaire analytique du *Dionysalexandros* de Cratinos, publié par MM. Grenfell et Hunt dans le tome IV des *Oxyrhynchus Papyri* (Londres, 1904), soulève un certain nombre de questions intéressantes. Tout d'abord, il est incomplet : le début manque ; peut-on espérer le reconstituer avec une vraisemblance suffisante ? En second lieu, cet ensemble une fois reconstitué, que doit-on en conclure relativement à la structure et à la portée des comédies mythologiques au v° siècle ? Enfin, est-il possible d'établir une relation entre cette comédie et d'autres comédies contemporaines, et, si cette relation existe, peut-on en inférer une date précise ? Ce sont les points que je voudrais étudier ici brièvement.

I

Mettons d'abord sous les yeux du lecteur, pour la commodité de l'exposé, le texte à commenter. Il est sur deux colonnes : la première est mutilée en haut (2).

(1) Les idées qui sont ici exposées l'ont été déjà oralement devant l'Académie des Inscriptions et Belles-Lettres, dans la séance du 8 juillet 1904, et résumées en quelques mots dans le compte rendu de cette séance.

(2) Les crochets droits marquent les lacunes du papyrus ; les parenthèses, des abréviations arbitraires du scribe, qui omet volontairement certaines finales.

Col. I.

....
[............].
[.........]ζητ( )
[........]παν
[......]αυτον μη,
5 [......]ρ[.]ιϲιν ο Ερμ(ης)
[.....]εται κ(αι) ουτοι
μ(εν) πρ(ος) τους θεατας
τινα πυων ποιη ( )
διαλεγονται κ(αι)
10 παραφανεντα τον
Διονυσον επιϲκω(πτουϲι) (και)
χλευαζουϲ(ιν) ο δ(ε) πα
ραγενομενων αυτωι
παρα μεν [Ηραϲ] τυραννιδο(ϲ)
15 ακινητου πα[ρ]α δ Αθηναϲ
ευτυχι(αϲ) κ(α)τ(α) πολεμο(ν)
της
δ Αφροδι(της) καλλιϲτο(ν) τε
κ(αι)
επεραϲτον αυτον υπαρ
χειν κρινει ταυτην νικαν
20 μ(ε)τ(α) δε ταυ(τα) πλευϲαϲ ειϲ
Λακεδαιμο(να)(και) την Ελενην
εξαγαγων επανερχετ(αι)
ειϲ την Ιδην ακου(ϲαϲ) δ(ε) με
τ ολιγον τουϲ Αχαιουϲ πυρ
25 [πολ]ειν την χω(ραν) φ[ευγ(ει)
προϲ

Col. II.

Διονυϲ[αλεξανδροϲ
η [
Κρατ]εινου

τον Αλεξαν[δ(ρον) κ(αι) την
μ(εν) Ελενη(ν)
30 ειϲ ταλαρον ωϲπ[ερ
κρυψαϲ εαυτον δ ειϲ κριο(ν)
μ(ε)τ(α)ϲκευαϲαϲ υπομενει
το μελλον· παραγενο
μενοϲ δ Αλεξανδ(ροϲ) κ(αι)
φωρα
35 ϲαϲ εκατερο(ν) αγειν επι ταϲ
ναυϲ πρ(οϲ)ταττει ωϲ παραδω
ϲων
τοιϲ Αχαιοι(ϲ) οκνουϲης δε της
Ελενη(ϲ) ταυτην μ(εν) οικτειραϲ
ωϲ γυναιχ εξων επιχατεχ(ει)
40 τον δ(ε) Διονυ(ϲον) ωϲ παραδοθη
ϲομενο(ν) αποϲτελλει ϲυν
ακολουθ(ουϲι) δ οι ϲατυ(ροι)
παρακαλουν
τεϲ τε κ(αι) ουκ αν προδωϲειν
αυτον φαϲκοντεϲ κωμω
45 δειται δ εν τω δραματι Πε
ριχλης μαλα πιθανωϲ δι
εμφαϲεωϲ ωϲ επαγειοχωϲ
τοιϲ Αθηναιοιϲ τον πολεμον.

Compléter cet argument d'une manière certaine n'est évidemment pas possible aujourd'hui. Nous sommes en présence d'un récit mythologique, altéré librement par la fantaisie du poète. Comment se flatter de restaurer par le raisonnement ce que la fantaisie avait créé? Toutefois, il peut y avoir intérêt, en s'appuyant sur certaines données, à tenter un essai provisoire de reconstitution, qui restera nécessairement tout hypothétique, mais qui aidera du moins le lecteur à se représenter la pièce dans son ensemble.

La scène centrale, comme cela ressort du sommaire, était le jugement célèbre des trois déesses sur l'Ida. Mais, dans ce jugement tel qu'il était ici représenté, le juge n'était pas Pâris, c'était Dionysos. Cette substitution était la donnée fondamentale de la pièce, qui tirait de là son titre.

Pourquoi et comment Dionysos était-il substitué à Pâris? Il résulte du sommaire lui-même et des habitudes traditionnelles de la comédie au v⁰ siècle, que cela devait être expliqué et motivé dans la première partie de la pièce. Quelques indices significatifs qu'on peut relever dans les premières lignes de la partie conservée vont nous aider à concevoir ce qui nous fait défaut. Notons, à la ligne 10, le mot παραφανέντα : il n'est pas synonyme de παραγενόμενον; mais il s'applique à une apparition brusque, par exemple à quelqu'un qui était caché et qui reparaît tout à coup. Dionysos reparaissait donc ici devant ceux qui sont désignés par οὗτοι (l. 6). Il n'est pas douteux, comme l'ont bien vu les éditeurs du papyrus, qu'il ne s'agisse des satyres, compagnons de Dionysos, qui formaient le chœur (l. 42). Ces satyres, nous dit l'argument, se moquent de Dionysos et le tournent en dérision, lorsqu'il reparaît (l. 11). C'est donc que sa disparition antérieure avait eu quelque chose de ridicule.

D'après cela, voici peut-être ce qu'on pourrait imaginer. Conformément à la légende, les trois déesses, au début de la comédie, arrivaient sur l'Ida pour se faire juger par Pâris; Hermès les conduisait. Le décor représentait la montagne et une maison de berger, entourée d'une basse-cour et d'un parc à moutons c'était la demeure de Pâris. Nous la retrouverons à la fin de la pièce. Pâris lui-même était probablement absent : il reviendra plus loin à l'improviste (l. 33). Peut-être, d'ailleurs, la vue de sa maison et quelques renseignements recueillis sur lui détournaient-ils les déesses de le prendre pour juge. Il est fort possible que le beau Pâris de la légende, transformé ici comme le sont ordinairement les dieux chez Aristophane, fût représenté comme un berger grossier et malpropre. On pourrait alors rapporter à cette partie de la pièce deux des fragments subsistants : le fragment 39, « non, il n'est familier qu'avec le fumier frais et le suint de la laine »

οὐκ, ἀλλὰ βόλιτα χλωρὰ κὠσπωτὴν πατεῖν

et le fameux fragment 43, « et lui, stupide, il va devant lui, répétant sans cesse comme un mouton : *bè*, *bè* »

ὁ δ'ἠλίθιος ὥσπερ πρόβατον βῆ βῆ λέγων
·.... βαδίζει (1).

Quoi qu'il en soit, Pâris manquant à son office ou étant récusé par les parties, il fallait chercher un autre juge, et c'était alors qu'avait lieu la substitution. Le son des flûtes et des tambourins annonçait un joyeux cortège : c'était celui de Dionysos, la troupe des satyres, qui sans doute erraient par la montagne et se trouvaient là fort à propos (2). Après qu'ils avaient fait leur entrée en dansant et en chantant, on s'enquérait de leur maître, pour lui soumettre le différend. Ici se plaçaient probablement une série d'incidents qui nous échappent. On cherchait Dionysos, qui devait être dans le voisinage. C'est sans doute à cette recherche que fait allusion le mot mutilé de la ligne 3 ζητ..., qui paraît bien être un reste de ζητεῖται ou de quelque terme analogue. J'ai dit plus haut que le motif de l'absence de Dionysos devait être ridicule, puisque le chœur se moquait de lui lorsqu'il reparaissait. Avait-il été se cacher en apercevant

---

(1) MM. Grenfell et Hunt rapportent ceci à Dionysos travesti en bélier (l. 31), mais Dionysos doit passer alors pour un vrai bélier ; la comparaison ὥσπερ πρόβατον n'a donc pas d'application.

(2) « Les Satyres, compagnons de Dionysos et frères des Naïades, sont les génies secondaires qui peuplent les forêts et se jouent parmi les troupeaux. » Foucart, *Culte de Dionysos en Attique*, p. 21.

de loin des inconnus ? ou, informé de ce qu'il avait à faire, se
dérobait-il pour échapper à des embarras ? ou, plus simplement,
était-il en bonne fortune dans le voisinage ? Bien des hypothèses
sont possibles et, au fond, indifférentes. Ce qui paraît certain,
c'est que cette partie de la pièce se terminait, selon l'habitude
de la comédie, par un arrangement conclu entre Hermès et les
Satyres, ceux-ci s'engageant à ramener Dionysos pour remplir
son rôle de juge.

C'est alors qu'avait lieu la parabase, avec laquelle commence
la partie conservée du sommaire (l. 7) : καὶ οὗτοι μὲν (les satyres
formant le chœur) πρὸς τοὺς θεατάς τινα περὶ τῶν (pap. πυων, corrigé par Koerte) ποιητῶν διαλέγονται. Cratinos, conformément à
l'usage, parlait ici de ses rivaux dans un morceau en anapestes
adressé au public ; il faisait donc exactement ce qu'Aristophane
fera quelques années plus tard, dans les *Chevaliers* par exemple,
où il parlera de Magnès, de Cratès, de Cratinos lui même.

Le reste de la pièce n'offre plus de difficultés. Il suffit de distribuer le sommaire en scènes ou en groupes de scènes.

Après la parabase, nous avons d'abord le retour ou l'arrivée
de Dionysos, accueilli par les moqueries du chœur. C'est la
scène préliminaire de la seconde partie. Puis, le jugement des
trois déesses, scène évidemment formée de trois discours et
terminée par la sentence du juge. A ce moment, le fait essentiel de l'action est accompli, les conséquences vont se produire.
Ici devait se placer un de ces intermèdes lyriques qu'on appelle
souvent, à tort, la seconde parabase.

Pendant cet intermède, Dionysos était censé s'être rendu à
Sparte et avoir enlevé Hélène avec la complicité d'Aphrodite.
Tout cela, sans doute, était raconté, soit par lui-même, soit
par un autre, au moment où il reparaissait avec Hélène. Mais
cette scène de retour était nécessairement une scène joyeuse,
peut-être un groupe de plusieurs scènes, qui avait pour sujet
principal l'ivresse amoureuse de Dionysos et les plaisanteries
licencieuses de ses compagnons. On peut s'en faire une idée en
relisant, dans la *Paix* d'Aristophane, la partie de la pièce où est

représenté le retour de Trygée, ramenant Opora, qu'il compte
épouser, et Théoria, qu'il veut offrir au Conseil (*Paix*, v. 820
et suivants).

Au beau milieu de la fête et sans doute après un chant du
chœur qui en résumait le sentiment, voici qu'un messager
effaré, peut-être un des satyres, annonçait qu'on apercevait au
loin dans la plaine une armée ennemie, qui s'avançait en brû-
lant et ravageant tout. C'étaient les Achéens qui venaient réclamer Hélène. Terreur subite de Dionysos. Où se cacher? Un seul
abri s'offrait à lui : la maison de Pâris. Éperdu, il s'y jetait avec
Hélène. Et là, trouvant un de ces grands paniers qui, alors
comme aujourd'hui, servaient de garde-manger dans les maisons de pavsans, il y cachait Hélène, voulant la faire passer
pour une oie (1). Lui-même s'emparait d'une peau de bélier à
laquelle adhéraient encore les cornes, et s'en couvrait en
hâte (2). Tout cela, bien entendu, devait se passer devant la
maison, dans la basse-cour, sous les yeux des spectateurs. Ainsi
travestis, les deux amants attendaient.

Alors survenait Pâris. La suite indique qu'il était déjà au
courant des réclamations des Achéens. On doit donc admettre
qu'il venait d'apprendre l'arrivée de Dionysos accompagné d'une
femme étrangère, et que, guidé par des indices certains, il venait
le chercher sur l'Ida dans sa propre maison. Le fragment 38
semble bien se rapporter à ce passage. On y entend Pâris lui-
même interrogeant un témoin qui a vu Dionysos arriver sur
l'Ida. « Et quel accoutrement avait-il? dis-moi. — Un thyrse,
une robe couleur de safran brodée, une coupe à deux anses. »

---

(1) Le mot qui suivait ὥσπερ manque dans le papyrus. Koerte a proposé χῆνα;
je crois qu'il a raison; non pas, comme il le dit, parce que τάλαρος désigne spécialement un panier à volaille, mais parce qu'il était naturel qu'un poète comique,
voulant tourner en ridicule Hélène, fille du cygne divin, et souvent qualifiée elle-
même, par les poètes tragiques ou lyriques, d'épithètes qui rappellent l'éclat ou
la blancheur du cygne, lui fît jouer le rôle d'une oie.

(2) Il ne s'agit pas, en effet, d'une métamorphose, comme paraissent le croire
les éditeurs anglais, mais simplement d'un travestissement (μετασκευάσας ἑαυτόν).

στολὴν δὲ δὴ τίν' εἶχε ; τοῦτό μοι φράσον.
— Θύρσον, κροκωτὸν ποικίλον, καρχήσιον.

C'est Dionysos incontestablement. Pâris, sûr de son fait, perquisitionnait à travers la basse-cour. Probablement il découvrait
d'abord la belle dans son grand panier, d'où sortait son cou
long et blanc comme celui d'une oie. Il est à croire que le poète
n'avait pas ménagé là les équivoques licencieuses, analogues à
celles qu'Aristophane a prodiguées dans la scène des *Acharniens*
où le Mégarien apporte en sac ses deux petites filles, qu'il s'agit
de faire passer pour des cochons de lait. Hélène une fois découverte, Pâris avait bientôt fait de constater l'identité du faux
bélier. Cette double recherche pouvait constituer un couple de
scènes liées et parallèles, où le chœur intervenait évidemment,
pour tenter, mais en vain, de dépister le chercheur. Un chant
devait terminer cette partie.

Venait alors un second couple de scènes parallèles, qui contenaient le dénouement. Pâris, tout d'abord, se déclarait décidé
à livrer aux Achéens le ravisseur et l'étrangère et il donnait
l'ordre de les conduire tous deux aux vaisseaux (l. 35,
ἑκάτερον ἄγειν ἐπὶ τὰς ναῦς προστάττει, ὡς παραδώσων τοῖς Ἀχαιοῖς).
Mais les deux condamnés essayaient de le fléchir, et le succès
de l'un et de l'autre était fort différent. La belle étrangère suppliait si bien (1) et elle était si séduisante dans ses supplications, que Pâris finissait par se laisser émouvoir et se décidait
à la garder comme sa femme, quoi qu'il en pût résulter. C'est
ainsi que le poète rentrait dans la légende, dont il s'était d'abord
écarté fort librement. Dionysos, sans doute, pleurait et priait
aussi ; mais ses prières et ses pleurs ne faisaient que le rendre
ridicule. A son égard, Pâris demeurait inflexible et finalement
il commandait, cette fois pour de bon, qu'on l'emmenât pour
le livrer aux Achéens.

L'ordre était exécuté. Mais les satyres refusaient d'abandon

---

(1) Ὀκνούσης δὲ τῆς Ἑλένης est le texte du papyrus. Je crois qu'il y a là une
erreur du copiste et qu'il faut lire ἱκετευούσης.

ner leur maître ; ils sortaient avec lui et les serviteurs qui l'emmenaient. C'était l'exode de la pièce. Il va sans dire que les satyres avaient l'héroïsme joyeux et même bouffon. Autour du pauvre Dionysos, geignant et terrifié, ils gambadaient follement, en essayant de lui persuader que les Achéens s'arrangeraient avec lui (l. 39, συναχολουθοῦσι δ' οἱ σάτυροι παραχαλοῦντές τε καὶ οὐκ ἂν προδώσειν αὐτὸν φάσχοντες).

II

Telle devait être la trame de la comédie, à bien peu de chose près.

La première remarque à faire, c'est qu'en la distribuant en scènes d'après les indications même du sommaire et sans y changer quoi que ce soit, nous l'avons reconstruite spontanément selon la formule bien connue des pièces d'Aristophane.

Celles-ci, en effet, peuvent se ramener à peu près toutes à un *schema* ainsi constitué : 1ʳᵉ PARTIE : *Prologue*, exposant le sujet et amorçant l'action, avant l'entrée du chœur ; — *Parodos*, arrivée du chœur, modifiant en général l'action commencée ; — *Démonstration* ou *Combat de paroles*, conflit, débutant souvent par une bousculade, se continuant par une démonstration paradoxale, et s'achevant par un accord ;   *Parabase*, marquant une suspension entre les deux parties de la pièce. — 2ᵐᵉ PARTIE : *Conséquences de l'accord conclu*; groupes de *scènes parallèles*, séparés par des intermèdes lyriques ; — *Exode* (1).

Cette structure provient manifestement de la façon dont la comédie ancienne s'est développée ; elle a sa raison d'être dans son histoire et elle nous permet d'en deviner quelque chose. Ce n'est pas ici le lieu d'insister sur cette idée. Mais voici le point important. Jusqu'ici, nous ne connaissions en détail

---

(1) Voir en particulier, sur cette structure normale de la comédie ancienne, l'excellente thèse de M. Paul Mazon, *Essai sur la composition des comédies d'Aristophane*, Paris, Hachette, 1904,

aucune des comédies à sujet mythologique qui furent jouées à
Athènes au v° siècle. Or, si l'on concevait aisément que les
sujets de fantaisie pure, tels que ceux qui figurent dans les
pièces subsistantes d'Aristophane, pussent se plier à cette
formule toujours identique, il était naturel de se demander s'il
en était de même des comédies tirées de la mythologie. Une
aventure déterminée se prêtait-elle à être ainsi distribuée en
scènes dont le caractère et la succession étaient arrêtés d'avance?
Cela semblait à tout le moins invraisemblable, et pourtant cela
était vrai. La pièce retrouvée de Cratinos ne laisse aucun doute
à ce sujet.

Il est vrai que j'ai dû restituer par conjecture toute la partie
antérieure à la parabase. Mais cette restitution était exigée par
le sujet même, sinon dans les détails qui demeurent incertains,
du moins dans l'ensemble. Elle ne s'écarte de la formule qu'en
un point. Le combat de paroles, au lieu de se trouver entre la
parodos et la parabase, selon l'habitude, était ici remplacé dans
cette première partie par diverses scènes bouffonnes, et reporté
dans la seconde partie, après la parabase. Ce n'est pas un fait
absolument exceptionnel. Il en est de même, chez Aristophane,
dans les *Chevaliers*, dans les *Nuées*, dans les *Grenouilles ;* et,
par conséquent, nous savions déjà que les poètes se permet-
taient cette dérogation à l'usage, lorsque leur sujet l'exigeait.
Ici, Cratinos aurait pu, s'il l'avait voulu, placer le jugement
des trois déesses avant la parabase. S'il ne l'a pas fait, c'est
sans doute parce que la première partie de sa pièce était déjà
assez remplie, ou pour toute autre raison qui nous échappe ;
en somme, il n'y a là qu'un simple déplacement de peu d'importance.

La scène du jugement offrait trois discours, tandis qu'ordinairement, dans les scènes de ce genre, on n'en trouve qu'un
seul ou deux. C'était là une nécessité du sujet. On remarquera
qu'il en est de même dans la scène correspondante des *Thesmophories* d'Aristophane ; nous y rencontrons également trois
discours, sans qu'il y eût pareille nécessité. Rien ne prouve

d'ailleurs qu'ici les trois discours aient été également développés.

Une fois le jugement rendu, l'accord conclu entre Aphrodite et le juge avait pour résultat immédiat le rapt d'Hélène, qui s'accomplissait hors du théâtre, pendant un intermède lyrique. Là commençait vraiment la seconde partie de la pièce. On a vu qu'elle consistait en une série de scènes montrant les conséquences du rapt. Ces scènes, sauf peut-être la première, celle du retour de Dionysos sur l'Ida, étaient groupées en couples et se correspondaient deux à deux. C'est exactement la formule des *Acharniens*. Enfin, la pièce se terminait normalement par un exode, dont le caractère apparaît très· nettement sous la sécheresse du sommaire.

Il faut conclure de là que les sujets mythologiques eux-mêmes, lorsqu'ils étaient mis en scène par les poètes comiques de ce temps, prenaient la forme qui était par tradition celle de toutes les comédies admises au concours, et qu'ils comportaient les mêmes parties essentielles, y compris la parabase.

· Pouvons-nous tirer aussi de cette restitution quelques indications sur la façon de composer propre à Cratinos? On connaît le jugement de Platonios à propos de ce poète : « Il conçoit et organise heureusement ses drames, mais ensuite, à mesure qu'il avance dans l'action, il tiraille son sujet en tous sens et par suite, les pièces qu'il bâtit sont peu cohérentes ». Εὔστοχο δὲ ὢν ἐν ταῖς ἐπιβολαῖς τῶν δραμάτων καὶ διασκευαῖς, εἶτα, προιὼν κα διασπῶν τὰς ὑποθέσεις, οὐκ ἀκολούθως ποιεῖ τὰ δράματα (Περὶ διαφορᾶ χαρακτήρων, *Com. gr. fragm.* Kaibel, I, p. 6). Il ne semble pas que ce jugement se trouve justifié par le plan et la structure du *Dionysalexandros*. Mais il est à remarquer qu'il devait s'appliquer surtout aux comédies de fantaisie pure. Ici, le génie exubérant et quelque peu désordonné de Cratinos était contenu par la légende mythologique. La composition de son drame, autant que nous pouvons en juger par un simple sommaire, n'était pas plus incohérente que celle de la plupart des comédies subsistantes d'Aristophane.

III

Quant à sa portée politique, elle nous eût échappé certainement, si l'auteur du sommaire n'avait pris soin de la noter,
dans ses dernières lignes : Κωμῳδεῖται δ' ἐν τῷ δράματι Περικλῆς
μάλα πιθανῶς δι' ἐμφάσεως ὡς ἐπαγηοχὼς τοῖς Ἀθηναίοις τὸν πόλεμον.

Ce témoignage confirme d'une manière intéressante ce que
nous ne savions qu'imparfaitement au sujet de la comédie
mythologique. Celle-ci avait été fort en honneur en Sicile,
comme l'attestent les titres de nombreuses pièces d'Épicharme.
Mais il est à peu près évident qu'à Syracuse elle ne pouvait
être qu'un simple amusement, sans visée politique. Il ne paraît
pas qu'à Athènes ce genre ait été autant en faveur. Cinq pièces
seulement de Cratinos, y compris le *Dionysalexandros*, étaient
empruntées à la mythologie ou au cycle héroïque, autant du
moins qu'on en peut juger par les titres et les fragments. Une
de ces cinq pièces, les *Ulysses* (Ὀδυσσῆς), nous est expressément
signalée par Platonios comme exempte de toute satire (Περὶ
διαφορᾶς κωμῳδιῶν, § 2 : *Com. gr. fragm.*, Kaibel, I, p. 5). Une
autre, au contraire, la *Némésis*, suivant un témoignage de Plutarque (*Périclès*, c. 3), était dirigée contre Périclès. D'après
cela, on pouvait se demander si la comédie mythologique n'était
pas ordinairement une simple parodie des vieilles légendes et
des récits épiques. Ce que nous savons maintenant du *Dionysalexandros* ne tranche pas la question. Mais il est clair que la
présomption en faveur de la tendance satirique en est sensiblement fortifiée; car nous voyons comment le sujet le moins
politique en apparence pouvait être détourné au profit des passions du jour.

L'auteur du sommaire n'a indiqué que l'intention générale
de la pièce. Périclès, dit-il, y était critiqué par allusion, comme
ayant attiré la guerre en Attique. Ce reproche était bien connu
déjà, car Aristophane l'a renouvelé à satiété, et les historiens
même ne l'ont pas laissé de côté.

L' « allusion » dont il est question résultait évidemment du rôle de Dionysos. Dans la fable qui vient d'être racontée, c'est Dionysos qui attire la guerre en Troade. Pâris y contribue aussi, puisqu'il garde Hélène réclamée par les Achéens; mais il n'y contribue qu'après coup et secondairement. La première et principale responsabilité retombe sur Dionysos. C'est donc bien celui-ci qui représentait Périclès.

L'allusion était certainement rendue très claire dans le drame par une foule de détails aujourd'hui perdus. Le sommaire nous en a conservé au moins un. Les mots qui se rapportent à l'invasion des Achéens sont caractéristiques : ἀκούσας τοὺς Ἀχαιοὺς πυρπολεῖν τὴν χώραν. Cela rappelle très vivement la première invasion d'Archidamos, dans l'été de 431, l'incendie des fermes et des moissons à travers la plaine d'Éleusis et tout ce que Thucydide a décrit à ce propos (II, 19). On peut être assuré que le récit détaillé dont ces mots sont le résumé faisait ressortir avec force cette ressemblance et qu'il était calculé pour raviver les souvenirs et les ressentiments tout récents des paysans athéniens.

Mais ce qu'il y avait sans doute de plus injurieux et de plus caractéristique dans la satire de Cratinos, c'était la ressemblance morale qu'il prétendait établir entre Dionysos et Périclès. Cette ressemblance, on peut la deviner sans peine. Elle consistait à la fois dans la sensualité égoïste et dans la lâcheté.

Dionysos rendait sa sentence en faveur d'Aphrodite, parce qu'elle lui promettait la possession d'Hélène. On ne peut guère douter que le juge ne fût averti des conséquences de son jugement; mais il passait outre; la sensualité l'emportait pour un moment sur la peur; et c'était ainsi que par dérèglement de mœurs et libertinage il attirait la guerre sur la Troade. Or, on sait ce que la chronique scandaleuse d'Athènes racontait de Périclès. On disait que Phidias attirait dans son atelier des femmes libres pour les livrer à Périclès; ou encore qu'Aspasie lui procurait chez elle des rendez-vous avec des Athéniennes de bonne famille (Plutarque, *Périclès*, c. 13 et 32). Voilà pour les mœurs. Et ce libertinage attribué à Périclès, on en faisait la cause directe de la guerre. C'était par complaisance pour Aspasie qu'il l'avait déclarée, disait-on, parce que les Mégariens avaient enlevé chez la Milésienne deux courtisanes (Aristophane, *Acharniens*, 527). Nous saisissons là au vol quelques propos entre beaucoup d'autres. Ils suffisent à nous faire deviner comment Cratinos avait dû s'y prendre. C'était au moyen de propos analogues, adroitement visés dans ses allusions, qu'il avait fait ressortir la première ressemblance entre Dionysos et Périclès.

La seconde consistait certainement dans la lâcheté. Dionysos devait faire le brave, lorsqu'on lui laissait pressentir la vengeance future des Achéens; il ne craignait pas l'ennemi, tant qu'il était loin. Mais, dès que les Achéens débarquaient, il ne songeait plus qu'à se cacher. Voilà justement ce qui fut reproché à Périclès par ses ennemis en 431 et en 430. Il avait occasionné la guerre, et il refusait de se battre, quand l'ennemi était là; Thucydide nous le dit expressément (II, 21) : παντί τε τρόπῳ ἀνηρέθιστο ἡ πόλις καὶ τὸν Περικλέα ἐν ὀργῇ εἶχον, καὶ ὧν παρῄνεσε πρότερον ἐμέμνηντο οὐδέν, ἀλλ' ἐκάκιζον ὅτι στρατηγὸς ὢν οὐκ ἐπεξάγοι, αἴτιόν τε σφίσιν ἐνόμιζον πάντων ὧν ἔπασχον. On l'accusait hautement de lâcheté; c'est ce que Plutarque nous affirme, d'après les poètes comiques du temps (*Périclès*, c. 33).

Cette dernière allusion nous permet, je crois, d'établir, d'une façon précise, la date de la représentation du *Dionysalexandros*. Les éditeurs anglais ont bien vu qu'elle avait dû être jouée en 430 ou 429. Mais on peut être plus précis. Plutarque, au chapitre qui vient d'être indiqué, cite quelques vers du poète Hermippe, probablement empruntés à sa comédie des Μοῖραι (*Fragm. Com. Attic.*, Koch ; Hermippe, fr. 46; t. 1, p. 236). Ces vers sont une satire sanglante de la prétendue lâcheté de Périclès, qui est appelé « roi des satyres » :

Βασιλεῦ σατύρων, τί ποτ' οὐκ ἐθέλεις
δόρυ βαστάζειν, ἀλλὰ λόγους μὲν
περὶ τοῦ πολέμου δεινοὺς παρέχει,
ψυχὴν δὲ Τέλητος ὑπέστης;

Quel que soit le sens du dernier vers, probablement altéré, l'idée en elle-même est fort claire ; et il résulte à la fois des circonstances et du témoignage de Plutarque que cela a dû être écrit en 430. Mais pourquoi Périclès est-il appelé là « roi des satyres » ? On admet, depuis Meineke et Bergk, que cette appellation injurieuse fait allusion à sa lâcheté et à sa sensualité. Sans doute ; mais il faut avouer que cela demandait une explication. Elle était inutile au contraire, si Périclès avait été représenté sur la scène, quelques semaines auparavant, sous les traits du roi des satyres et si ce souvenir était présent à tous les esprits. Nous savons aujourd'hui qu'il était ainsi représenté dans le *Dionysalexandros*. La pièce d'Hermippe doit donc être postérieure de peu à celle de Cratinos que nous venons d'étudier. Et nous sommes ainsi conduits à conclure que le *Dionysalexandros* fut représenté aux Lénéennes de 430 et les Μοῖραι d'Hermippe aux Dionysies de la même année.

Maurice CROISET.

POUR L'HISTOIRE DE LA COMÉDIE NOUVELLE (1)

---

5. — TROIS COMÉDIES DE MÉNANDRE.

La Λευκαδία est une des rares comédies de Ménandre dont l'action ait paru se rattacher à des personnages ou à des incidents légendaires ; c'est même celle dont les attaches mythologiques ont été affirmées en les termes les plus formels, les plus précis, et sont le plus communément admises (2). Il vaut donc

---

(1) Cf. 1902, p. 357 suiv.; 1903, p. 349 suiv.

(2) Sur la valeur possible du titre Δάρδανος, cf. Kock, s. v. Le titre Τροφώνιος n'annonce rien de plus qu'une satire des rites de l'oracle de Lébadée et de la crédulité des clients (cf. Kock, T. I, p. 79). Dans Ψευδηρακλῆς, le nom d'Héraklès, — à la différence, je crois, du nom d'Ajax dans Ψευδαίας ; —, devait être employé métaphoriquement : il ne s'agissait pas d'un personnage qui se faisait passer pour Héraklès, mais d'un bravache qui se disait un second Héraklès ; « Pyrgopolinices aliquis significatur », observe Kock avec raison. Récemment, on a pensé trouver dans le titre Ἀνδρόγυνος ἢ Κρής une allusion à une légende crétoise racontée par Nicandre (cf. Apoll. Liber., 17), reprise par Ovide (Métam., XII, v. 172 suiv.), légende qui met en scène une jeune fille, élevée comme jeune homme, et en fin de compte transformée en jeune homme par la toute puissante intervention d'un dieu (Lübke, Menander und seine Kunst, progr. Berlin 1892, p. 24). L'hypothèse est ingénieuse, mais sans solidité. Ἀνδρόγυνος est une épithète qu'on appliquait communément aux lâches (cf. Kock, s. v.); la Crète, d'autre part, fournissait beaucoup de mercenaires. Or, parmi les fragments de la pièce, — sans parler du fr. 58, qui est douteux —, deux s'occupent de choses militaires : le fr. 55 (Μυσῶν ἔσχατος πολέμιος) et le fr. 52 ; le texte de ce dernier n'est pas sûrement établi, et je n'en saurais proposer une lecture qui me satisfasse ; je crois toutefois, avec Van Herwerden (Analecta critica, p. 38), que πλήσας ou πλήξας doit être corrigé, au début, en πληγάς ; peut-être, au lieu de τὰς ἐν Λαμίᾳ, pourrait-on lire ensuite τῆς ἐν Λαμίᾳ, se rapportant à παρατάξεως ; à ce compte, le personnage en question serait présenté par le poète comme un contemporain.

la peine d'examiner si l'essai de restitution qui a cours depuis
une cinquantaine d'années mérite la longue créance dont il a
joui. Cet essai de restitution a été proposé par Ribbeck (1);
Kock, qui l'a adopté, le présente de la façon suivante : « Puella
« quaedam duos amatores habet, alterum adulescentem modes-
« tum, alterum Phaonem, senem, sed a Venere in iuvenem
« transmutatum et pulchritudinis conscientia fastidiosum.
« Puella desiderio Phaonis simul et metu ne ille alteram amet
« conficitur, ac tandem desperans se amorem eius nancisci
« posse de Leucate in mare se proicit, sed ab adulescente ex
« mortis periculo eripitur. Quo facto Phaon in senem rursus
« convertitur, adulescens autem puella amata potitur. » Pour
établir ce plan, Ribbeck a combiné les fragments des deux
pièces homonymes de Ménandre et de Turpilius; surtout il a
tiré parti d'un passage de Servius (2) (ad Aeneid., III, 279), que
je transcris ci-dessous avec ce qui l'entoure : « Dubitatur vero
« utrum Iovis aras an Veneris dixerit. Varro enim templum
« Veneri ab Aenea conditum, ubi nunc Leucas est, dicit;
« quamvis Menander et Turpilius comici a Phaone Lesbio id
« templum conditum dicant. Qui cum esset navicularius, soli-
« tus a Lesbo in continentem proximos quosque mercede trans-
« vehere, Venerem mutatam in anuis formam gratis transvexit;
« quapropter ab ea donatus unguenti alabastro cum se in dies
« inditum (?) ungueret, feminas in sui amorem trahebat; in quis
« fuit una, quae de monte Leucate, cum potiri eius nequiret,
« abiecisse se dicitur; unde nunc auctorare se quotannis solent
« qui de eo monte iaciantur in pelagus. Quidam id fieri propter
« Leucaten puerum dicunt, quem cum Apollo vellet rapere,
« in mare se proiecit montemque cognominem sibi fecit. » Nul
doute que sur le premier point, en se servant de Turpilius pour
compléter Ménandre, le critique allemand n'ait eu raison : la

---

(1) *Neue Jahrb. f. Philologie*, 1854, p. 34-36.
(2) Ou plutôt d'un anonyme, dont les notes, depuis le temps de Pierre Daniel
(1600), sont publiées avec les commentaires de Servius; cf. la préface de Thilo,
p. IV-V.

manière dont les deux poètes sont cités côte à côte, à propos d'un détail très spécial, prouve bien, à mon avis, que l'un imitait l'autre et l'imitait de près. Reste à savoir s'il est légitime de chercher chez Servius une analyse succincte de leurs pièces.

L'action de la Λευκαδία avait pour théâtre Leucade; plus particulièrement, le cap Leukatas, où l'on adorait Apollon et d'où les amants malheureux se précipitaient dans la mer; cela me paraît ressortir du fragment 313 (εὐφημείσθω τέμενος πέρι Λευκάδος ἀκτῆς), rapproché du fragment 312, et aussi des vers 118-119 de Turpilius (te, Apollo sancte, fer opem, teque, omnipotens Neptune, invoco, vosque adeo, venti!). On pourrait être tenté d'élever déjà à ce propos une objection contre l'hypothèse de Ribbeck : Phaon, effectivement, est donné d'ordinaire — et chez Servius même — pour un Lesbien (1); chez Lucien (2), pour un habitant de Chios; nous savons par Ovide (3) qu'une légende le faisait émigrer en Sicile (4); un séjour de lui à Leucade, des ravages exercés par ses charmes irrésistibles parmi les femmes du pays sont choses sur quoi nos documents se taisent. Cette objection, toutefois, serait sans force. Les poètes comiques en prennent à leur aise avec les traditions (5); du moment que Phaon fondait un sanctuaire à Lesbos, il pouvait bien, chez Ménandre, y faire un séjour prolongé, et y être le héros d'une aventure d'amour.

C'est d'un autre côté que des doutes me viennent quant à

---

(1) Cf. Pline, XXII, 8; Élien, *V. H.*, XII, 18 (qui parle des femmes de Mytilène); Suidas, s. v. Σαπφὼ Λεσβία; Apost., *Prov.*, XVII, 80; etc. Sur l'origine lesbienne du mythe de Phaon, cf. Tümpel, *Philol.*, 1890, p. 91 suiv., 203 suiv.; Jurenka, *Wiener Studien*, 1897, p. 194.

(2) *Dial. Mort.*, 9, 2; *Navig.*, 43.

(3) Ou par l'auteur, quel qu'il soit, de la XV⁰ *Héroïde*; sur l'authenticité de ce poème, le dernier travail publié est, à ma connaissance, celui de M. P. Lieger, *De epistula Sapphus*, progr. Vienne, 1902.

(4) Sur l'origine probable de cette légende, cf. Jurenka, *Wiener Studien*, 1897, p. 196.

(5) Actuellement, Ménandre est le plus ancien auteur chez qui nous entendions parler de l'amour de Sappho pour Phaon et de sa mort tragique à Leucade (cf. Comparetti, *Nuova Antologia*, I (1876), p. 279); Jurenka (*l. l.*) explique ingénieusement comment cette histoire a pu naître.

l'exactitude de la restitution proposée. Qu'on relise le fragment
312 ·

> οὗ δὴ λέγεται πρώτη Σαπφὼ
> τὸν ὑπέρκομπον θηρῶσα Φάων'
> οἰστρῶντι πόθῳ ῥῖψαι πέτρας
> ἀπὸ τηλεφανοῦς ἅλμα κατ' εὐχὴν
> σήν, δέσποτ' ἄναξ...

Quel qu'ait été le personnage, ou le groupe de personnages,
à qui étaient attribuées ces paroles, le poète, en les rédigeant,
avait dû se placer à l'époque de l'action, et non pas, j'imagine,
à une époque postérieure. Or, la tournure employée οὗ λέγεται
πρώτη Σαπφώ ne laisse-t-elle pas entendre qu'il s'agissait là d'un
fait déjà ancien, assez ancien pour n'être pas bien sûr? en
d'autres termes, n'est-il pas infiniment probable que le personnage parlait, et que par conséquent l'action se déroulait, de
longues années après le suicide de Sappho, en un temps où le
fabuleux Phaon, ses conquêtes, ses dédains, appartenaient à un
lointain passé? A l'encontre de ce document, le texte de Servius ne saurait prévaloir. Je ne crois pas d'ailleurs qu'il y ait
entre les deux une contradiction irréductible. D'abord, il n'est
pas sûr que le développement relatif à Phaon (qui cum esset
navicularius etc.) ait pour source la Λευκαδία : peut-être ce
récit a-t-il été tiré du même ouvrage que ce qui vient après
(unde nunc auctorare se etc.), c'est-à-dire d'un ouvrage à tendance aitiologique, qui n'était sans doute pas une comédie.
Mais admettons que jusqu'aux mots *abiecisse se dicitur* le grammairien suive Ménandre. Cela ne veut pas dire de toute nécessité que l'aventure à quoi ces mots font allusion formait l'action de la Λευκαδία; il reste possible, à mon avis, qu'elle ait été
relatée dans une partie narrative, — celle d'où provient le
fragment 312. Examinons les textes de plus près. Sur l'emplacement du temple élevé par Phaon, Servius ne paraît pas avoir
eu des idées très précises (1). Je pense que, dans la comédie, on

---

(1) Il parle de ce temple à propos du séjour des Troyens à Actium (v. 280 : Actia

voyait ce temple sur la scène ; du moins, l'apostrophe à Vénus qui se lit chez Turpilius (v. 120 : nam quid ego te appellem, Venus ?) se comprend mieux à ce compte ; et la présence d'*une* zacoros comme celle à qui s'adresse le fragment 311 (ἐπίθες τὸ πῦρ ἢ ζάχορος · οὑτωσὶ χαλῶς) est à coup sûr beaucoup plus naturelle dans un sanctuaire d'Aphrodite que dans un sanctuaire d'Apollon. Or, le lieu de la scène était le cap Leukatas, l'endroit même d'où l'amante de Phaon s'était jetée à la mer. D'autre part, bien que Servius ne dise pas expressément que la femme dont il parle se noya, rien ne nous empêche de l'admettre. Le temple attribué à Phaon pouvait donc être présenté chez Ménandre comme une sorte de chapelle expiatoire, érigée par l'auteur responsable d'un accident en souvenir de la victime, par un insensible en réparation de sa résistance à l'amour. Mais, en ce cas, l'aventure que Servius raconte serait distincte de l'action de la Λευχαδία et lui serait antérieure, puisque dans la Λευχαδία, — Ribbeck l'a bien fait voir —, l'héroïne était heureusement repêchée, et puisque le temple élevé par Phaon s'y trouvait déjà mentionné. Je soupçonne que cette aventure était tout simplement celle de Sappho (1). Sans doute, l'expression vague « in quis fuit *una* » ne paraît point convenir, de prime abord, pour désigner une femme aussi célèbre; mais on doit se rappeler que l'histoire de la mort de Sappho était, chez les anciens, fortement contestée : certains, voulant sauvegarder l'honneur de la poétesse, allèrent jusqu'à imaginer une autre Sappho de Lesbos, courtisane de son métier, qui eût été l'amante du beau Phaon (2); peut-être, en face de la tournure

littora), et aussitôt après l'identifie avec un temple situé à Leucade même. L'existence d'un sanctuaire d'Aphrodite à Actium (Dion. Halic., I, 50) et d'un autre près du Dioryktos (*ibid.*) n'empêche pas qu'un troisième ait pu se trouver sur le cap Leukatas ; l'endroit eût été convenable pour le culte de la déesse, dont on connaît les rapports avec la mer et la navigation.

(1) M. Comparetti l'admet sans hésiter (*Nuova Antologia*, 1876, t. I, p. 279) : « La donna, di cui Servio non dice il nome, è certamente Saffo. »

(2) Cf. Nymphis d'Héraclée, auteur de la première moitié du IIIᵉ siècle, cité par Athénée, 596 E; Élien, *V. hist.*, XII, 19 ; Suidas, s. v. Σαπφὼ Λεσβία ἐχ Μιτυλήνης et s. v. Φάων; Photius, s. v. Λευχάτης. Voir aussi Comparetti, *l. l.*, p. 276-277.

dubitative employée par Ménandre (λέγεται), le grammairien,
qui quelques lignes plus haut mettait Sappho en cause (1,
s'est-il souvenu de ces contestations et s'est-il rabattu à dessein
sur un pronom peu compromettant. Meineke a signalé jadis,
entre le fragment 312 et la dernière phrase du récit de Servius,
une certaine similitude de tour (2); si celle-ci est, comme il le
croyait, une réminiscence de celui-là, il s'ensuit que Sappho et
la femme anonyme ne doivent former qu'une seule et même
personne.

Un second fragment subsistant qui s'accorde assez mal avec
la restitution de Ribbeck est le fragment IV de Turpilius.
L'amoureux délaissé, devant qui la jeune fille prodigue des
tendresses à un rival, exprime ainsi sa colère : « Ei perii! viden
« ut osculatur cariem? num hilum illa haec pudet? » Dans
cette phrase, *caries* n'est pas une injure quelconque : le grammairien Nonius, qui nous a conservé le fragment, le cite pour
établir que ce mot équivaut à *vetustas* ou à *putrilago*. Par conséquent, le rival en question, — Ribbeck le reconnaît (3) —,
devait être un vieillard. Peut-il donc s'agir de Phaon? A vrai
dire, une légende raconte que celui-ci n'était déjà plus jeune
lorsqu'il mérita la bienveillance d'Aphrodite (4); mais elle
ajoute que, grâce au baume magique dont la déesse lui fit don,
il recouvra et jeunesse et beauté; Ribbeck lui-même, qui sur ce
point me semble se contredire, devait admettre la transforma-

---

(1) Commentaire du vers 274. D'ailleurs, les deux passages, l'un et l'autre classés
parmi les ἀδέσποτα, ne remontent peut-être pas au même commentateur.

(2) *Menandri et Philemonis reliquiae*, p. 106 : ...cuius (sc. Servii) postrema
verba : « quae de monte Leucate,

  cum potiri eius nequiret, se abiecisse dicitur »

ex ipso Turpilio petita esse vix dubites, si Menandrea comparaveris : οὖ δὴ λέγεται
πρώτη Σαπφώ... ῥίψαι πέτρας ἀπὸ τηλεφανοῦς. — Il me semble que, si Servius ana-
lysait la pièce, au lieu de *se abiecisse dicitur*, il eût écrit plutôt *se abiecit*.

(3) O. l., p. 36 : Ein verschmähter Liebhaber muss mit eignen Augen sehen,
wie seine Schöne *einem abgelebten Alten* Avancen macht.

(4) Lucien, *Dial. Mort.*, 9, 2; Apost., *Prov.*, XVII, 80. Élien (*V. H.*, XII, 18) dit
seulement que Phaon, grâce à Aphrodite, devint le plus beau des humains
(ἐγένετο ἀνθρώπων κάλλιστος). Les autres auteurs vantent la beauté du héros sans
parler d'aucune transformation.

tion, car il dit qu'à la fin de la pièce, le charme étant rompu,
Phaon redevenait « la vieille horreur d'autrefois (*der alte
Gräuel von ehemals*) ». Dans ces conditions, il faudrait supposer, pour justifier *caries*, qu'en face de Phaon rajeuni, son rival,
dépité, se rappelait ce qu'il était naguère, et ne voulait rien
voir autre chose ; assurément, cette hypothèse n'est pas inadmissible ; mais elle ne s'impose point par la simplicité. Le cas
où l'injure serait toute naturelle, c'est si Phaon ensorcelait les
femmes sans cesser d'être laid et décrépit. Par malheur, une
telle forme du mythe n'apparaît chez aucun écrivain ; le vieillard épris d'une joueuse de flûte que Platon le comique mon
trait dans son Φάων (fr. 178) n'est pas nécessairement, ni même
probablement, le personnage éponyme de la pièce ; et si Servius
ne dit rien d'un rajeunissement du héros, observons qu'il ne
dit pas non plus que celui-ci ait jamais été vieux ; vieillesse
et rénovation ont pu être par lui sous-entendues à la fois ; ou
bien la version qu'il suivait, — celle de Ménandre, si l'on veut,
— les ignorait l'une et l'autre.

En somme, j'hésite à croire que Phaon ait joué un rôle
quelconque dans la Λευκαδία. A mon avis, l'action de cette
comédie, comme celle de presque toutes les œuvres de la νέα,
devait être placée chez les contemporains ; la matière était une
aventure d'amour imaginaire, sans rien d'emprunté à l'histoire
ni à la légende ; et le renom du rocher de Leucade, fameux
chez les Grecs longtemps avant Ménandre (1), avait seul dicté à
celui-ci le choix du lieu de la scène. J'admets, avec Ribbeck et
ceux qui l'ont suivi, que du haut du rocher fatal la Leucadienne
se jetait à la mer. Mais quels sentiments la poussaient à cet
acte de désespoir ? Si je ne me trompe, le fragment X de
Turpilius nous permet de le discerner. « Verita sum, ne amoris
« causa cum illa limassis caput » ; selon Ribbeck, ce seraient là
des paroles que l'héroïne, avant de risquer le saut, adresserait à
l'insensible Phaon ; je suis d'avis qu'elles s'adressaient plutôt,

_____

(1) Stésichore, fr. 43 ; Anacréon, fr. 19.

après la catastrophe, à l'amoureux sauveteur. Ainsi donc, ce qui décidait la Leucadienne à affronter la mort, ce n'était pas le chagrin de voir ses avances rebutées; c'était un transport de jalousie, et de jalousie vaine. Partant de cette indication précieuse, voici comment je conçois, dans ses grandes lignes, le sujet de la comédie. Un jeune homme, probablement sans fortune (1), aime une jeune femme — Dorcium chez Turpilius (2) — et il est aimé d'elle ; mais, d'après je ne sais quels indices, l'amante se croit trahie; elle rudoie le jeune homme, le repousse loin d'elle, reste sourde à ses supplications (Turpilius, fr. VIII, III, VI); et, par dépit, elle feint en sa présence d'accueillir un autre prétendant, un richard décrépit, qui, dès auparavant, la courtisait sans succès (Turp., fr. I, IV, II) (3). A ce point de l'action, une rupture éclatante intervenait peut-être, et le jeune homme, dépité à son tour, déclarait qu'il se dédommagerait. Le désespoir croissait dans l'âme de la Leucadienne. Résolue à se délivrer de sa peine, elle reparaissait, seule, et, après des lamentations, se précipitait dans les flots (Turp., XI). Mais son amant, non moins désolé qu'elle, était aussi venu, escorté d'un autre personnage, gémir au lieu consacré (Turp., XII, XIII)(4). Témoin de l'événement, il sauvait la

---

(1) Du moins les fragments 309-310 de Ménandre peuvent donner cette idée.

(2) Le nom de Dorkion ne se rencontre pas dans ce qui nous reste des comiques grecs; et chez des écrivains qui s'inspirent d'eux, chez Lucien (*Dial. Mer.*, 9), chez Méléagre (AP, V, 182; 187), le nom voisin Dorkas est un nom de servante. Mais Asklépiade, contemporain de Ménandre, appelle Dorkion une jeune courtisane (AP, XII, 161).

(3) Dans le fragment II, ce personnage est appelé *Phrygien* (viden tu Frugis incessum?); on ne voudra pas en conclure, je pense, qu'il était à Leucade un étranger, d'origine orientale; *Phrygien* veut dire simplement *homme de rien*, *misérable*.

(4) Je ne crois pas, comme le suppose Ribbeck (*o. l.*, p. 36), qu'il était informé du projet de la Leucadienne. Je ne crois pas non plus qu'il appelait les dieux à l'aide pour pouvoir retirer la jeune femme de la mer ; le texte de Cicéron, qui nous a conservé le fragment XII, attribue à ses prières une tout autre intention : « mundum totum se *ad amorem suum sublevandum* conversurum putat » ; ce héros de Ménandre était de la même école qu'Acontius (Callim., fr. 67; cf. Dilthey, *de Callimachi Cydippa*, p. 77 suiv.) et que les amoureux dont se moque le prologue du *Mercator* (v. 3 suiv.).

désespérée (Turp., XIV, XV ; Mén., 311). Une explication s'en-
suivait, qui dissipait tous les malentendus (Turp., X) ; le
jeune homme injustement soupçonné pardonnait à Dorcium
(Turp., XVI), et se faisait fort de guérir, en prodiguant les
caresses, ses dispositions mélancoliques (Turp., IX).

Un fragment de Turpilius, qui a, semble-t-il, embarrassé
Ribbeck (1), le fragment X·VII, se comprend bien dans cette
hypothèse et me paraît propre à la fortifier : « etiam amplius
« illam apparare condecet, quandoquidem voti condemnata
« est (2) ». Nous ne devons pas perdre de vue qu'en se jetant du
rocher de Leucade les amants dédaignés ne cherchaient point à
se donner la mort : mourir n'était pour eux qu'un pis-aller ; ce
qu'ils désiraient, ce qu'ils espéraient, c'était d'être guéris,
moyennant un bain périlleux, de leur triste passion (3). Avant
de se précipiter, ils invoquaient le dieu qui régnait sur le
promontoire, le dieu souvent malheureux en amour, Apollon ;
ils faisaient vœu de lui consacrer, dans le cas où la cure aurait
un plein succès, quelque offrande à titre de remerciement ;
ainsi fait la Sappho d'Ovide (4), ainsi a fait, je pense, la Sappho
de Ménandre (fr. 312 : κατ᾽ εὐχὴν σήν, δέσποτ᾽ ἄναξ), ainsi devait
faire la Leucadienne (5). Plus heureuse que la poétesse, notre
héroïne échappait à la mort ; mais elle ne guérissait point de
son amour ; loin de là, les événements tournaient de telle
façon, qu'elle ne souhaitait même plus le voir finir. Elle ne
devait donc rien à Apollon ; et c'est ce que constate, dans le
fragment XVII, un personnage, — esclave ou parasite —, aux

---

(1) *O. l.*, p. 36 : das Gelübde wird der Venus oder dem Apollo gegolten haben,
für Errettung aus dem Meer oder aus Liebesnoth.

(2) *Condemnare* est dit pour *liberare* (Nonius).

(3) Cf. Strabon, X, p. 452 (.. τὸ ἅλμα, τὸ τοὺς ἔρωτας παύειν πεπιστευμένον) et les
nombreux auteurs cités par Lieger, *De epistula Sapphus*, p. 8-9, note 14.

(4) V. 181-184 ; cf. Lieger, *o. l.*, p. 6-7.

(5) Il n'y a donc pas lieu d'hésiter, pour rendre compte de son acte, entre les
explications diverses proposées par Ribbeck (*o. l.*, p. 35) : « .. aus Verzweiflung
« über jene Rivalin, oder weil Phaon diese Wasserprobe befahl, oder weil etwa
« ein Orakel in doppelzungiger Weise die Gunst der Venus für den Sprung
« verheissen hatte ».

yeux de qui un opulent festin apparaît comme la conclusion nécessaire de l'aventure : « il convient qu'elle fasse encore « plus de frais, puisqu'elle se trouve débarrassée de son vœu » (et qu'elle réalise, de ce chef, des économies). La boutade, passablement irrévérencieuse vis-à-vis des dieux et des miracles, est bien dans le ton de la nouvelle comédie.

Sur l' Ὑποβολιμαῖος de Ménandre nous pouvons en savoir, je crois, un peu plus long que n'en disent Kock et Ribbeck.

Rappelons d'abord de quels éléments nous disposons pour reconstituer l'intrigue de la pièce. Des fragments de Caecilius sont cités sous ces quatre titres : *Hypobolimaeus, Hypoboli-maeus Rastraria, Hypobolimaeus Chaerestratus, Hypobolimaeus Aeschinus.* L'identification de l'*Hypob. Rastraria* et de l'*Hypob. Chaerestratus* est suggérée par une phrase de Cicéron : dans une de ses comédies, dit quelque part l'orateur (1), Caecilius avait mis en contraste deux jeunes gens, deux frères, l'un — Chaerestratus — élevé à la ville, l'autre délégué, sinon relégué, à la campagne (2) ; Cicéron ne nomme pas la comédie ; on peut croire que c'était l'*Hypobolimaeus,* et on voit comment la même

(1) *Pro Roscio Amerino,* 16, 46 : Ecquid tandem tibi videtur, ut ad fabulas veniamus, senex ille Caecilianus minoris facere Eutychum rusticum filium quam illum alterum Chaerestratum (— nam, ut opinor, hoc nomine est —)? alterum in urbe secum honoris causa habere, alterum rus supplicii causa relegasse?

(2) Si l'on en croit Ribbeck (*Agroikos,* p. 10 et note 4), il faudrait, pour retrouver l'intrigue de la comédie, prendre le contrepied de ce que dit Cicéron, et admettre que le fils favori grandissait aux champs, avec son père, tandis que le fils indocile était confié en ville à un éducateur. L'idée me paraît singulière. Incontestablement, Cicéron veut mettre en parallèle le fils rustique et son propre client ; or celui-ci, savons-nous à n'en pas douter (§§ 15-16), demeurait seul à la campagne, pendant que son père et son frère habitaient ensemble à la ville. — Quant à l'hypothèse de Meineke (*Menandri reliquiae,* p. 172), — un des fils confié à un tiers pour être élevé par lui à la campagne —, elle ne trouve aucun point d'appui dans le texte de Cicéron ; et le texte de Quintilien qui l'a suggérée à son auteur (I, 10, 18 ; v. ci-dessous, p. 323, n. 1) me paraît être plutôt en contradiction avec elle : car ce n'est pas aux champs qu'un jeune homme pouvait tant dépenser en leçons de musique et de mathématiques.

œuvre, suivant que l'on considérait l'un ou l'autre des personnages, méritait l'un ou l'autre des sous-titres. De plus, Varron
nous est garant que, dans une pièce du poète qu'il appelle
simplement *Hypobolimaeus,* paraissait un jeune homme en
équipage rustique (1) ; ce jeune homme, selon toute · vraisemblance, était le frère de Chaerestratus. En somme, Caecilius
avait écrit sans doute, d'après deux modèles différents, deux
pièces intitulées *Hypobolimaeus;* l'une, dite quelquefois *Hypob.
Chaerestratus* ou *Hypob. Rastraria,* était la plus célèbre ; c'est à
elle qu'on songeait en face du simple titre *Hypobolimaeus;* c'est
à elle qu'appartient probablement la majorité, ou la totalité, des
fragments conservés sous ce seul nom. Ladite pièce était-elle
imitée de l' Ὑποβολιμαῖος de Ménandre ? A priori, la chose est très
plausible ; car Caecilius paraît avoir suivi Ménandre assez sou
vent (2), et l'Ὑποβολιμαῖος de celui-ci, cité à deux reprises par
Quintilien (3), devait être une œuvre remarquable. D'ailleurs,
nous avons ici à faire valoir quelques indices positifs. Un premier est fourni par le titre secondaire de la pièce de Ménandre,
— Ἄγροικος —, qui rappelle le sous-titre *Rastraria.* Un deuxième
peut être tiré, en même temps que de précieux détails sur le
contenu de la pièce, d'une phrase de l'*Apologie des Mimes.* Parmi
les héros de Ménandre, Choricius mentionne côte à côte un
Chairestratos épris d'une ψαλτρία, un Moschion qui violait une
jeune fille (4). Le rapprochement laisse croire que tous les deux
figuraient dans une même comédie. Or, ce n'est rien de rare

---

(1) *De re rustica,* II, 11, 11 : Neque non quaedam nationes harum (sc. capra-
rum) pellibus sunt vestitae... cuius usum apud antiquos quoque Graecos fuisse
oportet, quod in tragoediis senes ab hac pelle vocantur διφθερίαι, et in comoediis
qui in rustico opere morantur, ut apud Caecilium in *Hypobolimaeo* habet adulescens, apud Terentium in *Heautontimorumeno* senex.

(2) On ne connaît pas moins d'une quinzaine de titres qui sont communs à des
pièces de Ménandre et de Caecilius : *Androgynos. Chalcia. Dardanus. Ephesius* (?).
*Hymnis, Hypobolimaeus. Imbrii. Karine. Nauclerus. Plocium. Polumeni. Proga-
mos. Synaristosae. Synephebi. Titthe.* Dans le *Plocium* et les *Synephebi,* l'imitation
de Ménandre est certaine.

(3) I, 10, 18 ; X, 1, 70.

(4) *Rev. philol.,* 1877, p. 228 : ..ἢ καὶ τῶν Μενάνδρου πεποιημένων Μοσχίων μὲν
ἡμᾶς παρεσκεύασε παρθένους βιάζεσθαι, Χαιρέστρατος δὲ ψαλτρίας ἐρᾶν..;

assurément, dans le répertoire de la νέα, qu'un couple de jeunes hommes, frères, parents ou amis, faisant l'amour chacun de son côté, languissant pour une femme de mauvaise vie, ou usant de violence contre une fille honnête : l'*Eunuque*, les *Adelphes*, nous en fournissent des exemples (1). Mais ce qui est ici digne d'attention, c'est qu'un des acteurs de l'Ὑποβολιμαῖος s'appelait précisément Moschion (2), tandis qu'un personnage de l'*Hypobolimaeus* avait nom Chairestrate (3). Ajoutons que, parmi les fragments de la pièce grecque, il en est qui s'accordent sans peine avec les allégations de Choricius. Celui qui met en cause un Moschion, le fragment 494, nous le montre, aux petites Panathénées, attirant l'attention de la mère d'une jeune fille (μικρὰ Παναθήναι' ἐπειδὴ δι' ἀγορᾶς πέμποντά σε, | Μοσχίων, μήτηρ ἑώρα τῆς κόρης ἐφ' ἅρματος); rien n'empêche de penser que cette mère est la mère de la jeune fille violée : elle pouvait reconnaître le coupable à quelque détail de costume, tel qu'un anneau ravi à la victime (4). Un second fragment, le fragment 493, parle d'un vieillard qui a été « mouché » (γέρων ἀπεμέμυκτ' ἄθλιος λέμφος); or, on sait par qui et dans quelles circonstances les

(1) Un des frères, dans l'Εὐνοῦχος de Ménandre, avait nom Chairestratos (cf. Perse, *Sat.*, V, 160 suiv. et le scholiaste ad loc.); mais celle qu'il aimait n'était pas une ψαλτρία. Nous ne savons pas positivement comment s'appelaient les deux frères dans les Ἀδελφοί β' : toutefois, le nom de Ctésiphon n'étant pas familier au répertoire comique, je croirais volontiers que, si Térence l'adopta, c'est qu'il le trouvait chez son modèle.

(2) Fr. 494. Ce serait sans doute méconnaître les usages de la comédie nouvelle que de chercher dans le nom Μοσχίων — dérivé de μόσχος — une allusion à la vie rustique du personnage qui le portait (Cf. Geffcken, *Studien zu Menander*, progr. Hambourg 1898, p. 18-19). Mais dans la lettre d'Alciphron III. 37, où une femme est violée par un Moschion οὗ τὸ πύκνωμα συνεχὲς ἦν τῶν δένδρων, αὐτοῦ που κατὰ τῶν ἀνθῶν καὶ τῆς φυλλάδος, n'y aurait-il pas quelque réminiscence des méfaits d'un jeune campagnard ?

(3) Une seconde lettre d'Alciphron (III. 17) met en scène un Chairestratos qui habite la campagne et qui s'est laissé prendre aux avances d'une joueuse de flûte. Je ne crois pas que nous ayons à nous en occuper ici. Le personnage qui dans l'*Hypobolimaeus* latin s'appelait Chaerestratus n'était certainement pas le fils rustique (Cf. Cicéron :.. Eutychum filium rusticum..); Caecilius a bien pu changer le nom de celui-ci; mais il serait étrange que, ce faisant, il eût transporté son nom original à un autre acteur de la pièce.

(4) Comparer ce qui se passe dans l'*Hécyre* et ce qui se passait peut-être dans le Πλόκιον.

vieillards de la comédie sont « mouchés » le plus habituelle-
ment; le fragment 493 laisse deviner une aventure galante où
l'argent était nécessaire; de ce genre devait être l'intrigue de
Chairestratos avec sa musicienne. De telles coïncidences ne
prouvent pas, cela est évident, que Choricius ait eu en vue
l'Ὑποϐολιμαῖος de Ménandre, ni que Caecilius l'ait imité; mais,
grâce à elles, cette double proposition acquiert la vraisemblance
dont il faut bien se contenter souvent lorsqu'on étudie la
comédie nouvelle, sous peine de ne point avancer.

Ainsi, à côté des fragments originaux, nous pensons être en
droit d'utiliser dans notre essai de reconstitution les fragments
de Caecilius, sauf celui de l'*Hypob. Aeschinus*, et la phrase de
l'*Apologie des Mimes*. En plus de ce que nous avons signalé
chemin faisant, — fredaines des deux frères, séjour de l'un aux
champs et de l'autre en ville —, ces documents nous apprennent
tout d'abord que l'enfant supposé était le fils citadin, Chairestratos; cela résulte déjà du titre *Hypobolimaeus Chaerestratus*;
et aussi, il me semble, d'une phrase de Quintilien, où nous
voyons que l'ὑποϐολιμαῖος avait reçu une éducation très soignée (1); car on peut croire que, pour son fils rustique, le père
de famille n'avait pas fait tant de frais. La même phrase de
Quintilien nous prouve, — ce qu'il était d'ailleurs bien aisé de
prévoir —, que l'enfant était, au cours de la pièce, reconnu,
réclamé par son père véritable (2); un fragment de Caecilius
(*Hypob.*, III) nous le fait voir disposé à rejoindre celui-ci, et
détourné par son père putatif de céder à ce premier mouvement. Jusqu'à ce point, sans adopter toujours les opinions de
nos prédécesseurs, nous marchions dans les mêmes voies qu'eux

---

(1) I, 10, 18 : Apud Menandrum in *Hypobolimaeo* senex reposcenti filium patri,
velut rationem impendiorum quae in educationem contulerat opponens, psaltis
se et geometris multa dicit dedisse.

(2) Meineke (*Menandri reliquiae*, p. 172) et Ribbeck (*Agroikos*, p. 11) comprennent les choses d'une tout autre façon : le père qui réclame son fils le récla-
merait, non pas à un père putatif, mais à une personne qui avait eu la charge
d'élever le jeune homme. Cette interprétation n'est pas en harmonie avec le titre
de la pièce.

et tirions parti de leurs travaux; au contraire, nous sommes seul responsable des conjectures qui vont suivre.

Le second titre de l'original grec — Ἄγροικος — signifie, pensons-nous, qu'un rôle considérable y était dévolu à un personnage rustique. Ce personnage était-il Moschion? nous ne le croyons pas. Ce n'est pas de Moschion que quelqu'un disait dans la pièce (*Hypob.*, VII) : « habitabat in tuguriolo pauperculo ». Il semble y avoir eu parmi les acteurs de l'Ὑποβολιμαῖος un pauvre homme victime d'une longue misère (*Rastraria*, I), las de la vie (Mén., 481), défiant (*Hypob.*, V) et aigri contre les riches (Mén., 485), épris d'ailleurs de sincérité (Mén., 487); ce personnage, qu'escortait l'esclave Parménon (Mén., 481), compagnon de ses peines (*Hypob.*, I) et confident de ses pensées (Mén., 481), ne devait pas être sans quelque ressemblance avec le Cléénète du *Georgos*; comme Cléénète, c'était, je pense, un habitant des champs, l'ἄγροικος annoncé par le titre. Relativement au rôle qu'il jouait dans l'intrigue, le fragment 489 de Ménandre (1) nous fournit une indication ·

> Ἄπολλον, ἀλλὰ σκαιὸν οὐ μετρίως λέγεις,
> μετὰ μαρτύρων ἀτυχεῖν, παρὸν λεληθέναι.

Ces paroles remettent en mémoire certains propos du Géta des *Adelphes* (v. 336 suiv.)

> Patiamurne an narremus quoipiam?..
> ..... Mihi quidem hau placet (sc. narrare)
> ....
> Nunc si hoc palam proferimus, ille inflias ibit sat scio ;
> tua fama et gnatae vita in dubium veniet
> Quapropter quoquo pacto tacitost opus.....

Je les crois adressées par l'honnête Parménon à son maître, dans une situation analogue à celle où se débattent Géta et Sostrata; autrement dit, je crois que notre ἄγροικος est le père de la jeune fille violée; après que sa femme a reconnu le cou-

---

(1) Cité par Stobée (*Floril.*, 109, 3), sous la rubrique ὅτι δεῖ τὰς ἀτυχίας κρύπτειν.

pable, il veut réclamer du père de celui-ci une juste réparation ; et Parménon l'en détourne, en lui représentant les inconvénients d'un scandale. Ce n'est pas tout. Le campagnard était, à mon avis, le vrai père de Chairestratos ; dès lors, on comprend d'autant mieux qu'aux yeux du père putatif, riche et enclin à attribuer beaucoup de prix à la richesse, le projet de changer de famille, annoncé par Chairestratos, apparaisse comme une stupidité (*Hypob.*, III :.. tu, stolide..) ; on comprend que, pour décourager les réclamations du pauvre homme redemandant son fils, il lui oppose le compte de ce qu'il a déboursé (Mén., fr. 495). La reconnaissance de Chairestratos se rattachait sans doute à la démarche faite par l'ἄγροικος pour venger le déshonneur de sa fille ; nous devons renoncer à savoir comment elle se passait ; le fragment VII de l'*Hypobolimaeus* (habitabat in tuguriolo pauperculo) provient peut-être d'un récit fait par l'esclave complice de la supposition, ou bien d'une confession de la prétendue mère.

Je suis porté à reconnaître celle-ci dans la femme tyrannique et revêche qui par deux fois chez Ménandre (fr. 484 et fr. 488) inspire à je ne sais qui des réflexions misogynes. C'est vraisemblablement par l'influence de cette méchante personne que s'expliquent l'indulgence du vieillard pour le dissipé Chairestratos (*Hypob.*, II) et la retraite de Moschion. J'imagine que la femme en question n'était pas la mère de ce dernier, et que, épousée en secondes noces, elle s'était procurée un fils d'emprunt pour avoir plus d'empire sur son mari. La conduite des gens chez qui elle l'a trouvé, telle que nous la supposons, paraîtra peut-être inadmissible ; à vrai dire, elle est en contradiction flagrante avec la phrase bien connue d'un comique (Posidippe, fr. 11) : υἱὸν τρέφει πᾶς κἂν πένης τις ὢν τύχῃ, | θυγατέρα δ' ἐκτίθησι κἂν ᾖ πλούσιος. Mais cette phrase n'énonce point une règle générale ; la fille de l'ἄγροικος avait pu être conservée parce qu'elle était née la première, ou bien parce que ses parents se trouvaient, au moment de sa naissance, un peu moins gênés que d'habitude.

Un scholiaste d'Aristophane atteste que dans l'Ὑποβολιμαῖος se concluait un mariage (1). Moschion devait épouser celle qu'il avait violée; l'ἄγροικος se trouvait satisfait. Mais l'autre vieillard? Se contentait-il d'obtenir, en donnant son consentement à ce mariage, que Chairestratos ne lui serait pas enlevé? Si c'est de lui qu'il s'agit, comme je le crois, dans le fragment VI de la *Rastraria* (quod prolubium, quae voluptas, quae te lactat largitas?), son humeur serait vraiment bien joyeuse en présence d'un aussi médiocre résultat. Je risquerai donc une dernière hypothèse. La ψαλτρία qu'aime Chairestratos n'était-elle pas reconnue pour une fille du bonhomme, fille née de sa seconde femme lors de la supposition de Chairestratos, exposée afin de faire place à celui-ci, recueillie par le premier venu, destinée au métier de courtisane, mais heureusement restée pure jusqu'au jour où l'action se déroule? On conçoit que la découverte de la supposition ait pu entraîner, en guise de conséquence, la reconnaissance de cette enfant perdue. La pièce se serait en ce cas terminée par un double mariage; et le père de Moschion et de la ψαλτρία, comme celui de Chairestratos, aurait eu lieu d'exulter (2).

Dans un fragment des Ἁλιεῖς, quelqu'un déclare qu'une fille est un bien encombrant et d'un placement difficile (fr. 18 : χαλεπόν γε θυγάτηρ κτῆμα καὶ δυσδιάθετον). Dans un autre fragment, il est parlé avec une ironie amère d'un μοιχός qui a pris le large, en laissant à sa place — nous ne savons plus quoi

(1) Schol. Aristoph., *Lysistr.*, 378 (= Men., fr. 496) : περὶ γαμηλίων λουτρῶν Μένανδρος ἐν Κρητὶ φησι καὶ ἐν Ὑποβολιμαίῳ.

(2) [Au moment où je corrige les épreuves de cette note, M. Jouguet me communique aimablement des fragments inédits d'un comique grec, qu'il croit pouvoir rapporter à l'Ὑποβολιμαῖος de Ménandre. J'examinerai plus tard, après que M. Jouguet aura publié son mémoire, comment les documents nouveaux peuvent s'accorder avec mes hypothèses. A première vue, ils ne me semblent pas leur infliger un démenti formel; l'une même des plus aventureuses trouve peut-être en eux sa confirmation; car il est question dans ces fragments, semble-t-il, d'une jeune fille retrouvée par ses parents et reconnue pour la sœur de Moschion.]

(fr. 16 : ἐκλελάκτικεν ὁ χρηστὸς ἡμῖν μοιχός, ἀλλ' ἀντάλλαγος —).
D'après cela, on peut croire qu'un des éléments de l'intrigue était
la mésaventure d'une jeune fille, vraisemblablement pauvre,
violée ou séduite, puis abandonnée par le séducteur. Comme il
est presque de règle pour les filles mises à mal du répertoire,
elle devait accoucher pendant l'action. Le fragment 26 (ἀναπετῶ
τουτὶ προσελθὼν κοὐκ ἀνέξομ' οὐκέτι), qui selon Bernhardy serait
prononcé par un pêcheur prêt à ouvrir une boîte retirée de la
mer (1), me fait songer plutôt à la scène de l'*Hécyre* où Pam-
phile, entendant de la rue les cris de Philoumène, ne se contient plus et pénètre chez ses beaux-parents (2) : τουτί, à mon
avis, c'est la porte d'une maison devant laquelle stationne celui
qui parle, — la maison où accouche la jeune fille ; et, bien que
le verbe ἀναπετάννυμι se dise ordinairement de ceux qui *du
dedans* ouvrent une porte toute grande, je risquerai ici cette
traduction : « Je vais m'approcher de la porte et l'ouvrir, sans
me contenir davantage ». Le personnage qui manifestait cette
curiosité, ou cette sollicitude, tenait probablement de près à la
jeune fille : ce pouvait être un parent, un prétendant, un fidèle
serviteur. C'est le même, je pense, qui prononçait aussi le fragment 13 (3) :

> χαῖρ', ὦ φίλη γῆ, διὰ χρόνου πολλοῦ σ' ἰδὼν
> ἀσπάζομαι · τουτὶ γὰρ οὐ πᾶσαν ποιῶ
> τὴν γῆν, ὅταν δὲ τοὐμὸν ἐσίδω χωρίον
> τὸ γὰρ τρέφον με τοῦτ' ἐγὼ κρίνω θεόν.

Nous connaissons dans le répertoire d'autres exemples de
voyageurs accueillis au retour par une désagréable surprise

---

(1) « Suspicor haec ab eo piscatore pronuntiari, qui cistam monumenta puel-
lae condentem recluderet. »

(2) V. 314 suiv.

(3) Ce fragment est rapporté par Stobée aux Ἀδελφοί. Il ne pourrait s'agir que
des Ἀδελφοί α', que Plaute imita dans la première partie de son *Stichus* ; mais
l'action de ces Ἀδελφοί α' paraît s'être déroulée en ville, de sorte que l'apostrophe
au χωρίον n'y a pas pu trouver place. Le fragment doit donc plutôt provenir des
Ἁλιεῖς, à quoi le quatrième vers est expressément attribué par le Pseudo-Justin.

(*Georgos, Hécyre*). Le voyageur des Ἁλιεῖς rentrait peut-être d'une croisière de pêche pour laquelle, étant pauvre, il avait loué ses services (1). A vrai dire, des acteurs de la pièce revenaient d'un autre voyage, d'un voyage en Asie, où ils avaient amassé des trésors (fr. 24) :

εὐποροῦμεν, οὐδὲ μετρίως · ἐκ Κνίδων χρυσίον,
Περσικαὶ στολαὶ δὲ κεῖνται πορφυραῖ, τορεύματα
ἔνδον ἔστ', ἄνδρες, ποτηρίδια, τορεύματα (2),
κἀκτυπωμάτων πρόσωπα, τραγέλαφοι, λαβρώνια.

Mais je doute que le fragment 13 puisse leur appartenir. Dans la bouche d'un homme qui rentre chez lui cousu d'or, la réflexion relative au χωρίον (v. 4) — τὸ γὰρ τρέφον με κτλ. — eût été étrangement déplacée; et, d'autre part, un esclave de sa suite n'aurait pas pu dire : *mon* domaine (τοὐμὸν χωρίον). L'heureux voyageur qui reparaît au pays en brillant équipage (fr. 20, 24, 29), accompagné, je crois, de parasites (3) qui narrent ses aventures (fr. 15) et exaltent sa magnificence (fr. 24), ne serait-ce point le séducteur, le μοιχός? Si nous l'admettons, nous y gagnons de pouvoir attribuer au fragment 19 (δύναται τὸ πλουτεῖν καὶ φιλανθρώπους ποιεῖν) une tout autre valeur que celle d'une maxime générale : le personnage qui parlait de la sorte eût alors exprimé l'espérance que le séducteur, devenu riche, réparerait sa faute. J'aime à croire qu'il devinait juste. Peut-être le bon vouloir du jeune homme était-il traversé par l'autorité paternelle; du moins, dans le fragment 17, dont le texte n'est pas certain, il est question de tromper des vieillards ; mais ces quelques mots demeurent isolés et ne nous permettent pas de pousser plus loin nos recherches.

Ph.-E. LEGRAND.

Lyon, 12 juillet 1904.

(1) Il faudrait admettre en ce cas que son χωρίον le nourrissait imparfaitement.

(2) Vers faux. Kock propose ποτήρι᾽ ἄλλα τ᾽ ἀργυρώματα.

(3) Ceux qui fournissaient au poëte l'occasion d'employer le mot ἡδυλίζειν (fr. 28), peut-être les exilés d'Héraclée qui racontent les débauches de Denys (fr. 21-22-23).

NOUVELLES INSCRIPTIONS DU PONT

En 1902 nous avons publié ici même une série d'inscriptions du Pont, dont nous devions communication à la libéralité scientifique du Père Girard. Ce missionnaire érudit, qui s'occupe avec un zèle infatigable de l'épigraphie de ce pays peu accessible, vient encore d'y faire une série d'heureuses trouvailles. Nous tirons du lot qu'il nous offre quelques textes particulièrement intéressants. Les lecteurs de la *Revue* lui sauront certainement gré, comme nous-même, de les avoir fait connaître en Europe.

Amisos. — Plaque de marbre blanc sans aucun ornement (H. 0 m. 51; L. 0 m. 35-31; Ép. 0 m. 05). — J'ai pris aussi un estampage de l'inscription en 1900 au bazar de Samsoun.

Εὐάνθης Ἁγίου
Δημήτριος Ἁγίου.
Ἀρτὴ Ὀλύμπου,
Εὐάνθου γυνή.
Μάτα Ὀλύμπου,
Δημητρίου γυνή.

La forme des caractères assigne à cette pierre tombale une date reculée. Elle paraît remonter au iv° ou au commencement du iii° siècle avant J.-C., c'est-à-dire à l'époque où la colonie grecque était encore indépendante des rois du Pont. Amisos n'a fourni aucune autre inscription aussi ancienne. La forme de l'épitaphe est d'une simplicité vraiment antique. Evanthès et Demétrios, fils d'Agias, avaient épousé deux sœurs, filles d'Olympos, Arté et Mata. Ces deux noms féminins sont proba blement indigènes ou perses. Ἀρτή pourrait être une contraction d' Ἀρετή, mais *Arta* « Pur » entre dans la composition d'un grand nombre de noms iraniens (1).

Amisos. Stèle de pierre calcaire couronnée d'un fronton et de deux acrotères. Au centre est sculpté un buste, et au dessous est gravée l'inscription. Outre la copie du Père Girard, j'en ai reçu un dessin de M. Michel Théodoridès, antiquaire à Samsoun.

.........ΝΠΑΥΔΑΝΕΙΚΟΣΑΕΓΗ
.........ΚΑΤΕΧΕΙΕΙΔΕΔοΛοΣΜΕ
....ΟΕΙΟΝΦΑΟΣΕΚΔΙΚΟΝΕΣΤΩ

La copie du Père Girard porte au début de la l. 1 : HΠΑ, de la ligne 3 : OCION, ce qui donnerait ὅσιον, mais le vers serait faussé.

Παῦλαν εἰκοσαέ[τ]η [...γαῖα] κατέχει,
εἰ δὲ δόλος με [βλάψεν?], θεῖον φάος ἔκδικον ἔστω.

On souhaite que la lumière divine du Soleil venge le meurtre supposé d'une jeune fille de vingt ans. Une épitaphe inédite copiée par M. Anderson à Tchuruk près de Zéla, commence de même par les mots : Ἥλιε ἐκδίκησον, et des formules analogues se rencontrent aussi en Phrygie. L'habitude d'invoquer dans les inscriptions funéraires le Soleil vengeur s'introduisit à Rome avec les religions orientales : cf. CIL VI, 14908 : *Quisquis ei haesit aut nocuit Severae inmerenti, Sol domine, tibi commendo, tu indices eius mortem*; et 14099 : *Sol tibi commendo, qui manus intulit ei*. Au dessus, on voit Hélios sur son quadrige. — L'idée que le Soleil découvre les crimes cachés fait partie des doctrines astrologiques : Ἥλιος ἐλέγχοις ἐπιτήδειος, dit Palchos (2).

_____

(1) Cf. Justi, *Iranisches Namenbuch*, p. 485.
(2) Cod. Angel. 29 f. 120 (sera publié dans le *Catal. Codd. Astrol.*, t. V).

Amisos. Provient de la nécropole de Kara-Samsoun. Belle inscription ; caractères de 6 ct. de haut. Un intervalle d'environ 8 ct. sépare la première ligne de la seconde, les autres ne sont plus distantes que de 1 ct.

ΕΩΝΤΕΤΡΑΡΧΓ

ΝΗΦΟΡΩΝΑΓΓ
ΧΙΕΡΕΩΝΜΑΡ
ΧΙΟΝΑΝΤΩΝ
ϽΡΟΥΚΑΤ
ϽΥΠ

ἀπὸ προγόνων βασιλ]έων, τετραρ-
χῶ[ν, στεφα]νηφόρων, ἀγω[νοθε-
τῶν, ἀρ]χιερέων Μάρ[χον.....]ιον
'Αντων[εῖνον

Le personnage en l'honneur duquel cette inscription fut gravée comptait parmi ses ancêtres des rois du Pont ou de Paphlagonie et des tétrarques de Galatie (1). Son nom reste malheureusement incertain.

Amisos. Stèle de pierre surmontée d'un fronton et de deux acrotères (H. 0 m. 70). Au milieu un buste de femme et au dessous l'inscription. J'ai reçu une copie du Père Girard et un dessin du monument entier de M. Theodoridès.

ΧΡΗCSOCTCAM
ΒΑΤΙΔΗΔΙ
ΑCΥΝΒΙΩ
ΜΝΕΙΑCΧΑ
ΡΙΝΕΠΟΙΗCΑ
ΤΟΙCΠΑΡ°ΔΕΙΤΕ
CΧΑΙΡΙΝ

Χρηστὸς Σαμ-
βάτιδ[ι ἰ]δί-
ᾳ συνβίῳ
μνείας χά-
ριν ἐποίησα.
Τοῖς παροδεῖτε-
ς χαιρῖν.

Le nom de Sambatis, pour *Sabbatis*, prouve que la morte était juive ou chrétienne, mais plutôt chrétienne, car un israélite eût difficilement suivi la coutume païenne de faire sculpter

---

(1) Cf. l'inscription de C. Julius Severus, *Sitzungsb. de Berlin*, 10 janvier 1901. — Inscr. res Rom., III, 173.

sur la stèle funéraire le portrait de la défunte. Le nom Χρηστός n'a probablement pas non plus été choisi sans intention (1). Cette épitaphe serait donc l'une des plus anciennes inscriptions chrétiennes du Pont, où la foi nouvelle s'était, on le sait, répandue dès le premier siècle (2). C'est probablement d'Amisos même que fut écrite la fameuse lettre de Pline à Trajan sur les poursuites à exercer contre les chrétiens (3).

AMISOS. Lettres irrégulières et de formes diverses, hautes de plus d'un centimètre. Les interlignes en ont autant.

```
ΧΑΙΡΟΙϹΟΑΝΑΓΝΟΥϹΤΗΝϹΤΗ
ΛΙΔΑΤΑΥΤΗΝ·ΕΥΤΥΧΙΕΝΕΝ?
ΒΡοΤΟΙϹΙΝΑΥΧ////////ΡοΥΤΟΜοΝ?
ΕΞΗϹΑΓΑΡοϹοΝΜΕΜοΙΓΕΔΙ
ΔοΥΧΡοΝοΝοΠШϹΑΛΗΦΕΥϹΙ
ΠΑϹΙΝΠΡοϹΤΕΛΕΕΜοΙΔϹΙΙ?
ΙΕΕΓШ✕ΤΑΧΕШϹΝοΠΙΑΧΙΠШΝ ΦΕ
```

A la ligne 6 on pourrait lire aussi ΠΕΛΕϹΜοΙΑϹ.

Χαίροις ὁ ἀναγνοὺς τὴν στη|λίδα ταύτην.
εὐτυχ{η]ν ἐν | βροτοῖσιν [ο]ὐχ ε[ὖ]ρο[ν πότ?]μον
ἔζησα γὰρ ὅσον με μοῖ[ρ'] ἐδί|δου χρόνον
ὅπως ἀληθεύ[ω] | πᾶσιν. ...
.... ἐγώ .. ταχέως ν[ή]πια [λ]ιπὼν [τ]έ[χνα?]

AMASIA. Inscription gravée dans un cartouche à queues d'aronde au sommet d'une grande stèle.

ΘΕϹΙϹ ΜΑ   Θέσις Μα[ρ]ίας
ΙΑϹΑϹΚΡΙΤ   ἀσκ(η)τ|ρίας στυλι- |
ΡΙΑϹϹΤΥΛΙ   τι{δος] †
ΤΙϹΑϹ †

(1) Cf. Harnack, *Mission und Ausbreitung des Christentums*, p. 295, n. 2.
(2) Cf. Harnack, *op. cit.*, p. 463 s.
(3) Ramsay, *The Church in the Roman empire*, p. 224.

Une ἀσκητηρία est mentionnée aussi dans une inscription inédite de Sarian (au pied du Yildiz-Dagh). Il n'est pas étonnant que le Pont, qui fut en Asie-Mineure le berceau du monachisme, ait produit des femmes ascètes ; il est plus extraordinaire que l'une de ces anachorètes ait voulu s'isoler au sommet d'une colonne. « L'héroïque extravagance du grand Syméon exerça une véritable fascination sur l'esprit des Orientaux », et du vᵉ siècle au xɪɪᵉ, on peut citer un nombre considérable de stylites, mais on ne connaît guère de « stylitides » (1).

Sᴇʙᴀsᴛᴏᴘᴏʟɪs (Soulou-Seraï). Sur le devant d'un autel de calcaire gris (H. 1 m. ; L. 0 m. 62 ; Ep. 0,60). — J'ai vu l'inscription en 1900 à Soulou-Seraï.

ΘΕΩΑΣΚΛΗ   Θεῷ Ἀσκλη|πιῷ
ΠΙΩϹΩΤΗΡΙ   Σωτῆρι

Les sources thermales qui jaillissent à Tchermik près de Soulou-Seraï, devaient déjà dans l'antiquité y attirer les malades. C'est sans doute l'un de ceux-ci qui, après sa guérison, a fait cette dédicace à Asklépios Sauveur. Une inscription inédite de Tchermik est consacrée pour un motif semblable Ἀπόλλωνι Ἐπηκόῳ.

Sᴇʙᴀsᴛᴏᴘᴏʟɪs. Dans le mur extérieur du djami au village de Ma'alum Seid Tekessi non loin de Soulou-Seraï. — J'ai reçu une seconde copie de M. Zélinka, moudir de la Régie, à Tokat, et vu moi-même la pierre en 1900.

      † ΠΑΙϹΒΑϹΙΛ   Παῖς Βασίλ|ιος ἐνθάδε |
      ΙΟϹ ΕΝΘΑΔΕ   τέθαπται, | τέκος σοφ|ίη[ς]
      ΤΕΘΑ ΠΤΑΙ   ἦν, ἐγ|γύθι κατ≠[αθρ]εῖ?
      ΤΕΚΟϹϹΟΦ   Θ(ε)όν.
sic   ΙΗΕ ⱵΝ Ε Γ Ι
      ΓΥΘΙΚΑΤΕ
        ΕΙ ΘΟΝ

---

(1) Cf. cependant Delehaye, Les Stylites (*Rev. des questions historiques*, 1895), p. 74.

Haut. des lettres 4 ct. Les blancs peuvent avoir **été sautés**
par le lapicide à cause de défauts dans la pierre. — Au-dessous
de l'inscription une grande croix.

Au village de Kervan Seraï au nord de Tchiflik [Verisa] dans
l'Art-Ova. Pierre milliaire encastrée dans un mur ; on ne voit
que ce qui suit :

DIVI TRA
RTHICI
NERIAE
ANVS
VS AG
MAX

et sur un autre fragment de
colonne qui pourrait avoir fait
partie du même milliaire ·

Imp(erator) Caes(ar) |
divi Tra[iani | Pa]r-
thici [fi(lius) | divi]
Nervae [n(epos) | Trai]a-
nus Hadrian]us Au-
g(ustus) [pont(ifex)]
max(imus).....
.....mil(ia)
[passuum]

ZLLII MIL

Cette pierre a vraisemblablement appartenu à la route de
Comane à Sébastée, qui devait traverser l'Art-Ova, comme le
fait aujourd'hui la chaussée de Tokat à Sivas. D'autres mil-
liaires d'Hadrien ont été découverts dans la région pontique,
notamment près de Purkh (Nicopolis d'Arménie), à Vézir-
Keupru (Néoclaudiopolis) (CIL., III Suppl., 14184 ¹⁹ cf. 12160,
14184 ¹²), et nous possédons deux dédicaces de Sébastopolis au
même empereur (*Inscr. res Rom.*, n° 111-112), que son amour
des voyages conduisit dans le Pont en 123 après J.-C. (1). La
restauration de la route de Néoclaudiopolis, qui date de
l'année 122, paraît avoir été exécutée en prévision du passage
du souverain. Peut-être notre nouveau milliaire est-il de la
même année.

Franz CUMONT.

(1) Dürr, *Die Reisen des Kaisers Hadrian*, Vienne, 1881, p. 53.

LES CYRANIDES

1. Au xviie siècle, alors que l'on ne connaissait les *Cyranides* que par la vieille traduction latine (1) et que, sur les rares manuscrits qui en contiennent le texte grec, l'on ne possédait que des notions très imparfaites, l'origine de cet ouvrage a été le sujet de vives polémiques, dans lesquelles sont intervenus les érudits les plus célèbres, et dont les échos se sont longtemps prolongés. Aujourd'hui, grâce aux consciencieux efforts de M. Ruelle, nous disposons d'un texte grec utilisable, quoique malheureusement entaché de corruptions qui semblent irrémédiables; la question revient donc à l'ordre du jour. A la vérité, elle ne provoquera sans doute pas le même genre d'intérêt qu'autrefois; cependant elle a gardé son importance. Si l'on veut, en effet, se servir d'un document concernant l'histoire des connaissances ou des erreurs humaines, il est, avant toutes choses, indispensable de se former une notion précise de l'époque à laquelle il appartient en réalité et de « l'état d'âme » qu'il peut représenter à nos yeux.

Il était du devoir de l'éditeur de la précieuse Collection des *Lapidaires de l'antiquité et du moyen dge* d'exprimer au moins son opinion sur la matière. M. de Mély ne s'est pas dérobé devant cette tâche, et voici les conclusions qu'il a formulées, non sans quelques réserves (Tome III, *Introduction,* p. lxxv), mais après avoir essayé de les justifier et de les rendre plausibles.

(1) Traduction datée de 1168, et imprimée à Leipzig, 1638, puis à Francfort, 1681.

« Harpocration d'Alexandrie aurait reçu, entre 350 et 360 de
« notre ère, un traité de magie orientale (égyptien ou chal-
« déen). Il l'aurait transformé pour sa fille en livre gnostique,
« tout en laissant figurer le nom de Cyranos aux passages qu'il
« empruntait au traité primitif. Dans la suite, un compilateur
« aurait, dans une copie, fait la part de Cyranos et celle d'Har-
« pocration, de façon à produire un ouvrage d'aspect nouveau,
« attribué dans son ensemble à Hermès. Grâce à lui, nous
« connaissons ainsi maintenant un des traités les plus anciens
« inspirés de la science orientale (1) ».

J'avoue que, pour ma part, je raconterais l'histoire tout autrement, et plutôt de la façon suivante :

« Valérius Harpocration, le littérateur auquel nous devons
« le *Lexique des orateurs attiques*, a eu la fantaisie de compo-
« ser des ouvrages apocryphes sur les sciences occultes. On
« sait qu'il a dédié à un empereur, très probablement Julien,
« un écrit astrologique mis sous le nom de Necepsos. De même,
« en utilisant exclusivement la très riche littérature grecque
« dont il pouvait disposer, mais aussi en imprimant à son tra-
« vail une marque personnelle très caractérisée, il rédigea deux
« ouvrages de matière médico-magique. Le premier, l'*Ar-
« chaïque*, est perdu ; ce semble avoir été un *Bestiaire*, disposé
« par ordre alphabétique (ou par séries alphabétiques distinctes
« pour les quadrupèdes, les oiseaux et les poissons). Le second
« fut la *Cyranide*, à savoir le premier des quatre livres qui
« portent aujourd'hui ce nom. Harpocration présentait ces deux
« ouvrages comme dérivés d'inscriptions gravées par Hermès
« sur deux stèles de fer, l'une en langue syriaque, l'autre en
« langue perse (?) (2).

« La *Cyranide* n'est nullement empreinte d'idées gnostiques.
« La religion de l'auteur est celle de Porphyre et de Iamblique ;

(1) Cette citation n'est pas absolument textuelle ; elle comporte quelques abréviations sur des points hors de discussion.

(2) Il est très possible que par περσικὰ γράμματα (*alias* πάροικα), il entende des
inscriptions en caractères cunéiformes, et qu'il suppose en réalité la langue
chaldéenne,

« s'il *chaldaïse,* c'est que, comme ceux-ci, il subit l'influence
« du théurge Julianus, le rédacteur des Λόγια, qu'il pastiche
« dans des morceaux poétiques.

 « Après le triomphe du christianisme, l'*Archaïque* et la
« *Cyranide* (encore unique) subsistèrent tout d'abord; mais le
« texte ne se transmit probablement que plus ou moins mutilé
« d'assez bonne heure, surtout pour l'*Archaïque*, et avec quel-
« ques interpolations chrétiennes, cependant relativement
« rares. A un certain moment, un premier compilateur donna
« une nouvelle édition, d'où il fit disparaître le nom d'Harpo-
« cration, ainsi que tout ce que ce dernier avait écrit en son
« nom personnel; autrement il conserva à peu près intégra-
« lement la *Cyranide.* Quant aux débris qui restaient de l'*Ar-*
« *chaïque,* il les divisa en trois nouvelles *Cyranides.*

 « L'étrangeté de ce titre provoqua alors, à titre d'explication,
« la fiction d'un roi de Perse, Cyranos, qui aurait été l'auteur de
« l'ouvrage. Quoique le premier compilateur eût donné une
« autre explication et qu'il eût maintenu la légende de l'origine
« hermétique, un second Byzantin adopta cette fiction pour
« donner à son tour une troisième édition; mais se trouvant,
« pour la première *Cyranide,* en présence de deux recensions,
« l'une qu'il attribuait à Cyranos, l'autre qui avait gardé le nom
« d'Harpocration, il les fondit ensemble, en ayant soin de noter
« les divergences, fait pour lequel nous lui devons d'autant
« plus de reconnaissance qu'il est plus rare pour l'époque.
« C'est cette troisième édition qui nous est seule parvenue, si
« l'on fait abstraction de suppressions et de modifications ten-
« dancieuses qui ont plus ou moins altéré l'ouvrage dans une
« famille de manuscrits. Enfin, au xv⁰ siècle, un copiste com-
« mit le faux assez insignifiant de détacher les trois dernières
« *Cyranides* et de les publier comme un seul livre, qu'il mit
« sous le nom d'Hermès et qu'il supposa adressé par le Trismé-
« giste à son disciple Asclépius (1). »

 (1) A cette date, le Ποιμάνδρης était traduit par Marsile Ficin, et l'*Asclépius*
hermétique était déjà connu.

Telles sont les conclusions que je me propose de défendre dans cet article, en tant qu'elles ne se justifient pas d'elles-mêmes et qu'elles s'opposent à la thèse de M. de Mély. Ai-je besoin d'ajouter que je serais personnellement très fâché que quelqu'un de mes lecteurs pût penser que les observations que je vais présenter tendent, en quoi que ce soit, à déprécier une entreprise aussi utile et aussi digne d'encouragement que celle des *Lapidaires?* Ces observations ne prouveront guère qu'une chose, à savoir que la critique est aisée, mais que l'art est difficile.

2. Rappelons tout d'abord l'état de la tradition manuscrite. Le *codex* sur lequel M. Ruelle a établi son édition (A = Bibl. Nat. gr. 2537) est daté de 1272; c'est le seul qui puisse entrer en ligne de compte; les autres manuscrits connus ne sont pas antérieurs au xv° siècle, et aucun d'eux ne fournit, pour la question qui doit nous occuper, une donnée qu'il vaille la peine de relever. Mais la vieille traduction latine, qui est antérieure au manuscrit A, et qui, pour la première Cyranide surtout, suppose un texte au moins très semblable, constitue une preuve que ledit manuscrit remonte à un prototype au plus tard du xii° siècle. Heureusement, on peut se rendre compte que la copie a été exécutée avec plus de fidélité que d'intelligence.

Il suffit d'examiner le premier alinéa du texte de M. Ruelle (*Lapidaires,* tome II, texte grec, p. 3, 1). Il contient évidemment le titre de l'ouvrage, tel que l'a composé le second compilateur. Mais avant le début véritable de ce titre, on lit une première phrase, que les autres manuscrits ne donnent point et que M. Ruelle a reproduite comme suit :

Βίϐλος αὕτη Κυρανοῦ... Ἑρμείας θεὸς(?) ἀφικλιτὴν(?) τὰ τρία ἐξ ἀμφοτέρων.

En réalité cette ligne et demie est à peu près illisible, l'humidité ayant gâté la première page du manuscrit. J'ai passé dessus une bonne heure, à pratiquer, comme dit Rabelais, à grand renfort de besicles, l'art de lire lettres non apparentes; je suis arrivé au résultat suivant :

Βίϐλος αὕτη ἡ κερανίς (sic). Ἑρμίας ἀφικλιτὴν τὰ τρία ἐξ ἀμφο-
.έρων.

Sur l'ἡ avant κερανίς, je n'ai pu distinguer aucune trace
d'esprit (ni d'accent); mais, à cet endroit du manuscrit la disparition complète ne me semble pas impossible. Devant Ἑρμίας
au contraire, il y a un caractère également sans esprit ni
accent, qui peut être soit aussi un η, soit simplement un gros
point (car l'écriture est très fine) : j'incline pour la seconde
hypothèse et je l'ai admise dans la transcription ci-dessus.

Ἑρμίας est écrit d'une façon singulière; le signe d'abréviation
de ας est marqué au-dessus de l'accent, qui est très incliné,
suivant l'usage en pareil cas. D'autre part ας se trouve écrit très
finement au-dessous de cet accent, et comme en repentir; ce
sont ces deux lettres qui ont paru à M. Ruelle pouvoir être
l'abréviation de θεὸς; mais elles ne portent aucun accent comme
il faudrait. Enfin la lecture ἀφικλιτὴν est certaine, sauf pour la
première lettre, qui pourrait être, mais peu probablement, un ἐ.

Évidemment le copiste qui a écrit cette phrase ne savait
point ce qu'elle pouvait signifier, et nous ne le savons pas plus
que lui. Il a servilement reproduit une note inscrite par
quelque possesseur peu lettré du prototype, avant le commencement du titre véritable : Βίϐλος φυσικῶν δυνάμεων κ. τ. λ. Le
sens de cette note nous échappe, mais l'énigme qu'elle offre n'a
guère d'intérêt (1).

Le titre à conserver se traduit comme suit : « Livre des puis-
« sances, sympathies et antipathies naturelles, composé de
« deux livres, à savoir du premier livre des Cyranides, de
« Cyranos roi de Perse, et de celui d'Harpocration d'Alexandrie
« à sa fille ».

Puis le second compilateur, qui a forgé ce titre, continue :

_____

(1) M. de Mély a essayé néanmoins de la deviner. Il traduit : « Le divin Hermès
des deux en fit un troisième »; il suppose que ces deux livres étaient consacrés,
l'un aux sympathies, l'autre aux antipathies naturelles, et que le premier était
celui de Cyranos, le second celui d'Harpocration. Peut-être notre compilateur
byzantin a-t-il pu croire Cyranos antérieur au Trismégiste, mais il ne pouvait se
figurer celui-ci écrivant après Harpocration.

« Or le premier livre de Cyranos contient le texte que nous
« donnons ci-dessous (καθὼς καὶ ὑπεθήκαμεν) (1)..... Tel est ce
prologue ; celui d'Harpocration est au contraire le suivant ».

Il est bien clair par là que notre Byzantin a sous la main
deux exemplaires distincts, qu'il copie l'un après l'autre, quand
ils ne concordent pas, et non pas un seul exemplaire, dans
lequel il essaie de distinguer deux rédactions. C'est à la même
conclusion que l'on aboutit, lorsque l'on examine tous les
autres passages où sont signalées des différences analogues
(réduites parfois à de simples variantes). Enfin, c'est également
la conclusion nettement formulée par Iriarte, qui a le premier
sérieusement abordé la question (2), et qui n'avait jamais été
contredit.

3. Que trouve-t-on maintenant dans ce prologue de la première Cyranide, ainsi reproduit tout d'abord, avant le prologue
d'Harpocration, par notre second compilateur ?

En premier lieu (p. 3, l. 6 à 10) vient une pièce de vers iambiques mis en prose, et où Hermès Trismégiste est donné comme
l'auteur primitif. Suivent cinq lignes (11-15 : Αὗτη, ἡ βίβλος
θεραπείας ἕνεκα), qui semblent bien rédigées d'après un passage
du prologue d'Harpocration (p. 5, l. 29, à p. 6, l. 5). Il y est
parlé d'un livre écrit en caractères syriaques sur une stèle de fer
et interprété par l'auteur (Hermès?) dans son premier livre,
l'*Archaïque ;* le présent livre s'appelle la *Cyranide* (comme s'il
n'y en avait qu'une) et traite de 24 pierres, 24 oiseaux, 24 plantes,
24 poissons.

Enfin. dans une troisième partie (p. 3, l. 15 à p. 4, l. 6), dont
le style est passablement incorrect, l'auteur dit qu'il a divisé le
reste de sa matière en trois autres *Cyranides* (les livres actuel II,
III et IV), et il termine ainsi, d'après le texte édité ·

Κυρανίδες εἴρηνται διὰ τὸ τῶν ἄλλων γραφεισῶν βίβλων βασιλίσσας

---

(1) Le sens ne me paraît pas douteux, quoique l'usage classique eût plutôt
demandé ὑπετάξαμεν, et que M. de Mély ait traduit : « autant que nous pouvons le supposer ». C'est là, semble-t-il, l'origine de la conception qu'il s'est
formée du rôle du compilateur byzantin.

(2) Dans son *Catalogue des manuscrits grecs de Madrid*, sous la cote N. 110.

εἶναι ταύτας · εὕρομεν δὲ Κυρανοῦ βασιλέως Περσῶν · ὧν ἡ πρώτη αὕτη.

Cette dernière phrase renferme une contradiction *in adjecto*, qui ne peut s'expliquer que d'une façon. L'incise εὕρομεν.... Περσῶν n'appartient pas au prologue, dans lequel ὧν ἡ πρώτη αὕτη suivait naturellement ταύτας. Cette incise est une addition du dernier compilateur, et il pouvait se la permettre sans ambiguïté, parce qu'il y emploie le pluriel, suivant son habitude régulière lorsqu'il prend la parole en son nom personnel, tandis que l'auteur du premier prologue s'exprime au singulier, de même, au reste, qu'Harpocration (1).

Il suit de là que ce n'est pas dans la rédaction des *quatre Cyranides* que notre compilateur a trouvé le nom de Cyranos ; si donc, dans la suite de son travail, il désigne cette rédaction par ce nom de Cyranos, il l'a fait sur la foi d'un renseignement venu d'ailleurs et qu'il a cru valable.

Ainsi il n'y a pas, à proprement parler, de Pseudo-Cyranos, d'individu ayant mis sous ce nom fictif un ouvrage apocryphe ; cependant ce nom n'en représente pas moins, dans notre texte une rédaction déterminée ; il y a donc un « sogenannte » Cyranos, un premier compilateur ainsi désigné par une méprise du second.

Mais ce Cyranos (conservons-lui ce nom en entendant le rédacteur des quatre Cyranides) n'est-il pas antérieur à Harpocration, comme Iriarte l'a admis, et comme le croit également M. de Mély ?

Dans mon opinion, la question est tranchée par le rapport que j'ai signalé entre le prologue des Cyranides et celui d'Harpocration. Évidemment il y a eu emprunt de l'un à l'autre. Or si l'on considère qu'Harpocration parle de l'*Archaïque* et d'une seule *Cyranide*, qu'au vi° siècle, Olympiodore (2) connaît encore

---

(1) De même p. 4, l. 6-11, dans le prologue d'Harpocration, le compilateur intervient pour dire qu'il supprime des longueurs inutiles : Ἡμεῖς δὲ κ. τ. λ.

(2) Le chimiste, que je crois identique avec le philosophe alexandrin de la fin du vi° siècle de notre ère. Voir, dans l'*Archiv für Geschichte der Philosophie* (I, 3, 1888, p. 315) mon article : *Un fragment d'Anaximène dans Olympiodore le chimiste*.

ces deux livres, comme nous le verrons plus loin, mais nulle
ment d'autres Cyranides, il n'y a pas à discuter en ce qui con
cerne le rédacteur des quatre livres. On peut tout au plus sou
tenir l'existence d'une source antérieure, que l'on appellera
Cyranos, faute d'autre nom, et où Harpocration aurait puisé,
non seulement certains éléments (ceci n'est pas en question),
mais le fonds même de sa propre Cyranide. Mais il faut une
seconde conjecture, tout aussi arbitraire, pour maintenir que
cette source est exactement représentée par le Cyranos du texte
actuel, et qu'elle a, en effet, pu être directement utilisée par le
rédacteur des quatre Cyranides.

Pour écarter en tout cas cette double conjecture, il suffit de
se rendre compte qu'en réalité la recension du premier compilateur ne diffère pas essentiellement de la rédaction d'Harpocration, et que l'artifice singulier qui a présidé à la composition de cette dernière porte bien tous les caractères d'une
invention de littérateur (γραμματικός). C'est surtout sur le premier point que je me trouve en désaccord avec M. de Mély.

Il distingue, en effet, dans la première Cyranide, des éléments qui reflètent un paganisme crûment réaliste et sensuel,
d'autres qui, au contraire, lui semblent pénétrés d'une inspira-
tion platonicienne et même chrétienne. Pour lui, les premiers
proviennent de Cyranos, les seconds appartiennent à Harpocra-
tien. Mais nous n'avons pas le droit de faire le départ entre les
deux rédactions, autrement qu'en nous en tenant aux indications formelles du dernier compilateur, et si nous nous astrei-
gnons à cette règle nécessaire, les différences que signale M. de
Mély s'évanouissent. Ainsi la recette grâce à laquelle on peut
se faire passer pour un mage (texte grec, p. 47, § 16), ainsi la
description de la ceinture d'Aphrodite (pp. 26 et 27) appartiennent à la rédaction commune ; de même les hymnes
mystiques p. 19, § 59, et p. 41, § 21. Cyranos n'a omis que celui
du prologue d'Harpocration (p. 5, § 10) et l'ἐρώτησις πρὸς τὸν
.εχνίτην (p. 21, § 15).

Deux points seulememenl méritent une discussion particulière ; l'un concerne l'hymne à la vigne de Cyranos : Ἡ δὲ τοῦ Κυρανοῦ περὶ εὐφρασίας στήλη εἶχεν οὕτως κ. τ. λ. (p. 11, § 38) ; l'autre concerne les traces de christianisme dans les Cyranides.

L'hymne précité n'est en réalité qu'une formule destinée à assurer la joie et la bonne humeur dans les « beuveries » et à y empêcher les querelles. Or il n'y a là qu'une variante d'une formule analogue qui se trouve p. 10, § 31 et 32, et cette dernière formule appartient à Harpocration, tandis que les paragraphes suivants (§§ 33 à 37) doivent être considérés comme de la rédaction commune.

A la vérité, les indications du dernier compilateur, si l'on ne les examine pas attentivement et si l'on se rend pas exactement compte de ses habitudes, pourraient ici induire en erreur. Je vais donc expliquer comment on doit les entendre pour la lettre A de son texte.

Les paragraphes 1 à 19 appartiennent à la rédaction commune ; au § 20, le compilateur signale le commencement d'une divergence : Ὁ μὲν Κυρανὸς καὶ Ἀρποκρατίων ἕως τοῦ παρόντος ὡμοφώνησαν · ὅθεν δὲ ὁ Κυρανὸς μεταλλάσσων λέγει. Les paragraphes 21 à 28, d'ailleurs purement techniques, appartiennent donc à Cyranos. Au § 29, le compilateur annonce qu'il va donner le texte d'Harpocration qui remplace ce long passage ; ce texte est un hymne (§ 30) Μάχαιρα βοτάνη, qui n'a absolument rien de mystique. Au § 31, le compilateur reprend : Λέγει δὲ οὕτως ἐντεῦθεν ὁ ἱερὸς λόγος, καθώσπερ γὰρ εἶχεν καὶ ἡ Κυρανίς. Suivent la première formule περὶ εὐφρασίας, puis quelques paragraphes techniques jusqu'à l'indication exacte de la formule de Cyranos (§ 38).

Il faut certainement admettre que par ἱερὸς λόγος, le second compilateur entend, au moins ici, la rédaction commune, le texte donné à la fois par Harpocration et par la première Cyramide (καθώσπερ γὰρ εἶχεν καὶ ἡ Κυρανίς). Le compilateur a donc bien reconnu l'identité, comme fond, des deux formules περὶ εὐφρασίας, et il a continué à copier le texte d'Harpocration ; puis, le comparant plus exactement à celui de son Cyranos, il a,

pour la formule magique, trouvé indispensable, de reproduire
également le second texte, un peu plus développé et par là
même intéressant, mais qui ne peut être invoqué pour carac-
tériser réellement Cyranos.

Quant aux traces de christianisme, elles sont en réalité très
peu accusées et me paraissent provenir d'influences très postérieures à Harpocration. Je ne puis, en effet, attacher aucune
importance à des expressions purement littéraires, comme θεὸς
παντοκράτωρ (prologue de Cyranos), δέσποτα (hymne commun), à
la mention des anges (Porphyre reconnaît même des archanges),
ou encore à cette circonstance qu'au milieu d'une série de lettres
dans une formule magique, attribuée à Harpocration, il s'en
trouve quatre, χ. ε. ι. υ. (p. 23, l. 16), où M. Ruelle a proposé
de reconnaître une abréviation de Χριστὲ Ἰησοῦ.

Je constate, au contraire, à la fin du prologue d'Harpocration,
des phrases qui me paraissent nettement chrétiennes, et qui
contrastent avec son style : ὅπως... ὑγιείας εἰς τὸν αἰῶνα ἀπολαύ-
σωμεν. Οὐδεὶς γὰρ ἀνθρώπῳ πνεῦμα δωρήσεται ἢ θεός. Πάντα δὲ
ἐγράφη ἀπὸ τῆς τοῦ Κυρίου συντάξεως. Je ne crois point que le dernier compilateur ait pris la liberté d'altérer le texte d'Harpocration. Mais un copiste antérieur a fort bien pu ajouter à ce
texte une pareille clausule pour donner un passe-port à un
ouvrage dont la matière était quelque peu suspecte.

Peut-être un examen plus attentif permettrait-il de reconnaître quelque autre altération de ce genre qui me serait échap-
pée. Mais, malgré tout, la première Cyranide garde un caractère
nettement païen, et je n'ai pu y découvrir, en tout cas, aucune
trace véritable des doctrines gnostiques. Quant aux autres Cyranides, il est très remarquable que toute marque de paganisme
en ait été effacée (1) au point que l'ouvrage n'a plus aucun
caractère confessionnel.

4. J'aborde maintenant une question dont j'ai signalé l'im-

---

(1) Du moins, je n'en ai retrouvé qu'une seule (p. 89, l. 3) : Ζήνη ἐστὶ στρουθίον
τοῦ θεοῦ Διός. En revanche, l'adjuration à l'ὕδρος, pour avoir la pierre de sa tête,
est chrétienne (ou juive?) : Μὰ τὸν σὲ κτίσαντα θεόν (p. 120, l. 4).

portance, à savoir celle du plan singulier sur lequel est construit le livre d'Harpocration. Deux idées y président : d'abord
la supposition gratuite que des sympathies occultes existent
entre un oiseau, un poisson, une plante et une pierre, parce
que leurs noms *grecs* commencent par une même lettre ; puis
la fantaisie de poursuivre systématiquement cette supposition,
au point de constituer vingt-quatre quaternaires, un pour chaque
lettre de l'alphabet, et d'associer les éléments de chacun de ces
quaternaires pour la préparation de remèdes ou la confection
de talismans.

Or, si la première de ces idées est nécessairement *grecque*, la
seconde ne pouvait être réalisée que par un *grammairien grec*.
Harpocration est donc tout indiqué comme le véritable auteur
du plan. Inutile d'ajouter que, pour l'exécuter, il a usé de toutes
les ressources qu'un grammairien d'Alexandrie pouvait avoir
à sa disposition ; mais il n'a pas plus employé des mots persans
ou chaldéens que des mots égyptiens ; on ne peut donc prouver
qu'il ait employé aucun texte qui ne fût pas grec.

Que maintenant, dans son prologue, il ait raconté une fable
sur des stèles de fer gravées en caractère barbares, contenant la doctrine d'Hermès (1), et correspondant à deux livres,
l'*Archaïque* et la *Cyranide* ; qu'il ait prétendu avoir tiré ses
ouvrages (2) de ces stèles, il ne faut voir là qu'un pur exercice
littéraire. Sans doute, il eût même été quelque peu fâché, pour
sa gloriole d'auteur, de rencontrer trop de crédulité ; mais il
n'avait pas à supposer de lecteur assez naïf pour se figurer le
Trismégiste écrivant en syriaque ou en chaldéen de façon à
associer entre eux des mots grecs.

Remarquons maintenant que le plan de la Cyranide, ces énu-
mérations de quaternaires, cette répétition monotone de recettes
médicales ou magiques, ce retour du même thème vingt-quatre

(1) Hermès est expressément reconnu comme l'auteur de la stèle dans l'hymne
p. 15, l. 34. Dans le prologue, il paraît désigné par l'expression énigmatique de
μῦθος πολυφθέγγης (p. 5, l. 9).

(2) Les mentions de l'*Archaïque* dans le prologue et aussi p. 20, l. 12, ne peuvent
guère être considérées que comme des réclames pour un ouvrage antérieur.

24

fois de suite, tout cela est passablement sec et fastidieux. Harpocration, qui avait des prétentions littéraires relativement
justifiées, a évidemment cherché à apporter quelque variété,
en introduisant tantôt des historiettes personnelles (récits de
cures merveilleuses, etc.), tantôt des hymnes où il a trop bien
imité, comme je l'ai dit, le style barbare et obscur des *Oracula
chaldaïca,* tantôt des épisodes inattendus comme celui de
l'*épops.* Mais ces éléments de variété nous apparaissent, dans
le texte actuel, comme répartis avec une surprenante inégalité,
et l'impression de sécheresse se fait d'autant plus vivement
sentir là où ils sont absents.

Il s'agit ici d'une question de sentiment littéraire, par suite
essentiellement subjective, sur laquelle je reconnais, dès lors,
qu'on peut très bien différer d'opinion avec moi. Il ne me paraît
pas moins peu croyable que nous ayons actuellement l'œuvre
d'Harpocration telle qu'il avait dû la livrer à la publicité; elle a
dû souffrir, et cela d'assez bonne heure, de graves mutilations,
et peut-être aussi diverses interpolations.

Je ne crois guère à des altérations profondes amenées par
des préoccupations d'ordre religieux; la majorité des copistes
de traités de magie avaient sans doute à cet égard une liberté
d'esprit assez grande, de même que nos deux compilateurs, le
rédacteur des quatre Cyranides, que je ne puis placer que du
viie au xe siècle, et l'éditeur du texte actuel. Mais ces mêmes
copistes, ou les lecteurs pour lesquels ils travaillaient, s'inté-
ressaient peu en revanche à tout l'apparat littéraire d'Harpocration; ils s'attachaient avant tout aux recettes; on a donc pu
supprimer arbitrairement des passages qui semblaient inutiles,
comme tels ou tels hymnes. La très grande ressemblance
qui subsiste de fait entre la rédaction du prétendu Cyranos
et celle qui continua à courir sous le nom d'Harpocration indi-
querait qu'en tout cas ces mutilations auraient eu lieu d'assez
bonne heure, par exemple, dès le viie siècle.

Les additions techniques qui ne figurent que dans la rédaction de Cyranos doivent au contraire être suspectes. En prin-

cipe, rien de plus aisé et de plus fréquent que de pareilles additions dans un formulaire quelconque, rien de plus difficile à distinguer. Le texte d'Harpocration en a-t-il lui-même été exempt? On ne peut l'affirmer, quoique l'ancienneté de l'ensemble soit incontestable.

5. Il ne me reste qu'à présenter quelques remarques au sujet de l'*Archaïque*. En dehors de ce que nous en savons par Harpocration, ce livre est cité, avec la *Cyranide* (unique), par Olympiodore *Sur l'art sacré,* qui les attribue à Hermès, ce qu'il avait évidemment le droit de faire, même pour les rédactions d'Harpocration :

« D'autre part (1), dans la *Cyranide,* Hermès désigne énigma-
« tiquement l'œuf comme étant proprement la substance de la
« chrysocolle et de la lune (argent). En effet, il l'appelle *Chryso-*
« *cosme;* au reste il dit aussi que le coq est un homme qui a été
« maudit par le Soleil. Ceci se trouve dans le livre *Archaïque,*
« où il est également fait mention de la taupe, comme ayant
« été aussi un homme, qui encourut la malédiction divine pour
« avoir révélé les mystères du Soleil (de la chrysopée). C'est pour
« cela que la taupe est aveugle, et si elle est surprise par le
« Soleil, la terre ne la reçoit plus jusqu'au soir. Hermès ajoute
« qu'elle avait connu la forme du soleil telle qu'elle est réelle-
« ment, et qu'elle a été bannie sous la terre noire, pour avoir
« commis le crime de révéler ce mystère aux hommes. »

Nous ne retrouvons, dans la première Cyranide, aucun passage auquel puisse se rapporter l'allusion d'Olympiodore. Ce n'est pas extraordinaire, puisqu'en tous cas le texte actuel offre certainement des lacunes, mais c'est un nouvel indice de mutilations. En revanche, de la fable relative à la taupe que contenait l'*Archaïque,* nous rencontrons un trait caractéristique dans la seconde *Cyranide* (p. 54, l. 2-3) :

Ἐὰν δὲ ἴδῃ τὸν ἥλιον (2), οὐκέτι δέχεται αὐτὸν ἡ γῆ.

(1) Je traduis le texte grec, p. 101, 13 à p. 102, 3, de la *Collection des Alchimistes Grecs,* 1re livraison, Paris, 1887.
(2) Rédaction absurde, puisque la taupe était regardée comme aveugle. Olympiodore dit : ἐὰν φθάσῃ θεωρηθῆναι ὑπὸ τοῦ ἡλίου, οὐ δέχεται αὐτὸν ἡ γῆ.

Le rapprochement, dans Olympiodore, des contes sur l'ἀλέκτωρ et sur l'ἀσπάλαξ suffirait-il pour indiquer que le *Bestiaire* contenu dans l'*Archaïque* était rangé par ordre alphabétique, sans distinction entre les quadrupèdes, les oiseaux et les poissons? Quoi qu'il en soit, nous avons rencontré un indice incontestable de l'utilisation de l'*Archaïque* pour la rédaction des trois dernières Cyranides, bien que sans doute on ne puisse guère supposer une utilisation réellement directe, et qu'il faille admettre plutôt soit une transmission partielle indirecte, soit l'existence d'un exemplaire d'où tout ce qui nous intéresserait le plus aujourd'hui avait déjà disparu (1).

Ma conjecture, que les trois dernières Cyranides représenteraient pour nous les débris de l'*Archaïque,* est donc, je suis le premier à le reconnaître, beaucoup moins bien fondée que les autres opinions que j'ai soutenues dans les pages qui précèdent. Je n'insisterai donc que brièvement.

Les citations de l'*Archaïque* relatives au coq, à la taupe et aussi à l'*épops* (dans la 1ʳᵉ Cyranide) paraissent suffisantes pour reconnaître à cet ouvrage le caractère d'un *Bestiaire*. S'il a été écrit par Harpocration, le sujet y a surtout été traité comme matière médico-magique. En fait, les trois dernières Cyranides sont surtout médicales; la magie y intervient beaucoup moins que dans la première.

Ces *Cyranides* sont l'œuvre d'un compilateur qui, pour son premier livre, a démarqué un ouvrage unique. la *Cyranide* d'Harpocration. On est amené à penser que, pour les trois derniers livres, il a procédé d'une façon analogue, qu'il a eu recours à un autre ouvrage unique.

Son langage, dans le prologue, est trop obscur pour que l'on puisse en tirer une conclusion précise; mais l'*Archaïque* est évidemment indiquée par les circonstances, et si elle a été irré-

---

(1) Qu'un tel exemplaire ait pu se constituer naturellement, cela ne souffre pas de difficulté; d'un *bestiaire* médical, on a pu bannir à peu près complètement la magie et les fables païennes; pour la *Cyranide*, dont l'idée essentielle est magique le cas était différent : le livre n'a été copié que pour les adeptes.

médiablement perdue, il faudrait trouver une autre source ancienne pour les trois dernières *Cyranides*.

En résumé, ma conjecture sur leur origine offre une solution simplement *possible* pour un problème qui, autrement, paraît à peine abordable actuellement.

Paul TANNERY.

P.-S. — Le but de cet article est principalement d'établir qu'il ne faut pas se laisser aller trop facilement à croire que les infiltrations, dans la littérature grecque, des écrits ou des traditions proprement orientales soient surtout postérieures à la période ptolémaique. J'ajouterai donc ici dans le même sens quelques remarques, touchant la matière qui nous occupe.

Tout ce que Philostrate, dans la *Vie d'Apollonius de Tyane*, raconte de la pierre fabuleuse appelée *pantarbe*, et que M. de Mély a recueilli dans ses traductions (Tome III, fasc. 1, p. 27-28), est purement et simplement emprunté à Ctésias (cf. *Photii bibliotheca*, cod. 72).

Dans un très intéressant article : *Pétrarque et le symbolisme antique*, inséré pp. 291-297 du volume du *Centenaire de la Société des Antiquaires de France* (1904), M. de Mély a invoqué les *Cyranides* pour expliquer comment, dans les illustrations des *Triomphes de Pétrarque*, on a choisi les chevaux pour mener le char de l'Amour et les cerfs pour celui du Temps. Mais les croyances relatives à l'*hippomane* n'étaient-elles pas déjà connues de Virgile ? un fragment hésiodique (103 Dübner) n'attribue-t-il pas déjà aux cerfs une fabuleuse longévité ?

T.

ISOPSÉPHIE

Les lettres servant aux Grecs de signes numériques, il appelaient *nombre* (ψῆφος, ἀριθμός) d'un mot, d'un στίχος, d'un distique (1), la somme des valeurs numériques représentées par les lettres de ce mot, de ce στίχος, de ce distique. Deux mots, deux vers sont *isopsèphes* qui ont même ψῆφος. Si la ψῆφος des distiques d'une épigramme est constante, l'épigramme est dite isopsèphe : Léonidas d'Alexandrie, qui vécut sous Néron, est le plus ancien auteur connu de compositions de ce genre (2).

A première vue, l'isopséphie paraît un jeu de casse-tête, du genre de ceux auxquels s'appliquent les Œdipe des cafés de province :

> *turpe est difficiles habere nugas*
> *et stultus labor est ineptiarum* (3).

Mais voici des faits qui donnent à réfléchir.

On a retrouvé à Pergame (4) des inscriptions isopsèphes qui

---

(1) Par ex. la ψῆφος des distiques de l'*Anth. Pal.*, VI, 326, est 5982. — La ψῆφος qui servait de remède contre le hoquet (Alex. Trall., p. 319 : φυσικὰ πρὸς τοὺς λύζοντας · Κρῆτας κρατεῖν ψῆφον ταῖς χερσὶν γρλγʹ [= 3193] καὶ προσφέρειν τοῖς μυκτῆρσι) était, je suppose, celle d'un hexamètre. — Dans l'épitaphe romaïque de Calamata (Δελτίον τῆς ἱστορ. καὶ ἐθνολ. ἑταιρείας, 1904, p. 375 : Ζητῶν μου τὴν ψῆφον κτλ.), ψῆφος équivaut au rom. τὰ ψήφια, « lettres. »

(2) Meineke, *Utriusque Leonidae carmina*, Leipzig, 1791; Piccolomini, *De Leonida Alessandrino, de' suoi epigrammi e della isopsefia*, dans les *Rendiconti dei Lincei*, III (1894), p. 357 sq. Cf. Boissonade, *An. graeca*, II, p. 459-461; Bancalari, dans les *Studi italiani*, II, p. 201.

(3) Martial, II, 86.

(4) Fränkel, *Inschr. von Pergamon*, 333, 339, 587.

furent composées, croit-on, par le propre père du grand médecin Galien, un mathématicien auquel son fils a rendu ce témoignage qu'il savait de la géométrie et de la science des nombres
autant qu'il était possible d'en savoir (1). Ces inscriptions, pour
leur auteur, ne devaient pas être des *nugae*. Pour nous, elles
intéressent les origines de la Kabbale, et l'isopséphie ressortit
à la magie des nombres, comme l'acrostiche à la magie des
lettres. Je rapproche à dessein ces deux méthodes : les nombres
s'écrivant en grec (et en hébreu) au moyen des lettres, l'isopséphie et l'acrostiche étaient, pour les Grecs comme pour les
Juifs, deux arcanes voisins dans le domaine de l'Occulte; si
bien que les gens qui s'occupaient d'isopséphie cultivaient
aussi l'acrostiche : tel Maximos, l'auteur des épigrammes de
Kalapcha (2).

Les Grecs semblent ne s'être mis à spéculer sur les valeurs
numériques des lettres qu'assez tard. Cette maladie intellectuelle
dut venir à la pensée hellénique quand elle eut pris contact
avec la pensée juive. Il suffira de rappeler le fameux passage de
l'Apocalypse de Jean sur le « nombre » de la Bête (3), pour faire
sentir combien les Juifs, bien avant leurs Kabbalistes et la
guématria, étaient familiers avec les calculs mystiques dont
nous parlons.

Les uns et les autres, Juifs et Grecs, étaient aussi remarquablement doués pour les calculs de l'arithmétique que pour
les spéculations transcendantes. Toutes subtilités étaient faites
pour leur plaire, entre autres celles de la mystique des nombres, qui faisaient appel à ces deux aptitudes à la fois. Déjà
l'école pythagoricienne, la plus superstitieuse des sectes philosophiques (4), celle aussi qui fut le plus pénétrée d'influences

---

(1) Ἐμοὶ γὰρ πατήρ... γεωμετρίας... καὶ λογιστικῆς ἀριθμητικῆς... εἰς ἄκρον ἥκων
(Galien, VI, p. 755 Kühn; cf. *Schedae philol. Usenero oblatae*, p. 90 sq.).

(2) En Nubie. Cf. *CIG*, 5119; *Mélanges de Rome*, 1895, p. 487 (Gastinel); *Philologus* (Rohde), 1895, p. 12.

(3) Renan, *L'Antechrist*, p. 417.

(4) Cf. l'étude de Frazer sur les symboles pythagoriques dans *Folk-lore*, I,
p. 144 sq.

orientales, s'était adonnée à la mystique des nombres (1). Dans
le dernier âge du monde ancien, cette forme de la mystique
prend un essor étonnant. Elle donne naissance à l'arithman-
cie (2) ; elle inspire la Sibylle (3), les devins (4), les θεολόγοι
païens (5) ; elle inquiète les Pères, qui ne savent pas toujours
se garder de sa fascination (6).

L'isopséphie est une de ses méthodes.

I

Les Gnostiques ont tiré de l'isopséphie des effets presque
merveilleux.

Il résulte d'un texte, dont la source probable est Hippolyte (7),
que, dans certaines sectes gnostiques, l'isopséphie était pour
ainsi parler une forme normale de la symbolique et de la catéchèse. Elle ne servait pas seulement, comme dans le passage précité de l'Apocalypse, à envelopper de mystère une
révélation ; si dans certains cas elle cachait, dans d'autres elle
révélait au contraire, donnait des lumières sur des choses que
sans elle on n'eût pas comprises. Par l'isopséphie, le Gnostique
savait ce que signifiait la parole mystérieuse, trois fois répétée
dans l'Apocalypse « Je suis l'alpha et l'ôméga » : lors du bap-
tème du Christ, l'Esprit descendit du Père sur le Fils sous la
forme d'une colombe (περιστερά) ; or le nombre de περιστερά était

(1) Zeller, *Philosophie des Grecs*, I, p. 338 de la traduction.

(2) Bouché-Leclercq, *Hist. de la divination*, I, p. 261.

(3) *Orac. Sibyll.*, I, 141-144 (Alexandre, p. 33 et 345; Geffcken, p. 13); Buresch,
Klaros, p. 123; Heim, *Incantam. magica*, dans les *Jahrb. f. Philol.*, XIXᵉ suppl.,
1892, p. 543.

(4) Lucien, *Alexandre*, 11.

(5) Martianus Capella, p. 49 Eyssenhardt (hymne au Soleil).

(6) Théophane Kéramicus (*Homélie* XLIV) insiste sur l'isopséphie de Θεός et
d'ἀγαθός. Il voit dans Rébecca une figure de l'Église universelle, parce que la ψῆφος
de Ῥεβέκκα est 153, le nombre des sortes de poissons qu'il y a dans la mer et qui
se trouvèrent toutes dans le filet, lors de la pêche miraculeuse (*Hom.*, XXXVI;
cf. *Jean*, 21).

(7) Ps. Tertullien, *Adv. omnes hæreses*, XV (Migne, *P. L.*, II, col. 70). Cf. Irénée,
Contra hæreses, I, 14 et 15.

801 (αω′); la parole « je suis l'alpha et l'ôméga » était donc une façon mystique de signifier le dogme de la Trinité.

La Gnose nous apparaît surchargée d'un faix énorme de superstitions égyptiennes. Elle prétendait s'élever à l'intelligence du Principe Universel ; en fait, elle a surtout cherché le moyen de savoir le nom de Dieu, et par suite, la magie aidant — la vieille magie d'Isis — le moyen de contraindre Dieu à laisser l'homme s'élever jusqu'à lui. Le nom est, comme l'ombre ou le souffle, une partie de la personne ; mieux que cela, il est identique à la personne, il est cette personne même (1).

Connaître le nom de Dieu, c'est donc le problème que s'est posé la Gnose. Au premier abord, il semble insoluble : comment savoir le nom de l'Ineffable ? — Aussi bien les Gnostiques n'ont-ils pas prétendu pouvoir connaître le nom même de Dieu ; mais ils ont cru possible d'en déterminer la formule ; et c'était assez, car cette formule du nom divin en contenait pour eux toute la vertu magique. Cette formule, c'est la ψῆφος du nom divin.

Le Dieu suprême de la Gnose unissait en lui, d'après Basilide, les 365 dieux secondaires qui présidaient aux jours de l'année ; il était l'ἄρχων des 365 cieux (2). Aussi les Gnostiques le désignaient-ils par des périphrases comme celle-ci : « Celui dont le nombre est 365 », οὗ ἐστιν ἡ ψῆφος τξε′ (3). De lui

---

(1) Cette théorie, établie surtout par les égyptologues (Lefébure, dans *Mélusine*, VIII, col. 227 sq.; Maspero, *Hist. de l'Orient*, I, p. 162), est universellement adoptée : cf. Frazer, *Le rameau d'or*, I, p. 274; Hubert et Mauss, *Essai sur le sacrifice*, p. 101 (*Année sociologique*, II); Huvelin, *Les tablettes magiques et le droit romain*, p. 27; Dieterich, *Eine Mithrasliturgie*, passim; Reitzenstein, *Poimandres*, p. 17; A. B. Cook dans *Folk-lore*, 1903, p. 278.

(2) Matter, *Hist. du gnosticisme*, II, p. 46-48.

(3) Dédicace du Pont : Διὶ Ἐπικαρπίῳ βωμὸς ἱδρύμενος... πρὸς ἀπόκρουσιν, ὀνόματι οὗ ἐστιν ἡ ψῆφος τξε′ (*Rev. des ét. grecques*, XV, p. 314; cf. Reitzenstein, *Poimandres*, p. 273). — Prière d'Astrampsychos : ἐλθέ μοι, κύριε Ἑρμῆ... τὸ δεύτερον ὄνομα ἔχων ἀριθμὸν τῶν ἑπτὰ τῶν κυριευόντων τοῦ κόσμου, τὴν ψῆφον ἔχων τξε′ πρὸς τὰς ἡμέρας τοῦ ἐνιαυτοῦ, ἀληθῶς αβρασαξ (Reitzenstein, *op. laud.*, p. 20 et 265). — Papyrus magique de Leyde, IV, 32 Dieterich (*Jahrb. f. Philol.*, XVI⁰ suppl., p. 801) : ἐξορκίζω σε τὴν δύναμίν σου, τὸν θεὸν θεῶν, τὰ τξε′ ὀνόματα τοῦ μεγάλου θεοῦ. — Hermès donne au roi Ammon un livre en 365 chapitres (Berthelot, *La Chimie au M. A.*, II, p. 311). — Des hérétiques croyaient que le monde finirait 365 ans

d'autre part, procédait le pouvoir magique des sept voyelles, des sept notes de la gamme, des sept planètes, des sept métaux (1), des quatre semaines du mois lunaire (2). Quel que fût le nom de l'Ineffable, le Gnostique était sûr que ce nom participait des deux nombres magiques, 7 et 365 ; autrement dit, à défaut du nom inconnaissable de Dieu, on devait pouvoir trouver une désignation qui serait comme la formule du nom divin ; il n'y avait qu'à unir et combiner les deux nombres mystiques, 7 et 365 : c'est à cette fin que Basilide (3) avait forgé le mot ABPACAΞ, qui a sept lettres et dont la valeur numérique est 365.

Dieu, ou le nom de Dieu, puisque c'est tout un, a pour premier caractère la sainteté. Ἅγιος ὁ Θεός, dit l'hymne séraphique ; « que Ton nom soit sanctifié », dit l'oraison dominicale, c'est-à-dire « que la sainteté de Dieu soit proclamée ». Le nom de Dieu restait inconnu, mais on savait qu'il avait ce caractère d'être le nom saint par excellence. Rien

après la mort du Christ (Aug., *De civ. Dei*, XVIII, 33). — Pour certains mystiques, 365 était un nombre sacré, parce qu'il était le total de 300 (τ, symbole de la croix) plus 18 (ιη', nom de Jésus) plus 31 (années vécues par le Christ) plus 16 (année du règne de Tibère dans laquelle le Christ fut crucifié); cf. Ps. Cyprien, *De pascha computus*, 20, p. 267. — Autres rêveries à propos de 365 dans la Μετάνοια τοῦ ἁγ. Κυπριανοῦ, p. CCLXXXI Baluze. — D'après la *Genèse*, V, 24, le patriarche Enoch aurait vécu 365 ans. — Pour la dédicace de la Chapelle d'Aix, deux évêques de Tongres, morts et ensevelis à Maëstricht, sortirent de leurs sépultures afin de compléter dans cette cérémonie les 365 archevêques et évêques représentant les jours de l'année (V. Hugo, *Le Rhin*, lettre IX). — Le nombre 365 n'a pas cessé de préoccuper l'imagination populaire : le folk-lore connaît des châteaux à 365 chambres (exemple, celui de Craon en Lorraine) ou à 365 fenêtres, des escaliers à 365 marches (je l'ai entendu dire de ceux de l'Église de Saint-Nicolas-du-Port et de la cathédrale de Troyes); il y aurait 365 îles dans le Morbihan, 365 églises à Rome, etec. — Pour la statue de Janus, dont les doigts, par leur arrangement, figuraient le nombre 365, cf. Thédenat, *Le forum romain*, 3ᵉ éd., p. 73.

(1) L'or, l'argent, l'étain, le cuivre, le fer, le plomb, le mercure. Cf. Berthelot, *op. cit.*, II, p. 11.

(2) Pap. de Leyde, VIII, 5₋7 (Dieterich, p. 808) : τὸ ὄνομά σου τὸ ἑπταγράμματον πρὸς ἁρμονίαν τῶν ἑπτὰ φθόγγων ἐχόντων φωνὰς πρὸς τὰ κτ,' φῶτα τῆς σελήνης.

(3) *Basilides omnipotentem deum portentoso nomine appellat* Αβρασαξ *et eumdem secundum graecas litteras et annui cursus numerum dicit in solis circulo contineri : quem ethnici sub eodem nomine aliarum litterarum vocant* Μειθρην (Saint Jérôme, *Sur Amos*, I, 3, 9-10, dans Migne, *P. L.*, XXV, col. 1018).

donc ne convenait mieux pour désigner l'Ineffable que la locution ἅγιον ὄνομα, et, en fait, les Gnostiques s'en sont très souvent servis (1). Mais ce n'est pas seulement pour la raison en quelque sorte métaphysique ou théologique qu'on vient de dire, ni parce qu'ils avaient emprunté des Juifs cette appellation, c'est encore pour une raison mystique qui leur est particulière : par un hasard où la Gnose avait vu une révélation, la locution biblique, ἅγιον ὄνομα, avait la même ψῆφος qu'ΑΒΡΑCΑΞ, 365 (2).

Le Gnostique qui découvrit l'isopséphie d'ΑΒΡΑCΑΞ et d'ἅγιον ὄνομα dut, j'imagine, connaître le ravissement.

Une fois lancée sur cette voie, la Gnose y fit d'autres découvertes non moins saisissantes.

Mêlée, comme elle l'était, à la magie, la Gnose devait tendre fatalement au syncrétisme (3). Par l'isopséphie, elle trouva le moyen d'identifier à son Dieu suprême le dieu national de l'Égypte : le Nil, qui pour l'Égyptien n'était autre chose qu'Osiris, était un dieu de l'année, car la régularité de ses crues correspond au cours régulier des ans; or la ψῆφος du nom du Nil, Νεῖλος, est 365 (4). — Par l'isopséphie encore, la Gnose opéra un syn-

---

(1) *Arch. Zeit.*, 1881, p. 310; etc. Cf. *Ep. ad Ephes.*, I, 21.

(2) Smirnoff, article intitulé ΑΓΙΟΝ ΟΝΟΜΑ-ΑΒΡΑCΑΞ-ΤΞΕ publié dans les *Commentationes Nikitianae* (Pétersbourg, 1901, p. 353 sq).

(3) *Dict. des antiq.*, s. v. *Magia* (Hubert), p. 1513.

(4) Νεῖλον... ὀνομαζόμενον, τάς τ' ἐτησίους ὥρας φράζοντα, θερινὴν μὲν ταῖς αὐξήσεσι, μετοπωρινὴν δὲ ταῖς ὑπονοστήσεσι..., καὶ οὐδὲν ἀλλ' ἢ τὸν ἐνιαυτὸν ἀντικρὺς εἶναι τὸν Νεῖλον, τοῦτο καὶ τῆς προσηγορίας ἐκβεβαιουμένης · τῶν γοῦν κατὰ τοὔνομα στοιχείων εἰς ψήφους μεταλαμβανομένων, πέντε καὶ ἑξήκοντα καὶ τριακόσιαι μονάδες, ὅσαι καὶ τοῦ ἔτους ἡμέραι συναχθήσονται (Héliodore, *Æthiop.*, IX, 22). Par là s'explique que le mot ΑΒΡΑCΑΞ soit gravé sur une intaille au type d'un dieu-fleuve qui est le Nil (Matter, III, p. 89, pl. VIII, 1). Pour la commodité du lecteur, voici, en forme de tableau, le détail de ces isopséphies.

α	1	α	1	μ	40		50
6	2		3	ε	5		5
ρ	100		10	.	10		10
α	1		70	θ	9		30
σ	200		50	ρ	100		70
α	1		70	α	1		200
ξ	60		50	ς	200		—
	—	o	70		—		365
	365	μ	40		365		
		α	1				
			—				
			365				

crétisme non moins curieux. On sait la prodigieuse diffusion
du culte mazdéen de Mithra, aux II° et III° siècles de notre ère.
Les Gnostiques remarquèrent que Μείθρας a pour ψῆφος 365 :
donc le dieu solaire de l'Iran était le même que l' Ἄρχων des
365 jours.

Ceci, remarquons-le en passant, paraît porter un coup à
l'hypothèse qui voit une liturgie mithriaque dans l'ἀποθανατισμός
du grand papyrus magique de Paris (1). Il est vrai que l'au
teur anonyme de cette révélation, qui donne le moyen de
s'élever au ciel et de parvenir au séjour du dieu suprême, pré
tend tenir ses secrets de Mithra : τῆς ἡμετέρας δυνάμεως ταύτης,
ἣν ὁ μέγας θεὸς Ἥλιος Μίθρας ἐκέλευσέν μοι μεταδοθῆναι ὑπὸ τοῦ
ἀρχαγγέλου αὐτοῦ. Mais ce Dieu suprême n'a du Mithra mazdéen que le nom. Il doit s'agir du Dieu suprême de la Gnose,
Dieu ineffable que le Gnostique désigne par des périphrases qui
expriment le nombre du nom divin, ou par des cryptogrammes
sous lesquels ce nombre est caché. Le papyrus de Paris l'appelle Mithra, non pas seulement parce qu'au temps du syncrétisme les grands noms divins des religions universalistes
s'équivalent et s'emploient l'un pour l'autre, non pas seulement parce que Mithra est un des noms du dieu solaire,
mais bien pour la raison d'isopséphie que dit saint Jérôme,
parce que la ψῆφος du mot Μείθρας est 365. D'ailleurs, Μείθρας, comme ΑΒΡΑϹΑΞ, est un ἑπταγράμματον, c'est-à-dire
qu'il réunit, à la vertu magique de 365 celle du nombre 7,
l'autre nombre de Dieu.

II

Le Christianisme, qui a si souvent mis le vin nouveau dans
les vieilles jarres, ne pouvait pas rester indemne de ces
rêveries.

---

1 Dieterich, *Eine Mithrasliturgie*, Leipzig, 1903. Franz Cumont (*Rev. de l'I. P.
en Belgique*, 1904, p. 1 sq.) a donné d'autres raisons de ne pas admettre l'hypothèse de Dieterich.

Une signature ou dédicace de mosaïque, au couvent de Kho-ziba près Jéricho, qui est connue par deux copies concor-dantes, l'une de l'archimandrite Antonin, l'autre de M. Papa-dopoulos Kerameus, débute ainsi : φ´ λ´ ε´ μνήσθητι τοῦ δούλου σου... Que signifient les lettres φ´ λ´ ε´? Le mot de l'énigme a été trouvé par M. Smirnoff (1) : elles signifient Κύριε parce que Κύριε a pour nombre φλέ = 535.

L'inscription se terminait par le cryptogramme ϟθ´ qui n'est autre chose, comme l'a montré Wessely (2), que la ψῆφος de ἀμήν. On le trouve comme formule finale sur les *papyri* et les *ostraca* grecs et coptes ; il s'est parfois rencontré, sur des *papyri*, des *ostraca* (3), des épitaphes (4), à la suite d'un autre cryptogramme dont on s'est beaucoup occupé (5), ΧΜΓ. L'ex-plication généralement reçue jusqu'à ces dernières années, voyait dans ce ΧΜΓ l'abréviation du nom du Christ Χ(ριστός), suivi des noms des deux archanges Μ(ιχαήλ), Γ(αβριήλ), qui assistent le Christ trônant dans une représentation fréquente de l'art byzantin, la Σύναξις τῶν ἀρχαγγέλων. De même, les lettres G+M+B signifient, pour les paysans de certaines par-ties de l'Allemagne (6), les noms des trois rois mages, Gaspard, Melchior, Balthazar, et ils attribuent à ces trois lettres une vertu magique.

Waddington, choqué de l'apparence d'égalité établie entre le Christ et les archanges, avait proposé l'interprétation Χ(ρισ-

---

(1) *Sur une inscr. du couvent de Saint-Georges de Khoziba*, dans les *C. R. de la Soc. imp. orthodoxe de la Palestine*, XII (1902), 2ᵉ partie, nº 1, p. 26-30. Je remer-cie le savant auteur de m'avoir envoyé cette brochure, ainsi que celle sur ΑΓΙΟΝ ΟΝΟΜΑ. J'en dois la traduction à M. Théophile Perdrizet, professeur au Corps des Cadets de Poltava.

(2) *Die Zahl neunundneunzig*, dans les *Mitth. aus der Samml. der Papyrus Rainer*, I (1887), p. 113-116.

(3) *Edinburgh antiq. Museum*, 914 (Crum, *Coptic Ostraca*, nº 164).

(4) Waddington, *Inscr. de Syrie*, 2145. Smirnoff, qui a vu la pierre en 1891, garantit qu'elle porte bien ΧΜΓϟθ´, comme avait lu Wetzstein. — Cf. encore *Ath. Mitth.*, VI, p. 125 (Cyzique).

(5) Voir, en dernier lieu, dans *Dict. d'archéol. chrét. et de liturgie*, de dom Cabrol, l'art. *Abréviations*, de dom Leclercq, col. 180-182.

(6) Wuttke, *Deutscher Volksaberglaube*, 3ᵉ éd., p. 144.

τὸς ὁ ἐκ) M(αρίας) γ(εννηθείς), qui rappelait le Symbole des apôtres. Mais elle avait paru, aux théologiens même, « résulter d'une orthodoxie trop timorée, car les Pères apostoliques rapprochaient sans difficulté le culte rendu au Verbe du culte rendu aux anges ». Divers documents récemment exhumés ont montré que Waddington, avec sa pénétration ordinaire, n'avait pas fait fausse route en s'écartant de l'explication proposée par De Rossi : sur un papyrus de la Bodléienne, M. Grenfell a lu XC (sic) Μαρία γεννᾷ — sur une épitaphe de la Haute-Égypte, M. Lefebvre a déchiffré la formule développée Χριστου (sic) Μαρία γεννᾷ (1) — enfin, une inscription de Syrie (2) donne, six fois répétées, les lettres ΘΥΜΓ qui ne semblent pas pouvoir s'expliquer autrement que comme l'abréviation de la phrase Θ(εοῦ) υ(ἱὸν) M(αρία) γ(εννᾷ).

Faut-il donc croire que XΜΓ ait été, *dans tous les cas et pour les chrétiens*, un sigle, rien qu'un sigle? Il n'y a nulle absurdité à admettre que, dans certains cas et pour certaines personnes, XΜΓ ait été, non pas seulement un sigle, mais aussi un cryptogramme — ou peut-être même, non pas un sigle, mais un cryptogramme.

Revenons aux inscriptions dont nous parlions tantôt, qui se terminent par XΜΓ ϟΘ. Puisque ϟΘ s'explique par l'isopséphie, il est naturel de chercher si l'isopséphie ne pourrait pas expliquer aussi XΜΓ. Or XΜΓ, ou 643, est justement, comme l'a découvert M. Smirnoff, le « nombre » des trois premiers mots du Trisaghion, ἅγιος ὁ θεός — à condition d'orthographier ἅγειος. Rien de plus fréquent que cette graphie (3). Il semble,

---

(1) *Inscr. chrét. du musée du Caire*, dans le *Bull. de l'Institut fr. d'archéol. or.*, III, p. 10 du tirage à part. Cf. *Rev. archéol.*, 1882, I, p. 192 et *Wessely* dans *Mitth. aus der Sammlung Rainer*, 1897, p. 118.

(2) W. F. Frentice, *Fragments of an early christian liturgy in Syrian inscriptions*, dans *Transactions and proceedings of the amer. philol. Association*, 1902, t. XXXIII, p. 95. — Les lettres XM, sur le linteau d'une maison de l'Eméséne, signifient Χ(ριστός), Μ(αρία) ; cf. Lammens dans *Musée Belge*, 1902, p. 35.

(3) Cf. par ex. une très ancienne inscription chrétienne dans Perrot, *Galatie*, p. 65. Les *Oracula Sibyllina*, VIII, 217-243, renferment un acrostiche sur le mot ΧΡΕΙϹΤΟϹ.

du reste, que les isopséphistes usassent de l'iotacisme assez largement : l'isopséphie Abrasax-Mithra suppose la graphie Μείθρας (1).

Le lecteur que gênerait cet ἄγειος ne serait pas obligé pour autant de renoncer à l'explication isopséphique de XMΓ : Krall a relevé à la fin d'un papyrus copte, à la place où se trouve ordinairement XMΓ, la formule grecque ἡ ἁγία τριὰς Θ (=Θεός), qui paraît bien correspondre à XMΓ, puisque la ψῆφος de ἡ ἁγία τριὰς Θ est χμγ´, 643 (2).

Voilà bien des explications de cet énigmatique XMΓ. On en pourrait encore proposer une autre, χ(αρὰ) μ(εγάλη) γ(έγονεν), en se rappelant l'*incipit* de la très ancienne prière peinte sur une paroi des catacombes de Kertch (3) ·

> Χαρὰ μεγάλη γέγονεν
> τῷ οἴκῳ τούτῳ σήμερον,
> τῶν ἁγίων παραγενομένων,
> τῶν δικαίων συναλλομένων,
> καὶ τῶν πάντων ὑμνούντων σε.
>   Ἐλέησον.

Je croirais volontiers qu'il n'en faut rejeter aucune. Pour les uns, XMΓ était un sigle, affirmant, contre certains hérétiques, le Dieu fait homme, né d'une vierge (Χριστὸν Μαρία γεννᾷ), ou invoquant le Roi de gloire qui trône entre les chefs des milices célestes (Χριστός, Μιχαήλ, Γαβριήλ). Pour d'autres, c'était l'abrégé d'une oraison d'espérance, rappelant les paroles joyeuses des anges, qui furent ouïes dans la nuit du premier Noël (χαρὰ μεγάλη γέγονεν). Pour d'autres enfin, c'était un

---

(1) Σιγή, écrit Σειγή, était pour le gnostique Marcos un symbole du nombre cinq (Irénée, *Contra Haereses*, I, 15). Saint-Ephrem (cité par Garrucci, *Storia dell' arte cristiana*, I, p. 157) disait que des deux lettres du chrisme, l'une, le X, figurait la croix, et l'autre le salut, parce que ρ´ vaut 100, et que 100 est le ψῆφος du mot βοηθία (non pas βοηθεία).

(2) *Mitth. aus der Samml. Rainer*, I, p. 127 (Krall).

(3) Koulakowsky, *Eine altchristliche Grabkammer in Kertsch aus dem Jahre 491*, dans *Röm. Quartalschrift*, 1894, p. 58. L'*incipit* est manifestement inspiré des paroles de l'annonciation aux bergers (*Luc*, II, 10).

chiffre exprimant,. par la vertu mystérieuse des nombres, le
dogme de la Trinité (ἡ ἁγία τριὰς Θεός), ou condensant en lui
la vertu magique de l'hymne des Séraphins (ἅγιος ὁ θεός, ἅγιος
ἰσχυρός, ἅγιος ἀθάνατος). Cette solution me paraît vraie justement parce qu'elle n'est pas simple. Les rêveries de la magie
et de la Kabbale, dans lesquelles ont donné les premiers siècles
du christianisme, ne sont pas simples ; et le mysticisme, compliqué par nature, raffine toujours sur les pourquoi. C'est
parce qu'il exprimait tant de choses que le ΧΜΓ a, plusieurs
siècles durant, servi de symbole aux mystiques et d'*incantamen-
tum* aux superstitieux, non seulement dans son pays d'origine,
l'Égypte ou la Syrie, mais en Asie-Mineure, en Macédoine,
en Grèce, en Italie : à Rome, par exemple, le quart des tuiles
qui couvrent depuis quinze cents ans la basilique Libérienne
(rebâtie par Sixte III, pape de 432 à 440) sont marquées de
ce signe (1).

P. Perdrizet.

(1) *N. bull. di arch. crist.*, 1896, p. 52 sq. Cf. Heuzey, *Un palais chaldéen*,
p. 17 : « Les briques (du palais de Tello) portent toutes sur leur face supérieure le nom du patési Goudéa avec une formule de consécration au grand
dieu local appelé Nin-Ghirsou. Ce luxe épigraphique était probablement une pré-
caution religieuse, un acte de superstition. Toutes les briques du palais procla-
maient le nom du dieu protecteur, et, par la puissance de ce nom béni, on était
garanti contre les influences funestes. »

PORTRAITS

DE DIFFÉRENTS MEMBRES

DE LA

FAMILLE DES COMNÈNE

PEINTS DANS LE *TYPICON* DU MONASTÈRE

DE

NOTRE-DAME-DE-BONNE-ESPÉRANCE

A CONSTANTINOPLE

———

Parmi les papiers de Du Cange, aujourd'hui conservés à la Bibliothèque nationale, se trouve au fol. 35 et verso (1) du ms. français 9467, la notice suivante, tout entière de la main du célèbre médecin et antiquaire lyonnais, Jacob Spon, qui donne le détail d'une suite de portraits de différents membres de la famille des Comnène, peints en tête d'un manuscrit acheté à Athènes par l'anglais George Wheler, compagnon du voyage de Spon en Orient pendant les années 1675 et 1676 (2) :

Dans un manuscrit, acheté par M. Wheler et moy à Athènes (il est présentement en Angleterre, entre les mains de M. Wheler),

---

(1) Il y a au fol. 36 du même manuscrit une copie de cette notice, de la main de Du Cange, qui se proposait sans doute de l'insérer dans un de ses recueils.

(2) Voir le *Voyage d'Italie, de Dalmatie, de Grèce et du Levant fait ès années 1675 et 1676*, par Jacob Spon, docteur médecin agrégé à Lyon, et George Wheler, gentilhomme anglois (Lyon, 1678, 3 vol. in-12), et le *Voyage de Dalmatie, de Grèce et du Levant*, par M. George Wheler, traduit de l'anglois (Amsterdam, 1689, 2 vol. in-12).

sont dessinés les personnages suivans, en différentes pages, avec ces titres :

Κωνσταντῖνος Κομνηνὸς Παλαιολόγος, ὁ παντυχέστατος σεβαστοκράτωρ καὶ πατὴρ τῆς ἐκτητορ...

Habillé d'un habit à compartimens or, rouge et noir ; la barbe droite et les cheveux derrière l'oreille, assés longs ; un diadème d'or sur la teste, et une ceinture. — A son côté :

Εἰρήνη Κομνηνὴ Βράνενα Παλαιολογίνα, ἡ σεβαστοκρατόρισσα τῆς ἐκτητορή.. .

Vestue d'une grande robe à manches larges ; une couronne enchassée de pierres précieuses, et des pendans d'oreille.

Ἰωάννης Κομνηνὸς Δούκας Συναδηνὸς, καὶ μέγας ...ἀρχης καὶ τὴν...

Vestu presque de même ; sur la teste un bonnet, comme le—caloyers, qui n'allonge pas sur l'oreille. — A son costé :

Θεόδωρα

Couronnée comme la précédente.

Ἰωάννης Κομνηνὸς Δούκας Συναδηνὸς, ὁ μέγας κονοσταῦλος καὶ υἱὸς τῶν ἐκτητόρων.

Comme le précédent ; a la barbe plus rousse.

Ἡρήνη Λασκαρίνα Κομνηνὴ Δούκαινα Παλαιολογήνα, ἡ μεγάλη κονοστάυλισα καὶ νήμφη τῆς κτητορίσης.

Comme la précédente.

Μιχαὴλ Κομνηνὸς Λάσκαρις Βριένης ὁ Φιλανοιγὸς, καὶ γαμρὸς τῆς κτητορίσης.

Sans couronne.

Ἄννα Καντακουζήνα Κομνηνὴ Παλαιολογίνα Βριένισα, ἡ φηλανθροπηνὴ καὶ ἐγκόνη τῆς κτητορίσης.

Couronnée comme dessus.

Μανουὴλ Κομνηνὸς Ῥαοὺλ Ἀσάνης, καὶ μέγας πριμικήριος καὶ γαμπρὸς τῆς κτητορίσης.

Bonnet de caloyer, *ut supra*.

...νη Δου... Παλαιολογίνη.

Couronnée, *ut supra*.

Κωνσταντῖνος Κομνηνὸς Ῥαοὺλ ὁ Παλαιολόγος, ὁ πρωτοσεβαστὸς καὶ γαμρὸς τῆς κτητορίσης.

Couronné comme devant. — Sur toutes ces mitres il y a une figure assise, comme d'un roy.

Εὐφροσύνη Δούκαινα Παλαιολογίνα, ἡ πρωτοσεβαστή, καὶ ἐγκόνη τῆς κτητορίσης.

Couronnée comme les autres.

Ἰωακείμ μοναχὸς ὁ κτήτωρ.

Habillé de noir et voilé de même.

La femme à côté aussi vêtue de noir et voilée ; et au milieu une petite fille : ... θυγατὴρ τῶν ἐκτήτορ...

Θεόδωρος Κομνηνὸς Δούκας Συναδηνὸς, ὁ πρωτοστράτωρ καὶ υἱὸς τῶν ἐκτητόρων.

Comme les autres, avec la mitre de caloyer.

Εὐδοκία Δούκαινα Κομνηνὴ Συναδινὴ Παλαιολογήνα, ἡ πρωτοσ[τρατό]ρισα καὶ νήμφη τῆς κτητορίσης.

Couronnée, ut supra.

Μιχαὴλ Κομνηνὸς Τορν.... ερος. .. προς τῆς κτητορίσης.

Sans couronne.

Εἰρήνη Κομνηνὴ Κανταχουζηνὴ Παλαιολογίνα Ἄσαννα, καὶ ἐγκόνη τῆς κτητορίσης.

Θεόδουλι μοναχῆ, ἡ ἐκτητόρισα.

Voilée et habillée de noir, tenant une église à dôme dans sa main.

Εὐφροσύνη μοναχῆ Κομνηνὴ ἡ Δούκαινα Παλαιολογίνα, καὶ θυγατὴρ τῶν ἐκτητόρων.

S'ensuit une page où paroissent 26 religieuses voilées et habillées de noir, excepté deux, qui ont un voile blanc et habit couleur de musc.

Le tout sur vélin ; les mignatures assez bonnes pour le tems.

Le volume, qui a conservé les portraits dont on vient de lire la nomenclature, n'est heureusement pas perdu; il est toujours en Angleterre, depuis plus de deux siècles, conservé à Oxford, dans la bibliothèque du Collège de Lincoln, héritier des manuscrits que Wheler avait rapportés de son voyage en Orient (1). C'est un manuscrit du XIVe siècle, sur parchemin, de 163 feuillets, mesurant 235 millimètres sur 170, et recouvert d'une ancienne reliure orientale en peau violette gaufrée. Il renferme le *Typicon*, ou règle des religieuses du monastère de

(1) On en trouvera la description détaillée, sous le n° XXXV des manuscrits du Collège de Lincoln, aux pages 18-19 du tome I du *Catalogus codicum mss. qui in Collegiis aulisque Oxoniensibus hodie asservantur*, confecit Henricus O. Coxe (Oxonii, 1852, in-4°). — J'ai pu examiner ce manuscrit au Musée Britannique pendant quelques heures, grâce à la parfaite obligeance de M. J. Arthur R. Munro, bibliothécaire du Collège de Lincoln, qui voudra bien agréer ici le témoignage de ma très vive gratitude.

Notre-Dame-de-Bonne-Espérance (Θεοτόκου τῆς Βεϐαίας Ἐλπίδος), fondé à Constantinople, sans doute au xiv⁰ siècle, par le grand stratopédarque, Jean Comnène Ducas Synadenos, et sa femme, Théodora, fille du sébastocrator Comnène Paléologue et d'Irène Comnène Branena (1).

Les douze premiers feuillets de ce manuscrit, dont Spon avait pris jadis la description, contiennent les portraits peints, d'une exécution assez médiocre, de la fondatrice du monastère, de ses parents, de son mari, de leurs enfants et petits-enfants. Ces personnages sont représentés deux par deux, debout, vus de face et se détachant sur un fond d'or uniforme, encadré d'un mince filet rouge. Ils sont habillés de riches étoffes de pourpre brochées d'or, à l'exception du grand connétable (fol. 3) et du protosébaste (fol. 6), dont les costumes sont de couleur verte, et de la fondatrice, de son mari et de l'une de leurs filles (fol. 7 et 11), revêtus de l'habit monastique de couleur noire. Au fol. 10 v⁰, est peinte une Vierge byzantine, de bien meilleur style que les autres miniatures et qui figure Notre-Dame-de-Bonne-Espérance, patronne du monastère ; enfin, au fol. 12 sont groupées trente-deux religieuses, revêtues toutes longues robes noires ou de couleur brune foncée. Les légendes dont le texte suit (2), accompagnent chacune de ces peintures, sauf la dernière, qui seule n'en porte aucune.

Fol. 1 v⁰. † Κωνσταντῖνος Κομνηνὸς Παλαιολόγος, ὁ παντυχέστατος σεϐαστοχράτωρ καὶ πατὴρ τῆς ἐχτητορίσης.

Entre les deux personnages, la Vierge, en buste, avec l'Enfant : $\overline{\text{MHP}}$ $\overline{\Theta\text{V}}$, $\overline{\text{IC}}$ $\overline{\text{XC}}$.

† ΕΙ᾽ΡΗ´ΝΗ Κομνηνὴ Βράνενα Παλαιολογίνα, ἡ σεϐαστοχρατόρισσα καὶ μητὴρ τῆς ἐχτητορίσης.

Fol. 2. † Ἰωάννης Κομνηνὸς Δούκας Συναδηνὸς, καὶ μέγας στρατοπε-δάρχης καὶ κτητώρ.

---

(1) Ce monastère ne figure pas dans les listes d'églises de Constantinople dressées par Du Cange au livre IV de sa *Constantinopolis christiana,* à la suite de l'*Historia Byzantina* (Paris, 1680, in-fol.).

(2) On a scrupuleusement respecté l'orthographe et l'accentuation du manuscrit.

La Vierge, en buste, comme ci-dessus.

† Θεόδωρα. . . . .

. . . .

Fol. 3. † Ἰωάννης Κομνηνὸς Δούκας Συναδηνὸς, ὁ μέγας χονοσταῦλος καὶ υἱὸς τῶν ἐκτητόρων.

Le Christ, en buste, les bras étendus et bénissant.

Ἠρήνη Λασκαρίνα Κομνηνὴ Δούκαινα Παλαιολογήνα, ἡ μεγάλη χονοσταύλισα καὶ νήμφη τῆς κτητορίσης.

Fol. 4. † Μιχαὴλ Κομνηνὸς Λάσκαρις Βριένιος, ὁ φιλάνθρωπος καὶ γαμβρὸς τῆς κτητορίσης.

Le Christ, en buste, comme ci-dessus.

Ἄννα Κανταχουζήνη Κομνηνὴ Παλαιολογίνα Βριένησα, ἡ φηλανθροπηνὴ καὶ ἐγκόνη τῆς κτητορίσης.

Fol. 5. † Μανουὴλ Κομνηνὸς Ραοὺλ Ἀσάνης, καὶ μέγας πριμηκήριος καὶ γαμβρὸς τῆς κτητορίσης.

Le Christ, en buste, comme ci-dessus.

† . . . . . νη Δούκαινα Παλαιολογίνα . . . .

Fol. 6. † Κωνσταντῖνος Κομνηνὸς Ραοὺλ ὁ Παλαιολόγος, ὁ προτοσεβαστὸς καὶ γαμβρὸς τῆς κτητορίσης.

Le Christ, en buste, comme ci-dessus.

† Εὐφροσύνη Δούκαινα Παλαιολογίνα, ἡ προτοσεβαστὴ καὶ ἐγκόνη τῆς κτητορίσης.

Fol. 7. † Ἰωακεὶμ μοναχὸς ὁ κτήτωρ.

La Vierge, en buste, avec l'Enfant : M̅H̅P̅ Θ̅Y̅, I̅C̅ X̅C̅, et Η ΒΕΒΑΙΑ ΕΛΠΙC.

Légende enlevée, et, entre les deux personnages, une petite figure, revêtue de l'habit monastique, de couleur brune.

. . . . .θυγατὴρ τῶν ἐκτητόρ[ων].

Fol. 8. † Θεόδωρος Κομνηνὸς Δούκας Συναδηνὸς, ὁ προτωστράτωρ καὶ υἱὸς τῶν ἐκτητόρων.

La Vierge, en buste, avec l'Enfant : M̅H̅P̅ Θ̅Y̅ et I̅C̅ X̅C̅·

† ΕΥΔΟΚΙΑ ΔΟΥΚΑΙΝΑ Κομνηνὴ Συναδηνὴ Παλαιολογήνα, ἡ προτοσ[τρατό]ρισα καὶ νήμφη τῆς κτητορίσης.

Fol. 9 v°. Μιχαὴλ Κομνηνὸς Τορνυ. . . . .
γαμπρὸς τῆς κτητορίσης.

Le Christ, en buste et bénissant : Ι̅C̅ Χ̅C̅.

† Εἰρήνη Κομνηνὴ Κανταχουζηνὴ Παλαιολογίνα Ἄσαννα, καὶ ἐγκόνη
τῆς κτητορίσης.

Fol. 10 v°. La Vierge (Notre-Dame de Bonne-Espérance),
debout, tenant l'Enfant sur son bras droit : Μ̅Η̅Ρ̅ Θ̅Υ̅, Ι̅C̅ Χ̅C̅,
Η ΒΕΒΑΙΑ ΕΛΠΙC.

Fol. 11. † Θεόδουλι μοναχὴ ἡ ἐχτητόρισα.

† Εὐφροσύνη μοναχὴ Κομνηνὴ Δούκαινα Παλαιολογίνα, καὶ θυγάτηρ
τῶν ἐχτητόρων.

Fol. 12. Groupe des 32 religieuses du monastère; sans légende. — Il est dit du nombre des religieuses, au fol. 33 du
Typicon : καὶ τριάκοντα αἱ πᾶσαι ἔσονται αὖται, καὶ οὔτέ ποτε
τοῦθ' ὑπερταθήσεται τοῦ ἀριθμοῦ τὸ ποσόν.

Le fol. 13 du manuscrit a été laissé en blanc, et aux fol. 14-
15 v° la table des vingt-quatre chapitres de la règle du monastère est copiée, peut-être d'une main un peu postérieure, en
encre de couleur alternativement bleue, noire et rouge :

Πίναξ σὺν Θεῷ τοῦ παρόντος τυπικοῦ ἐν εἰχοσιτέσσαρσι
χεφαλαίοις ποσουμένου.

Α΄. Περὶ τοῦ ἐλευθέραν καὶ αὐτοδέσποτον εἶναι καὶ τὴν ἡμετέραν ταύτην
μονήν. (Fol. 26 v°.)

Β΄. Περὶ τῆς ἐφορείας καὶ ἐπιχουρίας τῆς μονῆς καὶ τίς ἂν γένοιτο ταύτῃ
ἔφορος καὶ ἐπίχουρος. (Fol. 30.)

Γ΄. Περὶ τῆς ποσότητος τῶν παρθένων, καὶ ὁποῖα τις ὀφείλει εἶναι ἡ
ἀφηγησομένη αὐτῶν, καὶ πῶς εἰς τὸ ἀφηγεῖσθαι αὐτὴ προβληθή
σεται. (Fol. 32.)

Δ΄. Πρὸς τὴν ἀφηγουμένην ὑπομνηστική τις καὶ σύμβουλευτικὴ δια-
λαλιά. (Fol. 36.)

Ε΄. Πρὸς πάσας τὰς παρθένους παραίνεσις παρακλητικὴ καὶ διεγερτικὴ
πρὸς ὑπαχοήν. (Fol. 45.)

Ϛ΄. Τίς ἡ τοῦ ἐχχλησιαρχείου ἐπιστάτις τε καὶ διάκονος, καὶ ὁποῖον τὸ
ἔργον αὐτῆς. (Fol. 55 v°.)

Ζ'. Τίς ἡ τῆς κοινῆς οἰκονομίας διάκονος τε καὶ ἐπιστάτις, καὶ τί τὸ ἔργον αὐτῆς. (Fol. 60.)

Η'. Πῶς ὀφείλουσιν αἱ ἐκκλησιαστικαὶ τὰς ἐκκλησιαστικὰς συνάξεις ἀποπληροῦν ἐν τῇ ἐκκλησίᾳ συναθροιζόμεναι, καὶ τί ποτε ἄρα τὸ ἔργον αὐτῶν. (Fol. 62 vᵒ).

Θ'. [Π]ῶς καὶ αἱ ἐκτὸς τῆς ἐκκλησίας ἐν ταῖς ἄλλαις διακονίαις τεταγμέναι τῶν ἀδελφῶν περὶ τὰς καθημερίνας τῆς ἐκκλησίας συνάξεις διατεθήσονται, καὶ πῶς ἐν αὐταῖς ἀπαντήσουσιν. (Fol. 66.)

Ι'. [Π]ῶς μετελεύσεται ἡ ἀφηγουμένη τὰς ἀμελεῖς, καὶ διὰ τίνος τῶν ἀδελφῶν τὴν ἀδιαφορίαν ἐκ τοῦ μέσου ποιήσασθαι ἀγωνίσεται. (Fol. 71 vᵒ.)

ΙΑ'. Τίς ἡ διάκονος τοῦ κοινοῦ δοχείου καὶ ἐπιστάτις, καὶ τί ποτέ ἐστι .ὃ ἔργον αὐτῆς. (Fol. 75 vᵒ.)

ΙΒ'. Τίς ἡ διάκονος τοῦ κελλαρίου καὶ ἐπιστάτις, καὶ τί ποτέ ἐστι τὸ ἔργον τῆς διακονίας αὐτῆς. (Fol. 77.)

ΙΓ'. [Τ]ίς ἡ φρουρὸς τοῦ μοναστηρίου καὶ πυλωρός, καὶ τί ποτέ ἐστι τὸ ἔργον αὐτῆς. (Fol. 80.)

[Π]ῶς ὀφείλει γίνεσθαι ἡ ἐκλογὴ τῶν τοιούτων διακονητρίων. (Fol. 82.)

ΙΔ'. [Π]ῶς ὄψονται τοὺς οἰκείους συγγενεῖς, καὶ τοῦτο, κατ' ἀνάγκην, αἱ τῶν ἀδελφῶν ἀτελεῖς τε καὶ ἀσθενεῖς. (Fol. 84.)

ΙΕ'. [Ὅ]τι κατὰ τὸ Ἱεροσολυμητικὸν τυχικὸν ἐκτελεῖ[ν] δεῖ τὰς εἰς Θεὸν ἁπάσας δοξολογίας, καὶ τὰς ἀγρυπνίας, καὶ τὰς νηστείας, καὶ τὰς γονυκλισίας. (Fol. 89.)

Ις'. [Ὅ]τι ἰσότητι τὰς πάσας ἐν τῇ καθημερίνῃ διαίτῃ χρῆσθαι χρέων. (Fol. 92 vᵒ.)

ΙΖ'. [Π]ῶς ὀφείλει ἡ ἀφηγουμένη διακεῖσθαι περὶ τῶν ἀρρωστουσῶν ἀδελφῶν, καὶ τίνος ἐπιμελείας αὐτὰς ἀξιοῦν. (Fol. 101.)

ΙΗ'. [Ὅ]τι δεῖ ἐργάζεσθαι πάσας τὰς ἀδελφὰς κοινά, καὶ οὐκ ἴδια, καὶ πῶς ἐνδύεσθαι χρὴ, καὶ πόθεν ἐνδύεσθαι. (Fol. 104.)

ΙΘ'. [Ὅ]τι καθημέραν χρῆσθαι τῇ ἐξομολογήσει χρέων. (Fol. 112 vᵒ.)

Κ'. [Π]ῶς δεῖ τὴν ἑορτὴν τῆς Θεοτόκου καθ' ἕκαστον ἔτος ἐπιτελεῖν. (Fol. 119.)

ΚΑ'. [Π]ῶς δεῖ ἐκτελεῖσθαι τὰ μνημόσυνα τῶν ἀειμνήστων γονέων τῆς κτητορίσσης, ἔτι τε καὶ τοῦ μακαρίτου κτήτορος τῆς ἱερᾶς ταύτης μονῆς, ναὶ μὴν καὶ τῆς κτητορίσσης αὐτῆς. (Fol. 121.)

ΚΒ΄. [Τ]ίνα εἰσὶν ἅπερ ἀφιεροῦνται τῇ Θεοτόκῳ ὑπὲρ οἰκονομίας καὶ διατροφῆς τῶν θεραπαινίδων αὐτῆς. (Fol. 125 vo.)

ΚΔ΄. Πρὸς πάσας τὰς ἀδελφὰς καὶ αὐτὴν δὲ τὴν ἡγουμένην ἐπιλογικά τε ἅμα καὶ προτρεπτικὰ πρὸς τὴν φυλακὴν τοῦ τύπου, καὶ τὸ μηδόλως αὐτὸν παραβαίνεσθαι. (Fol. 132.)

Suit, au folio 16, un prologue, dont quelques extraits ont été publiés par Coxe, à la page 19 de son catalogue, et dans lequel la fondatrice du monastère de Notre-Dame-de-Bonne Espérance célèbre l'illustration de ses ancêtres. Le texte de l règle qui vient ensuite est accompagné de différentes pièce annexes, les unes copiées de première main, les autres ajoutée par différentes mains postérieures aux feuillets 161-163. L'une de ces pièces (fol. 156) donne la délimitation minutieuse d l'emplacement occupé à Constantinople par le monastère ·

Ὁ περιορισμὸς τῆς καθ' ἡμᾶς μονῆς τῆς ὑπεραγίας μου Θεοτόκο τῆς Βεβαίας Ἐλπίδος τῶν Χριστιανῶν ἔχει οὕτως.

Ἄρχεται ὁ διαιρέτης τοῖχος ἀπὸ τῆς πρὸς ἀνατολὴν μεγάλης πύλης τῆς κειμένης κατέναντι τῶν μεγάλων οἰκημάτων τῶν περιποθήτων μου υἱῶν, καὶ διέρχεται τὸ μαγκιπεῖον μέχρι καὶ τοῦ ὅλου ὁσπητίου τοῦ παναρέτου εὐνούχου · εἶτα κάμπτει πρὸς δύσιν καὶ βαδίζει τὸν περίορον τὸν ὄντα μέσον τῶν δύο περιβολίων τοῦ τε περιποθήτου μου υἱοῦ κυροῦ Ἰωάννου τοῦ μεγάλου χονοσταύλου καὶ τῆς μονῆς, καὶ ἀπέρχεται μέχρι καὶ τῆς δημοσίας ὁδοῦ, τῆς διαιρούσης δεξιᾷ τὴν μονὴν τοῦ Μωσηλὲ, κἀκεῖθεν κλίνει πρὸς τὸν περίβολον τῆς ὑπεραγίας μου Θεοτόκου τῆς Γοργοεπηκόου, κρατῶν τὴν αὐτὴν δημοσίαν ὁδὸν καὶ διέρχεται τὸ περιβόλιον τὸ λεγόμενον τοῦ Γυμνοῦ, ἐῶν δεξιᾷ τὸν περίβολον μονῆς τῆς Γοργοεπηκόου καὶ κατέναντα, μέχρι καὶ τοῦ περιόρου τοῦ διαιροῦντος τὴν ἡμετέραν μονὴν ἀπὸ τῆς μονῆς τῆς κυρίας καὶ ἀδελφῆς μου τῆς πρωτοστρατορίσσης Γλαβαίνης, καὶ κατέρχεται μέχρι τῶν ἡμετέρων κελλίων, ἅτινα ἀνεκτήσατο ὁ περιπόθητός μου υἱὸς πρωτοστράτωρ. Εἶτα διαβαίνει τὸ ἡμέτερον περιβόλιον, ἐῶν δεξιᾷ τὸ ἀμπέλιον τῆς κυρίας καὶ ἀδελφῆς μου τῆς πρωτοστρατορίσσης, καὶ καταντᾷ μέχρι

καὶ τῆς δημοσίας ὁδοῦ ἔμπροσθεν τῆς μονῆς τῆς καλουμένης Κυριω-
πίσσης, εἶτα κάμπτει πρὸς ἀνατολὰς διὰ τῆς αὐτῆς δημοσίας ὁδοῦ καὶ.
καταντᾷ μέχρι καὶ τῆς ἑτέρας ὁδοῦ τῆς οὔσης πλησίον τοῦ ἁγίου
Ὀνουφρίου. Ἔνθα καὶ ἀμπέλιόν ἐστιν, ὅπερ ἐξωνησάμεθα γῆν μόνην
ἀπὸ τοῦ Καλιγᾶ ἐκείνου εἰς ὑπέρπερα τετρακόσια · εἶτα κατεφυτεύθη
παρ' ἡμῶν καὶ ἐγύνετο (sic) ὅπερ νῦν ὁρᾶται ἀμπέλιον. Ἐντεῦθεν κλίνει
πρὸς ἄρκτον καὶ διέρχεται τὰ ἐνοικιακὰ ὀσπήτια τοῦ περιόρου · ἔνθα
καταμένουσιν οἱ κοσκινάδες μέχρι καὶ τοῦ ναοῦ τοῦ ἁγίου Ἀκακίου,
περιέχων καὶ αὐτὸν τὸν ναὸν, ἄνευ τῶν κατηχουμένων, καὶ διέρχεται
μέχρι καὶ τῆς μεγάλης πύλης τοῦ τοιούτου ναοῦ. Εἶτα καθίσταται εἰς
τὴν μεγάλην πύλην τῆς ὑμετέρας μονῆς, ἐῶν μὲν δεξιᾷ τὸ ὀσπήτιον
τοῦ Ἀβοράτου καὶ τοῦ Ῥάπτου Ἀνδρέου, ἀπὸ δὲ τοῦ Σολάτου καταντῶν
μέχρι καὶ τῆς μεγάλης πύλης τῆς μονῆς ὅθεν καὶ ἤρξατο.

Aux feuillets 158 et suivants (1) se trouve une sorte de nécro-
loge ou d'obituaire, offrant la liste des personnages, parents de
la fondatrice, dont les anniversaires étaient célébrés dans le
monastère à différentes dates pendant le cours de l'année :

Ἀρχούντως ἤδη περὶ τῆς μονῆς διαταξάμενοι, νῦν καὶ περὶ τῶν
κεκοιμημένων γονέων ἡμῶν καὶ ἀδελφῶν κατὰ σάρκα καὶ ἔτι κοιμηθη
σομένων διατυποῦμεν καὶ διατασσόμεθα, καὶ περὶ μὲν τῶν μακαρίων
καὶ ἁγίων γονέων μου, ἔτι δὲ καὶ περὶ τῶν μνημοσύνων ἡμῶν αὐτῶν,
καὶ τῆς κατὰ πάντα ὑπὲρ λίαν φιλουμένης μοι θυγατρός, ὁμοίως καὶ περὶ
τῶν περιποθήτων μου υἱῶν, ὡς ἤδη φθάσασα διετυπωσάμην, οὕτως
ἀπαραβάτως γενέσθωσαν καὶ μηδὲν ὑφιέσθω, εἰ μὴ πᾶσα ἀνάγκη περὶ
δὲ τῶν κατὰ σάρκα μοι ἀδελφῶν καὶ συγγενῶν, καὶ ἑτέρων τινῶν, τῶν
κάτω ῥητῶς ἀναταττομένων, κατὰ τοὺς καιροὺς καὶ τὰς ἡμέρας τὰς
ἐγγραφείσας ἀπαραβάτως βουλόμεθα τὰ μνημόσυνα αὐτῶν γίνεσθαι.

Τῷ μηνὶ φευρουαρίῳ ια΄, τελείσθωσαν τὰ μνημόσυνα τῆς περιποθή-
.ου μου νύμφης, τῆς γυναικὸς φημὶ τοῦ φιλτάτου μου υἱοῦ χυροῦ Ἰωάννου τοῦ Παλαιολόγου τοῦ μεγάλου κονοσταύλου χυροῦ Θωμαΐδος Κομνηνῆς Δουκαίνης Λασκαρίνης τὲ Καντακουζηνῆς τῆς Παλαιολογίνης, τῆς

----

(1) Les derniers feuillets ont été intervertis dans le manuscrit; il faut les faire
suivre ainsi : 158, 143 à 147, 159 à 163.

διὰ τοῦ θείου καὶ ἀγγελικοῦ σχήματος μετονομασθεισης Ξένης μοναχῆς, καὶ γίνεσθαι φωταψία τῆς συνήθους δαψιλεστέρα, καὶ λειτουργίαι
ὑπὲρ τῆς ἐκείνης ψυχῆς τέσσαρες, τὸ γὰρ εὑρισκόμενον ἀμπέλιον εἰς
τὸ Κανίχλειον ὡσεὶ μοδίων (en blanc) αὕτη προσήνεγκε, ἀλλὰ καὶ ἐν
τῇ τραπέζῃ τῶν ἀδελφῶν γινέσθω παράκλησις.

Τῇ κγ΄ τοῦ ἰουλίου μηνός, ὀφείλουσι γίνεσθαι τὰ μνημόσυνα τῆς
περιποθήτου ἐγγόνης μου, τῆς θυγατρὸς τοῦ περιποθήτου μοῦ υἱοῦ κυρα
Θεοδώρου Δούκα τοῦ πρωτοστράτορος, κυρᾶς Θεοδώρας Κομνηνῆς Δουκαίνης Ῥαουλαίνης τῆς Παλαιολογίνης, τῆς διὰ τοῦ θείου καὶ ἀγγελικο-
σχήματος μετονομασθείσης Θεοδοσίας μοναχῆς · γινέσθωσαν καὶ ὑπ᾽
ἑαυτῆς λειτουργίαι τέσσαρες καὶ φωταψία δαψιλεστέρα, εἰ γὰρ κ
οὐδὲν αὕτη τῇ μονῇ προσήνεγκεν, ἀλλ᾽ οὖν ὁ περιπόθητός μου υἱ
πρωτοστράτωρ ὁ πατὴρ αὐτῆς καὶ πρῶτα μὲν πλεῖστα προσενήνοχ
καὶ καθεκάστην, καὶ ἔτι προσαναθήσει εἰς τὸ ἑξῆς ζῶν καὶ εὐημερῶ
χάριτι τοῦ Χριστοῦ πλείονα, διὰ τοῦτο μηδὲ ταύτης τὰ μνημόσυνα
ἀμελείσθωσαν.

Τῇ ἕκτῃ τοῦ ἰουνίου μηνός, τελείσθωσαν τὰ μνημόσυνα τοῦ περιποθήτου μου αὐταδέλφου κυροῦ Μιχαὴλ Κομνηνοῦ Βρανᾶ τοῦ Παλαιο
λόγου, τοῦ διὰ τοῦ θείου καὶ ἀγγελικοῦ σχήματος μετονομασθέντος
Μακαρίου μοναχοῦ · τελείσθωσαν δὲ μετὰ μανουαλίων δύο, γινέσθωσαν
δὲ καὶ λειτουργίαι ἑπτὰ ὑπὲρ τῆς ἑαυτοῦ ψυχῆς, καὶ ἐν τῇ τραπέζῃ τῶν
ἀδελφῶν δεῖ ὀψωνίζειν, καὶ παρακλητικώτερον διαιτᾶσθαι, ἐπεὶ καὶ
αὐτὸς προσήνεγκε τῇ μονῇ ὑπὲρ τῶν μνημοσύνων αὐτοῦ εἰκόνα κεχο-
σμημένην τοῦ ἀρχιστρατήγου Μιχαὴλ σαρουτὰ χρυσοῦν ὑπέρπυρα,
κανδήλας ἀργυρᾶς δύο καὶ τριακόσια.

Κη΄. Ὡσαύτως καὶ ὁ ἕτερός μου αὐτάδελφος κῦρις Ἀνδρόνικος
Κομνηνὸς Βρανᾶς Δούκας Ἄγγελος ὁ Παλαιολόγος, ὁ διὰ τοῦ θείου καὶ
ἀγγελικοῦ σχήματος μετονομασθεὶς Ἀρσένιος μοναχός, προσήνεγκε τῇ
μονῇ ὑπὲρ ψυχικῆς αὐτοῦ σωτηρίας ἐλαιοφόριον χρυσοῦ καθαροῦ, ὃς
λέγεται μάλαγμα, ἔχον καὶ κάλυμμα ὑάσπινον, καὶ τὰ θ΄ τάγματα τῶν
ἄνω δυνάμεων καὶ ὑπέρπυρα ἑκατόν · ὀφείλουσι γοῦν καὶ τὰ τούτου
μνημόσυνα γίνεσθαι κατὰ τὴν εἰκοστὴν ὀγδόην τοῦ ἰουνίου μηνός,
γινέσθω οὖν φωταψία δαψιλεστέρα τῆς συνήθους καὶ λειτουργίαι
ἔσσαρες.

Μηνὶ σεπτεμβρίῳ ις΄, τελείσθωσαν τὰ μνημόσυνα τῆς περιποθήτου

μου αὐταδέλφης κυρᾶς Μαρίας Κομνηνῆς Βρανχίνης Λασκαρίνης Δουκαίνης Τορνικίνης τῆς Παλαιολογίνης, τῆς διὰ τοῦ θείου καὶ ἀγγελικοῦ
σχήματος μετονομασθείσης Μαριάννης μοναχῆς · μετὰ μανουαλίων
δύο, γενέσθωσαν καὶ λειτουργίαι ὑπὲρ τῆς ψυχῆς αὐτῆς ἑπτά.

Τῇ δὲ ὀγδόῃ τοῦ ἰαννουαρίου μηνὸς, τελείσθωσαν καὶ τὰ τοῦ ἀνδρὸς
αὐτῆς μνημόσυνα κυροῦ Ἰσαακίου Κομνηνοῦ Δούκα τοῦ Τορνίκη, τοῦ
διὰ τοῦ θείου καὶ ἀγγελίκου σχήματος μετονομασθέντος Ἰωασὰφ μοναχοῦ · καὶ ταῦτα ὁμοίως μετὰ μανουαλίων δύο, καὶ γινέσθωσαν ὡσαύτως καὶ ὑπὲρ τῆς ἐκείνου ψυχῆς λειτουργίαι ζ', προσήνεγκαν γὰρ καὶ
αὐτοὶ ἀμφότεροι τῇ μονῇ, χάριν τῶν μνημοσύνων αὐτῶν, ὑπέρπυρα
χίλια καὶ εἰκόνισμα ἐγκεκοσμημένον λαιμίον τὴν ὑπεραγίαν μου Θεοτόκον λιθάρια ἔχον τρία κόκκινα καὶ μαργαρίτας, ὡσαύτως καὶ εἰς τὴν
ἔξοδον τοῦ περατικοῦ ληνοῦ, δεδώκασιν ὑπέρπυρα οϛ', διὰ τοῦτο παρεγ-
γυῶμαι ἵν' ἀνυπερθέτως τὰ τούτων μνημόσυνα ἐκτελῶνται, γινέσθω δὲ
καὶ ἐν τῇ τραπέζῃ ταῖς ἀδελφαῖς παράκλησις.

Μηνὶ ἰουλίῳ γ', τελείσθωσαν τὰ μνημόσυνα τοῦ περιποθήτου μου
ἀνεψίου τοῦ υἱοῦ αὐτῶν κυροῦ Ἀνδρονίκου Κομνηνοῦ Δούκα Παλαιο
λόγου τοῦ Τορνίκη καὶ παρακοιμουμένου, τοῦ διὰ τοῦ θείου καὶ ἀγγελικοῦ σχήματος μετοναμασθέντος Ἀντωνίου μοναχοῦ · καὶ ταῦτα μετὰ
μανουαλίων δύο, γινέσθωσαν δὲ καὶ λειτουργίαι ὑπὲρ τῆς ἐκείνου ψυχῆς
ἕξ, καὶ ἐν τῇ τραπέζῃ παράκλησις δι' ὀψωνίου ταῖς ἀδελφαῖς. Δέδωκε
γὰρ καὶ αὐτὸς τῇ μονῇ ὑπὲρ τῶν μνημοσύνων αὐτοῦ ὑπέρπυρα πεντα-
κόσια, καὶ κανδῆλαν ἀργυρᾶν λιτρῶν πέντε.

Μηνὶ αὐγούστῳ ὁ[γ]δόῃ, ὀφείλουσι γίνεσθαι τὰ μνημόσυνα τοῦ περιποθήτου μου ἀνεψιοῦ κυροῦ Ἰωάννου Κομνηνοῦ Δούκα Ἀγγέλου Βρανᾶ
τοῦ Παλαιολόγου, υἱοῦ τῆς ὑψηλοτάτης δεσποίνης τῶν Βου[λ]γάρων, ·
τοῦ διὰ τοῦ θείου καὶ ἀγγελικοῦ σχήματος μετονομασθέντος Ἰωασὰφ
μοναχοῦ · γινέσθωσαν δὲ μετὰ μανουαλίων δύο, καὶ λειτουργίαι ἑπτὰ
τελείσθωσαν ὑπὲρ τῆς αὐτοῦ σωτηρίας, καὶ κατὰ μίαν δὲ ἡμέραν τῆς
καθ' ἑκάστην ἑβδομάδος τοῦ χρόνου τὴν πέμπτην λέγω, διδόσθω προσ-
φορὰ μία εἰς θυσίαν ὑπὲρ ἐκείνου καὶ εἰς τὴν πόρταν ἅπαξ τοῦ ἐνιαυτοῦ
οἶνος μέτρα τοῖς δεομένοις τέσσαρα, ἐπεὶ καὶ αὐτὸς περὶ τὴν ἑαυτοῦ
τελευτὴν φιλότιμος γέγονε καὶ τῇ μονῇ πλεῖστα προσήνεγκε · δέδωκε
γὰρ εἰκόνισμα χρυσοῦν τὴν ὑπεραγίαν Θεοτόκον ὅλον μετὰ μαργάρων,
ἔχον καὶ λιθάρια ὀκτώ, τὰ μὲν τέσσαρα κόκκινα, ἠερανὰ (sic) δὲ τὰ

ἕτερα τέσσαρα, μετὰ καλύμματος ὁλομαργάρου, ὃ καλοῦσι συρμάτινον, τὴν στήλην ἔχον τῆς ὑπεραγίας μου Θεοτόκου, ἐκόσμησε φιλοτίμως καὶ ἕτερον εἰκόνισμα τῆς ὑπεραγίας μου Θεοτόκου τὴν κοίμησιν, σὺν τούτοις ἐποίησε καὶ ποδέαν χρυσοκλαβαρικὴν, ἔχουσαν τὰς τέσσαρας ἑορτὰς τῆς ὑπεραγίας Θεοτόκου, καταφυτεύσας καὶ εἰς τὸ μέσον φεγγίον μαργαριτάρια, δέδωκε δὲ καὶ ἀμπέλιον ἔγγιστά που τῆς τοῦ Κοσμιδίου γῆς, ὡσεὶ μοδίων ... (1), καὶ οἴκημα ἐν τῇ τοποθεσίᾳ τῶν Καλιγαρίων, ἕνεκα τῆς φωταγωγίας τῆς ἐν τῷ τάφῳ αὐτοῦ κανδήλας. Γινέσθω τοίνυν καὶ ἐν τῇ τραπέζῃ ταῖς ἀδελφαῖς παράκλησις, καὶ ἐσθιέτωσαν φιλοτιμότερον.

Μηνὶ δεκεμβρίῳ κδ΄, τελείσθωσαν τὰ μνημόσυνα τοῦ εὐγενεστάτου συμπε[ν]θεροῦ μου, τοῦ πενθεροῦ φησὶ τοῦ περιποθήτου μοῦ υἱοῦ τοῦ πρωτοστράτορος κυροῦ Θεοδώρου Δούκα Μουζακίου τοῦ ἐπιστρατοῦ, τοῦ διὰ τοῦ θείου καὶ ἀγγελικοῦ σχήματος μετονομασθέντος Θεοδωρίτου μοναχοῦ · τελείσθωσαν δὲ καθὼς ἔχει δυνάμεως καὶ εὐπορίας τὸ μοναστήριον, δέδωκε γὰρ καὶ αὐτὸς τῇ μονῇ χάριν καταθεπίμου (sic) εἰκόνισμα κεχοσμημένον τὸν ἅγιον Ὀνούφριον καὶ ὑπέρπυρα ἕκατον. Ἐπεὶ δὲ καὶ ἡ περιπόθητός μου νύμφη, ἡ θυγάτηρ ἐκείνου, δέδωκεν εἰς ἀνάκτησιν τῶν κελλίων τοῦ μοναστηρίου ὑπέρπυρα διακόσια, χάριν τῶν μνημοσύνων τοῦ ἰδίου πατρὸς, γενέσθω χρεωστικῶς καὶ τὰ τούτου μνημόσυνα, ἀπαραβάτως ὡς διεταξάμεθα. Καὶ εὔχομαι μὲν τῇ παναχράντῳ καὶ ὑπεράγνῳ μοῦ Θεομήτορι, ἔτι καὶ εἰς αἰῶνας ἀκαταλύτους συνίστασθαί τε καὶ προκόπτειν τὸ ἡμέτερον μοναστήριον, ἔν τε πολιτείας ἱερᾶς ἀκριβείᾳ καὶ τοῖς αὐτῆς πράγμασιν, ἵνα καὶ ὁ Θεὸς καὶ δεσπότης τῶν ἁπάντων θερμοτέρως σὺν πάσῃ σπουδῇ ἀνυμνεῖται, καὶ τὸ πανάχραντον ὄνομα τῆς ἁγίας αὐτοῦ μητρὸς τιμᾶται καὶ μεγαλύνεται. (suit jusqu'à la première ligne du folio 161).

Les derniers feuillets 161-163 contiennent la copie de quelques donations en faveur du monastère, datant de la fin du xivᵉ ou du début du xvᵉ siècle, et dont la copie a été ajoutée à la fin du *Typicon*. Voici le début et la fin du premier :

† Ὁ θεόφιλος ἐκεῖνος κυρὸς Ἰωάννης ἀποθνήσκων ἀφῆκεν ὑπὲρ μνημοσύνου ψυχικοῦ ἑαυτοῦ καὶ τῆς γυναικὸς αὐτοῦ κυρῆς Μαρίας τῆς

(1) Espace blanc ; ce qui suit est ajouté en marge.

Ἀσανίνης ὑπέρπυρα τριακόσια, ἵνα ἀγορασθῇ κτῆμα καὶ προστέθη τῇ σεβασμίᾳ μονῇ τῆς ὑπεραγίας ἡμῶν Δεσποίνης καὶ Θεοτόκου τῇ ἐπικλημένη τῆς Πρωτοβεστιαρίας, καὶ ποιῶσι μνημόσυνα δύο κατ' αὐτὰς τὰς ἡμέρας καθ' ἃς ἀπέθανον...

Πρῶτον μὲν ἔδωκεν νομίσματα ἑκατὸν εἰς τὸ μοναστήριον, καὶ παρεδόθη ἀντ' αὐτῶν ὁ κῆπος ὁ ἐν τῷ Βλάγχα, καὶ ἐγράφη εἰς πρόσωπον καὶ ὄνομα τοῦ Θεοφίλου, νῦν δὲ κοινῇ παρακλήσει καὶ δεήσει τῶν μονα ζουσῶν πρὸς τὴν κυρίαν ἡμῶν τὴν ἁγίαν Δέσποιναν, ἐζήτησαν γὰρ καὶ τὰ λοιπὰ διακόσια δι' ἣν ἔχουσιν ἀνάγκην καὶ στενοχωρίαν ὑπὸ τῆς μάχης τῶν ἀσεβῶν, ἣ καὶ τὴν Κωνσταντινουπόλιν εἰς πολλὴν κατήν τησεν ἀπόριαν · παρεδόθησαν καὶ τὰ λοιπὰ διακόσια εἰς τὸ μοναστήριον ἐπὶ συμφωνίᾳ δὲ καὶ ὑποσχέσει, ἵνα κατὰ τὴν ἡμέραν καθ' ἣν ἑκάτερος αὐτῶν τὸ κοινὸν ἀπέδωκε χρέος, ἤγουν ἡ μὲν Ἀσανίνα κατὰ τὴν κδ' τοῦ νοεμβρίου, ὁ δὲ Θεόφιλος κατὰ τὴν θ' τοῦ δεκεμβρίου, ποιῶσι τὰ μνημόσυνα, ἀφ' ἑσπέρας μὲν ἔχουσαι κόλυβα χοτζέας δ', μανουάλια δ', ἱερεῖς τοῦ μοναστηρίου δύο, δόσιν κηρίων εἰς τὰς μοναχὰς πάσας τῆς μονῆς.......

Ἐγράφησαν ἐνταῦθα διὰ χειρὸς ἐμοῦ τοῦ μεγάλου σκευοφύλακος τῆς ἁγιωτάτης τοῦ Θεοῦ μεγάλης ἐκκλησίας διακόνου Δημητρίου τοῦ Βαλ σαμῶν, μηνὶ φευρουαρίῳ ια', ἰνδ. ε', τοῦ ἑξακισχιλιοστοῦ ἐννακοσιοστοῦ πέμπτου ἔτους † (11 février 1397.)

Les deux derniers actes dont la copie a été ajoutée à la fin du volume sont respectivement datés de 1398 et de 1402.

H. Omont.

COURRIER DE GRÈCE

Athènes, le 2/15 octobre 1904.

Depuis ma dernière correspondance la situation politique témoigne d'une certaine stabilité. Le Ministère a réussi à faire voter par la Chambre les lois sur la réorganisation militaire qui formaient la base de son programme. Cette réorganisation a été adoptée, sauf quelques modifications de détail, telle qu'elle avait été élaborée par le Prince-Héritier, c'est-à-dire qu'elle se contente d'apporter une amélioration à l'ancien état de choses sans bouleverser de fond en comble tout le système actuel, comme le voulaient certains novateurs plus ardents qu'expérimentés. La principale modification aux dispositions de la loi antérieure porte sur les exemptions et les dispenses dont le nombre a été sensiblement réduit, ce qui permettra d'appeler annuellement sous les armes un contingent beaucoup plus fort que par le passé. Le renouvellement de l'armement doit compléter cette réforme ; aussi a-t-on décidé par une loi la constitution d'une Caisse de la Défense Nationale, dotée de ressources particulières, qui est destinée à assurer le service d'un emprunt pour l'achat d'un nouveau matériel de guerre. Le Prince-Héritier est fermement résolu à poursuivre l'œuvre de la réorganisation de l'armée de terre à laquelle il s'est donné tout entier.

A la marine, le ministre, M. Coumoundouros, déploie aussi la plus grande activité afin d'augmenter les forces navales de la Grèce. Vers la fin de la dernière session législative, un projet de loi a été déposé à la Chambre à l'effet d'obtenir l'autorisation d'émettre un emprunt de 20 millions pour l'achat de nouveaux bâtiments de guerre. Le Ministre se propose de former deux escadres composées chacune de trois croiseurs cuirassés, c'est-à-dire de renouveler l'armement des trois croiseurs existants et de faire construire trois nouveaux navires de même rang. La construction d'une flottille de contre-torpilleurs doit compléter cet accroissement des unités de la flotte. Afin de faire face à cette dépense et au service de l'emprunt projeté, la Chambre a voté l'augmentation des ressources de la Caisse de la flotte nationale, dont la principale est la création d'une grande loterie devant lancer chaque année 1 million de billets à 3 drachmes l'un, ce qui laisserait à la Caisse environ 1 million et demi par an.

Nous ne quitterons pas la question de la réorganisation des forces militaires du pays sans dire quelques mots des grandes manœuvres de cette année. Le Prince-Héritier, commandant général de l'armée, grâce à sa persistance et au ferme appui qu'il a rencontré auprès du ministre de la guerre, M. Smolenski, a pu obtenir de la Chambre les crédits nécessaires pour réunir une armée de 8 à 10,000 hommes dans les plaines de Béotie et de Locride et exécuter des manœuvres de brigades. Cet effort, considérable en raison de l'état d'abandon où l'armée avait été laissée depuis 1897, a parfaitement réussi et a rendu quelque confiance aux officiers et aux troupes. Une classe de réservistes avait été appelée sous les drapeaux pour renforcer les effectifs trop faibles des régiments, et cette mesure a permis de constater l'empressement que les hommes ont mis à répondre à la convocation du Ministère de la Guerre.

Après la réorganisation militaire, le Gouvernement avait inscrit à son programme la réforme de l'enseignement. Malheureusement, les longues discussions nécessitées par des questions si importantes et si hérissées de détails n'ont pas permis à la Chambre d'aborder ce côté des projets gouvernementaux. La session qui va s'ouvrir dans quelques semaines, dès qu'elle aura complété l'ensemble des lois fiscales qui doivent assurer le fonctionnement de la nouvelle organisation de l'armée et de la flotte, s'empressera d'ouvrir les débats sur les projets de lois étudiés sur cette matière. M. Staïs, auteur de ces projets, à la suite d'un incident parlementaire suivi d'un duel malheureux, a dû se retirer du ministère de l'Instruction publique où M. Lombardos l'a remplacé; mais il est probable que le nouveau ministre adoptera les vues de son prédécesseur au moins dans les grandes lignes.

Cette question de la réforme de l'enseignement a, du reste, été bien préparée par le Congrès pédagogique qui s'est réuni à Athènes au printemps dernier. Le Congrès s'est ouvert le 30 mars dans la grande salle des fêtes de l'Université, sous la présidence de M. Bikélas, en présence du roi, de toute la famille royale, des Ministres, de tous les hauts fonctionnaires de la capitale et d'une foule de professeurs accourus de tous les points où bat le cœur de l'Hellénisme.

Dans un éloquent discours, M. Bikélas a annoncé que la réunion de ce premier congrès était due à la coopération du Syllogue pour la propagation des lettres grecques, du Syllogue philologique Parnasse et du Syllogue pour la propagation des livres utiles et que, grâce aux efforts de ces sociétés, le nombre des adhérents s'élevait à 1,000. Il a ensuite exposé que la question de l'enseignement touche à une foule de matières qu'il serait impossible d'aborder dans une seule session, mais cette assemblée plénière de tous les éducateurs de la jeunesse hellénique n'était, dans la pensée des organisateurs, que le premier essai d'une série d'assemblées futures. Enfin, il a remercié tous les Hellènes et tous les étrangers qui ont bien voulu concourir par l'envoi de livres et d'appareils à l'embellissement de l'exposition scolaire, annexe et complément de ce Congrès.

M. Staïs, ministre de l'Instruction publique, a exalté dans un magnifique discours l'importance et l'élévation du but poursuivi par la réunion de tant de professeurs. S. M. le Roi déclara le Congrès ouvert et M. Voréadis, conseiller à l'Instruction publique du Gouvernement Crétois, fut nommé président pour la session. La Commission chargée d'examiner les questions soumises au Congrès s'est partagée en quatre sections, la première pour l'Enseignement élémentaire, la deuxième pour l'Enseignement moyen, la troisième, composée de dames et de jeunes filles, pour l'Enseignement des filles et la quatrième pour l'Enseignement professionnel. A la suite de débats dans chaque section, le Congrès a adopté les vœux suivants qui lui ont été proposés par le rapporteur de chaque branche de l'enseignement :

« Rédaction plus claire et plus pratique des dispositions de la loi sur l'enseignement obligatoire. — Réduction de la durée du service militaire pour les conscrits porteurs d'un certificat d'examen de sortie de l'école primaire. — Fondation d'écoles du soir dans toutes les villes du royaume avec obligation d'y assister pour les enfants au-dessous de douze ans. — Enseignement de connaissances pratiques et professionnelles dans les écoles. — Fondation d'écoles dans les casernes et les prisons. — Extension de l'enseignement des sciences physiques dans les écoles. — Fondation d'écoles pour les aveugles, les sourds-muets et les enfants arriérés d'intelligence. — Fondation à Athènes d'un gymnase spécial pour l'instruction théorique et pratique des professeurs et instituteurs. — Fondation d'écoles enfantines pour préparer l'instruction des filles. — Éducation plus nationale et plus sérieuse de la jeune fille. — Appui matériel et moral du gouvernement en faveur des écoles professionnelles.

Quelques jours avant l'ouverture du Congrès pédagogique, S. M. le Roi de Grèce inaugurait la première section de la ligne du chemin de fer de Pirée-Larissa-Frontières. Cette artère, qui desservira la Thessalie, se rattachera aux lignes turques et au réseau européen et reliera la Grèce plus étroitement à l'Europe avec laquelle elle n'a jusqu'à présent qu'une communication par mer, avait été depuis longtemps jugée indispensable ; mais les travaux entrepris il y a une quinzaine d'années avaient été abandonnés faute de fonds. En 1900, M. Théotokis, alors président du Conseil des ministres, traita avec un syndicat, dans lequel entrait la Société française de construction des Batignolles, de la concession nouvelle de cette ligne qui devait aller du Pirée à la frontière turque. Après bien des atermoiements, amenés par les embarras du marché financier et la hausse des matières premières à la suite de la guerre du Transvaal, les travaux furent commencés en 1902. La ligne part du Pirée, passe par Athènes, Thèbes, Livadia, Demerli, Larissa pour aboutir à la frontière, et c'est la première section, du Pirée à Thèbes, qui a été inaugurée et livrée à l'exploitation au mois de mars dernier. Cette section comprend un embranchement sur Chalcis ; c'est dans cette ville, sur les bords enchanteurs de l'Euripe, que la Compagnie des Chemins de fer helléniques a reçu ses invités. Un vaisseau de guerre français, le « Condor », un vaisseau anglais et un vaisseau grec, embossés dans le port, saluèrent de leurs salves, multipliées par les échos des montagnes de l'Eubée, l'arrivée du train royal dans la coquette petite gare, pavoisée et noyée dans le flot du peuple massé sur les pentes du vieux fort. Les ministres, le corps diplomatique tout entier et une foule de hauts fonctionnaires faisaient au souverain une escorte d'honneur. Du Pirée, la ligne traverse le bois d'oliviers, touche Athènes à l'extrémité occidentale de la ville, puis s'élance, à travers la plaine de l'Attique, à l'escalade des pentes du Parnès qu'elle contourne sur une voie au niveau très mouvementé. Elle traverse le site admirable et les bois de Tatoï, redescend vers la riche plaine de la Béotie, en détachant une voie vers Chalcis, et s'arrête pour le moment à Thèbes. Les travaux sont poussés activement sur le reste du parcours qui longe les escarpements des Thermopyles d'où un embranchement court à

Lamia, traverse la chaîne de l'Othrys, puis, après un long tunnel, arpente les vastes plaines de la Thessalie. La Compagnie étudie en outre le tracé d'un embranchement de Livadia à Itéa, l'échelle de Delphes, à la grande joie des archéologues et des touristes.

La création de cette ligne n'est pas le seul progrès réalisé cette année sur les voies de communication. Le chemin de fer qui relie Athènes au Pirée a transformé son mode de traction ; les locomotives ont fait place à l'électricité. Cette modification a entraîné une dépense assez élevée ; la transmission de la force se faisant au moyen d'un troisième rail posé à terre, il a fallu isoler entièrement la voie, supprimer tous les passages à niveau et les remplacer par des ponts, et enfin se pourvoir d'un matériel neuf. Comme compensation à ces dépenses, la Compagnie pourra développer le rendement de l'exploitation par la rapidité plus grande du transport et la multiplicité des trains qui se suivront à intervalles moins espacés. Le public y gagnera encore l'abaissement du prix des places.

Ces grandes entreprises, en dehors du concours qu'elles apportent au développement du Commerce, de l'Industrie et de l'Agriculture en Grèce, ont déjà exercé une influence salutaire sur la situation économique du pays. L'or, apporté par la souscription à l'emprunt du chemin de fer de Pirée-Larissa, a fait fléchir le cours du change, et l'abondance des récoltes de l'année dernière a appuyé cette tendance à la baisse. La Commission financière internationale, dans son rapport sur l'exercice 1903, constate une augmentation de 2 millions et demi de drachmes dans le rendement des revenus affectés au service de la Dette publique. Elle attribue ce résultat à la prospérité matérielle du royaume, à l'extension des entreprises industrielles, au développement de la marine marchande. « La Grèce, dit le rapporteur, est à la veille de reconstituer ses forces économiques pour sortir définitivement de la crise ouverte par les difficultés de l'année 1893, si rien ne vient entraver cette œuvre de régénération. »

A côté de ces améliorations de premier ordre, il serait injuste d'oublier les progrès qui se manifestent dans la presse athénienne. Les presses rotatives commencent à devenir chose banale. Un journal a commencé, un deuxième a suivi, puis un troisième, et, à l'heure actuelle, on nous donne pour cinq lepta, un peu moins d'un sou, des journaux quotidiens de six et huit pages. Cette marche en avant est suivie par les journaux illustrés, dont quelques-uns prennent un aspect assez soigné, presque élégant.

Puisque nous côtoyons la question de l'Art, c'est le moment de dire que la semence jetée l'année dernière par M. Truffier de la Comédie Française à l'Odéon (Conservatoire) d'Athènes commence à donner des fruits. Les examens de déclamation ont été très brillants et une classe de chant, instituée sur la même méthode et dirigée par notre compatriote, Madame Féraldi, au même établissement, a donné des résultats vraiment surprenants.

Il n'est point de tableau sans ombres. Le plus grand nuage qui pèse en ce moment sur l'horizon politique, c'est la situation précaire que traversent les populations grecques de Macédoine. Les réformes n'ont pas encore donné la sécurité aux malheureux habitants de cette contrée, et les intrigues politiques qui se nouent et se dénouent ne sont pas faites pour rassurer les inquiétudes patriotiques de ceux qui rêvent de voir tous les enfants de l'Hellénisme réunis sous un même drapeau et sous les mêmes lois. M. Cazazis, président de la Société « Hellénismos », a entrepris en Angleterre, en France et en Italie une sorte de croisade pour réchauffer les sympathies à la cause hellénique des hommes politiques de ces grandes nations.

J. GUILLEBERT.

COMPTES RENDUS BIBLIOGRAPHIQUES

La Revue rend compte, à cette place, de tous les ouvrages relatifs aux études helléniques ou à la Grèce moderne, dont UN *exemplaire sera adressé au bureau de la Rédaction, chez M. Leroux, éditeur, 28, rue Bonaparte.*

Les ouvrages dont les auteurs font hommage à l'Association pour l'encouragement des Études grecques ne seront analysés dans cette bibliographie que s'il en est envoyé DEUX *exemplaires, l'un devant rester à la Bibliothèque de l'Association, et l'autre devant être remis à l'auteur du compte rendu.*

---

54. Dr *Ernst ASSMANN. Das Floss der Odyssee. Sein Bau und phoinikischer Ursprung.* In-8° de 32 p. avec 4 illustrations. Berlin, Weidmann, 1904.

A propos de la σχεδίη qui mène Odysseus de l'île de Kalypso à l'île des Phéaciens, M. A. développe, non seulement pour l'origine de l'Odyssée, mais encore pour celle de toute la civilisation grecque, des théories phéniciennes auprès desquelles celles de M. Bérard semblent timides et conservatrices. Pour lui, sans origine sémitique, rien de grec ne peut s'expliquer : Héphaistos, c'est en araméen *hephiashissatha* = celui qui anime le feu, et sa compagne Kaminô, en assyrien *Kamu* = la brûlante; Poseidon, en phénicien *baalsidon* = le maître du poisson, et, si on le qualifie de Gilaios, c'est que *gil* = flot; de même Apollon, c'est en assyrien *apalu* = répondre (pour un oracle) et il est dit Pythien comme dompteur de *pethen* = le serpent sémitique; pareillement θάλαμος transcrit *tha-alam* = chambre cachée; γαμέω

gami = unir; ἀγαπάω *agab* = aimer etc., tout, jusqu'aux expressions comme « nombril de la mer », « pasteurs des peuples », « fils des Akhaiens » dérive de l'influence ou plutôt de la domination sémitique. Pour établir une pareille thèse, l'auteur se borne — et pour cause — à des rapprochements étymologiques ou mythologiques généralement contestables. Quant à la σχεδίη en particulier, il ne trouve comme étymologie que l'infinitif hébreu *schoth* de *sachach* = nager. Pour sa description il diffère de M. Bérard. Tandis que celui-ci, à chaque extrémité d'un plancher de poutres, cloue, ici le gaillard d'avant qui porte le mât, là le gaillard d'arrière qui porte le gouvernail, M. A. réunit mât et gouvernail aux deux bouts d'un seul et même pont élevé au milieu des poutres du radeau. Cette dernière conception semble plus rationnelle : comment, si le mât et le gouvernail étaient sur deux ponts séparés, Odysseus pourrait-il les surveiller en même temps? A quoi surtout pourrait lui servir cet ἐπίκριον que

M. Bérard interprète comme une hune
pour vigie, alors qu'il est obligé de rester auprès de son mât et de son gouvernail? Il est vrai que M. A. n'en donne
pas d'explication plus satisfaisante. Il
ressort de son travail que la σχεδίη,
chose et nom, a dû être empruntée à
la marine phénicienne qui seule s'en
servait. Mais de cet emprunt isolé des
Hellènes à leurs prédécesseurs et concurrents, conclure à l'origine sémitique
de l'entière civilisation hellénique, c'est
un *salto mortale*.

A. J. R.

55. Νιχ. Α. Βέη, Ἔκφρασις κώδικος τῆς
μητροπόλεως Μονεμβασίας καὶ Καλα-
μάτας. Tirage à part du Δελτ. τ. ἱστ.
χ. ἐθν. ἑτ. τ. Ἑλλ., 1903, 186-208. —
Χρονογραφικὰ σημειώματα ἐκ τῶν κωδίκων τῆς ἐθν. Βιβλιοθήκης τῆς Ἑλλάδος.
Extrait de la Ἀθηνᾶ, 1903, 94-112. —
Δημώδη ᾄσματα Φιγαλίας. Extrait du
Δελτ. τ. ἱστ. χ. ἐθν. ἑτ. τ. Ἑλλ., 1903,
209-276.

Voici trois brochures de M. N. Béis,
qui sont faites dans un esprit excellent
et avec méthode. La première (Ἔκφρασις, etc.; pourquoi reprendre ce mot,
qui n'est pas classique, au lieu de
περιγραφή, qui est ancien et que tout
le monde connait aujourd'hui dans le
sens où l'auteur prend ἔκφρασις, lequel
signifie, même en grec savant, *expression*?), la première de ces brochures
comprend donc la *description* d'un manuscrit de Monembasie, du XVIᵉ siècle
(p. 186), qui se trouve — ou se trouvait
— dans la Bibliothèque de Turin et dont
l'auteur a découvert à Calamès, chez un
particulier, une version nouvelle. Ce
manuscrit, dont il donne quelques extraits, n'est pas seulement intéressant
pour l'histoire de Monembasie, mais,
par les récits ou divers actes qu'il contient, très important pour les archives
nationales de la Grèce moderne, noms
de lieux, noms propres, etc. On y voit
aussi combien la langue officielle et

ecclésiastique (p. 188, 190 entre autres;
se rapprochait alors du grec parlé, même
dans le vocabulaire spécial du droit.

Le second travail relève dans les manuscrits de la Bibliothèque Nationale
de Grèce, les abréviations ou sigles
chronologiques dont l'auteur donne la
solution. Les dates, au commencement
ou à la fin d'un manuscrit, contiennent
souvent la mention d'événements qui se
sont accomplis au moment même, et
ont, par là, un intérêt historique incontestable pour la Grèce médiévale et
moderne, dont l'auteur s'occupe spécialement. Dans ces sortes de notices,
nous trouvons aussi des documents
linguistiques précieux, qui nous montrent l'usage constant du grec vulgaire.
Celui-ci n'est pas toujours facile à rétablir, (voir, p. e., p. 97) sous sa vraie
forme, à cause de la graphie souvent
capricieuse et de la séparation arbitraire des mots (cf. εγίνει κίχει μουφο-
βερός = ἐγίνηκε χειμὼν φοβερός). M. Béis
réussit heureusement dans ses lectures
à remettre le vrai sens. Ce n'est encore
ici cependant qu'un court mémoire
pour annoncer une étude plus complète.

La troisième brochure nous présente
des chansons populaires de Phigalie.
Phigalie, c'est aujourd'hui le village de
Pavlitsa en Arcadie. Aussi le titre général de l'ouvrage, dont nous voyons
ici un extrait, est-il Ἀρκαδικὰ γλωσσικὰ
μνημεῖα. Les textes publiés sont suivis
d'un commentaire. Ce commentaire est
surtout historique, et, grâce aux connaissances paléographiques de l'auteur
et à d'heureuses recherches, on y trouve
souvent des rapprochements ingénieux
et inattendus entre les événements ra-
contés dans les chansons et des faits
mentionnés dans l'histoire. L'auteur est
plus sobre de remarques grammaticales. On est toutefois surpris de rencontrer encore chez lui des graphies
comme χι' ἐγώ (p. 209), χι' ἀκόμη, lesquelles n'ont aucune raison d'être.
Quant à τῆς (p. 246), acc. fém. plur.
de l'art., cela ne s'écrit plus, même

quand on transcrit d'après Marcellus.

En somme, voilà trois études intéressantes pour les origines de la Grèce médiévale et moderne ; elles font honneur, toutes les trois, à M. Béïs.

Jean PSICHARI.

56. *S. EITREM, Die Phaiakenepisode in der Odyssee.* Grand in-8° de 36 pages. Christiania, Bylwad, 1904.

Le dix-huitième jour après son départ d'Ogygie, Odysseus, qui a toujours navigué de sud-ouest en nord-est, « aperçut les montagnes ombreuses de la terre des Phéaciens, là où elle se trouvait le plus près de lui ; et elles lui apparurent comme un bouclier sur la mer vaporeuse. » O. ne s'y attend pas plus que le lecteur, Kalypso ne lui en a rien dit ; Hermès n'en avait rien appris à Kalypso. Or Hermès 1° est le type du messager qui n'oublie rien, 2° a pour O. une considération particulière. Si Zeus lui en avait dit quelque chose, il l'eût répété ; puisqu'il n'en dit rien, c'est que notre Zeus qui annonce (V, 34-40) l'aventure phéacienne a été introduit en même temps que celle-ci et pour la préparer. Pour que O. en soit prévenu et agisse en conséquence, le même aède a introduit l'épisode d'Ino-Leukothéa (335-50) qui n'apparaît qu'en ce passage et pour ce seul but. Elle l'invite, protégé par le voile qu'elle lui donne, à nager sans crainte vers la Phéacie où il trouvera son salut. De ces conseils, O. si obéissant pourtant aux dieux, ne fait guère cas ; il faut que Poseidon l'y contraigne en le précipitant de son radeau fracassé ; alors seulement il se met à la nage, tout en préférant joindre au voile de sauvetage de la déesse une bonne poutre qu'il trouve plus sûr de chevaucher comme un coursier. C'est qu'il ne voit plus cette terre qui doit lui donner asile (358-9), qui tout à l'heure était toute proche (280). Aussi se défie-t-il de Leukothéa qui peut-être le trompe comme Kalypso. Cependant le calme

revient : Poseidon s'en va, sachant que le Destin veut qu'il laisse O. arriver en Phéacie. C'est ce qu'ignore Athéna, ainsi que l'intervention de Leukothéa. Aussi craignant inutilement pour O., elle apaise la tempête, bien qu'elle s'apaise d'elle-même ; elle le fait pousser par le vent du nord-est, bien que ce vent semble devoir l'écarter de Phéacie. Malgré ce vent, O. est ballotté pendant trois jours ; c'est alors que, sans nulle intervention divine, le calme renaît ; c'est alors que de nouveau il aperçoit Phéacie. Encouragé par cette vue, O. quitte sa poutre, se remet à la nage ; mais la tempête reprend : il faut qu'Athéna intervienne pour le sauver. — Pour qui étudie critiquement tout ce morceau (260-450) les discordances apparaissent bientôt inconciliables : le voile de Leukothéa ne peut servir qu'à un nageur, le vent d'Athéna qu'à un navigateur ; les vents arrêtés permettent au nageur d'avancer, arrêtent le navigateur. D'ailleurs, la poutre a disparu, inutile en ce calme ; le voile, redevenu utile, reparaît ; enfin, impossibilité capitale, c'est le vent du nord-est qui amène O. à une terre située au nord-est ! Pour concilier de pareilles absurdités, il faudrait admettre que, lorsqu'il voit cette terre toute proche, c'est sa face orientale qu'il a devant les yeux : que la tempête le rejette plus loin au nord et qu'il faut trois jours de Borée pour le ramener sur la face occidentale de l'île. Mais la critique évolutionniste moderne ne peut plus se contenter de cette explication de scoliaste ; voici comment M. E. interprète tout ce passage : dans un récit antérieur, Odysseus, arrivé en vue d'Ithaque, était aperçu par Poseidon, enlevé, culbuté dans une dernière tempête ; parvenu à remonter sur son radeau désemparé, Leukothéa l'invite à se jeter à la mer protégé par son voile sacré ; O. a peur d'être de nouveau dupe, ne se jette à la nage que lorsqu'il ne peut plus faire autrement ; son radeau brisé, la tempête s'apaise et il arrive à la nage à Ithaque. A ce simple morceau de liaison entre la Kalypsoïde et l'Ithakéïde, lorsque la Phéacide est venue s'y intercaler, s'en est superposé un nouveau qu'il est difficile d'en distinguer complètement. Poseidon veut empêcher Odysseus d'arriver chez les Phéaciens ; en vue d'Ithaque, les quatre vents se déchaînent à la fois, le radeau sans mât ni gouvernail est ballotté sans changer de place ; au bout de deux jours les madriers se disjoignent ; à l'un d'eux O. se cramponne ; en ce suprême danger il faut qu'Athéna intervienne elle-même, qu'elle le fasse pousser par Borée sur la côte Phéacienne. Lorsque O. aperçoit, non plus la côte hospitalière d'Ithaque, mais une côte étrangère et inaccessible, il perd tout courage. Il faut pour le sauver le secours du fleuve phéacien après une double intervention d'Athéna. Cette double intervention semble encore suspecte à M. E. Qu'est devenue la poutre que montait O.? Sans doute il l'a lâchée, sur l'ordre d'Athéna, pour saisir le rivage ? Mais, s'il lui a obéi, c'est qu'il craignait de déchirer sa peau contre les falaises (494). Or, en suivant l'ordre divin, il l'y déchire tout aussi bien (435). La déesse doit alors lui inspirer une nouvelle idée (437 = 427) qui, au contraire de la première, ne peut plus servir qu'à un nageur dépouillé de ses vêtements. Ceux-ci, il les a bien retirés, une fois juché sur sa poutre (371), obéissant non à Athéna, mais à Leukothéa, jeté non vers la Phéacie, mais vers Ithaque. Il faut donc décomposer non pas en deux, mais en trois : avec le retour à la nage en Ithaque se sont fusionnées deux arrivées distinctes en Phéacie ; dans l'une, Odysseus arrivait sur les débris de son embarcation, ce qui lie mieux la Phéacide avec ce qui précède, Kirkèïde ou Kalypsoïde ; dans l'autre, en nageant et par suite nu, ce qui lie mieux avec tout l'épisode suivant de Nausikaa fondé sur la nudité d'O. Il faut donc s'imaginer une première Phéacide où O. n'arrivait ni à la nage ni nu et où l'intervention

d'Athéna rendait Nausika inutile. Or Athéna, dans l'Ithakèïde intervient comme Nausikaa dans notre Phéacide, pour protéger O. affaissé sous un olivier écarté et lui montrer par où il doit aller et ce qu'il doit faire. Il y a eu sans doute ici, en une mesure impossible à déterminer, contamination : 1° entre les deux protections d'Athéna, à Ithaque et en Phéacie ; 2° entre ses deux protections et celle de Nausikaa. Une fois Nausikaa adoptée comme suppléante, Athéna n'a plus à intervenir qu'en songe pour la susciter. Plus ancienne et comme inhérente à la Phéacide primitive, Athéna n'en a pas moins encore persisté dans la version de Nausikaa : 1° pour dissimuler O. dans un brouillard avant et après l'entrée dans la capitale des Phéaciens — dittographie évidente ; 2° pour lui indiquer ce qu'il aura à faire — inutile quand Nausikaa vient de le styler ; 3° pour lui rendre courage et force pendant les jeux — encore inutile puisqu'elle y a déjà pourvu au VI, 140.

Une analyse approfondie comme celle que fait M. E. des VI, VII, VIII chants, arrive à y distinguer la version d'Athéna de la version de Nausikaa ; nous ne pouvons malheureusement le suivre dans ces curieux détails. Indiquons seulement les caractères généraux par lesquels se distinguaient les deux versions aujourd'hui confondues et qui se rattachaient à des phases différentes de la légende des Phéaciens et de la composition de l'Odyssée.

Dans la première les Phéaciens, loin d'avoir cette *piété* analogue à l'*hospitalité* des doux Lotophages, étaient apparentés aux féroces Kyklopes, du pays desquels ils provenaient ; comme eux, monstres de la mer et fils de son dieu, ils n'ont que haine pour l'ennemi de Poseidon ; Odysseus arrive chez eux, poussé par la tempête, sur le radeau que lui a fourni Kalypso, revêtu des riches vêtements qu'elle lui a donnés (c'est le sens primitif de Kalypso : celle qui recouvre, qui revêt ; ce n'est que plus tard qu'elle est devenue, celle qui recouvre d'ombre, par dérivation : celle qui cache) et qui lui ont sauvé la vie, (cf. dans notre version le voile de l'autre divinité marine bienveillante, Leukothéa.) Comme chez les Laistrygons, ogres et vampires, il rencontre d'abord, auprès de la fontaine, la fille du roi, belle et perfide, qui lui montre le chemin de la ville; cette ville est aussi une espèce de puits où O. est dépouillé de ses richesses et retenu prisonnier; seule l'intervention incessante d'Athéna parvient à le tirer de cette première Phéacie, île enchantée des méchants génies. Dans la seconde version, la Phéacie est devenue l'île enchantée des bons génies, qui ont lutté contre les Kyklopes, qui bravent Poseidon, chez qui Arété, la « secourable », a donné à Alkinoos devenu plus humain cette Nausikaa, non plus la perdition, mais le salut d'O. Loin d'y être dépouillé, celui-ci, arrivé nu et à la nage, peut-être de Thrinakie, est revêtu par Nausikaa qui joue ici le rôle de Kalypso, comblé de présents par les Phéaciens, ramené enfin à Ithaque chargé d'or et plein de confiance. (Dans cette deuxième version, avant Nausikaa, Athéna, pendant la transition, a dû jouer son rôle.)

Le seul exposé de pareils résultats, fondés sur le travail le plus scrupuleux, suffit, je pense, à montrer dans le mémoire de M. E. l'une des plus importantes contributions qui aient été, dans ces dernières années, apportées à l'étude de l'évolution de l'Odyssée. Lorsque chaque épisode odysséen aura été étudié critiquement, comme M. E. vient de le faire pour celui des Phéaciens, la question odysséenne pourra être définitivement résolue.

A.-J. REINACH.

57. *GALENI libellus de captionibus quae per dictionem fiunt* — edidit. *Car. Gabler.* Diss. Rostock. Rostock, Hinstorff, 1903, in-8°, 28 p.

L'opuscule περὶ τῶν παρὰ τὴν λέξιν σοφισμάτων, dont on ne connaît qu'un seul manuscrit (Ambros. 93), n'avait pas été réimprimé depuis la grande édition de Kühn (1822). Les divergences de l'édition princeps (Aldine) avec le manuscrit sont dues à des conjectures ou à des négligences de l'éditeur; seul des éditeurs subséquents Charter a fait réaliser au texte de sérieux progrès; mais l'état en est encore des plus fâcheux. M. G. a mis a profit une nouvelle collation de l'Ambrosianus par Kalbfleisch et a remis en honneur dans plusieurs passages les leçons de ce manuscrit (p. 583 Kühn, καταλαβεῖν; 591, ἡ δασεῖα, contre Jannaris). Parmi les corrections dues à d'autres savants il faut citer à part, p. 595, celle de Kalbfleisch et Arnim : αὐλητρὶς πεσοῦσα (παῖς οὖσα cod.). Mais M. G. a aussi risqué de nombreuses conjectures personnelles, dont quelques-unes très plausibles (583, ὅταν <διὰ ταύτην τὸ> διττόν; 587, εἴπερ <οὖν> τὸ καλῶς πρὸς τοῦτο <ἀνήκει, κακία τῆς λέξεως ἔσται τὸ> μή ; 592, 22 ὥσπερ ἕν τι <τὸ> λογικόν ; 593, ταῦτα γὰρ οὐκ <ἂν ἄλλως συμβαίη> ἤ ; 594, ὅτι δ' οὐκ <ἐκ> ταὐτο-<μάτου> τὴν διαίρεσιν; 596 : <ὡς> σός ἐστιν υἱός · καὶ γὰρ, etc. Les notes, parfois très développées, justifient ou expliquent les leçons adoptées ; un index complet facilite les recherches. En somme, excellent travail de débutant, qui promet un philologue et un critique.

H. G.

58. *GLOTZ (Gustave). L'ordalie dans la Grèce primitive.* Paris, Fontemoing, 1904, in-8°, 136 p.

La « petite thèse » de M. Glotz se lit avec intérêt ; elle témoigne de lectures très vastes et de l'esprit le plus ingénieux servi par une plume alerte. Malgré cela, on a l'impression que le sujet était un peu maigre et que l'auteur, pour le grossir aux proportions d'un volume, a dû faire flèche de tout bois. Ce que nous savons des ordalies (jugements· de Dieu) dans l'ancienne Grèce se réduit, en réalité, à très peu de chose. Sans doute, il n'est pas défendu de chercher dans la mythologie, dans les contes où il est question d'enfants et de femmes exposés dans la mer ou jetés dans un lac, de sauts dans un précipice, d'emmurement, d'épreuves par le feu, etc., quelques indications complémentaires sur le rôle qu'a dû jouer ce mode de preuve dans la société grecque primitive, mais le mythe judiciaire n'est sûrement pas aussi répandu que le croit M. Glotz; il le voit partout et tombe ainsi dans un excès opposé, mais pareil, à celui des sectateurs à outrance du mythe naturaliste dont il se moque (1). En revanche nous sommes pleinement d'accord avec l'auteur sur l'origine historique et le caractère primitif de l'ordalie : très différente du duel judiciaire, elle est née dans la juridiction du γένος; à l'origine, une preuve magique s'y confond avec la peine; elle est une

(1) Il en arrive à croire (p. 25) que l'arche sainte (des Hébreux) a la même origine que la λάρναξ qui sert à exposer les enfants « livrés aux dieux » et qui évoque par suite irrésistiblement « l'idée de mort et d'immortalité ! » Le rituel grec du Διὸς κῴδιον est expliqué par l'usage tardif d'une ville Syrienne (p. 31). — Les étymologies sont parfois bien hasardeuses. L'Astéria de Délos « était une Astoret » (p. 42). Il y a des roches skironiennes « dans l'île qui en garda le nom » (Skyros par un y). Peisidiké, mère d'Argennos, signifierait « la justice qui apaise » (p. 47) (sic). Dictys et Dictynna sont les héros du δίκτυον (filet) « si l'on ramène leurs aventures à une coutume authentique des temps primitifs (p. 52). » Dans plusieurs cas M. G. a eu le tort d'enregistrer comme grecs des usages de peuples barbares habitant dans les limites du monde gréco-romain (Hirpi d'Italie, Castabaliens de Cappadoce, etc.).

dévotion, un abandon aux dieux; l'accusé est mis à leur discrétion; s'il échappe, le voilà intangible. Avec la naïve ardeur de la foi, la sphère d'application de ce procédé devait fatalement se restreindre. A l'époque historique l'ordalie n'intervient plus guère que là où les relations de famille rendent l'action judiciaire impossible ou à la suite d'un compromis; souvent elle est remplacée par un simple serment accompagné d'un geste symbolique : elle devient l'imprécation ou la question. Sans le fameux texte de l'*Antigone* elle aurait presque disparu de la littérature classique.

T. R.

59. *GOMPERZ (Théodore)*. *Les Penseurs de la Grèce*. Tome 1er, traduit par *Aug. Reymond*. Lausanne, Payot et Paris, Alcan, 1904, in-8°, XVI-545 p.

L'ouvrage si remarquable de M. Gomperz ne fait pas double emploi avec l'*Histoire de la philosophie grecque* de Zeller : moins technique, moins richement documenté, quoique tout aussi solide que celle-ci, il s'adresse à un public plus étendu et présente (ou présentera, une fois achevé) de l'histoire de la pensée des Grecs, et non pas seulement de leur philosophie, un tableau plus large et plus intéressant. L'auteur n'est pas seulement un savant homme, mais, chose peut-être plus rare parmi les professeurs allemands, un homme très instruit, également familier avec toutes les branches, toutes les époques de la littérature et de l'histoire, capable de citer à propos Flaubert, Dumas père, Auguste Comte et Liebig, aussi bien que les érudits en us et les dissertations les plus spéciales. Nous en dirions davantage si M. Alfred Croiset, dans une préface courte mais exquise, n'avait dit si bien tout ce qu'on peut dire sur la différence des deux auteurs et des deux livres. Autant donc la traduction française (incomplète) de Zeller, malgré la peine et le talent qu'y a dépensés M. Boutroux, nous paraît œuvre superflue (car les érudits auxquels s'adresse ce livre *doivent* savoir l'allemand) et vite surannée, autant celle de l'ouvrage de Gomperz est utile et opportune. Faite sur la deuxième édition allemande, elle vise à une fidélité absolue ; on n'a pas fait d'autre changement que de transporter sous le texte les notes qui, dans l'original, sont rejetées à la fin de chaque livre, changement que nous approuvons pleinement. Le traducteur, qui est professeur à Morges, paraît s'être acquitté de sa tâche avec toute la conscience et la compétence désirables ; sa prose se lit facilement, sinon toujours agréablement, et le sens est bien saisi ; j'ai noté çà et là quelques *helvétismes* qu'il serait bon d'éliminer des volumes suivants (1). L'ouvrage allemand n'en est encore qu'à son second volume ; souhaitons que M. R. le rattrape et puisse désormais publier sa traduction en même temps que les fascicules correspondants de l'original. Il rendra ainsi un véritable service au public lettré de langue française.

T. R.

60. Dr *Ernst HORNEFFER. Platon gegen Sokrates.* Leipzig, Teubner, 1904, 82 p. in-8°.

Jusqu'ici on se représentait volontiers Platon se faisant au début de sa carrière l'écho agrandi de l'enseignement socratique. Selon notre auteur (et l'idée est certainement originale) le disciple au contraire n'aurait rien eu de plus pressé que de rompre avec certaines théories de son maître, tout en protestant de son admiration pour lui. Ainsi une des thèses favorites de So-

crate, c'était le rapprochement étroit par lui établi entre la vertu et la science. Platon s'efforcera de prouver que l'élévation morale est indépendante de la supériorité intellectuelle : la science à elle seule ne suffit pas à assurer la réalisation de notre destinée. Trois dialogues, le *Petit Hippias*, le *Lachès*, le *Charmide*, fournissent successivement à M. Horneffer les éléments de sa démonstration.

Dans le premier, Socrate lui-même rejette toute distinction entre Achille et Ulysse, c'est-à-dire entre le véridique et le menteur, et aboutit à cette conclusion que celui qui ment sciemment est moralement au dessus du menteur involontaire ; deux thèses dont la fausseté est assez évidente. M. Dümmler avait émis l'opinion que Platon avait voulu avant tout se railler des *Etudes homériques* d'Antisthène : M. Horneffer rejette cette hypothèse.

De même, le *Lachès* débute sans doute par un éloge de Socrate, déclaré sans rival dans l'art d'analyser et de définir les concepts ; mais Nicias, chargé de défendre la thèse socratique sur le courage, se voit convaincu d'ôter à cette vertu tout caractère spécifique, et Socrate n'hésite pas à s'approprier les objections malicieuses adressées au vieux général par son collègue Lachès.

Même observation au sujet de *Charmide*. Ici, c'est Critias qui a mission de soutenir, à l'exemple de Socrate, que la sagesse consiste à « jouer son rôle », ou encore à se connaître soi-même ; or, cette science qui n'a d'autre objet qu'elle-même est à la fois impossible et inutile.

En se plaçant à ce point de vue assez imprévu, l'auteur réussit à sauvegarder le sérieux de certaines discussions, que pour les besoins de la cause on qualifiait d'ironiques, et à restituer une valeur réelle à tel développement qui passait pour entièrement épisodique. Mais il semble parfois rivaliser de subtilité avec le philosophe grec lui même ; le plan qu'il a suivi l'a entraîné

(1) P. 14, qu'est-ce que des « Grecs moyens? » P. 20, en haut, phrase peu correcte. P. 32, au bas. On ne dit pas *sépulture* pour *ensevelissement.*

à des redites et à des longueurs, et en dépit de son incontestable érudition, il n'est pas certain que Socrate ait reconnu l'expression authentique de sa pensée dans les opinions discutées, sinon combattues au cours de ces trois dialogues, opinions dont quelques-unes tout au moins sont affirmées à nouveau dans des compositions platoniciennes postérieures.

C. Huit.

61. *HATZIDAKIS (George)*. Ἀκαδημιεικὰ Ἀναγνώσματα εἰς τὴν Ἑλληνικήν, Λατινικὴν καὶ μικρὸν εἰς τὴν Ἰνδικὴν Γραμματικήν, ὑπὸ Γεωργίου Ν. Χατζιδάκι. Β. — Ἐν Ἀθήναις, Βιβλ. Κ. Μπέκ., 1904, Gr. in-8, χϛ' — 688 pp. (Bibl. Marasly).

Le tome II du grand ouvrage de M. Hatzidakis a suivi de près le premier (cf. *Revue des Études grecques*, XVI, p. 136), et nous n'avons qu'à nous en féliciter pour l'avenir de la grammaire historique en Grèce. Le couronnement de l'œuvre n'en dément pas le début, et j'espère en avoir suffisamment défini le caractère général pour n'avoir pas à y insister davantage : l'hellénisme y a mis son sceau en une prose abondante et limpide, au charme de laquelle même un « barbare » ne saurait rester insensible ; la documentation, très considérable et, en ce qui touche au grec, d'une richesse vraiment exceptionnelle, est toujours puisée aux sources les plus sûres ; la rigueur des lois phonétiques, si fidèlement sauvegardée, que l'auteur se refuse, par exemple, à admettre le moindre rapport étymologique entre ἤλθε et ἦλθε (p. 214 et 519). Tout au plus, au point de vue strictement linguistique, pourrait-on parfois regretter les sacrifices qu'a exigés « l'idole » de l'atticisme, — le terme entendu au sens de Bacon : — de ce que l'attique soit devenu le grec commun, père du grec actuel, il ne s'ensuit nullement qu'il occupe, pour le linguiste, un rang éminent, ni même une place à part parmi

les dialectes grecs ; il n'est qu'un d'entre eux, sur le même plan que le plus modeste ou le moins connu, et il n'y a aucune raison, par conséquent, d'étudier les lois de la contraction vocalique, d'abord en attique, ensuite dans les autres dialectes. Au contraire, il fallait les confronter dans un tableau d'ensemble, pour bien pénétrer l'esprit de l'élève de cette vérité fondamentale, qu'un processus phonétique quelconque, pour avoir cours dans la langue la plus cultivée et la plus répandue, n'est que l'une des possibilités, ni plus ni moins légitime que toutes les autres, dont la réalisation constitue une différenciation dialectale. Mais le botaniste qui analyse des fleurs d'un si bel éclat est bien excusable de ne pas abjurer d'emblée toutes ses préférences d'horticulteur.

On a pu s'apercevoir que le titre du livre s'était légèrement modifié d'un tome à l'autre : « un peu de sanscrit », nous dit cette fois M. H., et il faut le louer de cette modestie. Encore, malheureusement, ce peu appelle-t-il les mêmes réserves que j'ai déjà formulées : sont-ce les typographes grecs qui se montrent rebelles à ces importations asiatiques ? je ne sais, mais le fait est qu'elles revêtent un aspect plutôt déconcertant. Dès la page 7, je lis un *áhutis* « θυσία », qui, s'il existait, ne pourrait signifier que « absence d'offrande ». P. 39, le signe de la longue manque de même sur plusieurs syllabes, et le *dattá* de p. 114 est un lapsus pour *datthá*. Le mot *dítis* (p. 225) ne relève point de la racine qui signifie « donner » : le dérivé de celle-ci est *-dátis*. Il m'est absolument impossible de comprendre ce que M. H. entend par *pr-apitvá* (p. 284) : si c'est le gérondif de *pra-áp*, c'est un barbarisme pour *prápya* ou *práptvá* seuls possibles ; si c'est — et je le crains — le substantif *pra-pitvá* (sic), il est faux d'y voir un exemple de l'élision de l'*a*. P. 490, je relève en cinq lignes quatre mots écrits avec *d* ordinaire qui doivent s'écrire avec *d* lingual : la loi de l'allongement compensatoire sanscrit, qui justement est en cause, s'en trouve faussée. P. 554, « pārjatas (Λιθ. Perkunas quercetum) χαὶ pārijatas » — je copie textuellement — n'a non plus de sens en sanscrit qu'en lituanien. Ces erreurs, dans un ouvrage d'une telle étendue, n'auraient aucune gravité, si précisément il n'était destiné à des étudiants qui pour la plupart seront incapables de les critiquer.

Le tome Iᵉʳ s'arrêtait au chapitre xii, qui continue au début du tome II sous trois rubriques : accent des composés grecs, accent latin, accent sanscrit. Le chapitre xiii traite des voyelles indoeuropéennes; le chapitre xiv, des voyelles grecques, latines et sanscrites qui en sont issues; le chapitre xv, des diphtongues, clôt la phonétique générale. La seconde partie, soit « de la pathologie vocalique », à son tour, se divise en onze chapitres. — XVI. L'hiatus. — XVII. La contraction. — XVIII. La diérèse dans Homère (on peut s'étonner que le terme διέκτασις, nécessaire pour désigner un genre tout particulier de diérèse, ne soit même pas mentionné; mais le phénomène est signalé, p. 379). XIX. La métathèse quantitative. — XX. L'abrègement et l'allongement. — XXI. L'allongement compensatoire. — XXII. L'épenthèse. — XXIII. L'aphérèse, la syncope et l'apocope. — XXIV. La chute du second élément d'une diphtongue. — XXV. L'anaptyxe et la prothèse. — XXVI. L'assimilation et la dissimilation.

Le lecteur s'étonnerait à bon droit que, sur des sujets aussi variés et délicats, je n'eusse point quelques doutes à soumettre à lui et à l'auteur. — J'estime, tout d'abord, que la théorie de l'accentuation latine (p. 83) est incomplète et superficielle; mais il n'y a point à en faire grief à M. H., qui n'a fait que suivre la voie unanimement et obstinément maintenue par l'école allemande. — Je crois aussi que l'on fausse la prononciation homérique et qu'on méconnaît une caractéristique essentielle de l'éolisme, en imaginant une voyelle

longue en tête de ἀθάνατος et similaires (p. 146) : s'il en était ainsi, la transcription ionienne serait * ἠθάνατος; la longueur est de pure position et résulte du doublement artificiel de la consonne subséquente. — Que monē soit contracté de * monee, à la bonne heure; mais splendē de * splendee (p. 183)? C'est confondre deux catégories de verbes : les causatifs, qui sont thématiques et se forment par -eye-, et les intransitifs en -ē- tout court, qui n'eurent jamais de conjugaison thématique, cf. gr. aor. ἐ-τύπ-η, vieil-all. hab-ē-n, etc. — Ce n'est pas ici le lieu de discuter l'étymologie de polire (p. 196); mais sûrement il n'a rien à voir à pulcer. — Catullus est un nom de famille, qui ne saurait être le diminutif du surnom Catō (p. 197); et au surplus Catulle était de Vérone, c'était un Gaulois cisalpin, et son nom est celtique. — C'est par distraction que M. H. signale une nasale-voyelle dans le second α de ἀνδράσι (p. 228) : d'où lui serait-elle venue? et comment se seraitelle superposée à l'r-voyelle dont le groupe ρα est le substitut très régulier? — Il est inexact de dire (p. 328) que le groupe ηε se contracte en ει : ἱππῆες est devenu ἱππῆς; le type ἱππεῖς provient d'un doublet ἱππέες, où s'était préalablement produit l'abrègement de voyelle devant voyelle. — La théorie des comparatifs en -ιων et -ίων (p. 394) eût dû être exposée avec plus de netteté et de détail. — Pourquoi κεῖται supposerait-il * κηιται (p. 406), alors qu'il coïncide sans défaut avec le sanscrit çété « il gît »? P. 436, dans φίλε κασίγνητε, le signe de la longue est mal placé. — P. 466, l'explication de l'épenthèse sigmatique implique que M. H. ignore ou désapprouve celle que j'enseigne depuis longtemps : = ἐ-γνώ-σ-θης = sk. a-jñā-s-thās est une 2ᵉ personne moyenne d'aoriste sigmatique. — P. 483, vila = * vic-sla (?) et luna = * luc-sna ne sont pas des types d'allongement compensatoire effectif, puisque la voyelle était longue dès avant la chute de l'élément consonnantique. — Les restitutions * *moui-uai*, * *caui-uai*, etc., pour justifier la formation des parfaits latins *mōvi, cāvi*, etc. (p. 489), n'expliquent rien et ne s'expliquent pas elles-mêmes. — Il est difficile de croire (p. 549) que les épenthèses vocaliques des cunéiformes cypriotes trahissent autre chose que les gaucheries d'une écriture syllabique, qui manquait de signe pour figurer une consonne sans voyelle.

Cent pages d'index terminent le volume. Rien de mieux ; mais c'est une idée fâcheuse d'avoir fondu en un seul l'index de tous les mots grecs, latins, ombriens, sanscrits, etc. : il en est résulté un ordre alphabétique assez bizarre et d'inévitables oublis. C'est ainsi que je me vois dans l'impossibilité de donner la référence exacte d'une jolie étymologie, saisie à la lecture, puis perdue de vue et non relevée à l'index. Je veux la citer néanmoins, parce que je ne me souviens pas de l'avoir lue nulle part : *Etrùria* serait dérivé de l'ombrien *etro* « autre », soit l'autre pays », comme allemand *Elsass* = * *ali-saz*. Cela est mieux que possible et voici comment : les Étrusques se nommaient eux-mêmes *Tursk-*, d'où les Ombriens ont fort bien pu faire * *Truski*, et, pour que cela signifiât quelque chose à leur oreille, *Etrùsci* ; ensuite, la finale étant prise pour un suffixe, ils ont créé * *Etrùs-ia* et par rhotacisme *Etrùria*. L'objection, c'est que *Tusci* a l'*u* bref, témoin *Toscana*, etc. ; mais l'abrègement devant ce groupe consonnantique n'aurait rien en soi d'exorbitant.

Je remercie encore M. H. de tout ce qu'il m'a appris.

V. HENRY.

62. *MIKOLAJCZAK (Joseph). De septem sapientium fabulis quaestiones selectae.* (Breslauer philol. Abhandl. IX, 1). Breslau, Marcus, 1902, in-8°, 72 p.

Sur ce sujet un peu rebattu l'auteur a trouvé du nouveau à dire et des points de détail à élucider. Le cha-pitre 1er cherche à montrer l'origine ionienne des contes ou « nouvelles » relatives aux sept sages ; la légende aurait été ensuite exploitée et développée par les sophistes ; dès l'époque de Platon (*Protag.* 343 A) plusieurs listes étaient en circulation. Incidemment, mais longuement, l'auteur réfute la thèse de Joël qui voit dans le *Protagoras* une réponse à un prétendu Banquet des sept sages d'Antisthène. A propos du nombre de sept, commun à toutes les listes, il recueille de nombreux exemples attestant le caractère sacré et populaire de ce nombre en Grèce (ch. 2). Il étudie ensuite les rapports des sept avec Apollon de Delphes et l'attribution tardive qui leur a été faite des inscriptions morales du temple delphique (ch. 3). Passant aux traditions divergentes relatives à leurs réunions et à leurs banquets, il détermine l'époque (alexandrine) d'Archétimos de Syracuse qui les réunissait chez Cypsèle (ch. 4). De même, à l'occasion des diverses versions du conte du « trépied d'or », il prouve que l'historien Andron a vécu dans le premier quart du IVe siècle (ch. 5). L'*epimetrum* s'occupe également d'une question d'histoire littéraire, l'identité, que M. M. croit certaine, de l'historien Maeandrios de Milet (CIG. 2905) et de Léandros ou Léandrios, cité par de nombreux grammairiens.

H. G.

63. *PALLIS (Alexandre). A few notes on the Gospels according to St. Mark and St. Matthew,* based chiefly on modern greek. Liverpool, 1903, in-8°, VI-47.

M. A. Pallis, dans sa traduction des quatre évangiles, n'a pas eu seulement l'ambition de créer un monument linguistique, à la façon de Calvin ; il a voulu faire aussi œuvre de philologue. Ses conjectures témoignent d'une acuité d'esprit singulière, d'une étonnante pénétration. On peut ne pas le suivre dans toutes ses hypothèses ; il n'en est pas une seule qui ne soit intéressante. La nouveauté essentielle de sa méthode consiste en un principe qui, pourtant, est bien simple : il cherche, la plupart du temps, à expliquer par l'usage actuel des particularités de langage, d'acception, de syntaxe dans un livre qui est, à bon droit, considéré comme un des incunables du grec moderne. C'est ainsi que, entre autres (p. 6), il rapproche heureusement de οὔτω λαλεῖ la locution τὸ εἶπα ἔτσι, qui nous donne un sens aussi juste qu'inattendu. La lecture ingénieuse du fameux *Margaritas ante porcos* (p. 33) est aujourd'hui célèbre. On le consultera avec fruit aux pp. 9, 12, 14, 32, 44, etc. ; partout on verra un esprit consciencieux, chercheur et qui trouve souvent.

Jean Psichari.

64. *L.-A. ROSTAGNO. Le idee pedagogiche nella filosofia cinica e specialmente in Antistene.* Turin, Clausen, 1904, in-8º de 61 p.

M. Joël, dans un ouvrage qui a eu de nombreux lecteurs, avait présenté Antisthène comme une sorte de Kant athénien, adversaire déterminé de l'intellectualisme héllénique. Conquis à cette idée, M. Rostagno s'en est inspiré d'un bout à l'autre de son mémoire, résumé des traits caractéristiques de l'éducation telle que la comprenaient et la pratiquaient les cyniques. Chez ces philosophes, tout tend à l'action, tout se résume dans l'action, dans l'effort librement accompli : l'étude des lettres et des sciences est reléguée bien au-dessous de la formation morale ; la vertu, unique et non multiple, est non pas un don du ciel, mais le résultat du travail individuel : elle peut et doit s'enseigner. Les raffinements de la civilisation sont funestes : il faut en revenir à la frugalité primitive. La guerre sainte contre les passions, qui

fondent du dehors sur l'âme pour en faire leur esclave, est le premier devoir du sage. L'exaltation presque fanatique de la franchise, l'horreur de la flatterie, l'emploi des traits historiques, des contes, des allégories dans l'éducation de la jeunesse, complètent cet enseignement foncièrement pédagogique.

Tout cela est exact, mais dans cette exposition plutôt prolixe, il n'y a rien ou presque rien qui ne fût déjà connu.

C. Huit.

65. *Salvatore SABBADINI. Epoca del Gorgia di Platone.* Trieste, 1903, 90 p. in-8º.

Le titre de cet ouvrage ne renseigne qu'imparfaitement sur son contenu, car tout un chapitre, et des plus longs, est consacré à passer en revue et à juger les innombrables tentatives des critiques modernes pour reconstituer la succession chronologique de l'ensemble des dialogues platoniciens ; pour plus d'un lecteur ces pages seront une intéressante révélation. Entre tant d'opinions diverses, l'auteur nous paraît d'ailleurs avoir heureusement choisi ; après avoir réfuté chemin faisant la thèse de ceux au jugement desquels Platon eût manqué d'égards envers son maître, si du vivant même de Socrate il eût imaginé et publié des œuvres telles que le *Lachès*, le *Charmide* et le *Lysis* — c'était au contraire lui donner une marque non équivoque d'admiration et d'affection — il déclare le *Gorgias* composé après 399, mais avant la fondation de l'Académie, au moment où Platon, de retour de ses premiers voyages, éprouvait le besoin de justifier auprès de ses compatriotes sa résolution de vivre à l'écart des luttes politiques, uniquement occupé de philosophie. Cette conclusion, M. S. l'appuie soit sur les recherches stylistiques des érudits contemporains (chose étonnante, le nom de M. Lutoslawski ne paraît nulle part sous sa plume), soit sur une analyse détaillée des trois parties qu'on peut distinguer dans le dialogue. Ce qu'il offre peut-être de plus personnel, c'est le rapprochement qu'à côté de différences manifestes, il établit entre le *Gorgias* et le *Protagoras*, tous deux dirigés contre les égarements de la sophistique, tous deux remarquables tant par l'art de la composition que par le brillant du style.

Le point de vue adopté par M. S. est presque identique à celui auquel j'avais été conduit moi-même dans le commentaire que j'ai donné autrefois du *Gorgias* (Lahure, 1884). Mais évidemment ce travail est resté inconnu à M. S., ce dont j'aurais d'autant plus mauvaise grâce à me plaindre que de la première à la dernière page de son livre, cet auteur, si au courant des moindres publications autrichiennes ou allemandes, ne cite pas un seul critique français! Que de choses cependant il aurait eu à puiser, par exemple, dans la savante étude de M. Fouillée (*Le Gorgias*, Belin, 1869)?

C. Huit.

66. *B. GRENFELL and A. HUNT. The Oxyrhynchus papyri.* Part IV. London, Kegan Paul, 1904. Grand 8°, XII-306 p. 8 planches.

Le 4ᵉ volume des Oxyrhynchus Papyri est digne en tous points de ses aînés ; même il l'emporte sur la plupart par l'importance des fragments littéraires. Nous n'insisterons pas sur les morceaux théologiques auxquels les éditeurs, fidèles à l'esprit national, attachent peut-être des commentaires un peu disproportionnés. Les cinq nouveaux *logia* de Jésus (n° 654), en tant qu'ils sont lisibles, reproduisent en substance des versets connus de l'*Evangile aux Hébreux* ou des évangiles canoniques. Un fragment d'un évangile apocryphe (n° 655) offre un parallèle curieux à un passage de l'évangile selon les Egyptiens : les disciples disent à Jésus

« Quand te manifesteras-tu à nos yeux ? » Il répond : « Lorsque vous vous dévêtirez et que vous n'aurez point honte ». Signalons encore un fragment de la *Genèse* des Septante (656), texte analogue à celui du *Vaticanus* mais plus ancien, puis un long morceau de l'*Epitre aux Hébreux* (657). De ces documents théologiques les auteurs ont spirituellement rapproché un nouveau spécimen de *libellus* du temps de l'empereur Décius : un individu suspect de christianisme fait constater par devant les magistrats qu'il a régulièrement sacrifié aux dieux ; c'est, comme le dit M. Weil, l'équivalent païen d'un billet de confession (657).

Parmi les morceaux classiques inédits, la perle est incontestablement le parthéneion en l'honneur d'Æoladas de Thèbes et de son fils Pagondas, huit strophes dont trois à peu près complètes (659). Citons un échantillon de cette charmante poésie où les éditeurs reconnaissent la main de Pindare, M. Weil celle de Bacchylide :

Ant. 1 ...ἀλλὰ ζωσαμένα τε πέπλον ὠκέως
χερσίν τ' ἐν μαλακαῖσιν δρπαχ'
ἀγλαὸν
δάφνας ὀγέοισα, πάν-
δοξον Αἰολάδα σταθμὸν
υἱοῦ τε Παγώνδα

Epod. ὑμνήσω, στεφάνοισι θάλ-
λοισα παρθένιον κάρα,
σειρῆνα δὲ κόμπον
αὐλίσκων ὑπὸ λωτίνων
μιμήσομ' ἀοιδαῖς,

Str. 2. κεῖνον ὃς Ζεφύρου τε σιγάζει πνοὰς
αἰψηράς, ὁπόταν τε χειμῶνος σθένει
φρίσσων Βορέας ἐπι-
σπέρχη πόντου δ'ὠκύαλον
ῥιπὰν ἐμάλαξεν

Ce parthéneion était donc accompagné aux sons des petites flûtes. Néanmoins le mode en était probablement dorien : c'est du moins ce qu'on peut induire de Plutarque, *Mus.*, § 165 WR. Outre le parthéneion, le poète anonyme avait adressé aux mêmes personnages un épinikion chanté par des hommes, dont il subsiste une triade complète. J'y relève ces beaux vers :

παντὶ δ'ἐπὶ φθόνος· ἀνδρὶ κεῖται
ἀρετᾶς, ὁ δὲ μηδὲν ἔχων ὑπὸ σι-
γᾷ μελαίνᾳ κάρα κέκρυπται.

Le « noir silence » est une trouvaille. Au lyrisme appartiennent encore les restes très mutilés d'un péan (660) et d'épodes doriennes (661). Le n° 662 nous apporte des épigrammes déjà connues d'Antipater et de Léonidas, d'autres, nouvelles, des mêmes poètes et d'un auteur inconnu, Amyntas ; l'une (v. 44 suiv.) est fort jolie, une autre offre au début un distique (22 suiv.) inintelligible. Je ne ferai que rappeler en passant le très curieux argument (603) du *Dionysalexandros* de Cratinus, dont M. Maurice Croiset vient d'entretenir nos lecteurs (*Revue*, 1904, p. 297 suiv.)

Arrivons aux morceaux en prose. Deux longs fragments d'un dialogue philosophique (664) en bonne langue attique, sur l'art de gouverner, semblent l'œuvre d'un péripatéticien plutôt que d'Aristote lui-même. Pisistrate est un des personnages ; deux amis lui racontent les malheurs de Périandre qu'ils viennent de voir à Corinthe. Le voyage de Solon en Ionie est placé immédiatement avant l'usurpation de Pisistrate ; nous apprenons aussi que le tyran avait deux filles ; d'ailleurs toute la chronologie de ce dialogue est fantaisiste. Plus important pour l'histoire est le n° 665, qui doit être un fragment d'un sommaire de Timée et fournit des détails nouveaux sur l'histoire des villes de Sicile après 465. On avait fait trop de bruit, avant la publication, au sujet du n° 666, fragment du *Protreptique* d'Aristote qui ne fait que compléter une citation de Stobée. En revanche le n° 667 paraît bien être un débris des *Harmoniques* d'Aristoxène, dont il a tout à fait le style : il s'agit des différentes positions que peut occuper sur l'échelle complète un octocorde « con-joint » ou « disjoint ». Le n° 668 (long fragment d'une épitomé de Tite Live) intéresse les études latines, mais touche aussi à l'histoire grecque. Le fr. métrologique n° 669 a été restitué par les éditeurs avec une véritable virtuosité et nous apprend beaucoup de choses : σχοινίον d'arpenteur de 96 coudées, autre de 100 ; πῆχυς de superficie valant 100 coudées carrées ; ξύλον servant à mesurer les ναύβια et valant tantôt 3, tantôt 2 2/3 coudées ; coudée nilométrique de 7 παλαισταί etc.

Les auteurs déjà connus sont représentés par de nombreux fragments : Homère (685-8), Hésiode (689), Apollonius de Rhodes (690-692), Sophocle (693), Théocrite (694), Hérodote (695), Thucydide (696), Xénophon (697-8), Théophraste (699), Démosthène (700-702), Eschine (703), Isocrate (704) ; ils offrent plusieurs particularités intéressantes pour la critique verbale.

La seconde partie du volume renferme des documents, presque tous d'époque romaine, dont le détail sera donné dans le *Bulletin papyrologique*. Je signalerai, pour leur intérêt spécial, les pétitions (705) à Sévère et Caracalla réclamant un allègement des impôts ; on y apprend (l. 31) que les gens d'Oxyrhynchos avaient fidèlement secondé les Romains dans la guerre contre les juifs et célébraient « encore alors » l'anniversaire de la victoire définitive ; nous ne croyons pas avec MM. Grenfell et Hunt qu'il s'agisse d'une guerre nouvelle, mais de la fameuse révolte sous Trajan. Le n° 709 renferme d'importants renseignements géographiques ; ce document du milieu du 1ᵉʳ siècle distingue déjà la Thébaïde, l'Heptanomide et le nome Arsinoïte. Le n° 712 fait connaître les ἐπιτηρηταὶ ξενικῶν πρακτορίας, surveillants (officiels) de la perception des ξενικά. Le n° 719 nous apprend que l'enregistrement des contrats privés (qui leur conférait l'authenticité) était soumis à un droit fixe de 12 drachmes. La demande en dation de tuteur (720), curieux spécimen de paléographie latine cursive, et l'affranchissement « d'un tiers d'esclave » (722) intéresseront les jurisconsultes. Mentionnons encore un contrat d'apprentissage chez un sténographe (724), un copieux bail à ferme (729), une lettre (745) d'un père de famille recommandant à sa femme d'exposer l'enfant de l'esclave enceinte si c'est une fille.

Dans l'appendice on a réédité Oxy. III, 405 où Robinson a reconnu un fragment du *Contra Haereses* d'Irénée.

T. R.

ADDITIONS ET CORRECTIONS

= Dans le discours inédit de Psellus (*Revue*, XVII), p. 58, l. 22, il faut évidemment lire (ou corriger) Ἰουλιανοί au lieu de Ἰουλιανοί. Plus loin, l. 25, il faut ponctuer fortement devant ὅπου, puis supprimer la virgule après διαλυθέντα et en ajouter une après σώματα. Le sens devient : « ubivis enim dissoluta dispergantur corpora, intra limites tamen universi remanent partes, neque earum separatio potentiam exsuperat Dei (scilicet eas denuo conjungere potest ad resurrectionem efficiendam). » Je ne me rappelle pas d'ailleurs le texte de Julien auquel il est fait allusion. — *Paul Tannery*.

= *Revue*, XVII, 202. M. Holleaux a publié également l'inscription délienne en l'honneur de Léon de Marseille (BCH, XXVIII, 189). A la l. 6 il restitue τὴ[ν] πᾶ[σαν σπουδήν] ; aux l. 11 suiv. ἰδίαι εἰς ἃ] ἄν τις αὐτὸν πα[ρακα]λεῖ τῶν πολιτῶν. C'est la même formule que dans le décret pour Autoclès de Chalcis (ib. 131). — T. R.

= *Revue*, XVII, 210 (Rhodes). J'ai lu :

χρυσ]ΟΙΣ Σ[τε]Φ[α]ΝΟΙΣ
τρι]ΗΡΕ[ω]Σ ΚΑΙ ΝΕΙΚΑΣΑΝΤΑ ΤΑΣ
τριηρα]ΡΧΗΣΑΝ(τα) ΕΠΙΚΩΠΟΥ, etc.,

7　　ΧΟΡ[αγ]ΗΣΑΝΤΑ ΚΑΙ ΝΕΙΚΑΣΑΝΤΑ Α[Λ]ΕΞ[α]ΝΔΡΕΑ
[και Διονύσια τε]ΘΡ[ιππωι]

Ibid., 211. Il n'est pas exact qu'on ne connaisse pas d'éponyme rhodien appelé Νικόμαχος, cf. Ἀθήναιον III, 241, 139, etc. — *Hiller von Gaertringen*.

— P. 211. L'inscription rhodienne n° 7 a été mal publiée. D'après une excellente photographie que veut bien m'envoyer M. de Belabre, consul de France à Rhodes, il faut lire :

Ὀνασάνδρου Ὑλλαριμέως
καὶ τᾶς γυναικὸς
Ποττοῦς Καβαλίσσας.

Hyllarima est une ville bien connue de Carie. J'ignore si le nom de femme Ποττώ s'est déjà rencontré. — T. R.

Bon à tirer donné le 28 novembre 1904.
Le rédacteur en chef-gérant, Théodore REINACH.

Le Puy, imp. Marchessou. — Peyriller, Rouchon et Gamon, successeurs.

L'Association des études grecques vient d'être cruellement éprouvée par la mort de son président, M. Paul Tannery, décédé à Pantin le 27 novembre 1904. Nous reproduisons ici le discours prononcé à ses obsèques, le 2 décembre, par M. Guiraud, premier vice-président de l'Association.

Messieurs,

« M. Paul Tannery était président de notre association depuis le mois de mai dernier. Il avait été très sensible à cet honneur; mais il en a fort peu joui. Il n'a pu présider que deux de nos séances, et à la rentrée des vacances il n'a plus reparu parmi nous.

« Sa mort est pour notre société une perte grave et, à certains égards, irréparable. Les mathématiciens ne viennent guère à nous ou, s'ils y viennent, c'est pour témoigner de leurs sympathies à une œuvre qui leur demeure étrangère. M. Tannery, au contraire, était tout à fait des nôtres. Ce polytechnicien, cet ingénieur de l'Etat était en même temps un helléniste de premier ordre.

« La Grèce a créé la science ; il est par conséquent essentiel de déterminer jusqu'où ses découvertes se sont étendues dans ce domaine. C'est à cette tâche que notre confrère s'était appliqué. Il était passionné pour cette recherche et il y consacrait presque tous les loisirs que lui laissaient ses devoirs professionnels. Ses articles, dispersés dans une foule de recueils français et étrangers, en particulier dans notre Revue, forment, d'après ses propres évaluations, un ensemble d'environ douze cents pages. Dans les *Notices et Extraits des manuscrits*, il a édité et commenté plusieurs textes relatifs à l'histoire des mathématiques pendant l'Antiquité et le Moyen âge. Enfin il a publié trois ouvrages qui sont d'une importance capitale. Le premier a pour objet l'examen critique des sources de l'histoire de la Géométrie grecque. Le second, intitulé *Pour la science hellène*, est un tableau des connaissances positives des Grecs et de leurs hypothèses scientifiques jusqu'au temps d'Hippocrate ; l'auteur montre, en outre, comment dans ce mouvement intellectuel s'introduisirent en le dénaturant des questions d'ordre métaphysique, dont les progrès de la science moderne elle-même ne pouvaient pas amener la solution. Quant au troisième, il contient l'analyse et la critique des théories grecques sur l'Astronomie ; il aboutit à cette conclusion que les savants grecs, mettant à profit les procédés et les observations fournis par la Chaldée et y ajoutant leurs découvertes personnelles, essayèrent de donner une explication rationnelle du système du monde, qu'ils atteignirent presque la vérité, qu'ils devinèrent la conception de Tycho-Brahé, puis qu'avec Hipparque et Ptolémée, ils revinrent, par un fâcheux retour en arrière, à la vieille erreur géocentrique

M. Tannery n'était pas homme à travailler d'après des ouvrages de seconde main. Il remontait toujours aux sources, et c'étaient les textes qu'il interrogeait avant tout. Il possédait à fond la littérature scientifique des Grecs et il en a traduit une partie, notamment les fragments des philosophes ioniens. Il a fait plus : l'éditeur de Fermat et de Descartes a édité aussi pour la collection Teubner les œuvres du mathématicien Diophante d'Alexandrie, en les accompagnant d'une traduction latine, et ce travail, d'un genre tout nouveau pour lui, est la perfection même.

« En somme, dans le champ d'études qu'il s'était tracé, M. Tannery était un maître éminent. Il réunissait en lui les qualités du savant, du philosophe, du philologue et de l'historien. A l'étranger, surtout en Allemagne, il était considéré comme un de nos meilleurs érudits. Chez nous on ne lui rendait peut-être pas suffisamment justice. Il est singulier, par exemple, qu'un homme de cette valeur n'ait fait partie d'aucune de nos académies. Tout récemment, quand la chaire d'Histoire générale des Sciences devint vacante au Collège de France, où il avait déjà suppléé pendant cinq ans M. Lévêque dans la chaire de Philosophie ancienne, il fut présenté en première ligne tant par le Collège que par l'Académie des Sciences, et un autre candidat lui fut préféré. Quand il est mort, il pouvait se promettre encore de longues années de vie et de labeur, puisqu'il n'avait que soixante ans, et nul doute que ce temps n'eût été bien employé. Il était en train de préparer une Histoire des Sciences, que seul en France il était capable de mener à bonne fin. La pensée qu'il laisse interrompue une pareille œuvre augmente les regrets que nous laisse sa disparition ».

DISCOURS

PRONONCÉ PAR

M. PAUL TANNERY

PRÉSIDENT ET DÉLÉGUÉ DE L'ASSOCIATION

au banquet de clôture du II⁰ Congrès international de Philosophie
à Genève (8 septembre 1904).

————

Chacun, dit-on, prêche pour son saint; mais j'en ai au moins
deux, ce qui m'oblige à choisir. Je suis venu ici comme historien
des sciences; j'ai tâché de n'être ni encombrant ni encombré,
et cela doit vous assurer que, surtout à cette heure avancée,
je ne fatiguerai pas longtemps votre attention. Mais si j'ai
demandé la parole aujourd'hui, c'est comme président annuel
de l'Association pour l'encouragement des Études grecques en
France.

Et ce n'est pas sans raison que j'ai désiré jouer maintenant
plutôt ce dernier rôle; car quand même, malgré le vœu que
vous avez émis, l'enseignement de l'histoire des sciences res-
terait encore longtemps sans être organisé, la philosophie n'en
continuerait pas moins à prospérer, ainsi que son histoire, au
moins autant qu'elle l'a fait jusqu'ici. Au contraire, que les
études grecques s'affaiblissent, non seulement l'histoire de la
philosophie, mais la philosophie elle-même se trouveront
mutilées.

Or, nous ne devons pas nous dissimuler que, tout récemment,
la cause de l'héllénisme a subi en France, du fait d'un change-

ment des programmes universitaires, un échec notable. Je crois bien savoir que nos confrères allemands ne sont guère plus satisfaits que nous de la situation actuelle, ni guère plus rassurés sur l'avenir. Pour les autres pays, je suis moins bien informé; je ne veux donc pas en parler; je doute cependant qu'en Italie on soit précisément optimiste.

Eh bien! permettez-moi de vous dire qu'à mon avis, les défenseurs naturels de l'hellénisme, au nombre desquels nous devons nous compter, nous tous qui nous honorons du titre de philosophes, ont suivi jusqu'à présent une tactique un peu trop défensive, qu'ils ont cédé le terrain un peu trop facilement; l'heure est venue, je crois, de changer de stratégie et de passer à la méthode... offensive.

Et s'il est opportun de le dire, n'est-ce pas dans ce pays de Suisse, dont la constitution politique est la seule au monde qui puisse nous donner une image de ce qu'était la Grèce antique? Si l'on peut lever son verre en l'honneur de la pensée grecque, n'est-ce pas dans cette ville de Genève, où les traditions d'érudition sont si fortes, et où nous venons d'éprouver l'ineffable plaisir de retrouver un vieillard du *Dialogue des Lois* et d'entendre la sagesse couler de ses lèvres, en paroles de miel?

Mais ce mot de pensée grecque évoque surtout en nous l'idée d'une époque unique dans l'histoire, de même que, dans ce pays, en disant les Alpes, nous autres étrangers, nous pensons surtout aux cîmes les plus élevées. Il y a aussi des cîmes dans l'esprit humain, et il faut toujours y revenir, et on y revient toujours, comme au Mont-Blanc ou à la Jungfrau, parce que, chaque fois, elles nous apparaissent sous un nouvel aspect, parce que chaque fois, on est tenté, par un nouveau chemin, à une nouvelle ascension vers la vérité.

Cependant, pour bien connaître un pays, il ne faut pas se borner aux sommets; il faut descendre les vallées et suivre les fleuves qui découlent de ces origines inépuisables. Je ne veux pas me perdre dans les dédales d'une comparaison, mais je dirai que par la pensée grecque, j'entends celle qui s'est exprimée par toute la littérature grecque, parce qu'elle est dérivée de la même source. Et l'on ne doit pas négliger même l'époque byzantine, qui trop longtemps a été mal appréciée. Si donc mon ami Ludwig Stein a mis en avant le projet d'éditer un *Corpus des humanistes byzantins de la Renaissance,* si au Congrès de Rome, en 1903, je me suis déclaré prêt à concourir, autant que je le pourrais, à ses efforts, si je suis toujours prêt à le faire, c'est vous dire que je bois en particulier au succès de son entreprise, qui devrait rallier tous les hellénistes et tous les philosophes.

ACTES DE L'ASSOCIATION

14 avril 1904. — Présidence de M. Edm. Pottier, président de l'Association.

Membres décédés : MM. Xydias, d'Athènes, et Cogordan (Georges), directeur des affaires politiques au Ministère des affaires étrangères.

M. P. Tannery fait une communication sur l'histoire du mot ἄπειρον. Il rappelle que ce mot, employé par Anaximandre pour désigner son élément primitif, a été entendu par Aristote dans le sens de *illimité*, mais qu'on s'accorde aujourd'hui pour juger que cette signification est inacceptable, et que le concept d'Anaximandre devait être caractérisé par l'*indétermination*. Pour résoudre les difficultés relatives au passage du sens concret au sens abstrait, M. Tannery remarque que ἄπειρος a deux significations bien distinctes au point de vue étymologique, dérivant l'une de πέρας, l'autre de πεῖρα ; qu'avec la seconde étymologie deux sens sont possibles, l'un actif (*inexpertus*), l'autre passif (*ce qui n'est pas expérimenté*); ce double sens n'est pas constaté historiquement pour ἄπειρος, mais seulement pour un doublet, ἀπείρητος. Néanmoins il admet que c'est dans ce sens passif (*ce qui n'est pas sensible*) qu'Anaximandre a employé le mot ἄπειρον, et il essaie de montrer que cette interprétation s'adapte au mieux avec ce que l'on sait des idées de cet antique physiologue.

M. Étienne Michon montre au Comité différentes photographies d'une statuette de style attique appartenant au Musée du Louvre. Il en examine le style et en recherche la date. Ses conclusions tendent à placer cette statuette dans la série des Κόραι archaïques de l'Acropole, mais à la fin de cette série.

M. Omont donne lecture d'une note sur les portraits de différents membres de la famille des Comnène, peints au XIVᵉ siècle en tête du *Typicon* de Notre-Dame de Bonne-Espérance de Constantinople, conservé aujourd'hui dans la bibliothèque du collège de Lincoln, à Oxford.

Séance générale du 5 mai 1904. — Présidence de M. Edm. Pottier, président de l'Association.

M. Pottier rappelle les pertes qu'a subies l'Association dans le cours de l'année écoulée : il énumère les titres qui recommandaient ces confrères défunts à la sympathie et à l'estime de tous ; il insiste, en particulier, sur les regrets qu'a causés la mort de MM. Emile Legrand et Ouvré, parmi les hellénistes de profession, de MM. Larroumet et Cogordan, parmi les hommes de lettres ou les hommes politiques qui s'intéressent aux choses de la Grèce. Enfin il rend hommage au caractère et au talent de l'homme supérieur que l'Association comptait au nombre de ses anciens Présidents, M. Gréard. La vie même des savants ou des lettrés qui se sont fait du culte de la Grèce une sorte de religion témoigne de la vertu intime de l'hellénisme : cet idéal de raison et de beauté, qui s'impose à l'admiration de tous, est en même temps pour quelques-uns comme un principe de vie et d'action.

Le secrétaire présente, au nom de la Commission des prix, le rapport sur les travaux et concours de l'année. Le prix Zographos a été partagé entre MM. Carra de Vaux et de Ridder, auteurs, l'un d'un ouvrage intitulé *Le livre des appareils pneumatiques et des machines hydrauliques* de Philon de Byzance, l'autre du *Catalogue des vases peints de la Bibliothèque nationale*. Le prix Zappas a été attribué aux publications du Σύλλογος πρὸς διάδοσιν ὠφελίμων βιβλίων. Enfin deux médailles d'argent ont été accordées, l'une à M. Stickney, pour son livre sur *Les sentences dans la poésie grecque*, l'autre à M. Colardeau, pour son étude sur *Épictète*.

M. Egger, trésorier, donne lecture, au nom de la Commission administrative, du rapport sur l'état des finances de l'Association.

Dans une causerie familière, M. Roujon, secrétaire perpétuel de l'Académie des Beaux-Arts, entretient l'assemblée des deux voyages qu'il a faits, comme directeur des Beaux-Arts, en 1902 et en 1903, à Athènes et à Delphes. Il rappelle les conseils affectueux des amis qui depuis longtemps l'engageaient à faire ce double pèlerinage, et il exprime les sentiments et les souvenirs qu'il en a rapportés. Il évoque surtout la journée du 2 mai 1903, où fut inauguré le Musée de Delphes, et, sans énumérer les magnifiques résultats des fouilles françaises, il décrit, en quelques mots, les différentes scènes qui se déroulèrent dans le cours de cette inoubliable journée.

Le scrutin est ouvert pour le renouvellement du bureau et du tiers sortant des membres du Comité. Il est clos bientôt après. En voici les résultats :

M. Paul Tannery, 1er Vice-Président pour l'année 1903-1904, devient de droit Président pour 1904-1905.

Sont élus : 1er Vice-Président, M. P. Guiraud.

2e Vice-président, M. Babelon.

Secrétaire, M. Am. Hauvette.

Secrétaire-adjoint, M. Puech.

Trésorier, M. Egger.

Membres du Comité : MM. Pottier, Bikélas, Diehl, Foucart, Héron de Villefosse Saglio, Fougères.

2 juin 1904. — Présidence de M. P. Tannery, président de l'Association.

Le Président adresse, selon l'usage, les remerciements de l'Association à M. Pottier, et rappelle qu'un deuil cruel n'a pas empêché le Président sortant de se dévouer, dans ces derniers mois, avec un zèle infatigable, aux nombreuses besognes de sa charge. M. Tannery souhaite de faire plus ample connaissance pendant l'année qui va s'ouvrir avec ceux qui sont pour lui les nouveaux venus dans l'Association; il rappelle le temps où, jeune lui-même, il ne craignait pas d'aborder les anciens dans cette enceinte; il souhaite de ne pas sentir l'isolement qui menace de venir avec les années. Pour donner aux séances, si c'est possible, plus d'intérêt, le Président propose une mesure d'ordre, bien simple, et qui pourrait être féconde : il s'agirait d'ouvrir les séances à 4 h. 1/4 précises, et de permettre, après la lecture du procès-verbal, de revenir sur les communications de la séance précédente ; à cette occasion, les membres du Comité pourraient apporter certains textes ou certaines observations qui ne se seraient pas d'abord présentés à leur esprit. Il ne faudrait pas rouvrir les discussions; mais il pourrait être intéressant de les compléter après réflexions. « Je suis persuadé, ajoute le Président, qu'avec la modération et la juste mesure qui sont l'apanage de l'hellénisme, cette tentative d'innovation ne présentera point d'inconvénients réels et ne nuira point à l'ordre du jour. »

Membres nouveaux : MM. Meylan-Faure, Albert Bleu, Raymond Diricq.

Le Président donne connaissance d'une lettre, en date du 6 mai 1904, par laquelle M. le Préfet de la Seine demande copie de la délibération prise par le Comité sur la réclamation formée par les héritiers de M. Pélicier au sujet du legs destiné à l'Association.

Il remarque qu'en fait la délibération du 22 février, par laquelle le Comité a accepté le legs en question, ne conclut pas formellement au rejet de la réclamation des héritiers, quoique à ce moment elle fût connue du Comité, le Préfet de la Seine l'ayant signalée à l'Association dans sa lettre du 11 février 1904. En tout cas, il est nécessaire de prendre une nouvelle délibération à ce sujet.

MM. d'Eichthal et Vasnier, membres de la Commission administrative, rappellent brièvement les renseignements recueillis en février sur la situation de fortune des héritiers et les motifs qui ont décidé le Comité à passer outre à leur opposition en acceptant le legs Pélicier.

La discussion étant close, le Comité décide à l'unanimité : 1° qu'il rejette la réclamation présentée par les héritiers de M. Pélicier; 2° que copie de la délibération qui vient d'être prise sera transmise à M. le Préfet de la Seine par les soins du Bureau, avec prière de vouloir bien donner suite favorable aux dispositions testamentaires de M. Pélicier en ce qui concerne l'Association.

M. Bodin pose la question de savoir, maintenant que le Concours général est supprimé, quelles sortes d'encouragements l'Association pourra donner à l'étude du grec dans l'enseignement secondaire. Le Comité décide de nommer, à cet effet, une Commission spéciale, composée du Bureau, des membres de la Commission administrative, des anciens Présidents, et de douze membres choisis parmi les professeurs des Lycées de Paris. Cette Commission se réunira le samedi 11 juin à la Bibliothèque.

M. Bréal étudie le caractère et le rôle d'Athéna dans l'*Iliade*. Il prend pour point de départ de sa démonstration l'épithète ἀγελείη, qu'il rattache, non pas à ἀγέλη, *troupeau*, mais à λεία. *butin*. Athéna est une déesse guerrière, perfide, qui aime à faire le mal, et qui n'a rien encore des qualités que la mythologie prête à la déesse des arts et de la paix. A ce propos, M. Bréal examine la nature des récits mythologiques dans Homère, et il en tire la preuve que ces récits avaient pour objet, non d'instruire des croyants, mais d'amuser, de délasser une société déjà raffinée, pleine de goût pour les historiettes piquantes, fût-ce aux dépens des dieux. Aussi bien tout le poème, surtout à partir du xi° livre, contient-il la description minutieuse d'institutions militaires fort avancées. Le régime social que décrit l'*Iliade* présente aussi certains caractères assez modernes, et il en est de même de la langue. Rien n'est plus faux que de vouloir, comme Leconte de Lisle, faire des Grecs d'Homère des espèces de sauvages. Il y a en quelque sorte plus de vérité historique dans la traduction de Mᵐᵉ Dacier.

M. Pottier se demande comment, dans cette hypothèse, la déesse guerrière s'est transformée en déesse de la paix. Athéna Ergané est fort ancienne. M. Pottier estime que, dans l'*Iliade*, Athéna est, non malfaisante, mais rusée et admirée comme telle.

M. Th. Reinach communique une inscription récemment découverte dans l'île d'Ios, et qui lui a été envoyée par M. Contoléon. Elle renferme un décret honorifique pour Zénon, lieutenant de l'amiral Bacchon, lequel est un personnage connu d'ailleurs.

M. Th. Reinach présente encore quelques observations au sujet d'un texte qu'il a copié dans l'île de Chypre et qui mentionne un rabbin juif.

7 juillet 1904. — Présidence de M. P. Tannery, président de l'Association.

Le Président rend compte des travaux de la Commission nommée dans la séance du 2 juin, et chargée de déterminer la nature et les conditions des encouragements à accorder à l'étude du grec dans les établissements d'enseignement secondaire. La Commission a rejeté deux propositions, qui tendaient, l'une, à rétablir par les soins de l'Association une sorte de concours général pour le grec, l'autre à faciliter les études grecques des professeurs de l'enseignement secondaire, par l'envoi d'ouvrages spécialement choisis à cet effet. Elle a adopté une mesure qui consiste à offrir, dans chacun des lycées et collèges de Paris où se donne l'enseignement du grec, des prix et des médailles aux élèves les plus méritants, de la manière suivante : à la fin du premier cycle, un *prix* à l'élève de 3ᵉ qui aura obtenu les meilleures notes en grec pendant ses deux premières années d'études (classes de 4ᵉ et de 3ᵉ), et à la fin du 2ᵉ cycle, une *médaille* à l'élève de première qui aura obtenu les meilleures notes en grec pendant ses deux dernières années d'études (classes de 2ᵉ et de 1ʳᵉ). Ce projet a été soumis à M. le Vice-Recteur de l'Académie de Paris, qui l'a pleinement approuvé.

MM. Egger et Th. Reinach demandent que la mesure adoptée pour cette année puisse être modifiée dans l'avenir. de façon à encourager l'étude du grec dans les lycées et collèges des départements.

Membre nouveau : M. Hantz Henri .

M. G. Fougères entretient le Comité de la visite qu'il a faite, pendant les vacances de Pâques. grâce à la croisière organisée par la *Revue générale des sciences*, aux fouilles de Cnossos et de Phæstos en Crète, de Lindos à Rhodes, et de Thera. Il passe en revue les principaux résultats de ces fouilles, et signale en passant l'intérêt historique ou archéologique qu'ils présentent.

MM. Th. Reinach. Michon et Pottier échangent à ce sujet diverses observations.

3 novembre 1904. — Présidence de M. Paul Guiraud, vice-président de l'Association, en l'absence de M. Tannery. indisposé.

Membres décédés : MM. Autrobus, Paul Giachant, Poitrineau, **Stickney** et C. Wescher.

Membres nouveaux : MM. Paul Gaudin, Lefebvre (Gustave), Papadopoulos Kerameus, Martini (Edgar).

Membre donateur : Sa Majesté le Roi de Grèce a bien voulu accepter le titre de membre donateur, et offrir à l'Association une somme de 1,000 francs.

M. Babelon fait une communication sur les origines de la monnaie à Athènes. Il examine d'abord les traditions littéraires de l'antiquité, et montre qu'elles sont unanimes à attribuer à Athènes des monnaies ayant des types autres que ceux de la tête casquée d'Athéna et de la chouette, et plus anciennes que ces dernières. C'est aussi ce qui ressort de l'étude de la réforme monétaire de Solon. La monnaie d'Égine abondait, sans doute, sur le marché d'Athènes, mais comme monnaie étrangère et concurremment avec la monnaie nationale, qui était, dès avant Solon et de son temps, non de poids éginétique, mais de poids euboïque. L'étude approfondie du chapitre x de la *République athénienne* d'Aristote conduit M. Babelon aux conclusions suivantes : Solon réforma à Athènes le système monétaire euboïque, de telle sorte que la drachme devint plus lourde que la drachme éginétique ou phidonienne. La drachme éginétique pèse effectivement de 6 gr. 50 à 6 gr. 25 ; son aloi inférieur fit que, par rapport à la monnaie athénienne dont le titre fut toujours excellent, on ne l'évalua à Athènes qu'à 6 gr. 11. Solon donna le nom de drachme à la pièce du système euboïque qui pèse 8 gr. 73 (ancien didrachme) ; la mine monétaire solonienne fut ainsi de 873 grammes. On voit ainsi que les poids de la drachme et de la mine soloniennes furent le double du poids de la drachme attique (4 gr. 36) et de la mine attique (436 gr.) ordinaires.

M. Babelon reconnaît les monnaies présoloniennes et soloniennes dans un groupe abondant de monnaies primitives qui pèsent effectivement 8 gr. 73. Ces pièces anépigraphes, aux types de la chouette, de l'amphore à huile, de l'osselet, de la roue, du cheval, de la tête de bœuf sont couramment trouvées en Attique. Les monnaies au type de la tête d'Athéna au droit, de la chouette au revers, ont été inaugurées seulement par Pisistrate vers 550 ; le système de la drachme de 4 gr. 36, qui devait toujours persister à Athènes dans la suite, fut repris par Hippias.

M. Th. Reinach conteste quelques-uns des arguments sur lesquels se fonde la théorie de M. Babelon.

M. Am. Hauvette donne lecture d'une note sur un nouveau fragment du *Monument d'Archiloque* (*Inscr. Graec.*, XII, V, 445) découvert dans les papiers de Bœckh, aux archives de l'Académie de Berlin. C'est une copie de Coumanoudis, faite à Paros en 1849, d'après une pierre qui présentait exactement la même disposition matérielle que le fragment publié par M. Hiller von Gärtringen. Gravée sur quatre colonnes, l'inscription de Coumanoudis, aujourd'hui disparue, semble bien avoir fait suite au texte des *Inscr. Graec.* ; elle contenait, à côté de fragments d'Archiloque aujourd'hui indéchiffrables, une épigramme métrique en l'honneur du personnage qui avait fait ériger le monument, Sosthénès fils de Prosthénès. Ce personnage est connu par plusieurs autres inscriptions de Paros, du 1er siècle avant notre ère.

1er décembre 1904. — Présidence de M. Paul Guiraud, vice-président de l'Association.

Membres décédés : MM. Jules de Chantepie et H. Wallon.

Mort de M. Paul Tannery, président. — Déjà malade lors de la dernière séance du Comité, M. Tannery a succombé le Dimanche 27 novembre; ses obsèques auront lieu le vendredi 2 décembre, à l'église de Pantin. M. Guiraud fait savoir que l'Association sera représentée à cette cérémonie par les membres du Bureau, qui déposeront une couronne. Il donne ensuite lecture d'une notice sur l'œuvre scientifique de M. Tannery, et propose de lever la séance en signe de deuil.

Le Secrétaire,
Am. HAUVETTE.

OUVRAGES OFFERTS A L'ASSOCIATION

dans les séances d'avril à décembre 1904.

CARRA de VAUX, **Les Mécaniques** ou l'**Élévateur** d'Héron d'Alexandrie, publiées pour la première fois sur la version arabe et traduites en français, Paris, Imprimerie nationale, 1894.

BORENIUS (E. E.), **De Plutarcho et Tacito inter se congruentibus,** Helsingforsiae, 1902.

JAKKOLA (K.), **De praepositionibus Zosimi questiones,** diss. acad., Arctopoli, 1903.

REIN (Io. Ed.), **De Æaco,** questiones mythologicae, Helsingforsiae, 1903.

KRUMBACHER (K.), **Die Akrostichis in der griechischen Kirchenpoesie,** München, 1904.

PSICHARI, ʽΡόδα καὶ μῆλα, t. II, Athènes, 1903.

BOHLER (Aug.), **Sophistae anonymi protreptici fragmenta instaurata, illustrata,** diss. inaug. de Strasbourg, Lipsiae, 1903.

DIHIGO (Dʳ Juan Miguel), **Elogio del Dʳ Nicolas Heredia y Mota,** Habana, 1902.

Πρακτικὰ τῆς ἐν Ἀθήναις ἀρχαιολογικῆς ἑταιρείας, 1902, Athènes, 1903.

Mémoires de la Société des Antiquaires de France, VIIIᵉ série, t. II, Mémoires de 1901 (Paris, Klincksieck, 1903).

CHAPOT (V.), **La province romaine proconsulaire d'Asie,** Paris, 1904.

APOSTOLIDÈS (B.), Γλωσσικαὶ μελέται, Le Caire, 1904.

TANNERY (P.), **Sur le symbole de soustraction chez les Grecs** (*Bibliotheca mathematica,* Leipzig, 15 mai 1904).

MAZON (Paul), **Essai sur la composition des comédies d'Aristophane,** Hachette, 1904 (thèse de doctorat).

MAZON (Paul), Aristophane, **La Paix,** édition avec introduction et notes, Hachette, 1904 (thèse de doctorat).

BLINKENBERG et KINCH, **Deuxième rapport sur l'exploration archéologique de Rhodes** (fondation Carlsberg).

BIKÉLAS, Γυναικεία ἀγωγή, Athènes, 1904.

Conférences faites au Musée Guimet, 1903-1904.

Le Jubilé du Musée Guimet, 25ᵉ anniversaire (1879-1904).

Εὑρετήριον τῆς ἀρχαιολογικῆς ἐφημερίδος τῆς τρίτης περιόδου, συνταχθὲν ὑπὸ A. Λαμπροπούλου, t. I, 1883-1887, Athènes, 1902.

De RIDDER (A.), Collection de Clercq, t. III. **Les bronzes, 1er fascicule, Paris,** Leroux, 1904, in-4º.

SVORONOS, Νομίσματα τοῦ κράτους τῶν Πτολεμαίων, Athènes, 1904.

HATZIDAKIS, Ἀκαδημεικὰ ἀναγνώσματα, t. B, Athènes, 1904 (Bibliothèque Marasly, fasc. 225-228).

GLOTZ, **L'ordalie dans la Grèce primitive,** Paris, 1904, in-8.

     La solidarité de la famille dans le droit criminel en Grèce, Paris, 1904.

PALLIS, Ἡ Ἰλιάδα μεταφρασμένη, Liverpool, 1904.

VENDRYES,, **Traité d'accentuation grecque,** Paris, Klincksieck, 1904, in-12.

XANTHOUDIDIS, Ἐκ Κρήτης (tirage à part de l'Ἐφημερὶς ἀρχαιολο-γική).

OMONT, **Le cabinet d'antiquités de Saint-Germain-des-Prés** (extrait du *Recueil de mémoires,* publié par la *Société des Antiquaires de France,* à l'occasion de son centenaire, 1904).

HATZIDAKIS, Γραμματικὰ ζητήματα (extrait).

ZISIOS, Ἔκθεσις τοῦ γλωσσικοῦ διαγωνισμοῦ τῆς ἐν Ἀθήναις γλωσσικῆς ἑταιρείας.

TAUBLER, **Die Parthernachrichten bei Josephus,** diss. inaug., Berlin, 67 p. in-8.

VENDRYES, **L'accent de** ἔγωγε **et la loi des périspomènes en Attique,** (extrait).

— **Une loi d'accentuation grecque, l'opposition des genres** (extrait).

DIEUDONNÉ, **Du classement des monnaies grecques** (extrait).

ADAMANTIOS, Βυζαντινὸν Μουσεῖον ἐν Παρισίοις (extrait).

BÉIS, Οἱ Χαμάρετοι (extrait).

    — Μεσσηνίας χριστιανικαὶ ἐπιγραφαί (id.)

    — Κατάλογος τῶν χειρογράφων κωδίκων τῆς ἐν Θεράπναις μονῆς τῶν ἁγίων τεσσαράκοντα.

    — Τοῦ Μυζηθρᾶ τὸ κάστρο (extrait).

BELLOS, Ἀλβανικὰ ἢ αἱ τρεῖς ζῶσαι διάλεκτοι τῆς ἑλληνικῆς γλώσσης (extrait du Παρνασσός).

DUCATI (Pericle), **Brevi osservazioni sul ceramista attico Brigo** (extrait de la *Rivista di Storia antica*).

KRUMBACHER, **Eine neue Handschrift des Diogenis Akritas** (extrait des *Sitzungsber. Bayer. Akadem.*).

REINACH (Th.), **Les études classiques,** discours prononcé à Chambéry.

Revues et périodiques divers.

BIBLIOGRAPHIE ANNUELLE

DES

ÉTUDES GRECQUES

(1901-1902-1903)

PAR CH.-ÉM. RUELLE

N. B. — *Les articles dont le format n'est pas indiqué sont in-8°;
ceux qui ne portent pas de date ont été publiés en 1902.*

ABRÉVIATIONS

I. — GÉNÉRALITÉS. — ENSEIGNEMENT DU GREC. — MÉLANGES.
— BIOGRAPHIES DE SAVANTS.

Album gratulatorium in honorem Henrici van Herwerden propter septuagenariam aetatem munere professoris, quod per xxxviii annos gessit, se abdicantis. Trajecti ad Rh., Kemink, iv, 260 p.

Beiträge zur klassischen Philologie. Herrn Prof. Dr Alfred Schöne... dargebracht von seinen Schülern. Kiel, Cordes, 1903, 43 p.   1 M. 50 Pf.

Bibliotheca philologica classica. Index periodicorum, dissertationum, commentationum vel seorsum vel in periodicis expressarum recensionum. Vol. XXIX, 1902. Lipsiae, O. R. Reisland.

Breslauer philologische Abhandlungen. VIII. Breslau, Marcus.

Untersuchungen zur älteren griechischen Prosalitteratur mit Beiträgen von *K. Emminger, H. Kullmer, Val. Schneider, M. Vogt,* hrsg. von *Engelb. Drerup,* Wilhelm von Christ zum 70. Geburtstage dargebracht. (Jahrbbb. f. class. Philol. 27. Suppl. Bd. 2 and 3.) Leipzig, Teubner.   7 et 13 M.

Dissertationes Halenses, vol. XVI. Halle, Niemeyer.

Festbundel, Prof. Boot. Wetenschappelijke bijdragen den 17^{den} Augustus Prof. Dr J.-C.-G. Boot aangeboden bij gelegenheid van zijn negenstigsten geboortsdag door eenige vrienden en oudlerdingen. Leiden, Brill, 1901, in-4.

Studies in honour of Basil L. Gildersleeve. Baltimore, J. Hopkin Press, ix, 317 p.   6 doll.

Fetschrift Theodor Gomperz dargebracht zum siebenzigsten Geburtstage am März 1902, von Schülern, Freunden, Collegen. Wien, Hölder, 499 p.

Mélanges Perrot. Recueil de mémoires concernant l'archéologie classique, la littérature et l'histoire anciennes, dédié à Georges Perrot, à l'occasion du 50° anniversaire de son entrée à l'Ecole normale supérieure. Paris, Fontemoing, in-4, 349 p. avec 1 portrait en héliogravure, 5 pl. hors texte en phototypie et 36 illustr. dans le texte.

Pauly-Wissowa, Realencyclopädie der class. Altertumswissenschaft, Neue Bearbeitg, 7. und 8. Halbbd. Stuttgart, Metzler.

Symbolae in honorem prof. Dr L. Cwiklinski quinque lustris magisterii in Universitate litterarum Leopolitana peractis, collectae ab amicis discipulisque, qui olim ipso magistro optimo utebantur. Leopoli, Gubrinowicz et Schmidt.

Enseignement du grec et histoire des études helléniques.

ANDREW, S. O., Greek versions of Greek prose composition. London, Macmillan.   5 sh.

BACON, Roger, The Greek Grammar of Roger Bacon and a fragment of his Hebrew grammar; edited from the manuscripts with introduction and notes, by *Edm. Nolan* and *S. A. Hirsch*. Cambridge, University press, lxxv, 212 p.   12 sh.

BERNARDI, A. A., Pro e contro il greco nel secolo XV. (At. e R., nr. 43-44, p. 661-664.)

BERTRAND, L., La fin du classicisme et le retour à l'antique dans la seconde moitié du xviii° siècle et les premières années du xix°, en France. Paris, Hachette, xvi, 425 p.   3 fr. 50.

BORNECQUE, L'enseignement des langues anciennes et modernes dans l'enseignement secondaire des garçons en Allemagne. Paris, Impr. nat., 80 p.

BRUHN, E., Hilfsbuch für den griechischen Unterricht nach dem Frankfurter Lehrplan. Berlin, Weidmann, 1903.   4 M. 40 Pf.

COLLARD, F., Les nouveaux programmes prussiens, ou le latin et le grec en Prusse. Tournai, Decalonne-Liagre, 32 p.

— Le rajeunissement du grec. Bruges, de Haene-Bossuyt, 41 p.

COLLINS, J. Ch., Had Shakespeare read the Greek tragedies ? (The fortnightly Review, 1903, april.)

DRUECK, Th., Griechisches Uebungsbuch für Sekunda. 2. Aufl. Stuttgart, Bonz, x, 132 p.   2 M.

FLAGG, J., A writer of Attic prose. Models from Xenophon. New-York, American Book Co., vii, 221 p.   1 Doll.

GEBHARD, Das griechische Lesebuch von U. von Wilamowitz-Möllendorff und die neuen preussischen Lehrpläne. (Beil. z. Münchner allg. Ztg., 1902, nr. 210.)

HELM, R., Griechischer Anfangskursus. Uebungsbuch zur ersten Einführung Erwachsener ins Griechische, besonders für Universitäts-kurse, nebst Präparationen zu Xenophon, Anab. I, und Homer, Od. IX. iv, 80 p. mit 5 Taf.

HERMANN, E., Zum griechischen Unterricht in der Untertertia. (Z. f. d. Gymnasialschulwesen. 1902, 7, p. 424-425.)

KLEIST, H. von, Beispiele zur Lehre von den Satzarten im Griechischem, etc. Anhang zu dem griech. Uebungsbuche von Spiess-von Kleist, Essen, Baedeker, 20 p.

KROMAYER, K., Gedanken über die Gestaltung des griechischen Unterrichts bei Einführung des griechischen Lesebuchs von U. von Wilamowitz. (N. J. A., 1902, 5, 2. Abt. p. 270-284.)

LEBÈGUE, H., Exercices grecs (progr. de 1902, cl. de seconde), ouvrage composé par M. H. Lebègue sous la directiou de M. *H. Goelzer.* (Livre du maître.) Paris, A. Colin, 112 p. 1 fr. 50 c.

MEYER, W., Henricus Stephanus über die Regii typi. (Abhandlgn. d. kgl. Ges. d. Wiss. zu Göttingen, phil.-hist. Kl. N. F. VI, 2.) Berlin, Weidmann, 32 p. 2 Taf.

MUELLER, Fr., Zum alt-sprachlichen Unterricht. (Berliner philol. Woch., 1903, nr. 10, p. 316-319). (Comptes rendus de publications relatives à la grammaire grecque.)

MUTZBAUER, Bemerkungen über den Wert des Lateinischen und Griechischen für die Erziehung auf dem humanistischen Gymnasium. (Das humanist. Gymnasium, 1903, 1-2, p. 55-63.)

OMONT, H., Le premier professeur de langue grecque au Collège de France : Jacques Toussaint (1529). (R. E. G., 1903, nr. 71, p. 417-419.)

PATZKER, A., Griechische Elemente in Schillers Dichtungen. (Proceed. of Amer. philol. Assoc., XXXII, p. LXVI.)

PHILLIMORE, J.-S., Aus der Praxis des griechischen Unterrichts in Westminster School. (Das humanist. Gymnasium, 1903, 1-2, p. 52-55.)

ROEMER, G., Griechisches Uebungsbuch für die IV. und V. Klasse. Bamberg, Duckstein. 3 M.

SCHNEIDER, St., Reformpläne des griechischen Unterrichts. (Museum, XVIII, 3, p. 166-174; 4-5, p. 269-274.)

SCHŒTTLE, Vorschläge für eine Umarbeitung von Grafs Griechischen Materialien. (Korrespondenzblatt f. d. Gelehrten... Württembergs, 1902, 9, p. 321-326; 10, p. 361-365.)

THOMSON, C. L., Tales from Greek, arranged for children. Illustr. by *H.* and *J. Stratton.* London, Marshall, 164 p. 1 sh.

TOSI, T., Chenier e il classicismo. (At. e R., nr. 49-50, p. 23-39.)

WEISSENFELS, O., Ein neues griechisches Lesebuch. [Wilamowitz-Möllendorff, gr. Lesebuch.] (Z. f. d. Gymnasialschulwesen, 1902, 6, p. 353-367.)

WESENER, P., Griechisches Lesebuch für den Anfangsunterricht. Leipzig, Teubner, 1903, IV, 88 p. 1 M. 40 Pf.

WILAMOWITZ-MŒLLENDORFF, U. von, Der Unterricht im Griechischen. (In : Die Reform des höh. Schulwesens in Preussen, Halle, Waisenhausbuchhdlg., p. 157 u. ff.)

WOTKE, K., Der griechische Unterricht nach Ulrich von Wilamowitz-Möllendorff's Vorschlägen. (Oesterr. Mittelschule, Jahrg. XVI, p. 10-20.)

WRIGHT, C. E., The abolition of compulsory Greek in Germany. (Educational Review, 1902, june.)

ZUSCHLAG, H., Der versetzte Griechisch-Schüler. Für Schüler der Klassen Untertertia bis Oberprima einschliesslich bearb. Leipzig, Jacobi und Zocher, 84 p.

Biographies de savants.

BOECKH. Briefwechsel zwischen Boeckh und Schömann über Schömanns Schrift De Comitiis Atheniensium, hrsg. von *M. Hoffmann.* (Z. f. Gymnasialw., 1903, 1, p. 41-57.)

CHAUVIN, V., et **A. ROERSCH.,** Une lettre inédite de Nicolas Clénard. (Le Musée Belge, VI, 4, p. 330-343.)

CURTIUS, E., Ein Lebensbild in Briefen. Hrsg. von *Fr. Curtius,* mit e. Bildnis in Kupferätzung. Berlin, Springer, 1903, XI, 714 p. 10 M.

Erinnerung an Ernst Curtius geb. 2, IX, 1814, gestorb., 11, XII, 1896. Leipzig, Reisland, 32 p., mit Bildnis. 1 M.

FRITSCH, A., Franz Rudolf Eyssenhardt. Necrolog. (Bursians Jahresb., 1902, 11-12, 4. Abt., p. 92-99.)

HECK, K., Simon Simonides. Sa vie et ses œuvres. (En polonais.) (Mém. de l'Acad. des Sc. de Cracovie, XXXIII, p. 188-345.)

IMMISCH, O., Erwin Rohde. (N. J. Alt., 1902, 10, 2. Abt., p. 521 et ss.).

REITER, S., August Boeckh (1785-1867). (N. J. Alt., 1902, 6-7, 1 Abt., p. 436-458.)

VALOIS, N., Notice sur la vie et les travaux de M. Jules Girard. (S. Ac. I, 1902. 11-12, p. 674-711.)

WALLON, H., Notice sur la vie et les travaux de M. Jacques Auguste Adolphe Regnier. (S. Ac. I, 1902, p. 604-647.)

WINTERNITZ, M. F., Max Müller. Necrolog. (Bursians Jahresber., 1902, 8-9, 4 Abt., p. 7-39.)

II. — HISTOIRE LITTÉRAIRE.

ARCHIBALD, H. T., The fable in Archilochus, Herodotus, Livy and Horace. (Proceed. of Amer. philol. Assoc., vol. XXXIII.)

BEER, L., Talmud und Hellenentum. (Die Nation, Jahrg. XX, nr. 15-16.)

Biographia antiqua. Bitterfeld, F. E., Baumann, 1903.

BUECHELER, F., Conjectanea. (Rh. M., LVII, 3, p. 321-327,)

ERMATINGER, E., Altgriechische Artistenlyrik. (Die Zeit, Jg.. XXXIV, nr. 439.)

FLAGG. — Voir Section V, XÉNOPHON.

FOWLER, H. N., A history of ancient Greek literature. New-York, Appleton, in-12, x, 501 p.

HEIBERG, J. L., Den graeske og den romerske litteratur, historie in omride. Copenhague, Gyldendal, 171 p.

HERZOG, R., Zur Geschichte des Mimus. (Ph., XVI, 1, p. 35-38.)

HEGEDÜS, L., A görög irodalom szelleme és Korszakai. (Egyet. philol. Kösl., 1903. 1, p. 1-15.)

KOHUT, A., Aphrodite und Athene. Psychologische Litteratur-und Kultur-geschichtliche Plaudereien und Federzeichnungen. Leipzig, Schreck, v, 296 p. 4 M.

LEGRAND, Ph. E., Pour l'histoire de la comédie nouvelle (R. E. G., nov.-dec. 1902. p. 357-379; juillet-oct. 1903, p. 349-374 .

PAPAVASSILIOU. Κριτικαι παρατρήσεις. Α΄ : εἰς τοὺς Ἑλληνικοὺς παπύρους. 1 ; Μεν. Περικειρου. 2 : Ἀνατορ. Θεσμος. 3 : ππε. Βεσολ. Ἀθ., XIV, 1-2. p. 138-147.)

PARISOTTI, Scritti vari di filologia.

PASELLA, P., La poesia conviviale dei Greci. Livorno. 1901, 61 p.

PISCHINGER, A., Der Vogelgesang bei den griechischen Dichtern des klas-sischen Altertums. Ein Beitrag zur Würdigung des Naturgefühls der antiken. Poesie. Progr. Eichstätt. 1901.

REICH, M., Der Mimus. Ein litterar-entwickelungsgeschichtlicher Versuch. I. Bd.. 2 Teile. Berlin, Weidmann. 1903, XII. 900 p. mit 1 Taf. 24 M.

RIBEZZO, F., Nuovi studi sulla origine e la propagazione delle favole indo-elleniche, communamente dette esopiche.

RIZZO. — Voir Section XII.

THIELE, G., Die Anfänge der griechischen Komödie. N. J. Alt., 1902, 6-7. 1. Abt.. p. 405 et ss.

VOGEL, Fr., Analecta. Progr. Furth. Limpert. 36 p.

VOGEL, A., Alt-Klassischer Dichterhain. Eine Auswahl der bekanntesten Stellen aus gr. und lat. Dichtern für realistisch gebildete Leser, etc. 1. Griechische Dichter. Langensalza, Schulbuchh., vi-275 p. 4 M.

III. — PHILOSOPHIE.

ADAMS, T., Texts to illustrate a course of elementary lectures on Greek philosophy after Aristotle. London, 70 p.

COMPARETTI, D., Frammento filosofico, da un papiro greco-egizio. (Fetschrift f. Gomperz, p. 80-89.)

FABRE, J., La pensée antique, de Moïse à Marc-Aurèle. Paris, Alcan, iv, 367 p.

FLIPSE. — Voir Section VIII.

G., E. E., The makers of Hellas : critical inquiry into the philosophy and religion of ancient Greece. Introd., notes, conclusion, by *F. B. Jevons*. London, Griffin, 1903, 742 p. 10 sh. 6 d.

GOMPERZ, Th., Greek thinkers. A history of ancient philosophy. Vol. I. Translated by *L. Magnus*. London, Murray, 1900, xv, 610 p.

— Zur Chronologie des Stoikers Zenon. (Akad. Wien, 1903.)

— Voir Section V, Platon.

HOLSTEN, R., Die Bedeutung des VII. Jahrhunderts fur die Entwickelung der sittlichen Anschauungen der Griechen. Progr. Stettin, 1903, 27 p.

LORTZING, Fr., Bericht über die griechischen Philosophen vor Sokrates für die Jahre 1876-1897. (Bursians Jahresb., 1902, 4-5, 1. Abt., p. 132-322 ; 1903, 1, 1. Abt., p. 1-64.)

LUEDEMANN, H., Jahresbericht über die Kirchenväter und ihr Verhältnis zur Philosophie, 1897-1900 (Forsetzung.) (A. G. Ph., VIII, 4, p. 493-515.)

MIKOLAJCZAC, J., De septem sapientium fabulis quaestiones selectae. Diss. Breslau, 31 p.

PIAT, C., Sokrates. Seine Lehre und Bedeutung für die Geistesgeschichte und die christliche Philosophie. Deutsch von *E. Prinz zu Oettingen-Spielberg*, Regensburg, Manz, 1903, 311 p. 11 M.

ROECK, H., Der unverfälschte Sokrates, der Atheist und « Sophist » und das Wesen aller Philosophie und Religion gemeinverständlich dargestellt. Innsbruck, Wagner, 1903, iv, 542 p. 10 M. 30 Pf.

ROLFES, E., Die Unsterblichkeit der Seele nach der Beweisführung bei Plato und Aristoteles. (Philosophisches Jahrbuch d. Görres-Gesellsch., XVII, 1, p. 18-29.)

SCHMITT, E. H., Die Gnosis. Grundlagen der Weltanschauung einer edleren Kultur. I. Bd. : Die Gnosis des Altertums. Leipzig, Diederichs, 1903. 12 M.

SIMON, Th., Der Logos. Ein Versuch erneuter Würdigung einer alten Wahrheit. Leipzig, Deichert, v, 132 p. 2 M. 25 Pf.

WADDINGTON. Ch., Le Scepticisme après Pyrrhon. Les nouveaux académiciens. Ænésidème et les nouveaux Pyrrhoniens. (S. et trav. de l'Acad. des des Sc. mor. et polit., août 1902, p. 223-243.)

WOLFF, E., Philanthropie bei den alten Griechen. Progr. Berlin, in-4, 28 p.

IV. — SCIENCES. — MÉDECINE.

BRETZL, H., Botanische Forschungen des Alexanderzuges. Gedrückt mit Unterstützung der Kgl. Ges. d. Wiss. zu Göttingen. Leipzig, Teubner, xii, 412 p.; 11 Abb und 4 Kartenskizzen. 12 M.

CORRADI, A., L'acqua bollita nella profilassi degli Antichi. (Riv. di filol. XXX, 4, p. 567-571).

ELTER, A., Columbus und die Geographie der Griechen. Festrede geh. am Gedenktage des Stifters der Universität Bonn. Bonn, Georgi,,24 p.

FIGARD, L., Quatenus apud Graecos experientiam in instituenda medicinae methodo commendaverint empirici. Mâcon, Protat, 1903, XI, 114 p.

HEITZ. — Voir SECTION XIII.

MARCUSE, J., Oeffentliche Hygiene im Altertum. (Die Umschau, 1901, 17, p. 325-328; 18, p. 441-443.)

MILHAUD. — Voir SECTION V, ARISTOTE.

REYE, Th., Die synthetische Geometrie im Alterthum und in der Neuzeit. (Jahresb. d. deutschen Mathematiker-Vereinigung, IX, 9.)

SCHŒNE, H., Zwei Listen chirurgiker Instrumente (H., 1903, 2, p. 280-284).

STADLER, H., Bericht über die Litteratur zur antiken Naturgeschichte, 1895-1897. (Bursians Jahresb., 1902, 4-5, 3. Abt. p. 81-82.)

— Alexanderzug und Naturwissenschaft. (Bl. f. Bayr. Gymnasialschulw., 1903, 5-6, p. 427-431.)

STEPHANIDIS, M. K., Τὸ φαινόμενον Saint-Elme, καὶ ἡ « Ἁγία Ἑλένη ». ('Αθ., XIV, 1-2, p. 136-137.)

STIEDA, L., Ueber die Infibulation der Griechen und Römer. (Verhandl. d. Ges. deutscher Naturforscher und Aerzte, 73. Versamml. zu Hamburg, 1901, 1, Hälfte, p. 288-287.)

— Anatomisch-archäologische Studien. III. Die Infibulation bei Griechen und Römern. Anatom. Hefte, 1. Abt. XIX, 2, p. 231-308. 19 Abb.

TANNERY, P., Sur la sommation des cubes entiers dans l'antiquité. (Bibliotheca mathem. 3. F. III, 3, p. 257-258.)

— Voir SECTION V, PLATON.

WEGH, A., Die wichtigsten Mathematiker und Physiker des Altertums. Progr. Kreuzburg, in-4, 26 p.

V. — AUTEURS GRECS (y compris les Byzantins).

AÉTIUS.

Ruelle, Ch.-Em., Quelques mots sur Aétius d'Amida (à propos d'une publication récente). — (Bull. de la Soc. française d'hist. de la médecine, 1903.) — T. à part. Paris, 1903.

ALCIPHRON.

Beaudouin, M., Notes critiques sur les « Lettres » d'Alciphron, à propos d'une édition récente. (R. Ph., 1902, 4, p. 327-334.)

Herwerden, H. van, Ad Alciphronis epistulas. (Mn. 1902, 3, p. 307-318.).

ALEXION.

Berndt. — Voir GRAMMAIRIENS.

ANACRÉON. Traduction française. — Voir PINDARE.

ANDOCIDE.

Fuhr, K., Zur Echtheitsfrage der Rede des Andokides gegen Alkibiades. (Berl. philol. Woch., 1903, nr. 13, p. 411-416.)

ANECDOTA byzantina e codicibus Upsaliensibus cum aliis collatis, ed. V. Lundström. Fasc. 1 : Anonymi carmen paraeneticum et Pauli Helladici epistolam continens. Upsala, Lundequist; Leipzig, Harrassowitz.

ANONYMES.

Anonymus Argentinensis.

Foucart, P., Les constructions de l'Acropole d'après l'Anonymus argentinensis. (R. Ph., 1903, 1, p. 1-12.)

Tamilia, D., De Timothei Christiani et Aquilae Judaei dialogo. Romae, 1901, 25 p.

Carmen paraeneticum. — Voir ANECDOTA BYZANTINA.

De Incredibilibus. — Voir MYTHOGRAPHES.

ANTHOLOGIE.

Papavasiliou, G.-A., Κριτικαὶ παρατηρήσεις. Β' : Εἰς τὴν ἑλληνικὴν ἀνθολογίαν (Cod. Palat., VII; 495, 3.) ('Αθ., XIV, 1-2, p. 148.)

Radinger. K., Zur Griechischen Anthologie. I. Leonidas von Alexandrien. II. Zum Marcianus 481, dem Autographen des Planudes. (Rh. M., LVIII, 2. p. 294-307.)

Reinach. Th. — Voir SIMONIDE.

ANTIMAQUE.

Knaack. G., Ein neues Fragment des Antimachos von Teos? (Berl. philol. Woch., 1903, nr. 9, p. 284-285.)

ANTIPHANE.

Ludwich. A., Ein verkanntes Antiphanesfragment. (Berl. philol. Woch., 1903, nr. 3, p. 91-96.)

Solari. A., Questioni su un frammento di Antifane. (A. e R., nr. 45, p. 694-697.)

ANTIPHON. — Voir JAMBLIQUE.

— Voir ORATEURS.

APOLLODORE.

Jacoby. F., Apollodors Chronik. Eine Sammlung der Fragmente. Berlin, Weidmann, VII, 416 p. 14 M. (Philol. Untersuchungen hrsg. von A. Kiessling und U. von Wilamowitz-Moellendorff, 16. Heft.)

APOLLONIUS DE RHODES.

Bolling, G.-M., The participle in Apollonius Rhodius. (Studies in hon. of Gildersleeve.)

Deicke. L., De Scholiis in Apollonium Rhodium quaestiones selectae. Diss. Goettingen, 1901, 74 p.

Fitch. E., The proprieties of epic speech in the Argonautica of Apollonius Rhodius. (Proceed. of Amer. philol. Assoc., vol. XXXIII.)

Pasini, F., La « Medea » di Seneca e Apollonio Rodio. (At. e R. nr. 41, p. 567-575.)

Samuelsson, J., Ad Apollonium Rhodium adversaria. Upsala, Lundström; Leipzig, Harrasowitz.

APOLLONIUS DYSCOLE. — Voir GRAMMAIRIENS.

ARCHILOQUE.

Archibald. H. T. — Voir SECTION XI.

ARCHIMÈDE.

Schmidt. W., Zur Textgeschichte der « Ochumena » des Archimedes. (Biblioth. mathematica, 3. Folge, III, 2, p. 176-179.)

ARISTARQUE.

Bachmann, W., Die ästhetischen Anschauungen Aristarchs in der Exegese und Kritik der homerischen Godichte. I. Progr. Nürnberg, 42 p.

ARISTÉE (Pseudo).

Abrahams, J., Recent criticism of the letter of Aristeas. (The Jewish Quarterly R., 1902, p. 341-342.)

Krausz S., Aristeas. (Egyetemes filol. Közlöni, 1902, 6.7, p. 474-483.)

Nestle. E., Zum Aristeasbrief. (Berl. ph. Woch., 1902, nr. 50, p. 1566.)

Papavasiliou. G. A., Κριτικαὶ παρατηρήσεις. ς' : Εἰς 'Αριστέου πρὸς Φιλοκράτη ἐπιστολ. (Éd. P. Wendland.) ('Αθ. XIV, 1-2, p. 196-202.)

ARISTOPHANE. Extraits. Texte grec publié avec une introduction, un index et des notes, par *L. Bodin* et *P. Mazon*. Paris, Hachette, in-16, LXXX, 295 p. 2 fr. 50 c.

— .Gli Acarnesi, versione poetica, con introduzione e note di *E. Romagnoli*. Palermo, in-16, 148 p. 1 l.

Le donne a parlamento tradotte in versi italiani da *A. Franchetti*, con introduzione e note di *D. Comparetti*. Città del Castello, Lapi, 1901, XLIII, 103 p.

Blaydes. Fr. H. M., Spicilegium Aristophaneum. Halle, Buchh. des Waisenhauses, III— 136 p.

Carroll, M.. The Athens of Aristophanes. (Studies in hon. of Gildersleeve.)

— Même titre. (Proceed. of Amer. philos. Assoc., 1901.)

Girard. P., Observations philologiques sur Aristophane. (Mélanges Perrot, p. 133-140.)

Helder. J., De Aristophanis in Nubium fabula consilio atque arte. Haarlem, Kleyne 1901.

Herwerden, H. van. Aristophan. Eq. 504 sqq. (Mn. 1902, 3, p. 233.)

Holden. H. A., Onomasticum Aristophaneum, sive index nominum quae apud Aristophan leguntur. Ed. II. London, Clay.   5 sh. 6 d—

Konarski, F.. Les Grenouilles, trad. en polonais, v. 553-763. (Symbolae in honorem Cwi— klinski.) 12 p.

Leeuwen. J. van. Ad Aristophanis Plutum. (Contin.) (Mn. 1902, 3, p. 348-360; 4, p. 397— 427.)

     Quis furor? [Obs. sur Rœmer, Stud. zu Aristoph.] (Ibid. 5, p. 225-233.)

     Ad Scholia Aristoph. Lys. 62. (Ibid., XXXI, 1, p. 16.)

     Ad Aristophanis Plutum. (Ibid., p. 96-113.)

Nielsen, G. R.. Om forholdet mellem Aristophanes « Ekklesiazousai » og Platons « Stat ». Nord. Tidskr. f. filol., XI, 2, p. 49-73.)

Papavassiliou. — Voir Section II.

Peppler, Ch. W., Comic terminations in Aristophanes and the comic fragments. Part I Diminutives, character names, patronymics. Diss. Baltimore, J. Murphy, 1903, 53 p.

Pongratz, F., De arsibus solutis in dialogorum senariis Aristophanis. Pars I. Progr. München, 37 p.

Radermacher. L., Drei Deutungen. I. δή-δέη [Aristoph. Frösche, 265.] (Rh. M., LVII. 3, p. 478-480.) (Voir Section VIII.)

Richards, H.. Aristophanica. [Détail, Biblioth. philologica cl., 1903, p. 9]. (Cl. R. 1903, 1, p. 7-11.)

— On Aristophanes Knights 413. (Ibid., 1903, 3, p. 143-145.)

Robert. C., Zu Aristophanes. (H., 1903, 1, p. 158-160.)

Romagnoli. H., Aristophanis Acharnenses; criticae atque exegeticae animadversiones. [Estr. d. Studi ital. di filol. vol. X.] Firenze, Seeber.   1 lira.

— Saggi di versione dalla Pace di Aristofane. (Riv. d'Italia, febbr. 1902.]

Rœmer, A., Studien zu Aristophanes und den alten Erklärern desselben. I. Teil : Das Verhältnis der Scholien des Cod. Rav. und Venet., nebst Beiträgen zur Erklärung der Komödien des Aristophanes auf Grund unserer antiken Quellen. Leipzig, Teubner, 1902, XIV, 196 p.

Rutherford, W. G.. Aristophanes, Knights 414. A neglected idiom. (Cl. R., 1903, 5, p. 249.)

Seelye. W. J.. Aristophanes, Ran. 1437 ss. (Proceed. of Amer. philol. Assoc., XXXII, p. CXXXVIII-IX.)

Setti. G., Osservazioni ermeneutiche e critiche degli Uccelli di Aristofane. (Atti d. R. Istituto Veneto, LXI, 8, parte II, p. 465-480.)

— Per la esegesi critica degli Uccelli di Aristofane. (Riv. di filol., 1903, 1, p. 84-114.)

     Per una nuova edizione critica degli « Uccelli » di Aristofane. (Atti e Mem. d. R. Accad. di Padova, N. S. vol. XVIII, disp. 3, p. 171-187.)

     Aristofane e il coturno. (R. di stor. ant. N.S., VI, 3-4, p. 397-413.)

     L'aucupio negli Uccelli di Aristofane. (Ibid., VI, 1, p. 73-84.)

Teza. E., Quale era il casato di Andreas Divus, vecchio traduttore di Aristofane. (Ibid., VII, 1, p. 85-98.)

Wilamowitz-Mœllendorff. U. von, Drei Schlusscenen griechischer Dramen. II : Der Schluss der Ekklesiazusen des Aristophanes. (S. Pr. Ak., 1903, 21, p. 450-455.)

Zacher, K.. Herwerdens Aristophanescollationen. (Ph. XV, 3, p. 447-454.)

Zuretti, C. O., Il servo nella comedia greca antica. A : Nelle comedie di Aristofane. (Riv. di filol., 1903, 1, p. 46-83.)

ARISTIDE QUINTILIEN.

Williams. — Voir Section IX.

ARISTOTE. Le traité Peri hermeneias d'Aristote, Traduction et commentaire, par *Laminne.* Bruxelles, 1901, 61 p.

— Politics, of Aristotle, ed. by *W. L. Newman*, voll. III and IV. Oxford, Clarendon Press.

— Psychology. Treatise on the principle of life. Transl. with Introduction and notes by *Wm. Al. Hammond.* London, Sonnenschein, 428 p.   10 sh. 6 d.

Les grandes idées morales et les grands moralistes. Pages choisies d'Aristote, par *J. Vaudouer et L. Lantoine.* Paris, Picard et Kaan, 107 p.   1 fr.

Baumstark. A., Zur Vorgeschichte der arabischen « Theologie des Aristoteles ». (Oriens christianus, 1902, p. 187-191.)

Borgeld. A., Aristoteles en Phyllis. Een bijdrage tot de Vergelijkende literaturgeschiedenis. Groningue, Wolters.   3 M. 25 l'f.

Boucher. E. S., Selections from Aristotle's Organon. Transl. London, Simpkin.   1 sh. 6 d.

Bywater, J., Aristotelica. IV. (J. of philol., nr. 56, p. 241-253.)

Delle. — Voir PLATON.

Diels. H., Bericht über die Herausgabe der « Aristoteles-Commentare ». (S. Pr. Ak., 1903, 6, p. 96.)

Dittmeyer. L., Untersuchungen über einige Handschriften und lateinische Uebersetzungen der Aristotelischen Tiergeschichte. Progr. Wurzburg, 51 p.

Dragoumis, S., Παντετηρίδες καὶ ἱεροποιοί. [Aristot. Πολ. Ἀθην., 54, 17.] (Ἀθ. XIV, 4, p. 376-386.)

Draeseke. J., Zu Aristoteles. (Wochenschr. f. klass. Philol., 1902, nr. 46, p. 1270-1272.)

Endt J., Die Quellen des Aristoteles in der Beschreibung des Tyrannen. (W. St. 1902, 1, p. 1-69.)

Festa. N., Sulle più recenti interpretazioni della teoria aristotelica della catarsi nel dramma. Firenze, Marini, 1901.

Gomperz. — Voir PLATON.

Guiraud, P., Note sur un passage d'Aristote. (Ἀθηναίων πολιτεία, 4.) (Mélanges Perrot, p. 145-150.)

Hammond. W. A., Aristoteles on imagination. (Proc. of Amer. philol. Assoc., 1901, p. 30-31.)

Jankelevitch. S., Proceedings of the Aristotelian Society. N. Series, vol. I, 1900-1901. (Philos. Review, 1902, 8, p. 205-215.)

Kappelmacher. A., Die Aristoteleszitate des Pseudo-Demetrius περὶ ἑρμηνείας. (W. St., 1902, 2, p. 452-456.)

Ludwich, A. — Voir SOLON.

Michaelis. — Voir POLLUX.

Milhaud, G., Le hasard chez Aristote et chez Cournot. (R. de métaphys. et de morale, nov. 1902, p. 667-687).

— Aristote et les mathématiques. (A. G. Ph. IX, 3, p. 367-392.)

Photiadis. P. S., Ἑρμηνευτικὰ καὶ διορθωτικὰ εἴς τινα χωρία τῆς Ἀριστοτέλους Ἀθηναίων πολιτείας. (Ἀθ. XIV, 1-2, p. 65-74; 224-231.)

— Περὶ κληρώσεως καὶ πληρώσεως τῶν ἡλιαστικῶν δικαστηρίων κατὰ τὴν Ἀριστοτέλους Ἀθ. πολιτείαν. (Ibid., 3, p. 241-282.)

Piiat. C., Aristote. (Les grands philosophes.) Paris, F. Alcan, 1903, VIII, 396 p.   5 fr.

Richards. H., Aristotle, Ethics, 8, 5. (Cl. R., 1902, 8, p. 396.)

— Voir XÉNOPHANE.

Schindele. St., Die aristotelische Ethik. Darstellung und Kritik ihrer Grundgedanken. (Philos. Jahrb. d. Goerres-Gesellschaft, XV, 3, p. 315-330.)

Schoenermark, C., Die tragischen Affekte bei Aristoteles. II. Progr. Liegnitz, in-4°, 17 p.

Seymour. T. D., Note on Aristotle's Politics, 1338, A 24. (Cl. R. 1903, 1, p. 22-23.)

Thompson, E. S., Derdas the Little. [Aristot. Pol. VIII, 10, 10 = 1311 B 3.] (Cl. R., 1902, 8, p. 416.)

Tkac, J., Ueber den arabischen Kommentar des Averroes zur Poetik des Aristoteles. (W. St. 1902, 1, p. 70-98.)

ARRIEN.

Guethling. O., Erklärende Anmerkungen zu Arrians Cynegeticus. Progr. Liegnitz, 28 p.

Ritterling. E., Zur Erklärung von Arrians ἔκταξις κατ' Ἀλανῶν. (W. St., 1902, 2, p. 359-372.)

ATHÉNAGORE.

    Pommrich. — Voir Théophile.

ATHÉNÉE.

    Richards. — Voir Posidonius.

BABRIUS.

    Christoffersson, H., Studia de fabulis babrianis. Lund, Moeller, 178 p.   **3 M. 50 Pf.**

    Heraeus, W., Aus einer lateinischen Babriosübersetzung. (Archiv. f. Lexicogr., etc., XIII, ¹, p. 129.)

    Klotz, A., Sorsus. [Zu Babrius.] (Ibid., p. 117.)

BACCHYLIDE.

    Leeuwen, J. van, Quid significat ΛΕΙΡΙΟΣ sive ΛΕΙΡΙΟΕΙΣ? [Bacch. XVII, 95.] (Mn XXXI, 1. p. 114-116.)

    Mair. A. W., ἀτρέμα = Strightly. [Bacch., v. 7.] (Cl. R., 1902, 6, p. 319.)

    Reynolds, B., Digamma in Bacchylides. (Proceed. of Amer. philol. Assoc., 1901.)

    Schaefer. G., Dissertatio de tertio Bacchylidis carmine. Erlangen, 1901, 64 p.

    Wolff. A., Bacchylidea. Patavii, Randi, 22 p.

BASILE (saint). — Voir Plutarque, Essay, etc.

BÉROSE.

    Lehmann. C. F., Die Dynastien der babylonischen Königliste und des Berossos. (Beitr. z alten Gesch., III, 1, p. 135-163.)

BIBLE et APOCRYPHES. The Century Bible. Saint-Mark. Introd., author version, revised version, notes, index, map. Ed. by *S. D. F. Salmond.* London, Jack, 380 p.   **3 sh**

    Η νεα διαθηκη κατα το Βατικανο χερογραφο μεταφρασμενη απο του Α. Παλλη, Μερος πρωτο. Liverpool, The Liv. Booksellers' Co. 275 p.

    Le Nouveau Testament d'après le manuscrit du Vatican, traduit par *A. Palles* (Texte grec.) 1ʳᵉ partie. Paris, Blot, in-16, 280 p.

    Evangelium secundum Johannem cum variae lectionis delectu. Ed. *Fr. Blass.* Leipzig, Teubner. LXIV, 111 p.   **5 M. 60 Pf.**

    Acts of the Apostles. Introd., notes by *A. E. Rubie.* London, Methuen, 1903. 210 p., 3 maps.   **2 sh.**

    Apocrypha. I. Reste des Petrusevangeliums, der Petrusapokalypse und des Kerygma Petri. Hrsg. von *E. Klostermann.* (Kleine Texte f. theolog. Vorlesgn, und Uebgn. hrsg. von H. Lietzmann.) Bonn, Marcus und Weber, 1903, 16 p.   **30 Pf.**

    Die Apocryphen des Alten Testaments, in Verbindung mit meheren Fachgelehrten übersetzt und hrsg. von *E. Kautzsch.* Ausg. F der Textbibel des A. und N. T. Tübingen, Mohr, IV, 212 p.   **2 M.**

    Acta apostolorum apocrypha, post C. Tischendorf denuo edid. *R. Ad. Lipsius* et *Max Bonnet.* Partis II vol. 2. Acta Philippica et Acta Thomae. Accedunt Acta Barnabae, ed. *M. Bonnet.* Leipzig, Mendelssohn, XLII, 395 p.   **15 M.**

— Les Actes de saint Jacques et les Actes d'Aquilas, d'après deux manuscrits grecs de la Bibliothèque nationale, p. p. *Jean Ebersolt.* Paris, Leroux, II, 79 p.

    Albani. J., Die Metaphern des Epheserbriefes (Z. f. wiss. Theol., N. F., X, 3.)

    — Die Bildersprache der Pastoralbriefe. (Ibid., XI, 1, p. 40-58.)

    Bacon. B. W., An Introduction to the New Testament. New-York, Macmillan, 1900, XV, 285 p.

    Bahnsen. W., Neue Untersuchungen über den Römerbrief. (Protestant. Monatshefte, Jg, VI, H. 9.)

    Bittner M., Der vom Himmel gefallene Brief Christi in seinen morgenländischen Versionen und Rezensionen — gr., armen., syr., karchunisch, arab. und äthiop. — nach Handschriften veröffentlicht, text — und sprachvergleichend — kritisch untersucht und ins Deutsche übersetzt, nebst einem hebr. Sabbatsbriefe. (Anz. d. W. Ak. d. Wiss., 1903, 11, p. 65-68.)

    Bolliger. A., Marcus der Bearbeiter des Matthäus-Evangeliums. Altes und Neues zur synoptischen Frage. Progr. Basel, in-4°, 100 p.

Burkitt. F. C., S. Ephraim's quotations from the Gospel collected and arranged. (Texts and Studies, contributions to Biblical and Patristic literature, ed. by *J. Armitage Robinson*, VII, nr. 2.) Cambridge, Univ. Press, 1901, xi, 91 p.

Burn. A. E., The textus receptus of the Apostles' creed. (J. of theol. studies, 1902, july.)

Corssen. P., Die Urgestalt der Paulusacten. (Z. f. neutestam. Wiss., IV, 1.)

Dictionnaire de la Bible.... p. p. *F. Vigouroux* avec le concours d'un grand nombre de collaborateurs. Fasc. 22 : Joppé-Kurzeniecki. Paris, Letouzey et Ané, 1903. Grav. et carte en couleur.

Encyclopædia biblica. Critical dictionary of the literary, political, and religious history, archæology, geography, natural history of the Bible. Ed. by *T. K. Cheyne* and *J. Sutherland Black*. vol. IV : Q-Z.
20 sh.

Gelzer, H., Der wiederaufgefundene Kodex des hl. Klemens und andere auf den Patriarchat Achrida bezügliche Urkundensammlungen. (Berichte üb. d. Verhandlgn d. kgl. Sächsisch. Ges. d. Wiss., philol.-histor. Cl., 1903, 2, p. 41-110.)

Gifford. Seth. K., Pauli epistolas qua forma legerit Jo. Chrysostomus. Scripsit S. K. G. (Diss. philol. Halenses, XVI. pars 1.) Halle, Niemeyer, 88 p.
2 M. 40 Pf.

Girodon. P., Commentaire critique et moral sur l'Évangile selon saint Luc. Paris, Plon et Nourrit, 1903, xv, 589 p. ; 2 cartes ; 5 fac-similés.

Granger. F., An emendation in Logia Jesu, III. (Cl. R., 1903, 5, p. 251.)

Haidacher, S., Neun Ethika des Evangelienskommentars von Theodor Meliteniotes und deren Quellen. (Byz. Z., XI, 3-4, p. 370-387.)

Hamer. C. J., New Testament history for young students, with index. Pref. by Bp. of Newcastle. London, Allman, in-16, 150 p.
1 sh.

— Notes on St. Luke. With questions set at the Oxford and Cambridge local examinations. London, Allman, 138 p.
1 sh.

Haussleiter. J., Der Kampf um das Johannes-Evangelium. I. (Theol. Litteraturbl., 1903, 1 und 2.)

Heitmueller. W., « Im Namen Jesu ». Eine sprach- und religionsgeschichtliche Untersuchung zum Neuen Testament, speziell zur altchristlichen Taufe. (Forschgn. zur Religion und Literatur des Alten und Neuen Testaments, I, 2.) Göttingen, Vandenhoeck und Ruprecht, x, 347 p. 9 M.

Helder. A., Die aethiopische Bibelübersetzung. Ihre Herkunft. Art, Geschichte und ihr Wert für die alt- und neutestamentliche Wissenschaft. Mit Jeremia cap. 1.13 als Textprobe, dem aethiop. Pseudepigraph, der Prophetie des Jeremia an Paschur und einem General-Katalog der abessinischen Handschriften (als Prolegomena zu einer kritischen Ausgabe der aethiop. Bibel. Diss. Halle, 34 p.

Jacoby, A., Ein bisher unbeachteter apokrypher Bericht über die Taufe Jesu, nebst Beiträgen zur Geschichte der Didascalie der 12 Apostel und Erläuterungen zu den Darstellungen der Taufe Jesu. Strassburg, Trübner, vi, 107 p., mit Abbildg.
4 M. 50 Pf.

Jacquier. E., Histoire des livres du N. T. T. I. Paris, Lecoffre, 1903, xii, 491 p.; 1 carte.
3 fr. 50 c.

Jannaris, A. N., νάρδος πιστική. (Joh., XII, 3 und Marcus, XIV, 3.) (Cl. R., 1902, 9. p. 459-460.)

Janssen. R., Evangelium Johanneum ex paraphrasi Nonni Panopolitani restitutum, apparatu critico apposito. Diss. Halle, 39 p.

— Das Johannes-Evangelium nach der Paraphrase des Nonnus Panopolitanus. Mit einem ausführl. kritischen Apparat hrsg. (Texte und Untersuchgn., N. F., VIII, 4.) iv, 80 p. 2 M. 50 Pf.

Karo. G. et **J. Lietzmann.** Catenarum graecarum catalogus. (Nachrichten der K. Geselsch. d. Wiss. zu Göttingen, Philol.-histor. Cl., 1902, 1, 3, 5.) T. à p. Goettingen [1903].

Kieber. P., Beiträge zur Erklärung der ersten Kapitel des Evangeliums Matthaei. Progr. Löwenberg, in-4°, 36 p.

Kreyenbühl, J., Das Evangelium der Wahrheit. Neue Lösung der Johannischen Frage. I. Bd. Berlin, Schwetschke, viii, 752 p.
20 M.

Lake. K., Codex 1 of the Gospels and its allies. Texts and Studies. (Dans « Contributions to Biblical and Patristic Litterature » bv *J. A. Robinson*, VII, 3.) Cambridge, Univ. Press, xxvi, 201 p.
7 sh. 6 d.

Lesètre, H., La clef des Évangiles. Introd. histor. et crit. pour servir à la lecture des saints Évangiles. Paris, Lethielleux, viii, 207 p.; grav. et cartes.

Lewis. A. S., Apocrypha : the protevangelium Jacobi and Transitus Mariæ. With texts from the Septuagint, the Corân, the Peshitta, and from a Syriac hymn in a Syro-arabic palimpsest of the 5th and other centuries. With an Appendix of palestinian Syriac texts from the Taylor-Schechter collection. London. Clay, in-4°.
15 sh.

Lindl. E., Die Octateuchcatene des Procop von Gaza und die Septuagintaforschung. München, H. Lukaschik, viii, 161 p., mit 1 Lichtdr.-Taf.
5 M. 80 Pf.

Loisy, A., Études évangéliques. Paris, Picard.

Meyer, A., Johanneische Litteratur. A. Echtheit und Personenfrage. (Theol. Rundschau, V, 8.)

Moorhead, W. G., Outline studies in Acts, Romans I and II. Corinthians, Galatians, Ephesians. London, Oliphant, 248 p.   3 sh. 6 d.

— Outline studies in Old Testament books. Ibid., 364 p.   3 sh. 6 d.

Nestle, E., Zum griech. Neuen Testament. (Protestant. Monatshefte, VI, 7.)

— Antiker Volksglauben im Neuen Testament. (Protestantenblatt, Jg. XXXVI, 9, 10, 11.)

Omont, H., Communication relative à 4 planches de fac-similés d'anciens manuscrits grecs bibliques en lettres onciales. (S. Ac., I., 5 déc. 1902, p. 725-729.)

Pallis, A., A few notes on the gospels according to St Mark and St. Matthew, based chiefly on modern Greek. Liverpool, The Liv. Booksellers' Co., 1903, VI, 46 p.

Preuschen. — Voir ORIGÈNE.

Riccl, S. de, Le « sacrifice salé ». [Marc, IX, 49.] (R. Arch., mai-juin 1902, p. 336-341.)

Schiefer, F. W., Zwei Randbemerkungen zu neutestamentlichen Stellen. [I : zu Ev. Matth. IV, 1-11. II : zu I. Kor. 15, 28.] (Z. f. Wiss. Theol., N. F., XI, 2, p. 316-318.)

Schrader, E., Die Keilinschriften und das A. T. 3. Auflage mit Ausdehnung auf die Apocryphen, Pseudepigraphen und das N. T., neu bearbeitet von *H. Zimmern* und *H. Winckler.* 1. Hälfte. Berlin, Reuther und Reichard.

Serruys, D., Anastasiana. [III : La stichométrie de l'ancien et du Nouveau Testament]. (Mél. d'arch. et d'hist., XXII, 2-3.)

Shaw, R. D., The Pauline Epistles. Introduction and expository studies. London, Clark, 520 p.
8 sh.

Soden, H. von, Die Schriften des Neuen Testament, in ihrer ältesten erreichbaren Textgestalt hrsg. auf Grund ihrer Textgeschichte. I. Bd., 1 Abtlg. Berlin, Duncker, XVI, 704 p.

Stewart, C. T., Grammatische Darstellung der Sprache des St Pauler Glossars zu Lukas. Diss. Berlin, 1901, 44 p.

Taylor, C., The homily of Pseudo-Clement. (J. of philol., nr. 56, p. 195-208.).

Thumb, A., Die sprachgeschichtliche Stellung des biblischen Griechischen. (Theol. Rundschau. 1902, p. 85-100.)

Torrey, C. C., The Greek versions of Chronicles, Ezra and Nehemia. (Proceed. of the Soc. of biblic archæologie, XXV, 3.)

Weiss, B., Die Perikope von der Ehebrecherin. (Z. f. wiss. Theol., N. F., XI, 1, p. 141-158.)

Weiss, J., Das älteste Evangelium. (C. R. dans Liter. Centralbl., 1903, nr. 49.)

Weissbrodt, W., De codice Cremifanensi et de fragmentis evangeliorum Vindobonensibus. Progr. Brunsberg. 1901, 20 p.

Wohlenberg, G., Glossen zum ersten Johannesbrief. III. (Neue Kirchl. Z., XIII, 8.)

Wrede, W., Die Echtheit des zweiten Thessalonicherbriefs untersucht. (Texte und Untersuchgn. etc., N. F., VIII, 3.) Leipzig, Hinrichs, 1903, VIII, 116 p.   4 M.

CALLIMAQUE.

Cesareo, P., Un decadente dell' antichità. (Riv. di filol., 1903, 2, p. 285-328.)

Kortz, F., Die Eigentümlichkeiten der Kallimacheischen Dichtkunst. Eine Studie zum Artemishymnus des K. und Catulls Carnea LXVI. Progr. Cöln-Ehrenfeld, 45 p.

· **Woerpel, G.,** Eine Anspielung in dem Zeushymnus des Kallimachos. (Rh. M. LVII, 3, p. 460-463.)

CALLISTHÈNE (Pseudo-).

Weymann, K. F., Die aethiopische und arabische Uebersetzung des Pseudocallisthenes. Eine literarkritische Untersuchung. Diss. Berlin, 1901, VII, 83 p.

CAMATÈRE. — Voir JEAN CAMATÈRE.

CEDRENUS.

Praechter, K., Olympiodor und Kedren. (Byz. Z., XII, 1-2, p. 224-230.)

CHAERIS.

Berndt. — Voir GRAMMAIRIENS.

CHARÈS.

Berndt. — Voir GRAMMAIRIENS.

CHARITON.

Praechter, K., Textkritisches zu Chariton. (Ph., XVI, 2, p. 227-233.)

CHRYSIPPE. — Voir Philosophes.

CLÉMENT D'ALEXANDRIE. Clement of Alexandria, Miscellanies, Book VII. The Greek text with Introduction, translation, notes, dissertations and indices, by *Fenton John Antony Hort* and *Joseph B. Mayor.* London, cxi, 455 p. 15 sh.

Clark. Fl., Citations of Platon in Clement of Alexandria. (Proceed. of Amer. philol. Assoc., XXXIII.)

Heussi. C., Die Stromateis des Clemens Alexandrinus und ihr Verhältnis zum Protreptikos und Pädagogos. (Z. f. wiss. Theol., N. F., X, 4, p. 465-512.)

Schwartz. E., Zu Clemens τίς ὁ σωιζόμενος πλούσιος; (H., 1903, 1, p. 75-100.)

Reuss. — Voir Section X.

CONSTANTIN VII, empereur.

Diehl. Ch., Sur la date de quelques passages du livre des *Cérémonies.* (R. E. G., janvier-avril 1903, p. 28-41.)

COSMAS INDICOPLEUSTES.

Rjedin. — Voir Section XI.

CRITIAS.

Nestle. W., Kritias. Eine Studie. (N. J. Alt., 1903, 1, 1. Abt., p. 178-199.)

DÉMÉTRIUS RHÉTEUR.

Kappelmacher. — Voir Aristote.

Mayor. J. E. B., Demetrius περὶ ἑρμηνείας and Pliny the Younger (Cl. R. 1903, 1, p. 57.)

Roberts, W. Rh., Robert's « Demetrius de Elocutione. » Reply to Dr Rutherford. (Cl. R., 1903, 3, p. 128-134.)

DÉMOCRITE.

Pelthmann, E. C. H., Demokrit. (Biographia antiqua, Ser. II, Heft 5.) Bitterfeld, Baumann, 1903, 16 p. 25 Pf.

DÉMOSTHÈNE.

Adams, Ch. D., The Harpalos case. (Trans. of Amer. philol. Assoc., 1901, p. 121-153.)

Blass. Fr., Die Textüberlieferung in Demosthenes' Olynthischen Reden. (N. J. Alt., 1902, 10, 1. Abt., p. 708-725.)

Bronikowski. — Voir Plutarque.

Croiset. A., Date de la troisième Olynthienne. (Mélanges Perrot, p. 65-72.)

Drerup, E., Vorläufiger Bericht über eine Studienreise zur Erforschung des Demosthenes-überlieferung. Mit Beiträgen zur Textgeschichte des Isokrates, Aeschines, der Epistolographen und des Gorgias. (Sitzungsb. d. philos. philol. und histor. Cl. d. Bayr. Ak. d. Wiss., 1902, 3, p. 287-323.)

Kastner, E., Vybor reci Demosthenovych, etc. Prague, 1902, xxviii, 85 p.

May, J., Die Mailänder Demosthenes-Handschrift D 112 sup. (N. philol. Rundschau, 1903, 11, p. 241-251.)

Meyer. E., περὶ τῶν ἐν Χερσονήσῳ, §§ 21-23. (Gymnasium, 1902, 13, p. 461-466.)

Naber, S. A., Observationes criticae ad Demosthenem. (Mn., XXXI, 1, p. 1-16); 7, p. 117-129.)

Pearson. A. C., Note on Demosthenes, De Pace, § 11. Cl. R., 1903, 5, p. 249-251.)

Photiadis. P. S., Διόρθωσις καὶ ἑρμηνεία Δημοσθενικοῦ χωρίου ('Αθ., XIV, 4, p. 364-366).

Richards, H., Notes on the anti-macedonian speeches of Demosthenes. (Cl. R., 1903, 3, p. 145-150.)

Rogge. Ch., Aus der Demosthenes-Lektüre. Zum Nachweis eines einheitlichen Aufbaues der Volksreden des Demosthenes, besonders der 1. und 2. Olynthischen. Progr. Neustettin, 1903, 31 p.

Scarborough, W. S., Notes on the meaning and use of φίλων and ξένων in Demosthenes De Corona, 46. (Proceed. of Am. philol. Assoc. XXXIII.)

Wright. J. H., Notes on Demosthenes De Corona (§§ 2, 130, 180, 190, 205, 227, 308, 324.) (Proceed. of Amer. philol. Assoc., XXXII, p. xxvi.)

DENYS D'HALICARNASSE.

Naber, S. A., Observationes criticae ad Dionysii Halicarnassensis Antiquitates romanas. (Contin.) (Mn. 1902, 3, p. 234-261.)

Pantazis, M. J., Κριτικαὶ παρατηρήσεις εἰς τὴν Οὐσενήρου καὶ 'Ραδερμαχήρου ἔκδοσιν Διονυσίου τοῦ 'Αλικαρνασέως ('Αθ. XIV, 1-2, p. 45-64.)

Papavassiliou, G. A., Κριτικαὶ παρατηρήσεις. Δ' Εἰς Διονύσιον 'Αλικαρνασέα. [Ed. Us. et Raderm.] ('Αθ., XIV, 1-2, p. 169-194.)

Photiadis, P. S., 'Ολίγισται παρατηρήσεις. Β'. Εἰς Διονύσιον τὸν 'Αλικαρνασέα. ('Εκδ. Usener καὶ Radermacher.) ('Αθ., XIV, 3, p. 332-340.)

Prynton, A. B., Oxford manuscripts of the « Opuscula » of Dionysius of Halicarnassus. (J. of philol., nr. 56, p. 161-185.)

Wolcott, J. D., Early parallelismus in Roman historiography. [Dionysius of Halicarnassus and Cicero.] (Amer. J. of philol. XXIII, p. 313-316.)

DENYS le Thrace.

Wilamowitz-Moellendorff, U. von, Lesefrüchte [LXXXVI : Zu Dionysius Thrax, ed. Hilgard.] (H. 1902, 3, p. 321-324.)

DICTYS de Crète.

Fürst, J., Untersuchgn zur Ephemeris des Diktys von Kreta. (Ph., XV, 4, p, 593-622.)

DIDYME.

John, A., Zu Didymos' von Alexandria Schrift « über die Trinität ». (Z. f. wissenschaftl. Theol., N. F., X, 3.)

DIGÉNIS ACRITAS. Les exploits de Basile Digénis Acritas, épopée byzantine, publiée d'après le manuscrit de Grotta Ferrata, par *Em. Legrand*, 2ᵉ éd., revue et corrigée. Paris, Maisonneuve, XXXII, 149 p.

DIODORE.

Kallenberg, H., I : Textkritik und Sprachgebrauch Diodors. II : Der Hafen von Pylos. Progr. Berlin, in-4, 24 p.

Knaack, G., Ein falsches Diodorfragment (Rh. M., LVIII, 1, p. 152.)

DIOGÈNE-LAERCE.

Gercke, A., Die Ueberlieferung des Diogenes Laertios. (H., 1902, 3, p. 401-434.)

Richards, H., Diogenes Laertius, I, 104, (Cl. R., 1902, 8, p. 394.)

— Diogenes, IX, 51. (Ibid., p. 396-397.)

DIOMÈDE.

Tolkiem, J., Zur Ars grammatica des Diomedes. (Wochenschr. f. klass. Philol., 1902, nr. 42, p. 1156-1159.)

DION CHRYSOSTOME.

Fischer, P., De Dionis Chrysostomi orationis tertiae compositione et fontibus. Diss. Bonn 1901, 46 p.

Hilgenfeld, A., Des Chrysostomos Lobrede auf Polykarp. (Z. f. wiss. Theol., N. F. X, 4, p. 569-572.)

Montgomery, W. A., Oration XI of Dio Chrysostomus. A study in sources. (Studies in hon. of Gildersleeve.)

Parmentier, L., Dion Chrysost. XII, § 43 (p. 206 M.). (R. belge de l'I. P., XLV, 6, p. 387-388.)

DIOPHANTE.

Gotlob, E., Ein wiedergefundener Diophantuscodex. [S.-A. aus Z. f. Mathem. u. Physik, Jg. XIV, 5-6.] 4 p.

DIOSCORIDE. Des Pedanios Dioskurides aus Anazarbos, Arzneimittellehre in 5 Büchern. Uebersetzt und mit Erklärungen versehen von *J. Berendes*. Stuttgart, F. Enke, VIII, 572 p. 16 M.

DIPHILE.

Legrand, Ph. E., Pour l'histoire de la Comédie nouvelle. II. Conjectures sur la composition des Κληρούμενοι de Diphile. (R. E. G., nov.-déc. 1902, p. 370-379.)

Valmaggi, L., Per i frammenti di Difilo Sifnico. (Boll. d. filol. cl., IX, 7, p. 155-156.)

ÉLIEN.

Richards, H., Aelian, Var. hist., 9, 3. (Cl. R. 1902, 8, p. 395.)

Stefani, E. L. de, I manoscritti della « Historia animalium » di Eliano. [Estr. di Studi ital. di filol., vol. X.] Firenze, Seeber, p. 175-222. 2 lire.

— Per il testo delle epistole di Eliano. (Ibid.).

EMPÉDOCLE.

Ellis, R., Zu Emped. fragm. — Voir POÈTES-PHILOSOPHES.

Pascal, C., L'imitazione di Empedocle nelle Metamorfosi di Ovidio. Napoli, 29 p.

Peithmann, E. C. H., Empedocles. (Biographia antiqua, Ser. II, Heft 3.)   25 Pf.

ÉPHORE.

Ciaceri, E., Sulla reintegrazione dell' antichissima storia greca in Eforo di Cuma. (Riv. d. stor. ant., N. S. VI, 2, p. 17-24.)

ÉPHRAIM (Saint).

Burkitt, F. C.. — Voir BIBLE.

ÉPICTÈTE. Discourses. Translat. by *George Long*. London, Bell.   25 sh.

Colardeau, Th., Étude sur Épictète. Paris, Fontemoing, 1903, XII, 354 p.

ÉPICURE.

Heidel, W. A., Epicurea. (Amer. J. of philol., XXIII, 2, p. 185-194.)

Masson, J., Theology and Metaphysic of Epikurus. (Cl. R., 1902, 9, p. 453-459.)

Renault, M., Épicure. Paris, Delaplane, 1903, 135 p.

ÈPIGRAMMES.

Papavassiliou, G. A., Ἐπιγράμματα. (Ἀθ., XIV, 1.2, p. 202-208.)

ÉPIPHANE de Chypre. Ἔκθεσις πρωτοκλησίων πατριαρχῶν τε καὶ μητροπολιτῶν, armenisch und griechisch hrsg. von *Fr. Nick. Finck*. Marburg, Elwert, 120 p.
                 2 M. 50 Pf.

ÉPISTOLOGRAPHES.

Drerup. — Voir DÉMOSTHÈNE.

ÉRATOSTHÈNE.

Nissen, H., Die Erdmessung des Eratosthenes. (Rh. M., LVIII, 2, p. 231-245.)

Reuss, Fr. — Voir SECTION X.

ERINNA. Traduction française. — Voir PINDARE.

ESCHINE.

Drerup. — Voir DÉMOSTHÈNE.

ESCHYLE. Orestie, traduction nouvelle, publiée avec une introduction sur la légende, un commentaire rythmique et des notes, par *P. Mazon*. Paris, Fontemoing, 1903, in-16.

Aischylos. Perser. Hrsg. und erklärt von *H. Jurenka*. Textheft. Leipzig und Berlin, B. G. Teubner, 1902.

— — Einleitung und Kommentar. Ibid. 1902.

Persae. Introd. and notes, by *A. Sidgwick*. Oxford, Clarendon Press. 1903. 3 sh.

Prometheus bound, rendered into English verse by *E. R. Bevan*. London, Nutt, in-4.   5 sh.

Sette contro Tebe, con note di *V. Inama*. Roma, Loescher, XXVIII, 96 p.

Septem contra Thebas. Introd. and notes by *A. Sidgwick*. Oxford, Clarendon Press.   3 sh.

Browder, J. B., The time elements of the Orestean trilogy. (Bull. of the Univ. of Wisconsin, nr. 62, philol. and literatur. ser., vol. II, nr. 1.)

Bushnell, C. C., To Brownings ed. of Aeschylus Agamemnon. (Proceed. of Amer. philol. Assoc., XXXII, p. XCVII-XCIX.)

Earle, M. L., Of the prologue of « The Agamemnon ». (Cl. R. 1903, 2, p. 102-105.)

— Aesch. Prom. 2. (Proceed. of Amer. philol. Assoc., XXXII, p. XXVIII.)

Estève. — Voir SECTION IX.

Gœthe, J. W., Lettre inédite de *Gœthe* sur l'Agamemnon d'Eschyle. (R. E. G., janvier-avril 1903. p. 1-5.)

Green, E. L., Verbs compounded with prepositions in Aeschylus. (Proceed. of Amer. philol. Assoc., vol. XXXIII.)

Hale, F. A., A reason for the length of the first choral ode of the Agamemnon. (Proceed. of Amer. philol. Assoc., vol. XXXIII.)

Harry, J. E., A misunderstood passage in Aeschylus. (Trans. of Amer. philol. Assoc., 1901, p. 64-71.)

Headlam, W., Some passages of Aeschylus and others. (Cl. R., 1903, 5, p. 241-249.)

Hildebrandt, R., Zur Stylistik des Aeschylus. Progr. Magdeburg, in.4, 32 p.

Less, J. T., The Metaphor in Aeschylus. (Studies in hon. of Gildersleeve.)

Lucco, C., Per l'interpretazione di un passo dell' Agamemnone di Eschile [vv. 963-965]. (Boll. d. filol. class., IX, 6, p. 135-137.)

Milchhoefer, A., Die Tragödien des Aeschylus auf der Bühne. Rede. Kiel, 14 p.

Phillimore, J. S., Note on Agamemnon 326. (Cl. R., 1903, 2, p. 105-106.)

Richards, H., Aeschylus, Pr. V., 1030. (Cl. R. 1902, 8, p. 393.)

Seelye, W. J., To Aeschylus (Choeph. 277 ss. and 367 ss.) (Proceed. of Amer. philol. Assoc., XXXII, p. cxxxviii-ix.)

Terzaghi, N., La irreligiosità nel Prometeo di Eschilo. (A. e R., nr. 43-44, p. 646-661.)

Tucker's, Choephoroi of Aeschylus. A rejoinder. (Cl. R. 1903, 2, p. 125-126.)

Vaigimigli, M., Ad Aesch. Προμ. δεσμ. 165 (ed. Wecklein). (Boll. d. filol. class., IX, 9, p. 208-210.)

Wilamowitz-Mœllendorff, U. von, Drei Schlussscenen griechischer Dramen. 1 : Der Schluss der Sieben gegen Theben. (S. Pr. Ak., 1903, 21, p. 436-450.)

ÉSOPE.

Becher, W., Eine aesopische Fabel auf einem römischen Grabstein. (N. J. Alt. 1903, 1, 1.) Abt. p. 74 ss.)

Keidel, G. C., Notes on fable incunabula, containing the Planudean life of Aesop. (Byz. Z., XI, 3-4, p. 461-467.)

ÉTIENNE de Byzance.

Kunze. — Voir EUSTATHE.

Stemplinger, E., Studien zu den ᾿Εθνικά des Stephanos von Byzanz. Progr. München, 39 p.

EUCLIDE.

Heiberg. J. L., Paralipomena zu Euklid. (H., 1903, 1, p. 46-74 ; 2, p. 161-201 ; 3, p. 321-356.

EURIPIDE. Euripides transl. into English rhyming verse by *G. Murray.* Illustr. London, G. Allen, 420 p.　　　　　　　　　　　　**7 sh. 6 d.**

Alkestis. Adapted for performance in girls' schools, by *E. Fogerty.* Words only. London, Sonnenschein.

— By *T. H. Haydon.* Introd. text, notes. Oxford, Clarendon Press.　**1 sh. 6 d.**

— Introd. Text, notes, transl. Ibid.　　　　　　　　　　　　**2 sh. 6 d.**

Iphigenia auf Tauris ; für den Schulgebrauch hrsg. von *S. Reiter.* Leipzig, Freytag, xxiv, 82 p., mit 6 Abbildgn.　　　　　　　　　　**1 M. 20 Pf.**

— Medea; f. d. Schulgebr. hrsg. von *O. Altenburg.* Leipzig, Freytag, xx, 61 p., mit 4 Abb.　　　　　　　　　　　　　　　　　　　　　**1 M.**

Balsamo, A., Sulla composizione delle Fenicie di Euripide. [Studi ital. di filol., IX, p. 244-290.)

Bates, W. N., Date of Iph. in Tauris. (Proceed. of Amer. philol. Assoc., 1901, p. cxxii-cxxiv.)

Costanzi, V., Euripide, Alcesti, v v. 588 ss. (Riv. di storia ant. N. S., VII, 1, p. 63-66.)

Dragoumis, St. N., Κριτικὰ καὶ ἑρμηνευτικὰ εἰς Εὐριπίδην. [Φοιν., ῾Ιππόλυτος, Ιφ. ἐν Αὐλίδι, ᾿Ιφ. ἐν Ταύροις, ῎Ιων, Κύκλωψ.] (᾿Αθ. XIV, 1-2, p. 37-44.)

— Κριτικὰ εἰς ᾿Ιφ· τὴν ἐν Ταύροις. (Ibid., p. 123-126.)

Earle, M. L., On the use of no-pronominal Nominative, expressive of first person in Euripides. (ἡ τεκοῦσα ἀπόλλυμαι.) (Proceed. of Amer. philol. Assoc., XXXII, p. xcix-c.)

— Miscellanea critica. (Eurip. Med., 214-224 ; Hipp. 1-2.) (Ibid., p. xxviii-ix)

Estève. — Voir SECTION IX.

Fugger, H., Die Bakchen, ein Drama des Euripides. Progr., Hof, 38 p.

Harry, J. E., The use of κέκλημαι and the meaning of Euripides Hippolytus, 1-2. (Proceed. of Amer. philol. Assoc., XXXIII.)

Masqueray, P., Le cyclope d'Euripide et celui d'Homère. (R. des ét. anc., 1902, 3, p. 165-190.)

— Euripide et les femmes. (Ibid., 1903, 2, p. 101-119.)

Michelangell, L. A., Note critiche al testo della Medea di Euripide. (Atti d. R. Acad. Peloritana, ann. XVIII.)

Moore, W. A., On Euripides Bacchae, 837. (Cl. R., 1903, 4, p. 192.)

Murray, A. T., The Interpretations of Euripides' Alcestis. (Studies in hon. of Gildersleeve.)

Robert, C., Le poignard d'Achille chez Euripide et les chevaux d'Hector sur le vase de Charès. (Mélanges Perrot, p. 303-306.)

Sanders, H. N., Did Euripides write σκύμνων Hippol. 1276? (Studies in hon. of Gildersleeve.)

Scarborough, W. S., Iphigenia in Euripides, Racine and Goethe. (Proceed. of Amer. philol. Assoc., 1901.)

Vogel, Fr., Zu Eurip. Medea, vv. 214-224. (Vogels Analecta, I.)

Wilamowitz-Moellendorff, U. von, Drei Schlussscenen griechischer Dramen, III : Der Schluss der Phönissen des Euripides. (S. Pr. Ak., 1903, 37, p. 587-600.)

Zielinski, Th., Quaestiuncula Euripidea. (Symbolae in hon. Cwiklinski.)

— Antike Humanität. II [Zu Eurip.] (N. J. Alt., 1902, 9, 1. Abt., p. 635-651.)

EUSÈBE. Eusebius' Werke. II. Bd. Die Kirchengeschichte. Bearb. von *E. Schwartz.* Die lat. Uebersetzung des Rufinus. Bearb. von *Th. Mommsen.* 1. Hälfte. (Die griech. christl. Schrifsteller der 1. drei Jahrh., IX, Bd., 1 Hälfte.) Leipzig, Hinrichs, III, 507 p. 16 M.

Châtelain, Em., Note sur quelques palimpsestes de Turin. (R. Ph., 1903, 1, p. 37-47.)

Gressmann, H., Studien zu Eusebs Theophanie. Diss. Kiel, 34 p.

— Même titre. (Texte und Untersuchgn zur Gesch. d. altchristl. Literatur, etc., N. F., VIII. Bd. 3. Heft, der ganz. Reihe, XXIII, 3.) Leipzig, Hinrichs, 1903, XI, 154 et 69 p. 8 M.

Harnack, Ad., Einige Bemerkungen zum 5. Buch der Kirchengeschichte des Eusebius nach der neuen Ausgabe von *Ed. Schwartz.* (S. Pr. Ak., 1903, 9, p. 200-207.)

Klostermann, E., Eusebius' Schrift περὶ τῶν τοπικῶν ὀνομάτων τῶν ἐν θείᾳ Γραφῇ. (Texte und Untersuchgn z. Gesch. der altchristl. Litteratur, N. F., VIII, 2.) 5 M. 50 Pf.

Meyer, Ed., Zum babylonischen Schöpfungsbericht bei Eusebius. (Beitr. z. alt. Gesch., III, 1, p. 169.)

Montzka, H., Die Quellen zu den assyrisch-babylonischen Nachrichten in Eusebios' Chronik. (Beitr. zur alten Geschichte, II, 3, p. 351-405.)

Schwartz, E., Zu Eusebius' Kirchengeschichte. (Z. f. Neutestam. Wiss., IV, 1.)

Turner, C. H., Eusebius' Chronology of Felix and Festus. (J. of theol. Studies, 1901, p. 120-123.)

W. (Weyman), C., Eusebius von Caesarea und sein « Leben Constantins ». (Hist.-polit. Blätter, 1902, p. 873-882.)

EUSTATHE.

Kunze. — Voir STRABON.

ÉVHÉMÈRE.

Gils, P. J. M. van, Quaestiones euhemereae. Kerkrade-Heerlen, Alberts, 1903.

[EZÉCHIEL tragique].

Girardi, G. B., Di un dramma greco-judaico nell' età alessandrina. Venezia, Ferrari, 1903, 63 p.

GALIEN. Galenus, « Ueber die safterverdünnende Diät. » Uebersetzt und mit Einleitung und Sachregister versehen von *W. Frirboes* und *F. W. Kobert.* (Abhandlgn zur Gesch. der Medizin, hrsg. von Magnus, Neuburger und Sudhoff, 5. Heft. Breslau, Kern, VII, 52 p. 3 M.

Hennicke, O., Observationes criticae in Cl. Galeni Pergameni commentarios περὶ ψυχῆς παθῶν καὶ ἁμαρτημάτων. Postdam, Jaeckel, 61 p. 1 M. 25 Pf.

Wellmann, M., Zu Galens Schrift περὶ κράσεως καὶ δυνάμεως τῶν ἁπλῶν φαρμάκων. (H., 1903, 2, p. 292-304.)

Westermann, G., De Hippocratis in Galeno memoria quaestiones. Diss. Berlin, 50 p. 2 M.

GEORGES GÉMISTHUS PLÉTHON. — Voir PLÉTHON.

GEORGES L'ACROPOLITE. Georgii Acropolitis opera. Rec. *A. Heisenberg.*

Vol. prius, continens historiam, breviarium historiae, Theodori Scutariotae additamenta. Leipzig, Teubner, 1903, xxiv, 366 p. **8 M.**

GNOSTIQUES.

Mead, G. R. S., Fragmente eines verschollenen Glaubens. Kurzgefasste Skizzen über die Gnostiker, besonders während der zwei ersten Jahrhunderte. Ein Beitrag zum Studium der Anfänge des Christenthums, unter Berücksichtigung der neuesten Entdeckungen. Deutsch von *A. von Ulrich.* Berlin, Schwetschke, xxvii, 511 p. **10 M.**

GORGIAS.

Fuhr, K., Zur Ueberlieferung von Gorgias' Helena. (Berl. philol. Woch.. 1903, nr. 2, p. 61.)

GRAMMAIRIENS. Grammatici graeci recogniti et apparatu critico instructi. Vol. I, fasc. 1 : Apollonii Dyscoli quae supersunt. Recensuerunt, apparatum crit., commentarium, indices adjecerunt *R. Schneider* et *G. Uhlig.* — Fasc. 2, *R. Schn.* comment. crit. et exegeticum in Apollonii scripta minora continens. Leipzig, Teubner, iii, 274 p. **16 M.**

Berndt, De Charete, Chaeride, Alexione grammaticis eorumque reliquiis. Pars prior : Charetis, Chaeridisque fragmenta quae supersunt. Diss. Koenigsberg, 67 p.

GRÉGOIRE DE NAZIANZE.

Ackermann, W., Die didaktische Poesie des Gregorius von Nazianz. Diss. Leipzig, 1903, 107 p.

Misier, A., Les manuscrits parisiens de Grégoire de Nazianze (suite.) (R. Ph., 1902, 4, p. 378-391. — 1903, 1, p. 26-36.)

— Origine de l'édition de Bâle de St Grégoire de Nazianze. (Ibid., 1903, 2, p. 125-138.)

GRÉGOIRE DE NYSSA. Gregorii Nysseni (Nemesii [Emeseni]) περὶ φύσεως ἀνθρώπου liber a Burgundione in latinum translatus. Nunc primum ex libris manuscriptis edidit et apparatu critico instruxit *C. M. Burkhard.* Pars IV. capp. 26-36 continens. Pars V, capp. 36-42 continens. Progr. Vindobonae, 1901, 21 p.; 1902, 28 p.

Srawley, J. Herbert, The catechetical oration of Gregory of Nyssa. Cambridge, University Press, 1903. (Cambridge Patristic texts, vol. II.)

HAGIOGRAPHES.

Bidez. — Voir MALALAS.

HÉLIODORE.

Fritsch, J., Der Sprachgebrauch des griechischen Romanschriftstellers Heliodor, und sein Verhältnis zum Atticismus. II. Progr. Kaaden, 34 p.

Oeftering, M., Heliodor und seine Bedeutung für die Litteratur. Berlin, 1901, 176 p.

HELLANICUS.

Costanzi, V., Paralipomena. [VII. Ellanico.] (Riv. di stor. ant., N. S., VII, 1, p. 66-68.)

Kullmer, H., Die Historiai des Hellanikos von Lesbos. Ein Rekonstruktionsversuch. (Jahrb. f. Philol., 27. Suppl. Bd, 3. Heft, p. 455-696.)

HÉRACLITE, Περὶ ἀπίστων. — Voir MYTHOGRAPHES.

Pelthmann, E. C. H., Aeltere griechische Philosophen. Berichte über deren Leben, Lehren und Schriften. I. Heraclit. (Biogr. antiqua, Serie H, Heft 1.) Ditterfeld, Raumann, 20 p. **25 Pf.**

HERMAS (Pasteur d').

Leipoldt, J., Der Hirt des Hermas in Saïdischer Uebersetzung. (S. Pr. Ak., 1903, 13, p. 261-268.)

HERMOGÈNE.

Rabe, H., Hermogenes-Handschriften. (Rh. M.. LVIII, 2, p. 209-247.)

HÉRODAS. — Voir HÉRONDAS.

HÉRODIEN.

Egenolff, P., Zu Lentz' Herodian. II. (Ph. XV, 4, p. 540-576.)

— III. (Ibid., XVI, 1, p. 39-63.)

Leidenroth, B., Indicis grammatici ad scholia Veneta A exceptis locis Herodiani specimen. II Progr. Leipzig, Dürr, 1903, in-4, 30 p. **1 M. 50 Pf.**

HÉRODOTE.

Abbott, G. F., On Herodotus, I, 207. (Cl. R., 1903, 1, p. 57.)

Archibald. — Voir Section XI.

Costanzi, V., Paralipomena. V. [Erod. VI, 126.] (Riv. d. stor. ant., N. S. VII, 1, p. 60-63.)

— VIII. [Erod., VI, 40.] (Ibid., p. 69-75.)

Cumont, Fr., Le dieu Ortolat d'Hérodote. (R. A., 1902, mai-juin, p. 297-300.)

Lipsius, J. H., Der Schluss des Herodotischen Werks. (Leipzig. Studien z. class. Philol., Bd. XX.)

Prasek, J. V., Herodot und die Urheimat der Slaven. (Ciské Museum filol., 1902, 1-2, p. 47-62.)

Richards, H., Herodotus, VI, 52. (Cl. R. 1902, 8, p. 394.)

Schmitt, H., Präparationen f. d. Schullektüre, 77. Heft. Hannover, Gœdel, 22 p.   55 Pf.

Tkac, J., Herodotea. (VII, 22; VI, 64; VI, 115 ; V, 69 ; VIII, 142 ; I, 96.) Progr. Wien, 1901.

Tolman, H. C., The Temple of Zeus Βῆλος in Herodotus I, 181. (Proceed. of Amer. philol. Assoc., XXXII, p. xcvi-vii.

— The Persian βασιλήϊοι θεοί of Herodotus. III, 65, V, 106. (Ibid., XXXIII.)

Truffi, R., Erodoto tradotto da Guarino Veronese. [Estr. d. Studi ital. di filol., vol. X.] Firenze. Seeber, p. 73-94.

Verrall. A. W., Two unpublished inscriptions from Herodotus. (Cl. R., 1903, 2, p. 98-102.)

Wheeler. B. J., Herodotus' account of the battle of Salamis. (Trans. of Amer. philol. Assoc., XXXIII.)

HÉRON D'ALEXANDRIE. Heronis Alexandrini opera quae supersunt omnia. Vol. III. Rationes dimetiendi et commentatio dioptrica. Rec. *H. Schœne.* Herons von Alexandria Vermessungslehre und Dioptra. Griechisch und deutsch von *H. Schœne.* Leipzig, Teubner, xxi, 366 p., 116 fig.   8 M.

Koppe, E., Ein Beitrag zur Zeitbestimmung Herons von Alexandria. Progr. Hamburg, in-4, 7 p.

Schmidt, W., Leonardo da Vinci und Heron von Alexandria. (Biblioth. mathem. 3. F., III, 2, p. 180-187.)   10 figg.

— Zu Herons Automatentheater. (H., 1903, 2, p. 274-279.)

HÉRONDAS. Herondae Mimiambi. Accedunt Phœnicis Coronistae, Mattii Mimiamborum fragmenta. Tertium edidit *Otto Crusius.* Ed. minor, exemplar emendatum. Leipzig, Teubner, 1903, 96 p.   2 M. 40 Pf.

Krakert, H., Herodas in Mimiambis quatenus comoediam graecam respexisse videatur. Progr. Tauberbischofsheim, 48 p.

Ludwich, A., Zum ersten Mimus des Herondas. (Berl. philol. Wochenschr., 1902, nr. 27, p. 860-862.)

HÉSIODE. Hesiodi Carmina. Accedit Homeri et Hesiodi certamen. Recensuit *A. Rzach.* Leipzig, Teubner, xv, 460 p.   18 M.

Œuvres et jours d'Hésiode trad. en polonais par *K. Kaszewski.* (Symbolae in hon. Cwiklinski.)   23 p.

Allen. T. W., The ancient name of Gla. (Hes. fragm. 38.) (Cl. R., 1903, 5, p. 239-240.)

Kunneth. Chr., Der pseudohesiodeische Heraklesschild, sprachlich-kritisch untersucht. 2. Tl. Progr. Erlangen, Blaesing.   60 Pf.

Sihler, E. G., Studies in Hesiod. (Proceed. of Amer. philol. Assoc., XXXIII.)

HÉSYCHIUS.

Luders, H., Eine indische Glosse des Hesychios. (Z. f. vergl. Sprachen, XXXVIII, 3, p. 433-434.)

Roscher. — Voir Section XI.

HIPPOCRATE. Une version syriaque des Aphorismes d'Hippocrate. Texte et traduction. 1re partie. Texte syriaque, par *H. Pognon.* Leipzig, Hinrichs, xl, 32 p.   12 M.

Schœne, H., Bruchstücke einer neuen Hippokratesvita. (Rh. M., LVIII. 1, p. 56-66.)

Westermann. — Voir Galien.

HIPPOLYTE (Saint). Hippolyt's Kommentar zum Hohenlied auf Grund von *N. Marrs* Ausgabe des grusinischen Textes, hrsg. von *G. Nathanael Bonwetsch.* (Texte und Untersuchgn, etc., N. F. VIII, 2.)   5 M. 50 Pf.

Butler, E. C., An Hippolytus fragment and a word on the Tractatus Origenis. (Z. f. neutestam. Wiss., IV, 1.)

Draeseke. J., Zum Syntagma des Hippolytos. (Z. f. wiss. Theol., N. F., XI, 1, p. 58-80.)

Wilamowitz-Mœllendorff, U. von, Lesefrüchte. [XC : Zu Hippolyt. Refutat., V, 9, p. 168 Gott. — XCI : Ibid., V, 7, p. 134.] (H. 1902, 3, p. 328-332.)

HOMÈRE. Homeri carmina. Recensuit et selecta lectionis varietate instruxit *Arth. Ludwich.* Pars I. Ilias. Vol. 1. Leipzig, Teubner, gr. in-8, xix, 514 p. 16 M.

L'Iliade commentata da *C. O. Zuretti.* Vol. V : Libri XVIII-XX. Roma, Loescher, 1903, xii, 173 p.

Iliad. Transl. by *Alexander Pope.* London, Richards, 1903, in-12, 544 p. 12 sh.

Iliade, B. VII. Traduction polonaise en vers, par *J. Czubeck.* (Symbolae in hon. Cwiklinski.) 13 p.

Odyssee in der Uebersetzung von *J. H. Voss.* Schulausgabe mit Einleitung und Erläuterungen von *Fr. Weineck.* Stuttgart, Cotta, 1903, in-12, 251 p.
1 M. 20 Pf.

Odyssee nach der 1. Ausgabe der deutschen Uebersetzung von *J. H. Voss.* Für d. Schulgebrauch verkürzt und eingerichtet mit Anmerkungen von *H. Vockeradt.* Paderborn, Schöningh, 1903, 170 p.

Odyssee in der Sprache der Zehnjährigen erzählt von *H. Otto.* Mit 10 Vollbildern v. *Fr. Preller*, Vorrede an Eltern, Lehrer und Erzieher v. *Berth. Otto.* Leipzig, Th. Scheffer, 1903, vii, 102 p. 2 M. 25 Pf.

Bachmann. W.. — Voir ARISTARQUE.

Balsamo, A., Cratete di Mallo e la sua interpretazione di Omero. (Riv. di filol.. 1903, 2, p. 193-219.)

Becker. Die Vorgeschichte zur Haupthandlung der Ilias. (Forsetzg.) Progr. Neu-Strelitz, in-4, 30 p.

Bérard, V., Les Phéniciens et l'Odyssée. T. Ier. Paris, A. Colin, vii, 507 p. Figures.

— Les origines de l'Odyssée. II : Nausikaa. (R. des 2 mondes, 1902, 1er juin.)

Brugmann., K., Homerisch συνοχωκότε (B, 218). (Indog. Forschgn., XIII, 3-4, p. 280.)

Brugnola. V., Cinematografia in Omero. (Riv. d'Italia, déc. 1902.)

Cauer (P.), Bericht über die Literatur zu Homer (höhere Kritik), 1888-1901. (Bursians Jahresb., 1902, 4-5, 1. Abt., p. 113-131.)

Costanzi, V., Paralipomena. III : [Hom. Il.] (Riv. d. stor. ant., N. S., VII, 1, p. 46-49.)

— V : Identificazione della Trinacria col Peloponneso. (Ibid., p. 57-60.)

Dietliz, Th., Homerische Formenlehre. Ein Repetitionsbuch für Gymnasien. 2. Aufl. Altenburg, Pierer, 24 p. 40 Pf.

Doerpfeld, W., Das homerische Ithaka. (Mélanges Perrot, p. 79-94.)

Draheim. — Voir SECTION X.

Eitrem, S., Hymn. Hom. in Cererem. (Ph. XV, 4, p. 632-633.)

Fenel. J., Stitech bohatyru Homerskych. Progr. Prague, 1901, 38 p. ; 2 pl.

Fraccaroli. G., Les armes dans l'Iliade. (En italien.) (Atti d. R. Accad. di Torino, XXXVII, 8-9, p. 303-319.

Fries. A., Zu Goethes Ilias-Studien. (Chronik des Wiener Goethe-Vereins, XVI, 11-12.)

Fuhr. K.. Περὶ τῆς καθ' Ὅμηρον ῥητορικῆς. (Berliner philol. Wochenschr., 1902, nr 48, p. 1499-1500.)

Gardikas. — Voir SECTION XII.

Gatscha. F., Zum Schild des Achilles. Progr. Saaz, 3 p.

Godley. A. D., The Homeric πολέμοιο γέφυραι. (Cl. R. 1903, 1, p. 3.)

Haggett. A. S., On the uses of prepositions in Homer. (Studies in hon. of Gildersleeve.)

Hammer. W. A., Homer in Platt. (Beil. z. Münchner Allg. Zeitung, 1902, nr. 114.)

Heiberg. J. L., Merc Homerkritik. Svar til Dr. Sarauw og Dr. Taxen. (Nord. Tidskr. filol., XI, 1, p. 1-20.)

Henry. R. M., On the original conclusion of the Ἀλεξάνδρου καὶ Μενελάου μονομαχ' (Cl. R., 1903, 2, p. 96-98.)

Hentze. C., Die Formen der Begrüssung in den homerischen Gedichten. (Ph., X, p. 321-355.

— Der imperativische Infinitiv in d. hom. Ged. (Beitr. z. Kunde der indog. Sprachen, XXVI 1-2, p. 106-137.)

Hoffmann. Erläuterungen zu Homers Odyssee im Auszuge. (König's Erläutergn zu den Klassikern, 59-60 Bdchn.) Leipzig, H. Beyer, in-12. à 40 Pf.

Herwerden. H. van, Homerica. Ad Odysseam. (Mn., XXXI, 1, p. 17-32.)

Henbach, H., Quibus vocabulis artis criticae propriis usi sint Homeri scholiastae. II. Progr. Eisenach, 1903, in-4, 17 p.

Jentsch, K., Homer lebt immer noch. (Die Zeit, 1902, nr. 429.)

Joeris. M., Ueber Homerübertragung mit neuen Proben. Leipzig, 70 p.

Kahlenberg, K., De paraphrasis homericae apud tragicos poetas graecos vestigiis quaestiones selectae.

Klussmann, M., Anthropologische und ethnologische Fragen der neuesten Homerforschung. (Verhandl. d. Ges. deutscher Naturforscher und Aerzte. 73. Versammlg zu Hamburg, 1901, 1. Hälfte, p. 291.)

Kohl. O., Kanon für die Lesung der Odyssee nach den neuen Lehrplänen. (Z. f. d. Gymnasialwesen, 1902, 11, p. 689-700.)

Kubik, J., Wie kann die Vertiefung in den Inhalt eines gelesenen Autors gefördert werden? (Mit besonderer Rücksicht auf Hom. Il. I, II.) Progr. Trübau, 1900, 20 p.

Lang, N., Odysseus Razaja. Progr. Budapest, 16 p.

Lehner. F., Homerische Göttergestalten in der antiken Plastik. Progr. Linz, 31 p. Abbildgn.

Ludwich, Arth., Ueber die Papyrus-Commentare zu den homerischen Gedichten. Progr. Königsberg, Schubert u. Seidel, in-4, 24 p. 30 Pf.

— Beiträge zur Homerischen Handschriftenkunde. (Jahrb. f. kl. Philol., 27 Suppl.-Bd., 1. Heft, p. 31-81.)

— Textkritische Untersuchungen über die mythologischen Scholien zu Homers Ilias. III. Progr. Königsberg. 1903, 24 p.

Ludwig, A., Ueber die Unmöglichkeit einer sog. Urilias. (Sitzungsb. d. Böhm. Gesellschaft d. Wiss.) Prag, 1901. 48 Pf.

— Ueber die vermeintliche Nothwendigkeit eines epos Οἶτος Ἰλίου anzunehmen, mit einigen Bemerkungen über N-T. (Ibid.). T. à p. Prag, Rivnac, 1903, 20 p. 30 Pf.

Mackensen. L. Ein Canon für die Lectüre der Odyssee in der Secunda. (Lehrproben und Lehrgänge, Heft 73.)

Masqueray. — Voir EURIPIDE.

Muelder, D., Das Kyklopengedicht der Odyssee. (H., 1903, 3. p. 414-455.)

Mustard, W. P., Homeric echoes in Matthew Arnolds « Balder dead ». (Studies in hon. of Gildersleeve.)

Mutzbauer. C., Die Entwickelung des sogenannten Irrealis bei Homer. (Ph. XV, 4, p. 481-502.)

Naumann, K., Jahresbericht über Homer mit Ausschluss der höheren Kritik. Jahresb. d. philol. Vereins zu Berlin, 1902, p. 189-192. Z. f. Gymnasialwesen, 1902, 7. (voir le détail dans : Bibliotheca philologica classica, vol. XXIX, p. 134.)

Olivieri, A., Interpolazioni nell' episodio degli amori tra Ares ed Afrodite. (Od. θ, 266-366.) (Riv. di filol., XXX, 4, p. 580-584.)

Paulatos, N., Ἡ ἀληθὴς Ἰθάκη τοῦ Ὁμήρου. Athènes, Typ. Corinna, 30 p.

Peppmueller, R., Zu Φ, 48. (Ph., XV, 4, p. 635-636.)

Perrot, G., Les Phéniciens et l'Odyssée. (J. des Sav., oct. 1902, p. 539-556.)

Petersdorff, Rud., Germanen und Griechen, etc. Voir SECTION X.

Petrozziello. M., L'invio di Pátroclo nell' Iliade (Riv. di stor. ant., N. S., VI, 3-4, p. 349-365.)

Pharmakeus, N. K. P., Ἡ ἀληθὴς Ἰθάκη τοῦ Ὁμήρου. Ἀρχαιολογικὴ μελέτη. Ἐκδ. β'. Athènes, Typ. Korinna, 1903, 30 p.

Reussinger, K., Leukas, das homerische Ithaka. (Bl. f. Bayr. Gymnasialschulw., 1903, 5-6, p. 369-402.)

Rothe, C., Jahresbericht über Homer, höhere Kritik. (Jahresberichte d. philol. Ver. zu Berlin, 1902, p. 129-188. — Z. f. Gymnasialwesen, 6-7.) Voir le détail, Biblioth. philol. class., 1902, p. 153.

Schmid, W., Die Ilias des Apellikon. (Ph., XV, 4, p. 633-635.)

Schrader, H., Telephos der Pergamener Περὶ τῆς καθ' Ὅμηρον ῥητορικῆς. (H., 1902, 4, p. 530-581.)

Scott, J. A., Homeric notes. [sur six passages.] (Cl. R., 1903, 5, p. 238-239.)

Stengel, P., Οὐλοχύται [Il. A, 449, 458, etc.] (H., 1903, 1, p. 38-45.)

Stolz, Fr., Nachträgliches zu Phil. LXI, 70 ff. [Contra Hentze, Der sociative Dativ, etc.]

Szezurat, R., De infinitivi homerici origine casuali. Progr. Brody, 17 p.

Trenkel, P., Odysseestudien. Zur Phäakis und Telemachie. Progr. Bernburg, 1903, in-4°, 32 p.

Valaorl, J., De vocalibus αα, αε, αη, αο, αω apud Homerum non contractis. Diss., Berlin, 69 p.

Weber, E., Ueber den Homerus latinus. (Ph., XV, 4, p. 528-539.)

Wetzel, T., Untersuchungen zu Buch XVI der Ilias. Progr. Halle, 1901, in-4°, 17 p.

Witte, M., Der erste Gesang von Homers Odyssee im Versmass der Urschrift. Progr. Kreuzburg o. S., 1903, 12 p.

IGNACE (saint). Ignatii Antiocheni et Polycarpi Smyrnaei epistulae et martyria. Ed., adnotationibus instruxit *Ad. Hilgenfeld.* Berlin, Schwetschke u. Sohn, xxiv, 384 p. 12 M. 80 Pf.

Hilgenfeld, A., Die Ignatiussbriefe und die neueste Verfeidigung ihrer Echtheit. (Z. f. Wiss. Theol., N. F., XI, 2, p. 171-194.)

Jannaris, A. N., An ill-used passage in Ignatius (ad Philad., 8, 2.) (Cl. R., 1903, 1, p. 24-25.)

Serruys, D., Communication relative à la découverte, dans le monastère de Vatopédi (mont Athos), d'un manuscrit du x° siècle contenant 64 lettres du patriarche Ignace. (S. Ac., I., janvier-février 1903, p. 38-40.)

ION.

Scott, J. A., A tragic fragment of Ion. (Studies in hon. of Gildersleeve.)

ISÉE. — Voir ORATEURS.

Papavassiliou, G. A., Κριτικαὶ παρατηρήσεις. Ε' : Εἰς Ἰσαίου τὸν περὶ Κλεωμένου κλῆρον 11. (Αθ. XIV, 1-2, p. 194-195.)

Thalheim, Th., Zu Isaios [note sur 9 passages.] (H., 1903, 3, p. 456-467.)

ISOCRATE. Isokrates' Panegyrikos. Hrsg. und erklärt von *J. Mesk.* Textheft, Einleitung und Kommentar. (Meisterwerke der Griechen und Römer in kommentierten Ausg. II.) Leipzig, Teubner, IV, 49, 66 p. 1 M. 40 Pf.

Drerup. — Voir DÉMOSTHÈNE.

Emminger, K., Pseudo-Isokrates' πρὸς Δημόνικον. I. (Jahrbb. f. class. Philol., 27. Suppl.-Bd. 2. Heft, p. 373-442.) [Texte attribué à Théodore de Byzance.]

Fuhr, K., Zu griechischen Prosaikern. I : Ein Paar Verballhornungen in der Vulgate. [2 : Isokrates an König Philipp, § 46.] (Rh. M., LVII, 3, p. 423-424.)

Weniga, K., Isokratur panhellenismus. (Listy filol., 1903, 2, p. 100-106.)

HALICUS.

Horna. — Voir MANASSÉS.

Papageorgiou, Ph., Zu Manasses und Halikos. (Byz. Z., XII, 1-2, p. 258-260.)

JAMBLIQUE.

Tœpfer, K., Die sogenannten Fragmente des Sophisten Antiphon bei Jamblichos. Progr. Arnau, 48 p.

JEAN CAMATÈRE.

Weigl, Ludw., Studien zu dem unedierten astrologischen Lehrgedicht des Joannes Kamateros. Wurzburg ; München, A. Buchholtz, 58 p. 1 M. 60 Pf.

JEAN CHRYSOSTOME (saint).

Gifford, S. K., Pauli epistolas qua forma legerit Johannes Chrysostomus. (Diss. philol. Halenses, vol. XVI pars 1.) 2 M. 40 Pf.

JOSÈPHE. Josephus, Jüdischer Krieg, aus dem Griechischen übersetzt und mit einem Anhang ausführlicher Bemerkungen versehen, von *Ph. Kohout.* Linz, Qu. Haslinger, 1901, x, 815 p. 10 M.

Draeseke, J., Noch einmal zum Philosophen Joseph. (Z. f. wiss. Theol., N. F., X, 4, p. 564-568.)

Lehmann, C. F., Menander und Josephos über Salmanasar IV. (suite.) (Beitr. z. alten Gesch. II, 3, p. 466-472.)

JULIEN, empereur.

Allard, P., Julien l'Apostat. Paris, Lecoffre, 1902-1903, 3 vol.

Asmus, R., Julians Brief an Dionysios. (A. G. P., VIII, 4, p. 425-441.)

Julians Brief an Oreibasios. (Ph., XV, 4, p. 577-592.)

Julians Brief über Pegasius. (Z. f. Kirchengesch., 1902, p. 479-495.)

Platt, A., Notes on Julian's first oration. (Cl. R., 1903, p. 150-152.)

Ramundo, G. S., Commodiano e Giuliano l'Apostata. (Scritti vari di filologia.) Roma, Forzani, 1901, in-4°, 14 p.

Rotta, P., L'Iniziativa di Giuliano l'Apostata. (Rassegna nazionale, anno XXIV, vol. 123, p. 659-677.)

JUSTIN (saint).

Exhortation aux Grecs. — Voir PLATON.

Gaul, W., Die Abfassungsverhältnisse der pseudojustinischen « Cohortatio ad Graecos ». Berlin, Schwetschke, 1903, vii, 100 p. ; 1 Taf.

Widmann, W., Die Echtheit der Mahnrede Justins d. Mart. an die Heiden. (Forschgn. z. christl. Litteratur und Dogmengesch. hrsg. von A. Ehrhardt und J. P. Kirsch, III. Bd., 1 H.) Mainz, Kirchheim, 164 p.

LÉONIDAS D'ALEXANDRIE.

Radinger, K., Zur griechischen Anthologie. II : Leonidas von Alexandrien. (Rh. M., LVIII, 2, p. 294-307.)

LEONTIUS.

Filler, E., Quaestiones de Leontii Armenii historia. Diss. Leipzig. 1903, 37 p.

LONGIN (Pseudo).

Sladek, V., Dionysius neb Longinus spis O vznesenu Slovesném. Progr. Prag.

Arnim, H. von, Zur Schrift vom Erhabenen [περὶ ὕψους]. (W. St., 1902, 2, p. 448-451.)

LUCIEN, Dialogues des courtisanes. Traduction nouvelle de *J. de Marthold.* Compositions et lithographies d'*E. Berchmans.* Paris, Lahure, 1903, viii, 141 p.

— Mortuorum dialogi, nonnullis Patrum Societatis Jesu notis et indice vocabulorum illustrati ad usum scholarum. Tours, Mame, 1903, in-16, 124 p.

— Le Songe ou le Coq, expliqué littéralement, trad. en fr. et annoté par *M. Feschotte.* Paris, Hachette, in-16, 118 p. 1 fr. 50 c.

True history. Translated by *F. Hickes.* Illustr. by *W. Strang* and others. Introd. by *C. Whibley.* London, Bullen. 7 sh. 6 d.

Fritzsche, H., Präparation zu Lucian's Traum und Timon. (Krafft und Ranke Präparationen für die Schullektüre, 75. Heft.) Hannover, O. Goedel, 26 p. 60 Pf.

Green. — Voir SECTION VIII.

Helm, R., Lucian und die Philosophenschulen. (Fors.) (N. J. A. 1902, 4, 1. Abt., p. 263-278 ; 5, p. 351-369.)

Penick, D. A., Notes on Lucian's Syrian goddess. (Studies in honour of Gildersleeve.)

Petrik, V., Lukianuv Rybac cili z mrtvych vstali. Progr. Slan 1900.1.

Richards, H., Lucian (?), Amores, 44. (Cl. R., 1902, 8, p. 396.)

Ruelle. C. E., ἀπότολμος, « audax » non « inaudax ». [Lucien, Jup. trag., 27, p. 673.] (R. Ph., 1902, 3, p. 278.)

Schwartz, K. G. P., Ad Lucianum. (Mn., 1902, 4, p. 361-366 ; — 1903, 1, p. 47-64.)

Steinberger, J., Lucians Einfluss auf Wieland. Diss. Göttingen, 157 p.

LYCURGUE. Lycurgi Oratio in Leocratem. Post Car. Scheibe ed. *Frid. Blass.* Ed. stereot. minor. Leipzig, Teubner, 62 p. 60 Pf.

LYSIAS. Reden gegen Eratosthenes und über den Oelbaum. Hrsg. und erkl. von *E. Sewera.* Textheft, Einleitung und Kommentar. (Meisterwerke etc.) Leipzig, Teubner. 1903. v, 42, 55 p. ; 1 Taf. 1 M. 20 Pf.

Pro Mantitheo and Pro Invalido. Literally transl. by *J. A. Prout.* London, Cornish. 1 sh. 6 d.
Voir ORATEURS.

Polak, H. J., Paralipomena Lysiaca. (contin.) (Mn. XXXI, 2, p. 157-184.)

Simon, J., Präparation zu Lysias's ausgew. Reden. (Krafft und Rankes Präparationen. etc. 73, H.) Hannover, Goedel, 15 p. 40 Pf.

Schneider, V., Pseudo-Lysias κατ' Ἀνδοχίδου ἀσεβείας. (VI) (Jahrbb. f. class. Philol. 27. Suppl.-Bd., 2. H., p. 352-372.) [Texte attribué à Théodore de Byzance.]

Vogel, Fr., Zu Lys. XXI, 11. (Analecta, dans la Section II.)

MALALAS.

Bidez, J., Sur diverses citations, et notamment sur trois passages de Malalas retrouvés dans un texte hagiographique. (Bjz. Z., XI, 3-4, p. 388-394.)

Conybeare, F. C., The relation of the Paschal chronicle to Malalas. (Byz. Z., XI, 3-4, p. 395-405.)

MANASSÈS.

Horna, K., Einige unedierte Stücke des Manasses und Italikos. (Jahresb. d. K. K. Sophiengymnasiums in Wien, 1901-2.) Separatabdruck. Wien, 26 p.

Papageorgiou. — Voir ITALICUS.

Sternbach, L., Constantini Manassae ecphrasis inedita. (Symbolae in hon. Cwikliński), 10 p.

— Constantini Manassae versus inediti. (W. St., 1902, 2, p. 473-477.)

MARC-AURÈLE.

Fabre. — Voir SECTION III.

Lindsay, J., The ethical philosophy of Marcus Aurelius. (A. G. Ph., IX, 2, p. 252-258.)

Stich, H., Handschriftliches zu Marcus Antoninus. (Blätter f. Bayr. Gymnasialschulwesen, 1902, 7-8, p. 516-523.)

MARTYROLOGES. Acta martyrum selecta. Ausgewählte Märtyrakten und andere Urkunden aus der Verfolgungszeit der christlichen Kirche, hrsg. von *Oskar von Gebhardt*. Berlin, Duncker, XII, 260 p. **4 M.**

Ausgewählte Märtyrenakten, hrsg. von *Rud. Knopf*. Tübingen, Mohr, 1901.
2 M. 50 Pf.

Achelis, U, Die Martyrologien, ihre Geschichte und ihr Wert. (Abhandlgn d. Kgl. Gesellsch. der W. zu Göttingen, Philol.-hist. Kl., N. F., III, 3.) Berlin, Weidmann, VIII, 247 p.

MÉNANDRE, poète comique.

Dziatzko, K., Das neue Fragment der Περικειρομένη des Menander. (Jahrbb. f. cl. Philol., 27. Suppl.-Bd., 1. H., p. 123-134.)

Legrand, Ph.-E., Pour l'histoire de la Comédie nouvelle. 1. Le Δύσκολος et les Ἐπιτρέποντες de Ménandre. (R. E. G., 1902, nov.-déc., p. 357-369.)

Papavassiliou, Zu Menanders Περικειρ. (Κριτικαὶ παρατηρήσεις.)

Richards, H., Menander (Kock, 3, 155; Meineke, 4, 277.) (Cl. R., 1902, 8, p. 394.)

MÉNANDRE, historien.

Lehmann. — Voir JOSÈPHE.

Sihler, E. G., Cæsar and Menander. (Proceed. of Amer. philol. Assoc., XXXII, p. CI-CIII.)

MENELAUS.

Bjornbo, A. A., Studien über Menelaos' Sphärik. Beiträge zur Geschichte der Sphärik und Trigonometrie der Griechen. (Abh. z. Gesch. d. mathem. Wiss., Heft 14.)

MUSONIUS.

Major, J. E. B., Musonius and Simplicius. (Cl. R., 1903, 1, p. 23-24.)

MYTHOGRAPHES. Mythographi graeci. Vol. III, fasc. 2 : Palaephati περὶ ἀπίστων. Heracliti qui fertur libellus περὶ ἀπίστων. Excerpta vaticana (vulgo Anonymus de Incredibilibus.) Ed. *N. Festa*. Leipzig, Teubner, LIII, 128 p.
2 M. 80 Pf.

NÉMÉSIUS. — Voir GRÉGOIRE DE NYSSE.

NICANDRE.

Forter, E. O., Nicander and Vergil. (Proceed. of Amer. philol. Assoc., XXXIII.)

NICÉPHORE-MOSCHOPOULOS.

Papadopoulos-Kerameus, A., Νικηφόρος Μοσχόπουλος. (Byz. Z., XII, 1-2, p. 215-223.)

NILUS DOXOPATER, Τάξις τῶν πατριαρχικῶν θρόνων, armenisch und griechisch hrsg. von *Fr. Nikol. Finck*. Marburg, Elwert, IV, 46 p. **2 M. 50 Pf.**

OLYMPIODORE, historien.

Praechter, K. — Voir Cédrénus.

ORACULA CHALDAICA.

Ridez. — Voir Section XI.

ORATEURS. Attische Redenaars. I. deel : Antiphon, Lysias en Isaeus, door J. H. Th. Hemotege. Kerkrade-Heerlen, Alberti. 1 fl. 90 c.

Green. — Voir Thucydide.

ORIGÈNE.

Barewicz, W., La démonologie des néoplatoniciens et d'Origène. (En polonais.) (Symbolae in hon. Ciwlinski, 30 p.)

Butler. — Voir Hippolyte (St).

Chapman, J., Origen and the date of Pseudo-Clement. (The J. of theol. studies, 1902, p. 436-441.)

Gregg, J. A. F., The commentary of Origen upon the epistle to the Ephesians. Part III : Eph. IV, 27-VI, 24. (J. of theol. Studies, 1902, p. 233-244; 398-420.)

Preuschen, E., Bibelcitate bei Origenes. (Z. f. neutestam. Wiss., IV, 1.)

Serruys, D., Anastasiana. II. Les signes critiques d'Origène. (Mél. d'arch. et d'hist. p. p. l'École française de Rome, XXII, 2-3.)

ORPHICA.

Harrisson, J. C., Dante's Eunoe and an Orphic tablet. (Cl. R., 1903, 1, p. 58.)

PALÉPHATE. — Voir Mythographes.

Croenert, W., De Palaephati codice Harrisiano. (Rh. M., LVIII, 2, p. 308-314.)

PALLADAS.

Franke, A., De Pallada epigrammatographo.

PAPYROLOGIE.

— Grenfell, B. P. and A. G. Hunt, Ptolemaic papyri in the Gizeh-Museum. II. (Arch. f. Papyrusf., II. 1, p. 79-84.)

— Grenfell, Hunt and J. G. Smily, The Tebtunis papyri. Part. I. Oxford, Clarendon Press, xix, 674 p., 9 pl.

Papyri graecae Musei Britannici et Musei Berolinensis. Ed. a Car. Kalbfleisch. Progr. Rostock, Warkentien, in-4, 14 p.; 2 lichtdr.-Taf. 2 M.

Brugi, B., I papiri greci d'Egitto e la storia del diritto romano. (Atti d. R. Istituto Veneto, t. LXI, disp. 10, p. 807-814.)

Busche, K., Die Papyrusschätze Aegyptens. (Die Grenzboten, 1902, 3, p. 144-152.)

Cavaignac, E., Le § 7 du papyrus de Strasbourg. (R. Ph., 1903, 2, p. 156-163.)

Comparetti. — Voir Section III.

Costa. — Voir Section XII.

Croenert, W., Denkschrift betreffend eine deutsche Papyrusgrabung auf dem Boden griechisch-römischer Kultur in Aegypten. Bonn, 1902, 31 p.; 1 Karte, 1 Taf.

— Adnotamenta in papyros Musei Britannici graecas maximam partem lexicographica. I. (Cl. R., 1903, 1, p. 26-27; 4, p. 193-198.)

— Remarques sur les papyrus de Magdola. (R. E. G., 1903, nr. 70, p. 193-197.)

Eitrem, S., Varia. [Fragm. epicum in vol. I Pap. Oxyrrh. CCXIV.] Ph., XV, 4, p. 631-632.]

Foat, F. W. G., Sematography of the Greek papyri. (J. H. St., 1902, 1, p. 135-173.)

Hesseling, D. C., Ad papyrum Amherstianum (sic) CLIII. (Album in honorem H. van Herwerden, p. 99-106.)

Hohlwein, N., Bulletin papyrologique, 1901-avril 1902. (Le Musée belge, VI, 2-3.)

— — Année 1902. (Ibid., VII, 2-3.)

— La police égyptienne de l'époque romaine d'après les papyrus. (Ibid.)

— La papyrologie grecque; bibliographie raisonnée. (Ibid., VI, 4, p. 388-402; VII, 1, p. 41-82; 2-3, p. 168-197.)

Jouguet, P., Chronique des papyrus. (R. d. ét. anc., 1903, 2, p. 139-190.)

— Missions au Fayoum. — Voir Section XIII.

Kenyon. — Voir Section X.

Lafoscade. — Voir Section VI.

Legge. — Voir Section XI.

Ludwich, A., Das Papyrus-Fragment eines Dionysos-Epos. (Berliner phil. Woch., 1903, nr. 1 p. 28-30.)

Lumbroso, G., Osservazioni papirologiche. (Rendic d. R. Accad. d. Lincei, S. Morali, Ser. V, vol. XI, fasc. 1-2, p. 80-81.)

Mekler, S., Zu den νόμιμα der Flinders Petrie Papyri. (W. St. 1902, 2, p. 457-461).

Meyer, P. M. — Voir Section X.

Naber. — Voir Section XII.

Nicole, J., Un questionnaire de chirurgie. (Archiv f. Papyrusf., II, 1, p. 1-3.)

— Comptes d'un soldat romain. (Ibid., p. 63-69.)

Olivieri, A., Il prologo di commedia recentemente scoperto. [Papiro di Strassburgo 53.] (Riv. di filol., XXX, 3, p. 435-437.)

Papavassiliou. — Voir Section II.

Reitzenstein, R., Deutsche Papyrussammlungen. (Beil. z. Münchner allg. Ztg., 1901, nr. 259.)

Ricci. S. de, A new Strassburg historical Greek papyrus. (Athenaeum, nr. 3881, p. 336-337.)

— Bulletin papyrologique (R. E. G., nov.-déc. 1902, p. 408-460.) Suite et fin. (Ibid., janvier-avril 1903, p. 105-125.)

Ruggiero. R. de, Correzioni al papiro di Antinoe dell'anno 454. (Boll. d. Istituto di diritto rom., XV, 1-2, p. 73.]

Schubart, W., Die tachygraphischen Papyri in der Urkundensammlung der kgl. Museen zu Berlin. (Archiv f. Stenogr., LIV, 9.)

Schulthess, O., Aus neueren Papyrusfunden. (Sep. Abr. a. d. Neuen Zürcher Ztg.) Zürich, 1901, 42 p.

Vitelli, G., Da papiri greci dell'Egitto. (At. e R., nr. 53, p. 149-158.)

Waltzing. J. P., Curiosités papyrologiques. (Le Musée belge, 1902, 1.)

Wenger, L., Zu den Rechtsurkunden in der Sammlung des Lord Amherst. (Archiv f. Papyrusf., II, 1, p. 41-62.)

Voir Section XII.

Wessely. — Voir Section VIII.

Wilcken, U., Papyrus-Urkunden. (Archiv f. Papyrusf., II, 1, p. 117-147.)

Compte rendu de six ouvrages. (Voir le détail, Biblioth. philol. classica.)

PARMÉNIDE.

Ellis, R., Some suggestions on Diels' Poetarum philosophorum fragmenta. [Parm. fr. 16, 1-2.] (Cl. R. 1902, 5, p. 269-270.)

Peithmann, E. C. H., Parmenides. (Biographia antiqua, Ser. II, H. 2.)

PARTHÉNIUS.

Ellis, R., New conjectures on Parthenius' περὶ ἐρωτικῶν παθημάτων. (Amer. J. of philol., XXIII, 2, p. 204-206.)

PATROLOGIE. Patres apostolici. Textum ad fidem codicum et graecorum et latinorum, adhibitis praestantissimis editionibus, recensuerunt *O. de Gebhardt, A. Harnack, Th. Zahn.* Ed. IV minor, indice locorum S. Scripturae aucta. Leipzig, Hinrichs, VIII. 232 p. 2 M.

Patrologia, versione italiana sulla seconda edizione tedesca, da *O. Bardenhewer,* con aggiunte bibliografiche per *A. Mercati.* Vol. I. (dalla fine del I. secolo all' inizio des IV. secolo.) Roma, Desclée, Lefebvre et Cⁿ. xv, 288 p.

Bürner. G., Vergils Einfluss bei den Kirchenschriftstellern der vornicänischen Periode. Diss. Erlangen, 58 p.

Lüdemann, H., Jahresbericht über die Kirchenväter und ihr Verhaltniss zur Philosophie. 1897-1900. (Fors.) (A. G. Ph., VIII, 4, p. 493-513; IX, 3, p. 401-448.)

Schermann, Th., Die Gottheit des hl. Geistes nach den griechischen Vätern des 4. Jahrh. Eine Dogmengeschichtliche Studie. (Strassburger theolog. Studien, Hrsg. von A. Erhard u. Eug. Müller. IV, 4-5.) Freib. i. Br., Herder, xii, 245 p. 5 M.

— Die griechischen Quellen des hl. Ambrosius in libris III de Spiritu Sancto. (Veröffentlichungen aus dem Kirchenhistor. Seminar München, nr. 10.) München, Lentner, VIII, 107 p. 3 M

Sedlmayer, H. St., Der Tractatus contra Arianos in der Wiener Hilarius-Handschrift. (Mit einem Nachwort von *G. Morin.*) (S. W. Ak., 1902, 21 p.)

PAULUS HELLADICUS. — Voir ANECDOTA BYZANTINA.

PAUSANIAS. Graeciae descriptio. Edidit, graece emendavit, apparatum criti-cum adjecit *H. Hitzig.* Commentarium germanice scriptum cum tabulis topo-graphicis et numismaticis addiderunt *H. Hitzig* et *H. Blumner.* Leipzig, Reis-land, 1899 et 1901. Vol. I, p. 2 ; vol. II, p. 1.   22 et 20 M.

— Pausaniae Graeciae descriptio. Recogn. *Fr. Spiro.* Vol. I, libros I-IV continens. Leipzig, Teubner, 1903, XXI, 420 p.   2 M. 80 Pf.

— Pausanias, Description of Greece. Translated with a commentary by *J. G. Frazer.*

Petersen. — Voir SECTION XIII.

PHÉRÉCYDE.

Fries. G., Zu Pherekydes von Syros. (Woch. f. klass. Philol., 1903, nr. 2, p. 47-50.)

PHILODÈME.

Fuhr. K., Zu griechischen Prosaikern. III. Zu Philodems rhetorischen Schriften. (Rh. M., LVII, 3, p. 428-436.)

PHILON D'ALEXANDRIE. Philonis Alexandrini opera quae supersunt. Recognoverunt *L. Cohn* et *P. Wendland.* Ed. major, vol. IV. Edid. L. C. Berlin, G. Reimer, XXXIV, 307 p.   10 M.

— Ed. minor., XIII, 254 p.   2 M.

PHILOSOPHES. Die Fragmente der Vorsokratiker. Griechich und Deutsch, von *H. Diels.* Berlin, Weidmann, 1903, X, 601 p.   15 M.

— Stoicorum veterum fragmenta. Collegit *J. ab Arnim.* vol. II : Chrysippi frag-menta logica et physica. Leipzig, Teubner, 1903, VI, 348 p.

Croenert. W., Die Ueberlieferung des « Index Academicorum. » (H., 1903, p. 357-405.)

PHILOSTRATE.

Bromby. Ch. H., The « Heroica » of Philostratus (Athenæum, nr. 3906, p. 320 et ss. ; — 3922, p. 859-860.)

Cunze, F., Philostrats Abhandlung über das Turnen. Progr. Braunschweig, in-4°, 18 p.

Ziehen. L., ἱερὰ δεῦρο. [Philostr. Leben des Apollonios von Tyana, IV, 18, 155.] (Rh. M. LVII, 4, p. 498-505.)

PINDARE, OEuvres complètes. Traduction française par *C. Poyard,* nouv. éd. complètement refondue, augmentée d'Anacréon, de Sapho et d'Erinna. Paris, Garnier frères, in-18, VI, 313 p.

Clapp. E. B., Pindar's accusative constructions. (Trans. of Amer. philol. Assoc., XXXII, 1901. p. 16-42.)

— On hiatus in Pindar. (Ibid., Proceed., etc., XXXIII.)

Hauvette. Am., Sur un passage de la deuxième Pythique de Pindare. (Mélanges Perrot, p. 161-166.)

Lendrum. W. T., The date of Pindar's tenth Nemean. (Cl. R., 1902, 5, p. 267-269.)

Schroeder. O., Pindarica IV : Pindar und Hieron. (Ph. XV, 3, p. 356-373.)

— — V : Aeolische Strophen. (Ibid., XVI, 2, p. 161-181.)

— Die enoplischen Strophen Pindars. (H., 1903, 2, p. 202-243 ; 3, p. 480.)

Staehlin, Fr . Der Dioskurenmythus in Pindars 10. nemeischer Ode. (Ein Beispiel einer Mythenidealisierung.) (Ph. XVI, 2, p. 182-195.)

Veverka. V., Z vitcznych zpevu Pindarovych. Prague, 1901.

PLANUDE. — Voir ANTHOLOGIE.

PLATON, Apologie und Kriton, nebst Abschnitten aus dem Phaidon und Sym-posion. Hrsg. von *Fr. Rösiger.* Text. Leipzig, Teubner, IV, 90 p.   80 Pf.

— — Kommentar. Ibid., 1903, 80 p.   80 Pf.

— Criton, ou le devoir du citoyen. Texte grec, accompagné d'une Introd., d'un argument analytique et de notes en français, par *Ch. Waddington.* Paris, Hachette, in-16, 56 p.   50 c.

Euthyphro, with Introd. and notes, by *W. A. Heidel*. New-York, Amer. Book Co., 1903, 115 p.

Platon et saint Justin. Euthyphron (et) Exhortation aux Grecs. A l'usage des classes supérieures, par *E. J. Sterpin* et *E. J. Conrotte*. (Partie du maître.) Paris, Desclée, De Brouwer et Cie, 1903, 122 p.

Phaedon, für den Schulgebrauch erklärt von *K. Linde*. Ausg. A. (Kommentar unterm Text.) Gotha, Perthes, vi, 118 p.   1 M. 20 Pf.

— Ausg. B. (Text und Kommentar getrennt in 2 Hälften.) Ibid., vi, 64, 65 p.
                                                                1 M. 20 Pf.

Republic. Ed., critical notes, Commentary and Appendices, by *J. Adam*. London, Clay, 2 vol.   18 sb.

Alexander. W. J., The aim and results of Plato's Theaetetus. (St. in hon. of Gildersleeve.)

Baenoch. C., Die Schilderung der Unterwelt in Platons Phaidon. (A. G. Ph., IX, 2, p. 199-203.

Beyschlag. Fr., Eine Parallele zwischen Platon und Goethe. (Bl. f. Bayr. Gymnasialschulw. 1903, 3-4, p. 248-258.)

— Das XXXII. Kapitel der platonischen Apologie. (Ph., XVI, 2, p. 196-226.)

Bickel. — Voir Stobae.

Bovet, P., Le dieu de Platon d'après l'ordre chronologique des dialogues. Thèse. Genève. H. Kündig, 1903, 186 p.

Braun. A. W., The later ontology of Plato. (Mind, XI, p. 31 ss.)

Burnet. J., Arethas and the Codex Clarkianus. [Plato, Phaedo, 96 a-c.] (Cl. R., 1902, 5 p. 276.)

— Vindobonensis F. and the text of Plato. (Cl. R., 1903, 1, p. 12-14.)

Campbell. L., On Plato's Republic, p. 488. (Cl. R., 1903, 1, p. 79-80.)

— On the interpretations of Plato, Republic, B. VI, p. 503 c. (Ibid., 2, p. 106-107.)

Clark. — Voir Clément d'Alexandrie.

Croiset. A., Sur le Ménexène de Platon. (Mélanges Perrot, p. 59-64.)

Delle. G., Vergleichende Darstellung der platonischen und aristotelischen Pädagogik. I. (Pädagog. Studien, N. F., XXIII, 4, p. 229-238.)

Ebers. J., Ueber den Philebos des Platon. Diss. Wurzburg, 37 p.

Emerson. R. W., Plato oder der Philosoph. — Plato. Neue Lesefrüchte. (Emersons Vertreter der Menschheit.) Leipzig, Diederichs, 1903.

Fava. F., Gli epigrammi di Platone. Testo, varianti, versione, preceduti da uno studio sull' autenticità di essi. Milano, 1901, 74 p.

Fuhr. K., Zu griechischen Prosaikern. I. Ein Paar Verballhornungen in der Vulgate. [1. Plato, Georgias.] (Rh. M., LVII, 3, p. 422-423.)

Gifford. E. H., Arethas and the Codex Clarkianus (Cl. R., 1902, 8, p. 391-393.)

Gomperz. Th., Platonische Aufsätze. III. Die Composition der « Gesetze ». Wien, Gerold 36 p. (Extr. de S. W. Ak.)

— Die deutsche Litteratur über die sokratische, platonische und aristotelische Philosophie, 1899 und 1900. (A. G. Ph., T. VIII, 4, p. 516-530; IX, 1, p. 119-153.)

Groh. Fr., Datovani Platonova Kritona. (Listy filol., 1902, 5, p. 371-373.)

Guggenheim, M., Studien zu Platons Idealstaat. Kynismus und Platonismus. (N. J. Alt., 1902, 8, 1. Abt., p. 521-539.)

Guillaume. L., Classiques grecs comparés. Platon, Euthyphron, [Saint-Justin.] Exhortation aux Grecs, par *E. J. Sterpin* et *Conrotte*. Bruges, Desclée, de Brouwer et Co. Partie de l'élève, vi, 110 p.   2 fr.

— — Partie du maître vi, 116 p.   4 fr.

Immisch. O., Philologische Studien zu Plato. 2. Heft : De recensionis platonicae praesidiis atque rationibus. Leipzig, Teubner, 1903, iv, 110 p.   3 M. 60 Pf.

— Même titre. Progr. Leipzig, 1903, 61 p.

Jackson. H., Platonica. [II : Theaetetus, 169 A-D : Politicus 291 A und 303 C.] (J. of philol., nr. 56, p. 186-194.)

Jannaris. A. N. Plato's testimony to quantity and accent. (Amer. J. of arch., XXIII, 1, p. 75-83.)

Jones. H. St., The « Ancient Vulgate » of Plato and Vind. F. (Cl. R., 1902, 8, p. 383-391.)

Knospe. S., Aristipps Erkenntnistheorie im platonischen Theätet. Progr. Grossstrelitz, in-4°, 11 p.   1 M.

Krockenberger. Platos Behandlung der Frauenfrage im Rahmen der Politeia. Progr. Ludwigsburg; Loipzig, Fock, 1903, 68 p.   1 M.

Linde. K., Ist die Apologie des Sokrates eine Dichtung Platous? (Z. f. Gymnasialw, 1902, 8-9, p. 493-498.)

— Noch einmal Platons Phädon S. 62 a (Gymnasium, 1903, nr. 8, p. 266-272.)

Mazarakis. A., Die platonische Paedagogik systematisch und kritisch dargestellt. Diss. Zürich, 1900, 63 p.

Melli, G., Socrate. (At. e R., nr. 49-50, p. 3-22.)

— La Morte di Socrate. (Ibid. nr. 51, p. 69-76.)

Muir. R. J., Plato's dream of wheels, Socrates, Protagoras and the Eleatic stranger. Appendix by certain cyclic poets. London, Unwin, 94 p.   2 sh.

Mueller. K., Jakou dulezitost maji Gorgias a Isokrates pro vyvoj umelé prosy attické. Progr. Chrudim, 1901-2, 50 et 41 p.

Natorp, P., Platos Ideenlehre. Eine Einführung in den Idealismus. Leipzig, Dürr, 1903, VIII, 473 p.   7 M. 50 Pf.

Nestle, W., Kritias. Eine Studie. (N. J. Alt., 1903, 2, 1. Abt., p. 81-107.)

Nielsen. — Voir Aristophane.

Parmentier. L., L'adjectif ἐξαίντης. [Plat. Phèdre, 244 E. (R. Ph., 1902, 4, p. 354-359.]

Pérès. J., Platon, Rousseau, Kant, Nietzsche. (Moralisme et immoralisme.) (A. G. Ph., IX, 1, p. 97-116.)

Richards. H., Plato de diff. Charact. (Cl. R., 1992, 8, p. 395.)

— Platonica. V. [Theaetetus; Soph.; Politicus.] (Ibid., 1903, 1, p. 14-22.)

Ritter. C., Die Sprachstatistik in Anwendung auf Platon und Goethe. (N. J. Alt. 1903, 4, 1. Abt., p. 241-261.)

Rodier, G., Les mathématiques et la dialectique dans le système de Platon. (A. G. Ph., VIII, 4, p. 479-498.)

Rolfes. — Voir Aristote.

Schaegl. R., Beiträge zu dem Anachronismen bei Platon. Progr., Teschen a. E., 1901, 24 p.

Seymour, T. D., On Plato's Ship of fools. (Cl. R., 1902, 8, p. 385-387.)

Sigall, E., Zur Platon-Lektüre am Gymnasium. (Oesterr. Mittelschule, Jahrg. XVI, p. 21-35.)

Snetivy. T., Platonew Euthydemos. Progr. Pelhrimove.

Sogliano, A., Dionysplaton. Contributo alla iconografia platonica. (Mem. d. R. Acc. di Napoli, 1902.)

Tannery, P., Y a-t-il un nombre géométrique de Platon? (R. E. G., 1903, nr. 70, p. 173-179.)

Trense. P., De attributo ejusque collocationis usu platonico. Diss. Rostock, 1901, 30 p.

Turner, E., Quaestiones criticae in Platonis Lachetem. Diss. Halle, 1903, 26 p.

Wilson, J. C., Plato, Rep., 616 E. (Cl. R., 1902, 6, p. 292-293.)

— On the geometrical problem in Plato's Meno, 86 E sqq., with a note on a passage of the treatise De lineis insecabilibus (970 a 5). (J. of philol., nr. 56, p. 222-240.)

Wust, E., Beiträge zur Textkritik und Exegese der platonischen Politeia. Diss. München, 33 p.

PLÉTHON.

Parisotti. A., Idee religiose e sociali di un filosofo greco del medio evo. [G. Gemistos Plethon.] (Scritti vari di filologia.)

PLOTIN.

Gollwitzer. T., Plotins Lehre von der Willensfreiheit. Tl. II. Progr. Kaiserslautern, 53 p.

Lindsay, J., The philosophy of Plotinus. (A. G. Ph. VIII, 4, p. 472-478.)

PLUTARQUE. Plutarch's lives. The translation called *Dryden's* corrected from the Greek and revised. London, Macmillan, 5 vol.   30 sh.

Chaironeje Plutarchus, Preloz. *G. Suran.* Progr. Vinohradech.

Plutarchus, life of Cicero, published for the University by *A. Gudemann.* (Publications of the Univ. of Pennsylvania, series in philology and literatur., vol. VIII, nr. 2.) Philadelphia, 117 p.

Essay on the study and use of poetry by Plutarch and Basil the Great, translated from the Greek, by *F. M. Padelford.* (Yale Studies in English, A. S. Cook. Editor, vol. XV.) New York, Holt, 136 p.

Apelt. O., Bemerkungen zu Plutarchs Moralia. (Ph. XVI, 2, p. 276-291.)

Bierens de Haan. J. D., Plutarchus als godsdienstig denker. Een gestalte uit de Grieksch-Romeinsche godsdiens tgeschiedenis. S' Gravenhage, Nijhoff, viii, 118 p.   1 Fl. 25 Kr.

Borenius, C. E., De Plutarcho et Tacito inter se congruentibus. Helsingforsiae, en off. tipogr. centrale. xxxii, 158 p.

Bronikowski, K., Plutarchos, Demosthenes und Cicero ins Polonische übersetzt. (Symbolae in hon. Cwiklinski, 4 p.)

Dittenberger, W., Zu Plutarch. (H., 1903, 2, p. 313-314.)

Fuhr, K., Zu griechischen Prosaikern : I. Ein Paar Verballhornungen der Vulgate. [3 : Plut. Cam., 10.] (Rh. M. LVII, 3, p. 424.)

— Zur Seitenstetter Plutarchhandschrift. (Berliner philol. Wochenschrift, 1902, nr. 46, p. 1436-1438; nr. 49, p, 1531-1533; nr. 50, p. 1564-1566; nr. 51, p. 1597-1598.)

Hadzidakis, G. N., Ἔλεγχοι καὶ κρίσεις (μετατύπωσις ἐκ τοῦ ΙΒ' τόμου τῆς Ἀθηνᾶς). Athènes, Sakellarios, 1901, 295 p.

Hahn, V., De Plutarchi Moralium codicibus quaestiones selectae. (Bull. intern. de l'Acad. des sc. de Cracovie; juillet 1902, p. 127-129.)

Hartman. J. J., Ad Plutarchum, Solon. 10. (Mn., 1902, 3, p. 261.)

— Ad Plutarchum [Rom. 29, Sintenis; Public, 22, Sint. (Ibid., p. 306.)

— — [Coriol. 32, 38, Sint.] (Ibid. p. 308.)

— Ad Plutarchum. [Lyc. 27, Sintenis; Num. 1, Sint. (Mn. 1902, 4, p. 386.)

— Ad Plutarchum. [Sull. 35, Sint.] (Ibid., 1903, 2, p. 210.)

Hauck, G., Erklärende Bemerkungen zu Plutarchs Themistokles und Perikles (Bl. f. Bayr. Gymnasialschulw., 1903, 3-4, p. 258-264.)

Padelford. F. M., Plutarch's theory of poetry. (Proceed. of Amer. philol. Assoc., XXXIII.)

Papavassiliou, G. A., Κριτικαὶ παρατηρήσεις. Γ' Εἰς Πλουτάρχου τὰ Ἠθικά. (Ἀθ., XIV, 1-2, p. 148-168.)

Photiadis, P. S., Ὀλίγιστα: παρατηρήσεις. Α' : Εἰς τὰ Πλουτάρχου Ἠθικά (ἐκδ. Βερναρδάκη). (Ἀθ., XIV, 3, p. 332-340.)

Radermacher. L., Φόβος. [Plut., De Alex. M. fortit. aut virt., 343, E.] (Rh. M., LVIII, 2, 3, p. 315-316.)

Richards, H., Plutarch, De lib. educ. 2 D (Cl. R., 1902, 8, p. 395.)

Schoene. J., Zum Corpus der Plutarchischen Βίοι. (H., 1903, 2, p. 314-316.)

Schwartz, K. G. P., Ad Plutarchi vitam Lycurgi, 27. (Mn. 1902, 3, p. 262.)

Solari. A., Per le fonte di Plutarco nella morte di Silla. (Riv. di filol., 1903, 1, p. 115-120.)

Wilamowitz-Mœllendorff, U. von, Lesefrüchte. [LXXXVIII : Zu Plut. Moral. 777. LXXXIX : Zu Plut. de Exilio, 10.] (H. 1902, 3, p. 326-328.)

POÈTES COMIQUES.

Kaehler, O., Annotationes ad comicos graecos. Weimar, 1901, 18 p.

Krause, E. F., De Apollodoris comicis. Berlin, Ebering, 1903, 57 p.

Peppler. — Voir ARISTOPHANE.

POÈTES LYRIQUES. Griechische Lyriker in Auswahl f. d. Schulgebrauch
hrsg. von *A. Biese.* 1. Tl : Text. 2. verm. und verb. Aufl. Leipzig, Freytag, viii, 104 p.   1 M. 20 Pf.

Schneider S., Deux hymnes anonymes à Dionysos et à Apollon. (En polonais.) (Symbolae in hon. Cwiklinski.) 14 p.

Wilamowitz-Mœllendorff. U. von, Choriambische Dichter. (S. Pr. Ak.) Berlin, Reimer, 32 p.

POÈTES-PHILOSOPHES.

Ellis, R., Some suggestions on Diels' Poetarum philosophorum fragmenta. [Parmenides fr. 16, 1, 2 : Empedocles fr. 4, 9, 10, 11 ; Emp. fr. 17, 20, 21, 23 : Emp. fr. 64 ; Timon fr. 62.] (Cl. R., 1902, 5, p. 269-270.)

POÈTES TRAGIQUES.

Blanchard, A., Histoires tirées des tragiques grecs et mises en vers. Avec des notices et des éclaircissements à l'usage des classes supérieures de l'enseignement secondaire. Paris, Belin, 1903, in-18 jésus, 240 p.

Blaydes, Fr. H. M., Spicilegium tragicum, Observationes criticas in tragicos poetas graecos continens. Halle, Buchh. des Waisenhauses, III, 263 p. 6 M.

Herwerden, H. van. Novae observationes ad tragicorum graecorum fragmenta. (Rh. M., LVIII, 1, p. 138-151.)

Kahlenberger. — Voir HOMÈRE.

Wolf. H., Einführung in die Sagenwelt der griechischen Tragiker. Leipzig, Bredt, 156 p.
1 M. 50 Pf.

POLLUX.

Michaelis, R., Quae ratio intercedat inter J. Pollucis Onomasticon et Aristotelis de Rep. Atheniensium libri partem alteram. Progr. Berlin, 14 p.

Radtke, W., Cratineum. [Pollux, VI, 68.] (H., 1903, 1, p. 149-150.)

POLYBE.

Cuntz, O., Polybius und sein Werk. Mit e. Kärtchen. Leipzig, B. G. Teubner, 1902, 88 p.

Grasso, G., Il Λίβυρνον ὄρος Polybiano (III, 100, 2) e l'itinerario Annibalico dal territorio dei Peligni al territorio Lorinate. (Riv. di filol., XXX, 3, p. 438-445.)

Hercod, R., La conception de l'histoire dans Polybe. Diss. Lausanne, 127 p.

Kraschennikof, M., De Gitanis Epiri oppido. (Polyh. XXVII, 16, 5 et T. Liv. XLII, 38, 1.) (H., 1902, 4, p. 489-500.)

Luterbacher, F., Die Chronologie des Hannibalzuges. (Zum 3. Buche des Polybius.) (Ph., XVI, 2, p. 306-315.) Anhang : Sagunt und Rom. (P. 315-319.)

POLYCARPE (Saint). — Voir IGNACE (SAINT).

POSIDONIUS.

Arnold, M., Quaestiones Posidonianae. (Specimen I.) Diss. Lipsiae, 1903, 74 p.

Richards, H., Posidonius apud Athenaeus, 234 A. (Cl. R., 1902, 8, p. 396.)

PROCLUS.

Diehl, E., Der Timäostext des Proklos. (Rh. M., LVIII, 2, p. 246-269.)

PROCOPE.

Knaack, G., Zu Procopios ep. 96. (Ph., XVI, 2, p. 320.)

PSELLUS.

Bréhier, L., Un discours inédit de Psellos. Accusation du patriarche Cérulaire devant le synode (1059.) (R. E. G., 1903, nr. 71, p. 375-416.) [1ᵉʳ art. : Introd. et chap. 1-30 du texte grec.]

PTOLÉMÉE.

Cumont, Fr., La Galatie maritime de Ptolémée. (R. E. G., janvier-avril 1903, p. 25-27.)

Kralicek, A., Das östliche Gross-Germanien des Claudius Ptolemaeus. Progr. Brünn, 1900-1901.

PYTHÉAS.

Matthias, Fr., Ueber Pytheas von Massilia und die ältesten Nachrichten von den Germanen. II. Progr. Berlin, 40 p,

ROMANOS.

Petridis, S., Office inédit de Saint Romain le Mélode. (Byz. Z., XI, 3-4, p. 358-369.)

Souvarof, N., A quelle époque vivait le poète Roman ? (Rev. byz. russe, VIII, 3-4.)

Van den Ven, P., Encore Romanos le Mélode. (Byz. Z., XII, 1-2, p. 153-166.)

SAPHO.. Traduction française. — Voir PINDARE.

Blass, F., Die Berliner Fragmente der Sappho. (H. 1902, 3, p. 456-479.)

Solmsen, F., Die Berliner Fragmente der Sappho. (Rh. M. LVII, 3, p. 328-336.)

SEXTION.

Scheer. — Voir THÉON.

SIMPLICIUS.

Major. — Voir Musonius.

SIMONIDE (?)

Reinach. Th., Les trépieds de Gélon et de ses frères (Anthol. Pal. VI, 214.) (R. E. G., janvier-avril 1903, p. 18-24.)

SISYPHOS de Cos.

Patzig, E., Das Trojabuch des Sisyphos von Kos. (Byz. Z., XII, 1-2, p. 231-257.)

SOLON.

Hadley. W. S., A correction in Solon. [Solon 9, Hiller-Bergk.] (Cl. R., 1903, 4, p. 209.)

Ludwich, A., Zu den Solonischen Fragmenten in der Πολιτεία Ἀθηναίων. (Berl. philol. Woch., 1903, nr. 22, p. 700-702; nr. 23, p. 732-735.)

SOPHOCLE. Sophocles translated and explained by *J. S. Phillimore.* Illustr. London, G. Allen, 304 p.   7 sh. 6 d.

— Antigone, with Commentary abridged from large ed. of *R. C. Jeeb,* by *E. S. Shuckburgh.* London, Clay, 292 p.   4 sh.

Antigone, by *E. Fogerty.* London, Sonnenschein, 1903.

Philoctète, ed. class. par *J. F. Lucas.* Paris, Poussielgue, 1903, 133 p.

Barnett. L. D., A Persian parallel to Soph. Ant. 904. (Cl. R., 1903, 4, p. 209-210.)

Bolle, L., Die Bühne des Sophokles. Progr., Weimar, 23 p.

Campbell. L., Some recent notes on Sophocles' Oedipus Tyrannus. (Cl. R., 1802, 8, p. 426.)

Dolnicki. J., Sur la dette tragique du roi Œdipe dans Sophocle. (En polonais.) (Symbolae in hon. Cwiklinski.) 12 p.

Earle. M. L., Notes on Sophocles' Antigone. (Cl. R., 1993, 1, p. 5-6.)

— Sophocle, Oedipe-Roi, v. 10-11. (R. Ph., 1903, 2, p. 151-153.)

— On Soph. Electra 683 sq. (Cl. R., 1903, 4, p. 209.

— Studies in Sophocles's Trachinians. (Trans. of Amer. philol. Assoc., XXXIII.)

— Miscellanea critica. [Soph. Oed. Tyr. 54 sq.] (Proceed. of Am. ph. Ass., XXXII, p. xxviii.)

Estève. — Voir Section IX.

Festa. N., Note Sofoclee. Antigone. (At. e R., nr. 53, p. 129-144.)

Hurlbut. St. A., An inverted nemesis. On Sophocles, Oedipus Rex, 1270. (Cl. R., 1903, 3, p. 141-143.)

Hüter. L., Schüler-Kommentar zu Sophokles' Aias. Leipzig, Freytag, 1903, IV, 88 p.   1 M.

Ludwich, A., Ein Sophokleisches und ein unbekanntes Fragment. (Berl. philol. Wochenschr., 1902, 24, p. 766.)

Parmentier, L., Sophocle, Œdipe roi, v. 10-11. (R. Ph., 1902, 4, p. 349-353.)

Phillimore. J. S., Notes on Sophocles' Œdipus Tyrannus. (Cl. R., 1902, 7, p. 337-339.)

Richards, H., Sophocles Œd. Tyr., 772. (Cl. R., 1902, 8, p. 394.)

Schmid. W., Zu Sophocles, Antigone, 528. (Rh. M. LVII, 4, p. 61.)

— Probleme aus der sophokleischen Antigone. (Ph. XVI, 1, p. 1-34.)

Tucker. T. G., Adversaria upon the fragments of Sophocles. (Cl. R., 1903, 4, p. 189-191.)

Vicol, L., Der Kunstcharakter des Sophocles, hinsichtlich der Handlung und Charakterzeichnung. Progr. Czernowitz, 1901.

Wagner. R., Ueber einige Stellen der Sophokleischen Antigone. (Korrespondenzbl. f. d. Gelehrten und Realschulen Württembergs, 1902, 8, p. 290-293.)

SOPHRON.

Wünsch, R., Zu Sophrons Ταὶ γυναῖκες αἳ τὰν θεόν φαντι ἐξελᾶν. (Jahrbb. f. Philol., 27. Suppl.-Bd. 1. H., pp. 111-122.)

SOTERICHUS.

Bidez, J., Fragments nouveaux de Soterichos (?). (R. Ph., 190', 1, p. 81-85.)

STOBÉE.

Bickel, E., De Joannis Stobaei excerptis platonicis de Phaedone. Diss. Bonn, 41 p.

Richards, H., Stobaeus, Floril. 90, 8. (Cl. R., 1902, 8, p. 394.)

STRABON.

Allen, T. W., The ancient name of Gla. (Cl. R., 1903, 5, p. 239-240.)

Kunze. R., Unbeachtete Strabofragmente. (Rh. M. LVII, 3, p. 437-448.)

— Strabobruchstücke bei Eustathius und Stephanus Byzantius. (Rh. M., LVIII, 1, p. 126-137.)

SUIDAS.

Crusius, O., Λαγόβιος, ὄνομα κύριον. [Suidas, II, p. 483 Bh.] (Ph. XVI, 1, p. 131-132.)

SYNTIPAS.

Warren, J., Das Indische Original des griechischen Syntipas. (Verslag. en Medeel. d. k. Akad. van Wetensch. 4. Reecks, 5. Deel, 1. Stuk, p. 41-57.)

TELEPHOS.

Schrader, H., Telephos der Pergamener περὶ τῆς καθ᾽ Ὅμηρον ῥητορικῆς. (H., 1902, 4, p. 530-581.)

THÉMISON.

Fuchs, R., Aus Themisons Werk über die acuten und chronischen Krankheiten. (Rh. M., LVIII, 1, p. 67 ss.)

THÉMISTIUS.

Klotz, A., Disciplina disciplinarum. [Macr. Sat. 1, 24, 21. Themistios, Σοφιστής, Orat. 23.] (Archiv f. Lexicogr. und Grammatik, XIII, 1, p. 98.)

THÉOCRITE.

Kattein, C., Theocriti idyllis octavo et nono cur abroganda sit fides Theocritea. Thèse. Paris, Picard, 100 p.

Prescott, W., Notes on the scholia and the text of Theocritus. (Cl. R., 1903, 2, p. 107-112.)

Sutphen, M. C., Magic in Theocritos and Vergil. (Studies in hon. of Gildersleeve.)

THÉODORE de Byzance.

Emminger. — Voir Isocrate.

Schneider. — Voir Lysias.

THÉODORE PRODROME.

Papageorgiou, P. N., Διορθώσεις εἰς Θεόδωρον τὸν Πρόδρομον. (Byz. Z., XII, 1-2 p. 261-266.)

THÉODORET.

Raeder, J., Analecta Theodoretiana. (Rh. M., LVII, 3, p. 449-459.)

THEODORUS SCUTARIOTA. — Voir Georges l'Acropolite.

THÉOGNIS.

Harrison, E., Studies in Theognis together with a text of the Poems. London, Clay, 336 p.
10 sh. 6 d.

Wendorff, F., Ex usu convivali Theognideam syllogen fluxisse demonstratur. Diss. Berlin, 80 p.
2 M. 40 Pf.

Williams, T. H., Theognis and his poems. (J. H. S., 1903, 1, p. 1-23.)

THÉON.

Scheer, E., Théon et Sextion. Progr. Saarbrücken, in-4, 19 p.

THÉOPHILE d'Antioche.

Pommrich, A., Des Apologeten Theophilus von Antiochia Gottes- und Logoslehre, dargestellt unter Berücksichtigung der gleichen Lehre des Athenagoras von Athen. Progr. Dresden, in-4, 36 p.

THÉOPHRASTE.

Zingerle, A., Zu Theophrast. (Z. f. d. österr. Gymnasien, 1903, 3, p. 202.)

THUCYDIDE. Historiae. Recensuit *Car. Hude*. Vol. I : Libri I-IV. Ed. minor. Leipzig, Teubner, 1903, 361 p. 1 M. 20 Pf.

— L'epitafio di Pericle, con note italiane di *U. Nottola*. Milano, Albrighi-Segati, 52 p.

Ahlberg, A. W., Några anmärkningar till imperfektets och aoristens syntax hos Thukydides. (Från filol. Föreningen i Lund språkliga uppsatser, II.)

Fecht, K., Präparation zu Thukydides. Buch VI. Gotha, Perthes, iv, 65 p.

Green, E. L., περ in Thukydides, Xenophon und den Rednern. (Proceed. of Amer. philol. Assoc., XXXII, 1901. p. cxxxv-cxxxvi.)

Leeuwen, J. van, Ad Thucyd., VII, 56. (Mn. 1902, 3, p. 331.)

Prenzel, K, De Thucydidis libro octavo quaestiones, Diss. Berlin, Ebering, 1903, 51 p. ? M.

Searborong. Short notes on Thucydides. (Proceed. of Amer. philol. Assoc., XXXII-p. lxxix.)

Thulin, C., De obliqua oratione apud Thucydidem. (Acta Universitatis Lundensis, XXXVII-XXXVIII). Lund, Malmström.

Woerpel, G., Thucydideum. [II, 12.] (N. philol. Rundschau, 1902, 15, p. 337-338.)

TIMAGÈNE.

Reuss. — Voir Section X.

TIMOTHÉE. Timotheos, Die Perser, aus einem Papyrus von Abusir, im Auftrage der deutschen Orientgesellschaft hrsg. von *U. von Wilamowitz-Moellendorff*, mit einer Lichtdrucktafel. Leipzig, Hinrichs, 1903, 126 p. 3 M. 50 Pf.

Der Timotheos-Papyrus, gefunden bei Abusir am 1. Februar 1902. Lichtdruck-Ausgabe. (Wissenschaftliche Veröffentlichungen der D. Orientgesellschaft, Heft 3.) Leipzig, Hinrichs, in-4°, 1903, mit 7 Tafel. 12 M.

Timothée de Milet, Les Perses. Trad. franç. par *P. Mazon* (R. Ph., 1903, 2, p. 209-214.)

Croiset, M., Observations sur les *Perses*, de Timothée de Milet. (R. E. G., 1903, nr. 71, p. 323-348.)

Fuochi, M., I « Persiani » di Timoteo. (At. e R., nr. 49-50, p. 56-58.)

Melber, J., Der neugefundene kitharodische Nomos des Timotheos von Milet « Die Perser. » (Blätte f. Bayr. Gymnasialschulw., 1903, 5.6, p. 419-427.)

O. T., Das älteste griechische Buch [Perser des Timotheos.] (N. J. Alt., 1903, 1. 1. Abt. p. 63 ss.)

Reinach, Th., Communication sur le papyrus, récemment découvert, des *Perses* de Timothée. (S. Ac. I., 27 mars 1903, p. 136-137.)

— Les *Perses* de Timothée. (R. E. G., janvier-avril 1903, p. 62-83.)

Wilamowitz-Moellendorff, U. von. Die Perser des Timotheos von Milet. (Mitteilungen der deutschen Orientgesellschaft, nr. 14. — Berliner philol. Wochenschrift, 1902, nr. 45, p. 1404-1405.)

XÉNOPHANE.

Richards, H., Xenophanes apud Aristotle. Rhet. 1377 a 20 (Cl. R., 1902, 8, p. 395.)

XÉNOPHON. Anabasis, Book I. Ed. by *C. E. Brownrigg*. London, Blackie, in-12. 2 sh.

Anabasis. Book IV. Edited by *G. H. Nall*. With Vocabulary. London, Blackie, 1903. 2 sh.

Cynegeticus. Recensuit *G. Pierleoni*. Berlin, Weidmann, viii, 98 p. 3 M.

Memorabilia. Book I. Ed. by *G. M. Edwards*. London, Clay, 1903, 122 p. 2 sh. 6 d.

Braun, K., Präparationen zu Xenophons Hellenika, Buch III und IV. (Ausw.) (Krafft und Ranke's Präpar. f. d. Schullektüre. 71. Hft.) Hannover, Norddeutsche Verlagsanstalt O. Goedel, 34 p. 65 Pf.

— — Buch V-VII. 1903. 29 p. 60 Pf.

Green. — Voir Thucydide.

Helm. — Voir Section I.

Lehmann, C. F., Gobryas and Belsazar bei Xenophon. Beitr. f. alt. Geschichte. II, 2, p. 341-345.'

Loenner, M., Beispiele für den Unterricht in der Psychologie aus Xenophon's Ἱέρων. (Z. f. d. österr. Gymnasien 1903, 1. F. 3.)

Richards, H., On the Memorabilia of Xenophon. (Cl. R., 1902. 5, p. 270-275.)

— Notes on the Symposium of Xenophon. Ibid., 6 p. 293-294.'

Simko, T., Sokrates : Asemonot. Ém. VII. 2 p. 165-153.

Smith, Ch. F., Poetical words and constructions in Xenophon Anabasis. (Proceed. of Amer. philol. Assoc. XXXIII.)

Wagner, R., Präparationen zu Xenophons Hellenika. 1. Heft. Buch I. Leipzig. Teubner, 24 p.   40 Pf.

XÉNOPHON D'ÉPHÈSE.

Mesk, J., Die Syrische Paralos. [Xenoph. Ephes. III, 12, Hercher.] (H., 1903, 2, p. 319-320.)

VI. — ÉPIGRAPHIE.

APOSTOLIDÈS, Origine asiatique des inscriptions préhelléniques de l'île de Lemnos. Le Caire, Impr. nat., 1903.

BECHTEL, F., Zur Inschrift des Sotairos. (H., 1902, 4. p. 631-633.)

BÉRETTA, A., Origine et traduction de l'inscription celto-grecque (?) de Malaucène (Vaucluse). (Bull. de la Soc. départementale d'archéologie et de statistique de la Drôme, livr. 136, p. 5-12.)

BERGER, Ph., Vase de plomb avec inscription bilingue [grec et phénicien] découvert à Carthage. (S. Ac. I., 1903, 8-6, p. 194-198.)

BOURGUET, E., Bulletin épigraphique. (R. E. G., janvier-avril 1903, p. 84-104.)

CHABOT, J. B., Notes d'épigraphie et d'archéologie orientales. X. Inscr. grecques de Syrie. (J. asiatique, 1901, 3, p. 440.)

CLERMONT-GANNEAU, Ch., Épigraphie gréco-rom. de Palmyre. (*Recueil d'archéologie orientale*, V, 6, 7-9.)

— Communication sur 2 inscr. chrétiennes trouvées sur le Mont des Oliviers. (S. Ac. I., 13 août 1902, p. 454-455.)

— Même sujet. (Rec. d'arch. or., V, p. 163-169.)

— Inscriptions [grecques et latines] de Palestine. (S. Ac. I., 1903, p. 479-495.)

— Supplementary remarks upon the Greek inscription from Beersheba. (Palestine exploration Fund, 1902, october.)

— Recueil d'archéologie orientale, t. V, livr. 24. [Articles divers, notamment sur des insc. gr.]. Paris, E. Leroux, 1903.

COMPARETTI, D., Su alcune epigrafi metriche Cretesi. I. (W. St., 1902, 2, p. 265-275.)

CONTOLÉON, A. E., Inscriptions de la Grèce d'Europe. (R. E. G., mai-juin 1902, p. 132-143.)

CROENERT, W., Die Inschriften von Magnesia. (Norddeutsche allg. Ztg., 1902, nr. 242; Beilage).

CRONIN. — Voir Section XIII.

CUMONT, Fr., Deux inscr. gr. de Smyrne. (Ann. de la Soc. d'arch. de Bruxelles, 1901, 2, p. 249-253.) 3 fig.

DELAMARRE, J., Un nouveau document relatif à la confédération des Cyclades. (R. Ph., 1902, 3, p. 291-300.)

— Notes épigraphiques. Amorgos et les pirates. (Ibid., 1903, 2, p. 111-121.)

— Décrets religieux d'Arkésiné (Amorgos), (R. E. G., 1903, nr. 70, p. 154-172.)

DEMOULIN, H., Inscr. inédite de Ténos. Un nouveau registre de ventes immobilières. (Le Musée belge, VI, 4, p. 440-444.)

— Liste inédite de magistrats de Ténos. (Ibid., VII, 1. p. 37-40.)

— Inscriptions de Ténos. (R. de l'I. P. en Belgique, XLV, 6, p. 388-390.)

DEWISCHEIT, C. — Voir Section VII.

DOERPFELD, W., Zur Tholos von Epidauros. (H., 1902, 3, p. 483-485.)

FONTRIER, A., Inscriptions d'Asie mineure. (R. d. ét. anc., 1902, 3, p. 238-239.)

— Voir Section XIII.

FRANCOTTE, H., A. ROERSCH et J. SENCIE, Bulletin d'épigraphie et d'institutions grecques. (Contin.) (Le Musée belge, 1902, 2-3.)

FRAENKEL, M., Epigraphische Beiträge. I : Corpus inscr. graec. 1511. II : Zur Aphaia Inschrift. C. I. Pelop. 1580. (Rh. M.. LVII, 4, 534-548.)

— Beiträge zur griechischen Epigraphik aus Handschriften. (S. Pr. Ak., 1903, 5, p. 82-91.)

FROEHNER. — Voir Section XIII.

GÉRIN-RICHARD, H. et A. DAGNEL, Une sépulture à incinération avec inscription grecque, découverte dans la vallée de l'Arc (Bouches-du-Rhône). (S. Ac. I., 1903, 1-2, p. 58-61.)

HALÉVY, J., Les tablettes gréco-babyloniennes et le sumérisme. Paris, Maurin, 28 p.; figg.

GLOTZ, G., Sur la date d'une inscription trouvée à Olympie. (R. E. G., 1903, nr. 70, p. 143-153.)

HARRISON. Orphic tablet. – Voir section V, Orphica.

HASLUCK, F. W., An inscribed basis from Cyzicus. (J. H. S., 1902, 1, p. 126-134.)

— Inscriptions from Cyzicus. (Ibid., 1903, 1, p. 75-91.)

HAUSSOULLIER, B., Note sur une inscription d'Éphèse. (R. Ph., 1903, 1, p. 49-51.)

— Inscriptions grecques de l'Extrême-Orient grec. (Mélanges Perrot, p. 155-160.)

HAUSSOULLIER, CUMONT et RADET. — Voir Section XI.

HERAEUS, W., Die Grabschrift einer Tachygraphin. (Arch. f. Stenogr., 1902, 5.)

HEUZEY. — Voir Section XI.

HILLER von GAERTRINGEN, F., Ad R. Ph. XVI (1902), p. 224 sqq. (R. Ph. 1902, 3, p. 278-279.)

HOMOLLE, Th., Une signature de Kephisodotos à Delphes. (B. C. H., 1901, 1, p. 104.)

— Inscriptions de Delphes. Location des propriétés sacrées. (Ibid., p. 104-142. 2 pl.

INSCRIPTIONES GRAECAE ad res romanas pertinentes, auctoritate et impensis Academiae inscriptionum et litterarum humaniorum collectae et editae. T. l, fasc. 2, auxiliante *J. Toutain;* t. III, f. 2, auxil. *G. Lafaye.* Curavit *R. Cagnat.* Paris, E. Leroux, 1903.

JANELL, W., Aus griechischen Inschriften. Progr. Neu-Strelitz, 1903, 43 p.

JORDANIDÈS, E., Inscriptions de la plaine du Caystre (R. d. ét. anc., 1902, 4, p. 258-266.)

JOUGUET. — Voir Section XIII.

KALINKA, E., Das Palladas-Epigramm in Ephesos. (W. St., 1902, 2, p. 292-295.)

KAYSER, S., L'inscription du temple d'Asclépios à Épidaure. (Le Musée belge, VI, 2-3, VI, 4; VII, 1.)

KEIL, B., Κόρου πεδίον. (R. Ph. 1902, 3, p. 257-262.)

Voir Section XII.

Voir Section VIII.

KIRCHNER, J. E. A., Zu C I A, II, 996. (Rh. M., LVII, 3, p. 476-478.)

— Prosopographia attica, vol. II. Berlin, Reimer, 1903, vii, 660 p.

— Die Familie des Aristophon von Azenia. (Beitr. z. alt. Gesch., III, 1, p. 168-169.

KOLBE. — Voir Section XIII.

KŒRTE, A., Das Mitgliederverzeichniss einer attischen Phratrie. (II., 1902, 4, p. 582-589.)

LAFOSCADE, L., De epistulis (aliisque titulis) imperatorum magistratuumque romanorum quas ab aetate Augusti usque ad Constantinum graece scriptas lapides papyrique servaverunt. Lille, Le Bigot, xv, 141 p.

LAGERKRANZ, Griechische Ostraka in Victoria-Museum zu Upsala. (Sphinx, VI, 1.)

LANG, N., Aphaia. (Egyet. filol. közl., 1902, 6-7, p. 546-548.)

LARFELD, W., Handbuch der griechischen Epigraphik. II. Inschriften, mit 2 Taf. und zahlreichen in d. Text gedr. lith. Tabellen. 2. Hälfte. Leipzig, Reisland, xiv, p. 393-947.   **36 M.**

INSCRIPTIONES antiquae orae septentrionalis Ponti Euxini graecae et latinae. Jussu et impensis Societatis archaeologicae imperii russici. Vol. IV, Supplementa continens per annos 1885-1900 collecta. Petropoli; Leipzig, Voss' Sort., in-4, x, 358 p.; Figg.; 1 pl.

LAURENT, M., Tessères en os du Musée d'Athènes. (Le Musée belge, VII, 1, p. 83-87.) 7 fig.

LUCAS, H., Repertorium griechischer Inschriften aus Gerasa. (Mitteilgn. und Nachr. d. deutschen Palästina-Vereins, 1901, nr. 4-6.)

MAIONICA, E., Metrische Inschrift vom Jahre 336 n. Chr. (W. St., 1902, 2, p. 586-587.)

MEISTER, R., Beiträge zur griechischen Epigraphik und Dialektologie. III : Ein Kapitel aus dem altgriechischen Pfandrechte. (Ber. üb. d. Verhandlgn. d. K. Sächs. Gesselsch. d. wiss. Philol.-histor. Cl. 1902, 1, p. 2-7.)

MARCHI, A. de, L'elogio d'Atene in un decreto anfizionico. (At. e R.) nr. 51, p. 78 ss.)

MENDEL. G., Inscriptions de Bithynie. (suite.) (B. C. H., 1901, 1-6, p. 5 et ss.)

MEYER, P. M. — Voir SECTION X.

MUSIL, A., Eine griechische Inschrift aus Madâba. (Anz. d. Ak. Wiss. Wien, 1902, 17, p. 120-123.)

NIKITSKY, A., Die geographische Liste der delphischen Proxenoi. Jurjew, Mattiesen, 42 p.; 2 Taf.

OFFORD, J., The bilingual fiscal inscription of Palmyra. (Biblia, 1902, may, p. 33-35.)

PAPADOPOULOS-KERAMEUS, A., Ἡ ἐκ τῆς Terra d'Otranto ἐπιγραφή. (Byz. Z., XI, 3-4, p. 518-519.)

PAPAGEORGIOU, P. N., Epigraphisches. Thessalonica colonia im II. Jahrh. (Berliner philol. Wochenschr., 1902, nr. 30, p. 138-147.)

PARIBENI, R., Cippo milliario inedito della via da Larissa a Tessalonica. (Boll. d. Commissione archeol. comunale di Roma, 1902, 1-2, p. 116-119.)

PATON, W. R., An inscription from Eresos. (Cl. R., 1902, 6, p. 290-291.)

PERDRIZET, P., Une recherche à faire à Rosas. (R. d. ét. anc., 1902, 3, p. 196-198.)

— Une inscription d'Antioche qui reproduit un oracle d'Alexandre d'Abonotichos. (S. Ac. I., 1903, 1-2, p. 62-66.)

PHOKITIS, J., Εὐδοϊκαὶ ἐπιγραφαί. (Ἀθ., XIV, 4, p. 351-363.)

PROTT, H. von, und W. KOLBE, Die Arbeiten zu Pergamon 1900-1901. Die Inschriften. (M. A. I., 1902, 1-2, p. 44-151.) 2 Taf., 11 Abb.

REINACH, Th., Un ostracon littéraire de Thèbes. (Mélanges Perrot, p. 291-296.)

— Inscriptions grecques. — (R. E. G., 1903, nr. 70, p. 180-192.)

RICCI, S. de, Inscriptions concerning Diana of the Ephesians. (Proceed. of the Soc. of bibl. archaeology, 1901, 2, p. 396-409.)

Une inscription grecque d'Égypte. (W. St., 1902, 2, p. 276-278.)

Inscriptions déguisées. (R. Arch., juillet-août 1902, p. 396-409.)

RIESS, E., Some names found on Coan inscriptions. (Amer. J. of arch., 1902, 1, p. 32-33.)

RONZEVALLE (le P.). Bas-relief d'époque romaine trouvé à Homs (l'antique Emèse) avec inscription grecque. (Analyse de sa lettre à l'Acad. des inscr.) (S. Ac. I., 1902, 3-4, p. 235-236.) 1 dessin.

— Analyse de son mémoire sur le bas-relief d'Homs, par *le marquis de Vogué*. (Ibid., 1903, 7-8, p. 276-283.) 2 dessins.

ROSSI, G. B. de, e G. GATTI, Iscrizione greca del monasterio di S. Erasmo. (Boll. d. Comm. arch. Comunale di Roma, 1902, p. 164-176.)

SABBOPOULOS, Ἐπιγραφικὰ ἐξ Ἀρκαδίας ('Aθ., XIV, 4, p. 506.)

SAYCE, A. H., Greek ostraka from Egypt. (Proceed. of the Soc. of bibl. archeol. 1901, 4, p. 211-217.)

SCHŒNE, H. — Voir Section IV.

SCHUBART, W., Metrische Inschriften aus Aegypten. (Archiv f. Papyrusf., II, 1, p. 94-95.)

SÉJOURNÉ (le P.). Annonce d'inscr. gr. trouvées en Palestine. (S. Ac. I., 25 avril 1902, p. 242-243.)

SPIEGELBERG, W., Eine Künstlerinschrift des neuen Reiches. ΑΕΣΩΝΙΣ. (Rec. de travaux relatifs à la philol. et à l'archéol. égyptiennes et assyriennes, vol. XXIV.) T. à p. Paris, Em. Bouillon, 15 p. ; figg.

THEINERT, A., Eine Blumenlese aus griechischen und römischen Grabinschriften. (Die Umschau, VI, 32.)

VERRALL. — Voir Section V, Hérodote.

WEIL, H., Nouvelles tablettes grecques provenant d'Égypte. (Mélanges Perrot, p. 331-332.)

WEINBERGER. — Voir Section VII.

WILAMOWITZ-MŒLLENDORFF, U. von, Alexandrinische Inschriften, (S. Pr. Ak., 1902, 49, p. 1093-1099.)

— Bericht über die « Sammlung der griechischen Inschriften ». (Ibid., 1903, 6, p. 93.)

WILHELM, A., Inscription attique du Musée du Louvre. (B. C. H., 1901, 1-6, p. 93-104.)

Zu zwei Athenischen Inschriften. (H., 1903, 1. p. 153-155.)

Zu einer Inschrift aus Epidauros. (M. A. I., XXVI, 3-4, p. 419-421.)

— ΕΓΤΥΧΕΙ ΕΥΓΕΝΙ. (W. St., 1902, 2, p. 596-600.)

VII. — PALÉOGRAPHIE. — COLLECTIONS DE MANUSCRITS

Ægyptische Urkunden. Griechische Urk. III. Bd. 10 und 11. Heft. Berlin, Weidmann. à 2 M. 40 Pf.

DEWISCHEIT, C., Massgebliches und Unmassgebliches zur griechischen Kurzschrift des Akropolis-Steines. (Archiv f. Stenogr., 1903, 1.)

— Die Wiederauffindung des Grabsteins des Xanthias. (Ibid.)

FRAENKEL. — Beiträge... Voir Section VI.

GALANTE, L., Un « Ostrakon » calcario greco-copto del Museo di Firenze. (Studi ital. di filol., 1901, p. 194-198.)

GARDTHAUSEN, V., Sammlungen und Cataloge griechischer Handschriften, im Verein mit Fachgenossen bearbeitet. (Byz. Archiv, als Ergänzung der Byz.

Z. in zwanglosen Heften hrsg. von *K. Krumbacher*, 3. Heft.) Leipzig, Teubner, vIII, 96 p.   6 M.

GITLBAUER, M., Studien zur griechischen Tachygraphie, III : Tachygraphische Texte. (Schluss.) (Archiv. f. Stenographie, 1902. 7, 8.)

— Bemerkungen zu Foats Abhandlung « Weist der Papyrus über den *Staat der Athener* tachygraphische Kürzungen auf? (Ibid., 5.)

HEADLAM, W., Transposition of words in manuscripts. (Cl. R., 1902, 5, p. 243-256.)

KLINKENBERG, J., Der Grabstein des Xanthias. (Archiv f. Stenogr., LV, 2.) — Voir Section VI.

LAMBROS, Sp. P., Ἀθηναῖοι βιβλιογράφοι καὶ κτήτορες κωδίκων κατὰ τοὺς μέσους αἰῶνας καὶ ἐπὶ Τουρκοκρατίας. (Ἐπετηρὶς τοῦ φιλολ. Συλλόγου Παρνασσοῦ, 1902, p. 159-218.)

SCHMID, W., Verzeichnis der griechischen Handschriften der Königlichen Universitäts-bibliothek zu Tübingen. Progr. Tübingen, in-4, 88 p.

SCHUBART. — Voir Section V, Papyrus.

WEINBERGER, W., Griechische Handschriften des Antonios Eparchos. (Festschrift f. Th. Gomperz, p. 303-311.)

— Handschriftliche und inschriftliche Abkürzungen. (W. St., 1902, 2, p. 296-300.)

WESSELY, C., Studien zur Palaeographie und Papyruskunde, hrsg. von C. W., II. Leipzig, Avenarius, in-4, p. 21-52, mit 1 Lichtdr. — Taf. und p. xxxix-lxxiv in autogr.   6 M.

VIII. — Grammaire. — Lexicographie. — Prononciation du grec. — Rhétorique.

ALLEN, J. B., Elementary Greek grammar. London, Frowde, in-12, 198 p. 3 sh.

ALLEN, J. T., On the so-called iterative optative in Greek. (Tr. of Am. philol. Assoc., XXXIII

ALLINSON, F. G., On causes contributory to the loss of the optative... in later Greek. (Studies in hon. of Gildersleeve.)

BABBITT, Fr. C., Μή in the questions. (Proceed. of Am. philol. Assoc., XXXII, p. xluii-iv.)

— A grammar of Attic und Ionic Greek. New-York, Amer. Book Company.

BAILLY et **Max EGGER,** Abrégé du Dictionnaire grec-français. Paris, Hachette, xii, 1012 p.   7 fr. 50 c.

BATES, W. N., The old Greek Alphabet in the light of new discoveries in Egypt. (Proceed. of Am. ph. Assoc., XXXII, p. lxxvi.)

BECHTEL. F., Die Attischen Frauennamen nach ihrem System dargestellt. Göttingen, Vandenhoeck et Ruprecht. vIII, 144 p.   5 M.

— Griech. γιλλός. (Beitr. z. Kunde d. Indog. Spr., XXVII, 1.2, p. 191-192.)

BILL, C. P., Notes on the Greek Θεωρός and Θεωρία. (Trans. of Amer. philol. Assoc., 1901, p. 197-204)

BODISS, J., A föltételez mondatok megrilagitasa as görög ès latin nyelvben. [Les formes conditionnelles en gr. et en lat.] (Magyar Paedagogia, XI, 5-6, p. 273-284.)

BOISSIER, G., Introduction de la rhétorique grecque à Rome. (Mélanges Perrot. p. 13-16.)

BOLLING, G. M., καίτοι with the participle. (Amer. J. of Philol., XXIII, 3, p. 319-321.)

BRÉAL, M., Etymologies. [Partie grecque.] Ἀριθμός. Δέμας. Ἀρίζηλος. Μάττην,

« vainement », Άψ. Κατά. Έγγύς. Άντιχρυς. Άοσσητήρ, « qui porte secours ».
Είχοσινήριτα. (Mém. de la Soc. de ling., XII, 4, p. 239-248.)

— Αύτομίμησις. (Mélanges Perrot, p. 31-36.)

— Étymologies. 1 : όφείλω. 2 : ήλικίη. 3. ήρίον. (Mém. Soc. ling., XII, 5, p. 289-
294.)

BRUGMANN, K., Die ionischen Iterativpräterita auf -σκον. (Indog. Forschgn,
XIII, 3-4, p. 267-277.)

Beiträge zur griechischen und lat. Sprachgeschichte. (S.-A. aus d. Berichten
über die Verhandlgn d. K. Sachs. Ges. d. Wiss. zu Leipzig. Philol.-hist. Kl.
Bd. 53.) Leipzig, Teubner, 1901, p. 89-115.

Zu den Superlativbildungen des Griechischen und des Lateinischen. 1 : Griech.
-τατος. 2 : Lat.-issimus. 3 : Lat. supremus, extremus, postremus. (Indog.
Forschgn, XIV, p. 1-15.)

BUGGE, S., Lykische Studien. II. Christiania, Dybwad, 1901, 123 p.

COSTANZI, V., Paralipomena. [III : Πρωτεύς.] (Riv. d. stor. ant., N. S., VII,
1, p. 53-57.)

CROENERT, G. — Voir SECTION V, PAPYRUS.

CRUSIUS, O., Έλαρόστιχτος. (Ph. XVI, 1, p. 125-131.)

DANIELSSON, O. A., Zur i-Epenthese im Griechischen. (Indog. Forschgn,
XIV, p. 375-396.)

DARKO, J., A κοινή vissonya az ogorog dialektusokhog. (Egyet. philol. Kor-
löni, 1902, 6-7, p. 484-515.)

DEISSMANN, A., Der Artikel vor Personennamen in der spätgriechischen
Umgangssprache. (Berliner philol. Wochenschr., 1902, nr. 47, p. 1467-1468.)

DELBRUECK, R., Φέριστος und Verwandtes. (Indog. Forschgn., XIV, p. 46-51.)

DIELS, M., Onomatologisches. (H., 1902, 3, p. 480-483.)

DRERUP, E., Die Anfänge der rhetorischen Kunstprosa. (Jahrbb. f. class. Philol., 27. Suppl. Bd., 2. Heft, p. 219-51.)

EBELING, H. L., Some statistics on the order of words in Greek. (St. in hon.
of Gildersleeve.)

FLIPSE, H. J., De vocis quae est λόγος significatione atque usu. Diss. Leyden,
Donner, 102 p.

FUHR, K., Zu griechischen Prosaïker. II : έθηκαν und έδωκαν bei den Rednern.
(Rh. M., LVII, 3, p. 425-428.)

FUCHS, Alb., Die Temporalsätze mit den Konjuncktionen « bis » und « solange
als ». Beitr. z. histor. Syntax der griech. Spr., hrsg. von M. von Schantz. 14.
Heft. Wurzburg, Stuber, v, 130 p.   3 M. 60 Pf.

GÉRARDY, H., Leçon de grammaire grecque pour la classe de 4e. (Bull.
bibliogr. et pédagog. du Musée belge, 1903, 1, p. 59-62.)

GILDERSLEEVE, B. L., Problems in Greek syntax. (Amer. J. of philol.,
XXIII, 1, p. 1-27; 2, p. 121-141; 3, p. 241-246.)

GIORNI, C., Grammatica della lingua greca ad uso dei ginnasi e dei licei.
vol. I : Teoria delle forme. vol. II : Sintassi. Dialetto omerico. Firenze, San-
soni, 1901, xi, 212 et vii, 143 p.

GREEN, E. L., μή for ού before Lucian. (St. in hon. of Gildersleeve.)

HAEBLER, G., Einführung in die sechs Hauptsprachen der Europäischen Cul-
turvolker. I : Griechisch. Wiesbaden, Quiel [1895], 1903, iii, 205 p. — Lösungen.
67 p.

HATZIDAKIS, G. N., Περί ἀναςήτων τινών ρηματικών τύπων. (Άθ. XIV, 1-2,
p. 133-136.)

— Περιερία, καλλιεργία, ίχεμωθα, ούχι περιοεογεία, καλλιόγεια έχεμωθεια. (Ibid.,
p 239-240.)

— Περί τών παθητικών ἀορίστων εἰς -την ἀντί -την. (Ibid., p. 343-346.)

HEADLAM, W., ἀτρέμα- slightly. (Cl. R., 1902, 6, p. 319.)

— Metaphor. (Ibid., 1902, 9, p. 434-442.)

HEINE, M., Substantiva mit α privativum. Diss. München, Buchholz, 52 p.

HIRT, H., Handbuch der griechischen Laut-und Formenlehre. Heidelberg, Winter, XVI, 464 p. 8 M.

HOFMANN, O., Die griechischen Dialekte. 3. Bd. Der ionische Dialekt.

JACOBSOHN, H., Miscellen. 1 ι Σπερθίης. 2 : Ἀια. (Z. f. vergl. Sprachforschung.)

JANNARIS, A. N., The true meaning of the κοινή. (Cl. R., 1903, 2, p. 93-96.)

KEIL, Br., ἑκατώρυγος. (H., 1903, 1. p. 140-144.)

KERN, J. W., On the case construction of verbs of sight and hearing in Greek. (St. in hon. of Gildersleeve.)

KINDLMANN, Th., Ueber die Betonung des griechischen adjektivischen und partizipialen Substantivs der ersten und zweiten Deklination im Nominativ singularis. Progr. Mahr — Neustadt, 1901.

Κοινή (la) secondo il professore P. Kretschmer. (Bessarione, anno VI, vol. 2, fasc. 65.)

KRETSCHMER., P., Demeter. (W. St., 1902, 2, p. 523-526.)

KRUMBACHER, K., Zur Bedeutungsgeschichte des Wortes τραγουδῶ. (Byz., Z. XI, 3-4. p. 523.)

MEILLET, A., Varia. [II : sur le timbre de la voyelle du redoublement en indo-européen. V : Gr. δύο.] (Mém. de la Soc. de ling., XII, 4, p. 213-238.)

MEISTER, R. — Voir SECTION VI.

MENGE, H., Griechisches-deutsches Schul-Wörterbuch. Mit Berücksichtigung der Etymologie verfasst. (In 8 Liefgn.) 1. L. Berlin, Langenscheidt, 1902, XII, p. 1-80. 75 Pf.

MEYER, L., Handbuch der griechischen Etymologie. T. IV et dernier. Wörter mit dem Anlaut σ, ν, μ, ρ, λ. Leipzig, Hirzel, 608 p.

— Ueber die Modi im Griechischen. (G. N., 1903, 3, p. 313-346.)

MÜLLER, W. M. und W. SPIEGELBERG, Aegyptische und griechische Eigennamen. (Oriental. Litteratur-Zeitg, 1902, 5-6.

MURRAY, A. T., Improvements to Liddel and Scott's Greek dictionary. (Proceed. of Am. ph. Assoc., XXXII, p. LVII-LX.)

OESTERGAARD, C. von, διάκτορος, Ἀργειφόντης. (H., 1902, 3, p. 333-338.)

PEPPLER, Ch. W. — Voir SECTION V, ARISTOPHANE.

POLITIS, N. G., Μελέται περὶ τοῦ βίου καὶ τῆς γλώσσης τοῦ ἑλληνικοῦ λαοῦ. Παροιμίαι. Τόμος Δʹ. Athènes, Beck et Barth, 1903.

PRELLWITZ, W., Zu den altgriechischen Ortsnamen. (Beitr. z. K. d. Indog. Sprachen, XXVII, 1-2, p. 192.)

RADERMACHER, L., Drei Deutungen. 1 : δῆ,-δέη. 2 : εἰς νεων. 3 : δέ? (Rh. M., LVII, 3, p. 478-480.)

— Μυχίνησι. (Ibid., 4, p. 640.)

— Φόβος. — Voir SECTION V, PLUTARQUE.

RIBAR, A., Mots grecs dans les langues croate et serbe. (En tchèque.) Skolski Vjenik, année IX, 1-6.)

SCHOENER, Chr., Die Inchoativklasse der unregelmässigen griechischen Verba. (Bl. f. bayr. Gymnasialschulw., 1902, 11-12, p. 673-678.)

SCHULZE, W., Contraction im proklitischen Worte. (Z. f. vergleich. Sprachforschg, 1902, 2, p. 286-288.)

— βλίσσημος. (Ibid., p. 289-290.)

SCHWYZER, E., Varia zur griech. und lat. Grammatik. 1 : Ein besonderer Fall von Haplologie im Griech. 2; 3. (Indog. Forschgn, XIV, p. 24-31.)

SHILLETO, W. F. R., ἀτρέμα (ἀτρεμεί) slightly. (Cl. R., 1902, 5, p. 284.)

SKASSIS, E., Παρατηρήσεις εἰς τὰ Ἀθηναϊκά. (Ἀθ., XIV, 4, p. 493-505.)

SOLMSEN F., δίζημαι, δίζομαι und δίζω. (Indog. Forschgn., XIV, p. 426-438.)

STOLZ, Fr., Zur griech. und zur lat. Sprachgeschichte 1 : Zur Bildung der 2. und 3. Sg. Präs. Akt. von φημί. 2 : lac. (Indog. Forschgn, XIV, p. 15-24.)

— Zur Bildung der 2. und 3. Sg. — Ind. und conj. Präsens Akt. im Griechischen. (Z. f. Oesterr. Gymnasialw., 1902, 12, p. 1057-1066.)

STRACHAN, J., On some Greek comparatives. (Cl. R., 1902, 8, p. 397-398.)

— The Gortynian infinitive in -μην. (Ibid., 1903, 1, p. 29-30.)

THUMB. A. — Voir Section V, Bible.

— Alt-und neugriechische Miszellen. [1 : Griech. αἴγλη, « Glanz ». 2 : Gr. ὀλισθαίνω. 3 : Altserb. sebru und neugr. σέμπρος. 4 : neugr. σύμπλιος « Nachbar ». 5 : neugr. τσέργα « Decke ». 6 : Zu den germanischen Elementen des Neugriechischen.] (Indog. Forschgn., XIV, p. 343-362.)

TORP, A., Lykische Beiträge. V. Christiania, Dybwad, 1901, 44 p.

WACKERNAGEL, J., Zur griechischen Nominalflexion. [1 : Der Akkusativ pluralis auf -εις. 2 : Der Dativ pluralis auf εσσι.] (Indog. Forschgn., XIV, p. 367-375.)

WECKLEIN, N., Ueber τοῖος und τοιοῦτος. (Rh. M., LVIII, 1, p. 159-160.)

WEIGEL, Fl., Zur griechischen Schulgrammatik, 1. Zur Komparation der Adjectiva. 2. Zur Bildung der Zeiten von den Mutastämmen. Progr. Wien, 1901.

WERNER, J., Ueber die Alliteration in der ältesten griechischen Kunstprosa. Progr. Lundenburg, 1901.

WESSELY, C., Die lateinischen Elemente in der Gräzität des aegyptischen Papyrusurkunden. (W. St. 1902, 1, p. 98-151.)

WHEELER, J. R., Two lexicographical notes. (Cl. R., 1903, 1, p. 28-29.)

WILLEMS, A., Du choix des mots chez les Attiques. (R. belge de l'instr. publ., 1903, 1, p. 1-7.)

WISEN, M., Miscellanea. 3 : Ἄν et Κε(ν) particulae. (Från filol. Föreningen i Lund, sprakliga uppsatser, II.)

WOLTERS, P., Plangon. (Rh. M., LVIII, 1, p. 154.)

— Ἐλαφόστικτος. (II., 1903, 2, p. 265-273.)

ZIMMERMANN, A., Flexionsentgleisung bei lat. den griechischen auf -ιον bezw. -ω entlehnten Frauennamen. (Bl. f. Bayr. Gymnasialschulw., 1903, 1-2, p. 70-71.)

IX. — Métrique. — Musique.

BROECKHOVEN, J. A., van, The music und rhythm of the Greeks in the light of modern research. (Proceed. of Amer. philol. Assoc. XXXIII.)

CHRIST, W., Grundfragen der melischen Metrik der Griechen. (Aus d. Abhandlgn. d. bayr. Ak. d. W.) München, G. Franz, p. 211-324.

DOEHRMANN, W., De versuum lyricorum incisionibus quaestiones selectae. Diss. Gottingen, 48 p.

DENT, E. J., Mr Headlam's theory of Greek lyric metre, from a musician's point of view. (J. H. S., 1903, 1, p. 71-74.)

DRAHEIM, H., Ueber Einfluss der griechischen Metrik auf die lat. Sprache. (Wochenschr. f. class. Philol., 1902, nr. 44. p. 1210-1216.)

ESTÈVE, J., Les innovations musicales dans la tragédie grecque à l'époque d'Euripide. Paris, Hachette.

— De formis quibusdam dochmii et versus dochmiaci apud Aeschylum, Sophoclem, Euripidem exstantibus. Nîmes, Impr. coop. 1903, 96 p.

FAIRCLOUGH, H. R., The connection between music and poetry in early Greek literature. (St. in hon. of Gildersleeve.)

HEADLAM, W., Greek lyric metre. (J. H. S. XXII, 2, p. 209-227.)

JAECKEL, F., De poetarum siculorum hexametro. Diss. Leipzig, 75 p.: 14 Taf.

MESS, A. von, Zur Positionsdehnung vor muta und liquida bei den attischen Dichtern. (Rh. M., LVIII, 2, p. 270-293.)

MILLER, C. W. E., The relation of the rythm of poetry to that of the spoken language, with special reference to ancient Greek. (Studies in hon. of Gildersleeve.)

RIZZO. — Voir SECTION XII.

SERRUYS, D., Communication relative à un système de métrique verbale appliquée à l'étude des mètres lyriques. (S. Ac. I., 27 mars 1903, p. 138-142.)

WILAMOWITZ-MOELLENDORFF, U. von, Choriambische Dimeter. (S. Pr. Ak., 1902, 38, p. 865-896.)

WILLIAMS, C. F. A., Some pompeian musical instruments and the modes of Aristides Quintilianus. (Cl. R., 1902, 8, p. 409-413.)

X. — HISTOIRE. — GÉOGRAPHIE.

ADAMS. — Voir SECTION V, DÉMOSTHÈNE.

ANSPACH, A. E., De Alexandri Magni expeditione indica. Progr. Duisburg, 45 p.

ARDAILLON, E. et H. CONVERT, Carte archéologique de Délos (1893-1894). Notice. (15 p.) et carte en 3 feuilles grand aigle (0,80×0,95) à l'échelle de 1/2000 en 4 couleurs. (Biblioth. des Ecoles fr. d'Ath. et de Rome, Appendice I.) Paris, Fontemoing.

BAKER-PENOYRE, J., Pheneus and the Pheneatiké. (J. H. S., XXII, 2, p. 228-239) 6 fig.

BELOCH, J., Die delphische Amphiktionie im III. Jahrhundert. (Beitr. z. alten Geschichte, II, 2, p. 205-226.)

— Zur Chronologie des chremonideischen Krieges. (Ibid., II, 3, p. 473-476.)

— Zu den Archonten des III. Jahrhunderts. (II., 1903, 1, p. 130-135.)

BEVAN, E. R., Antiochus III and his title « Great King. » (J. H. St., XXII, 2, p. 241-244.)

— The house of Seleucus. London, Arnold, 2 vol.

BIENKOWSKI. — Voir SECTION XIII.

BIRT, Th., Griechische Erinnerungen eines Reisenden. Marburg, Elwert, VIII, 304 p. 3 M. 60 Pf.

BLOCH, G., Hellènes et Doriens. (Mélanges Perrot, p. 9-12.)

BODENSTEINER, E., Troja und Ilion. (Bl. z. Bayr. Gymnasialschulw., 1903, 5-6, p. 402-419.)

BOTTI. — Voir SECTION XIII.

BOUCHÉ-LECLERCQ, A., Histoire des Lagides. T. Iᵉʳ : Les cinq premiers Ptolémées (321-181 av. J.-C.). Paris, E. Leroux, 1903, XII, 408 p. 8 fr.

BUTLER, H. C., The story of Athens. A record of the life and art of the city of violet crown read in its ruins and in the lives of great Athenians, London, Warne.

CALVERT, F., Beiträge zur Topographie der Troas. Aus dem Englischen übersetzt von *H. Thiersch*. Mit Zusatz von H. Th. (M. A. I., XXVII, 3, p. 239-252.) 1 Karte und Abb.

CAVAIGNAC, E. — Voir Section V, Papyrus.

CORSSEN, P., Das Todesjahr des Polykarp. (Z. n. W., III, 1.)
— Cyloniana. (Nord. Tidscr. filol., XI, 2, p. 558-566.)

COSTANZI, V., L'anno attico della battaglia presso l'Eurimedonte. (Riv. di filol., 1903, 2, p. 249-267.)

CRONIN, H. S., First Report of a journey in Pisidia, Lycaonia and Pamphylia. [Inscriptions, etc.] (J. H. S., 1902, 1, p. 91-125.)

DELAMARRE, J., L'influence macédonienne dans les Cyclades au III° siècle av. J.-C. (R. Ph., 1902, 3, p. 301-325.)
— Voir Section VI.

DESIDERI, M., La Macedonia dopo la battaglia di Pidna. Studio storico-critico. Roma, Loescher, 1901, in-12, 92 p.

DOERING, A., Eine Frühlingsreise in Griechenland. Frankfurt a. M., neue Frankf. Verlag, 1903, 199 p., 7 Taf.   3 M.

DRAHEIM, H., Die Ithaka-Frage. Progr. Berlin, 1903, in-4, 4 p.

DUHN, F. von, Altes und neues aus Griechenland. (Jahrbuch des Freien Deutschen Hochstifts Frankf. a. M., I, 1, p. 54-64.)

DUSEK, V. J., Athen. (Vestnik ceskych professoru, IX° année, 5.)

FALKE, Ellade e Roma. Quadro storico ed artistico dell' antichità classica. Milano, 1903, in-4, 708 p.

FREDRICH, C. H., Milet. (Velhagen und Klassings Monatshefte, 1903, 4, p. 449-465.) 1 Karte, 23 Abbildgn.

GARDNER, E. A., Ancient Athens. London, Macmillan, 1903, 598 p.; maps, plans, illustr.   21 sh.

GARLICKI, Th., Un voyage scientifique dans l'ile de Théra. (En polonais.) (Symbolae in hon. Cwiklinski.) 19 p.; 2 plans.

GERLAND, E. Kreta. Ein Ueberblick über die neueren wissenschaftlichen Arbeiten auf der Insel. (N. J. Alt., 1902, 10, 1. Abt., p. 726-737.)

GEROYANNIS, C., Die Station « ad Dianam » in Epirus. (Wissenschaftl. Mitteilgn. aus Bosnie und Herzegovina, 1902, p. 204-207.) 4 Abbildgn.

GEYER, F., Topographie und Geschichte der Insel Euboia. I : Bis zum peloponnesische Kriege. (Quellen zur alten Gesch. und Geogr., hrsg. von W. Sieglin, 6 II.) Berlin, Weidmann, 1903, VII, 124 p.   4 M.

GISSING, G., By the Ionian sea. Notes of a ramble in Southern Italy. London, Chapman, in-4.   16 sh.

GRAEF, B., Antiochus Soter. (Jahrb. d. deutschen arch. Instit., 1902, 3, p. 72-80.) 1 Taf., 1 Abb.

HACKMANN F., Die Schlacht bei Gaugamela. Eine Untersuchung zur Geschichte Alexanders des Grossen und ihren Quellen ; nebst einer Beilage. Diss. Halle, 111 p.

HERZOG, R., Κρητικὸς πόλεμος. (Beitr. z. alten Gesch., II, 2, p. 316-333.)

HOLLEAUX, M., Le prétendu traité de 306 entre les Rhodiens et les Romains. (Mélanges Perrot, p. 183-190.)

HORNER, C., Quaestiones Salaminiae. Diss. Bern, 1901, 44 p.

INNES, L. J., The Pelasgians. A new theory. (Biblia, 1902, may, p. 40-46.)

JACOBY, F., Die attische Königsliste (Beitr., z. alt. Gesch. II, 3, 406-439).

JULLIAN, C., La Thalassocratie phocéenne à propos du buste d'Elche. (Bull. hispan., 1903, 2, p. 101-111.)

KAMPERS, Fr., Alexander der Grosse und die Idee des Weltimperiums in Prophetie und Sage. Grundlinien, Materialien und Forschungen (Studien und

Darstellungen aus dem Gebiete der Geschichte, 1. Bd., 2-3 H.) Freiburg in Br.,
Herder, ix, 191 p.   3 M.

KANDELOROS, T. Ch., Ἱστορία τῆς Γορτυνίας. Patras, 1899, 346 p.

KENYON, F. G., Phylae and demes in Greco-Roman Egypt. (Arch. f. Papyrusf. II, 1, p. 70-78.)

KIRCHNER, J., Zu den attischen Archonten des III. Jahrhunderts. (H., 1902,
3, p. 435-442.]

KOEPP, Fr., Harmodios und Aristogeiton. Ein Kapitel griechischer Geschichte
in Dichtung und Kunst. (N. J. Alt., 1902, 9. 1. Abt., p. 609-634.) 7 Abbildgn.

KRIEGER, H., Vom Bosporus bis zum Persischen Meerbusen. (Westermanns
illustr. deutsche Monatshefte, 1902, nov., p. 207-235.) 24 Abb.

KROMAYER, J., Antike Schlachtfelder in Griechenland. Bausteine zu einer
antiken Kriegsgeschichte. I. Bd. : von Epaminondas bis zum Eingreifen der
Römer. Mit 6 lith. Karten und 4 Taf. in Lichtdr. Berlin, Weidmann, x, 352 p.
                                                                    12 M.

— Chaeronea. (Methode und Aufgaben der antiken Kriegswissenschaft.) (Z. f.
österr. Gymnasialw., 1903, 2, p. 97-108.)

LAMPE, F., Die Kykladen. (Die Umschau, 1902, 35, p. 692-694.) 1 karte.

LEHMANN, C. F., Zur Geschichte und Ueberlieferung des ionischen Aufstan-
des. (Beitr. z. alt. Gesch., II, 2, p. 334-340.)

Pausanias' des Spartaners Todesjahr. [Justin, IX, 1, 3.] (Ibid., p. 345-346.)

Ptolemaios II und Rom. (Ibid., p. 347-348.)

Zur Chronologie des chremonideischen Krieges. (Ibid., III, 1, p. 170-171.)

Voir Section V, Bérose.

LENSCHAU, Zur Topographie des alten Akragas. (Berliner philol. Woch.,
1903, nr. 6, p. 187-190.)

MAASS. — Voir Section XI.

MARCKS, Die Mykenische Zeit im Geschichtsunterricht des Gymnasiums.
Progr. Cöln, in-4, 15 p. mit Abbildgn.

MASI, C., Vicende politiche dell' Asia, dall' Ellesponto all' Indo. Vol. II [dell'
a. 67 al 333 d. C.]. Città del Castello, Lapi, 1901.

MESK., J., Zum Kyprischen Kriege. (W. St., 1902, 2, p. 309-312.)

MEYER, P. M., Neue Inschriften und Papyrus zur Geschichte und Chronologie
der Ptolemäer. (Beitr. zur alt. Gesch., II, 3, p. 477-479.)

MITTEREGGER, Griechische, römische und vaterländische Sagen und
Erzählungen. Ein Anhang zum I. Bd. seines deutschen Lesebuches für Mäd-
chen-Lyzeen. Wien, Denticke, iv, 89 p.   1 M. 40 Pf.

MUNRO, J. A. R., Some observations on the Persian wars. 2. The campaign
of Xerxes. (J. H. S., XXII, 2, p. 294-332.)

NICOLAIDES, Cl., Macedonien. Die geschichtliche Entwickelung der Macedonischen Frage im Altertum, im Mittelalter und in der neueren Zeit. Neue
[Titel·] Ausg. Berlin, Calvary, [1899], 1903, vii, 267 p.   3 M.

NIKITSKY. — Voir Section VI.

OBERHUMMER, E., Die Insel Cypern. Eine Landeskunde auf historischer
Grundlage. 1. Tl. Quellenkunde und Naturbeschreibung. Mit 3 Karten und
einem geolog. Profil in Farbendruck, sowie 8 Kärtchen im Text. München,
Ackermann, xvi, 488 p.   12 M.

PARGOIRE, J., Autour de Chalcédoine. (Byz. Z., XI, 5-4, p. 333-357.)

PAULATOS. — Voir Section V, Homère.

PETERSDORFF, Rud., Germanen und Griechen. Uebereinstimmungen in
ihrer ältesten Kultur im Anschluss an die Germania des Tacitus und Homer.
Wiesbaden, Kunze' Nachf. iii, 135 p.   2 M. 60 Pf.

— Zur Aufklärung. (Réponse à une critique de Zernial.) (Woch. f. kl. Philol 1903, nr. 3, p. 85-86.)

PHILIPPSON, A., Geologie der pergamenischen Landschaft. Vorläufiger Bericht. (M. A. I., XXVII, 1-2, p. 7-9.)

— Beiträge zur Kenntnis der griechischen Inselwelt. (Petermanns Mitteilungen, etc., 134. Ergänzungsheft.) Gotha, Perthes, iv. 172 p. ; 4 Karten.   10 M.

PODHORSKY, F., Reisebilder aus Italien und Griechenland. Progr., Pola, 38 p.

RADET. G., Recherches sur la géographie ancienne de l'Asie-Mineure. Sur un point de l'itinéraire d'Alexandre en Lycie. (Mélanges Perrot, p. 277-284.)

— Arganthonios et le mur de Phocée. (Bull. hispan., 1903, 2, p. 111-112.)

RAMSAY, W. M., Exploration in Tarsus and the vicinity. (The Athenaeum. nr 3919, p. 764-766.)

REUSS, Fr., Zur Ueberlieferung der Geschichte Alexanders des Grossen. 1 : Timagenes und die Alexanderüberlieferung. II : Eratosthenes und die Alexanderüberlieferung. III : Aristobul und Klitarch. (Rh. M., LVII, 4, p. 559-598.)

RIQUIER, A., Histoire grecque. Revue et corrigée par *E. Beurlier.* Cours élémentaire. Paris, Delagrave, 1903, in-18. 373 p. ; grav.

— Même titre. (Petit cours.) Ibid., 1903, in-18, 285 p. ; grav.

ROMAIOS, K. A., Μικρὰ συμβολὴ εἰς τὴν ἀρχαίαν τοπογραφίαν. ('Αθ., XIV. 1-2, p. 4-36.)

ROMANSKI, St., Corinthe. (En polonais.) (Symbolae in hon. Cwiklinski.) 17 p.

RUBENSOHN, O., Paros. II. .M. A. I., 1901, 2, p. 157-222. mit Abbildgn. und Karten.

— — III Ibid., 1903, p. 189-238.) 3 Taf., 25 Abb.

RUSTAFJAELL, R. de, Cyzicus. (J. H. S., 1902, 1, p. 174-189.) 1 pl., 8 fig.

SABAT, N., Ithaque ou Leucade? En polonais. Symbolae in hon. Cwiklinski.) 38 p.

SAULNIER, A., Résumé de l'histoire ancienne des Grecs en 21 leçons. Nouv. ed. rev. et augm. Paris, Lyon, Beauchesne. in-18 jésus. 168 p.; grav. 1 fr. 50 c.

SEILER, Fr., Eine Inselreise durch das griechische Meer. 3 : Von Paros bis Thera. Schluss. Grenzboten. Jg. 1902, 6-7 : 1903. 1, 2, 6, 7.

— Peloponnesische Reiseskizzen. Tägl. Rundschau, 1902, nr. 269-271.

— Griechische Reiseskizzen. 2. Athen. Grenzb., 1903, nr. 28. 29, 30, 31.

SENCIE, J., Les excursions scientifiques en Grèce. Bull. bibliogr. et pédagog. du Musée belge. 1902, 7, p. 324-326.

SMITH, K. F., The tale of Gyges and the king of Lydia. I. (Amer. J. of philol., XXIII, 3, p. 261-282; 4, p. 361-587.

SOKOLOW, Th., Zur Geschichte des dritten vorchristlichen Jahrhunderts. I. Alexandros. Krateros Sohn. Beitr. z. alt. Gesch.. III. 1, p. 119-130.

SOLARI, A., Sulla morte di Conone Boll. di filol. class., IX. 2, p. 39-41.

— Sulle relazioni diplomatiche fra la Grecia e la Persia 480-372. Riv. d. stor. ant. N. S. VI. 3-4. p. 366-372.

Voir Studia V. Plutarque.

SPETH-SCHUELZBURG, E. Fr. von, Auf klass.schem Boden. Wanderungen i. rel. den Peoponnes und in Kleinasien. München. Roth. 1903. vii. 258 p.
1 M. 80 Pf.

STAUF von der MARCH, O., Germanen und Griechen. Völkerpsychologie. (R. Leipzig, Julius, xxii. 439 p   3 M. 50 Pf.

STRAZZULLA, V., ... la s r.e del re Chinesi dal 200 a. C. al 46 d. C. Bissari. S. Il. v. Il

SVORONOS, J. N., Pt ... cnns Lebaius etc. — V : Stern XIV.

SWOBODA, H., De ... b her ... archäologischer Expedition nach Kleinasien. Jahrsch : D arch. Inst.t. 1902, 4. Anz. p insst.d

TARN, W. W., Notes on Hellenism in Bactria and India. (J. II. S., XXII, 2, p. 268-293.) 4 fig.

UJFALVY, C. de, Le type physique d'Alexandre le Grand, d'après les auteurs anciens et les documents iconographiques. Paris, Fontemoing, gr. in-4º, 185 p.; 22 grav. en couleur et 86 dans le texte.

VIDAL DE LA BLACHE, O., Les Purpuriae du roi Juba. (Mélanges Perrot, p. 325-330.)

WACHSMUTH. C., Athen. (Dans Pauly-Wissowa, Real-Encyclopädie d. class. Alterstunswiss., Suppl.) Stuttgart, Metzler, 1903, p. 159-220 ; 1 farb. Plan.

WALLACE, L. B., The fortunes of Cyrene. (The Antiquarian, 1902, nr. 130, p. 166-168.)

WEBER, C., Erythrai. (M. A. I., 1901, 1, p. 103-118.) 1 Taf.

WESSELY, C., Die Stadt Arsinoë (Krokodilopolis) in griechischer Zeit. [Aus S. W. Ak.] Wien, Gerold, 58 p.

WILSKY, P., Klimatologische Beobachtungen aus Thera. (Thera. Untersuchungen, etc. in den J. 1895-1902.) Berlin, Reimer, VIII, 53 p. Mit 3 Abbildgn im Text und 3 Beilagen.   8 M.

ZERLENDIS, P. G., Ναξία νῆσος καὶ πόλις. (Byz. Z., XI, 3-4, p. 491-499.)

XI. — Religion. — Culte. — Mythologie.

ALBERS, C., De diis in locis editis cultis apud Graecos. Diss. Leyden, Zutphen, 1901, 100 p.

ALVIELLA, G., Une initiation aux mystères d'Éleusis dans les premiers siècles de notre ère. (Bull. de l'Acad. roy. de Belgique, 1902, 5.)

BASSET, R., Contes et légendes de la Grèce ancienne. (Suite.) (Rev. des trad. popul., XVI, 5, p. 279-284.)

BAUR, P., Eileithyia. (Univ. of Missouri Studies, I, 4.) VI, 90 p.

BECK, J. W., Over het Sprookje van Eros an Psyche. (Festbundel Prof. Boot, p. 89-96.)

BIDEZ, J., Un faux dieu des oracles chaldaïques. (R. Ph., 1903, 1, p. 79-81.)

BLOCHET, E., Le culte d'Aphrodite-Anahita chez les Arabes du paganisme. Paris, 1903, 55 p.

BONDURAND, E., Jupiter Héliopolitain. (Mém. de l'Acad. de Nîmes.) T. à p. Nîmes, impr. Chastanier, 16 p.

BONNER, C., A study of the Danaids myth. (Harvard Studies, XIII, p. 129-173.)

BOUCHÉ-LECLERCQ, A., La politique religieuse de Ptolémée Soter et le culte de Sérapis. (R. de l'hist. des relig. — Annales du Musée Guimet.) T. à p. Paris, E. Leroux, 30 p.

— Les reclus du Sérapéum de Memphis. (Mélanges Perrot, p. 17-24.)

CAVVADIAS, P., Sur la guérison des malades au Iliéron d'Épidaure. (Mélanges Perrot, p. 41-44.)

COOK, A. B. — Voir Section XIII.

— Zeus, Jupiter and the oak. (Cl. R., 1903, 3. p. 171-186; 5, p. 268-278.) 5 fig.

COOLEY, A. St., Nature aspects of Zeus. (Proceed. of Am. ph. Assoc., XXXIII, p. LXV-LXVII.)

COSTANZI, V., Paralipomena [II : Culto di Ἑλένη δενδρίτις.] (Riv. di stor. ant., N. S. VII, 1, p. 49-53.)

COURLANDER, A., Perseus and Andromeda. London. Unicorn Press.
                                                                   2 sh. 6 d.

CUMONT, Fr. — Voir Section V, Hérodote.

— Une formule grecque de renonciation au judaïsme (W. St., 1902, 2, p. 466-472.)

— The Mithraic liturgy, clergy and devotees. (The Open Court, 1902, nov., p. 670-683.) 3 fig.

— Die Mysterien des Mithra. Ein Beitrag zur Religionsgeschichte der römischen Kaizerzeit. Deutsch von *Georg Gehrich*. Leipzig, Teubner, xvi, 176 p. 9 Abb., 2 Taf., 1 karte.   5 M.

DECHARME, P., La loi de Diopeithès. (Mélanges Perrot, 73-78.)

DEISSMANN, A., Die Hellenisierung des semitischen Monotheismus. (N. J. Alt., 1903, 3. 1. Abt., p. 161-177.) — T. à p. Leipzig, Teubner, 1903.

DEUBNER, L., Φόβος. (M. A. l., XXVII, 3, p. 253-264.) 5 Abb.

DIETERICH, A., Die Religion des Mithras. (Bonner Jahrbücher, CVIII-CIX, p. 26-41.)

DRAGOUMIS, S. N., Μυστικὴ προστροπὴ Δήμητρος καὶ Περσεφόνης. (M. A. I. 1901, 1, p. 38-49.)

— Στέμματα — Κλῃῖδες — Ὀμφαλός. (J. intern. d'arch. num., 1902, 3-4, p. 329-342.)

FESTA, G. B., Le prime origine della religione greca. (At. e R., nr. 47, p. 738-762.)

FOUCART, P., Le culte de Bendis en Attique. (Mélanges Perrot, p. 95-102.) 2 fig.

FRIES, C., Babylonische und griechische Mythologie. (N. J. Alt., 1902, 10. 1. Abt., p. 691-707.) 1 Abb.

G., E. E. — Voir Section III

GRUPPE, O., Orpheus. (In : Roscher's Lexicon der gr. und röm. Mythologie.)

HANNIG. Fl., De Pegaso. (Breslauer philol. Abhandlgn, VIII. Bd., 4. Heft.) 6 M.

HARRINGTON, K. P. and H. C. TOLMAN, Greek and Roman mythology, based on Steuding's « Griechische und röm. Mythologie » (The Student's Series of Latin classics.) Chicago, 1903.)   3 sh. 6 d.

HAUSSOULLIER, B., Fr. CUMONT, G. RADET, Dioshiéron et Bonita. (R. des ét. anc., 1903, 1, p. 10-14.)

Hellenentum und Christentum. I : Die homerische Religion. (Die Grenzboten, 1901, 45, p. 285-297; 46, p. 338-349). II : Die nachhomerische Religion. (Ibid., 50, p. 534-546; 51, p. 579-589.)

HEUZEY, L., Archéologie orientale. 1 : Un dieu cavalier [Gennéas]. II. Stèles phéniciennes. (S. Ac. I., 1902, mars-avril, p. 190-206.) 3 pl.

HEYMANN, W., Seelenglaube und Seelencult im alten Griechenland. (Protestantenblatt, 1903, 1, 2.)

HIRST, G. M., The cults of Olbia. (J. H. S., XXII, 2, p. 245-267.) 6 fig.

HOLLAND, R., Die Sage von Daidalos und Ikaros. Progr. Leipzig, 38 p.
                                                                                               1 M. 20 Pf.

JOBST, D., Scylla und Charybdis. Progr. Würzburg, 1903, 31 p.

KAMPERS. — Voir Section X.

KERN, O., Ueber die Anfänge der hellenischen Religion. Vortrag. Berlin, Weidmann, 34 p.

KINGSLEY, C., The heroes ; or Greek fairy tales for my children. Illustr. by author ; notes and aids to pronunciation of Greek names, by *H. B. Cotterill*. N. ed. London, Macmillan, in-12, 300 p.   1 sh. 6 d.

KNAACK, G., Zur Sage von Daidalos und Ikaros. (II., 1902, 4, p. 598-607.)

KOHUT. — Voir Section II.

KOERTE, A., Ein Gesetz des Redners Lykurgos. (Rh. M., LVII, 4, p. 625-627.)

LÉCRIVAIN. — Voir Section XII.

LEGGE, F., The names of demons in the magic papyri. (Proceed. of the Soc. of bibl. archaeology, 1901, 2, p. 41-49.)

LEGRAND, Ph. E., L'oracle rendu à Chairéphon. (Mélanges Perrot, p. 213-222.)

LEHMANN, Ad., Kulturgeschichtliche Bilder. II. Abth. Alte Geschichte. Griechische Tempelweihe. (Farbdr.) Leipzig, Wachsmuth. 2 M. 80 Pf.

LEHRS, K., Die Nymphen (Natur). Zum Schulgebrauch bearbeitet von *Em. Grosse* Leipzig, Teubner, 29 p. 60 Pf.

LOEWY, E., Zum Harpyenmonument. (Mélanges Perrot, p. 223-226.)

LUDWICH, A. — Voir SECTION V, HOMÈRE.

MAASS, E., Griechen und Semiten auf dem Isthmus von Korinth. Religionsgeschichtliche Untersuchungen. (Berlin, Reimer, 1903, ix, 135 p. ; 1 Abbildg.

MILANI. — Voir SECTION XIII.

MITTEREGGER. — Voir SECTION X.

NILSSON, M. P., Das Ei im Totenkultus der Griechen. (Fran filol. Föreningen i Lund sprakliga uppsatser, 2.)

PERDRIZET. — Voir SECTION VI.

PROTT, H. von, Dionys Kathegemon. (M. A. 1., XXVII, 3, p. 161-168; Nachtrag, p. 265-266.)

RADERMACHER, L. — Voir SECTION V, PLUTARQUE.

RAUSCHE. — Voir SECTION XIII.

REINACH, S., Communication sur les peines éternelles chez les Grecs. Nouvelle interprétation. (S. Ac. 1., 3 oct. 1902, p. 506-507.'

— La mort d'Orphée. (R. Arch., 1902, 9-10, p. 242-279.)

RENEL, Ch., L'arc-en-ciel dans la tradition religieuse de l'antiquité. (R. de l'hist. des relig., 1902, 4.)

RICHTER, W., Der Oedipusmythus in der kyklischen Thebais und Oedipodie. Progr. Schaffhausen, Schoch, 1903, 31 p. 80 Pf.

RJEDIN, E. K., Les anciens dieux (planètes) dans les manuscrits illustrés de Cosmas Indicopleustes. (En russe.) (Mém. de la Soc. archéol. russe, I, p. 33-43.) 5 pl.

ROECK. — Voir SECTION III.

ROSCHER, W. H., Ausführliches Lexicon der gr. und röm. Mythologie. Suppl. *Garter.* I. Bd. Epitheta deorum. Leipzig, Teubner, viii, 154 p. 7 M.

— Gehörte das E zu den delphischen Sprüchen ? (Ph., XV, 4, p. 513 et ss.)

— Zu den griechischen Religionsaltertümern. 1 : Zu Hesychios s. v. ὀγδόδιον. 2 : βοῦς ἕβδομος. (Archiv f. Relig., 1903, 1, p. 62-69.)

ROUSE, W. H. D., Greek votive offerings. Essay in the history of Greek religion. London, Clay, 480 p. 15 sh.

SANDERS, Ch. S., Jupiter Dolichenus. (J. of Amer. Orient. Soc., 1902, 1, p. 84-92.)

STAEHLIN. — Voir SECTION V, PINDARE.

STEUDING, H., Wie vergeistigt Goethe in seinen Dramen die der griechischen, Mythologie entlehnten Motive? (Z. f. d. deutschen Unterricht, XVI, 12.)

TIELE, C. P., Geschiedenis van den godsdienst in de oudheid tot op Alexander den Groote. 2. deel. Amsterdam, 413 p.

USENER, W., Dreiheit. I. (Rh. M., LVIII, 1, p. 1-47.)

— — II. (Ibid., LVIII, 2, p. 161-208.)

VISSER, M. W. de, Die nicht menschengestaltigen Götter der Griechen. Leiden, Brill. 1903, x, 272 p. 5 M.

VUERTHEIM, J., De Carneis. (Mn. XXXI, 2, p. 234-260.)

— De Amazonibus. (Mn. 1902, 3, p. 263 et ss.)

WARREN, S. J., Oknos en de Daneïden in Delphi en op Ceylon. (Festbundel Prof. Boot, p. 69-73.)

WIDE, S., Mykenische Götterbilder und Idole. (M. A. I., XXVI, 3-4, p. 247-257.) 1 Taf; 5 Abb.

WILAMOWITZ-MOELLENDORFF, U. von, Ueber die Herkunft des Apollon. (Vorläufiger Bericht.) (S. Pr. Ak.. 1903, 29, p. 631.)

WIPPRECHT, F., Zur Entwicklung der rationalistischen Mythendeutung bei den Griechen. 1. Progr. Donaueschingen, in-4, 46 p.

ZIEHEN, L., Οὐλοχύται. (H. 1902, 3, p. 391-400.)

XII. — ANTIQUITÉS. — INSTITUTIONS.

BEASLEY, T. W., Le cautionnement dans l'ancien droit grec. Paris, Bouillon, 1903, XVI, 79 p.

BOXLER, A., Précis des institutions publiques de la Grèce et de Rome ancienne. Paris, Lecoffre, 1903, XXVII, 423 p.; figg.

BURCKHARDT, J., Griechische Kulturgeschichte. IV. Bd. Hrsg. von *J. Oeri.* Berlin, Spemann, IV, 660 p. 11 M.

CAUFEYNON, La prostitution à travers les âges depuis les temps les plus reculés, ou historique complet de la prostitution en Assyrie, Indes, Syrie, Phénicie, Perse, Lydie, Arménie, Palestine, Egypte, à Athènes, Corinthe, Sparte, à Rome, chez les Francs. au moyen âge et sous la Renaissance. Paris, Fort, 274 p. ; grav. 2 fr.

COSTA, E., Sul papiro fiorentino n. 1; le locazioni dei fondi nei papiri greco-egizi. (Boll. d. Istituto di diritto rom., XIV.)

DEMOULIN. — Voir SECTION VI.

FRANCOTTE, ROERSCH, SENCIE. — Voir SECTION VI.

GARDIKAS, G., Ἡ γυνὴ ἐν τῷ ἑλληνικῷ πολιτισμῷ. (Αθ., XIV, 4, p. 387-492.)

GARDINER, E. N., The method of deciding the Pentathlon. (J. H. S., 1903, 1, p. 54-70.)

GAROFALO, F. R., Sulle armate tolemaiche. (Rendic. d. r. Accad. de Lincei, Cl. morale, 1902, 3-4, p. 157-165.)

GRADENWITZ, O., Zwei Bankanweisungen aus den Berliner Papyri. (Archiv f. Papyrusforschg., II, 1, p. 96-116.)

GUIRAUD, P., Le soldat grec et le soldat romain. Dans « L'armée à travers les âges. » Conférences faites en 1900 à l'Ecole spéciale militaire de Saint-Cyr. Paris, Chapelot.

HELBIG, W., Les Ἱππεῖς athéniens. (Mém. de l'Acad. des Inscr. et b.-l., t. XXXVII.) T. à p. Klincksieck, 112 p., 2 pl., 36 fig.

HENSELL, W., Altes und Neues zur griechisch-römischen Tracht. (Z. f. d. Gymnasialw., 1902, 12, p. 737-758.)

HILLER von GAERTRINGEN, F., Zu H., 1903, p. 146 ff. [Fünfzahl der Prytanen.] (H. 1903, 2, p. 320.)

HIRZEL, R., Der Eid. Ein Beitrag zu seiner Geschichte. Leipzig, Hirzel, VI, 225 p.

HORNYANSKY, G., A szoczialismus Költészete a görög okorban. (Egyet. philol. közl., 1902, 10, p. 871-883.)

HUDDILSTON. — Voir SECTION XIII.

HULA, E., Dekaprotie und Eikosaprotie. (Jahresh. d. österr. arch. Instit., 1902, 2, p. 197-207.)

KAZAROW, G., Der liparische Kommunistenstaat. (Ph., XVI, 1, p. 157-160.)

KOCHANOWSKI, J., Die Abfertigung der griechischen Gesandten, in Uebersetzung von *A. Stylo.* Progr. Krakau, 1903.

KROMAYER, J., Studien über Wehrkraft und Wehrverfassung der griechischen Staaten, vornehmlich im 4. Jahrhundert v. Chr. (Beitr. z. alt. Gesch., III, 1, p. 27-67.)

LALLEMAND, L., Histoire de la charité. T. I : L'Antiquité. Paris, Picard, 82 p.

LÉCRIVAIN, Ch., Une catégorie de traités internationaux grecs : Les Symbola. (Bull. de l'Acad. des sc., etc. de Toulouse, t. II, p. 150-159.)

LEGRAND, Ph. E., Στρατεύεσθαι μετὰ 'Αθηναίων. (R. E. G., mai-juin 1902, p. 144-147.)

LÉVY, J., Les πατρόβουλοι dans l'épigraphie grecque et la littérature talmudique. (R. Ph., 1902, 3, 272-278.)

LORIMER, H. L., The country cart of ancient Greece. (J. H. S., 1903, 1, p. 132-151.) 10 fig.

MEDERLE, C., De jurisjurandi in lite attica decem oratorum aetate usu. Diss. München, 37 p.

NABER, J. C., Observatiunculae ad papyros juridicae. (Contin.) (Archiv f. Papyrusf., II, 1, p. 32-40.)

NIKITSKI, A., ἀνεπιβλσία. (H., 1903, 3, p. 406-413.)

ORTLEB, A. und G., Kulturgeschichte des antiken Griechenlands in Wort und Bild. Leipzig, A. O. Paul, In-32, 116 p. ; 46 Abbildgn.   30 Pf.

PHOTIADIS, P. S., Συμβολαὶ εἰς τὸ ἀττικὸν δίκαιον ἢ διορθωτικὰ καὶ ἑρμηνευτικὰ εἰς τὸ ῥητορικὸν Κανταβριγιακὸν λεξικόν ('Αθ. XIV, 1-2, p. 75-122.)

RUGGIERO, R. de. — Voir Section V, Papyrus.

SAVAGE, Ch. A., The Athenian in his relations to the State. (St. in hon. of Gildersleeve.)

SCHJOTT, P. O., Die antike Triere. (Das humanistische Gymnasium, 1903, 1-2, p. 11-16.)

SELIVANOV, S. und Fr. HILLER von GAERTRINGEN, Ueber die Zahl der Rhodischen Prytanen. (H., 1903, 1, p. 146-149.)

SICILIANO-VILLANUEVA, L., Sul diritto greco-romano (privato) in Sicilia. (Riv. di stor. e filos. del diritto, II, 7.) Palermo, 1901, 107 p.

SPECK, E., Handelsgeschichte des Altertums. II. Bd. : Die Griechen. Leipzig, Blandstetter, VIII, 582 p.   7 M.

THALHEIM, Th., Zur Eisangelie in Athen. (H. 1902, 3, p. 339-352.)

WENGER, L., Papyrusforschung und Rechtswissenschaft. Vortrag. Graz, Leuchner und Lubensky, 1903, 56 p.   1 M.

— Der Eid in den Papyrusurkunden. (Z. d. Savignystiftung f. Rechtsgesch.; Röm. Abt., XXIII, p. 158-174.)

ZIEBARTH, E., Beiträge zum griechischen Recht. 1 :.Die Stiftung nach griechischem Recht. (Z. f. vergl. Rechtswiss., XVI, 1-2, p. 248-315.)

Antiquités scéniques.

CYBULSKY, St., Tabulae quibus antiquitates gr. et rom. illustrantur. Taf. XII XIII. Das antike Theater. Erklärender Text von *E. Bodensteiner.* Leipzig, Koehler, 39 p. ; 10 Abbild.; 4 Taf.   1 M.

FERRARI, G., La scenografia. Cenni storici dall' evo classico ai nostri giorni. Milano, Hoepli, XXIV, 327 p., 16 incisioni, 160 tav. et 5 tricromi.

FLINCKINGER, R. C., The meaning of ἐπὶ τῆς σκηνῆς in writers of the fourth century. (Printed from Decennial publications of the University of Chicago, vol. VI.) Chicago, 16 p.

HENSE, O., Die Modifizierung der Maske in der griechischen Tragödie. (Festschrift der Universität Freiburg.) — S.-A. Freiburg i. Br., Wagner, VI, 299 p.

MUELLER, Alb., Das attische Bühnenwesen kurz dargestellt. Gütersloh, Bertelsmann, VIII, 117 p., mit 21 Abbildgn.   **2 M.**

RIZZO, G. E., Studi archeologici sulla tragedia e sul ditirambo. (Riv. di filol., XXX, 3, p. 447-507.)

SETTI. — Voir SECTION V, ARISTOPHANE.

ZURETTI. — Voir SECTION V, ARISTOPHANE.

XIII. — ART ET ARCHÉOLOGIE FIGURÉE. — FOUILLES.

Acquisitions nouvelles du British Museum; — du Louvre; — du Musée Ashmoléen à Oxford; — du Musée des beaux-arts de Boston. (Jahrb. d. deutschen arch. Instit., 1902, 3, p. 117-132.)

ALTMANN, W., De architectura et ornamentis sarcophagorum. Pars prior. Halle, 36 p.; 2 Taf.

— Architektur und Ornamentik der antiken Sarkophage. Berlin, Weidmann, VII, 112 p.; 33 Abbildgn; 2 Taf.   **4 M.**

Auffindung eines attischen Gefässes in Susa. (Wochenschr. f. klass. Philol., 1902, 37, p. 1022.)

Ausgrabungen (die) von Argos. (Norddeutsche allg. Zeitg, Beilage, 1902, nr. 174 a.)

— in Tegea und Argos. (Wochenschr. f. klass. Philol., 1902, nr. 41, p. 1132-1133.)

(BELGER, Ch.), Die Wassersorgung Korinths. Griech. Ausgrabgn am Heraion von Samos. (Berliner f. philol. Woch., 1902, nr. 48, p. 1500-1502.)

BENNDORF, O., Grabstele von Arsada in Lykien. (Mélanges Perrot, p. 1-3.)

BIENKOWSKI, La défaite des Galates dans les œuvres d'art de l'antiquité. (Bull. intern. de l'Acad des sc. de Cracovie, 1902, nr 8.)

BLINKENBERG, Chr. et K. F. KINCH, Exploration archéologique de Rhodes. (Fondation Carlsberg.) (Bull. de l'Acad. roy. des sc. et l. de Danemark, 1903, 2, p. 72-98.) Figg.

BODE, W., Die Fälschung alter Kunstwerke. (Die Woche, 1903, nr. 16.)

BODENSTEINER, E., Troja und Ilion. (Bl. f. Bayr. Gymnasialschulw., 1903, 5-6, p. 402-419.)

BOSANQUET R. C. and M. N. TOD, Archæology in Greece, 1901-1902. (J. H. S., XXII, 2, p. 378-394.) 2 fig.

BOTTI, G., La nécropole de l'île de Pharos. (Aufouchy.) (Bull. de la Soc. archéol. d'Alexandrie, 1902, 4, p. 9-36.) 1 pl.; 1 fig.

— Additions au plan d'Alexandrie. L'ancien théâtre d'Alexandrie. (Ibid., p. 119-121), 1 pl.

BOURGUET, E., Θυῖαι — Θύστιον. (Mélanges Perrot, p. 25-29.)

BRUNN, ARNDT, BRUCKMANN, Griechische und röm. Porträts, 58. und 59. Liefgn.

BULIC. F., Ritrovamenti antichi risguardanti la topografia suburbana dell' antica Salona. (Boll. d. arch. e stor. Dalmata, 1902, 6-8, p. 112-118.)

BULLE, H., Klingers Beethoven und die farbige Plastik der Griechen. München, Bruckmann, 48 p.; 14 Abbildgn.   **1 M. 50 Pf.**

BUERCHNER, L., Ein attisches Grabrelief. (Jahresh. d. österr. arch. Instit. 1902, 2; Beibl., p. 137.)

Catalogue illustré de la collection d'antiquités gr. et rom., etc. (Vente du 11 au 11 mai 1903.) Mâcon, Protat, 1903, 97 p.

CHERBULIEZ, V., Athenische Plaudereien über ein Pferd des Phidias. Uebers. von *J. Riedisser*, mit einem Nachwort von *W. Amelung*, Strassburg, Heitz, 1903, 325 p.; 1 Taf.; 75 Abbildgn.

Chronique archéologique. (Palais de Phaestos, en Crète ; — Nouveau fragment de la frise du Parthénon. — Fragment du vase François. — Bas-relief funéraire gréco-thrace de Thessalonique. — Objets d'arts antiques de la mer près d'Anticythère.) (Woch. f. klass. Philologie, 1903, nr. 2, p. 50-54.)

CLARKE-BACON-KOLDEWEN, Investigations at Assos. (Amer. J. of arch., 1902, 3, p. 340-342.)

COLLIGNON, M., Deux bustes funéraires d'Asie-Mineure au Musée de Bruxelles. (R. Arch., 1903, 1, p. 1-11.) 2 fig.

Communication sur un buste de femme voilée, trouvée à Smyrne. (S. Ac. I., 1902, p. 476.)

Rapport (au nom) de la Commission des Écoles françaises d'Athènes et de Rome sur les travaux de ces deux Ecoles pendant les années 1900-1901. (Ibid., p. 509-526.)

— De l'origine du type des pleureuses dans l'art grec. (Mém. lu au Congrès international des sc. histor. de Rome, séance du 3 avril 1903.) (R. E. G., 1903, nr. 71, p. 299-322.) 17 fig.

— Rapport sur les Écoles françaises d'Athènes et de Rome. (1901-1902). (S. Ac. I., 1903, p. 440-456.)

Congrès international archéologique d'Athènes. (Chronique.) (Woch. f. kl. Philol., 1903, nr. 12, p. 334 ss.)

CONZE. A., Die Arbeiten zu Pergamon, 1900-1901; Vorbericht. (M. A. I., 1902, 1-2, p. 1-6.)

— (Signé C.), Skulpturen aus Tralles. (Jahrb. d: deutschen arch. Instit., 1903, 3 ; Anz., p. 103-104.) 1 Abb.

— Die Kleinfunde aus Pergamon. (Abh. d. S. Pr. Ak.) Berlin, Reimer, 1903, 26 p. 5 farb. Taf. 3 M. 50 Pf.

COOK, A. B., The Gong at Dodona (J. II. S., 1902, 1, p. 615-622.)

COOK, E. T., Popular handbook to Greek and Roman antiquities in the British Museum. London, 816 p. 10 sh.

COOLEY, A. St., Ancient Corinth uncovered. (Record of the Past, 1902, 2, p. 76-88.) With 9 fig.

COSTANZI, V., Τεμάχη ἀρχαιολογικά. (Riv. di filol., 1902, 2, p. 272-273.)

Cretan expedition. XXI : *A. Taramelli*, Gortyna. (Amer. J. of arch., 1902, 2, p. 101-165.) 32 fig.

DAWKINS, W. B., Skulls from Cave-Burials at Zakro. (Ann. of the British School at Athens, nr. 7.)

DEGRAND, Le trésor d'Izgherli [Bulgarie]. (S. Ac. I., 1903, p. 390-396.) 3 dessins.

DELL, J., Das Lysikrates-Denkmal in Athen. Ein architekturgeschichtliches Problem. (Allg. Bauzeitung, 1902, 1, p. 31-38.) 2 Taf., 6 Abb.

DONNER von **RICHTER, O.,** Ueber die sogenannte « Muse von Cortona » und ein Brustbild der Cleopatra. (Jahrbuch d. Freien Deutschen Hochstifts Frankfurt a. M., 1, Abt. 2, p. 161-181.) 1 Taf.

DOERPFELD, W., Die Arbeiten zu Pergamon, 1900-1901. Die Bauwerke. (M. A. I., 1902, 1-2, p. 10-43.) 6 Taf., 9 Abbildg. — Fortsetzung der Grabgn. (Ibid. p. 159-160).

— Troja und Ilion. Ergebnisse der Ausgrabungen in den vorhistor. und histor. Schichten von Ilion 1870-1894. Unter Mitwirkung von *A. Brückner, H. von Fritze, A. Götze, H. Schmidt, W. Wilberg, H. Winnefeld.* Athen, Beck und Barth, in-4°, XVIII, 652 p.; 471 Abbildgn; 68. Beilagen; 8 Taf. 40 M.

DRAGENDORFF, H., Thessalische Gräber. (Dans *Hiller von Gaertringen,* Thera, Bd. II, 1903.)

DRERUP, E., Das griechische Theater in Syrakus. (M. A. I., 1901, 1, p. 9-32.)

— Die historische Kunst der Griechen. (Festchrift f. W. von Christ., II. Tl.

DURRBACH, F., La dernière campagne de fouilles à Délos. (R. d. ét. anc., 1902, 4, p. 303-305.)

— Rapport sommaire sur les fouilles de Délos (15 juin-18 août) adressé à M. Homolle, etc. (S. Ac. I., 1903, p. 422-429.)

Einweihung des Museums auf Santorin (Thera). Ausgrabungen zu Thermon, Velestino und Tinos (Wochenschr. f. kl. Philol., 1902, nr. 36, p. 890.)

'Ελλάς, Eine Sammlung von Ansichten aus Athen und den griechischen Ländern, Landschaften, Bauwerken, Skulpturen u. s. w. Nach Photographien der English Photographic Co. u. a. Reproduktionen von *A. Bruckmann* in München. Athen, Barth. 1 M. 60 Pf.

ENGELMANN, R., Jahresbericht über Archäologie. (Jahresb. v. philol. Vereins zu Berlin, 1902, p. 241-258, in Z. f. d. Gymnasialw., 1902, 10.)

Voir le détail, Biblioth. philol. classica, 1902, p. 291.

— Aktor und Astyoche, ein Vasenbild. (Jahrb. d. deutschen arch. Instit., 1902, 3, p. 68-71 ; 1 Taf.) 1 abb.

EVANS, A. J., The palace of Knossos, provisional report of the excavations for the year 1901. (Ann. Brit. Sch. at Ath., nr. 7.) — Voir aussi Athenæum, nr. 3900, p. 132 et ss.

— Erwebungen des Ashmolean Museum zu Oxford. (Jahrb. d. deutschen arch. Instit., 1902, 3. Beiblatt, p. 127-129.)

FAIRBANKS, A., On the « Mourning Athena » relief. (Amer. J. of arch., 1902, 4, p. 410-416.) 2 fig.

FALKE. — Voir Section X.

FISCHER, E., Archäologische Erinnerungen an eine Studienreise nach Griechenland. II. Progr. Breslau, 1903, 15 p., 4 Taf.

FONTRIER, A., Antiquités d'Ionie. VI. Le site du temple d'Aphrodite Stratonicide à Smyrne. — Appendice : Inscriptions de Smyrne et des environs. (R. d. ét. anc. 1902, 3, p. 191-195.)

Fouilles de Delphes exécutées aux frais du gouvernement français sous la direction de *Th. Homolle*. T. II : Topographie et architecture, fasc. 1. Paris, Fontemoing, in-fol. Pl. V-XVI. 32 fr. 50 c.

FRIES, C., Der Löwe von Chäronea. (N. J. Alt., 1903, 1 ; 1. Abt., p. 77.)

FRŒHNER, W., Collection Auguste Dutuit. Bronzes antiques, or et argent ivoires, verres et sculptures en pierres et inscriptions. Paris, 1897-1901. T. I 112 p. ; pl. I-CXXIV. — 2e série, p. 113-209; pl. CXXV-CLXXXVII. 1 plan.

FURTWAENGLER, A., Aphrodite Diadumene und Anadyomene. (Monatsb. uber Kunstwissenschaft und Kunsthandel, in München, Jg. 1, H. 4, 1900-1901. — T. à p. 5 p. ; 4 Taf. ; 3 Textabb.

Vom Zeus von Phidias. (Mélanges Perrot, p. 109-120.)

Der Herakles des Lysipp in Konstantinopel. (S. M. Ak., 1902, 4, p. 435-442.)

Griechische Giebelstatuen aus Rom. (Ibid., p. 443-455.)

Der Fundort der Venus von Milo. (Ibid., p. 456-461.)

Apis — Hermes — Thot. (Jahrb. d. deutschen Arch. Instit., 1902, 4 ; Anz., p. 239-245.) 2 Taf.

FURTWAENGLER, A., und K. REICHHOLD, Griechische Vasenmalerei. Auswahl hervorragender Vasenbilder. 2. Lfg. München, Bruckmann, 10 Taf. infol. Text, p. 55-91.

FURTWAENGLER und J. N. SVORONOS, Προσωρινὴ ἔκθεσις περὶ τῶν ἐν Αἰγίνῃ ἀνασκαφῶν (Ἀρ., 1901, 10, p. 55-91.)

GALLINA, J., Die wichtigsten Antiken von Venedig und Florenz. Eine Anleitung zum Besuche der betreffenden Kunstsammlungen. Progr. Mähr-Trübau, 19 p.

GARDNER, E. A., The bronze statue from Cerigotto. (J. H. S., 1903, 1, p. 152-156.) 2 plates.

GARDNER, P., Guide to the casts of sculpture and the Greek and Roman antiquities in the Ashmolean Museum. Oxford, 1901, 48 p.

— Aphrodite with the goat. (Mélanges Perrot, p. 121-124.) 1 pl.

— Two heads of Apollo. (J. H. S., 1903, 1, p. 117-131.) 6 fig.; 1 plate.

GASSIES, G., Vénus et Adonis sur un monument trouvé à Meaux. (R. d. ét. anc., 1903, 1, p. 79-80.)

GAYET, A., L'exploration des nécropoles gréco-byzantines d'Antinoé et les sarcophages de tombes pharaoniques de la villa antique. (Annales du Musée Guimet, 1902, 2, p. 26-50.) 1 pl.

GERLAND, E., Kreta. Ein Ueberblick über die neueren wissenschaftlichen Arbeiten auf der Insel. (N. J. Alt., 1902, 10; 1. Abt., p. 726-737.)

GERIN-RICHARD et DAGNOL. — Voir SECTION VI.

GEROJANNIS, C., Reste eines Dianatempels zu Limboni in Epirus. (Wissenschaftl. Mitteilgn aus Bosnien und Herzegowina. VIII. Bd.)

GEROLA, G., Lavori eseguiti nella necropoli di Phaestos dalle missione archeologica italiana del 10 febbr. al 22 marzo 1902. (Rendic. d. R. Accad. d. Lincei, cl. mor. 1902, 5-6, p. 318-333.) 1 tav.; 5 figa.

GHIRARDINI, G., Di una stele sepolcrale greca entrata recentemente nel Museo Vaticano. (A. M. R. P., N. S. vol. XVIII, disp. 4, p. 319-323.)

— Il palazzo dell' età micenea scoperto dagl' Italiani a Creta. (Ibid., p. 91-107.)

GRAILLOT, H., Médaillon au type de Cybèle. (Mélanges Perrot, p. 141-144.)

GRAEVEN, H., Mittelalterliche Nachbildungen des Lysippischen Herakles-Kolosses. (Jahrb. d. D. arch. Instit., 1902, 4; Anz., p. 252-277.) 1 Taf., I Abb.

Griechisches Relief in Rom gefunden. (Z. f. bild. Kunst, Kunstchronik, N. F., XIII, 31.)

HACHTMANN, K., Die Akropolis von Athen im Zeitalter des Perikles. (Gymnasial-Bibliothek, hrsg. von *H. Hoffmann*, 35. Heft.) Gütersloh, Bertelsmann, 1903, VIII, 104 p.

HADACZEK, K., Zur Erklärung eines Votivreliefs aus Rhodos. (W. St., 1902, 2, p. 442.)

Der Ohrschmuck der Griechen und Etrusker. (Abhandlgn. des arch.-epigraph. Seminars der Universität Wien, 14. Heft. (N. F. 1. H.) Wien, Hölder, VII, 84 p., 157 Abb. 5 M. 20 Pf.

Zu einer neuen Marsyasgruppe. (M. R. 1., XXVII, 3, p. 173-178.) 1 Taf.; 1 Abb.

Zur Schmuckkunst des altgriech. Mittelalters. (Jahrh. d. österr. arch. Instit., 1902, 2, p. 207-213.) 8 fig.

HALBHERR, F., Lavori eseguiti dalla Missione archeologica italiana ad Hagia Triada e nella necropoli di Phaestos del 15 maggio al 12 giugno 1902. (Rendic. d. R. Accad. d. Lincei, cl. mor., 1902, 9-10, p. 433-447.)

HARTWIG, P., Herakles im Sonnenbecher (M. R. I., 1902, 2, p. 107-109.) 1 Tafel.

— Bronzestatuette eines Hoplitodromen. (Jahrh. d. österr. arch. Instit., 1902, 2, p. 165-170.) 1 Taf.; 4 fig.

HAUSER, F., Die Aphrodite von Epidauros. (M. R. I., XXVII, 3, p. 232-254.) 4 Abb.

— Eine Vermutung über die Bronzestatue aus Ephesos. (Jahresh. d. österr. arch. Instit., 1902, 2, p. 214-216.)

HEBERDEY. R., Bericht über die Ausgrabungen in Ephesus in den Jahren 1900 und 1901. (Anz. d. W. Ak., philos.-histor. kl., 1902, 7, p. 38-49.) 6 Abbildgn.

— Vorläufiger Bericht über die Ausgr. in Ephesos (Jahresh. d. österr. arch. Instit., 1902, 2; Beibl., p. 53-66.) 7 fig.

HEITZ, J., Note sur un vase grec de l'Ermitage où sont figurées des opérations chirurgicales. (Nouv. iconogr. de la Salpétrière, 1901, 6, p. 528-530.)

HERKENRATH, Der Fries des Artemisions von Magnesia a. M. Diss. Berlin, 51 p.

HÉRON DE VILLEFOSSE, A., La restauration d'un des plus beaux édifices de l'acropole de Pergame justifiée par la découverte d'une médaille trouvée entre Grenoble et Aix par M. l'abbé *Sauvaire.* (L'Ami des monuments et des arts, XV, 86-87, p. 311-313.)

HÉRON DE VILLEFOSSE et ET. MICHON, Musée du Louvre. Département des antiquités gr. et rom. Acquisitions de l'année 1901. Paris, 19 p.

— Jahrb. d. deutsch. arch. Instit., 1902, 3 ; Beiblatt, p. 122-127.)

HERRMANN, P., Erwerbungsbericht der Dresdener Skulpturen-Sammlung, 1899-1901. (Jahrb. d. D. arch. Instit., 1902, 3 ; Beibl. p. 109-117.) 12 Abb.

HEUBACH, D., Das Kind in der griechischen Kunst. Diss. Heidelberg, 1903, 69 p., 1 Taf.

HEUZEY. — Voir SECTION XI.

HILLER von GAERTRINGEN, F., Thera. Untersuchungen, Vermessungen und Ausgrabungen in den Jahren 1895-1902. Bd. IV, Teil 1. Berlin, Reimer, 1903, 53 p., 3 Taf.   8 M.

— Bd. II. 1903. x, 328 p.   50 M.

— Aus Thera. (Beitr. z. alt. Gesch., II, 2, p. 348-349.)

HOGARTH, D. G., The Zakro Sealings. (J. H. S., 1902, 1, p. 76-93.) 33 fig.

— Excavations at Zakro, Crete. (Ann. of the Brit. School at Ath., nr. 7.)

— Bronze-age vases from Zacro. (J. H. S., XXII, 2, p. 332-338.) 1 pl. ; 1 fig.

HOMOLLE, Th. — Voir FOUILLES DE DELPHES.

Bronze grec de la première moitié du vᵒ siècle. (Mélanges Perrot, p. 191-194.)

Communication relative à deux stèles funéraires découvertes à Thèbes par M. Vollgraff. (S. Ac. I., 28 nov. 1902, p. 715-716.)

HOERNES, M., Die Macedonischen Tumuli. (Globus, 1902, 15, p. 243.)

HUDDILSTON, J. H., The life of women illustrated on Greek pottery. (Monatsbericht über Kunstwiss. und Kunsthandel, 1902, 4, p. 129-131.) 6 Taf.

HUELSEN, Ch., Die deutschen Ausgrabungen in Milet. (Das human. Gymnasium, 1903, 1-2, p. 24-26.)

JAMOT, P., Deux petits monuments relatifs au culte de Demeter en Béotie. (Mélanges Perrot, p. 195-202.) 2 fig.

JOSEPH, D., Geschichte der Baukunst vom Altertum bis zur Neuzeit. Berlin, Hessling, xxxv, 991 p. ; 773 Abbildgn.

JOUBIN, A., De sarcophagis Clazomeniis. Thèse, Paris, Hachette, 1901, x, 123 p. ; figg.

Statuette en marbre de l'époque hellénistique. (Mélanges Perrot, p. 203-206.)

JOUGUET, P., Rapport sur deux missions au Fayoûm. (S. Ac. I., mai-juin 1902, p. 346-359.)

KARO, G., Die neue Restauration der Francoisvase. (Berliner philol. Woch., 1902, nr. 52, p. 1629-1630.)

KEKULÉ von STRADONITZ, R., Ueber ein Bildnis des Perikles in den königl. Museen. Progr. Berlin, 1901, 23 p. ; 3 Taf.; Abbildgn im Text.

KERN, O., Votivreliefs der Thessalischen Magneten. (H., 1902, 4, p. 627-630.) 2 Abb.

KIRCHBACH, W., Das Pergamon-Museum. (Westermanns Monatsh., 1902, Juni, p. 359-373.) 8 Abb.

KOLBE, W., Die Bauurkunde des Erechtheion vom Jahre 408-7. [CIA, I, 324.] (M. A. I., 1901, 2, p. 223-234.)

LAGRANGE, le P., Deux hypogées Macédo-sidoniens à Beit-Djebrin (Palestine). (Inscriptions.) (S. Ac. I., 1902, p. 497-505.)

LAMBROS, Sp. P., Notes from Athens (Athenæum, nr. 3891, p. 665.)

LANG, N., Epidauros. (Vége.) (Egyet. philol. közl. 1902, 9, p. 777-790.)

Landhaus eines vorgeschichtlichen Herrschers von Phaestus. (Wochenschr. f. klass. Philol., 1902, nr. 26, p. 728.)

LAMPE. — Voir Section X.

LANG, N. — Voir Section X.

LAURENT, M., Sur un vase de style géométrique. (B. C. H. 1901, 1-6, p. 143-155.) 8 fig.

— Les origines lointaines de l'art grec. (R. de l'I. P. en Belgique, XLVI, 2, p. 87-100.)

LECHAT, H., Au Musée de l'Acropole d'Athènes. Études sur la sculpture en Attique avant la ruine de l'Acropole lors de l'invasion de Xerxès. Paris, Fontemoing, 1903, VIII, 468 p., 47 fig., 3 pl.   8 fr.

— Le front de l'Hermès d'Olympie. (Mélanges Perrot, p. 207-212.)

LEGGE, H. E., Short history of ancient Greek sculptors. London, 1903, 234 p.   6 sh.

LEHNER. — Voir Section V, Homère.

LEONARDOS, B., Ἡ Ὀλυμπία. Athènes, Sakellarios, 1901, 352 p. ; 1 plan. 5 dr.

LOHR, F., Die Darstellung des Todes in der griechischen Kunst. (Wiener Abendpost, 1903, nr. 21.)

LOEWY. — Voir Section XI.

— Die Siegerstatue des Eleers Pythokles. (W. St., 1902, 2, p. 398-405.) 5 Abbildgn.

MAASS, E., Aus der Farnesina. Hellenismus und Renaissance. Marburg, Elwert, 56 p.   1 M. 20 Pf.

MACKENSIE, D., The pottery of Knossos. (J. H. S., 1903, 1, p. 157-205.) 4 plates, 15 fig.

MAHLER, A., Une réplique de l'Aphrodite d'Arles au Musée du Louvre. (R. Arch., mai-juin 1902, 9-10, p. 301-303.) 1 pl.

— La Minerve de Poitiers. (Ibid. 1902, 9-10, p. 161-166.) 1 pl.

— Une hypothèse sur l'Aphrodite de Médicis. (Ibid. 1903, 1, p. 33-38.)

MAUCH, J. M. von, Die architektonischen Ordnungen der Griechen und Römer. Ergänzungsheft zu der 8ten Aufl. zusammengestellt von Prof. R. Borrmann. Berlin, W. Ernst, in-folio, 11 p. 10 neue Taf.   5 M.

MEURER, M., Zu den Sarkophagen von Klazomenai. (Jahrb. d. deutsch. arch. Instit., 1902, 3, p. 65-68.) 3 Abb.

MICHAELIS, Ad., Ausgrabungen griechischer Antiken in England. (Beil. z. Münchner allg. Zeitung, 1902, nr. 296.)

— Die Bestimmung der Räume des Erechtheion. Epikritische Bemerkungen zu E. Petersens Aufsatz. (Jahrb. d. deutsch. arch. Instit., 1902, 3, p. 81-85.)

— Von griechischer Malerei. (Deutsche Revue, 1903, mai.)

MICHON, Et., Statues antiques trouvées en France au Musée du Louvre. La cession des villes d'Arles, Nîmes et Vienne en 1822. (Mém. de la Soc. des antiq. de France, 1901, p. 79-173.) 2 pl., 5 fig.

La réplique de la Vénus d'Arles du Musée du Louvre. (R. Arch., 1903, 1, p. 39-43.)

Trois statues antiques provenant de Smyrne dans l'ancienne collection du Roi. (R. E. G., 1903, nr. 70, p. 198-207.)

MILANI, A. L., L'arte e la religione preellenica alla luce dei bronci dell'antro ideo cretese e dei monumenti hetei : seguito della parte 1. (Religione ionica, mitogenia, poesia.) (Studi e materiali di archeol. e numismat., vol. II.)

— Il vaso François, del suo restauro e della sua recente pubblicazione. (At. e R., nr. 46, p. 705-720.) 9 fig.

Dionysoplaton. Nota alla monografia di questo titolo del Sogliano. (Riv. di filol., 1903, 2, p. 220-222.)

MILCH, A., Le culte de Jupiter Dolichenus à Briget. (En hongrois). — (Ertesitöje, 1900, p. 28-35.) 6 fig.

MILCHHŒFER, A., Nachträgliche Betrachtungen über die drei Athenaheiligthümer auf der Akropolis von Athen. (Ph. XV, 3, p. 441-446.)

Monuments et mémoires, p. p. l'Acad. des inscr. et b.-l. sous la direction de *G. Perrot* et *R. de Lasteyrie*, avec le concours de *P. Jamot*, IX, 1 (nr. 18 de la collection.) (Fondation Eug. Piot.) Paris, E. Leroux, gr. in-4, 121 p. ; figg.

MURRAY, A. S., A new stele from Athens. (J. H. S., 1902, 1, p. 1-4.) 1. pl., 2 fig.

An Athenian alabastos. (Mélanges Perrot, p. 251-254.)

The sculptures of the Parthenon. London, Murray, 186 p.   21 sh.

A fragment of the Parthenon frieze. (J. of the R. Instit. of British Architects, ser. III, vol. X, nr. 2, p. 31-34.) 4 fig.

Musée du Louvre. Département des antiquités grecques et romaines. Acquisitions de l'année 1902. Paris, 19 p.

Musée d'art (le). Galerie des chefs-d'œuvre et précis de l'histoire de l'art depuis les origines jusqu'au xix⁰ siècle. Ouvrage publié sous la direction d'*Eug. Müntz*. Paris, Larousse, 1903, in-4, 267 p., 900 grav., 50 pl. hors texte.

NAVILLE, A propos du fronton oriental du temple de Zeus, à Olympie. Une hypothèse. (S. Ac. I, 1903, 7-8, p. 350-356.)

NICHOLS, M. L., The origin of the red-figured technic in Attic vase. (Amer. J. of arch., 1902, 3, p. 327-337.)

ORSI, P., Necropoli arcaica con corredo di tipo siculo. (Spezzano Calabro.) (Atti d. R. Accad. di Lincei. Notizie dei scavi, p. 35-39.) 8 fig.

— Scoperte varie nella città antica Lokroi Epizephirioi, comune di Geraco (Ibid., p. 39-43.)

— Scoperta di terrecotte. (Ibid., p. 47-48.)

PASSOW, W., Studien zum Parthenon. (Philol. Untersuchgn hrsg. von Kiessling und U. von Wilamowitz-Moellendorff, 17. Heft.) Berlin, Weidmann, xiii, 65 p.; Abbildgn.

PERDRIZET, P., Stèle funéraire du vᵉ siècle au Musée de Candie. (R. d. ét. anc., 1903, p. 120-123.) 1 pl.

— De quelques monuments figurés du culte d'Athéna Erganè. (Mélanges Perrot, p. 259-268.) 5 fig.

— ΣΦΡΑΓΙΣ ΣΟΛΟΜΩΝΟΣ. (R. E. G., janvier-avril 1903, p. 42-61.) 8 fig.

PERNIER, L., Scavi della missione italiana a Phaestos, 1900-1901. Rapporto preliminare. (Monum. antichi, vol. XII, p. 1-142.) 8 tav.; 55 fig.

PERROT, G., Rapport sur une statue de Minerve découverte à Poitiers. (Bull. arch. du Comité des trav. histor. et scientif., 1902, 2, p. xli-xlii.)

PETERSEN, E., Die Erechtheion-Periegese des Pausanias. (Jahrb. d. Deutschen arch. Institutes, 1902, 2, p. 39-64.)

PFUHL, E., Alexandrinische Grabreliefs. (M. A. I., XXVI, 3-4, p. 258-304.) 1 Taf.; 18 Abb.

PICOT, Em., Sur une statue de Vénus envoyée par Renzo da Ceri au roi François Iᵉʳ. (R. Arch., 1902, 9-10, p. 223-231.)

PIEHL, La stèle de Naucratis. (Sphinx, VI, 2.)

POTTIER, E., Études de céramique grecque à propos de deux publications récentes. (Suite et fin.) (Gaz. des Beaux-Arts, livr. 537, p. 221-238.) 8 fig.

— La danse des morts sur un canthare antique. (R. Arch., 1903, 1, p. 12-16.) 1 fig.

— Petit vase archaïque à tête de femme. (Mélanges Perrot, p. 269-276.) 1 pl.

Tissu historique représentant la légende d'Alexandre. (Extr. du Bull. archéol.). Paris, Impr. nat., 1903, 7 p.; 1 pl.

L'auteur du vase grec trouvé à Suse. Note complémentaire [de S. Ac. I., 1902, p. 428]. (S. Ac. I., 1903, 5-6, p. 216-219.) 1 fig.

PROTT und KOLBE. — Voir Section VI.

RADET, G. — Voir Section X.

RANSON, C., Reste griechischer Möbel in Berlin. (Jahresh., d. D. arch. Instit., 1902, 4, p. 125-140.) 1 Taf.; 12 Abb.

RAUSCH, E., Kirche und Kirchen im Lichte griechischer Forschung. Leipzig, Deichert, VIII, 127 p.   2 M. 80 Pf.

REINACH, S., A propos d'un stamnos béotien du Musée de Madrid. (R. Arch., mai-juin 1902, p. 372-386.) 8 fig.

Le moulage des statues et le Sérapis de Bryaxis. (Ibid., juillet-août 1902, p. 5-21.)

— Communication sur des sculptures en marbre découvertes à Tralles. (S. Ac. I., 6 juin 1902, p. 284-287.)

— La statue équestre de Milo. (R. Arch., 1902, 9-10, p. 217-222.) (Cp. S. Ac. I., 13 août 1902, p. 455.)

— Communication sur un bas-relief du musée de Constantinople. (Euripide assis, etc.) (S. Ac. I., 20 juin 1902, p. 319-320.)

La Crète avant l'histoire et les fouilles de M. A. Evans à Cnosse. (L'Anthropologie, 1902, 1, p. 1-39.) 31 fig.

La Crète, etc. — Voir Section X.

Recherches nouvelles sur la Vénus de Médicis. (Mélanges Perrot, p. 285-290.)

De quelques antiques attribuables à l'école de Phidias. (Gaz. des b.-arts, livr. 546, p. 449-470.) 22 fig.

Communication sur les fouilles de Tralles. (S. Ac. I., 20 février 1903, p. 78-79.)

REINACH, Th. — Voir Section V, Simonide.

RICHARD, A., Relation de la découverte de la Minerve de Poitiers le 20 janvier 1902. (Bull. de la Soc. des antiquaires de l'Ouest.) T. à p. Poitiers, Blais et Roy, 29 p.

RICHARDSON, R. B., An ancient fountain in the Agora at Corinth. (Amer. J. of arch., 1902, 3, p. 306-320.) 4 pl.; 4 fig.

— The ΓΠΑΙΘΡΟΣ ΚΡΗΝΗ of Pirene. (Ibid., p. 321-326.) 2 pl.

RIDDER, A. de, Catalogue des vases peints de la Bibliothèque nationale. I. Paris, E. Leroux.

— Vases archaïques à reliefs. (Mélanges Perrot, p. 297-302.) 2 fig.

— Bulletin archéologique. (R. E. G., nov.-déc. 1902, p. 380-407.) figg.

RIZZO. — Voir Section XII, *Antiquités scéniques*.

ROBERT, C., Le poignard d'Achille, etc. — Voir Section V, Euripide.

RONZEVALLE. — Voir Section VI.

RUBENSOHN, O., Griechisch-römische Funde in Aegypten. (Jahrb. d. deutsch. arch. Institutes, 1902, 2. Anzeiger, p. 46-49.) 2 Abb.

Paros. (M. A. I., 1901, 2, p. 157-222.) Abb. und Karten.

RUSTAFJAELL, R. de. — Voir Section X.

SABAT, M., Propyleje Atenskie, etc. (Eos, VII, 2, p. 195-207.)

SALOMAN, G., Erklärungen antiker Kunstwerke, 2. Tl. (Posthume). Stockholm; Leipzig, Hiersemann, 1903, 27 p. ; 3 Taf.   6 M.

— Die Bedeutung des Venus von Milo. (Monatsber. üb. Kunstwiss. und Kunsthandel, 1902, 8, p. 292-293.) 1 Taf.

SAUER, Br., Der Weber-Laborde'sche Kopf und die Giebelgruppe des Parthenon. Berlin, Reimer, 1903, in-4, 117 p. 3 Taf., 8 Textabb.

SAVIGNONI, L., e **G. de SANCTIS.** Esplorazione archeologica delle provincie occidentali di Creta. (Monumenti antichi pubbl per cura d. r. Accad. d. Lincei, 1902, 2, p. 286-582.) 7 tavole e 164 fig.

SCHAPIRE, R., Der Apollo von Belvedere und seine Nachbildung im XIX. Jahrh. (Monatsb. üb. Kunstw. und Kunsth., 1902, 9, p. 323-326.) 3 Taf.

SCHMIDT, H., Heinrich Schliemann's Sammlung trojanischer Altertümer, hrsg. v. d. General-Verwaltung d. kgl. Mus. zu Berlin. Berlin, Reimer, xxiv, 355 p., 9 Taf., 1176 Textabbildgn.   20 M.

SCHULTZ, R. W., Die Wiederherstellung des Erechtheums. (Athenæum, nr. 3896, p. 825-826.)

SEARO Jr., J. M., The Lechaeum road and the Propylaea at Corinth. (Amer. J. of arch., 1902, 4, p. 439-454.) 2 pl. ; 5 fig.

SILENIJ, T., Ueber attische Vasen. (Ceské Museum filologické, 1902, 1-2, p. 27-47.)

SIX, J., De Anadyomene van Apelles. (Festbündel Prof. Boot, p. 153-158.)

SMITH, C., A protoattic vase. (J. H. S., 1902, 1, p. 29-45.) 3 pl.

SOTIRIADÈS, G., Die Ausgrabungen in Thermos. (Der Tag, 8. 11. 1903.) 4 Abb.

STIEDA, L. — Voir Section IV.

STRZYGOWSKI, J. von, Hellas in des Orients-Umarmung. (Beil. z. Münchner allg. Ztg, 1902, nr. 40-41.)

Christus in hellenistischer und orientalistischer Auffassung. (Ibid., 1903, nr. 14.)

Die Ruine von Philippi. (Byz. Z., XI, 3-4, p. 473-490.) 3 Taf.

Hellenistische und koptische Kunst in Alexandria. Nach Funden aus Aegypten und Elfenbeinreliefs der Domkanzel zu Aachen vorgeführt. (Bull. de la Soc. archéol. d'Alex.) Wien; Leipzig, Fock, xi, 99 p.; 69 Abb., 3 Taf.   4 M.

— Antiochenische Kunst. (Die Pfeile von Acre.) (Oriens Christianus, II, 2.)

STUDNICZKA, Fr., Ueber das Schauspielerrelief aus dem Piraeus. (Mélanges Perrot, p. 307-316.) 3 Abb.

— Der farnesische Stier und die Dirkegruppe des Apollonios und Tauriskos. Ein Brief an Georg Treu in Dresden zu seinem 60. Geburtstag am 29. III. 1903. (Z. f. bild. Kunst, XIV, 7.)

SVORONOS, J. N., Τὰ Πραξιτέλεια ἀνάγλυφα τῶν Μουσῶν. Ἀρχαῖον μουσικὸν βῆμα. (J. intern. d'arch. num., 1902, 3-4, p. 169-188; p. 285-317.) 6 vign., 14 pl., 16 fig.

TARAMELLI, A., Sui principali risultati della esplorazione archeologica italiana in Creta, 1899-1901. (A. e R., 42, p. 608-621. con 5 fig. — nr. 45, p. 679-694, con 7 fig.)

— Cretan expedition. XXI. Gortyna. (Atti d. r. Istituto Veneto, 1902, 2, p. 101-165.) 32 fig.

TARBELL, F. B., A Greek handmirror in the Art Institute of Chicago. (Decennial publications from the Univ. of Chicago, vol. VII, 2 p.) 1 pl.

THIERSCH, H., Die Arbeiten zu Pergamon 1900-1901 : Die Einzelfunde. (M. A. I., 1902, 1-2, p. 152-159.) Abbildgn.

TRENDELENBURG, A., « Mit Gott ». Am Zeustempel in Olympia. (Aus der Humboldt Ak., dem Generalsekretär Herrn Dr Max Hirsch zu seinem 70. Geburtstage gewidmet von der Dozentenschaft.) Berlin, Weidmann, xii, 284 p.

TREU, G., Zur Maenade des Skopas. (Mélanges Perrot, p. 317-324.) 6 fig., 1 pl.

TUCKER, Fr. J., Various statues from Corinth. (Amer. J. of arch., 1902, 4, p. 422-438.) 2 pl. 4 fig.

UBELL, H., Vier Kapitel vom Thanatos. Ueber die Darstellung des Todes in der griechischen Kunst. Ein archäol. Versuch. (Abhandlgn des arch.-epigr.

Seminars der K. K. Franzens-Universität Graz. 1. Stück.) Wien, Stern. 66 p.
1 M. 50 Pf.

VOLLMŒLLER, K. G., Griechische Kammergräber mit Totenbetten. Diss. Bonn, 1901, 57 p.

Ueber zwei euboische Kammergräber mit Todtenbetten. (M. A. I., XXVI, 3-4, p. 333-376.) 5 Taf.; 2 Abb.

WALTZING, J. P., Les fouilles de M. Hubert Demoulin à Ténos (1902). Découverte du temple de Poseidon et d'Amphitrite. (Le Musée belge, VI, 4, p. 453-455.) 2 fig.

WATZINGER, C., Die Ausgrabungen von Milet. (Die Umschau, 1902, 12, p. 223-226.) 5 Abbild. — (13, p. 243-246.) 5 Abbild.

— Die Ausgrabungen am Westabhange der Akropolis. V. Einzelfunde. (M. A. I., XXVI, 3-4, p. 305-322.) 21 Abb.

— Die griechisch-römischen Altertümer im Museum zu Kairo. (Jahresh. f. d. D. arch. Instit., 1902, 2; Anz., p. 155-160.) 8 Abb.

WEIZSÆCKER, P., Zu zwei Berliner Vasen. (Jahrb. d. Deutschen arch. Instit., 1902, 2, p. 53-59.) 2 Abbild.

WIDE, S., Eine lokale Gattung boiotischer Gefässe. (M. A. I., 1901. 2, p. 143-156.) 1 Taf; 4 Abbild.

— Voir SECTION XI.

WIEGAND, Th., Zweiter vorläufiger Bericht über die Ausgrabungen der Kgl. Museen zu Milet. (Jahresh. d. D. arch. Instit., 1902, 4; Anz., p. 147-155.) 11 Abb.

WILLIAMS. — Voir SECTION IX.

WINNEFELD, H., Pergamon. (Die Umschau, 1902, 3, p. 996.) 1 Abbild.

— Das Pergamon-Museum. (Z. f. bild. Kunst, 1902, 4, p. 95-106.) 5 Abbild.

WOLTERS, P., Finanznöthe und Kunstwerke in Knidos und anderwärts. (Rh. M., LVIII, 1, p. 154-156.)

ZAHN, R., Die Ausgrabungen auf Kreta. (Die Umschau, Jg. VII, nr. 3. -nr. 4.) 30 fig.

XIV. — NUMISMATIQUE. — MÉTROLOGIE. — CHRONOLOGIE.

Numismatique.

BABELON, E., Collège de France. Cours de numismatique et de glyptique. Leçon d'ouverture. [3 janvier 1903.] (Extr. de la Revue internationale de l'Enseignement.)

BALDWIN, A., The gold coinage of Lampsacus. (J. inter. d'arch. num., 1902. 1-2, p. 1-24.) 3 pl.

Catalogue de monnaies grecques, romaines, francaises, jetons et médailles. Paris, Vve R. Serrure. 19. R. des Petits-Champs. 1903, 39 p.   1 fr. 50 c.

Catalogue des monnaies grecques. (Collection C. N. Lischine.) (Thrace.) Mâcon, Protat, VIII, 169 p.; 24 pl. en phototypie.

DATTARI, G., Appunti di numismatica alessandrina. XIV : Cronologia della famiglia di Caro. XV : Domizio Domiziano. (Riv. intern. di num., 1902, 3, p. 292-317.) 1 tav.

— XVI : Saggio storico sulla monetazione dell' Egitto dalla caduta dei Lagidi all' introduzione delle monete con legenda latina. (Ibid., 1903, 3, p. 263-331 ; 4, p. 407-408.) 1 tav., 10 fig.

DIELS, H., Bericht über « griechische Münzwerke. » (S. Pr. Ak., 1903, 6, p. 97-98.)

DRESSEL, Griechische Münzen aus den neuesten Erwerbungen des Kgl. Cabinets. (S. Pr. Ak., 1903, 23, p. 477.) (Vorläufiger Bericht.)

DUTILH, E. D. J., Vestiges de faux monnayages antiques à Alexandrie ou ses environs. (J. intern. d'arch. num., 1902, 1-2, p. 93-97.)

FLORANCE, Numismatique grecque. Tableaux synoptiques des ethniques des villes et peuples grecs. Paris, Vve R. Serrure, 1903, 186 p.

— — Séries impériales grecques et coloniales. Ibid., 197 p.

FOVILLE, J. de, Monnaies trouvées en Crête. (Don Arnaud-Jeanti.) (R. Num., 1902, 4, p. 452-461.) 7 fig.

FRITZE, H. von, Die Münzen von Ilion. (Extrait de « Troja und Ilion », VII. Abschn. in-4°, 1901, p. 477-534.) 5 Taf.

GAEBLER, H., Zur Münzkunde Makedoniens. III : Makedonien im Aufstand unter Andriskos. — Makedonien als römische Provinz. (Z. f. Num., XXIII, 3-4, p. 141-189.)

HÉRON DE VILLEFOSSE, A. — Voir SECTION XIII.

HILL, G. F., Monnaies grecques du British Museum. (En anglais.) (Séance de the Hellenic Soc. du 7 mai 1902.)

— Coins of ancient Sicily. London, Constable.   21 sh.

HOWORTH, H. H., A note on some coins generally attributed to Mazaios, the Satrap of Cilicia and Syria. (Num. Chron., 1902, 2, p. 81-87.)

IMHOOF-BLUMER, F., Kleinasiatische Münzen. II. Bd. (Sonderschriften des österr. archäol. Instit. in Wien, III. Bd.) Wien, Hölder, in-4°, p. 303-378 ; 11 Taf.
                                                                        36 M.

LANZA, C., Spiegazione storica delle monete di Agrigento. (Riv. intern. di num., 1902, 4, p. 439-481 ; 1903, 1, p. 37-76.)

MACDONALD, G., Early Seleucid portraits. (J. H. S., 1903, 1, p. 92-96.) 2 pl.

The coinage of Tigranes I. (Num. Chronicle, 1902, 3, p. 193-201.)

MAURICE. J., Classification chronologique des émissions monétaires de l'atelier d'Alexandrie pendant la période constantinienne. (R. Num., 1902, 2, p. 203-233.) 1 pl.

Monnaies grecques et romaines (Collection Maddalena). Vente à Paris les 7, 8 et 9 mai 1903. Paris, 126 p., 9 pl.

MOWAT, R., Les médaillons grecs du trésor de Tarse et les monnaies de bronze de la communaute macédonienne. (R. Num., 1903, 1, p., 1-30.) 4 pl.

REGLING, K., Zur griechischen Münzkunde. I. (Z. f. Num., XXIII, 1-2, p. 107-116. — II. (Ibid., 3-4, p. 190-202.

REINACH, Th., On some pontic eras. (Corrections.) (Num. Chronicle, 1902, 2, p. 184.)

— L'histoire par les monnaies. Essais de numismatique ancienne. Paris, E. Leroux, IV, 276 p.; fig.

SELTMAN, E. J., Cronaca delle falsificazioni. The spurious gold coins of king Amyntas of Galatia. (Riv. intern. di num., 1903, 1, p. 79-102.)

SVORONOS, J. N., On the supposed gold δοχίμιον with hieroglyphs. (J. intern. d'arch. num., 1902, 1-2, p. 27-31.)

— Ptolemaïs-Lebedus, Éphèse, Aenos et Abdère sous les Ptolémées. (Ibid., p. 61-70.)

— Παρατηρήσεις ἐπὶ τοῦ ἀνωτέρω Ἄνδρου. Προιόντα τοῦ ἐργαστηρίου τῶν κιβδηλοποιῶν τῆς κάτω Θηβαΐδος. (Ibid., p. 97-98.)

— Θησαυρὸς νομισμάτων ἐξ Ὠρεοῦ τῆς Εὐβοίας. (Ibid., 1902, 3-4, p. 318-328.) 1 pl.

TACCHELLA, A., Numismatique de Philippopolis. (R. Num., 1902, 2, p. 174-178.)

— Monnaies d'argent autonomes d'Apollonia de Thrace. (Ibid., 1903, 1, p. 40-42.)

UJFALVY, C. von, Anthropologische Betrachtungen über die Porträtmünzen der Diadochen und Epigonen. (Archiv. f. Anthropol., XXVII, 4, p. 613-622.) 16 Abbild.

WROTH, W., Greek coins acquired by the British Museum in 1901. (Num. Chronicle, 1902, 4, p. 313-344.) 3 pl.

Métrologie.

KEIL, B., Vom Delphischem Rechnungswesen. (H., 1902, 4, p. 511-529.)

LEHMANN, C. F., Zu den theräischen Gewichten. (II., 1902, 4, p. 630-631.)

Chronologie.

BOLLING, G. B., Beginning of the Greek day. (Amer. J. of philol., XXIII, 4, p. 428-435.)

OPPERT, J., L'année de Méton. (R. E. G., janvier-avril 1903, p. 5-17.)

XV. — BYZANTINA.

BEYLIÉ, L. de, L'habitation byzantine. Recherches sur l'architecture civile des Byzantins et son influence en Europe. Grenoble, Falque et Perrin ; Paris, E. Leroux, 1902-1903, xv, 220 p.; pl. et grav. — Supplément : Les anciennes maisons de Constantinople, x, 29 p.

BLOCH, J., Byzantinische Medizin. Uebersicht über die ärtzlichen Standesverhältnisse in der west-und öströmischen Kaiserzeit. (Handb. d. Gesch. d. Medizin, 3. und 4. Liefg, p. 492-588.)

CONSTANTOPOULOS, K. M., Βυζαντιακὰ μολυ6δό6ουλλα. (J. intern. d'arch. num., 1902, 1-2, p. 149-164.)

— Βυζ. μολ. ἐν τῷ ἐθνικῷ νομισματικῷ μουσείῳ 'Αθηνῶν. (Ibid., 1902, 3-4, p. 189-228.)

DIETERICH, K.. Geschichte der byzantinischen und neugriechischen Literatur. (Literaturen des Ostens in Einzeldarstellungen, 4. Bd.) Leipzig, Amelung, x, 242 p. 7 M. 50 Pf.

DRAESEKE, J., Zur Byzantinischen Kirchengeschichte. Ein Rückblick auf die ersten Jahrgänge der « Byz. Z. » (Z. f. wissenschaftl. Theol., N. F., X, 3, p. 361-380.)

GAYET. — Voir SECTION XIII.

HESSELING, D. C., Byzantium. (Geestelijke Vooronders door *A. Pierson*.) Haarlem, Tjeank Willink en Zoon, VIII, 404 p.

Lascaris Kananos' Reseanteckningarfrán de nordiska läderna. (Smärne Byzantinisca skrifter utgifna och Kommterade of *V. Lundström*, 1. Upsala, Lundequist), Leipzig, Harrassowitz, 1903.

LUNDSTROEM, V., Ramenta Byzantina. II-III. (Eranos, IV, p. 134-147.)

MAASS, P., Der byzantinische Zwölfsilber. (Byz. Z., XII, 1-2, p. 278-323.)

NICOLAIDES. — Voir SECTION X.

OBERHUMMER, E., Konstantinopel unter Sultan Suleiman dem Grossen aufgenommen im Jahre 1559 durch Melchior Lorichs aus Flensburg nach der Handzeichnung des Kunstlers in der Universitäts-Bibliothek zu Leiden, mit anderen alten Plänen hrsg. und erläutert. München, Oldenburg, 24 p., 22 Taf. in Lichtdr. und 17 Textbildern; in-fol. 30 M.

REBER, Fr., von, die byzantinische Frage in der Architekturgeschichte. (S. M. Ak., 1902, 4, p. 463-503.)

SCHLUMBERGER, G., L'ivoire Barberini. (Mon. et mém. de la fondation Eug. Piot, VII, p. 79-94.)

— Le tombeau d'une impératrice byzantine à Valence, en Espagne. Paris, Plon, 1902, 41 p. Papier vélin.

STRZYGOWSKI, J., Das griechisch-kleinasiatische Ornament um 967 n. Chr. (W. St. 1902, 2, p 443-447.) 2 Taf.

THUMB, A., Die mittel-und neugriechische Sprachforschung in den Jahren 1896-1902. (Indog. Forschgn., XIV; Anz., p. 62-81.)

TREU, M., Die Gesandtschaftreise des Rhetors Theodulos Magistros. (Jahrbb. f. class. Philol., 27. Suppl.-Bd. 1. H., p. 5-30.)

— Matthaeos Metropolites von Ephesos. Ueber sein Leben und seine Schriften. Progr. Postdam, 1901, 58 p.

WULFF, O., Die Koimesis-Kirche in Nicäa und ihre Mosaiken nebst den verwandten kirchlichen Baudenkmälern. (Zur Kunstgeschichte des Auslandes, Heft 13.) Strassburg, Heitz, 1903, VII, 329 p.; 6 Taf.; 43 Abb.

XVI. — NEOHELLENICA.

BÉRARD, V., γέρρα νάξια. (Mélanges Perrot, p. 5-7.)

DESZOE, V., Az 'Αλφάβητος τῆς ἀγάπης. cz görög dalgyüj teményrol. (Egyet. philol. közl., 1903, 3, p. 213-225.)

ELSNER P., Bilder aus Neu-Hellas. Aarau, Sauerländer, 390 p.

GRAESER, G., Τοῦ Σχίλλερ ᾠδὴ ἡ περὶ τοῦ κώδωνος ἑλλτ,νισθεῖσα. Progr. Mediasch., 1903, 10 p.

HADZIDAKIS, G. N., Γλωσσολογικαὶ μελέται. T. I. Athènes, Sakellarios, 1901, 634 p.   15 dr.

— La question de la langue en Grèce. (R. E. G., 1903, nr. 70, p. 210-245.) Mémoire suivi de celui de *Krumbacher.* (Voir ce nom.)

KRUMBACHER K., Das Problem der neugriechischen Schriftsprache. (Festrede gehalten in der öffentl. Sitzung der K. Bayr. Ak. d. Wiss. zu München am 15. Nov. 1902.) München, Verlag d. Ak., 1903, in-4, 226 p.   5 M.

— Le problème de la langue littéraire néo-grecque. (R. E. G., 1903, nr. 70, p. 246-275.)

LAIR, J., La captivité de Pouqueville en Morée. (S. Ac. I., 1902, p. 648-664.)

NICOLAIDES. — Voir SECTION X.

PALLIS. — Voir SECTION V, BIBLE.

POEHLMANN, R., Griechische Geschichte im 19. Jahrhundert. Festrede. München, G. Franz, in-4, 37 p.   60 Pf.

(Extr. des Beil. z. Münchner allg. Zeitung, 24-26 März 1902.)

POLITIS (Παροιμίαι.) — Voir SECTION VIII.

POLLAK, L., Ein Brief aus Athen vom Jahre 1810. (Jahreshefte d. österr. arch. Instit., 1902, 2; Beiblatt, p. 167-170.)

QUINN, D., The language question in Greece and some reflections suggested by it. (Bureau of education of United States, Report of the commissionner of education for 1899-1900, p. 1297-1319.)

THUMB. — Voir SECTION VIII.

COMPTES RENDUS BIBLIOGRAPHIQUES

La Revue rend compte, à cette place, de tous les ouvrages relatifs aux études helléniques ou à la Grèce moderne, dont un *exemplaire sera adressé au bureau de la Rédaction, chez M. Leroux, éditeur, 28, rue Bonaparte.*

Les ouvrages dont les auteurs font hommage à l'Association pour l'encouragement des Études grecques ne seront analysés dans cette bibliographie que s'il en est envoyé deux *exemplaires, l'un devant rester à la Bibliothèque de l'Association, et l'autre devant être remis à l'auteur du compte rendu.*

67. *ACADÉMIE DE BAVIÈRE. Plan eines Corpus der griechischen Urkunden des Mittelalters und der neueren Zeit,* bestimmt zur Vorlage bei der zweiten allgemeinen Sitzung der Association Internationale des Académies, London, 1904 (Munich, 1904, in-4°, 124 pp.).

Il s'agit ici d'une entreprise internationale, proposée par l'Académie de Bavière à l'Association internationale des Académies. Une préface chaleureuse de MM. Jirecek et Krumbacher montre qu'un recueil de diplômes et contrats byzantins — plus complet et plus exact que celui de Miklosich et Müller — est une œuvre non seulement nécessaire, mais d'exécution relativement facile. On les classerait par pays et l'on considérerait comme faisant partie du Corpus le « Cartulaire de l'Athos » dont on a commencé la publication à Saint-Pétersbourg. L'ensemble formerait (Athos non compris) dix-huit volumes grand in-8° de cinq à six cents pages chacun.

Les contrats sur papyrus d'époque byzantine seront, paraît-il, réunis par M. Wilcken, qui se bornera à publier in extenso un certain nombre de contrats bien conservés, avec descriptions sommaires des autres contrats connus présentant la même formule. Cette préface est suivie d'un *Register über das Byzantinische und Neugriechische Urkundenmaterial*, précieux répertoire dressé, un peu rapidement peut-être, par M. Paul Marc et dans lequel MM. Jirecek, Krumbacher et Lambros ont déversé des corbeilles de fiches. Malgré son caractère provisoire, cette liste de documents rendra de grands services : c'est un cadre que les spécialistes rempliront au fur et à mesure de leurs dépouillements. Cf. *Byz. Z.* XIII, pp. 688-698, pour plus de détails sur la publication projetée et un supplément d'inventaire.

A. Auswahl.

68. *A GRADUATE OF CAMBRIDGE.*
Notes and emendations to Æschylus,
Sophocles and Euripides. London,
Nutt, 1903, in-8°, xxiv-218 p.

L'auteur anonyme abuse des athétèses
et des conjectures invraisemblables ; il
est peu au courant de la « littérature »
et découvre souvent l'Amérique ; enfin
ses connaissances linguistiques et métriques sont insuffisantes. Le volume
est soigneusement et même somptueu-
sement imprimé.

H. G.

69. *A. CHAVANON. Étude sur les sources*
principales des Mémorables de Xeno-
phon. Paris, E. Bouillon, 1903. (140ᵉ
fasc. de la Bibl. de l'École des Hautes-
Études). In-8°, 102 p.

Le titre choisi par M. C. laisse un
peu à désirer comme clarté : il ne s'agit
pas, en effet, des « sources » des Mémorables (c'est-à-dire des sources d'information de Xénophon sur Socrate) mais
des « sources » ou plutôt des matériaux
dont dispose l'éditeur pour la constitution du texte de cet ouvrage. Ces sources
sont de deux sortes : 1° Deux mss. des
Mémorables : le Paris. 1302 (A) incomplet et le Paris. 1740 (B), tous deux
relativement récents, de la fin du xiiiᵉ
au xvᵉ s., dit M. C. ; 2° les Extraits de
Stobée, qui contiennent de nombreux
passages des Mémorables, plusieurs très
longs, surtout au livre 1 du Florilège.
Dans une Introduction de 27 pages,
copieuse et précise, M. C. suit le gra-
duel établissement du texte, d'édition
en édition, depuis la Juntina de 1516
jusqu'aux *Xenophontische Studien* de
Schenkl, 1869-1876 ; il rend hommage
au mérite de ce savant, dont les travaux
ont été mis à profit par les derniers
éditeurs, Gilbert et Mücke. Mais les collations de A et de B données par Schenkl
ne sont pas définitives : M. C. nous
en apporte de nouvelles. Son travail
comprend deux parties. La première
est purement paléographique. Après

avoir fait la critique des collations de
A et de B (erreurs de Schenkl dans
l'âge des retouches et la distinction des
mains pour B ; lectures fautives et mauvaises corrections pour A), M. C. discute les nouvelles leçons, peu nombreuses mais très admissibles, tirées par
lui des deux *Parisini* ; il conclut à la
partialité de Schenkl en faveur de B, au
détriment de A. En appendice, il nous
donne ses collations de A et de B, « rectifications aux lectures de Schenkl. »
Pour la deuxième partie, les *Mémora-*
bles dans les Extraits de Stobée. M. C.
était dispensé de recourir aux mss.
grâce aux excellents travaux et éditions de Wachsmuth pour les *Eclogae*
et de Hense pour le l. I du Florilège.
L'ancienneté des mss. de Stobée n'est
qu'un gain médiocre pour les *Mémo-*
rables : les fautes, petites et grosses,
n'y sont pas rares. M. C. tire cependant
des Extraits une vingtaine de corrections ou de leçons, dont plusieurs s'im-
posent.

En somme, si le glanage des leçons
nouvelles n'est pas très fructueux, il est
loin aussi d'être négligeable. Le travail
de M. C. se recommande par la minutie
judicieuse des recherches et par une
connaissance très sûre de la paléographie.

Paul COLLART.

70. *Guil. CRŒNERT. Memoria graeca*
Herculanensis. Leipzig, Teubner, 1903,
in-8°, x-318 p.

Malgré son titre, ce livre s'occupe
de bien autre chose que de l'orthographe
des rouleaux d'Herculanum, étudiés
d'ailleurs par M. C. avec un soin minutieux. Parallèlement à ces rouleaux, les
papyrus égyptiens, les inscriptions sont
mis à contribution, et l'histoire de la
grammaire grecque à l'époque ptolémaïque et romaine en tire double profit. Le premier chapitre s'occupe des
voyelles, le second des consonnes, les
deux suivants des questions grammati-

cales diverses. Viennent ensuite la déclinaison (5), la conjugaison (6), les formes verbales (7), des remarques sur la formation des mots (8) et un index général. L'ouvrage est devenu, dès son apparition, un instrument de recherches indispensable.

H. G.

71. *Paul DECHARME. La critique des traditions religieuses chez les Grecs* des origines au temps de Plutarque. Paris, Alph. Picard, 1904. In-8°, xiv-518 p.

Tous les historiens de la civilisation, de la littérature, et spécialement de la philosophie grecque ont plus ou moins effleuré le sujet de cet ouvrage (voir en dernier lieu Rhode, Mahaffy et Gomperz) : je ne crois pas qu'il eût encore été traité à fond. Le titre du livre n'en exprime pas toute l'étendue, car M. D. ne s'est pas seulement occupé de la « critique » des traditions religieuses — c'est-à-dire des différentes méthodes employées, dès le vi⁰ siècle, pour interpréter les récits mythologiques des poètes dans un sens rationnel ou des différents arguments produits pour les écarter tout à fait — mais encore de la « critique » des rites et des croyances mêmes, en un mot il écrit l'histoire de l'incrédulité.

Le premier livre nous mène jusqu'à l'épanouissement de la philosophie socratique. M. Decharme n'a pas voulu tracer les origines du scepticisme jusqu'à certains passages des poèmes homériques ; il croit reconnaître partout dans ces poèmes une « foi entière » dans la réalité des mythes (cela est bien contestable). Il commence donc par la *Théogonie* hésiodique où il signale des influences phéniciennes (?) et continue par celles de Phérécyde, des Orphiques, d'Acusilaos, d'Epiménide. Viennent ensuite les premiers philosophes ioniens, parmi lesquels Xénophane, Parménide, Héraclite attaquent de front les superstitions, sinon le

fond des croyances populaires. Hérodote, écrivant pour les Athéniens, observe une réserve prudente et nouvelle au sujet des choses divines, mais se montre d'autant plus téméraire dans ses hypothèses sur l'origine des cultes grecs, où il fait la part si large aux influences pélasgiques et égyptiennes. Thucydide est si discret que sa véritable pensée n'apparaît pas. Parmi les poètes du v⁰ siècle, où Bacchylide est oublié, Pindare et Eschyle, profondément religieux, sont en même temps des novateurs hardis qui corrigent ou écartent les fables immorales ou choquantes. Démocrite, tout en substituant aux dieux populaires ses εἴδωλα périssables, explique l'origine des mythes par les spectacles extraordinaires de la nature qui frappent l'imagination de l'homme primitif. Les sophistes vont plus loin : ils font de la religion une création de la volonté humaine, une convention sociale ; Euripide, dont M. D. a étudié ailleurs plus au long la doctrine, aboutit à peu près aux mêmes conclusions, mais assez discrètement formulées. Plus hardis ou plus sincères, Diagoras, Cinésias, Hippon sont des fanfarons d'incrédulité et portent même la main sur les mystères. Contre ces témérités qui menacent les fondements de l'État, le démos athénien brandit l'arme des procès d'impiété (ἀσέβεια). Alcibiade, pour avoir, disait-on, parodié les Mystères, est maudit par contumace ; Diopeithès fait voter son décret contre les athées, dont M. Decharme nous a entretenu dans les *Mélanges Perrot* ; Anaxagore ne se soustrait à la mort que par la fuite ; Socrate est condamné à boire la ciguë ; Protagoras, plus tard Stilpon et Théodore, sont bannis. On ne se borne pas à protéger la religion nationale contre le doute, on la protège aussi contre la concurrence. La prêtresse Ninos fut mise à mort parce qu'elle avait, sans autorisation, initié à des dieux étrangers ; Phryné n'échappa à la même peine que par la chute opportune de son peignoir. Pourtant si la

32

loi était sévère, la pratique était indulgente, et à l'époque hellénistique, l'athéisme, de plus en plus répandu parmi les esprits cultivés, finit par être toléré.

Le second·livre s'occupe des idées des philosophes sur la religion à partir de Socrate. La plupart combattent moins les croyances populaires qu'ils ne les écartent implicitement pour y substituer une conception plus haute et plus pure de la divinité. Les stoïciens, que M. D. étudie fort longuement, font exception avec leur système d'exégèse qui, sous les vieux mythes, cherche à découvrir l'expression de leur propre pensée. Le troisième livre est consacré tout entier à l'évhémérisme et à Plutarque, dont nous craignons que M. D. ne s'exagère un peu l'importance et l'originalité. De Lucien il n'a pas voulu parler parce que ce railleur a plus de malice que de nouveauté et que d'ailleurs « cette étude s'arrête au seuil du christianisme ». On le regrettera, tant on a peine à se séparer de ce livre agréable et solide. Il remue pourtant trop d'idées et de faits pour qu'on puisse toujours être d'accord avec l'auteur. Je lui signalerai notamment comme ayant besoin d'une revision dans une prochaine réédition certains passages relatifs à la Bible. Il ne devrait pas être permis d'attribuer à l'Ancien Testament un récit « de la rébellion de Satan et de son armée » (p. 5), et d'ignorer que le document *P* de la Genèse est au plus tôt du vᵉ siècle.

T. R.

72. *Ricardus DEDO. De antiquorum superstitione amatoria.* Diss. Greifswald. Abel, 1904, in-8°. 51 p.

D'abord un tableau d'ensemble des charmes et incantations d'amour chez les Grecs et les Romains, sujet déjà traité par O. Hirschfeld (1863) et U. Kern (1884) : médecine populaire, appareil magique, envoûtement (*defi-*

xio), procédés sympathiques, enchantements, démonologie. Dans cet exposé l'auteur a fait des papyrus magiques un usage insuffisant. Dans la seconde partie il étudie le rôle des superstitions amoureuses dans la littérature, particulièrement chez les poètes romains du siècle d'Auguste ; il contredit vivement à ce sujet l'opinion de Bruns (*Preuss. Jahrbb.* 103) qui avait beaucoup trop réduit la part de l'imitation alexandrine ; M. D. va peut-être trop loin en sens contraire et ne laisse aux Latins aucune parcelle d'originalité. Il aurait pu, à cette occasion, tirer parti de la thèse latine de M. Pichon, dont il ignore l'existence. On regrettera aussi qu'il cite Shakespeare en allemand et Frazer en français. En somme, travail incomplet mais soigneux, utile contribution au *folklore* classique.

H. G.

73. *DIDYMI de Demosthene commenta,* etc. — Recognoverunt *H. Diels* et *W. Schubert* (vol. Ægyptiaca, ord. IV, grammaticorum pars 1). Lipsiae, Teubner, 1904. (Bibl. Teubneriana., In-12°, viii-56 p.)

M. Schmidt, dans son édition des fragments de Didyme, avait réuni 19 citations, toutes dues à Harpocration, d'un commentaire de ce philologue sur Démosthène. Une bonne fortune inespérée a fait acquérir au Musée de Berlin en 1901 un papyrus renfermant d'importants extraits du περὶ Δημοσθένους de Didyme, ouvrage dont l'identité avec le commentaire cité par Harpocration paraît bien probable, malgré l'opinion contraire de Leo (*Nachr. Gött.,* 1904, 254). Les extraits appartiennent aux livres 9-11 de ce grand ouvrage (qui, d'après la souscription, en avait 28) et se rapportent aux *Philippiques.* Ils ne représentent qu'une faible partie de l'original, mais semblent reproduire textuellement ce qu'ils en donnent. Didyme y apparaît sous un jour assez nouveau, écrivain abondant et soucieux de la forme, nullement enfermé dans les minuties grammaticales, mais se préoccupant surtout des questions de fond, de l'explication « réelle » comme on dit outre-Rhin. Son érudition est vaste ; aussi ces quelques pages nous apportent-elles un véritable trésor de citations, en grande partie inédites ; des poètes comiques, des historiens, des orateurs, Philochore, Androtion, Aristote, Théopompe, Callisthène, Hermippe, Anaximène, Dinarque, Démosthène, défilent sous nos yeux ; on trouve même un décret des Amphictions. Nous apprenons que la vi^e Philippique est extraite en réalité de l'histoire d'Anaximène de Lampsaque. Il faudrait un gros volume pour éclaircir tous les problèmes nouveaux que soulève cette brillante trouvaille. Je n'hésite pas à dire que, depuis la découverte de la *République athénienne*, rien d'aussi important n'est apparu dans le domaine de l'histoire grecque. MM. Diels et Schubart, sans prétendre épuiser le sujet, l'ont admirablement préparé, par une grande édition critique d'abord (Weidmann, 1904), puis par celle que nous annonçons ; le texte, malheureusement fort endommagé, a reçu des améliorations notables par la collaboration de toute une pléiade de savants (Wilamowitz, Usener, Blass, Bücheler, Arnim, etc.).

Au nouveau Didyme, les éditeurs ont rattaché un fragment de Berlin publié il y a plusieurs années par Blass (*Hermes*, XVII, 150) et qui appartient à un lexique du discours contre Aristocrate. On y trouve également des citations importantes d'historiens, faites probablement à travers Didyme.

T. R.

74. *Max EGGER. Denys d'Halicarnasse. Essai sur la critique littéraire et la rhétorique chez les Grecs au siècle d'Auguste. Paris, Alph. Picard et fils, 1902, in-8, XIII-306 p.*

Une courte Préface fixe les limites de l'étude et signale un certain nombre de travaux mis à profit par l'auteur. Mieux eût valu peut-être une vraie bibliographie : car, s'il est vrai, comme le dit M. E., que W. Rhys Roberts a donné dans son Introduction (*Dionysius of Halicarnassus, the three literary letters*, Cambridge, 1901) une bibliographie exacte, il est vrai aussi que l'éditeur anglais n'a pas tout cité (M. E. signale une omission, p. 184), que le sujet de M. E. est plus vaste et ses lectures plus nombreuses, enfin qu'une bibliographie soigneuse et méthodique a toujours son prix.

L'ouvrage comprend dix chapitres. Dans le premier, l'auteur a rassemblé diligemment ce que l'on sait et ce que l'on conjecture sur « Denys d'Halicarnasse, sa vie, son caractère ». Le chapitre II, très important, détermine le plan du livre : c'est une liste des ouvrages de Denys, historiques et littéraires, perdus et conservés, dans laquelle M. E., à l'aide d'indications tirées des textes mêmes, établit avec sagacité un ordre chronologique. Les cinq chapitres suivants sont une étude des œuvres de Denys, par ordre de date, ou plutôt ils en sont une analyse, mêlée sans doute de jugements judicieux et de renseignements intéressants, mais enfin une analyse, c'est-à-dire que pendant 200 pages (34 à 234) il nous faut suivre pas à pas un grammairien-critique dont les idées sont quelquefois délicates, pas toujours justes, moins encore originales. D'autre part, il n'a été question jusqu'ici, sauf au début du chapitre III (cinq pages, — 34 à 39 — sur « la critique avant Denys »), que de Denys d'Halicarnasse, et jamais des grammairiens et des critiques ses contemporains. Nous avons d'eux pourtant des fragments (Aristonicos d'Alexandrie), des ouvrages authentiques ou apocryphes (Pseudo-Démétrios), dans le texte grec ou abrégés en latin (Rutilius Lupus). La promesse du sous-titre n'est donc pas tenue. Le chapitre IX traite, sans trop d'indulgence, de « Denys artiste et écrivain dans ses œuvres littéraires. » Enfin, pour montrer l'influence de la rhétorique sur la conception de l'histoire que s'est faite le critique, M. E. étudie dans le chapitre x « Denys historien ». Il n'y dissimule pas la mine piteuse que fait l'auteur de l'Histoire primitive de Rome auprès de Thucydide qu'il dénigrait, d'Hérodote et de Xénophon qu'il proposait comme modèles. Une Conclusion très nette résume tout le travail dont il faut louer notamment les excellents spécimens de traduction.

Paul COLLART.

75. *EURIPIDE. Electre. Oreste.* 3es éditions par *Henri Weil.* Paris, Hachette, 1903-4, in-8º.

L'éloge des admirables éditions de M. Weil n'est plus à faire. Le texte de ces nouvelles réimpressions est plus conservateur que celui des précédentes, selon une tendance générale aujourd'hui en philologie, mais, en dehors des retours à la leçon des manuscrits, les nouveautés ne manquent pas; nos lecteurs ont eu la primeur des plus importantes. Rappelons *Electre*, 877 γαίας <αὖ>, 978 θεῷ δ' οὔ; *Oreste*, 84 νεκρὸς γὰρ οὔπω' σθ', 399 ἱλάσιμος, 415 μὴ ἰθάνατον. Aux v. 338 suiv. d'*Oreste* les leçons du papyrus Rainer auraient pu être plus explicitement mentionnées et l'éditeur aurait dû expliquer pourquoi il place le vers κατολοφύρομαι après 339 et non, comme le papyrus, après 338. Le « clichage » du texte a nui à l'uniformité du langage : c'est ainsi qu'on voit alterner les graphies *Clytémestre* et *Clytemnestre,* même dans le grec.

T. R.

76. *Paul FOUCART. Le culte de Dionysos en Attique.* Extrait des Mémoires de l'Acad. des Inscr. et Belles-lettres,

t. XXXVII. Paris, Klincksieck, 1904. Grand in-8, 204 p.

Il faut distinguer dans le nouveau mémoire de M. Foucart deux parties d'ailleurs étroitement mêlées l'une a l'autre : la première, toute d'analyse et de description; la seconde, de théorie et de conjecture.

Dans la première on retrouve l'auteur tout entier avec son rare talent d'épigraphiste, sa dialectique serrée, son exposition d'une distinction si élégante. Après une rapide esquisse du culte de Dionysos en Thrace, à Thèbes et en Crète, M. F. passe en revue toutes les fêtes attiques consacrées à ce dieu, Dionysies rustiques (κατ' ἀγρούς), Lénéennes, Anthestéries, Dionysies urbaines ; sur toutes il trouve du nouveau à dire, des erreurs communes à rectifier, des inscriptions négligées ou mal restituées à utiliser de la façon la plus ingénieuse. C'est ainsi qu'il déduit du mot πάτριος ἀγών employé à Éleusis (CIA., IV, p. 150) la haute antiquité du culte de Dionysos dans ce dème et qu'il explique les Θεοίνια comme une fête propre à certains γένη qui se rattachaient à Dionysos, par exemple les Ἰκαριεῖς. Les Lénéennes, qu'il distingue avec raison des Anthestéries, étaient la fête de la fabrication du vin ; le Λήναιον, d'où elles tiraient leur nom, n'était pas un temple, mais un antique pressoir, enfermé, comme une relique, dans un bâtiment (οἶκος) dépendant du *téménos* de Limnai. Il y avait tout près de là un théâtre particulier, qui ne fut abandonné qu'après la construction du théâtre en pierre, et M. F. a retrouvé une trace de ses échafaudages permanents dans un texte du vᵉ siècle, CIA., IV, I, p. 66 : ἐν τῶι Νηλείωι παρὰ τὰ ἴκρια. Quant aux Anthestéries, M. F. avoue ignorer l'étymologie de ce nom (nous croyons avec Verrall qu'il ne se rattache pas à ἄνθος); dans la fête du 2ᵉ jour, les Χόες, il voit la commémoration du premier mélange de l'eau avec le vin. M. F. n'a pas donné une description complète des Dionysies

urbaines, la plus récente de la plus célèbre des fêtes dionysiaques ; les représentations dramatiques, qui en mar-
quaient l'apogée, restent en dehors de
son sujet ; il croit d'ailleurs, et probablement avec raison, qu'elles étaient à
l'origine sans lien direct avec le culte
de Dionysos : c'est un hors-d'œuvre
introduit par Pisistrate pour rehausser
l'éclat de la fête et qui a fini par rejail-
lir sur le caractère du dieu. En revanche
il a insisté sur les cérémonies du jour
d'ouverture, dont il a le premier bien
défini la marche et la nature, développant des idées déjà esquissées par lui
en 1877 dans son commentaire de la loi
d'Évégoros. La procession (πομπή) consistait à faire sortir le dieu de son temple
nouveau et habituel, près du théâtre,
pour l'escorter en grande pompe à son
vieux temple de l'Académie. Là des
enfants libres chantaient un hymne autour de l'ἐσχάρα : c'est ce que la loi
appelle laconiquement οἱ παῖδες. Puis,
après un grand banquet célébré par
tribus, on ramenait le dieu à son domicile ordinaire : ce n'était plus une procession, mais une mascarade exubé-
rante, un κῶμος où concouraient plusieurs bandes joyeuses dont la plus folle
recevait le prix. A cette occasion M. F.
éclaircit et améliore le texte de diverses
inscriptions, CIA., II, 971 ; 1306, etc.
Telle est la première partie ou si l'on
veut le premier élément du travail de
M. F. Dans le second il a voulu remonter
à l'origine des différents rites qu'il avait
si bien dégagés et décrits. Le dieu célébré
aux grandes Dionysies est le D. béotien,
venu d'Éleuthères, mais considérable-
ment assagi, si on le compare à son
prototype orgiastique de Thèbes ou de
Thrace. Quant au Dionysos des autres
fêtes, M. F. refuse de voir aucun rapport que le nom entre lui et le Dionysos thraco-béotien. Il viendrait d'É-
gypte, en passant par la Crète, et sa
première station en Attique, avant même
Icaria, aurait été Éleusis. Cet événement se serait passé, comme le veut la
tradition, au temps de Pandion ou d'Am-

phiction, avant le synoecisme de Thésée
qu'il date exactement de 1256-1225 ; la
preuve en serait que la corporation
dionysiaque de Marathon a pour chef
un ἄρχων (CIA II, 601), désignation qui
n'aurait pas pu être introduite après le
synoecisme. Le Dionysos *ancien* de
l'Attique n'est donc autre qu'Osiris,
comme Déméter est Isis, et c'est pourquoi les deux divinités étaient associées
dans les petits mystères d'Éleusis, sinon
dans les grands. Seulement, tandis qu'en
Égypte, où l'usage du vin ne s'est guère
répandu, Osiris est resté le dieu de la
végétation en général et de la vigne, en
Attique, pays de buveurs, il est devenu
de plus en plus celui du vin. Dans le
rituel de toutes les fêtes dionysiaques,
M. F. retrouve des cérémonies égyptiennes à peine démarquées. Ainsi la
phallagogie des Dionysies rustiques est
un souvenir de l'Osiris ithyphallique
promené dans une fête égyptienne ;
Priape lui-même n'est qu'une autre
traduction d'Osiris, le bouc offert à
M. D. rappelle le bouc sacré de Mendès.
Les rites secrets accomplis le second
jour des Anthestéries par la Reine sont
aussi des rites égyptiens. La preuve en
est qu'elle était assistée de 14 γεραῖραι
et que d'après l'Etym. mag. elle aurait
sacrifié sur 14 autels ; or, Dionysos,
d'après les Orphiques, a été déchiré
par les Titans qui étaient au nombre de
14, et, si l'orphisme est récent, ce chiffre
de 14 doit être ancien : il provient du
culte d'Osiris, car ce dieu, d'après
Plutarque et le rituel de Dendera, a été
déchiré en 14 morceaux ; donc, nul
doute, les rites mystérieux des Χόες
consistaient à recoller les 14 morceaux
du corps du dieu, qui renaissait ce seul
jour-là, et une fois reconstitué « épousait » la Reine, comme Osiris épousait
Isis, auguste cérémonie, prototype du
mariage humain. Le dernier jour des
Anthestéries, les Χύτροι, sont une fête
encore plus manifestement égyptienne :
le repas funèbre préparé dans les marmites est confié à Hermès Chthonios
et à Dionysos (nommé par Didyme, mais

non par Théopompe) — exactement comme les dévots égyptiens chargeaient Anubis et Osiris du soin de faire parvenir leurs offrandes aux habitants de l'Hadès.

Nous nous ferions un reproche de juger trop sévèrement toutes ces jolies choses. Il est évident que, comme dans son précédent mémoire sur les mystères d'Éleusis, comme Hérodote et Plutarque, dont il ne se lasse pas d'invoquer le « témoignage », M. F. n'a pas su résister aux séductions des « marmites d'Égypte ». S'il avait apporté à ces recherches d'origines la moitié du sens critique qu'il déploie dans l'analyse de la moindre inscription, il n'aurait pas tardé à se convaincre de la fragilité, de l'inanité de toutes ces constructions. Il n'y en pas une qui résiste à une discussion tant soit peu sérieuse. On est vraiment étonné de voir M. F. recourir à l'Égypte pour expliquer un rite aussi simple et aussi répandu dans toutes les religions gréco-orientales que la phallophorie, ou bien tomber en arrêt devant le nombre 14 qui lui paraît inexplicable dans le monde grec, alors que 14 n'est que deux fois 7 et que les philologues (Roscher dans le *Philologus* tome 60 ; Mikolajczak dans son *De septem sapientibus*, etc.), ont réuni tant d'exemples de l'emploi de ce nombre et de ses multiples dans les cultes grecs, particulièrement dans celui d'Apollon. Ajoutons qu'il n'y a pas une syllabe dans les textes relatifs aux Anthestéries qui permette de croire qu'il s'y agit d'une « réfection » du dieu mort ; quand ce serait, l'idée de la renaissance ou du réveil périodique de Dionysos est si commune (Thrace, Phrygie, Delphes, Béotie, Rhodes, etc.) qu'il n'y a aucune raison d'aller en chercher l'explication... à Abydos. Dans la chaleur de la démonstration, M. F. en vient à fausser le sens des textes qu'il interprète : c'est ainsi que dans la fête des Marmites (Χύτροι) il n'est dit nullement que l'on *confie* à Hermès (et à Dionysos ?) le repas destiné aux morts : les morts sont censés venir eux-mêmes prendre leur *olla podrida* (πανσπερμία), après quoi on les renvoyait chez eux, car je n'ai aucun doute que le proverbe se doive lire avec Photius θύραζε Κῆρες (et non Κᾶρες) οὐκέτ' Ἀνθεστήρια. Quant à Hermès (et Dionysos ?) on se contentait de leur *sacrifier* ὑπὲρ τῶν τεθνειώτων.

N'insistons pas. Il y a assez de choses excellentes, fines et nouvelles dans le corps du travail pour nous consoler de défaillances qui, après tout, ne portent que sur l'accessoire. Mais nous ne saurions trop vivement désirer que M. F., s'il continue à s'occuper de mythologie, contemple avec moins de dédain les résultats de la méthode comparative et « anthropologique » ; en s'y initiant, il apprendra par des centaines d'exemples que son principe que les rites doivent s'expliquer par « des faits de l'histoire du dieu » renverse exactement l'ordre des choses ; ce sont au contraire les « faits » qui ont été imaginés pour rendre compte des rites. Ceux-ci ne sont le plus souvent que l'expression de très vieilles superstitions magiques, ou le produit et la mise en scène de la science pratique du sauvage qui veut contraindre ou concilier ses dieux ; les générations plus cultivées ont continué à les observer par respect de la coutume sans en plus comprendre le sens originaire, profondément naïf et utilitaire ; et sur ce fond très primitif, en Grèce comme en Égypte, mais sans lien d'emprunt entre les deux pays, la mythologie et la poésie ont brodé leurs fantaisies dorées. Le *folklorisme* n'est pas toute la mythologie, mais en dehors d'une étude attentive du *folklore*, aucune recherche d'histoire religieuse n'est plus possible.

T. R.

77. *J. FUEHRER und P. ORSI. Ein altchristliches Hypogeum im Bereiche der Vigna Cassia bei Syrakus.* Munich, 1902, in-4° 5 pl. Extrait des

Abhandlungen de l'Académie de Bavière.

Supplément très utile aux *Forschungen zur Sicilia sotterranea* du regretté
Führer, parus en 1897 dans le même
recueil. La nouvelle catacombe, fouillée
par M. Orsi avec le soin minutieux
qu'il sait apporter à ces travaux, est
située, comme les autres catacombes
de Sᵗ Jean de Syracuse, dans le sous-
sol de la Vigna Cassia. L'épigraphie
n'est représentée dans la trouvaille
que par quelques graffites grecs sans
importance, mais les peintures, assez
mal conservées, ne sont pas sans intérêt.

A. AUSWAHL.

78. *S. JEBELEV.* Ἀχαϊκά. *Études archéologiques sur la province d'Achaïe.*
Pétersbourg, Skorochodov, 1903, in-8°,
x-392 p. [en russe].

L'auteur commence par examiner les
différents systèmes proposés au sujet
de la constitution de la province
d'Achaïe. Sa préférence paraît être pour
celui qui considère la Grèce jusqu'au
temps d'Auguste comme une simple
dépendance du gouvernement de Macédoine. L'administration spéciale de la
province d'Achaïe par Sulpicius Rufus
en 46 avant J.-C. aurait eu un caractère exceptionnel, car encore en 43 la
Macédoine, la Grèce et l'Illyrie paraissent réunies. Le territoire de la province d'Achaïe a d'ailleurs subi divers
remaniements : adjonction de l'Étolie,
disjonction de l'Épire, etc. L'auteur
analyse assez longuement la composition territoriale de la province telle
qu'elle résulte de la description de
Ptolémée. A cette époque, toutes les
Cyclades lui étaient rattachées, sauf
Astypalée et Amorgos qui faisaient
partie de la province d'Asie, mais au
IIIᵉ siècle la plupart des Cyclades for-
mèrent une province distincte (*provincia insularum*); l'Achaïe garda l'Eubée,

Délos, et acquit par compensation Lemnos, Scyros et Imbros. L'Achaïe, province sénatoriale à l'origine (27 avant
J.-C.) devint impériale en 16 après J.-C.
Claude la restitua au Sénat, Néron pro-
clama la liberté des Grecs, Vespasien
rétablit la province et l'adjugea au
Sénat : l'auteur accepte pour ce fait
la date de saint Jérôme, 74 après J.-C.
Aucun changement n'eut lieu jusqu'à
Dioclétien.

M. J. passe en revue les différentes
classes de cités renfermées dans la province : fédérées (Athènes, Thyrreion),
libres (une quinzaine), tributaires. Il
étudie en particulier le régime adminis-
tratif de Sparte, qui peut servir de type
pour les villes « libres », et dont les inscriptions font connaître les magistrats.
Un appendice spécial est consacré à
Euryklès, contemporain d'Auguste et
fondateur de la fête des Eurykleia.
Après les villes, M. J. examine et décrit
les κοινά ou ligues cantonales, au
nombre d'une dizaine et qui correspondaient à autant de sacerdoces communs de la famille impériale, sans pré-
judice de nombreux lieux de culte
urbains ; la liste des empereurs divi-
nisés, auxquels fut rendu un culte ici
ou là, s'étend d'Auguste à Carus. En
somme, Rome ne chercha pas à imposer
ses institutions aux Grecs, elle respecta
la πόλις, permit la reconstitution des
ligues, maintint les magistratures traditionnelles, le droit et les mœurs
indigènes. L'ouvrage se termine par
une table alphabétique.

M. J. n'a pas renouvelé un sujet sur
lequel, depuis les travaux d'Hertzberg
et autres, il n'y a rien d'essentiel à
découvrir, mais il a fait un travail
consciencieux et bien documenté, qui
aurait gagné à paraître dans un idiome
plus accessible.

T. R. (d'après une analyse de
M. Silberstein).

79. *Georges LAFAYE. Les Métamorphoses d'Ovide et leurs modèles grecs.*

Paris, Alcan, 1904, in-8°, x-260 p. (Bibl. de la Faculté des lettres. XIX).

La question des sources grecques d'Ovide n'a jamais cessé d'être à l'ordre du jour ; il ne semble pas que dans l'état actuel des documents elle puisse être résolue d'une manière tout à fait satisfaisante, car nous avons perdu à peu près tous les auteurs alexandrins qui ont pu servir de modèles au poëte romain. Sans doute les indications marginales du recueil tardif d'Antoninus Liberalis nous indiquent que telle métamorphose avait été traitée par tel ou tel auteur plus ancien, et plusieurs de ces sujets se retrouvent dans Ovide ; mais les analyses d'Antoninus sont si sommaires qu'il est impossible, dans la plupart des cas, de déterminer l'étendue et le caractère exact des emprunts d'Ovide. M. Lafaye a mille fois raison de repousser toutes les théories arbitraires qui font de l'un ou l'autre de ces poëtes la source exclusive des *Métamorphoses* latines ; les contradictions même que l'on constate entre les versions d'un même mythe dans divers passages du poëme d'Ovide suffisent à prouver qu'il n'a pas puisé à une seule source. Il s'est inspiré très rarement, ce semble, de Boéus et de Théodore, plus souvent de Nicandre, mais sans aliéner sa liberté de poëte, recherchant les fables *rares*, ajoutant des péripéties de son cru, puisant ailleurs que dans des recueils de Métamorphoses, par exemple dans Homère, Callimaque, Euripide, les élégiaques alexandrins, sans compter Varron, auquel il paraît devoir ses éléments stoïciens et néo-pythagoriciens. M. Lafaye développe avec bonheur l'hypothèse que le *Gallus* de Varron a servi d'intermédiaire entre Posidonios et Ovide.

L'ouvrage de M. L. intéresse surtout la littérature romaine, mais comme à propos de chacun des aspects du poëme d'Ovide — choix des fables, composition, idées et personnages, narration

épique, tragédie et rhétorique, poésie romanesque, idylle, élégie, philosophie et science, légendes italiques — il remonte aux sources grecques, possibles ou certaines, d'Ovide, comme il les analyse avec autant de finesse que de clarté, son livre est aussi une contribution précieuse a l'histoire de la littérature grecque, principalement alexandrine ; il en était d'ailleurs déjà ainsi de son précédent ouvrage sur *Catulle et ses modèles*. On retrouve dans l'*Ovide* comme dans le *Catulle* l'information très complète (parfois même trop complète, trop respectueuse des moindres · conjectures des *di minores* d'outre-Rhin) qui caractérise la manière de M. Lafaye et qui s'allie à une critique judicieuse ainsi qu'à une rare distinction de forme.

T. R.

80. *Oskar NUOFFER. Der Rennwagen in Altertum.* Erster Teil, inaugural Dissertation, de Leipzig. Leipzig, Hallberg et Teubner, 1904, in-8, 88 p. et 8 planches.

Cette première partie de la monographie que M. N. se propose de consacrer au char de guerre et de course dans l'antiquité ne touche pas encore à la Grèce : il y étudie le char en Égypte, en Syrie, en Assyro-Babylonie (et non, comme il l'écrit, en Mésopotamie), en Perse et en Bactriane. C'est un travail soigneux, minutieux, copieusement illustré et où figure même (très imparfaitement reproduit) un monument inédit, le petit char en or de la Bactriane entré dans la collection Franks. M. N. distingue deux types de chars dans ces pays : le type ancien et lourd (*Kastenwagen*) qu'on trouve en Babylonie dès l'an 2000 (relief inédit du musée de Berlin), le type léger, originaire de Syrie, qu'adopta l'Egypte sous le nouvel empire. Le type ancien, un peu modifié, l'emporta en Assyrie, en Perse et en Phénicie ; le type léger aurait été adopté par les Mycéniens qui le passèrent aux Grecs. Je suis un peu sceptique là-dessus et j'attends les preuves de cette filiation ; je ne sais pas pourquoi les Mycéniens, comme les Gaulois, n'auraient pas eu un chariot autonome.

H. G.

81. *E. PONTREMOLI et B. HAUSSOULLIER. Didymes.* Fouilles de 1895 et 1896. Paris, Leroux, 1903. Grand in-8°, 212 p., 20 planches.
B. HAUSSOULLIER. Etudes sur l'histoire de Milet et du Didymeion. Paris, Bouillon, 1902. In-8°, x-323 p.

Il ne reste plus que deux colonnes debout du temple décastyle de Didymes, que Cyriaque d'Ancône vit encore en entier, et qui fut depuis renversé par un tremblement de terre. Après Hugot (1820), Texier (1835), et surtout Rayet et Thomas (1873-5) dont les fouilles, entreprises aux frais des barons de Rothschild, ont enrichi le Louvre de deux bases magnifiques, MM. P. et H. ont bien mérité de cet édifice, l'un des plus vastes et des plus somptueux temples ioniques de l'Asie (façade, 50 m. de largeur; grands côtés, 108; hauteur des colonnes, 17 1/2). Le temple, dont la construction se répartit, avec de longs intervalles, sur près de 4 siècles, depuis Alexandre jusqu'à Caligula, ne fut jamais achevé, pas même la façade principale sur laquelle ont porté exclusivement les fouilles de MM. P. et H. Ils l'ont déblayée en entier, et les données obtenues permettent de la reconstituer sur le papier depuis le soubassement jusqu'à l'architrave (le fronton ne fut pas exécuté). La trouvaille la plus imprévue et la plus curieuse fut celle de deux chapiteaux, ornés, au centre, d'un boucrâne et aux extrémités de deux grands bustes d'Apollon et de Zeus qui se détachent en avant des volutes; c'est un arrangement d'un goût contestable, mais d'un puissant effet

décoratif, où les auteurs reconnaissent l'époque (?) et l'influence du style pergaménien. En ce qui concerne le reste du monument, MM. P. et H. ont extrait, des inscriptions recueillies, d'utiles renseignements sur le pronaos fermé (appelé ici *prodomos*) et sur la salle de consultation de l'oracle ou *chresmographion*.

Les auteurs ont encadré l'exposé de ces résultats nouveaux entre un résumé succinct des travaux antérieurs et une histoire architecturale du temple. Ils soutiennent, contre divers interprètes de Vitruve, que Daphnis de Milet et Pæonios d'Éphèse sont bien les premiers architectes du *nouveau* Didymeion et non de celui qu'avaient brûlé les Perses. Pæonios avait dirigé les travaux du nouvel Artemision d'Éphèse, et ainsi s'explique l'étroite analogie de style entre les deux monuments, ce qui n'a pas empêché l'originalité et même la fantaisie de se déployer dans le détail de l'ordre. Dans un dernier chapitre les auteurs décrivent des fragments de sculpture et d'architecture recueillis çà et là au cours de leurs fouilles, entre autres deux beaux morceaux archaïques, un lion et une gorgone. L'ouvrage est illustré à la perfection d'héliogravures et de croquis qui mettent sous les yeux du lecteur l'aspect du terrain avant et après les fouilles, l'état actuel et les restitutions proposées. On sait que la récolte épigraphique de ces deux campagnes n'a pas été moins abondante que la récolte archéologique; l'un des auteurs, M. Haussoullier, en a tiré la matière de l'excellent volume où il a esquissé d'après les inscriptions l'histoire financière et politique du Didymeion à l'époque héllénistique et romaine.

Quel dommage que des considérations budgétaires n'aient pas permis de procéder aux coûteuses expropriations qui seraient nécessaires pour achever le déblaiement du temple ! On sait que les Allemands vont prendre au Didymeion la suite de nos affaires; nous leur souhaitons bonne chance, mais il est permis de regretter que la France ait laissé périmer des droits qu'elle tenait de deux explorations si bien conduites et si fécondes.

T. R.

82. Salomon REINACH. *Manuel de philologie classique.* 2ᵉ édition. Nouveau tirage. Augmenté d'une bibliographie méthodique de la philologie classique de 1884 à 1904. Paris, Hachette, 1904 in-8°, xxxiii-414 p.

L'auteur a reculé devant la tâche formidable d'une refonte complète de ce vademecum de tous les apprentis philologues. Il s'est contenté de corriger dans le texte un certain nombre de détails inexacts ou incomplets et a mis au courant quelques renvois par trop vieillis. Le grand service que rendra sous sa nouvelle forme le manuel de M. R., c'est de donner en dix-sept pages une liste méthodique d'ouvrages publiés de 1884 à 1904 et nécessaires à toute bibliothèque philologique. Ce choix nous a paru réfléchi et judicieux dans sa sobriété, et le classement des livres recommandés est clair et méthodique. Notons pourtant quelques *desiderata* ou menues erreurs. Parmi les éditions de la *République athénienne*, celle de Blass, la plus importante, est omise ; p. xiii, lire : Oxyrhynchus Papyri I *à* III ; les Papyrus de Genève (de Nicole) méritaient une mention. Il n'est pas exact (p. xvi) que l'Académie de Berlin ait commencé un « corpus numismatique », son entreprise vise seulement les monnaies de la Grèce du Nord et de l'Asie Mineure (1) et rien ne permet de prédire qu'elle soit « vouée à l'insuccès ». Sous la rubrique « Philo-

_____

(1) Le corpus des Monnaies d'Asie-Mineure ferait double emploi avec le *Recueil Waddington*, qui a une priorité incontestée. Cette double entreprise académique constitue un gaspillage de travail et d'argent profondément regrettable.

sophie » est omis l'ouvrage capital de Gomperz. Le traité d'Aristoxène édité par Macran s'appelle *The harmonics* et non *The harmony*. Je n'ai trouvé nulle part citée la *Griechische Kulturgeschichte* de Burckhardt, ouvrage vieilli dès son apparition, mais intéressant.

H. G.

83. Salomon REINACH. *Répertoire de la statuaire grecque et romaine.* Tome III. Paris, Leroux, 1904 ; in-12 carré, xv-371 p.

Ce nouveau volume de l'indispensable répertoire de M. Reinach ne contient pas moins de 2640 statues antiques reproduites en zincogravure. L'auteur a donc réuni en quelques années près de quinze mille sculptures grecques et romaines. L'utilité d'un pareil corpus — ou, comme l'appelle modestement l'auteur, « rudiment de corpus » — est trop universellement appréciée pour que nous ayons besoin d'y insister.

Des statues publiées dans le t. III un grand nombre sont inédites : beaucoup ont été photographiées en Italie par M. Déchelette ; d'autres, en grand nombre, ont été dessinées dans des collections particulières françaises par l'infatigable fureteur qu'est M. l'abbé Breuil. Signalons parmi les nouveautés : les bronzes d'Émile Zola (aujourd'hui chez M. Joseph Reinach) ; les bronzes du musée de Rouen, tous inédits ; nombre de bronzes acquis par le Louvre aux cours de ces dernières années et dessinés au fur et à mesure par M. Reinach ; les deux beaux colosses en marbre trouvés à Alexandrie par l'expédition d'Égypte, abandonnés à l'Angleterre en 1902 et qui depuis lors, placés en évidence dans le vestibule du British Museum, attendaient patiemment un éditeur (p. 160, nn. 3 et 7) ; une série de chats en pierre trouvés à Bubastis (p. 213) ; toute une ménagerie d'animaux, quelques-uns fort curieux, entre autres un éléphant de Cologne, le crocodile Dutuit J. y en a deux autres fort beaux au Vatican et un phon du Vatican.

Deux énormes index terminent le volume. Le premier contient une liste par types des 1521 statues contenues dans les trois volumes du répertoire : le deuxième reproduit la même liste par musées ou collections et permet ainsi de savoir quelles sont les statues publiées d'un musée ou ! ou visité. C'est ainsi que je vois que le musée de Pesaro manque et de même Triban, où il y a pourtant une nomanié de statues antiques, d'ailleurs médiocres. Bologne, qui est très riche, figure pour quatre statues seulement. Il eût peut-être été utile de distinguer par un caractère typographique les noms de musées et de localités de ceux des collectionneurs ou premiers éditeurs. Des juxtapositions comme Pal. Priv. Piscatory Pisa. Pitteradoz peuvent déconcerter même des archéologues exercés.

Ad. Reinach.

ture. D'une part en s'aidant de documents égyptiens et chaldéens qui lui ont été expliqués par des savants compétents, d'autre part en poussant plus loin le dépouillement de la littérature gréco-latine. Le 1er chapitre étudie l'âge du Poimandres, qui aurait été rédigé avec la fin du IIe siècle : puis vient ch. II l'analyse et la détermination des interprétations ; l'étude des idées fondamentales de cette compilation ch. III en remontant jusqu'à une inscription hiéroglyphique du VIIe siècle. Le chapitre IV rapproche le Poimandres de la littérature apocalyptique égyptienne, le chapitre V en étude la propagation. Le chapitre VI s'occupe du corps hermétique 14 morceaux ; le chapitre VII de son influence sur le gnosticisme. Suivent cinq appendices et un supplément où l'auteur réédite les p. 1-16, 11-136 de l'édition de Parthey et publie la fin du corpus hermétique omise par celui-ci.

H. G.

64. R. REITZENSTEIN. Poimandres. Studien zur griechisch-ägyptischen und frühchristlichen Literatur. Leipzig. Teubner. 1904. in-8°. VIII-382 p.

« Poimandres » est le titre général sous lequel on réunit quelquefois et à tort l'ensemble des écrits théosophiques attribués à Hermès Trismégiste, qui ont surgi dans les derniers temps de l'hellénisme, par la fusion de la pensée grecque avec les courants orientaux. Ces écrits ont été conservés par un seul manuscrit qui, au XIe siècle, fut retrouvé et propagé par Michel Psellus. Leur influence sur le développement des pseudo-sciences du moyen âge, alchimie, astrologie, médecine superstitieuse, etc. a été considérable, plus considérable encore leur influence sur les humanistes au XVIe siècle. Il n'y a pas longtemps que Louis Ménard les a traduits et ingénieusement commentés chez nous. M. R. a repris l'étude de cette obscure littéra-

65. STOICORUM veterum fragmenta. Collegit Ioannes ab Arnim. Vol. II. 348 p., vol. III. 270 p. Lipsiae. Teubner. 1903. in-8°

Ce n'est pas trop de la collaboration de toute une pléiade de savants pour nous doter enfin du recueil complet des fragments des philosophes grecs, vainement tenté par Mullach, et qui doit servir de base à l'histoire définitive de la philosophie antique. Pendant que M. Diels s'est chargé des Présocratiques, M. d'Arnim a pris en main les stoïciens, et il nous apporte aujourd'hui deux forts volumes consacrés presque tout entiers au fécond Chrysippe. Le tome II contient les fragments logiques et physiques, au nombre de 1216, le tome III les fragments moraux et « homériques » au nombre de 777. Ces chiffres sont imposants et attestent l'importance du dépouillement opéré par M. d'A. à travers les auteurs et les papyrus : il faut dire qu'il n'a pas hésité à mettre sous le nom de Chrysippe pas mal de citations ou d'opinions attribuées simplement à οἱ Στωικοί. L'établissement du texte a été l'objet de soins attentifs; dans bien des cas M. de A. l'a amélioré par d'héureuses corrections ou élucidé par des notes discrètes. La disposition adoptée pour les fragments est l'ordre des matières philosophiques : *Physicae fundamenta, De mundo, De caelestibus... De fine bonorum... De virtute, De iure et lege...* C'est certainement l'ordre le plus instructif et le seul d'ailleurs qu'on pût suivre pour l'immense majorité des fragments qui nous sont parvenus sans indication précise de provenance; le seul inconvénient c'est que certains textes, de sujet composite, se trouvent ainsi morcelés entre plusieurs chapitres. Un appendice (III, 194 suiv.) donne la répartition des fragments connus entre les différents ouvrages de Chrysippe, avec renvoi précis au n° et à la page sous lesquels on les trouvera reproduits ; c'est dans cet appendice que l'auteur a inséré, à leur place, les quelques fragments qui n'ont pas un objet proprement philosophique. A la suite des fragments de Chrysippe on lit ceux de ses disciples et successeurs immédiats : Zénon, Antipater et Archédémos de Tarse, Diogène de Babylone, Apollodore de Séleucie, Boéthos de Sidon, etc. Je remarquerai à ce sujet que le fragment 66 de Diogène de Babylone (Philodème, *De Mus.*, p. 14) offre une frappante ressemblance avec Plut. *Mus.* 26; ou les deux auteurs ont puisé à la même source (Aristoxène?) ou Plutarque a copié Diogène; mais dans ce cas les « citations » de Philodème ne seraient que des analyses sommaires.

T. R.

86. *F. STUDNICZKA, Tropaeum Traiani.* Leipzig, Teubner, 1904, grand in-8°, 152 p., 86 gravures.

Quoique ce volume ne rentre pas strictement dans le cadre de notre Revue, il y touche de si près que nous nous faisons un devoir de le signaler aux archéologues, ne fût-ce que pour encourager l'auteur à la réciprocité. Le grand monument d'Adam Klissi (dans la Dobroudja), depuis sa publication par Niemann, Benndorf et Tocilesco a donné lieu à des controverses acharnées, les éditeurs y voyant l'œuvre de Trajan (dont l'édifice porte la dédicace), Furtwängler celle de M. Licinius Crassus (28 av. J.-C.) après sa victoire sur les Bastarnes : Trajan n'aurait fait que restituer l'œuvre de son prédécesseur. M. S., après une analyse très approfondie de l'architecture et de la sculpture du *Tropaeum*, donne raison à Niemann et consorts. Comme l'art romain provincial et légionnaire est en réalité un art international, on ne s'étonnera pas que dans le grand nombre de monuments invoqués comme parallèles par la vaste érudition de M. S. il s'en rencontre de l'Orient grec tout aussi bien que de l'Italie, de l'Afrique ou de la Gaule. L'« art d'empire » de M. Wickhoff apparaît ici par un de ses côtés les moins séduisants, mais les plus intéressants pour l'histoire générale de la civilisation gréco-romaine.

T. R.

87. *J. VENDRYES. Traité d'accentuation grecque.* Paris, Klincksieck, 1904, in-12, XVIII-276 p.

Ce livre manquait à notre littérature grammaticale, car, dans nos grammaires grecques, les règles sur les « accents » sont à la fois dispersées et sommaires; il en est d'ailleurs de même dans les grammaires publiées à l'étranger, même celle de Kühner-Blass. M. Vendryes, à la fois helléniste et linguiste, mais surtout linguiste, nous apporte un exposé très clair, très complet du sujet, parfaitement à hauteur de la science (par exemple pour la théorie des proclitiques, due à M. Wackernagel). Le gros texte répond aux besoins pratiques, le petit texte fournit les éclaircissements théoriques et les rapprochements nécessaires avec les faits de l'accentuation védique, slave, lituanienne et germanique. La nature expressive et « psychologique » de l'accent tonique, sa délicate appropriation aux différentes formes verbales, son rôle dans la phrase dont la dégradation des oxytons en barytons fortifie l'unité, tout cela est bien mis en lumière ; l'étude d'un sujet au premier abord très aride prend par moments, grâce à la comparaison, au groupement et à la juste intelligence des faits, un véritable intérêt philosophique.

L'auteur s'occupe principalement de l'accentuation de la κοινή, la seule que nous connaissions par des témoignages directs ; mais il consacre aussi des remarques et un chapitre entier (p. 255 suiv.) à celle des dialectes. Les papyrus à accents *isolés* sont plus nombreux qu'il ne semble résulter de la p. 6, celui d'Hérondas méritait quelques indications. De même ce que M. V. dit p. 16 suiv. des compositions musicales est incomplet et parfois inexact : il n'existe pas d'hymne de « Denys », et l'hymne (ou plutôt les deux préludes) jadis attribué à ce musicien n'est pas de l'époque des Antonins. Où M. V. a-t-il vu (p. 21) que τὸ ἐναρμόνιον désigne en grec « l'accord parfait ? » (!) Il persiste à parler (p. 25, etc.) de l' « ictus ou temps fort quantitatif », notion inconnue à la rythmique grecque, peut-être même à la langue classique. Nous ne parvenons pas à comprendre comment l'auteur (p. 42) concilie sa théorie (qui est celle de Wackernagel) de la disparition complète de l'élévation finale dans les barytons avec les témoignages des hymnes delphiques, où ces finales — quoique subordonnées à la tonique du mot suivant — sont traitées *dans le mot même* comme les finales aiguës proprement dites (I, 50 ἀτμός, 53 λιγὺ, λωτός, 91 ὠιδὴν, II 43 αἰθήρ, 61 κλυτὰν, 111

ἀμφὶ, 124 ἀλλὰ (1), etc.) : dans tous ces cas la mélodie monte sur la finale, dans aucun elle ne descend. Dire que « par le fait même qu'elle était capable dans des conditions données de s'élever — cette syllabe avait *pour la conscience du sujet parlant* une importance particulière » c'est tomber dans le mysticisme grammatical. L'opinion des grammairiens pèse peu de chose auprès du témoignage des hymnes. Pourtant je crois que la προσῳδία μέση, d'Aristote et de Tyrannion désigne précisément cet accent atténué de la finale liée ; l'explication proposée par M. V. (§ 45 : τὸ μέσον désignerait chez Aristote la circonflexe) fait violence à la langue. L'observation (§ 50) que dans les hymnes delphiques « le groupe voyelle brève + λ, μ, ν » peut se scinder en deux sons, aurait besoin d'être complétée, car on trouve aussi I 22 πέτρας (= πέτρας), 54 λωτοός. §§ 46 et 55 il est question de la *more*, barbarisme inconnu de la nomenclature antique et qui a pour origine une bévue d'Hermann. § 65. δοῦναι est par δόϝεναι (cf. § 165) non δοϝέναι. § 204. ὁδός est cité parmi les masculins. §§ 246 suiv. Les règles d'accentuation des composés ont été présentées plus simplement par Meillet, *Rev. crit.*, 1904, II, 488.

T. R.

88. *P. WILSKI. Klimatologische Beobachtungen auf Thera. I. Die Durchsichtigkeit der Luft über dem Aegæischen Meere nach Beobachtung der Fernsicht von der Insel Thera aus* (fascicule IV, 1 du *Thera* de Hiller von Gaertringen). Berlin, G. Reimer, 1902. In-4°, 51 p. et 3 planches.

Les observations de M. Wilski ont été faites à l'occasion des belles fouilles de Hiller von Gaertringen dans les

---

(1) Cet exemple prouve qu'il n'est pas exact de dire (§ 75) que dans ce mot l'accent final « n'a pas de valeur ».

années 1896 et suivantes ; leur siège était un observatoire météorologique installé sur la crête du Messavouno et d'où l'on découvre un horizon de 280°. Elles ont porté principalement sur les circonstances météorologiques (variations barométriques et hygrométriques, poussières du désert), etc., qui modifient la transparence de l'atmosphère, pour laquelle les Cyclades sont célèbres. Il est à remarquer que la transparence, qui augmente avec les fortes pressions, peut aussi accompagner les cyclones, à la condition que les courants supérieur et inférieur soient de même sens ; dans le cas contraire, la couche inférieure est obscurcie. Des statistiques et des graphiques d'une exécution parfaite font de cette monographie une précieuse contribution à la climatologie de la Grèce. Il est juste d'y mentionner la collaboration de M. Vassiliou, directeur de la station météorologique de Phira.

BONTARS.

89. Extraits et tirages à part.

J. BIDEZ. *Notes sur les lettres de l'empereur Julien*. Bruxelles, Hayez, 1904 (extr. des Bull. de l'Acad. de Belgique). In-8°, p. 493-506.

[Plusieurs corrections intéressantes tirées soit des manuscrits, soit de la conjecture. Ep. 27, p. 518 Hertlein, τὴν δὲ αἰτίαν αὐτὸς μὲν ⟨εὖ⟩ οἶδ' ὅτι συνείρεις (vulg. συνήδεις)... Ἰαμβλίχου τοῦ θεωτάτου τὸ θρέμμα Σώπατρος ⟨ἐγένετο⟩ τούτου κηδεστὴς · ἐξ ἴσου (ὅσου vulg.) ἐμοί, etc. (l'hôte de Julien était donc simplement un allié de Sopater). Ep. 38, p. 534, εἶτε ψυχικῶν (vulg. ψυχρὸν τῶν) παθῶν. Ep. 42, p. 545, καὶ μὴ μαχόμενα οἷς (vulg. τοῖς) δημοσίᾳ μεταχειρίζονται (μεταχαρακτηρίζοντας vulg.). Rh. Mus., 1887, 25, τὰ Ἰαμβλίχου πάντα μοι τὰ εἰς τὸν ὁμώνυμον ⟨μου⟩ζήτει. (Il s'agit de Julien ὁ Χαλδαῖος, Julien le Théurge).

Plus loin περὶ δὲ τὸν ὁμώνυμον ἐν θεοσοφίᾳ μενοινῶ (μενοινᾷς cod.). M. Bidez paraît ignorer que le discours de Psellos du Paris. 1182 a paru *in extenso* dans la *Revue*. Ce n'est d'ailleurs pas dans ce discours que se trouve le texte cité, mais il y est également question de Julien, p. 391 Bréhier.]

Hubert DEMOULIN, La tradition manuscrite du Banquet des Sept Sages (extr. du Musée Belge, VIII, 274-288). In-8°, Louvain, Peters, 1904.

[Bernardakis n'avait consulté que 8 manuscrits de ce traité (n° 31). M. D. en a collationné 22. Il les décrit, étudie leurs rapports et les groupe en 3 classes suivant qu'ils représentent la tradition du recueil de Planude, ou une autre tradition (β), ou une contamination des deux. Le groupe β serait le plus autorisé ; son meilleur représentant est le Palatinus 153 (Heidelberg). M. D. justifie sa préférence par de nombreux exemples, mais annonce que dans les passages corrompus ses collations ne lui ont pas fourni de leçons nouvelles.]

C. JOERGENSEN. Notes sur les monnaies d'Athènes (extrait du Bulletin de l'Acad. de Danemark, 1904, n° 5, p. 307-328).

[M. J. croit que le ch. x de l'Ἀθ. Πολ. doit s'interpréter ainsi : la mine *avant Solon* pesait autant que 70 drachmes *soloniennes* ; jusqu'à Solon la pièce courante était le didrachme (éginétique), c'est Solon qui aurait créé le tétradrachme (attique). Le talent monétaire valait 63 mines, le talent commercial 60 seulement. Toutes ces propositions me paraissent inexactes. En revanche, M. J. me paraît bien interpréter les légendes des poids attiques (Pernice, p. 31), ἥμισυ ἱερόν, et δεκαστάτηρον : elles prouvent que la double mine et le tétradrachme s'appelaient l'un et l'autre officiellement στατήρ. — Dans une note finale, M. J. montre que la prétendue drachme de Conon au musée de Copenhague n'est qu'un faux moderne.]

Karl KRUMBACHER. Die Akrostichis in der griechischen Kirchenpoesie (extrait des Sitzungsberichte de l'Acad. de Bavière, 1903, p. 551-591).

[Édition critique de toutes les notices relatives à des acrostiches contenues dans des intitulés d'hymnes, et rapprochement avec les indications fournies par le texte de l'hymne lui-même; en cas de conflit, l'intitulé, qui représente une tradition plus ancienne, mérite la préférence. Le 2º chapitre dénombre et étudie les formes régulières et irrégulières de l'acrostiche. Le 3º analyse, à titre de spécimen, « la Vierge au pied de la croix » de Romanos : la strophe 6 *bis* ἐν τούτοις τοῖς λόγοις, que présentent quelques manuscrits, est l'œuvre d'un interpolateur choqué par la graphie ταπινοῦ de l'acrostiche primitif.]

Roberto de RUGGIERO. Studi papirologici sul matrimonio e sul divorzio nel Egitto greco-romano (Extr. du *Bull. dell Instituto di diritto romano*, XV). In-8º, 104 p.

[Le contrat de mariage gréco-égyptien, comme le contrat macédonien, est essentiellement dotal, à la différence du contrat égyptien indigène qui repose sur l'apport du mari. Les dots mentionnées dans les contrats sont réelles et non, comme on l'a prétendu, des donations déguisées du mari. De la *donatio ante nuptias* il n'y a qu'une trace (Pap. Rainer, I, 30), d'époque byzantine. M. de R. s'occupe ensuite du mariage ἄγραφος (mariage à temps, sans dot, et où l'écrit n'est pas nécessaire), du divorce et de la restitution de la dot. L'auteur réimprime intégralement la plupart des contrats de mariage grecs conservés par les papyrus, mais néglige à peu près les démotiques pour lesquels il n'a pas de compétence spéciale. Trop de fautes d'impression.]

ADDENDA ET CORRIGENDA

Revue, p. 248, 7ᵉ ligne du bas (décrets d'Amorgos), lire : commencement d'un décret relatif à la réparation d'un sacrilège accompli dans le temple de Déméter *Démotélès*.

TABLE DES MATIÈRES

PARTIE ADMINISTRATIVE

Pages.

Statuts de l'Association I

La médaille de l'Association ....

Souscription permanente pour l'illustration de la *Revue* ....

Assemblée générale du 5 mai 1904 v

    Allocution de M. Edmond Pottier, président vi

    Rapport de M. Am. Hauvette, secrétaire xv

    Rapport de la Commission administrative XXXI

    Causerie de M. Roujon sur l'inauguration du Musée de Delphes... XXXVII

Membres fondateurs de l'Association XLI

Membres fondateurs pour les *Monuments grecs* et l'illustration de la
    Revue XLIII

Anciens Présidents de l'Association XLIV

Bureau, Comité, Commissions XLV

Membres donateurs XLVI

Liste générale des membres au 1er décembre 1904 LIV

Sociétés correspondantes, périodiques échangés LXXIII

Prix décernés dans les concours de l'Association LXXV

PARTIE LITTÉRAIRE

Louis Bréhier .... Un discours inédit de Psellos (suite).... 85

A.-E. Contoléon .... Inscriptions grecques d'Europe 1

A.-E. Contoléon, S. et Th.
  Reinach .... Inscriptions des îles 196

Maurice Croiset ......:.. .... Le *Dionysalexandros* de Cratinos 297

Franz Cumont .... Nouvelles inscriptions du Pont 329

Paul Girard .... La trilogie chez Euripide 149

Paul Guiraud .... Discours prononcé aux obsèques de Paul
    Tannery 393

K. Krumbacher .... Les manuscrits grecs de la bibliothèque
    de Turin 12

Ph.-E. Legrand............ Pour l'histoire de la comédie nouvelle.. 311

Jules Nicole.............. Un fragment des Ætia de Callimaque... 215

H. Omont................. I. La collection byzantine de Labbe et le
　　　　　　　　　　　　　　projet de J. M. Suarès.... 18

— .... II. Du Cange et la collection byzantine
　　　　　　　　　　　　　　du Louvre....,.................... 33

— .... Un manuscrit des œuvres de S. Denys
　　　　　　　　　　　　　　l'Aréopagite...................... 230

— .... Portraits des Comnène................ 361

P. Perdrizet .... Isopséphie......................... 350

Salomon Reinach........... Voir Contoléon ....

Théodore Reinach.......... Catulus ou Catilina?..................

Paul Tannery.............. Les Cyranides...................... 335

— .... Discours prononcé au banquet de
　　　　　　　　　　　　　　Genève........................... 396

CHRONIQUE

A. de Ridder.............. Bulletin archéologique................ 75

T. R(einach).............. Post-scriptum....................... 109

Th. Reinach.............. Bulletin épigraphique................ 237

J. Guillebert.............. Courrier de Grèce.................... 374

Actes de l'Association, livres offerts............................ 266, 399

BIBLIOGRAPHIE

Bibliographie annuelle des études grecques (C.-E. Ruelle).......... 407

Comptes rendus bibliographiques............................ 123, 270, 379, 471

Additions et rectifications...................................... 296, 392, 488

Bon à tirer donné le 17 février 1905.
Le rédacteur en chef-gérant, Théodore REINACH.

Le Puy, imp. Marchessou. — Peyriller, Rouchon et Gamon, successeurs.

Lightning Source UK Ltd.
Milton Keynes UK
UKOW06f2006110617

303133UK00014B/511/P